코리아
생존전략

일러두기

- '코리아'는 우리 민족 5천 년의 역사에 등장한 여러 나라를 통칭하는 용어다. '중국', '일본'과는 달리 우리에게는 아직 통칭하는 국가명이 없기 때문에, 삼국시대의 고구려 · 백제 · 신라, 고려, 조선, 현재의 남북한을 통칭하는 이름을 '코리아'라고 했다.
- 국가명은 당대의 용어를 그대로 사용하여 당시의 생생한 의미를 표현했다.
  (예) 고조선 → 조선
- 고구려는 6세기 이후 고려라는 국호로도 사용되었으므로 당시의 문건에 따라 고구려를 고려로 표시하기도 했다.
- 삼국시대 국가 간의 관계를 나타낼 때는 국호의 첫 자를 사용했다.
  (예) 나당동맹 → 신당동맹, 고구려 · 수나라 전쟁 → 고수전쟁
- 국가 간의 관계를 표현할 때는 주도국, 국력 우위국을 필요에 따라 앞에 적은 경우도 있다.
  (예) 중소분쟁 → 소중분쟁
- 임진왜란과 정유재란은 삼포왜란처럼 일시적인 왜의 난동이 아니라 국제전쟁이므로, 필요에 따라 '7년 전쟁'으로 표시했다. 세계전쟁의 성격을 띤 한국전쟁도 필요에 따라 '3년 전쟁' 또는 '코리아전쟁'으로 표시했다.
- 이 책의 외국 인명과 지명은 외래어 표기법에 따라 원음대로 표기했으며, 일부 인명과 지명은 우리 한자음대로 표기했다.
  (예) 랴오양(遼陽), 요동(遼東)

패권 경쟁과 전쟁위기 속에서 '새우'가 아닌 '돌고래'가 되기 위한 전략

코리아 생존전략

| 배기찬 지음 |

KOREA
AT THE
CROSSROADS
개정증보판

위즈덤하우스

코리아의 운명을 개척하는 사람들에게 이 책을 바칩니다.
그리고 운명적으로 다가온 자신의 사명을 이루기 위해 분투하는 분들에게
이 책을 바칩니다.

파멸적 악순환, 5천만 국민이 희망이다

2017년 봄, 전쟁과 적대의 먹구름이 또다시 한반도를 뒤덮고 있다. 북한의 핵미사일과 사상 최대의 한미연합훈련, 사드배치와 이에 대한 보복, 선제타격론과 전술핵 배치론까지 상황은 날로 악화되고 있다. 연례행사처럼 반복되는 이러한 상황은 아주 오래된 악순환이다. 이 끈질긴 악순환 속에서 나는 지난 몇 년간 깊은 절망의 늪에서 허우적거렸다. '가도 가도 끝이 없는 길, 비바람이 불고 눈보라가 치는 외로운 길'을 걷고 있는 것만 같았다.

2007년 10월, 남북정상회담의 수행원으로 평양을 방문하여 〈남북관계발전과 평화번영을 위한 정상선언〉을 작성하는 데 일조했다. 그러나 불과 두 달 뒤 대통령에 당선된 이명박은 남북정상의 합의를 부정하고, 10년에 걸쳐 힘들게 전진시킨 남북관계를 거꾸로 돌리기 시작했다. 2009년 5월, 이 책의 초판인 《코리아 다시 생존의 기로에 서다》를 누구보다 애독하고 칭찬하신 노무현 대통령께서 비참하게 돌아가셨다. 3개월 뒤 김대중 대통령께서 당신이 평생을 헌신하신 민주주의와 평화통일이 무너져 내리는 것을 통탄하시며 돌아가셨다. 그 뒤 연이어 대청해전이 벌어지고, 천안함이 폭침되었으며, 연평도가 포격당했다. 금강산 관광을 비롯해 남북 간의 모든 교류협력이 중단되었다.

궁즉변(窮則變) : 절망의 끝에서 국민혁명이 일어나다

2012년 12월, 18대 대선은 색깔론과 종북몰이로 뒤덮였다. 수구분단세력은 1급비밀로 분류된 남북정상회담 대화록을 마음대로 열람하고 왜곡해서 언론에 유포했다. 최고의 비밀을 다루어야 하는 국정원과 청와대, 여당과 행정부가 앞장섰다. 문명국가에서는 있을 수 없는 짓이 벌어진 것이다. 오바마 정부가 '전략적 인내'로 일관하고, 반북캠페인으로 출범된 정권이 북한 붕괴에 매달리는 동안, 북한은 핵과 미사일을 고도화했다. 분단 70년, '통일대박'이라는 일장춘몽은 북한의 4차 핵실험과 남한의 개성공단 폐쇄로 일촉즉발의 '쪽박'이 되었다.

외교안보 또한 파국으로 치달았다. 안보불안은 일상이 되고 적대와 증오는 폭증했다. 전시작전통제권 환수는 무기한 연기되고 대미의존은 더욱 심화되었다. 자주국방은 요원해지고, 안보책임이 없는 군에 부정부패가 만연했다. 이명박 · 박근혜 정부하에서 외교정책도 조종(弔鐘)을 울렸다. 2016년 7월 사드배치 결정 이후 한중관계는 국교수립 후 최악으로 치달았고, 사방에서 밀려오는 압박으로 우리는 4중의 족쇄에 갇혔다. 우리의 처지가 '바둑돌'처럼 되고, 꼼짝달싹할 수 없을 정도로 외교의 공간이 좁아졌다.

사방이 절벽이다. 솟아날 구멍이 보이지 않는다. 1982년 대학 1학년 때 통일을 위해 헌신하겠다고 인생길을 나선 지 35년이 되는 지금까지 이렇게 절망적인 시간은 없었다. 그러나 '궁즉변 · 변즉통 · 통즉구(窮則變 變則通 通則久)'라고 했던가? 궁하고 궁한 2016년 4월 13일, 변화가 일어났다. 변화의 원인은 박 대통령과 친박의 오만불통이었다. 국민의 거대한 민심이 해일처럼 새누리당을 덮쳤다. 아무도 예측하지 못한 여소야대가 이루어져 민주당이 제1당이 되었다. 그리고 전혀 눈에 띄지 않았던 최순실의 '국정농단사건'이 터졌다. 5천만 국민이 "이게 나라냐"라는 울분을 토하고, 새로운 대한민국을 외치며, 대통령의 퇴진을 요구했다. 궁즉변(窮則變)! 국회가 대통령을 탄핵하고, 국내정치에 거대한 변화가 일어났다.

변즉통(變則通): 5천만 국민이 변화의 원동력이다

수구부패세력의 추악한 민낯이 드러난 곳에서 새로운 변화가 분출한다. 유신시대, 냉전시대로 되돌려진 역사의 끝자락에서 민주시대, 평화시대로 새로운 시간이 돌아간다. 상상을 초월하는 수구적 정부에서 새로운 정부로, 파탄이 난 나라에서 완전히 새로운 대한민국으로 변화가 일어난다. 이제 최악의 상황인 외교에서도, 국방에서도, 대북정책에서도 진취적인 변화가 일어나야 한다.

새로운 나라를 위해 1884년 갑신의 선각자들이 몸부림치고, 1894년 갑오의 수십만 민중이 피를 흘렸다. 1898년 독립협회를 중심으로 수만의 백성들이 만민공동회를 개최했고, 1907년 새로운 코리안들이 신민회를 조직하기도 했다. 모든 노력이 수포로 돌아가고 상황은 오히려 악화되었다. 그러나 새로운 나라를 위한 의지와 열정은 결코 헛되지 않았다. 이 모든 힘들이 합쳐져 1919년 3·1운동이라는 민족사적 대사변이 일어났고, '대한민국'이라는 완전히 새로운 나라가 건국되었다.

마찬가지로 1960년 4·19혁명, 1980년의 광주항쟁, 1987년의

6월항쟁에서 수많은 사람들이 피를 흘렸지만, 민주주의는 제대로 이루어지지 않았다. 그러나 그 피와 땀은 결코 헛되지 않았다. 이 모든 힘들이 모여 결국 민주정부를 수립했고, 마침내 2017년에는 "대한민국은 민주공화국이다. 대한민국의 주권은 국민에게 있고, 모든 권력은 국민으로부터 나온다"라는 헌법 제1조에 따라 국민을 배반하고 역사를 거스른 대통령을 탄핵하고 파면했다. 국민들이 헌법혁명을 성공시킨 것이다. 변즉통(變則通)! 변해야 통한다.

30년 전 노태우 정부는 북방정책을 펼쳤고, 10년에 걸친 김대중·노무현 정부는 정상회담을 비롯해 남북화해협력정책을 강력히 펼쳤다. 그러나 지난 10년간의 노력이 모두 수포로 돌아갔다. 남북관계는 사상 최악의 적대관계가 되었고, 동북아의 대륙세력과 해양세력 사이에는 다시 대립과 갈등의 찬바람이 분다. 그러나 현실의 절망 한가운데 있는 우리에게 역사는 희망이다. 남북관계발전과 동북아평화를 위한 우리의 노력도 결코 헛되지 않을 것이고, 언젠가는 평화와 통일이라는 결실을 맺을 것이다.

통즉구(通則久): 새로운 흐름이 오래 지속되어야 한다

이 책의 초판 이후 12년이 흘렀지만 한반도를 둘러싼 국제관계의 본질은 하나도 변함이 없다. 오히려 그 본질적 특성이 더욱더 강하게 드러났다. 패권국과 도전국, 해양세력과 대륙세력, 고슴도치와 여우, 원심력과 구심력 등 각각의 요소와 관계들이 거의 자연법칙처럼, 수학공식처럼 강하게 작동한다. 이 거대하고 강고한 역학관계 속에서 문제해결의 열쇠는 오직 우리 5천만 국민에게 있다. '새로운 대한민국'을 꿈꾸는 '우리'가 중심이 되어 5천만 국민들의 지혜와 힘을 모으고, 그것으로 2천5백만 북한 주민의 역동성을 살려내야 한다. 이렇게 해서 남북관계가 변할 때 우리의 외교안보는 비로소 운신할 수 있는 통로를 확보할 수 있을 것이다.

대한민국 헌법이 살아서 일하는 지금, 평화적 통일을 규정한 헌법 제4조가 살아 움직이도록 해야 한다. 특히 대통령이 헌법 제66조 3항, '평화적 통일을 위한 성실한 의무'를 열성적으로 이행하도록 독려해야 한다. 그러나 "통일을 지향"하는 주체는 "대한민국" (헌법 제4조)이고, "대한민국의 주권은 국민"(헌법 제1조)에게 있으므로, 평화적 통일을 위해 성실히 일해야 할 사람은 대통령만이 아니라 5천만 국민 모두이다. 5천만 국민이 헌법적 의무를 다할 때 지난 시기에 펼친 새로운 대북외교안보정책을 위한 노력도 헛되지 않을 것이다. 이 점에서 감히 이 책을 5천만 국민, 나아가 8천만 민족에게 바친다.

이 책은 2005년에 출판된 초판 중 6장까지는 거의 그대로 두고, 7장을 대폭 개정·증보하여 초판 이후 12년간의 상황변화를 새로이 정리한 것이다. 특히 초판에 비해 우리가 오늘날 어떤 자세로, 어떻게 국제관계 전략, 남북관계 전략을 펼쳐야 하는지에 관심을 집중했다. 그래서 책의 제목을 《코리아 생존 전략》으로 바꾸었다. 이 책이 적대와 전쟁의 위기 한가운데 있는 코리아와 동북아의 문제를 푸는 데 조금이라도 도움이 되기를 바란다.

2017년 4월

배기찬

한국은 어디로 가는가,
우리는 어떻게 해야 하는가

역사의 기로에서, 급변하는 국제정세 속에서 많은 사람들이 이 질문을 던지고 있다. 50년 혹은 1백 년 전처럼 21세기인 지금에도 우리를 둘러싼 국제관계의 지축이 흔들리고, 동북아의 판이 요동치고 있다. 중국이 급부상하고 일본이 급변하며, 미국이 세계전략을 다시 짜고 있다. 북한은 극단적인 생존책을 구사하고, 한국도 이제 승부수를 던지고 있다. 지금 동아시아에서는 역사 전쟁과 영토 분쟁, 민족주의와 군비경쟁이 더욱 치열해지고 있다.

이러한 상황을 우리는 어떻게 볼 것인가? 지난 반세기 동안 걸어온 길을 계속 가야 하는가, 아니면 방향을 수정해야 하는가? 과연 역사는 또다시 반복되는가? 앞날에 대한 불안과 변화의 실상에 대한 궁금증이 우리를 떠나지 않고 있다.

이 책은 우리 민족이 어떤 길을 걸어왔고, 지금 어디에 있으며, 향후 어디로 가야 할지에 대한 내용을 담고 있다.

우선 이 책은 코리아의 흥망사, 나아가 동아시아의 흥망사를 다루고 있다. 그리고 지난 2천 년의 역사를 조망함으로써 세계 속에서 우리 민족이 어떻게 흥하고, 어떻게 망했는지를 추적했다. 2천 년에 걸친 흥망의 역사를 살핌으로써 우리는 '역사적 통찰력'을 기르고,

'역사의 발자국 소리'를 들을 수 있을 것이다. 그리고 코리아가 어떤 형질(形質)을 가지고 있고, 동아시아 세계가 어떤 지형(地形)을 만들어왔는지 알게 될 것이다. 나아가 우리의 강점과 약점이 무엇인지, 또한 동아시아의 어디가 절벽이고 어디가 늪이며, 무엇이 덫인지 알게 될 것이다. 여기서 우리는 중국 및 일본과의 역사 분쟁에 어떻게 대처할 것인지, 이때 사용할 무기가 무엇인지에 대한 혜안을 얻을 수 있을 것이다.

또한 이 책은 지금 우리가 어디에 있는지, 난마처럼 얽혀 있는 오늘의 상황을 어떻게 읽을지 그 실마리를 제공한다. 문명과 야만, 무력과 정치력으로 작동하는 세계패권체제의 본질을 파악함으로써, 우리는 코리아의 위치를 명확히 인식할 것이다. 그리고 현 상황의 역사적 맥락과 세력관계의 성질을 이해함으로써 풍부하고 냉철한 현실 인식을 갖게 될 것이다. 이를 통해 무엇이 가능하고 무엇이 불가능한지, 무엇을 해야 하고 무엇을 하지 말아야 할 것인지 판단할 수 있을 것이다.

나아가 이 책은 우리가 가져야 할 비전과 수립해야 할 전략, 그리고 취해야 할 행동을 제시한다. 비전은 '간절하고 생생한 꿈'이다. 간절하고 생생한 꿈을 꾸는 민족만이 전략적 사고를 할 수 있고, 대통합의 힘을 발휘할 수 있다. 그리고 이를 통해 평화와 번영의 중심이 될 수 있다. 따라서 이 책은 일종의 비전서이자 전략서다. 이를 위해 이 책에서는 2천 년에 걸친 역사의 분기점에서 각국의 전략가들이 펼친 정책에 관심을 집중했다.

과거를 기억하지 못하는 자는 과거를 되풀이한다. 미래를 알고 싶거든 먼 과거를 보라.

'징비(懲毖)', 내가 겪은 환란을 교훈 삼아 후일에 닥칠 우환을 경계한다는 말이다. 유성룡은 일본과의 7년 전쟁을 겪고 난 뒤, 다시는 그런 치욕을 당하지 않도록《징비록》을 썼다. 그러나 그 책을 쓴 지 한 세대 만에 조선은 여진(청)에게 두 차례에 걸쳐 굴욕적 패배를 당했다.

'통사(痛史)', 뼈아픈 역사의 기록이다. 박은식은 1백 년 전에《한국통사》를 썼다. 그는 한국이 일본의 식민지가 된 뒤, 다시는 역사적 통찰력과 세계적 안목의 부족으로 나라가 망하지 않기를 바랐다. 그러나 그 책을 쓴 지 반세기도 못 돼 한국은 분단되었고, 세계적인 전쟁이 한반도를 휩쓸었다.

이러한 현실 속에서 우리가 역사에서 교훈을 얻기란 얼마나 힘든 일인가! 과거를 통해 미래를 알기란 얼마나 어려운 일인가! 역사의 연속성은 역사의 변화보다 강력하다. 역사에는 선순환도 있지만 강력한 악순환도 있다. 따라서 역사의 필연성과 순환구조를 파악해야 우리는 제대로 선택할 수 있고, 새로운 운명을 개척할 수 있다. 관성에서 벗어나 자신을 만든 역사를 딛고 일어서는 것, 역사의 악순환을 깨고 선순환을 만드는 것, 이것이야말로 위대한 시대, 위대한 지도력의 징표다.

이 책은 학문적 탐구와 국정 경험, 그리고 민족의 운명에 대한 고민과 활동의 결과물이다.

지난 20여 년간 '통일된 새로운 나라'라는 화두(話頭)를 붙들고

대학과 연구소, 사회단체와 국정 현장에서 나름대로 정진해왔다. 이 화두를 풀기 위해 역사에 대한 안목을 1백 년이 아니라 2천 년의 시간대로 확장하고, 시야를 일국사(一國史)가 아니라 세계사로 확대해야 한다고 생각했다. 그리고 '역사'와 '세계'를 씨줄과 날줄로 엮으려 했다. 또한 학문적 탐구만이 아니라 역사의 현장에서 뛰기도 하고, 북한의 비참한 현실과 민족의 존망에 대해 깊이 고뇌하기도 했다.

1996년 도쿄대학교에서 〈동아시아 패권체제와 코리아〉라는 제법 방대한 논문을 발표한 적이 있다. 이어 하버드대학교에서 〈북한의 체제변화를 위한 국제협력〉을 주제로 연구하기도 했다. 이 연구들을 뼈대로 지난 10년간 책을 쓰려고 몇 번이나 마음먹었으나 시간이 나지 않다가, 필사즉생(必死則生)처럼 시간이 생겼고, 2004년에 초고가 완성되었다.

올해는 일제의 보호국이 된 지 1백 년, 해방된 지 60년, 한일국교가 정상화된 지 40년이 되는 해이다. 책의 주제와 출간의 시점이 일치되어 출간을 재촉했다. 그러나 막상 책의 출판을 앞두고 참으로 부족함을 느낀다. 이 책이 혼란스러운 논쟁에 엉뚱한 오해를 일으키지 않을까 두려워지기도 한다. 독자의 해량(海量)을 바란다. 마지막으로 '코리아의 운명'을 주제로 한 이 책이 '21세기 시스템', '창조적 리더십'으로 이어지는, 언제 완성될지 모르는 3부작의 첫 번째 책임을 밝혀둔다.

2005년 5월

배기찬

초판에 대한 노무현 대통령의 추천사

여러분께 두 가지를 말씀드리고 싶습니다. 대한민국 국민으로서 자신감을 좀 가집시다. 책임 있게 생각하고 말하고 행동합시다. 책임이란 사물의 본질, 문제의 본질을 깊이 있게 구조적으로 분석하고 전략적으로 사고해 해답을 내고, 그 해답에 책임을 지는 것이죠.

이것이 옛날에는 대통령에게만 필요했습니다. 대통령이 모든 것을 결정했기 때문입니다. 이제는 정치인도, 사회지식인도, 나아가 일반 시민에게도 필요합니다. 왜냐하면 시민의 여론, 네티즌이 사회방향을 바꾸고 있기 때문입니다. 이제 네티즌들도 문제의 본질에 접근하고 전략적으로 사고하고 자기 말에 책임을 져야 합니다. 앞으로 언론의 수준만이 아니라, 인터넷의 논쟁과 정보의 수준도 높아져야 합니다.

오늘날 우리 한국의 외교관계나 안보관계의 전략적 방향이 어디로 갈 것인가에 대해 상당히 분석이 잘되어 있는 책이 있어 여러분께 꼭 권하고 싶습니다.《코리아 다시 생존의 기로에 서다》라는 책입니다. 지금까지 교과서라든지 일반적인 글에서 볼 수 없었던, 한반도를 둘러싸고 진행된 역사의 본질적 구조를 제대로 분석하고 오늘날의 현실과 대조해서 상당히 많은 점에서 도움이 될 만한 내용입니다. 이 책이 사람들의 사고를 발전시키는 데 굉장히 도움이 될 수 있다고 생각합니다.

또 이 책은 제가 왜 좌파 같기도 하고, 신자유주의 같기도 하며, 왜 자주하는 것같이 보이면서도 미국에 굴복하는 것처럼 보이는지, 왜 이해할 수 없는 길을 가는지 어느 정도 이해하는 데 도움이 되지 않을까 싶습니다. 여러분이 저를 이해하는 데 이 책이 상당히 도움이 될 것이라는 점에서 꼭 읽어볼 것을 추천합니다.

_2006.3.23. 노무현 대통령의 '국민과의 인터넷 대화' 중에서

"문제의식과 관점이 예리하다." "상황을 보는 눈이 좋다." 이 책을 읽은 노무현 대통령의 종합적인 평이다. 노무현 대통령은 "관념 속에서 생각으로 만들어낸 추론이 아니다. 사실적인 근거를 제시하고 논리를 풀어가고 있는데, 그 사실의 인용이 매우 경제적이고 압축적"이라고 평했다. 한마디로 복잡한 현상을 단순한 구조로 이해할 수 있게 해주며, 특히 한국적 관점에서의 문제 제기라는 점에서 국제정세를 이해하는 데 큰 도움이 된다는 것이다.

이 책은 전체적으로 우리의 미래를 내다보는 데 있어 전부는 아니지만 중요한 하나의 틀을 제시하고 있다. 말하자면 전적으로 의존할 수는 없지만 우리에게 꼭 필요한 하나의 틀을 제공하고 있다는 점에서 높은 평가를 받을 만하다는 것이다. 그러한 감상은 대통령의 이 한마디에 응축적으로 표현되어 있다. "한 번이라도 이 책에서 제시하는 틀로 보지 않으면 문제의 진상을 정확하게 보았다고 말하기는 어려울 것이다."

_2005.10.2. 대통령이 읽은 책, 《코리아 다시 생존의 기로에 서다》, 청와대 홈페이지

대통령은 이 책이 전체적으로 여러 가지 역사적 사실을 명쾌하게 해석해 오늘 우리의 현실을 더욱 잘 이해하게 해준다고 평하면서 특히 세종 부분에 대해서는 관찰과 분석 자체가 매우 새롭고 독창적이라면서 호평을 아끼지 않았다. 대통령은 하늘백성(天民)론과 대화와 협력의 리더십 대목에 대해 강한 인상을 받았다. 세종에 대한 현대적인 해석도 탁월해 이러한 독창적이고 탁월한 분석 덕분에 세종의 위대함을 새삼 다시 생각해보는 기회가 되었다고 고마워했다.

_2005.10.14. 〈세종대왕을 다시 읽은 대통령의 생각 한 자락〉, 청와대 홈페이지

차례

제1장

코리아의 흥망에 대한 보고서

코리아 흥망의
다섯 가지 조건

1백 년 전인 1905년, 일본은 러일전쟁의 승리를 통해 코리아를 보호국으로 만들었다. 이때 해양세력인 영국·일본·미국이 한편이었으며, 대륙세력인 러시아·프랑스·중국이 또 다른 편이었다. 일본은 메이지유신의 주역이자 제국 일본의 초대 총리였던 이토 히로부미를 통감(統監)으로 파견해 식민지배의 기초를 닦았다.

그로부터 10년 전인 1895년, 조선은 러시아의 영향하에 들어갔다. 러시아가 프랑스, 독일과 함께 청일전쟁에서 승리한 일본을 제압했기 때문이다. 삼국간섭 뒤 일본은 친러파의 핵심인 조선의 왕후를 살해했고, 왕은 러시아공사관으로 피신했다. 친러내각이 수립되고, 이후 10년간 러시아는 조선에 강력한 영향력을 행사했다.

그 10년 전인 1885년, 중국은 감국(監國)의 임무를 띤 위안스카이를 파견해 코리아를 실질적인 보호국으로 만들었다. 훗날 중화민국의 초대 대총통이 되는 위안스카이는 일본의 통감 이토 히로부미와 유사한 역할을 했다. 중국은 1882년 구식군대의 임오군란을 진압하면서 조선에 막강한 영향력을 행사했고, 1884년 개화파의 갑신정변을 진압하면서 보호국으로 만들었다. 이때 중국은 조선의 왕을 폐하고 조선을 동북 3성에 편입시켜 식민지로 만들 계획까지 세웠다.

1945년, 코리아는 일제에서 해방되었다. 감격은 말할 수 없이 컸으나 우리 힘으로 일제를 몰아낸 것은 아니었다. 이 세상에 공짜는 없었다. 코리아를 일제로부터 해방시킨 미국과 소련은 코리아를 분할해 점령했다. 이때 19세기 망국으로부터 교훈을 얻지 못한 코리아는 심각하게 분열되었고 구심력이 없었다.

그리고 3년 뒤 분할 점령은 분단정부를 탄생시켰고, 미국과 소련은 그 산파 역할을 했다. 분단정부에 적응하지 못한 세력은 모두 도태되고, 냉혹한 힘의 논리와 역사의 악순환이 지배했다. 분열은 분단으로, 분단은 전쟁으로 치달았다. 고려 통일 이후 1천 년 만에 역사의 시계는 거꾸로 움직였다. 내전으로 시작해 세계전쟁으로 끝난 한국전쟁은 5천 년 민족사상 최악의 비극이자, 근대 인류 역사상 여섯 번째로 큰 전쟁이었다.

일제로부터 해방된 지 20년이 지난 1965년, 한국과 일본의 국교가 정상화되었다. 우리 민족과 일본의 오랜 악연은 골이 깊다. 일본은 2천 년 전부터 우리 가까이에 있었고, 당시 조선문화권의 일원으로 가깝고도 가까운 나라였다. 그러나 기원후 5세기경부터 중국 중심의 세계 질서는 코리아와 일본의 운명을 갈라놓았다. 일본은 중국 세계와 떨어져 고립되어 있었고, 코리아는 중국 중심의 세계 질서 속에서 발전했다.

결정적인 악연은 4백 년 전에 일어났다. 대륙세력이 지배하던 동아시아에 서양세력이 나타났고, 서양세력의 힘을 흡수한 일본은 아시아 제패의 꿈을 안고 조선을 침공했다. 악연은 악연을 더욱 강화시킨다. 악순환이다. 일본과의 역사적 악연은 1백 년 전 식민화로 더욱 심화되었고, 그 이후에도 계속되었다. 국교정상화를 계기로 40년간 이룩한 한일 간의 교류협력은 미약하나마 선순환이 시작될 수 있음을 보여주었다. 그러나 이를 압도할 정도로 강력한 역사 문제, 영토 문제 그리고 일본의 '보통국가화(우경화)'는 악순환을 더욱 강화한다.

한국은 세계전쟁의 잿더미 속에서 1960년대 이후 40년간 비약적으로 성장했다. 세계 10위의 중진국이 되었고, 아시아에서 가장 민주적인 국가가 되었으며, 한류가 아시아 곳곳에 퍼지고 있다. 아시아에서 두 번째로 올림픽과 월드컵도 치렀다. 그러나 휴전선 이북의 조선은 세계에서 가장 비참한 나라가 되었고, 코리아와 주변 강대국의 상대적 국력 격차는 여전하다.

3백 년 전에도 민족문화가 꽃핀 적이 있지만, 우리 민족사에서 가장 찬란했던 시대는 역시 15세기의 세종시대였다. 그리고 11세기 고려도 문명과 무력이 모두 충실한 황금기였고, 8세기 통일신라 또한 당시로써는 최선진국의 대열에 들어갔다. 이때 신라와 어깨를 나란히 한 발해는 '해동성국'이라 불릴 정도로 융성했다. 한편 1천 6백 년 전 코리아는 고구려 천하였다. 2천 년 전 고조선의 멸망 이후 구심력을 상실한 코리아가 고구려를 중심으로 하나의 세계를 형성한 것이다.

21세기의 문턱을 넘은 우리 민족은 지금 흥망의 기로에 서 있다. 한국이 지난 50년간 비약적으로 발전한 것은 코리아 전체가 흥할 수 있는 발판이 된다. 그러나 대원군의 노선을 걷고 있는 북한의 비참한 현실은 1백 년 전처럼 여전히 망국의 길이 열려 있음을 일깨워준다. 그리고 주기적으로 전운(戰雲)이 엄습하는 분단의 현실은 60년 전처럼 여전히 전쟁이 우리 가까이에 있음을 알려준다.

코리아에는 지난 4백 년의 역사를 통해 악순환이 형성되었고, 시간이 갈수록 더욱 강화되었다. 악순환은 저절로 약화되지 않는다. 오직 목적의식적이고 집요한 노력에 의해서만 악순환의 고리가 깨어진다. 지난 50년간 한국이 비약적으로 발전함으로써 악순환을 깨고 선순환을 만들 수 있는 힘들이 축적되었다. 하지만 그 힘은 아직 강력하지 못하다.

이제 우리는 민족의 새로운 운명을 창조해야 한다. 앞으로 10년 내에 코리아가 새로운 운명, 새로운 선순환을 만들 수 있을 것인지 결정이 난다. 운명은 어찌할 수 없는 숙명이 아니라, 필연 속의 자유다. 따라서 새로운 운명을 창조하기 위해서는 먼저 역사의 필연성을 통찰해야 한다. 지난 2천 년간 반복되어온 흥망의 원인과 그 확대재생산의 메커니즘을 발견해야 한다. 그리고 역사에 대한 통찰력을 바탕으로 우리 스스로 길을 선택해야 한다. 따라서 지금 우리에게는 코리아의 흥망에 대한 보고서가 필요하다. 이를 위해 코리아 흥망에 대한 다섯 가지 조건을 설정해본다.

첫째, 문명과 무력의 핵심을 파악하는 것이다. 문명은 인류 역사의 새로운 질을 의미한다. 농업혁명의 결과, 동아시아 최초의 문명은 4천 년 전 중국에서 발생했다. 3백 년 전에는 영국에서 산업혁명을 통해 산업문명이 출현했다. 그리고 오늘날의 미국은 제2차 산업혁명과 정보통신혁명을 통해 새로운 문명임을 자부한다. 새로운 문명은 새로운 무력을 낳고, 이 둘이 결합되어 세계패권 국가가 등장한다. 이 패권국가는 세계 모든 나라의 운명에 결정적인 영향을 미친다. 따라서 문명과 무력의 중심인 패권국가의 동향을 제대로 파악하는 것이 민족의 흥망에 아주 중요하다. 역사에서 융성했던 시대는 문명과 무력의 핵심을 정확히 파악한 시대였다. 반면 쇠망의 시대에는 이 핵심을 꿰뚫어보지 못하고, 방황하고 적대했다.

둘째, 진취적인 비전을 널리 공유하는 것이다. 진취적 비전은 문명과 무력의 핵심을 파악하고, 국민의 절실한 요구를 결집할 때 생겨난다. 이러한 진취적인 비전을 제시하지 않고는 민족의 운명을 개척할 수 없다. 그리고 운명을 바꿀 정도의 큰 힘은 오직 진취적 비전을 널리 공유할 때만 생긴다. 우리 민족사의 황금기인 세종시대는 진취적 비전에 매진한 시대였다. 반면 민족사의 망국기인 고종시대는 진취적 비전을 갖지도, 널리 공유하지도 못했다.

셋째, 통합으로 구심력을 확고히 하는 것이다. 이를 위해 우선 문명의 핵심에 부합하는 우리의 가치, 우리의 정체성을 명확히 인식해야 한다. 코리아의 현실에 확고히 발을 딛고 서야 하는 것이다. 그리고 서로의 가치를 인정하고 조화시키며, 이질성을 용인하고 다양성을 존중하는 관용과 포용의 정신이 필요하다. 나아가 분열과 갈등을 조장하는 부패와 낙후를 혁신해야 한다. 올바른 혁신을 통해 우리는 더욱더 큰 통합을 이룰 수 있기 때문이다.

우리나라 주변에는 패권력을 가진 4대국이 자리하고 있고, 이들이 강력한 흡인력을 발휘해왔다. 비유컨대 코리아에는 '원심분리기'가 작동하고 있다. 따라서 확고한 구심력이 없으면 강력한 원심력이 우리를 지배한다. 목적의식적으로 통합을 추구하지 않으면 자연스럽게 분열된다. 그래서 통합의 리더십이 민족의 흥망을 결정한다. 우리는 임진왜란과 정묘호란, 일제식민지배와 한국전쟁이라는 풍전등화 같은 민족의 위기 앞에서 권력투쟁으로 심각하게 분열되었다는 점을 명심해야 한다.

넷째, 학습과 창조로 세계 최고가 되는 것이다. 앞선 시대, 앞선 나라를 배우고 익히지 않고는 세계 최고가 될 수 없다. 그러나 창조력 없이 배우고 익히기만 한다면 또한 세계 최고가 될 수 없다. 지난 2천 년의 역사에서 세계를 이끄는 대국의 등장은 항상 학습과 창조의 결과였다. 이탈리아의 도시국가, 포르투갈과 스페인, 네덜란드와 영국, 그리고 미국과 일본까지 모두 엄청난 학습열을 보였고 창조력을 발휘했다. 선진국으로부터 때로는 모욕을 받고 수난을 당하면서도 집요하게 배우고 창조적으로 혁신했다. 세종은 학습과 창조로써 새로운 문명을 만들었다. 한국의 지난 50년간의 성공은 미국과 일본 등 선진국을 열심히 배우고 익힌 결과다. 그러나 학습만 있고 창조력이 없다면 선진국으로의 질적인 도약을 할 수 없다.

다섯째, 힘의 근원인 국민과 함께하는 것이다. 민족의 흥망을 결정하고 코리아의 운명을 개척하는 힘의 근원은 국민이다. 주변 4대국은 막강하나 그것은 우리의 힘이 아니다. 우리가 외세를 일시적으로 이용할 수는 있다. 그러나 강력한 외세는 항상 그 이상의 반대급부를 요구한다. 따라서 국민에게서 나오는 힘만이 진짜 힘이다. 국민에게서 나온 힘은 국민을 더욱더 강화시키지만, 외세에의 의존은 국민을 점점 더 약화시킨다. 비록 초라하고 어리석어 보일지라도, 국민과 함께해야 운명을 바꿀 수 있는 힘이 축적된다.

이상 다섯 가지 조건에 초점을 맞추어 2천 년간 부침해온 코리아의 흥망을 살펴보려고 한다. 이때 세계의 움직임과 관련해 무엇보다 주목해야 할 것은 '문명'과 '야만', '무력'과 '정치력'이라는 대조적인 개념이다. 이 네 가지 개념은 인류 최초의 문명 탄생에서부터 오늘날에 이르기까지 세계 질서를 분석하는 데 강력한 도구가 된다.

코페르니쿠스적 전환

미국의 대표적 전략가인 헨리 키신저는 1994년, 한평생에 걸친 그의 경험과 지식을 집대성해《외교(Diplomacy)》라는 책을 집필했다. 그는 세계를 이끌어가는, 미국의 외교 업무에 종사하는 사람들에게 이 책을 헌정했다. 이 책의 제1장 〈새로운 세계 질서〉는 "마치 어떤 자연의 법칙에 따르는 것처럼, 모든 세계에는 자신의 가치에 따라 전 국제체제를 형성하고, 자신의 힘과 의지, 지적인 능력으로 새로운 질서를 추구하는 국가가 등장하는 것처럼 보인다"[1]라는 말로 시작한다.

키신저와 함께 미국을 대표하는 전략가인 즈비그뉴 브레진스키도 1997년 미래의 세계를 만들어나갈 학생들에게《거대한 체스판 – 21세기 미국의 세계전략과 유라시아》라는 책을 선사했다. 이 책의 제1장 〈새로운 형태의 헤게모니〉는 "헤게모니(패권)는 인류의 역사만큼이나 오래된 것이다. 그러나 최근 미국의 세계 일등적 지위는 그 출현 속도와 지리적 범위, 그리고 행사 방식의 측면 등에서 볼 때 매우 독특한 것이다. 지난 1백 년 동안 미국은 (…) 전대미문의 세계 강국으로 변화하였다"[2]라는 내용으로 시작된다. 키신저와 브레진스키 모두, 미국이 세계를 이끌어왔고, 이끌어가고 있으며, 나아가 미래에도 이끌어갈 수밖에 없다는 생각을 분명히 한 것이다.

20세기 세계제국 미국에는 키신저와 브레진스키, 19세기 세계제국 영국에는 벤자민 디즈레일리 같은 전략가들이 있었다. 마찬가지로 1천4백 년 전, 세계제국 중국의 수·당 시대에는 배구(裴矩)라는 전략가가 있었다. 배구는 수·당 양 시대에 걸쳐 지속적으로 고구려를 정벌해야 한다고 주장했는데, 그 논리는 바로 "중국과 주변국(夷狄)의 관계는 태양과 뭇별(列星)의 관계와 같기에 복속시켜야 한다"[3]라는 것이다.

키신저는 마치 어떤 '자연법칙'에 따르는 것처럼 새로운 세계 질서를 추구하는 국가가 등장한다고 말했다. 반면 배구는 태양계의 자연법칙처럼 '세계 질서'를 만들어야 한다고 주장했다. 총리로서 7세기 세계제국 당(唐)을 이끈 배구와 국가안보보좌관과 국무장관으로서 20세기 세계제국 미국을 이끈 키신저는 패권적 국제질서에 관한 한 '자연법칙'과 '세계 질서'가 상통한다고 생각했다.

그리고 1천4백 년 전 배구가 중화체제의 전통에 따라 세계를 중국 중심의 엄격한 서열 구조로 파악한 것과 같이 브레진스키는 21세기의 세계를 '일등적 지위, 서열 구조, 궤도'라는 말로 표현한다. "과거의 제국은 속방과 조공국, 보호국과 식민지 등으로 이루어지는 서열 구조에 기초하고 있었으며, 그러한 서열 구조 외부의 세계는 대체로 야만세계로 간주되었다. 이와 같은 용어는 물론 시대

착오적인 것이지만, 오늘날 미국의 궤도 안에 든 국가를 묘사하는 데 전혀 부적합하다고만은 볼 수 없다"[4]라는 것이다.

결국 배구나, 브레진스키, 키신저 모두 세계를 패권국 중심의 체제(Hegemony System)로 보았다. 이들에 의하면 세계는 그리고 세계사는 동등한 국가들의 평등한 외교관계에 의해 움직이는 것이 아니다. 힘센 나라가 있고 힘이 약한 나라도 있다. 질서를 만드는 나라가 있고, 만들어진 질서에 순응해야 하는 나라도 있다. 우리의 의지와 무관하게 이것이 역사법칙이자 자연법칙이라는 것이다.

오래전 태양계를 '제국'으로 묘사한 〈신비의 제국, 태양계〉라는 TV프로그램을 본 적이 있다. 그것을 보면 아무런 의지도, 전략도 없는 '자연현상'이 마치 인간의 '역사법칙'을 따르는 것처럼 보인다. 우리가 과도한 동일화의 오류에 빠지지 않는다면, 세계패권체제를 파악하는 가장 단순한 모델로 '신비의 제국 태양계'를 생각할 수 있다.

먼저, 세계패권국이 만들어지는 과정은 태양의 형성 과정과 유사하다. 태양은 우주 대폭발로 우주 공간에 널려진 수많은 물질들이 중력으로 결집돼 만들어진다. 이것이 거대해져 스스로 빛을 내는 것이다. 중국·포르투갈·스페인·네덜란드·영국·미국 등 세계패권국도 예외 없이 형성 초기에는 주변에 있는 각종 세력과 선진의 지식들을 포용하고 결합했다. 그리고 시대의 새로운 요구에 '문명'이라는 이름으로 각종 가치를 제공함으로써 빛을 발했다. 이렇게 형성되는 패권국은 인정(仁政)을 베푸는 부드러운 가장의 모습, 왕도(王道)를 보일 때도 있지만, 무력을 행사해 강제적으로 주변을 굴복시키는 패자의 모습, 패도(覇道)를 보일 때도 있다.

세계패권체제에서 패권국의 힘은 '국제체제에 질서를 부여하고, 유지하며, 재생산하는 능력'이다. 기본적으로 군사·경제·정치·문화·이데올로기 등에서 종합적인 능력을 갖고 있는 나라가 패권국이 된다. 여기서 패권국의 힘에는 두 가지[5]가 있다. 하나는 군사력, 경제력과 같은 '단단한 힘(Hard Power)'이다. 회유와 위협으로 타국의 입장 변화를 유도 혹은 강제하는 것이다. 다른 하나는 '부드러운 힘(Soft Power)'이다. 이는 '자국이 바라는 것을 다른 나라들이 원하게끔 만드는 것'이다. 문화적 매력과 외교력, 국제법과 국제기구를 만들어내는 정치력이 이에 해당한다. 여기서 '단단한 힘'은 과도한 군비 증강에 의한 국가적 피폐, 전쟁, 기술 이전 등에 의해 소모된다. 반면 '부드러운 힘'은 오만함이나 다른 나라의 주장에 냉담한 태도를 보이는 행동, 편협한 국익접근방식 등에 의해 소모된다.

둘째, 태양이 태양계를 만들듯, 패권국은 세계체제를 만든다. 태양의 중력권과 유사하게 패권국이 문명과 무력을 통해 만든 세력권을 '세계' 또는 '천하'라고 부른다. 자유세계, 공산세계, 평천하(平天下) 등이 그 대표적 예다. 키신저가 《외교》에서 말한 것처럼, 이 세계체제는 기본적으로 패권국 '자신의 가치에 따라, 자신의 힘과 의지 그리고 지적인 능력'으로 만들어진다. 따라서 세계는 모두 패권국을 닮게 되는 것이다. 패권국은 세계가 자신을 닮도록 만들기 위해 '문명'과 '야만'의 개념을 사용하고, '무력'과 '정치력'을 동원한다.

철제무기로 무장한 중국의 한제국(漢帝國)은 상·주·춘추전국·진 시대에 자국에서 만들어진 제도를 세계에 적용시켰다. 그리고 문명과 야만을 구분하는 중화사상과 유일한 문자인 한자, 유교를 비롯한 중화문명으로 중국 중심의 세계 질서(중화체제, Pax Sinica)를 만들었다.

로마군단으로 대표되는 로마는 '로마의 법'에 따라 다른 민족과의 관계를 정립해 로마에 의한 세계평화, 즉 '팍스 로마나(Pax Romana)'를 구축했다. 이민족도 로마 시민이 될 수 있었고, '나는 로마 시민이다'라는 것이 자존심의 근원이었다.

함포로 무장한 대영제국은 근대학문과 기술의 본고장이 되었고, '영국 신사'가 세계적 품위와 명예의 대명사가 되었다. '팍스 브리타니카(Pax Britannica)'는 19세기 영국 중심의 세계 질서를 상징했다. 육·해·공군과 핵무기로 무장한 미국은 현대적 과학기술문명을 선도한다. 미국은 제국주의 이후의 새로운 세계 질서 '팍스 아메리카나(Pax Americana)'를 만들었다. 20세기는 미국의 시대였고, 미국 시민권자가 되기 위해 세계에서 사람들이 몰려들었다. 영국과 미국 모두 자유민주주의와 자유시장체제를 세계에 확산시켰다.

한편 패권국가의 정치·경제·사회 시스템과 문화·이데올로기는 그 세계 전체로 확산되고, 그 세계에 속한 국가의 내부까지도 규정한다. 세계가 하나의 유기체, 곧 세계체제가 되는 것이다. 따라서 전 세계로 확산되는 파급력과 소속국의 내부까지 파고드는 침투력이 있을 때, 비로소 온전한 의미의 세계패권체제라고 할 수 있다.

셋째, 태양계가 생성과 소멸을 반복하듯, 패권체제 또한 생명주기를 갖고 있다. 대륙의 중원에서 수많은 부족국가들이 하(夏)·상(商)을 거쳐 주(周)나라가 된 것은 태양의 생성 과정과 유사하다. 그러나 이것이 춘추시대로 분열된 것은 태양의 소멸 과정에 비유될 수 있다. 중국문명의 중심에서 가장 멀리 떨어진 진(秦)이 전국시대를 거쳐 중국을 통일하고, 뒤이어 한(漢)이 성립된 것은 새로운 태양의 생성이다. 동아시아 세계를 하나로 만든 한제국이 붕괴되자 3국시대와 5호16국의 분열시대가 전개되었다. 그러나 분열시대가 종식되고 북방민족과 한족의 통합체제인 수·당제국이 출현함으로써 새롭고 강력한 태양이 다시 출현한다. 그러나 당 또한 에너지가 다한 뒤에는 거란·여진의 요·금과 한족의 송으로 남북이 분단된다. 결국 중화체제의 가장 바깥에 있던 몽골이 이전과는 전혀 다른 차원의 세계제국으로 등장한다. 그리고 몽골제국의 해체 이후에는 명과 청으로 다시 새로운 태양이 만들어진다. 그러나 중화체제에서 가장 멀리 떨어져 있던 서양과 일본에 의해 중화체제는 해체되고, 반세기의 혼란을 거친 이후에야 공산중국이라는 새로운 구심이 등장한다.

대륙에서 몽골이 세계제국을 건설하고 있을 때, 해양에서는 아시아와 유럽을 연결하는 지중해의 도시국가 베네치아와 제노바가 등장했다. 이들이 지중해와 대서양의 접점에 위치한 이베리아 반도의 포르투갈과 스페인으로 연결된다. 새로운 해양적 태양이 만들어진 것이다. 이어서 북해 연안의 네덜란드가 포르투갈의 항로를 따라 해양강국으로 등장한다. 그리고 네덜란드의 뒤를 이어 대서양의 섬나라 영국이 해양의 패권세력으로 등장하고, 뒤이어 대서양과 태평양을 끼고 있는 미국이 해양과 대륙을 아우르는 새로운 태양이 된다.

태양의 일생처럼, 패권이론에서는 패권국의 일생을 세계대국, 비정통화, 탈집중화, 세계전쟁 등 네 단계로 구체화했다. 패권의 일생

에 대해서는 모델스키(G. Modelski)의 이론이 가장 대표적이다.[6]

1단계는 세계대국이다. 이때 세계대국에 권력이 집중되고, 세계 대국이 만든 세계 질서에 대한 정통성이 제일 강하다. 이 단계에서 세계대국은 가장 많은 정치적 재화와 서비스를 세계에 공급하고 세계체제는 안정을 누리게 된다. 특히 세계대국은 군사력으로 세계의 경찰 역할을 하고, 각종 국제기구를 독점적으로 공급한다.

2단계는 비정통화의 단계이다. 세계대국이 질서 유지를 위해 만든 국제기구가 부실해지고 에너지가 고갈된다. 세계대국의 지나친 주도적 역할이 다른 강대국들을 자극해 관습적으로 인정된 이전의 지배적 권위가 소멸하기 시작한다.

3단계는 탈집중화의 단계로, 권력이 좀 더 분산된 다극구조로 이행한다. 세계대국의 지위는 더욱 쇠퇴해 세계 질서를 유지할 능력을 잃게 되고, 도전국이 등장하기 시작한다.

4단계는 대결 구도가 확연해지면서 패권승계의 투쟁이 일어나는 단계이다. 이전에 패권국가와 연합한 세력 중에서 이탈한 국가 또는 패권국에 적대적인 세력이 새로운 연합을 통해 도전국이 된다. 그러나 이때 학습과 각종 제도적 혁신이 일어난다면 패권전쟁이 순환적으로 반복되지는 않는다.

넷째, 태양계 내의 행성들이 자신의 위성을 갖듯이 패권국이 아닌 패권 도전국 또는 지역 강국들이 영향력을 행사하는 영역이 있다. 국제정치학에서는 이것을 세력권, 이익권 또는 지역체제라고 한다. 중화체제에서는 이것을 '소중화(小中華)의 소천하(小天下)'라고 부른다.

오르갠스키(A. Organski)는 패권국이 창조한 국제질서에 만족하지 않고, 자기중심으로 새로운 질서를 만들려는 나라를 '패권 도전국'으로 규정했다.[7] 태양계에서는 16개의 위성을 가진 목성이 이와 유사하다. 그러나 목성은 태양처럼 빛을 발하지 못한다. 과학자들은 태양계 서열 2위인 목성이 서열 3위인 토성과 결합되었다면 자체 중력으로 핵융합이 일어나 빛을 발했을 것이라고 추론한다. 그러나 그들은 결합하지 못했다. 역사에서도 도전국의 위치에 있는 서열 2, 3위국이 결합한 경우는 거의 없다. 영국 패권 시에 프랑스와 독일, 독일과 러시아가 제대로 결합하지 못했고, 제2차 세계대전 이전에 소련과 독일·일본도 결합하지 못했다. 한국전쟁 뒤에는 곧바로 소련과 중화인민공화국이 분열되고 서로 적대했다.

패권국과 도전국 간의 격차가 급속히 좁혀질 때는 전쟁이 발생할 수 있다. 자신의 힘을 과신한 도전국이 국제질서를 재편하기 위해 패권국에 도전하면 미숙한 전쟁이 일어난다. 또한 패권국은 도전국의 힘이 더 커지기 전에 제압하려는 '예방전쟁'을 일으키기도 한다. 그러나 도전국이 패권체제에 순응하면서 태양이 폭발할 때까지 인내한다면 새로운 태양을 만드는 주체가 될 수도 있다.

근대에 등장했던 러시아제국, 독일제국과 일본제국, 공산주의 소련과 중국은 패권 도전국이었다. 이들은 시대의 요구에 따른 새로운 국제질서를 만들지 못했다. 즉 정치경제·사회문화적으로 인류사의 새로운 단계에 필요한 혁신의 빛, 문명의 빛을 비추지 못한 것이다.

마지막으로 신비의 제국 태양계에서 가장 신비스러운 나라는 지구다. 지구는 태양도, 목성도 아니다. 그러나 태양계에서 유일하게 아름답고, 풍부한 생명체가 살고 있다. 지구는 1년에 한 번씩 태양

주위를 돌지만, 지구의 주위를 도는 위성도 하나 있다. 만일 지구가 수성처럼 태양 쪽에 가까이 있었다면, 생명체가 살 수 없을 정도로 뜨거운 곳이 되었을 것이다. 하지만 화성처럼 더 멀리 떨어졌다면, 생명체가 살기에는 너무 춥고 황량한 곳이 되었을 것이다. 태양계의 지구와 같은 나라가 세계역사에도 있었다. 필자는 그 대표적 사례가 중국 중심의 세계체제에 있었던 '세종시대'의 조선이라고 생각한다. 세종시대는 당시 동아시아 세계에서는 가장 살기 좋은 나라였고, 여진과 일본이 일종의 위성처럼 조선의 영향을 받았다. 중국과 같은 비인간적인 황제독재체제가 아니라 참으로 인간적인 문명이 꽃피었다.

지난 2천2백 년간 동아시아의 세계사는 패권의 역사였다. 우리의 민족사는 이것의 직접적 영향권에 있었다. 그리고 세계는 '패권체제'였다. 서양에서는 로마제국이 해체된 뒤 1천여 년간 비슷한 크기의 봉건영주들이 이합집산했다. 그리고 17세기 〈베스트팔렌조약〉 이후 3백 년간 비슷한 크기의 국민국가들이 국가주권을 붙들고 서로 경쟁했다. 그러나 동아시아 세계는 춘추전국시대, 남북조의 분열시대를 제외하고는 2천 년의 역사가 대부분 패권에 의해 전개되었다. 따라서 서양사의 관점에서는 패권체제가 하나의 일탈 혹은 특수한 시대의 산물로 보일 수 있다. 그러나 우리의 역사에서는 패권체제야말로 역사를 제대로 설명하는 유력한 관점이 된다. 이 점에서 세계와 역사를 인식하는 발상의 전환이 필요하다.

많은 사람들이 '코페르니쿠스의 혁명'을 말한다. 그렇다면 이 혁명의 본질은 무엇일까? 이 혁명의 본질은 관점의 변화다. "코페르니쿠스는 우주의 중심을 지구에서 태양으로 옮기자 여태까지 아주 복잡하게만 보이던 운동들이 매우 간단해진다는 것을 알았다. 즉 태양 위에 올라서서 본다면, 모든 행성들이 원 궤도를 그리며 이동하는 모습이 쉽게 눈에 들어온다는 것을 발견한 것이다."[8]

지구에서 태양으로 중심점을 옮기고 태양 위에 올라서서 태양계를 보는 것이 코페르니쿠스 혁명의 핵심이다. 우주만 그런 것이 아니라 세계와 역사도 마찬가지이다. 자기중심으로 세계를 볼 수 있고, 자국 중심으로 역사를 볼 수도 있다. 이것이 마음을 편안하게 하고 만족감을 줄 수도 있다. 그러나 이러한 관점은 세계와 역사의 진실을 알 수 없게 하고, 이들의 변화에 제대로 대처할 수 없게 만든다. 세계와 역사가 온통 복잡하게만 느껴지고, 자기중심으로 움직이지 않는 세계에 대한 불만과 분노만이 일어날 뿐이다. 이러한 상태로는 우물 안 개구리 신세를 면할 수 없다.

세계와 역사를 정확하게 인식하기 위해서는 불편하고 불만족스럽더라도 세력관계를 규정하는 중심적이고 핵심적인 힘에 주목해야 한다. 그리고 그 핵심적인 힘의 어깨에 올라서서 세계를 조망해야 한다. 관점을 마음 편한 코리아의 시각에서, 불편하지만 운동의 핵심인 패권국의 시각으로 옮겨서도 볼 수 있는 용기와 능력이야말로 혁명의 동력이다. 따라서 패권국과 패권체제의 머리 위에 올라서서 부릅뜬 두 눈으로 역사와 세계를 볼 수 있다면, 우리는 더욱 깊고 자세하게 세계와 우리 자신을 인식할 수 있을 것이다.

코리아의 상공에서 부딪치는
4개의 힘

코리아를 규정하는 힘을 파악하기 위해 이 책에서 일차적으로 사용하는 것은 '대륙세력'과 '해양세력'이라는 개념이다. 좌표의 X, Y 축처럼 앞으로 이 책에서는 필요에 따라 대륙세력을 X, 해양세력을 Y로 표현한다. 이제부터 지도를 펴놓고 대륙세력과 해양세력이 어떻게 형성되고 어떻게 움직이는지 살펴보자.

동아시아는 13세기 몽골의 유라시아 제패 이전에는 그 자체가 하나의 세계였다. 다시 말해 지구의 다른 세계로부터 독립된 독자의 세계였던 것이다. 또한 지난 2천여 년의 동아시아 세계에서 정치군사적으로 영향을 미친 대륙세력은 히말라야 산맥의 북쪽, 우랄 산맥의 동쪽에 존재하는 세력으로 한정되었다. 인도나 페르시아, 유럽 세력은 지구 차원의 세계체제가 형성되기 전까지 동아시아에서 대륙세력으로는 큰 의미가 없었다. 불교의 전래와 무역 정도가 예외였다.

한편 대륙세력은 만리장성(萬里長城)을 기준으로 이남은 A, 이북은

코리아를 둘러싼 패권의 양상

B로 뚜렷이 구분된다. '동아시아 역사는 만리장성 이북과 이남의 투쟁의 역사'라는 말처럼, 만리장성 이북과 이남은 역사적으로 크게 구별되는 지역이다. 이남이 농경민족이라면 이북은 유목민족이었다. 이 둘은 전혀 다른 생산양식, 생활방식에 의해 2천 년 이상 대륙에서 가장 중요한 대립 축이 되었다. 따라서 대륙세력을 한족을 중심으로 주로 만리장성 이남에서 활동한 XA와 유목민족을 중심으로 주로 만리장성 이북에서 활동한 XB로 표현한다. 여기서 특히 주목할 점은 말갈족·여진족과 동류인 만주족이 17세기 중반 청을 건국해 만리장성의 이남(XA)으로 들어가자, 그 자리를 러시아가 대신

했다는 점이다. 러시아가 아시아 동북의 대륙세력(XB)이 됨으로써 이전의 대립 구도가 재생산되었다.

Y로 표현되는 해양세력은 대항해시대가 열리기 전까지는 대륙세력에 대항하는 축이 되지 못했다. 당·송 그리고 원대에 이르기까지 동아시아의 역내·역외 무역이 아주 발전했지만, 이것이 정치·군사적인 의미를 띠지는 못했다. 그리고 14세기 말과 16세기 중엽 동아시아에 광범위하게 등장했던 왜구도 패권 구도의 한 축이 아니라, 규모가 큰 '해적'에 불과했다. 해양세력이 패권체제의 한 축으로 등장하는 것은 16세기에 포르투갈과 스페인이 물산과 포교를 위해 동아시아로 진출한 이후이다. 서양세력과 왜구, 그리고 통일일본이라는 3자가 결합되었을 때, 비로소 대륙세력에 대항하는 해양세력이 성립된다. 해양세력의 존재는 1592년 임진왜란에 의해 최초로 과시된다. 해양세력으로서의 일본을 여기서는 YC로 표시한다.

코리아 주변에 등장하는 또 하나의 해양세력은 포르투갈과 스페인, 네덜란드와 영국, 뒤이은 미국 등 이른바 서양세력이다. 대항해시대인 16세기의 포르투갈과 스페인은 무역을 위해 항구를 만들고, 거점을 지배하면서 진출해왔다. 17·18세기의 네덜란드는 포르투갈의 거점을 장악하면서 인도네시아를 식민화했다. 18·19세기의 영국은 인도, 미얀마, 말레이시아, 홍콩, 나아가 오스트레일리아, 뉴질랜드 등을 식민화해 해양의 대제국을 건설했다. 미국은 1854년 일본을 개항시키고, 1898년 스페인과 전쟁을 벌여 필리핀을 획득했으며, 태평양전쟁을 통해 해양패권을 완전히 장악했다. 이렇게 해양으로 진출해온 서유럽과 미국을 YD로 표시한다.

여기서 A, A′, a, a′는 그 순서대로 국력의 강약과 영향력의 크기를 표시한 것이다. 예를 들어 A는 해당 지역에서 패권을 행사할 정도의 국력을 의미한다. 반면 a′는 해당 지역에 약한 영향력을 미치는 국력을 의미한다. 지난 2천 년간 동아시아패권의 핵심이었던 대륙세력(XA)을 중심으로 역사를 시기적으로 구분하면 열 개의 시기로 나눌 수 있다. 기원전 2세기 동아시아 세계에서 최초로 패권체제가 성립되는 한무제(漢武帝) 시기를 제1기로 하고, 1991년 소련 해체 이후 오늘날까지를 제10기로 하여, 코리아를 둘러싼 패권의 변화 양상을 그림으로 표시하면 다음과 같다.

2천여 년의 역사를 통해 동아시아에는 대륙세력과 해양세력을 가르는 하나의 뚜렷한 선이 만들어졌다. 이것은 정치군사적·경제사회적 '대분단선(大分斷線, Z)'이라고 부를 수 있다. 이 구분선은 동해와 한반도, 동중국해, 대만과 남중국해를 통과한다. 새뮤얼 헌팅턴은 《문명의 충돌》에서, 브레진스키는 《거대한 체스판》에서 코리아와 대만, 그리고 베트남을 모두 중화문명권, 중국세력권에 포함시킨다. 따라서 대분단선을 '동해-대한해협-동중국해-남중국해'의 선으로 상정한다. 그리고 이 구분선에 따라 헌팅턴은 중화문명과 구분되는 일본문명을 상정한다. 그러나 이러한 대분단선에 대한 인식은 잘못된 것이다.

동아시아 2천 년의 역사를 면밀히 살펴보면 코리아와 대만, 그리고 베트남은 대륙세력과 해양세력의 경계에 있다. 즉 대분단선 위에 놓여 있는 것이다. 코리아는 38선을 경계로, 베트남은 북위 17도선을 기준으로 남북이 나뉘며, 대만은 청대를 제외한 거의 전 기간 동안 중국 대륙과 분리된 해양세력이었다. 따라서 이들 세 개 지역이 대륙과 해양 중 어디에 편입되는가는 대륙과 해양의 세력관계에서 아주 중요한 척도가 된다. 1950년 1월, '한국전쟁' 직전에 애치슨은 이 '대분단선'을 모호하게 표현했다.

대륙세력 내에서도 대륙세력과 해양세력을 가르는 만큼이나 뚜렷한 분단선이 존재한다. 이 선은 근대 이전에는 만리장성이 그 기준이었고, 근대 이후에는 중국과 러시아제국(소련)의 국경선이 그 경계이다. 대륙은 근대 이전의 3천여 년간 농업문명권과 유목문명권으로 대별되었고, 근대 이후에는 중국의 영향권과 러시아의 영향권으로 나누어진다. 대륙세력(X)과 해양세력(Y)이 진정한 의미에서 하나가 되기 힘든 것처럼, A와 B는 해양세력(Y)에 대해서는 수시로 공동전선을 형성하나 진정한 의미에서 하나가 되기 어렵다.

러시아의 영향권에는 이전에 유목민족이었던 몽골을 비롯해 카자흐스탄, 우즈베키스탄 등 '스탄'계 국가들이 포함되어 있다. 과거 유목문명권에 포함되어 독립국가를 형성해온 민족 중에서 현재 중국에 포함되어 있는 지역은 티베트, 신강, 내몽골 지역이다. 이 지역들은 앞으로 분쟁의 대상이 될 수 있다. 반면에 과거 한때 중국의 영향권에 편입된 적이 있으나 지금은 러시아의 영향권에 있는 몽골과 '스탄'계 국가의 향방도 대륙 내의 세력관계를 읽는 데 아주 중요하다.

해양에는 일본(C)과 서양(D)을 구분 짓는 선이 있다. 여기서 일본은 4년간의 태평양전쟁을 제외하면 거의 전 기간 동안 서양세력과 밀접한 관계를 맺었다. 16세기 일본 통일기에는 포르투갈·스페인, 도쿠가와 시대에는 네덜란드, 메이지유신 이후에는 영국과 미국, 그리고 제2차 세계대전 이후에는 미국이 그 상대였다.

일본은 서양세력과 연합하거나 동맹했을 때 비로소 동아시아에서 힘을 발휘할 수 있었다. 그러나 대륙을 지향하며 서양세력에 등을 돌렸을 때는 파멸의 순간이 찾아왔다. 이렇게 일본이 해양세력인 영국의 위협에 굴복하고(19세기), 미국과의 전쟁에서 패배한 것(20세기)은 일본의 운명과 관계된다. 일본인은 이것을 잘 알고 있다. 따라서 일본과 구미(歐美)는 일체쌍두(一體雙頭)처럼 활동하는 경향이 강하다. 대륙에서 A와 B의 관계보다 해양에서 C와 D의 관계가 훨씬 긴밀하다. 패권체제의 역사를 통해 드러난 것처럼 해양세력 내부의 대립은 일시적이나, 그 결합력은 매우 강하고 지속적이다. 바다가 육지에 비해 잘 나눠지지 않는 것과 같다.

한편 해양세력 내부의 세력관계에서 바로미터가 되는 것은 류큐(현재의 오키나와)·대만·필리핀·싱가포르 등이다. 이 네 지역을 장악하는 나라가 해양패권을 장악했다. 따라서 이들 지역의 향배(向背)는 해양패권, 나아가 동아시아 지역의 패권에서 아주 중요한 의미를 띤다. 제2차 세계대전 이후 지금까지 미국이 이들 네 지역을 자신의 영향권 아래에 두고 있다.

2천 수백 년의 역사에서 코리아는 대륙세력과 대륙세력, 대륙세력과 해양세력이 서로 맞부딪치는 곳이다. 우선 코리아는 대륙세력인 XA와 XB의 대치점이다. 지난 2천 년간 양대 대륙세력은 코리아를 자신의 편으로 끌어들이기 위해 노력했고, 전쟁도 불사했다. 고구려가 XA(수·당)를 견제하기 위해 XB(돌궐)와 동맹을 맺으려고 노력한 것을 제외한다면, 코리아는 일관되게 XA와 문명적 유대감을 보

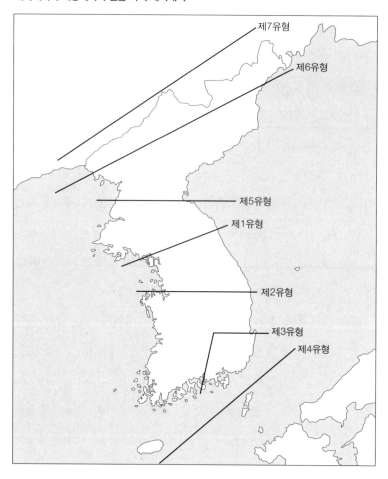

였다. 이는 XA와 농업문명을 공유했기 때문이다. 반면 야만으로 생
각한 XB에 대해서는 적대하거나 마지못해 굴복했다. 요·금·원·청
이 그 대표적 경우다.

한편 4백 년, 1백 년 그리고 50년 전, 해양세력과 대륙세력은 코
리아를 차지하기 위해 대규모 전쟁을 벌였다. 마치 장마철의 기상도
에서 한랭전선과 온난전선이 서로 진퇴를 거듭하면서 코리아 상공

에서 맞부딪치는 것과 유사한 양상이 나타났다. 이때 대륙세력(XA, XB)은 한편이 되었고, 해양세력(YC, YD) 또한 한편이 되었다. 역사에서 나타난 해양세력과 대륙세력의 세력관계는 앞의 그림과 같은 전선도(前線圖)로 표시할 수 있는데, 여기에는 우선 일곱 가지의 유형이 나타난다.

제1유형: 북위 38도선은 대륙과 해양의 대분단이 지나가는 선으로 대륙세력과 해양세력이 팽팽할 때 나타난다. 일제 해방 후 미소의 분할점령선이자 현재의 휴전선이고, 1백 년 전 일본과 중국 및 러시아의 힘이 팽팽했을 때 서로가 분할을 요구한 선이기도 하다. 4백 년 전 도요토미는 중국과의 강화교섭 때 남도 4개 도를 요구했는데, 이 선의 이남에 해당한다. 그리고 1천3백 년 전 고구려를 멸한 중국의 당은 38선(예성강) 이북을 차지했다. 2천1백 년 전에는 이 선을 경계로 이북에는 '조선'이, 이남에는 '한국(辰)'이 존재했으며, 한무제는 38선 이북에 있었던 조선을 멸하고 사군(四郡)을 설치했다.

제2유형: 북위 37도선, 곧 금강을 경계로 한 선이다. 이 선은 코리아에서 북의 세력이 남의 세력보다 좀 더 우세할 때 형성된다. 고구려의 최대 남하선이 이 선이며, 충주의 중원고구려비가 그 표식이다. 1951년 한국전쟁에 참전한 중공군이 이 선까지 내려왔고, 1597년 정유재란 시 일본군은 조·중 연합군에 의해 이 선에서 저지되었다.

제3유형: 낙동강선, 또는 낙동강 유역이다. 이 지역은 대동강에서 압록강에 이르는 지역이 중국과 밀접한 관계를 가진 것처럼 고대로부터 일본과 밀접하게 관계되는 지역이다. 야요이문화, 그리고 야마

토와 일본국을 만든 사람들이 이 지역을 통해 일본으로 건너갔다. 조선시대에는 왜관이 있었고, 도요토미의 일본군이 평양을 점령했다가 이곳으로 철수해 방어했다. 해양세력에게 이 선은 일종의 불후퇴 방위선이다. 해양세력은 이 선에서 반격한다. 한국전쟁과 정유재란이 대표적인 예다.

제4유형: 코리아 전체가 팽창적인 대륙세력의 영향권에 놓이는 경우이다. 이때 일본은 심각한 안보상의 위협에 처한다. 그러나 이 경우는 코리아를 장악하는 세력이 동아시아 전체에 패권력을 가질 때만 성립한다. 7세기 후반 당이 신라와 연합해 백제를 멸했을 때, 일본에는 비상이 걸렸다. 13세기 말에는 몽골이 고려를 점령하고, 고려를 발판으로 일본을 두 차례 침공했다. 그래서 17세기 초반 청나라가 조선을 점령했을 때, 일본은 몽골 침략이 재현될 것을 두려워했다. 이때 도쿠가와의 일본은 조선에 화약 등의 군수품을 지원하고 원군을 보낼 것을 제안했다.[9] 그후 19세기 말 일본이 가장 두려워한 것은 러시아가 조선을 지배하는 것이었다.

제5유형: 북위 39도선, 곧 대동강을 기준으로 한 선이다. 이 유형은 북위 37도선과 상반되는 세력관계에서 성립한다. 신라와 당의 전쟁 결과 신라는 대동강 이남을 차지했다. 한편 해양세력은 대륙세력과의 패권 경쟁에서 우세할 때 대동강 이남을 요구한다. 임진왜란 때는 도요토미가 평양을 점령하고 중국에게 대동강 이남의 지배를 주장했고, 1백 년 전 야마가타 아리토모(山縣有朋)는 의화단전쟁에서 승리한 뒤 러시아에게 대동강 이남의 지배권을 요구했다.

제6유형: 청천강 이북에서 두만강 유역에 이르는 선이다. 도요토미의 일본군은 파죽지세로 이 선까지 진격했다. 한국전쟁 때 미국을 중심으로 하는 유엔군도 인천상륙작전을 통해 이 선까지 진출했다. 그러나 이 선에 이르면 곧 대륙세력에게 반격을 당한다. 도요토미 일본의 침략 시에는 명이 항왜원조(抗倭援朝)를 내걸고 10여만의 군대를 파병했고, 두만강가의 여진도 공식적으로 대일 참전의사를 밝혔다. 한국전쟁 때는 중공군이 항미원조(抗美援朝)를 내걸고 1백만 대군을 파견했다.

제7유형: 제4유형과는 반대로 코리아 전체를 팽창적인 해양세력이 지배하는 경우이다. 이때 만주를 비롯한 중국 대륙은 해양세력의 직접적인 침략을 받는다. 일본은 청일전쟁 때 요동과 산둥 반도를 점령했고, 러일전쟁 때는 만주에서 혈전을 벌였다. 그리고 코리아를 식민지로 만든 일본은 러시아의 혁명을 틈타 시베리아에 출병했고, 만주사변과 중일전쟁을 통해 중국 대륙으로 침략해 들어갔다.

이상의 일곱 가지 유형 외에 대륙세력과 해양세력 사이에 있는 코리아의 존재 형태에는 두 가지 유형이 더 있다.

제8유형: 우리 민족이 스스로의 힘으로 코리아 전체에 대해 통일성을 유지하면서, 대륙세력 및 해양세력과 자주적인 외교관계를 맺는 것이다. 고려 전기, 조선 전기가 이에 해당한다. 이때 코리아는 주변국과 적대한 것이 아니라 조공책봉관계나 교린관계를 통해 우호관계를 맺었다. 주변국과의 우호적 자주이다.

제9유형: 코리아가 주변국에 적대적이지 않도록 공동보호 혹은 중립화되는 것이다. 이 유형은 코리아에 대륙 및 해양세력의 영향력이 거의 동등하거나, 대립하는 두 세력을 조정할 수 있는 상위의 힘이 있을 때 가능하다. 공동보호는 갑신정변 뒤 패권국 영국이 제기한 중국과 일본의 공동보호론, 1945년 일제로부터 해방된 뒤 미국이 제기한 4대국 신탁통치론이 대표적이다. 이 경우 중립화도 제안된다. 갑신정변 뒤 유길준은 중국 주도의 중립화, 독일인 묄렌도르프는 러시아 주도의 중립화, 부들러는 러·중·일 협조의 중립화, 야마가타(山縣有朋)는 중·일 주도의 중립화를 구상했다. 1900년 의화단전쟁 직후, 러시아는 만주를 확보하기 위해 일본에게 조선을 중립화할 것을 제안했다. 이러한 공동보호 및 중립화는 코리아가 통일을 유지하되, 적대적인 세력이 배타적으로 지배하지 않도록 하는 필수적인 방법으로 간주되었다. 제8, 9유형은 통일된 코리아가 주변세력에게 적대적이지 않게 된다는 점에서 공통성이 있다.

대륙세력과 해양세력의 관계에서 2천 년의 코리아 역사는 앞에서 제기한 아홉 개의 유형을 만들어왔다. 따라서 코리아의 운명은 이 아홉 개의 유형 중에서 하나로 결정되고, 이에 따라 코리아의 흥망도 좌우된다. 코리아는 과연 어떻게 흥했고, 어떻게 망했는가? 코리아는 어떻게 역사를 만들어왔고, 지금은 어떤 상황에 있는가? 과연 코리아의 운명적 선택은 무엇인가?

이제 시간과 공간의 이동이 자유로운 '타임·스페이스머신'을 타고, 코리아의 흥망, 코리아의 운명에 대한 생생한 체험의 길을 떠나보자. 이때 세계패권체제의 변화와 코리아 주변의 4대 세력에 대해 한시라도 눈을 떼서는 안 된다. 그리고 '문명'과 '야만', '무력'과 '정치력'이라는 핸들을 놓치지 말아야 한다.

제2장

중국의 대륙패권과
코리아의 선택

중국문명의 탄생과
조선문화권의 성립

 인류 최초의 문명은 농업혁명으로부터 시작되었다. 오랜 시간에 걸쳐 채취가 아닌 재배, 수렵이 아닌 사육에 의해 식량을 얻는 기술을 획득한 인간이 농업혁명의 주역이 되었다. 혁명의 주역들은 마제석기와 토기를 사용한 신석기인이었다. 이들은 서아시아에서는 기원전 7천 년경부터 등장했고, 그 뒤 전 지구상에 광범위하게 출현했다. 전 지구상에 등장한 신석기와 초기 청동기 사용지역 중에서 인류 최초의 문명이라는 4대문명이 유라시아의 거대한 강을 모태로 탄생했다. 당시 동아시아의 여러 곳에서도 다양한 신석기문화가 등장했고, 또 그것이 청동기문화로 발전하고 있었다. 그럼에도 불구하고 본격적인 문명의 전개가 황허의 중하류 지역인 '중원(中原)'에서 탄생한 원인은 무엇일까?

 여기에 대해 청동기라는 생산수단을 중시하는 것, 청동무기를 통한 정복활동을 중시하는 것, 대규모 노동의 집중 능력을 중시하는 것 등 세 가지의 이론이 있다.[1] 이 중 가장 유력한 이론은 노동력의 집중에 초점을 맞추는 것이다. 노동력을 대규모로 조직할 수 있는 능력이 바로 문명 창조의 비밀이라는 것이다. 초기 문명단계에 있었던 고대인들이 국가의 양대 기능을 전쟁(방어와 정복)과 제사(유대와 통합)로 인식하고, 최초의 문명국가인 상(商=殷)나라의 청동기가 병기와 제기에 집중된 것도 이러한 이유 때문이다. 여기서 우리는 당시에 왜 노동력을 대규모로 조직해야 했는지, 또 그것이 어떻게 가능했는지, 나아가 노동력의 대규모 조직이 어떻게 광범위한 영역국가로 확장되었는지 살펴볼 필요가 있다.

우선 대규모 노동력의 조직 필요성은 문명의 모태였던 '거대한 하천 유역'이라는 자연조건 때문이다. 최초의 문명 탄생은 문명 창조에 필요한 '규모의 경제'를 요구했고, 그러한 규모의 경제를 충족시키는 것은 거대한 하천 유역이었다. 그러나 거대한 하천의 유역이란 한편으로는 농업에 적합하지만, 다른 한편으로는 대단히 불리한 자연조건이기도 하다. 큰 홍수와 가뭄이 주기적으로 반복되므로 대규모 인원이 동원되는 치수와 관개, 그리고 간척작업 없이는 제대로 농사를 지을 수 없기 때문이다. '거대한 강'이라는 자연의 강력한 도전 앞에 '대규모 노동력의 조직'이라는 더 위대한 응전이 필요했다. 이 점에서 전설상 중국 최초의 왕조인 하(夏)의 시조 우(禹)가 치수로 큰 업적을 남긴 사람이라는 것은 시사하는 바가 크다. 최초의 문명 창조자들은 대규모 노동력을 조직하기 위해 사회 통합수단을 개발하고 정치 통합력을 발휘하기 시작했다.

이때 개발된 제1차적 통합수단이 제사이다. 씨족 간의 유대를 더욱 강화시키는 제사는 잉여생산에 따른 공동체의 갈등과 분열을 막고 노동력을 조직하는 데 효과가 있었다. 따라서 제사권을 장악함으로써 사회통합의 중심이 될 수 있었고, 이는 곧 통치권의 장악으로 연결되었다. 상에서 조상신에 대한 제사가 발달한 것도 이 때문이다. 그리고 조상신과 자연신의 성격을 겸한 상제(上帝)의 권위를 빌리기 위해 점을 쳤고, 점복을 위해 문명의 핵심인 문자(갑골문자)가 발전했다.[2] 사회통합을 위한 제사와 점복을 위해 발명된 문자는 또다시 사회통합을 강화하게 된다.

제2차적 통합수단은 권력과 부의 분배이다. 최고 권력자인 왕과의 혈연적 친소(親疏)에 따라 권력과 부를 차등적으로 분배하고, 이에 상응하는 계층적 신분질서를 만드는 봉건제(封建制)가 그 핵심이다. 봉건제는 모든 토지는 왕의 토지요, 모든 인민은 왕의 신하라는 왕토왕민(王土王民) 사상에 기초한다. 그러나 왕은 자신이 직접 관할하는 왕기(王畿)를 제외한 방대한 영토에 제후를 두고, 이들이 해당 지역을 통치하게 했다. 그리고 제후들은 그 봉토를 다시 자신의 가신집단인 경·대부에게 하사했다. 이러한 봉건제도는 종법(宗法)의 원리에 의해 이루어진다. 왕과 제후, 제후와 경·대부는 설령 서로의 성이 다를지라도 각각 큰집(大宗)과 작은집(小宗)의 관계로 간주되는 것이다.[3] 결국 봉건제도는 종법의 원리로 일차적인 정치적 결속을 도모하면서 권력과 부를 적절하게 분배함으로써 국가적 통합을 유지하는 제도였다.

제3차적 통합수단은 천명사상(天命思想)이다. 이것은 천하를 지배할 수 있는 능력과 덕을 갖춘 사람에게 천명이 부여되고, 천명에 따라 새로운 정치질서를 만드는 데 참여한 사람을 제후로 임명한다는 사상이다. 천명사상은 그때까지 제사와 혈연의식으로 유지된 정치적 결속을 더욱 보편적인 규범의식으로 강화시켰다. 결국 천명사상은 '덕과 능력'에 의한 왕조의 창건과 '세습'에 의한 왕조의 유지라는 모순적인 성격을 결합시켰다. 그리고 이것은 왕조와 제후 성립의 정통성뿐 아니라, 그 지속적인 유지를 정당화한 이념적 지주였다.[4] 천명사상에 의해 천하, 천자라는 개념이 등장하고, 이것이 중국적 세계 질서의 핵심 구성 요소가 되었다.

제4차적 통합수단은 각종 정책과 제도, 그리고 무력이다. 왕실의 관료기구, 수도를 두 개 두는 양경체제, 제후를 감시·통제하는 감국제도, 분쟁 해결을 위한 소송제도, 복잡한 형벌체계 등이 문명과 함께 등장했다. 그리고 무엇보다 제후를 제압할 정도로 강력한 왕의 직속군단이 있었고, 이들이 각종 경제수단 및 정치력을 결합해 왕의 정치·군사적 근거가 되었다.[5]

초기 문명단계인 상·주 시대는 혈연에 기초한 제사, 봉건제, 천명사상, 각종 제도와 무력이 내부적인 통합력으로 작용했다. 그렇다면 이 시대에 이미 정치군사적 지배력이 황허 이북에서 양쯔 강 이남, 산둥에서 섬서에 이르는 거대한 영역으로 확대된 이유는 무엇일까? 모든 조직에서 내부적 통합과 외부적 확장은 밀접한 관계를 갖지만 여기서 특히 주목할 것은 '문명의 필연'이다. 문명은 일단 성립되면 세계를 필요로 하고, 세계는 문명을 필요로 한다. 이것은 단지 중원을 중심으로 하는 '중국'에만 국한되는 것이 아니다. 한대 이후에는 중국을 중심으로 하는 '천하'가 세계로 확대된다. 다음과 같은 이유 때문이다.

우선 문명의 핵심인 청동의 원료, 구리와 주석의 산지 확보가 필수적이었다. 따라서 섬서, 회수 이남, 산동 지역 등에서 공급되는 청동의 원료가 상·주 청동문화의 번영에 필수적이었던 만큼, 이 지역의 확보는 포기할 수 없는 정치적 과제가 되었다. 또한 지배층의 권위를 위한 고급 생활품과 향락 사치품의 생산 지역도 영역 지배의 대상이 되었다.

다음으로 청동 원료와 청동기, 그리고 각종 사치품 등을 교환하기 위해 광범위한 유통망이 형성되었다. 상인이 등장하는 춘추시대 이전에는 왕실이 전국적인 유통망의 중심이었다. 잉여상품의 교환체계는 왕실에 의한 공납과 하사, 증여의 형식으로 조직되었다. 곧 왕권에 의한 대외무역의 전반적인 독점과 통제가 이루어진 것이다.

결국 청동문화에 필수적인 원료 산지와 각종 문명적 이기들의 교환 범위가 바로 상·주가 거대한 정치적 통합을 유지하지 않을 수 없었던 경제적 요인이었다.[6]

한편 문명권 밖에 있는 주변 집단들도 문명생활에 참여하려는 욕구가 발생했다. 외적으로부터의 보호뿐 아니라, 선진문명권에 참여함으로써 얻을 수 있는 이익이 컸기 때문이다. 당시 부락 단위의 노동력만으로는 문명생활의 기초가 확보되지 못했다. 따라서 문명생활에 참여하려면 한 단계 높은 차원에서 조직된 노동력의 지원이 필요했다. 대규모 간전(墾田)과 도시(邑) 건설의 주체는 그 지역의 집단이 아니라, 왕권이 조직한 대규모 노동력이었다. 따라서 여러 부족들은 왕권을 통한 안전한 문명생활을 기대해 왕권에 복속했다. 물론 이것이 왕권의 경제적 기반 확대라는 점에서는 의문의 여

지가 없었고, 이러한 간전을 통해 왕권은 토지와 잉여생산물을 수탈했다.[7]

기원전 2천여 년경에 탄생한 중국 고대문명은 상·주 시대를 거쳐 완숙한 단계로 발전했고, 이 시기에 이미 거대한 정치적 통합을 이룩했다. 그러나 이 문명은 특정한 왕이나 뛰어난 신하들에 의해 일거에 창조된 것이 아니라, 구석기시대 이후 장구한 세월에 걸쳐 익명의 다수에 의해서 점진적으로 발전된 것이다. 그리고 이 과정에는 중국인의 원류라고 하는 화하족(華夏族)뿐 아니라, 오늘날 중국 소수민족의 조상으로 연결될 수 있는 여러 민족과 부족이 모두 참여했다. 이런 의미에서 중국 고대문명은 조직과 통합의 산물이라고 해도 과언이 아니다.[8]

중국 고대문명은 상·주 시대, 그리고 춘추전국시대로 이어지면서 활짝 꽃피었다. 당시로서는 첨단이었던 각종 생산수단, 생산방법을 통해 대규모의 잉여생산이 이루어지고 큰 도시들이 생겨났다. 옥기·청동기·철기를 비롯한 각종 문명의 이기가 만들어지고, 다양한 문화예술이 창조되었다. 동아시아 최초의 문자를 토대로 제자백가라는 온갖 종류의 학문이 피어나 백가쟁명(百家爭鳴), 백화제방(百花齊放)의 시대가 되었다. 예를 들어 지금부터 2천3백 년 전 전국시대 후기 제나라의 수도 임치에는 7만 호, 약 40여 만의 인구가 살고 있었다. 《전국책》은 당시의 생활 모습을 이렇게 묘사하고 있다.

"시민들은 모두 부유하고 시내에서는 음악을 들을 수 있었으며, 투계나 투견 등의 설비가 마련되어 있어서 사람들을 즐겁게 했다. 주요 도로에는 마차의 왕래가 빈번하여 언제나 수레바퀴가 서로 부딪치고, 마주쳐가는 사람들의 어깨가 맞닿을 정도였다. 사람이 많아서 옷깃을 펼치면 장막을 펼친 것처럼 되고, 소매를 일제히 펼치면 큰 장막처럼 된다. 사람들은 모두 집에 물자가 풍족하여 부유하고 의기가 왕성했다."[9]

이러한 풍경은 제나라의 수도 임치만이 아니라 주나라의 수도였던 낙읍과 부수도인 성주, 그리고 다른 전국 7웅의 수도들도 유사했을 것이다. 춘추전국시대를 거쳐 진이 전국 7웅을 통일하고 다시 한제국이 성립되었을 때, 세계에서 중국의 문명은 '언덕 위의 빛나는 성'처럼 인식되었다. 반면 거대도시로 대표되는 이러한 '문명세계'와는 달리, 그 변방에는 문명단계로 진입하지 못한 세계가 광범위하게 존재했다. 이렇게 양분된 세계를 당시의 중국인들은 문명과 야만, 화(華)와 이(夷), 중국과 사방, 사람(人)과 짐승(非人)으로 구별했다. 문명의 중심지와 그 밖을 구분하는 이분법적 세계관이 바로 화이사상 또는 중화사상이다.

한편 중국의 황허 유역에서 고대문명이 꽃피고 있을 무렵, 동북아의 요동지방과 한반도에는 중국과는 뚜렷이 구별되는 문화가 피어나고 있었다. 이것을 우리는 '조선문화권'이라고 부를 수 있다. 이 문화의 중심지는 랴오허(遼河)에서 대동강에 이르는 지역이었고, 장백산맥과 멸악산맥을 끼고 있었다. 여기서 형성된 각종 문화가 물결처럼 사방으로 퍼져나갔다. 중국문화권과 구별되는 조선문화권은 건국신화·청동기·토기·무덤양식 등에서 독특한 성격을 띠고 있다.

건국신화　　중국의 건국신화는 3황5제와 하의 우(禹)로 이어지는
데 이들은 한결같이 큰 하천을 중심으로 한 농경생활과 연관되어
있다. 여와와 복희가 뱀(용=하천의 굴곡 모양)의 모습을 하고, 신농의 머
리는 소의 모습이며, 우는 치수사업을 전개했다. 반면 단군신화는
강이 아니라 산을 주무대로 하는데, 환웅이 하늘에서 내려와 도읍을
정한 곳이 바로 산과 나무(태백산 신단수)이다. 그리고 곰과 호랑이가
등장하고, 이 중 곰이 여인으로 변해 단군을 낳는다. 조선의 건국신
화는 중국과는 확연히 구별되는 것으로, 강 중심이 아닌 산 중심의
문화를 표상하고 있다. 일본은 바다 중심의 문화를 갖고 있다.

무덤양식인 고인돌　　고인돌은 신석기 후기와 청동기시대에 코
리아 지역(요동과 한반도)에서 광범위하게 유행했던 독특한 무덤양식
인데, 현재 수만 기가 남아 있다. 이것에는 두 가지 양식이 있다. 하
나는 인공적으로 돌을 깎아 만든 북방식으로, 주로 반도의 북부(한
강 이북)와 요동지방에 분포한다. 또 하나는 자연석으로 만든 남방식
으로, 반도의 이남과 일본 남서부 그리고 중국의 해안지방에 분포해
있다. 여기서 돌을 가공해 만든 북방식이 자연석으로 된 남방식보다
앞선다. 이러한 북방식, 남방식 고인돌의 분포지는 비파형동검과 세
형동검의 분포지와 거의 일치할 뿐 아니라 미송리식 토기와 무문
토기의 분포지와도 연관된다.[10]

청동기　　모양이 비파를 닮은 비파형동검은 고식(古式)이 기원전
11~9세기, 전형은 기원전 8~7세기, 그 변형은 기원전 6~5세기에

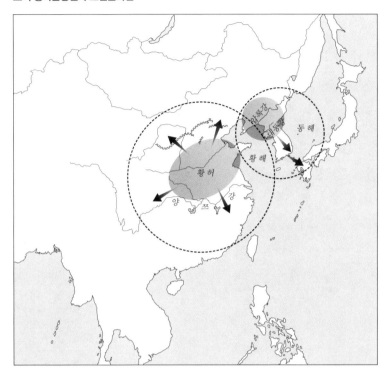

제작되어 사용된 것으로 추정된다. 그리고 비파형동검의 형태와 제
작 기술을 발전적으로 계승한 세형동검이 기원전 5~4세기부터 한
반도에서 대량으로 생산되었다. 비파형, 세형 동검은 중국의 중원에
서만 발견되는 중국식 청동검(桃氏劍)과는 제작 방식과 모양에서 완
전히 다르다. 비파형동검이 조문경과 부채형 청동도끼와 한 짝을 이
루고 있다면, 세형동검은 정문경과 장방형 청동도끼와 한 짝을 이루
고 있다.[11]

　건국신화와 무덤양식, 그리고 청동기와 토기를 통해 드러나는 '조
선문화권'은 '중국문명권'에 비해 그 발전이 뒤쳐지고 고대문명으

로 발전하지는 못했지만, 독자적이고 뚜렷한 특징을 갖고 있다. 이러한 독특함을 바탕으로 중국문명과 접촉하면서 중국의 여러 나라와 구별되는 고대국가 조선이 발전하고, 이후 삼국시대가 전개된다. 황허의 중하류인 중원을 중심으로 하는 '중국문명권'과 랴오허·장백산맥에서 대동강·멸악산맥을 중심으로 하는 조선문화권의 영역을 그림으로 표현하면 앞의 그림과 같다. 여기서 요서지방과 산둥지방이 중국문명과 조선문화가 중첩되는 지역이다.

중화체제는
어떻게 움직였는가

　기원전 2세기경부터 기원후 19세기까지 2천 년간 유지된 중국 중심의 동아시아체제는 중국의 헤게모니가 확고하게 추구되고, 유지되고, 또 인정된 패권체제였다. 이것은 단지 중국과 주변국과의 '국제관계'에 한정된 것이 아니라, 중국과 주변국 내부의 국가체제와 경제문화까지 규정했다는 점에서 하나의 세계체제였다. 중화체제의 핵심 이데올로기였던 "중화사상은 동아시아 세계의 '천하'와 그 안에 분화된 '소천하(小天下)'의 내부까지 모두 규제하는 원리"[12]였던 것이다.

　중국의 역대 왕조는 정치·경제·문화적 우월감을 바탕으로 자신의 문화를 단순한 최고가 아니라 '유일한 문화'로 주장했다. 그리고 자신의 왕조는 단순한 초강대국이 아니라 지상의 모든 국가와 민족을 포괄적으로 지배하는 '유일한 보편적 통합질서' 그 자체로 주장했다. 나아가 중국 왕조의 최고 수장은 천자로서, 중국뿐 아니라 주변의 야만국까지 포함된 천하를 일원적으로 통치(天下一統)하는 권한을 부여받았다고 주장했다. 여기서 천자의 지배는 곧 유일한 문화의 구현이었다. 따라서 그것에의 편입 여부는 단순히 정치권력에의 참여 또는 복속의 문제가 아니라, 문명과 야만의 갈림길로 인식되었다. 결국 중화사상의 핵심은 천하를 문명세계와 야만세계로 나누고, 도전을 불허하는 문명국가 중국(中國)이 야만국가인 사방(四方)에 대해 절대적으로 우월하고, 나아가 사방을 지배할 정당성이 있다는 것이다.[13] 여기서 중화(中華=central and civil), 그리고 중화사상을 좀 더 체계적으로 이해하기 위해 중국과 천하, 화와 이라는 개념을 이해할 필요가 있다.[14]

우선 중국(中國)의 개념부터 살펴보자. 초기에 '중국'은 왕의 직할지 또는 정치적 중심지를 의미했다. 그리고 이것이 주 왕실의 제후국 및 그 동맹세력을 포함하는 것으로 확대되었다. 이때 중국의 바깥은 사방(四方)으로 규정된다. 그러나 진이 전국 7웅을 통일했을 때에는 통일된 전역을 중국이라고 했고, 청나라시대 이후에는 중국의 국가권력이 통치하는 모든 영역을 중국이라고 불렀다. 그러나 이러한 영토 개념과는 달리 최고의 이상적인 문명이 구현된 공간을 중국이라고 부르는 경우도 있었는데, 이것이 중화사상과 밀접하게 연관되는 중국의 개념이다.

다음은 천하(天下)의 개념이다. 이것은 우선 하늘 아래의 모든 지상을 뜻하는 세계의 의미와 함께, 천명을 받은 천자가 통치하는 지역을 뜻한다. 다음은 '치국·평천하' 등에 쓰이는 것으로 국(國) 또는 군현(郡縣)의 집적이다. 끝으로 중국과 사이(四夷)를 합친 것으로서의 천하이다. 이때 화(華)·이(夷) 간에는 계층적 국제질서가 성립한다.

한편 중화체제가 세계로 확대됨에 따라 중국 주변의 지역에서도 이를 모방해 중국 중심의 '대천하'를 인정한 '소천하'라는 개념이 등장한다. 이에 의해 '소중화'와 '오랑캐(蠻夷)'라는 구분이 생겨나고, 서열적 국제관계가 파생적으로 확대 재생산된다.

마지막으로 화(華)와 이(夷)의 개념이다. 우선 화와 이의 인적 실체는 각각 중국인과 비중국인이다. 화는 하(夏)를 중핵으로 확대 발전한 한족(漢族)이고, 이(夷)는 만이융적(蠻夷戎狄)으로 불린 여러 비한족 집단이다. 그러나 화·이의 구분은 이러한 종족적 요소에만 국한되지 않고 문명적 요소까지 포함하고 있다. 따라서 농업문명 또는 유교적 예교문화의 유무가 화·이를 구분하는 또 하나의 기준이 된다. 여기서 야만(夷狄)이 문명권으로 편입될 수 있는지, 또는 천자의 정치질서에 어느 정도 편입될 수 있는지에 대해 두 가지의 관점이 있었다.

하나는 '이적=금수 동격론'이다. 짐승 같은 성정을 지닌 이적(夷狄)과는 정상적인 관계를 맺을 수 없고, 소나 말처럼 고삐를 채워 견제해야 한다는 것이다. 이 논리는 한편으로는 이적에 대한 정복무용론으로 나타난다. 그러나 다른 한편으로는 포악하고 탐욕스런 그들이 결국은 중국의 우환거리가 될 것이므로, 무력으로 정복하고 지배해야 한다는 주장으로도 연결된다.

다른 하나는 '화=이의 인성동질론'이다. 태생적으로 동이(夷)인 조선은 상나라 제후 기자의 후예이고, 서융(戎)은 요 임금의 신하 사옥의 후예이며, 북적(狄)인 흉노는 우 임금의 후예인 순유의 후손이고, 남만(蠻)인 월도 우 임금의 후예라는 것이다. 이에 따라 이적을 잘 교화하면 이들도 천자의 정치질서에 참여할 수 있고, 책봉·조공 관계를 맺을 수 있다. 그러나 이 관점에서도 이적에 대한 정벌전쟁을 배제하지는 않는다. '화이동질론'에서는 천자의 정벌을 원하는 이적의 기대를 외면할 수 없다는 '정의의 전쟁(義戰)' 논리가 도출될 수 있기 때문이다.

그러나 '사방'에 사는 '야만'적이고 '짐승' 같은 '만이융적'은 '문명인'인 화하(華夏)에 끊임없이 저항하고, '문명국'인 중국을 계속 침탈했다. 그 대표적인 사건이 기원전 771년, 이민족 견융(犬戎)의 침입으로 주나라의 유왕이 피살되어 서주시대가 끝난 것이다. 이후 주는 분열하여 춘추전국시대가 되었고, 주변 이민족들의 침략은 더욱 심해졌다. 이 같은 상황은 당시 '유일한 문명'으로 간주된 중국의 몰락 위기를 고조시켰다. 춘추시대 최초의 패권세력이었던 제(齊) 환공은 '존왕양이(尊王攘夷)'를 자신의 의무로 선언하고, 제후들을 수차례 규합해 이적의 침략을 격퇴했다. 이러한 상황을 《춘추공양전》에서는 "남이, 북적이 교대로 중국을 침략하는 데 선이 이어진 것 같다. 이적이 중국을 다스리게 할 수 없다"라고 적고 있다. 공자도 《논어》에서 "사이(四夷)는 중국을 도모할 수 없고, 이적은 화하(華夏)를 어지럽힐 수 없다"라고 주장했다.[15]

주변 민족에 대한 중국의 적대적 인식은 그 대상과 영역을 달리할 뿐 이후에도 계속된다. 진·한 시대에는 북의 흉노와 동의 조선, 남의 월, 서의 월지가 타도의 대상이었고, 수·당 시대에는 북의 돌궐과 동의 고구려가 그랬다. 송대에는 거란·여진·몽골족이 그 대상이었으며, 명대에는 왜구와 만주족이, 청대에는 서양과 일본이 문명에 대한 야만으로, 중화를 침략하는 오랑캐로 규정된다.

여기서 특히 주목할 점은 춘추시대에 공자가 느꼈던 문명적 위기의식이, 거란·여진·몽골이 중국을 정복하는 시기에 주자를 비롯한 송의 지식인들이 느꼈던 위기감과 일치한다는 것이다. 그리고 만주족에 의해 정복된 조선과 명의 지식인도 같은 위기감을 느꼈다. 나아가 19세기 청·조선·일본의 지도층이 서양세력에게서 느꼈던 위기감도 같은 맥락으로 볼 수 있다. 2천5백 년을 관통한 이러한 의식의 흐름은 유교적 농업문명을 수호하고, 기존의 통치질서를 받들며, 외적을 무찌른다는 하나의 뚜렷한 세계관을 반영하고 있다.

결국 "중화사상은 화(華)의 정치적 통합과 정체성 확립 및 그 위협에 대한 강력한 저항과 배격의 논리가 될 수 있으며, 존왕양이(尊王攘夷)는 이 측면을 구호화한 것이었다." 즉 "강자에게는 관용의 미덕과 문명 보급의 의무란 명분으로 지배의 논리를, 힘의 한계를 인식한 자에게는 절제의 논리를, 약자에게는 보편적인 문명가치에 대한 참여와 그 수호란 이름으로 복종의 논리를, 단절과 고립을 원하는 자에게는 외(外)·타(他)·이(異)를 이적 또는 금수로 여기며 배척 또는 저항할 수 있는 논리를, 정복과 팽창을 원하는 자에게는 무한한 통합의 논리를 모두 제공하지만, 국가와 민족 심지어는 개인 간의 평화적 대등관계를 인정하는 논리가 결여된 것이 중화사상"인 것이다.[16]

중국의 세계 질서는 서주시대, 그리고 춘추전국시대의 봉건적 질서 속에 이미 그 맹아가 내포되어 있었다. 이때 사대(事大), 자소(字小), 조공(朝貢), 책봉(冊封)과 같은 중화체제의 기본 개념들이 모두 등장한다. 그러나 진의 시황제는 중국을 통일해 황제가 일원적으로 지배하는 강력한 중앙집권체제인 군현제를 실시했다. 대외관계도 영토를 점령하고 직접 지배하는 방식이었다. 봉건질서의 확장이 아니었던 것이다. 그러나 진이 15년 만에 망하고 한이 건국되었을 때, 한은 진의 군현제 대신 봉건제와 군현제를 결합한 군국제(郡國制)를 시행했다. 이 경우 봉건제란 황제의 일족과 공신을 왕(王)·공(公)·후(侯)로 책봉하고, 이들에게 땅을 주어 '국(國)'이라 부르고, 이에 대한 지배권을 위임하는 것이다. 따라서 한대에 들어와서 중국 내에 봉건제라는 간접통치방식이 부활했고, 이것이 주변 지역의 수장들에게 관직을 수여하고 군신관계를 맺는 조공책봉체제를 가능케 했다.

이렇게 한은 자국의 국내 정치제도를 확대하여 세계적 패권질서를 형성하는데, 그 근저에는 천명사상이 있었다. 천명을 받은 천자가 천하를 다스려야 한다는 천명사상은 중국과 세계를 불가분의 관계로 엮어낸다. 중국을 다스리는 천자가 천명을 받았다는 가장 중요한 증거는 천하가 천자에게 복속하는 것이다.

따라서 중국(華)의 천자에게 주변국(夷)이 신하로 복속하는 것은 단순한 허영심의 충족이 아니라, 지배의 정당성을 제고하는 데 불가결한 요소였다. 더욱이 하나의 불신(不臣)이 다른 불신을 고무하기 마련이라면 일부의 불신도 방치할 수 없었다. 따라서 천자는 조공이 비록 형식에 불과하고 오히려 경제적 손실을 의미할지라도, 가능한 모든 이(夷)가 예외 없이 조공하도록 부심했다.[17]

중국의 가치와 자체 논리에 따라 확장된 중국 중심의 세계 질서, 곧 동아시아패권체제는 한대에 그 전형이 나타난다. 이때 세계체제

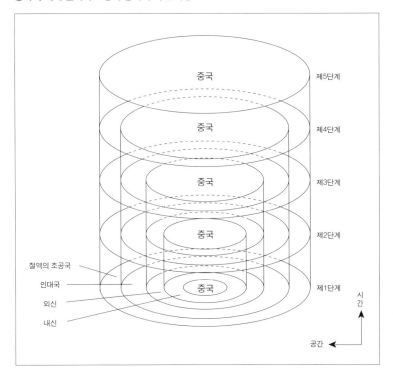

는 천자로 표현되는 황제를 중심으로 내신, 외신, 절역의 조공국, 인대국 등이 동심원적 구조를 형성한다.[18]

내신(內臣)　　중국의 직접적인 지배질서에 포함된 관료·왕·후를 의미한다. 이들은 정기적으로 황제를 직접 알현해야 하고, 각종 제도에서도 중국과 다른 독자성이 용인되지 않는다. 그러나 중국의 전통 영역이 아닌 새롭게 편입된 군현, 또는 도호부 등에서는 내신도 어느 정도 자율성을 가진다.

외신(外臣)　어떤 나라의 왕이 한편으로는 황제의 신하로서 중국의 예법을 따르나, 다른 한편으로는 자기 나라를 독자적으로 다스리는 것이다. 조선이 그 대표적인 경우이다. 외신은 신하이기 때문에 일방적으로 중화체제에서 이탈할 수 없다. 또 외신이 되면 외신 상호 간의 관계에서도 중국의 제약을 받게 된다. 곧 외신 간의 전쟁은 제국의 질서를 어지럽히는 것으로 간주돼 금지되며, 이것은 중국과의 '조약(職約)'으로 존재했다. 그러나 외신은 절역의 조공국보다 교역에 유리했고, 안보상의 이점도 있었다. 이것이 바로 주변국들이 중국의 외신이 되려 한 이유였다.

한편 외객신(外客臣)도 신하국이기 때문에 마음대로 중화체제에서 이탈할 수 없었으나 외신국보다 소원한 존재였다. 외객신은 외신에 비해 중국화의 정도가 상당히 약해서 고유의 군주호칭이 인정된다.

절역의 조공국(絶域朝貢國)　이것은 중국으로부터 아득히 멀리 떨어져 있어서 중국의 안보에 위협이 되지 않고, 중국 세계의 바깥(外界)에 존재하고 있으므로 중화체제에 편입시킬 필요성도 느끼지 못하는 나라들이다. 따라서 이들 나라가 스스로 황제의 은덕을 바라며 중화체제에 들어오는 것은 허용하지만, 들어오지 않는다고 해서 정벌할 필요는 없다. 그러나 중국 중심의 세계 질서에서 절역의 조공국이 고정불변인 것은 아니다. 유교적 예법의 확산과 중국의 강제력 행사에 따라 외신적 조공국이 될 수도 있고, 순수한 조공국이 될 수도 있다. 일본이 대표적 예이다.

인대국(隣對國) 　　인접해 있는 대등국으로서 적대국이다. 이 나라는 중국 황제의 지배력이 미치지 못하는 곳으로 독자의 세계를 형성한다. 대표적으로는 한 초기의 흉노를 들 수 있다. 한은 흉노를 대등한 관계에 있는 적대국으로 대우했다. 이들 국가와 화친하고 형제의 관계를 맺어도, 입공·조공과 같은 용어는 사용하지 않았다.

중국과 천하, 내신과 외신, 절역 조공국과 인대국의 개념을 고려한 중화체제의 형성과 그 확대 과정은 앞의 그림에 잘 나타나 있다.

앞의 네 가지 범주 중, 중화체제에서 가장 중시되는 것은 외신국(外臣國)이다. 이들은 '외국(外國)'이기 때문에 중국에 대한 위협 요소가 될 수 있고, 따라서 끊임없이 길들여 중화체제 속에 포섭시켜야 한다. 그러나 이들은 '신국(臣國)'이기 때문에 중화체제 속에서 안정을 유지해야 황제 통치의 정당성이 확보될 수 있다. 중국과 외신국의 관계는 일반적으로 조공책봉관계로 불린다. 그 내용을 군사외교, 정치, 경제, 의례·문화라는 네 가지 측면에서 살펴볼 수 있다.[19]

첫째, 군사외교적 측면에서 중국과 외신의 관계는 오늘날의 수직적 동맹관계와 유사하다. 외신국(조공국)은 중국(책봉국)에게 적대행위를 해서는 안 되고, 중국 중심의 국제체제를 이탈해 적대국과 통교해서도 안 되며, 조공국 상호 간의 전쟁도 허용되지 않는다. 이러한 의무에 대한 반대급부로서 책봉국은 조공국의 안전을 보장하고, 필요에 따라 직접 군대를 동원한다. 그뿐 아니라 조공국도 책봉국의 요구에 따라 책봉국의 적대국에 대해 공동으로 군사적 행동을 하지 않으면 안 된다.

둘째, 조공국의 수장은 정치적으로 천자에게 신하의 예를 갖추는 대가로 관작을 받는다. 관작을 받은 권력자는 경쟁자를 압도할 수 있는 정치적 권위를 가질 뿐 아니라, 중국의 앞선 문물을 수용하는 창구를 독점한다. 이를 통해 권력기반을 강화하는 것이다. 그러나 조공국은 종속관계의 상징적 표시로 책봉국의 연호(年號)와 달력(曆)을 사용해야 하고, 중국의 문책에 대해 해명하고, 정세를 수시로 보고해야 한다. 상호 간의 관계가 악화될 때는 인질을 보내기도 했다.

셋째, 경제적 관계에서 조공국은 조공·청구(중국측의 공납 요구)·특수공물(처녀·말·매 등) 등을 바쳐야 했고, 이에 대해 중국은 회사(回賜)했다. 관시(關市)를 통해 교역이 이루어지고 경제제재, 추징 등도 이루어졌다.

넷째, 의례·문화적 관계는 중국측의 강요 정도에 따라 내정간섭으로 발전할 수 있다. 조공국은 세자나 왕비를 정할 때, 신하의 작위나 추숭(追崇) 시 중국의 승인을 받았다. 그리고 상을 당하거나 익호를 정할 때, 신하에게 관작을 내릴 때도 중국에 보고했다. 또한 문화적 관계에서 경전과 역사서 등 각종 서적을 수입하고, 중국에 있는 학교에 입학할 수 있는 기회도 주어졌다. 그리고 서로 간에 각종 축하와 위로의 행위도 이루어졌다.

중화체제가 중화사상이라는 이데올로기를 핵심으로 한다고 해도, 그 군사적 의미를 결코 무시할 수 없다. 남월(南越)은 처음에는 대등국이었으나 정치경제적 필요성으로 외신이 되었다. 그러나 한과의 전쟁에서 패하자 내신의 열후가 되었으며 그 땅에 한의 군현이 설치되었다. 남월의 변화 과정을 생각하면 내신, 외신, 외객신, 절역의 조공국, 인대국은 군사외교적인 세력권의 범위와 정확히 일치한다. 결국 중국 중심의 패권체제, 중화체제는 중화사상이라는 이데올로기와 타의 추종을 불허하는 경제력과 문화력, 그리고 군사적인 패권 장악력을 핵심으로 하고 있다.

중화체제를 하나의 패권체제로 인식할 때 한무제, 당 태종, 명 영락제 시기는 아주 중요한 의미를 갖는다. 왜냐하면 이 시기에 중화사상에 기초해 중국의 헤게모니를 군사적으로 확립했기 때문이다. 패권을 확립할 때 제압의 1차적 대상은 패권에 도전하는 적대국(隣對國)이지만, 외신의 위치에 있던 코리아와 베트남 지역도 아주 중시되었다. 이들의 존재양태가 황제 통치의 권위와 천자로서의 정당성, 정권의 정통성에 막대한 영향을 미치기 때문이다. 특히 코리아는 대륙세력(XA, XB)의 패권 경쟁이 벌어지는 접점에 위치하고 있었기 때문에 그 전략적 의의는 대단히 중요했다.

한(漢)제국,
조선과 동북아 패권을 다투다

지금부터 2천2백 년 전 동아시아 세계에 커다란 지각변동이 일어났다. 기원전 221년 진이 중국을 통일했으나 15년 만에 망하고 한이 등장했으며, 거의 같은 시기에 북방에서 흉노가 유목제국을 수립했다. 남에서는 기원전 207년 진의 관리였던 조타가 남월을 건국했고, 동의 조선에서는 기원전 194년 위만이 쿠데타로 정권을 잡았다. 강력한 통일제국 진의 멸망은 세계에 엄청난 충격이었고, 이로써 북·동 아시아에 지역패권국들이 생겨났다.

건국 초기의 한은 세계패권적 지위를 누릴 수 없었다. 기원전 201년 한 고조는 북방에서 거대한 제국을 형성하고 있었던 흉노에게 크게 패해 화친조약을 맺었다. 그 내용은 흉노의 수장 선우에게 공주를 시집보내고, 해마다 견직물·술·쌀 등의 세폐(歲幣)를 공급하며, 선우를 형으로 하고 한의 황제를 동생으로 하는 '형제의 맹약'을 맺고, 흉노는 장성을 넘어 한을 침략하지 않는다는 것이다.

한의 패권력 한계는 흉노와 함께 동아시아를 3분할 정도로 세력을 떨친 남월과의 관계에서도 나타난다. 한과 남월은 기원전 196년 화친조약(和約)을 체결했다. 그 내용은 월의 땅과 그 인민에 대한 남월의 지배권 인정, 상호불가침, 창사(長沙)를 경계로 하는 국경의 획정, 관시(關市)를 개설해 한의 물자(철기·가축 등)를 유통시키는 것이다.[20]

한편, 한 혜제기(BC 195~188)에 맺어진 '한과 조선의 조약'도 남월과의 조약보다는 한의 우위가 성립되어 있었지만, 이 또한 한의 패권력 한계를 나타낸다. 그 내용은 첫째, 조선은 한의 외신이 되어 한의 책봉을 받고 조선의 왕은 입조한다. 둘째, 조선은 한 변경 바깥의 오랑캐가 한의 변경을 침입하지 못하도록 통제한다. 다시 말해 코리아 지역에서 조선의 주도적 역할을 인정한다. 셋째, 여러 오랑캐의 군장들이 한 황제를 입견(入見)하려 할 때 조선이 이를 방해하지 않는다. 곧 조선이 주변국을 병합해서는 안 된다. 넷째, 관시의 개통으로 무기와 재물을 공급한다는 것이다.[21]

군사적 우위에 있었던 흉노는 한과 화친조약을 맺었지만 세폐 부족을 이유로 수시로 한과의 조약을 파기하고 공격했다. 흉노는 기원전 167년, 한의 수도에서 멀지 않은 섬서 지역을 공격해 회중궁을 불태웠고, 10년 뒤에는 수도 장안을 위협했다.[22]

남월과 조선도 조약에 따라 한으로부터 무기와 재물을 공급받음으로써 국력이 급성장했다. 관시를 통해 수입한 철제농기구와 암컷 가축은 남월과 조선의 농업 생산력을 증대시키고, 수입한 철제병기는 군사력을 강화시켰다. 남월은 한의 남쪽 변경에 있던 여러 나라를 복속시켜 동서 만 리의 대 영토 국가가 되었다. 조타는 스스로

'남월 무제'라 칭했고, 그 지배권이 현재의 양쯔 강 이남에서 베트남 북부까지 미쳤다. 조선도 정복 활동을 전개해 주변의 진번·임둔·옥저 등을 모두 복속시켜 사방 수천 리의 광역 정복 국가로 급속히 발전했다.

한에서는 문제(文帝, BC 180~157) 시기부터 급속히 성장하는 조선과 남월을 정벌하자는 논의가 이어졌다. 그러나 진무 장군 등 군부가 주장한 '남월·조선 정벌론'은 문제에 의해 즉각 제지되었다. 한 고조가 흉노에게 당한 치명적인 패전의 악몽과 국가 안정을 위한 대외 활동 자제방침 때문이었다.

그러나 한무제(BC 141~87)기에 이르러 동아시아 세계를 분획하고 있던 한과 흉노, 조선과 남월 등의 상호 세력관계에 큰 변화가 일어난다.

우선 한은 혜제 이후 경제 시기까지 일체의 국가 활동을 자제해 엄청난 국력을 비축했다. 그리고 무제는 유교를 국교로 정해 제국 통합의 이데올로기를 확립하고, 점진적인 정치사회 개혁을 통해 강력한 제국체제를 구축했다. 국력 강화를 토대로 무제는 기존의 소극적인 대외정책을 버리고, 제국적 국가체제에 걸맞게 중국 중심의 세계 질서를 구축하기 시작했다. 장기적인 세계패권전쟁이 시작된 것이다.

한의 패권에 대한 제1의 도전국은 흉노였다. 무제는 기원전 138년, 흉노의 배후를 치기 위해 월지와 동맹을 맺으려고 장건을 사절로 보냈으나 실패했다. 4년 뒤, 무제는 흉노와의 화친존속을 반대하고, 이듬해엔 흉노를 선제공격해 화친파기를 공식화했다. 그리

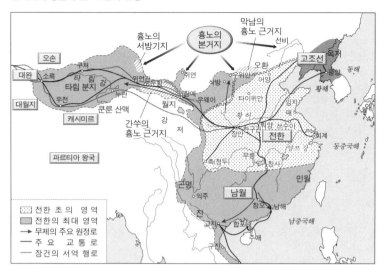

고 기원전 124년 위청이 삭방에서 흉노를 격퇴했고, 121년에는 곽거병이 간쑤(甘肅) 지역에서 흉노를 몰아냈다. 기원전 119년에는 위청과 곽거병이 몽골 지역의 흉노 본거지를 공격해 크게 승리했다. 이렇게 일단 흉노를 몽골 고원에서 몰아낸 무제는, 그들의 재침략을 막기 위해 기원전 127년에서 111년 사이에 간쑤 지역에 둔전과 군현을 설치했다.

제국의 북방을 일단 진정시킨 무제는 제2의 도전국으로 중국 남부에서 지역패권을 차지하고 있던 남월을 공격한다. 기원전 111년, 한에 타협적이었던 중국계 왕권(王權)과 결전을 주장한 토착계 신하(相權) 사이에 내분이 일어난 남월을 공격했다. 전쟁에 승리한 무제는 남월에 9군을 설치하고, 서남이(西南夷, 현재의 구이저우성, 윈난성)를 평정해 5군을 설치했다.

중국의 남쪽인 남월을 멸망시킨 한은 이제 동쪽인 조선을 공격한다. 한의 조선 침략은 두 가지의 의미를 갖는데, 하나는 흉노를 약화시키기 위한 '세계전략'의 일환이다. 당시 무제의 세계전략에 대해 《한서》의 〈위현성열전〉은 다음과 같이 표현한다.[23] "무제 황제는 동으로는 조선을 정벌하여 현토·낙랑을 설치함으로써 흉노의 왼팔을 자르고, 서로는 대완을 정벌하여 36국을 병합해 오손을 묶어둠으로써 흉노의 오른팔을 분질렀다. 흉노의 우두머리 선우는 고립되고, 사막 이북에서 멀리 떠돌아다니게 되니 사추(四樞)가 무사하게 되었다."

무제는 흉노의 왼팔과 오른팔을 잘라내어 흉노와의 남북대결에서 전략적 우위를 점하겠다는 세계전략하에 조선을 침공하고 서역을 정벌한다. 기원전 109년 조선을 침공해 이듬해 조선을 멸한 무제는 중국의 서쪽으로 말머리를 돌렸다. 기원전 108년 장군 조파노가 누란의 왕을 사로잡고 거사의 왕을 격파했다. 그리고 기원전 102년에는 이광리가 6만 명의 군대를 이끌고 한과 흉노의 양대 세력 사이에서 미묘한 태도를 취하고 있던 대완(현재의 키르키스, 타지크 지역)을 정벌했다. 그는 대완의 수도를 함락시키고 왕자와 3천 마리의 말을 끌고 철수했다.

이후 흉노는 한의 계속된 공격으로 약화되고, 기원전 60년 이후 내분이 일어났다. 실크로드는 중국의 지배하에 들어갔고, 흉노의 여러 분파들은 한의 지원을 얻기 위해 수도 장안에 와서 직접 조공을 바치고 신하로서 복속했다.

무제가 조선을 침략한 또 하나의 이유는 일종의 '동북아전략'으로서, 랴오허 이동에서 지역패권을 장악한 조선을 제압하기 위한 것이다. 지역패권을 둘러싼 조선과 중국의 대결을 이해하기 위해서는 양국 간 충돌의 역사를 살펴볼 필요가 있다. 조선과 중국의 충돌 과정은 크게 세 시기로 나눌 수 있다.

제1기는 기원전 5~4세기 이후이다. 이때 철제무기의 사용으로 무기혁명이 일어나 전국시대가 개시되었다. 전국 7웅의 하나로서 조선과 접경한 연(燕)나라는 대대적인 국가개혁으로 강성해졌다. 연의 전성기인 소왕(BC 311~279) 때에 장군 진개가 북으로 동호 영역 1천 리, 동으로는 조선의 땅 2천 리를 빼앗았다. 연은 조선의 점령지에 요서군과 요동군을 설치하고 랴오양(遼陽)까지 장성을 쌓았다. 이때 조선은 국토의 거의 절반을 잃어 큰 타격을 받았다. 조선의 중심지는 평양 부근에 집중되었고, 요동 지역의 조선인들도 한반도로 밀려왔다. 그 파장은 반도 전체에 영향을 미쳤으며, 일본열도에까지 파급된다. 이때 명도전이라는 연의 철제화폐가 코리아로 대거 유입되었다.

제2기는 기원전 3세기 말 이후, 진이 중국을 통일하고 한이 재통일(BC 202)하는 시기이다. 진은 중국을 통일한 뒤 몽염 장군으로 하여금 북으로 흉노를 공격해 허난(河南) 지역을 빼앗고, 서로는 월지를 침공해 3군을 설치했다. 그리고 동으로 랴오양까지 장성을 재구축하고, 여기서 다시 패수(압록강)까지 요새를 설치했다. 진의 통일과 팽창은 조선에 큰 위협으로 다가왔고, 조선의 왕 부(否)는 진에 일시 복속할 수밖에 없었다. 그러나 진말·한초의 혼란기에 중국의 동북 지역인 연(燕), 제(齊), 조(趙)의 땅에서 조선으로 수만 명의 피난민이 밀려왔다. 이 혼란기를 틈타 조선은 고토(故土)인 요동을 공격했고,

한은 서쪽으로 후퇴했다. 이때 유이민들은 주로 압록강 유역에 거주했다.

제3기는 한의 통일 이후이다. 《사기》 〈조선열전〉에 의하면, 조선이 '위만의 손자인 우거에 이르러 한에서 도망친 사람을 더욱 많이 유인했다'는 기록이 있다. 즉 한의 성립 이후 1백 년이 지난 시점까지도 한에서 조선으로, 조선의 고토인 요동에서 반도로 계속 이주민이 들어온 것이다. 상대적으로 우수한 무기와 문물을 가진 대륙으로부터의 인구 유입은 코리아 전체에 연쇄적인 파동을 일으켰다.

제1파는 조선의 고토인 연의 요동 지역 출신 위만이 1천여 명의 무리를 이끌고 조선으로 망명한 것이다. 조선의 왕 준(準)은 이들을 청천강 이북에 거주시키고 국경 방어를 담당케 했다. 그런데 위만이 반란을 일으켜 왕검성의 준왕을 몰아내는 정변을 일으켰다.

제2파는 쫓겨난 조선의 왕 준이 남쪽의 한(韓) 지역으로 들어가 한국왕(韓國王)이 된 것이다. 그리고 위만의 손자 우거대에는 조선상(朝鮮相, 조선의 재상) 역계경(歷谿卿)이 조선왕 우거와의 불화로 2천여 호(1만 명 이상)의 무리를 이끌고 반도의 남동쪽으로 내려갔다. 《삼국사기》 〈신라본기〉에는 "박혁거세가 즉위하기 앞서 조선의 유민이 산골짜기에 나눠 거주하면서 6촌을 이루었다"라고 적혀 있다. 이 6촌이 신라의 핵심세력이 된다. 조선의 유이민들이 '한국(韓係 부족 국가)'의 핵심세력이 되는 것이다.

제3파는 선진문물과 무력을 가진 조선의 왕과 신하, 그리고 그 무리들이 한으로 들어오자 반도의 남부에 있던 기존의 지배세력에 다시 파장이 일어났다. 이들의 선택은 두 가지였다. 하나는 조선세력의 지배를 받는 것이고, 다른 하나는 이들이 다시 유이민이 되어 그 보다 문화수준이 떨어지는 또 다른 지역으로 이동하는 것이다. 이 때 '해 뜨는 곳(日本)'이 이주의 목표가 되었다. 기원전 4~3세기부터 기원후 7세기까지 1천 년간, 한반도에서 일본열도로 이주민 행렬이 이어져 연인원이 1백만 명을 넘었다고 한다.[24]

한의 무제는 109년 조선에 외교관을 파견해 세 가지를 요구한다. 첫째, 조선은 중국인 유이민을 유인하지 말 것. 둘째, 조선의 왕은 직접 한의 황제를 입견할 것. 셋째, 조선은 주변 소읍 군장들이 한 의 군주를 입견하는 것을 방해하지 말 것 등이다. 그러나 조선은 이 러한 요구를 수용하지 않았다. 조선에 파견된 한의 외교관은 그를 호송한 조선 장수를 살해해 전쟁을 도발했다. 무제가 조선 장수를 살해한 자를 요동군의 장관인 요동도위에 임명하자, 조선은 요동도 위를 공격해 그를 살해했다. 그해 가을 한은 조선을 침략한다.

한의 조선 침공군은 산둥(齊)지방에서 징발한 해군과 랴오닝(遼寧) 지방에서 모은 육군으로 구성되었는데, 그중의 일부는 죄수였다. 한 의 조선 침공로는 두 방향이었다. 산둥 반도에서 함선을 타고 출발 한 7천여 해군은 바다를 건너 조선의 수도 왕검성(평양)을 공격했다. 그리고 요동에서 출발한 5만여 육군은 압록강을 건너 평양으로 남 진했다. 이러한 한의 조선 공격로는 수·당의 고구려 침략 시에도 그 대로 적용된다.

전쟁 초기에는 천혜의 지세를 이용한 조선이 유리했으나, 한이 왕 검성을 포위하고 조선의 농성이 장기화됨에 따라 조선에 내분이 발 생했다. 남월과는 반대로 왕권 측이 완강히 저항하려 했으나, 토착

원주민계인 신하(臣僚) 측이 우거왕을 죽이고 전선에서 이탈해 항복했다. 자멸한 것이다. 조선이 망하기 20년 전인 기원전 128년, 조선의 지배하에 있었던 28만여 명의 인구를 가진 예(濊)의 왕 남려가 우거를 배반하고 요동군에 복속한 적이 있었다. 그리고 한의 침공이 있기 전에 역계경이 우거와의 갈등으로 1만여 명을 이끌고 반도의 남쪽으로 내려갔다. 이러한 점을 생각하면 위만조선의 내부적 통합력이 대단히 취약했고, 이것이 패망의 원인이었음을 알 수 있다.

한은 전쟁 뒤 평양을 공략하지 못한 침공군의 지휘관들을 엄히 문책한 반면, 투항한 조선인 대표 5인은 열후로 책봉했다. 그리고 조선의 지배영역에 낙랑·진번·임둔·현토 등 4군을 설치해 식민통치했다. 그러나 한으로부터 열후로 책봉된 조선인 5인은 책봉된 지 수년 안에 모두 폐봉되고, 대부분 반란 혐의로 죽임을 당했다. 조선 지배를 완료한 중국에게 이들은 더 이상 가치가 없었기 때문이다.

흉노와 남월, 조선과 서역을 정벌한 한무제는 세계패권체제를 완성했다. 사방에 한의 식민지를 개척하고, 그 식민지를 통해 전 세계로 영향력을 확대했다. 한제국의 힘은 군사정치 분야만이 아니라 경제문화 부문에서도 막강했다. 문명과 야만, 무력과 정치력을 구사하면서 등장한 중국인들은 한족(漢族)으로 통칭되었다. 이들은 자신의 이념과 제도에 따라 세계를 변모시키기 시작한다. 당시 유일한 문자였던 한(漢)의 글자(漢字)가 동아시아 세계로 전파되었으며, 한문(漢文)에 의해 외교문서가 작성되고 문명생활이 이루어졌다. 또한 한제국의 국교였던 유교가 세계로 퍼져나갔고 유교적 예법체제가 세계 각지에 뿌리 내렸다. 그리고 한제국 시대를 통해 중화사상과 중화체제, 그리고 천하라는 개념들이 세계 각지에 이식되고 모방되었다. 한의 영향력이 미치는 곳곳에서 '소중화사상', '소중화체제', '소천하'를 획득하려는 노력들이 강렬하게 전개된다.

중국의 분열과
고구려 소천하

중국 대륙에서 1극 패권체제를 형성한 한이 220년에 멸망했다. 그 뒤 위·촉·오의 삼국시대, 5호16국의 분립시대, 위·진 남북조라는 2극체제가 성립된다. 이것이 수에 의해 재통일될 때까지 코리아 지역도 고구려·백제·신라·가야 등을 중심으로 하는 다극체제가 형성되었다. 이러한 중국의 다극체제와 코리아 지역의 다극체제가 다양한 방식으로 조합되어, 동북아에서는 그야말로 여러 나라가 분립하는 군사외교상의 '세력균형체제'가 형성되었다. 이 시기에 중국의 왕조들과 코리아의 왕조들 사이에는 조공책봉관계가 끊임없이 맺어졌지만, 그것은 어디까지나 외교적 의미에 국한되었다. 여기서 주목하고 싶은 것은 동아시아 세계의 이러한 열국분립체제가 중국에서는 589년 수에 의해 통일되었는 데 비해, 코리아에서는 삼국분립시대가 계속되었다는 점이다. 중국에서는 거의 370년 만에 통일적인 패권체제가 다시 성립되었는데, 코리아에서는 왜 3국의 분열이 계속되었을까? 다시 말해 당시 코리아의 주도세력이었던 고구려는 왜 통일을 이루지 못했을까? 그 이유를 알아보자.

첫째, 낙랑군·대방군이라는 중국의 식민통치기구가 코리아의 세력 통합을 막았다. 중국의 식민지 안팎에서 성장한 고구려·백제·신라는 낙랑군이 313년 고구려에 의해 폐지될 때까지 모두 낙랑군(BC 108년 설치)과 대방군(AD 204년 설치)의 통제를 받았다. 이 중국의 두 식민기구는 중국의 중앙정부를 대리해 코리아와의 외교업무(조공책봉체제 유지)를 수행하고, 동으로는 옥저와 동예 등의 제 부족, 남으로는 여러 한국과 일본의 여러 소국들이 중국과 교통하는 데 교량 역할을 했다.

한편 한사군이 설치된 뒤부터 중국의 수많은 관리·군인·학자·상인·기술자들이 지속적으로 코리아로 밀려왔다. 이들은 고급문화와 각종 기술로 코리아를 변화시켜 낙랑문화를 꽃피웠다. 한대 후기 낙랑군의 인구는 40만에 이르렀다.[25] 그러나 4세기 초 한의 식민기구인 현토군의 속현으로 출발한 고구려가 현토군의 대부분과 요동군의 동부를 차지했고, 나아가 낙랑군을 멸했다. 또 고구려와 뿌리가 같은 백제는 대방군을 멸했다.

둘째, 4, 5세기경 북에서는 중국계가, 남에는 백제·신라·왜가 연합해 고구려를 압박함으로써 코리아의 통일을 막았다. 코리아의 북방에서는, 462년 고구려가 북위와 조공책봉관계를 맺어 우호관계가 될 때까지 조위·서진·전연·후연·북연·북위가 계속해서 고구려를 압박했다. 한편 코리아의 남부에서는 백제가 왜 또는 신라와 연합해 고구려에 대항했다. 371년 백제는 근초고왕이 평양을 공격해 고구려의 고국원왕을 살해할 정도로 강성했다. 그러나 광개토왕과 장수왕대에 이르러 전세는 완전히 역전되었다. 고구려는 427년 평양천도 후 남진에 더욱 박차를 가했다. 이에 백제는 433년 신라와 동맹을 맺어 대항했고, 472년에는 북위에 사신을 보내 군사를 청하기도 했다. 그러나 475년 백제 수도 한성이 고구려에 함락되자 남쪽으로 천도하지 않을 수 없었다.

셋째, 고구려에게 통일의 최대 호기는, 북으로 북위와 국교를 수립해 북방을 안정시키고(462) 남으로 백제 수도 한성을 점령해 개로왕을 죽인 475년 이후부터 백제와 신라가 다시 부흥하는 500년 이전까지의 약 30년간이었다. 그러나 이때부터 고구려의 남진은 아산만에서 소백산맥을 경계로 하는 북위 37도선 부근에서 교착되었다. 고구려의 남진이 왜 여기에서 중단되고 전선이 교착되었을까? 고구려는 왜 통일의 결정적 기회를 놓쳤을까? 백제·신라·왜 등 남부동맹세력의 결사 항전이 그 이유일 수 있다. 또 백제와 신라가 고구려의 천하에 복속한 것에 만족함으로써 그 명맥은 유지하는 '고구려의 천하관' 때문일 수도 있다. 그렇지 않으면 반도의 37도선까지밖에 진출할 수 없었던 고구려의 국력의 한계 때문일 수도 있다.

넷째, 6세기에 들면서 코리아의 세력관계는 일변한다. 6세기 전반기에 백제에서는 무녕왕과 성왕이 국력을 회복한다. 성왕은 538년 웅진에서 부여로 천도했고, 국호를 남부여로 정했다. 그리고 신라는 500년에 왕위에 오른 지증왕 이래, 법흥왕, 진흥왕대에 이르기까지 국력을 비약적으로 성장시켰다. 국호를 신라로, 군주의 호칭을 마립간에서 왕으로 바꾸고, 불교를 공인해 국가적으로 사상을 통일하고, 536년에는 건원(建元)이라는 독자 연호를 사용

고구려 천하와 신라의 부상

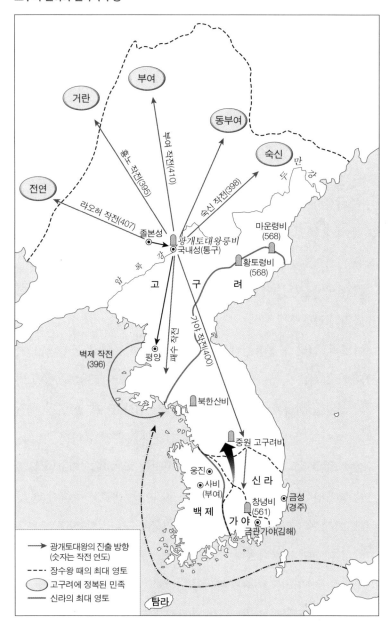

했다. 신라가 독자세력이 되었음을 세계에 선언한 것이다. 6세기에 접어들면서 세력관계상 고구려의 힘만으로는 코리아 전체를 통일하기가 대단히 어려워졌다.

다섯째, 6세기 중반 고구려는 대내외적인 위기에 직면한다. 544년 고구려의 혜량법사가 "지금 우리나라는 정란으로 언제 망할지 모르겠다"(《삼국사기》〈거칠부전〉)라고 말한 것처럼, 왕위계승을 둘러싸고 귀족 간에 큰 내분이 발생했다. 545년, 여덟 살이었던 양원왕이 즉위함으로써 내분은 일단락되었다. 그러나 대외적으로 북에서는 북제가 552년부터 고구려를 압박했다. 또한 550년 이후 돌궐이 거란 지역으로 본격 진출함에 따라 말갈족이 고구려에서 이탈했다. 그리고 남에서는 551년에 신라·백제 동맹군이 고구려를 쳐 한강 유역을 점령했다.

여섯째, 신라가 진흥왕대에 백제를 한강 하류에서 몰아내고 한강 유역 전체를 차지함으로써 코리아의 중심세력이 되었다. 이에 백제의 성왕이 신라를 공격했으나 옥천에서 전사했다. 120년간 유지된 두 나라의 동맹은 마침내 깨졌다. 진흥왕은 한강 유역뿐 아니라, 562년 대가야를 멸해 낙동강 유역을 완전히 차지하고, 568년 동북으로 함흥평야까지 진출했다. 신라가 코리아의 새로운 주역이 된 것이다. 이때부터 코리아에서 전통적 패권국가 고구려와 신흥 도전국 신라의 대결이 시작되었다. 고구려 중심의 통일이 아니라, 신라 중심의 통일로 역사의 흐름이 바뀌기 시작한 것이다.

이 시대에 고구려는 두 가지 면에서 코리아의 대표적인 국가가 되었다. 하나는 중국과의 관계이다. 고구려는 중국과의 지속적인 투쟁을 통해 중국의 식민기구였던 한사군을 몰아내는 데 가장 큰 역할을 했다. 그리고 이후에도 계속해서 중국세력의 침입을 격퇴했고, 코리아의 원류인 조선의 고토로 영토를 확장했다. 조선의 영역이었던 현토군의 속현으로 출발한 고구려는 그 위치상 중국과의 전쟁을 통해서만 성장할 수 있었다.

다른 하나는 당시 세력 중 유일하게 코리아 계열(한계, 예맥계) 전체에 대한 패권적 지위를 확보했다는 점이다. 고구려는 북부여와 동부여, 옥저와 동예, 백제와 신라 등 코리아 계열의 모든 나라를 복속시켜 종주권을 확보했다. 조선에 이어 고구려가 코리아에서 패권적 지위를 구가한 것이다. 이렇게 해서 형성된 고구려 중심의 세계 질서, 천하관[26]은 장수왕대의 광개토왕비문과 모두루묘지, 중원고구려비에 나타난다.

중국 중심의 패권체제, 즉 중화체제는 중화사상을 이데올로기로 하고, 천하·중국·화이 등을 그 핵심 개념으로 하며, 조공책봉관계라는 외교군사적 관계를 맺는다는 점을 앞에서 설명한 바 있다. 그리고 이 중화사상은 '동아시아 세계의 천하와 그 안에 분화된 소천하의 내부까지 모두 규제하는 원리였다'는 점에서, 코리아에도 이것이 재생산된다. 중국이라는 '대천하'를 전제한 '소천하'가 설정되고, 그 속에서 '소중화체제'가 추구되는 것이다.

우선 고구려는 중국이라는 대천하를 전제한 소천하로서, '고구려천하'를 형성했다. '대왕국토(大王國土)'인 고구려를 중심으로 조공국인 백제·신라·부여 등이 위성처럼 궤도를 그리는 국제질서를 상정할 수 있다. 그러나 왜는 중국과 마찬가지로 고구려 천하의 바깥에 있었다. 이는 왜가 강했기 때문이 아니라, '모든 인간 집단은 적을 갖는 까닭에 비로소 우리 편을 갖는다'는 메커니즘 때문이다. 따라서 광개토왕, 장수왕대인 5세기 초에 왜는 고구려 천하를 흔드는 고구려의 주적으로 규정되었다. 왜의 존재는 그 세력의 강약을 떠나 고구려의 정치권·질서권을 명확하게 해주고, 고구려의 남방 원정이 고구려 고유의 세계를 지키기 위한 소위 '정의의 전쟁', '성전(聖戰)'이 되게 만든다. 즉 왜는 고구려의 지배공동체 내에서 공동 환상을 강화하는 역할을 했다.[27]

또한 고구려는 독자 연호를 사용했고, 군주의 호칭을 가(加), 간(干)에서 왕, 대왕(大王), 태왕(太王)으로 계속 높였다. 그러나 호칭을 황제나 천자로까지 발전시키지는 못했다. 그 이유 중의 하나는 외교군사적 필요성으로 맺어진 중국과의 조공책봉관계 때문이었다. 또 다른 이유는 황제 또는 천자라는 호칭을 사용할 정도로 왕권 혹은 국가권력이 충분히 강화되지 않았기 때문이다. 만일 5세기 후반에 고구려가 코리아를 통일해 신라와 백제·가야를 완전히 복속시키고, 왜의 개입을 물리치며, 중국의 영향력을 차단했다면 왕에 대한 호칭도 달라졌을 것이다. 고려의 광종이 일시적으로 황제라는 용어를 쓴 것은 그러한 국제관계와 자신감의 반영이었다.

한편, 한제국 시대에 최대의 도전국이었던 흉노는 중국과의 전쟁으로, 또 자체의 내분으로 계속 약화되었다. 44년 이후 흉노는 중국의 적으로 남게 되는 동흉노와, 훈이라는 이름으로 로마세계의 적이 될 서흉노로 갈라졌다. 그리고 48년에는 동흉노제국 자체가 분열되어 외몽골의 북흉노와 만리장성 이북 내몽골의 남흉노로 나뉜다.

이 중 남흉노가 5호16국 시대의 주역이 되면서 한화(漢化)되고, 결국은 중국에 흡수된다. 이 과정은 한대에 비해 훨씬 보편적인 제국이 되는 수·당의 국가적 특질이 형성되는 과정이기도 하다.

프랑스의 역사가인 르네 그루세는 《유라시아 유목제국사》에서 북방 유목민족이 중국에 동화되는 과정을 게르만족이 로마화되는 과정과 비교한다. 유럽에서 야만족으로 취급된 게르만의 프랑크왕국은 그보다 더 야만적인 게르만의 침입을 막아 로마 전통을 보호하는 '라인 강의 파수꾼'이 되었다. 마찬가지로 흉노 출신의 북위도 그들이 원래 거주했던 초원 깊숙한 곳에서 미개인으로 남아 있었던 몽골계 부족들을 상대로 '황허의 파수꾼'이 되었다. 그리고 프랑크가 기독교에 대단한 열정을 보인 것처럼 북위는 이방 종교인 불교에 엄청난 열의를 보였다. 또한 8세기 유럽이 서쪽은 게르만계의 프랑크, 동쪽은 로마를 계승한 비잔틴제국으로 나뉜 것처럼, 중국도 북부에는 몽골계의 북위, 남부는 한족계의 송(宋)으로 나뉘었다. 게르만이 로마화된 것처럼, 탁발이 세운 북위도 북중국을 통일한 뒤 중국화되어 모두 중국에 용해되었다. 이런 과정은 거란·여진·만주족을 통해 수세기 동안 거듭해서 반복되는 역사의 패턴이었다.[28]

그러나 540년경 중국의 변방이 아닌 아시아의 초원지대에서는 여전히 야생의 유목민들이 활동하고 있었다. 몽골계인 유연이 북동아시아를, 역시 몽골계인 에프탈이 서북아시아를, 투르크계의 훈이 러시아 초원지대를 지배하고 있었다. 이때 유연에 예속된 부족의 하나였던 돌궐이 552년 유연을 격파함으로써, 제국의 영토는 몽골계에서 터키계로 넘어갔다. 수 문제가 중국을 통일했을 때, 중앙아시아는 거대한 두 개의 돌궐(투르크)제국으로 나누어져 있었다. 곧 동돌궐제국은 만주의 변경에서 만리장성과 하미(오아시스 도시)까지 지배했고, 서돌궐은 하미에서 아랄 해와 페르시아까지 뻗어 있었다.

중국의 동쪽인 코리아에는 고구려가 '고구려 천하'를 형성했으나, 코리아를 통일시키지 못하고 삼국으로 분열되어 있었다. 그리고 북쪽은 거대한 돌궐제국이 동·서로 나뉘어 있었다. 이때 수가 중국의 남북조를 통일했다.

중국을 통일한 수, 그리고 수를 이은 당은 한족 중심의 한제국보다 훨씬 광범위한 세력과 다양한 문화를 융합한 제국이었다. 수·당은 한이라는 대제국이 해체된 뒤 사분오열된 중국에서 주변의 세력을 다시 하나로 결집한 것이다. 한족만이 아니라 북방의 유목민족까지 포괄하고, 중국 고유의 유교만이 아니라 인도에서 서역을 거쳐 그리스 문화의 영향을 받은 불교까지 융합했다.

수·당의 건국자들은 통치를 공고히 하기 위해 각종 법령을 정비하고 제도를 개혁했으며, 중앙집권적인 관료체제를 확립하기 위해 과거제도를 창시했다. 과거제는 오랫동안 문벌에 따라 관리를 선발하던 폐단을 제거한 획기적인 제도였다. '신비의 제국, 태양계'에서 하나의 태양이 에너지를 소진해 폭발하면 다시 그 잔해를 끌어모은 새로운 태양이 탄생하듯, 한이라는 대제국이 해체되자 중국은 3국, 5호16국, 남북조의 대분열기를 거쳐 370년 만에 수·당제국으로 통일되었다.

중국과 코리아의
동북아 패권전쟁

수(隋)라는 거대한 패권국가가 370년 만에 새롭게 탄생하자 동아시아에는 초비상이 걸렸다. 진·한의 통일시기에 경험한 것처럼 통일중국이 조공책봉체제와 같은 간접 지배보다 군현제와 같은 직접 지배를 기도할 수 있고, 이는 중국과 코리아의 전쟁을 의미했기 때문이다. 실제로 통일 1년 뒤인 590년 수 문제는 고구려왕에게 국서를 보내, "겉으로는 황제를 지키는 군대를 자청하면서 실제로는 정성을 다하지 않는다. 고구려왕은 랴오허가 넓다고 하겠지만 어찌 내가 진(陳)을 멸하기 위해 건넌 양쯔 강에 비할 수 있으며, 고구려의 인구가 많다 해도 어찌 진에 비교할 수 있겠는가"[29]라고 위협했다. 통일중국의 위협에 대해 고구려가 취한 정책은 크게 네 가지이다.

첫째, 적극적인 대중 외교정책이다. 고구려는 581년 수가 북주를 멸했을 때, 곧바로 수에 사절을 보내 조공책봉관계를 맺었다. 이때 백제도 조공했으며, 5년 뒤 신라도 그 뒤를 따랐다. 그러나 고구려는 이러한 외교적 노력에 한계가 있음을 잘 알고 있었다.

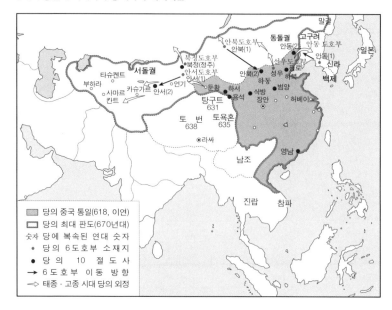

둘째, 국방 강화책이다. 고구려는 중국 기술자를 매수해 새로운 병기를 제작하고, 성곽을 정돈했으며, 병력을 확충하고, 식량을 비축했다.

셋째, 선제공격으로 적의 연합전력을 약화시키는 것이다. 598년 고구려는 말갈을 동원해, 고구려에 속해 있다가 수에 귀속한 거란의 요서 지역을 선제공격했다. 이에 분노한 수 문제는 고구려에 대한 책봉을 철회하고, 30만의 수륙대군으로 고구려를 침공했으나 패배했다. 이때 백제가 수에게 '백수연합(百隋聯合)'으로 고구려를 공격할 것을 제안했지만 실현되지 않았다.

넷째, 대 중국 공동전선을 구축하기 위해 당시 중국의 도전국이었던 돌궐제국과 연합을 시도했고, 607년 돌궐에 사신을 파견했다. 그러나 이 당시 돌궐은 중국의 분열정책에 놀아나 제대로 힘을 쓰지 못했다. 오히려 이때 돌궐의 계민카간(啓民可汗)을 방문한 수 문제와 고구려의 사신이 마주침으로써 '고구려·돌궐 연합'에 대한 수의 위기감이 더욱 증폭되었다.

607년 수나라 조정에서는 고구려에 대한 전략을 논의했다. 당시 시랑(현재의 차관급)이었던 배구(裵矩)는 고구려왕이 직접 황제께 조공을 바치도록 요구해야 하며, 조공을 바치지 않으면 정벌해야 한다고 주장했다. 그는 수·당대에 이미 '고려'라는 국호를 사용한 '고구려'를 왜 정벌해야 하는지 그 이유를 다음과 같이 밝혔다.

"고려 땅은 본래 고죽국으로 주대에는 기자에게 봉했고, 한대에는 3군으로 나누어 통치했으며, 진대(晉代)에도 요동을 통치했다. 그러나 지금은 중국에 신속하지 않고 별도의 외역으로 되어 있다. 선제(문제)께서 불쾌히 여겨 정벌했으나 실패했다. 이제 폐하(양제)의 치세에 어찌 이 일을 방치함으로써 저 문명(冠帶)의 지역을 야만(蠻佰)의 땅으로 남겨둘 것인가. 이번에 고구려 사자가 돌궐에 갔을 때 돌궐 수장 계민카간이 중국을 따르기로 한 것을 보았다. 빨리 중국에 복종하지 않으면 망한다는 것을 깨달았을 것이다. 위협해서 조공을 바치도록 하면 곧바로 그렇게 할 것이다."[30]

이러한 이유로 중국은 고구려에 대한 전쟁을 수행하기 위해 대내외적인 정책을 수립한다. 첫째, 대내적으로는 608년 황허와 회수를 잇는 운하를 개척해 611년 완성했다. 전쟁물자의 수송로가 준비된 것이다. 여기에는 매월 평균 1백만 명이 동원되었다. 둘째, 북에서 수도 장안을 위협하는 돌궐을 한편으로는 공격하고 다른 한편으로는 분열시켜 복속시켰다. 서로는 608년에 토욕혼을 패배시키고 서역지방을 공격해 복속시켰다. 셋째, 백제와 신라가 고구려와의 전쟁에 적극 협조하겠다고 나섰고, 이에 양제는 긍정적으로 답했다. 611년, 수는 백제와 신라 그리고 왜에까지 사절을 파견해 대 고구려 전쟁에 대한 외교적 준비를 마쳤다.

고구려에 대한 전쟁 준비가 완료되자 수 양제는 612년 조서를 내려 선전포고하고, 113만 3천8백 명의 대군을 직접 지휘해 요동으로 진격했다. 그리고 일부는 산둥을 출발해 평양으로 직공(直攻)했다. 한무제의 조선 침략과 같은 공격 전략을 사용한 것이다. 그러나 중국군은 한 개의 성도 빼앗지 못하고 을지문덕 장군에 의해 살수에서 대패했다. 30만 중에서 2천7백 명만이 살아남았다. 613년에 2차로 대군을 일으켰으나 고구려의 저항을 뚫지 못하고, 배후에서 예부상서 양현감이 반란을 일으키자 참담하게 퇴각했다. 614년의 3차 침공도 실패하고, 4차 침공은 돌궐의 배반으로 좌절되었다.

대 고구려 전쟁이 개시되기 전인 611년, 왕박이 산둥에서 농성하면서 "요동에 가서 개같이 죽어서야 되겠는가"라는 반전가를 만들어 민중을 선동했다.[31] 그리고 양제가 고구려를 침략하자 농민반란이 전국 각지에서 일어났다. 수의 전쟁 실패는 제국의 정치적 권위와 물질적 자원, 그리고 체제의 정통성을 완전히 붕괴시켰다. 수 제국은 세계적인 패권전쟁에서 고구려에 패함으로써 결국 618년에 멸망했다. 동아시아에서 강대한 통일제국을 이룬 지 30년도 안 된 세계패권국이 지역패권국과의 전쟁에서 패해 망한 경우는 이것이 유일하다.

새로운 통일국가 당이 수를 이어 중국에 등장하자 고구려는 수가 등장할 때와 마찬가지로 전쟁을 회피하기 위해 코리아 3국 중 제일 먼저 조공사절을 보냈다. 그러나 이때에도 중국에서는 대 고구려 전쟁 논의가 일어났다.

중국 통일의 미완성기에 당 고조(이연)는 "명분과 실제 사이에는 이치가 서로 맞아야 하는데, 고구려는 수의 신하라고 하면서도 양제를 거역하였으니 이를 어찌 신하라 하겠는가. 짐은 만물의 존경을 받지만 교만하려 하지 않고, 단지 영토 안에서 인민이 편안하게 살 수 있도록 힘쓸 뿐이다. 무엇 때문에 군이 그들을 신하로 삼아 스스로를 존귀하게 할 필요가 있는가"[32]라고 '전쟁반대론'을 폈다.

그러나 수에 이어 당에서도 요직을 차지한 시중(총리격) 배구와 중서시랑 온언박(溫彦博)이 '전쟁추진론'을 고집했다. 전쟁추진론의 근거로는 수 양제에게 주장한 '중국영토론'을 기본으로 하되, 이전의 '문명론' 대신 '복속론'과 '제국질서론'이 등장했다. 즉 "요동 땅은 주대에 기자의 나라였고, 한대에는 현토군이었다. 위진 이전에는 중국 강역 안에 가까이 있었으니 칭신(稱臣)하지 않도록 허락할 수 없다. 중국과 이적의 관계는 마치 태양과 뭇별(列星)의 관계와 같으니, 고구려의 지위를 떨어뜨려 복속국으로 만들어야 한다"[33]라는 것이다. 수대에 4차에 걸친 고구려 침략전쟁이 실패하자 '문명론'이라는 허울은 사라졌다. 대신 영토 확보와 제국의 질서 및 권위의 확립이 사활적인 문제로 등장했다.

이러한 논란에도 불구하고 건국 초기였던 당은 대 고구려 전쟁을 수행할 능력이 없었다. 당 고조는 코리아 3국의 조공을 받아들여, 각각을 그 국력의 크기에 따라 이전의 중국 식민지명을 붙여 책봉했다. 즉 상주국 요동군공 고구려왕, 주국 낙랑군왕 신라왕, 대방 군왕 백제왕이 그것이다. 그러나 중국의 통일이 완성되고 돌궐이 당에 제압되는 당 태종기에 이르러 중국과 코리아의 관계는 질적으로 변화한다. 바로 한무제의 시대와 같이 중국패권의 확립기가 된 것이다.

630년 당 태종(626~649)은 동돌궐을 공격해, 이후 50년간 돌궐을 중국에 복속시켰다. 돌궐은 태종에게 탱그리카간(天可汗)의 칭호를 헌상했다. 그리고 태종은 이후 20년 동안 투르키스탄의 투르크인과 타림분지의 인도유럽계 오아시스를 지배했다. 나아가 642년에는 서돌궐을 격파했다. 이러한 당 태종의 활약에 대해 르네 그루세는 다음과 같이 평가한다.

"아시아는 그에게 경악하며, 다만 중국의 미증유의 영웅적 성취를 바라볼 뿐이었다. 태종은 결코 야만인과 타협하고 황금으로 그들을 매수해 물러나도록 한 것이 아니라, 그들을 역습해 떨게 만들었다. 3세기에 걸친 투르크 몽골인들의 침입기간 동안 중국인들은 승리한 유목민들을 동화시켰다. 이렇게 새로운 피를 수혈받아 강력해진 그들은, 거기에다 오랜 뿌리를 지닌 문명의 엄청난 우월성까지 가미하여, 이제 그들에게 힘을 불어넣어 준 초원민들에게로 향한 것이었다."[34]

동돌궐과 서돌궐을 복속시켜 세계제국을 향해 나아가는 중국과 이에 맞선 고구려의 전쟁은 이제 필연적인 것으로 다가왔다. 단지 전쟁의 단서를 어디에서 찾고, 어떻게 전쟁을 수행할 것인가 하는 전략만 남아 있을 뿐이었다.

고구려는 당과의 전쟁에 대비해 세 가지의 정책을 편다. 첫째는 부여성에서 발해에 이르는 천 리의 장성을 수축(修築)하여 중국의 침략에 대비하는 것이다. 둘째는 백제와의 연합으로 당의 배후인 신라를 공격하는 것이다. 627년 백제의 공격을 받은 신라가 당에 구원을 요청한 이래, 660년까지 신라는 십여 차례나 백제·고구려의 침략을 받았다. 이에 신라는 당에 계속 구원을 요청했고, 당도 고구려와 백제에게 신라에 대한 공격을 중지할 것을 요구했다. 셋째는 태자를 직접 중국으로 보내 공물을 바치고, 631년에는 '고수전쟁(高隋戰爭)'에서 전사한 중국인들의 유골을 돌려주는 등 당의 침략 의지를 약화시키려고 했다.

그러나 642년 고구려에서 내분이 발생했다. 연개소문이 쿠데타를 통해 '대막리지정권'을 만들고 대당전쟁을 위한 병영체제를 강화했다. 이때 중국의 당 태종은 고구려와 전쟁을 벌여야 하는 이유로 영토 획득, 고수전쟁 패배의 복수, 고구려의 쿠데타 징벌, 세계제국의 질서 확립 등 네 가지를 들었다. 곧 "요동은 본래 중국의 땅인데 수(隋)가 네 차례나 군대를 보냈으나 얻지 못했다. 짐이 지금 동정(東征)하는 이유는 중국을 위해서는 그 자제의 원수를 갚고, 고구려를 위해서는 그 군부의 치욕을 씻어주려는 데 있다. 또한 사방이 평정되었는데, 오직 이곳만이 아직 평정되지 못했다"[35]라는 것이다. 당 태종의 고구려 원정을 반대했던 대신(大臣) 방현령(房玄齡)도 "중국의 질서에서 벗어나는 것(不臣), 백성을 괴롭힘, 장기적으로 보아 중국의 우환이 될 수 있는 가능성이란 세 가지의 조건 중에서 하나만 해당되어도 그 이적의 주멸(誅滅)에 하루 1만 명의 생명을 대가로 지불해도 부끄럽지 않다"[36]라고 주장했다.

당은 고구려 원정을 결정했다. 그리고 신라와 백제·거란·해(奚) 등에게 고구려를 사방에서 협공하도록 외교적 조치를 취했다. 당 태종은 645년 직접 대군을 이끌고 요동으로 고구려를 침공했다. 그리고 수군은 산둥에서 평양으로 직공했다. 한무제, 수 양제의 전략이 그대로 되풀이된 것이다. 이때 당 태종은 요동성 등 10여 개의 고구려성을 함락시키고 15만의 고구려군을 격파했다. 그러나 평양으로 진격하는 길목이었던 안시성을 공략하는 데 실패했다. 태종은 647년 다시 고구려를 침공했으나 실패했고, 요동 지역을 포기하라는 유언을 남기고 죽었다. 한편 645년 당 태종의 고구려 침공에 위기를 느낀 일본은 같은 해 11월 쿠데타를 단행하고, 다이카개신(大化改新)으로 중앙집권적 국가체제를 정비한다.

세계 최강의 패권국가인 당, 그리고 중국 역사상 최고의 황제라는 당 태종이 2차에 걸친 고구려와의 전쟁에서 실패하자 중국은 새로운 전략을 수립한다.

첫째는 일종의 '국력고갈정책'이었다. 막강한 국력을 가진 세계 패권 국가가 군사력은 강하지만 고립된 도전국에 대해 주로 사용하는 정책이 바로 봉쇄정책, 또는 장기 소모전이다. 제2차 세계대전 후 소련에 대해 미국이 펼친 봉쇄정책, 군비 경쟁이 바로 그 대표적 경우이다. 647년 당 태종이 고구려 침공을 다시 거론하자, 당 조정에서는 소규모 공격으로 빈번히 변방을 침공해 국력을 쇠잔시키자는 안이 제출되었다. 즉 "이제 만일 1개 사단병력을 보내 그 국경선을 교대로 침략해서, 그들로 하여금 출동에 피곤하고 쟁기를 놓고 보루에 들어가기를 수년간 계속하면, 천 리가 쓸쓸하게 되어 인심이 저절로 떠나서 압록강 이북은 싸우지 않고도 취할 수 있을 것이다"[37]라는 전략이다. 이후 20년간 고구려는 장기 소모전에 시달리고 국력은 피폐해졌다.

둘째는 '백제공격 우선론'이다. 당의 건국 이래 동아시아의 국제 관계는 '고구려-돌궐-백제-왜'라는 남북축과 '당-신라-거란-해'라는 동서축이 대립하는 양상이었다. 그러나 당 태종대에 북의 돌궐이 모두 복속되었으므로, 고구려의 원군은 남쪽의 백제와 왜밖에 없었다. 하지만 왜는 실질적인 힘을 발휘하지 못하고 있었기 때문에 백제가 거의 유일한 동맹국이었다. 백제가 멸망할 경우 고구려는 고립무원, 사방포위의 상태가 된다. 당은 '백제를 우선 공격하는 전략'을 관철하기 위해 신라가 절실히 필요했고, 신라 또한 고구려와 백제의 침략에서 벗어나기 위해 당이 필요했다.

셋째는 '당·신라 군사동맹'을 질적으로 강화하는 것이다. 코리아에서 제2의 강대국이었던 신라와 세계패권 국가인 당의 동맹은 당시 전쟁의 승리에 필수적이었다. 이 협상의 신라측 책임자는 훗날 태종 무열왕이 되는 김춘추였다. 648년 김춘추와 당 태종 이세민 간에 "고구려, 백제 양국을 평정하면 평양 이남과 백제의 토지는 모두 신라에게 주어 영원히 평안하게 할 것이다"[38]라는 조약이 맺어졌다. 물론 고구려와 백제의 연합공격으로 신라도 거의 존망의 위기에 처해 있었고, 이에 대항하기 위해 당의 도움이 절실히 필요했다. 유약하다는 이유로 당이 계속 폐위를 주장한 진덕여왕이 죽고 김춘추가 즉위하자 '신당동맹(新唐同盟)'은 절정에 달했다. 김춘추는 즉위후 왕권을 강화하는 한편 당의 관복과 연호를 사용했다.

　새로운 전략에 따라 660년, 김유신이 이끈 신라군과 소정방의 당군이 백제를 동서로 협공했고 백제는 멸망했다. 그러나 백제의 부흥운동이 계속되었고, 663년 백촌강(금강)에서는 백제 및 왜의 군사 2만 7천 명과 '신당연합군'의 전쟁이 벌어졌다. 665년 임존성이 무너짐으로써 백제 부흥운동은 종식되고, 잔존세력들은 일본으로 퇴각했다. 이제 백제가 궤멸한 상태에서 고구려는 고립무원이 되었다. 666년 5월 연개소문이 죽자, 절체절명의 위기에 빠진 고구려에 내분이 발생했다. 남건에게 쫓겨 국내성으로 간 연개소문의 장남 남생이 당에 항복하고, 연개소문의 동생 연정토는 신라에 투항했다. 667년 당과 신라는 투항한 이들을 향도(鄕導) 삼아 남북에서 고구려를 공격했다. 이때 고구려는 무려 1년간 항쟁했으나 결국 668년에 멸망했다. 669년, 당은 고구려의 왕족과 귀족을 비롯한 핵심 세력 2만 8천 호(약 20만 명)를 당의 본토로 이주시켜 고구려의 저항을 뿌리 뽑으려고 했다.

　한편 666년 1월, 당의 고종은 조정의 백관공경(百官公卿)뿐 아니라, 돌궐과 신라·고구려·백제·왜의 수령과 사신을 거느리고 산둥성에 있는 태산에 올라가 제업(帝業)의 완성을 하늘에 알리는 봉선의식(封禪儀式)을 거행했다. 이는 새로운 세계 질서를 만들려는 당의 의지와 당 중심의 새로운 세계 질서가 출현했음을 알리는 장면이다. 2년 뒤 고구려를 점령해 세계를 평정한 당은 새로 점령한 지역에 6개의 도호부를 설치했다. 중국의 북방인 외몽골에는 안북도호부, 내몽골에는 선우도호부, 서방인 천산남로와 서투르키스탄에는 안서도호부,

천산북로에는 북정도호부, 남방인 베트남 북부 지역에는 안남도호부, 마지막으로 중국의 동방인 코리아 지역에는 평양을 중심으로 안동도호부를 설치했다.

그러나 전쟁은 여기서 끝나지 않았다. 당이 대동강 이남을 신라에게 넘기기로 한 '이세민·김춘추의 합의(648)'를 깨고 코리아 전체를 지배하려 했기 때문이다. 당은 우선 백제에 5도독부를 두기 위해 웅진도독부를 설치했다. 그리고 663년 신라를 계림도독부로 칭하고, 신라왕 김법문(문무왕)을 계림대도독에 임명했다. 또한 664년에는 백제의 저항을 무마하기 위해 일본에 있던 의자왕의 아들 부여융을 웅진도독에 임명했다. 665년에는 당의 점령군사령관 유인원의 주관하에 계림대도독 문무왕과 웅진도독 부여융이 대등하게 동맹을 맺도록 했다. 이는 신라의 백제 지배권을 부정하는 것으로 동맹국 신라를 모독하는 것이었다. 그리고 당은 고구려의 땅에도 9개의 도독부를 설치했다. 668년, 당은 백제·신라·고구려에 설치한 총 11개의 도독부를 통괄하도록 평양에 안동도호부를 설치하고, 2만의 병력을 이끌고 평양에 진주한 설인귀가 코리아 전체를 관할토록 했다.

신라는 코리아 전체를 식민지로 만들어 다시 분열시키려고 한 중국의 코리아 정책을 도저히 묵과할 수 없었다. 그뿐 아니라 660년 백제를 멸한 당이 회군하지 않고 내친김에 신라를 공격할 것이라는 정보가 있었고, 671년에는 당이 왜 정벌을 핑계로 실제로는 신라를 공격하려 한다는 정보도 있었다. 이러한 상황에서 세계 유일·최강의 패권국가인 당을 상대로 고립무원의 신라가 국가의 명운을 걸고 전쟁을 개시한다. 이때 신라의 대당전쟁은 네 가지의 정책 방향을 갖는다.

첫째, 중국에 대한 것이다. 신라는 당이 대 백제, 대 고구려 전쟁을 함께 치른 혈맹이지만, 대동강 이남에 대한 중국의 분할지배를 받아들일 수 없다는 결의를 분명히 했다. 그리고 대당전쟁이 648년 '이세민·김춘추 간의 약속 이행'을 위한 명분 있는 '제한전쟁'임을 분명히 밝혔다. 또한 기존의 조공책봉관계를 이용해 당군의 공세가 가파르면 신하의 예를 내세워 조공하면서 당 조정을 달랬다. 다시 말해 세계패권국인 당에 대한 화전정책(和戰政策)과 강온작전(强穩作戰)의 병행이었다. 신라의 이 뛰어난 외교군사전략은 당제국뿐 아니라, 일본의 발목을 열도에 묶어두는 데도 기여했다.[39]

둘째, 일본에 대한 것이다. 신라는 대당전쟁을 수행하는 동안 왜가 배후를 공격하지 못하도록 외교전을 전개했다. 663년 '금강전투'에서 패한 왜는 역사상 처음으로 중국군의 일본 침공에 대한 위기감을 갖게 되었다. 패전 직후부터 일본은 대마도에서 세토나이카이에 걸쳐 '코리아식 산성' 등 방어시설을 급속히 설치하고, 667년에는 수도를 오오미(近江)로 옮겼다. 당의 웅진도독부 사령관 유인원은 '금강전투' 이듬해인 664년부터 671년까지 도합 다섯 차례에 걸쳐 왜에 시찰단을 보내 정탐했다.[40] 왜는 673년 천지천황 사후에 그 아우(大海人)가 천황의 아들(大友)을 누르고 천무천황이 되어 국가체제를 재정비했다. 이때 왜는 당으로부터 위협을 받고 있었지만, 거꾸로 당의 요구에 따라 그동안 적대했던 신라를 협공할 수도 있었다. 왜는 당과 신라, 백제유민과 고구려유민의 세력관계에서 주요한 변수였기 때문이다.

셋째, 대내적으로 친당 귀족의 이탈을 제어하고 전열을 견지하는 것이다. 신라 내부에는 친당 귀족세력이 상존하고 있어서 때때로 문무왕에게 도전했다. 당은 이들의 이탈을 조장하여 신라 내부의 분열을 꾀했다. 또한 당은 제거된 귀족의 자제를 침공군의 향도로 이용하기도 했다.[41]

마지막으로 백제·고구려 유민을 최대한 신라로 포섭하고, 고구려와 백제의 부흥운동을 대당 투쟁으로 물꼬를 돌리는 것이다. 신라는 전쟁기간 중 차지한 백제와 고구려 지역에 주군(州郡)을 설치했다. 그리고 수도의 6부인(六部人)에게만 주던 경위(京位)를 신라 지방민과 백제·고구려 유민들에게도 주어 체제 운영에서 한걸음 진전된 개방성을 보여주었다.[42]

당과 신라의 갈등은 669년부터 표면화되기 시작했다. 670년에 요동도 안무사 유인궤가 병사하고 안동도호 설인귀가 토번 정벌전에 출동하는 등 고구려에 대한 당의 영향력이 일시 약화되었다. 이때 검모잠이 봉기했고, 신라의 사찬 설귀유와 고구려의 고연무가 각각 정병 1만을 이끌고 압록강을 건너 오골성으로 진출했다. 이들은 말갈병을 대파했으나 당군이 진격해오자 후퇴했다. 신라는 보장왕의 서자인 안승을 고구려왕에 봉하고 반(反)당운동을 부추겼다. 그리고 671년에는 한족과 말갈족으로 구성된 당군이 반당운동의 중심지인 안시성을 공략하고 있을 때, 문무왕이 직접 지휘하는 신라의 주력부대가 웅진도독부를 공략하고 사비성에 소부리주를 설치하는 등 백제 지역을 모두 차지했다.

한편 고간과 이근행이 이끈 당군 4만 명은 672년에 평양성에 진주했고, 설인귀가 이끈 당의 해군은 서해안으로 진격해왔다. 당군과 신라군(고구려 유민군)이 황해도에서 격전을 벌였고, 673년에는 예성강 일대에서 또 한 차례의 격전이 있었다. 신라가 당에 굴복하지 않고 전쟁을 계속하자, 당은 674년 문무왕을 폐위시키고 그 동생 김인문을 신라왕에 책봉했다. 그리고 유인궤를 계림도대총독으로 삼아 신라를 공격했고, 임진강 유역에서도 큰 전투가 벌어졌다. 이때 신라가 당에 '사죄'하여 휴전이 성립되었으나, 이듬해인 675년 당군은 이근행을 사령관으로 20만의 대병을 동원해 전쟁을 종결시키려 했다. 그러나 신라군은 9월 경기 북부의 매초성 전투에서 대승했고, 황해도 방면에서의 각종 전투에서도 승리했다. 676년에는 금강으로 침공한 당 해군을 기벌포에서 격파했다.[43]

신라는 675년의 대전투에서 승리했음에도 불구하고 패권국의 권위와 양국 간의 평화를 위해 당에 사절을 파견해 '사죄'했다. 당도 이것을 인정해 문무왕의 관작을 다시 회복시켰다. 그러나 당이 대동강에서 원산만에 이르는 국경을 최종적으로 인정한 것은 신라가 당의 대 발해 전쟁에 동참한 뒤인 735년이었다.

거의 1백 년에 걸쳐 한반도에서 벌어진 중국과 코리아의 전쟁에서 중국이 최종적으로 패배했다. 이에 당은 676년 공식적으로 안동도호부를 평양에서 랴오양으로 옮김으로써 한반도에서 군사적으로 철수했다. 598년 '고수전쟁(高隋戰爭)'으로 시작된 중국과 코리아의 전쟁은 80년 만에 '신당전쟁(新唐戰爭)'으로 막을 내렸다. 불완전한 통일일지라도 욱일승천하던 세계패권 국가 중국에 맞서 코리아

의 통일을 이룬다는 것은 대단한 결의와 끈기, 용기와 지혜, 정치외

교력과 군사력을 필요로 했다.

일본의 화려한 수사,
누추한 고립

고구려가 당과 신라에 의해 망한 뒤인 700년, 당제국은 자신의 세계 질서에 포함된 나라를 '동으로는 고려(신라), 남으로는 진랍국, 서로는 파사·토번 및 견곤도독부, 북으로는 거란·돌궐·말갈'이라고 하고, 이 외에는 당의 세계와는 단절된 지역, 즉 절역(絶域)이라고 선언한다. 한편 696년 거란의 반란을 틈타 고구려 유민 대조영이 나라를 세웠는데, 처음에는 '동'을 의미하는 진(震)이라는 국호를 썼다. 그러나 712년 당에 조공했을 때, 당의 현종이 오늘날의 톈진·당산 지역에 있었던 한(漢)의 '발해군'을 전혀 관계없는 진(震)에 억지로 갖다 붙여 대조영을 '발해군왕'에 책봉함으로써 발해국이 된다.[44] 발해를 중국의 세계 질서, 조공책봉체제 속에 포함시킨 것이다.

이러한 중국의 세계 질서에서 빠진 나라가 있다. 바로 왜(일본)이다. 일본은 중국의 세계 질서에서 독특한 위치를 차지한다. 조공국도 아니고 그렇다고 대등한 적대국(隣對國)도 아니다. 중국의 세계에서 볼 때 일본은 헌팅턴의 표현을 빌면 일종의 고립국이었고, 당시의 표현을 빌리면 중화세계와는 단절된 외딴섬, 곧 '절역의 조공국'이었다. 이렇게 일본이 고립국, 절역의 조공국이 된 것은 일본열도의 위치 때문이었다. 대륙 중심의 패권체제에서 바다 가운데 있는 일본은 아득히 먼 외딴곳으로 느껴졌다. 그리고 지상군 중심의 중국 무력이 영향을 미치기엔 한계가 있었다. 특히 코리아가 1천 년간 중국의 무력으로부터 일본을 든든히 지켜주었다. 중국은 그때까지 한 번도 코리아 전체를 지배한 적이 없었고, 코리아를 지배하지 않고는 일본을 침공할 수 없었다. 또한 코리아도 중국에 대항하고, 삼국 간에 전쟁이 끊이지 않아 일본 침략을 생각하지 않았다.

그런데 코리아에서의 세계전쟁이 끝난 뒤, 비로소 일본은 심각한 국가적 위기를 느꼈다. 663년 금강 전투에서 천황이 직접 이끌고 출동한 군대가 대패했기 때문이다. 백제부흥운동도 종결되었고, 이제 일본이 당과 신라의 협공을 받을 수도 있었다. 그러나 당은 대 고구려 전쟁과 대 신라 전쟁으로 일본을 침공할 수 없었다. 673년 조카를 누르고 천황이 된 천무(天武)는 전후의 국가체제를 정비하면서 새로운 국제질서를 구상했다. 그 결과 나온 것이 새로운 국사편찬과 당을 모방한 율령 제정이다. 다시 말해 일본은 코리아에서의 세계전쟁 종식을 계기로 '중국과 대등한 국가'로 스스로를 정립하고, 그 결정판으로 701년 대보율령(大寶律令)을 반포했다. 이 점에서 701년은 일본이 지난 역사를 총결산해 자신의 운명을 최종적으로 결정한 해였다고 할 수 있다.

첫째, 대보율령의 특징은 '소국' 일본이 '제국'인 당의 제도를 그

대로 모방했다는 점이다. 천자·천황·황제·폐하 등 당제국에서 쓰던 용어를 그대로 사용했다. 그리고 중국인을 표현하는 화하(華夏)라는 용어를 일본의 중심세력을 표현하는 데 사용하고, 문명족과 야만족을 구분하는 화이(華夷)라는 개념을 일본의 제도와 질서 내에 그대로 복사하고 있다.

둘째, 일본의 역사를 '코리아와 독립된 일본', '중국과 대등한 국가'라는 관점에서 완전히 새로 쓴다. 이때 편찬된 《고사기(古事記)》, 《일본서기(日本書紀)》 등의 역사책은 '사실의 기록'이 아니라, '코리아'와 '중국'을 염두에 두고 목적의식적으로 역사적 사실을 조합한 일종의 '창작물'이라고 할 수 있다.

셋째, 일본은 대보율령이 반포된 이듬해인 702년, 7차 견당사를 당의 수도 장안에 보냄으로써 국제무대에 다시 등장했다. 669년의 견당사 파견 이후 33년간 종적을 감추고 있었던 왜는 이때 완전히 새로운 옷을 입고 나타났다. 바로 국호를 '왜'에서 '일본'으로 바꾼 것이다. 이 새로운 옷은 한 해 전에 완성한 대보율령의 일부였다.

넷째, 일본, 특히 일본의 천황을 중심으로 세계를 재배치하고 일본을 태양으로 삼아 하나의 소태양계를 상정한다. 일본이 '작은 태양'이라면 행성과 위성도 있어야 한다. 화(華)가 있으면 이(夷)도 있어야 하고, 책봉국이 있으면 조공국도 있어야 한다. 701년 당'제국'을 모방해 일본 중심의 중화체제, 곧 고대 천황제국가를 만든 일본은 필연적으로 내부의 이적(夷狄)뿐만 아니라 외부의 조공국을 찾아 나서는데, 코리아의 국가들이 그 대상이 된다.

일본은 당나라에 2백 년간 총 9회의 사절을 파견해 거의 20년에

한 번 조공했다. 하지만 신라와는 빈번히 사절을 교환했다. 700년부터 779년까지 80년간 신라는 21회, 일본은 16회 사절을 파견했다. 그러나 이렇게 빈번히 사절을 교환했지만, 일본은 '천황국'으로서 신라를 한 단계로 아래로 취급했고, 신라는 일본을 대등국으로 취급함으로써 외교 문제가 자주 발생했다. 일본은 신라의 외교문서가 마음에 들지 않는다고 파견된 사절을 돌려보내기도 했고, 신라는 파견된 일본의 사절이 무례하다고 해서 쫓아내기도 했다. 이것은 발해와의 관계에서도 마찬가지였다. 일본은 발해를 고려(고구려)를 이은 나라로 보았는데, 727년 최초로 발해 사절이 일본에 도착했고, 이후 양국 간에 사절이 교환되었다. 그러나 일본과 발해의 외교관계도 신라와 마찬가지로 원만하지 못했다.[45]

이러한 상황은 대보율령을 통해 천황제국가를 만든 일본이 실질적인 세력관계와는 무관하게 허상의 제국을 추구했기 때문이다. 그러나 이러한 허상은 결코 현실에 적용될 수 없었다. 결국 일본은 신라 및 발해와 대등한 외교관계(國信)를 맺는다. 중국 중심의 세계질서에서 발생하는 코리아와 일본의 외교 문제는 9백 년 뒤 도쿠가와시대에도, 1천1백여 년 뒤 메이지유신으로 천황이 등장한 이후에도 비슷하게 반복된다. 이는 코리아가 중국과 조공책봉관계를 맺은 데 비해, 일본은 그렇지 않았기 때문이다.

대보율령을 반포한 뒤인 8세기에 일본이 주장한 국제질서는 일본 이외에는 어디에서도 통용되지 않았다. 오히려 그 반대였다. 당 중심의 세계 질서에서 일본은 가장 낮은 자리를 차지할 뿐이었다. 이것을 입증하는 사건이 753년 1월 1일, 당의 수도 장안에서 황제에게 문무백관과 외교사절이 새해 인사를 할 때 일어났다. 이때 당 조정의 의전팀은 일본 사절을 서반(西班)의 제2위로 해 토번의 다음에 두고, 신라는 동반(東班)의 제1위로 해 대식국(大食國)의 위에 두었다. 이에 일본 사절이 신라가 일본의 조공국인데 어떻게 이렇게 의자를 배치하느냐고 행패를 부려 그 순위를 바꿨다는 이야기가 있다.[46] 이 당시 당 조정이 설정한 일본의 국제적 지위는 최하위였는데, '토번-돌궐·돌기시-신라-해·거란-발해·남조-일본·호밀·식약·리빈'의 순서였다.[47]

8세기 중엽 세계패권 국가의 수도 장안에서 왜 이러한 비상식적인 일이 일어났을까? 그리고 당 중심의 세계 질서 속에 있었던 사람들의 국제적 감각으로는 도저히 이해가 안 되는 '대보율령'이 어떻게 반포될 수 있었을까? 이에 대한 대답을 얻기 위해서는 5세기 이래 일본인이 가졌던 국제정세 인식, 그것을 세계에 관철시키려고 했던 외교적 노력, 중국 율령제도의 도입 과정을 살펴보아야 한다.

광개토왕비와 장수왕대의 각종 기록에 나타난 것처럼 5세기의 코리아는 고구려가 중심이었다. 고구려는 코리아 전체에 영향력을 확장하고, 고구려를 중심으로 소천하를 형성했다. 이때 왜국에는 찬(讚)·진(珍)·제(濟)·흥(興)·무(武)라는 왜 5왕이 등장했다. 이들은 남북조시대였던 당시에 남조인 송(宋)에 조공하고 관작을 요청했으며, 코리아의 남부에 대한 군사권을 주장했다. 이것은 다분히 고구려를 염두에 둔 외교전이었으며, 코리아의 남부에 대한 외교적 포석이었다.

왜왕 진은 438년 중국의 송에 조공을 바치며 '도독 왜·백제·

신라·임나·진한·모한 6국 제군사(都督 倭·百濟·新羅·任那·秦韓·慕韓 六國諸軍事)'를 주장했다. 그러나 송은 이것을 인정하지 않았다. 451년, 왜왕 제는 백제를 뺀 대신 가라(加羅)를 넣은 '도독 왜·신라·임나·가라·진한·모한 6국 제군사'를 주장했다. 송은 이것을 인정했다. 477년에 왜왕 무가 다시 백제를 넣어 '도독 왜·백제·신라·임나·가라·진한·모한 7국 제군사'임을 승인해줄 것을 중국의 송에 요청했다. 그러나 송은 478년 여기서 다시 백제를 뺀 '도독 왜·신라·임나·가라·진한·모한 6국 제군사'라는 칭호만 인정했다.[48] 수십 년간 계속된 왜 5왕의 주장은 세 가지 측면에서 그 의미를 살펴볼 수 있다.

첫째, 왜가 진한·모한 등의 한국(韓國)들과 임나·가라 등 낙동강 유역의 소국에 대해 군사권을 주장했다는 점이다. 김해를 중심으로 한 낙동강 유역은 낙랑군의 건설 이후 삼국과 중국, 그리고 왜의 중계무역항으로 번성했다. 그리고 앞에서 언급한 것처럼 기원전 4~3세기에서 기원후 7세기까지 약 1천 년 동안 1백만 명 이상의 코리아인들이 일본열도로 집단 이주했다는 주장도 있다. 이러한 점을 생각하면 이들 지역은 군사적 지배권과는 무관하게 왜와 정치경제적·사회문화적으로 친화성이 높았다고 할 수 있다. 한편 진한과 모한은 당시 존재하지 않는 국가였고, 임나·가라 또한 존재 여부와 관계없이 중국과 외교관계를 맺지 않은 나라들이었다. 따라서 외교적 무주공산(無主空山)이었던 이들 나라에 대해 일본이 군사권을 주장하고, 중국의 송이 이를 인정했다는 것은 외교적으로 아무 의미가 없었다.

둘째, 왜는 신라에 대한 군사권을 계속 주장했고, 중국의 남조는 이것을 인정했다. 사실 신라는 삼국 중 가장 늦게 발전한 나라이고, 특히 5세기에는 거의 고구려에 종속되어 있을 정도로 약했다. 그리고 신라는 5세기에 송뿐만 아니라 중국의 다른 나라들에도 조공을 한 적이 없었다. 국제외교무대에 등장하지 않았던 것이다. 따라서 신라와 외교관계를 맺지 않았던 송이 왜왕의 요구를 들어주었다고 해서 국제관계의 실상이 바뀌는 것은 아니다.

셋째는 백제에 대한 것이다. 438년 왜왕 진이 백제에 대해 군사권을 주장했을 때, 백제는 고구려의 공격에 의해 세력이 아주 약해진 상태였다. 그리고 477년 왜왕 무가 군사권을 주장했을 때는, 그 2년 전에 장수왕의 공격으로 백제의 수도 한성이 함락되고 개로왕이 전사해 국가의 존립이 위태로울 때였다. 그러나 백제의 군사력 약화가 곧 왜의 군사권 장악을 의미하는 것은 아니다. 왜왕 진이 백제에 대한 군사권을 처음으로 주장했을 때, 왜왕은 송에 의해 '안동장군(安東將軍)'이라는 호칭만이 인정되었다. 이에 비해 백제는 그로부터 20여 년 전에 이미 그보다 한 단계가 높은 '진동대장군(鎭東大將軍)'으로 공인되어 있었다. 중국이 왜왕에게 '대장군'이라는 칭호를 준 것은 60년 뒤인 479년으로 송 왕조가 제 왕조로 교체되는 시기이다.

그러므로 왜 5왕의 주장은 군사력의 평가에 따라 위계적인 국제질서관을 갖고 있었던 중국의 입장에서 봤을 때 전혀 현실성이 없었다. 안동·진동·정동 장군 그리고 대장군이라는 호칭은 중국이 평가한 주변국의 군사력에 따라 결정된다. 따라서 왜왕이 군사력을 무시하고 코리아의 남부에 대해 일방적으로 군사권을 주장한 것은, 현실적인 요구가 아니라 '소제국(小帝國)'의 허상 추구였다. 결국 왜는 478년 중국이 이미 고구려에 부여한 '개부의동삼사(종3품)'라는 지위를 '자칭'하는 것을 끝으로 중국에 대한 사절 파견을 중단했다.

중국에 대한 일본의 태도 변화는 단지 대 중국 관계에서만 나타나는 것이 아니라, 국내의 정치사상적·제도적인 측면에서도 나타난다. 왜왕 무는 기본적으로 중국 왕조를 중심으로 한 천하관·세계관을 갖고 있었다. 그러나 그 이후 중국과의 관계를 떠난 곳에서는 왜왕이 지배하는 영역이 바로 '천하'라는 관념이 생겨난다. 고구려와 마찬가지로 왜는 중화사상으로부터 '천하'를 빌려와 왜국을 천하로 보는 천하사상을 형성한 것이다.[49]

그리고 왜국을 천하로 하는 소천하사상이 정착됨에 따라, '왜왕(倭王)'은 '치천하대왕(治天下大王)'으로, 나아가 '치천하천황(治天下天皇)'으로 그 호칭이 상승되어간다.[50] 수가 중국을 통일한 지 4년 뒤인 593년에 정권을 잡은 쇼토쿠 태자(聖德太子, 574~622)는 중국의 율령제도를 그대로 받아들여 천자·황제 등의 개념을 사용하고 전제군주제로의 개혁을 단행했다. 그 결과 607년에는 수나라에 국서를 보내 수 황제를 '해 지는 곳의 천자(日沒處天子)'로, 왜의 왕을 '해 뜨는 곳의 천자(日出處天子)'로 표현했다. 나아가 645년 정권을 잡은 나카토미노 가마타리(中臣鎌足)와 나카노 오에 황자(中大兄皇子)는 다이카개신을 단행해 쇼토쿠 태자가 추진한 천황의 권위 확립을 더욱 체계화했다.[51] 이렇게 해서 천명을 받은 천황이 '천하=일본'을 일원적으로 지배하는 국가체제, 곧 고대 천황제국가가 성립되었고, 701년

대보율령의 반포로 완성되었다.

이러한 천하관념과 중화사상은 코리아와 베트남에서도 나타났다. 패권이데올로기는 패권체제 곳곳에 파고들기 때문이다. 그런데 왜국에서 일본(日本)이라는 국호와 천황이라는 칭호로 소중화체제가 발전된 데 비해, 고구려를 비롯한 코리아 삼국에서는 왜 그 발전이 중단되었을까? 또 베트남에서는 왜 군주가 중국 황제에게는 신속(臣屬)하며 자신을 왕으로 낮추면서도 내부적으로는 스스로를 황제로 칭하며, 자신의 이름까지도 중국용과 국내용으로 구분52)할 정도로 파행을 겪게 되었는가?

이는 기본적으로 중국 중심의 세계패권체제에서 각국이 처한 위치 때문이다. 그리고 그 위치는 궁극적으로 중국의 군사력 행사 범위와 강도에 좌우된다. 코리아와 베트남에 존재한 대부분의 국가들은 중국과 큰 전쟁을 수없이 치렀고, 중국질서로부터 벗어날 수 없었다. 반면 중국의 침략으로부터 안전지대에 위치한 일본은 패권이데올로기인 중화사상을 발전시킬 수 있었다. 이것이 일본의 특수성이었다. 이 특수한 위치, 절역의 조공국이라는 위치 때문에 왜왕의 국서('日沒處天子 日出處天子' 또는 '東天皇 西皇帝' 등)에 대해 수 양제는 "야만인의 글에는 예의가 없다. 다시는 듣지 않을 것이다"53)라고 격노했지만, 일본의 불신(不臣) 행위를 징벌하지는 않았다. 또한 630년 사절을 보낸 왜에게 당 태종은 매년 조공하지 않도록 했다. 이러한 일본의 특수한 위치는 일본의 의지와 능력과는 무관했다. 일본은 5세기 이후 '절역의 조공국'이라는 위치와 전쟁 중이었던 코리아 국가들에 대한 '원조'를 빌미로, '코리아에 대해서는 우월하고 중국과는 대등하다'는 국가상을 만들어가기 시작했다. 반면 코리아는 '문명적'으로 일본에 대해 우월하고 중국과는 대등하다는 세계관을 확립하기 시작했다.

한제국의 성립 이후 16세기 서양이 등장하기 전까지 중국 중심의 세계 질서에서 생산되는 각종 영양분을 섭취하기 위해서는 두 가지 의 방법만이 있었다. 하나는 '조공'이고, 다른 하나는 '해적'이었다. 일본은 조공의 시기 외에는 해적의 길을 택했고, 이로써 중화세계에 서 '불량 국가'로 취급되었다. 결국 일본은 절역의 조공국이 됨으로 써, 19세기 대영제국식의 '화려한 고립'이 아니라 '누추한 고립' 상 태에 있었다. 그러나 동아시아에서 유일하게 '중국과 대등한 천황제 국가'를 추구함으로써, 비록 당시 세계의 어느 나라도 인정하지 않 았지만 '화려한 수사'를 펼칠 수 있었다.

고려의 탁월한 선택
- 문명을 취하고, 야만을 막다

    한제국을 뛰어넘은 세계패권국이었던 당은 9세기 중엽 이후 가중되는 재정 위기와 반란 및 주변국과의 전쟁으로 패권력을 잃었고, 결국 906년에 멸망했다. 당제국이 붕괴되자 중국은 마치 부채의 중심이 없어져버린 것처럼 다시 사분오열되었다. 만리장성 이남의 화북에서 5대의 왕조가 명멸했고, 양쯔 강 유역에서는 10국이 분립했다. 장성의 이북에서는 916년 거란족의 요가 건국되고, 서에서는 토번이 강성해졌다. 남에서는 936년 대월이 한무제 이후 1천 년만에 중국에서 독립했다. 당제국과 마찬가지로 코리아의 신라도 쇠잔해서 892년에 후백제, 901년에 후고구려가 건국되어 후삼국으로 분열되었다. 926년에는 발해가 요에 의해 멸망했다. 당 중심의 세계체제를 형성했던 모든 국제관계가 붕괴되고, 그 구성국들도 멸망 혹은 분열된 것이다.

    대혼란의 시기를 거치면 새로운 태양이 떠오르기 마련이다. 960년 송이 5대10국의 분열을 끝내고 그 지역을 통일했다. 하지만 북에는 여전히 강력한 요(遼)나라가 버티고 있었다. 그후 요에 이어 등장한 여진족의 금이 송과 더불어 중국을 남북으로 나누었고, 중국의 통일은 1292년 몽골에 의해 달성되었다. 몽골의 세계제국은 당의 세계제국을 훨씬 뛰어넘는 것이었다. 몽골은 중국 세계에 머무르지 않고 현대의 중국과 소련, 그리고 아시아의 이슬람권을 거의 모두 포함하는 전무후무한 세계패권체제를 구축했다.

6세기 말 수의 건국으로 중국은 통일되었지만 코리아는 통일되지 않았다. 그러나 10세기 초 코리아는 고려에 의해 통일되었지만 중국은 통일되지 않았다. 요·금으로 대표되는 현실의 무력과 송으로 대표되는 중화의 문명이 중국 대륙에 계속 분립해 있었다. 고려인들은 야만과 문명을 동시에 대면했다. 거란과 여진이라는 '야만'은 바로 눈앞에 있었고, 한족의 송이라는 '문명'은 바다 건너편에 있었다. 야만은 무력으로 위협했고, 중화는 뛰어난 문명과 경제력으로 유혹했다. 몽골이 코리아를 포함해 아시아 대륙 전체를 지배할 때도 마찬가지였다. 야만의 힘은 더욱 강력하게 현실을 압박했고, 사라진 중화의 문명은 머리와 가슴속에서 더 강렬하게 자라났다.

10세기 말 코리아에게 선택의 시간이 다가왔다. 야만적인 거란의 현실적 무력이 고려에게 선택을 강요했을 때, 코리아는 이미 야만이 아닌 문명의 일원이 되어 있었다. 코리아는 기원전부터 조공책봉체제를 통해 당시의 보편문명이었던 중국문명을 끊임없이 흡수해왔다. 세계 제일의 문명국이자 패권국인 중국을 배워서 따라잡는 것, 그것이 코리아의 국가 목표였다. 그 대표적인 예가 고구려에서 조선에 이르기까지 코리아의 모든 왕조들이 서적 수입을 조공무역의 제일 관심사로 삼은 것이다. 《구당서(舊唐書)》에는 "고구려의 습속은 서적을 매우 좋아하여 문지기, 말먹이 따위의 집에 이르기까지 각 거리마다 큰 집을 지어 향당이라 불렀다. 자제들이 결혼할 때까지 밤낮으로 이곳에서 독서와 활쏘기를 익히게 하였다"[54]라고 적혀 있다.

삼국시대에 이어 통일신라기에도 모든 제도를 중국식으로 바꾸고자 했다. 사람의 성과 이름, 땅의 지명으로부터 법률·정치·경제·교육·문화·의복에 이르기까지 모든 분야에서 중국을 모방하고 익혔다. 당시 동아시아 세계의 유일한 문자였던 한자를 열심히 배웠고, 한자문화권의 일원으로서 중국인과 같은 수준의 한문을 쓰기 위해 많은 시간과 노력을 기울였다. 그 결과 신라시대에 이르러 유학뿐만 아니라 불교에서도 이론과 실천 양 방면에서 중국과 어깨를 나란히 했다.

신라인들은 당을 제집 드나들 듯했으며, 수많은 사람들이 유학을 가고 거상(巨商)들이 활약했다. 오늘날의 국립대학에 해당하는 당의 국학에는 당제국 주변의 50여 개 국에서 온 유학생들이 공부하고 있었는데, 그 태반이 신라인이었다. 또 외국인전용 과거시험인 빈공과에 급제한 사람의 80퍼센트 이상이 신라인이었다. 오늘날 수많은 학생과 목회자, 그리고 기업인과 예술가들이 미국으로 건너가듯 당시에는 세계패권국이었던 중국으로 건너갔다. 이들을 위해 집단 거주지인 신라방, 임시 처소인 신라관, 신라인이 운영하는 신라사원 등이 당의 곳곳에 산재해 있었다.

신라가 당을 배우기 위해 이렇게 노력한 결과, 737년 당 현종은 신라에 사신을 파견할 때, "신라는 군자(君子)의 나라로 불리고, 서기

(書紀)에 대해 아는 바가 많아 중화와 비슷하다. 경의 학술로써 그들과 더불어 잘 강론할 수 있을 것이기 때문에, 경을 사자로 선발해 임무를 맡긴다"[55]라고 말했다.

신라를 이은 고려가 문명과 야만 사이에서 어떤 선택을 해야 할지는 거의 정해져 있었다. '신라'라는 몸에 '고구려'라는 옷을 입은 고려. 다시 말해 신라의 백성과 체제를 그대로 물려받았지만, 이념과 혼은 고구려를 계승한 고려. 고려는 한편으로는 문명을 발전시키고, 다른 한편으로는 군사력을 강화해 고구려의 영토를 회복해야 할 사명이 있었다. 고려 시조 왕건이 새 나라의 국호를 고려라 한 것은 이전에 있었던 고구려에서 '구'자를 뺀 것이 아니었다. 고구려가 5세기 중반 이후 2백 년 가까이 사용해온 '고려'라는 국호를 그대로 사용한 것이다.[56]

중화문명의 일원으로서 현실의 야만적 무력에 어떻게 대응할 것인가? 야만적 무력 앞에서 어떻게 문명을 더욱 발전시키고 영토를 확장할 것인가? 이 문제에 대한 전략적인 접근, 정치외교적인 능력, 그리고 이것을 위한 결의와 국력이 중요했다. 고려가 이 문제를 거란·여진·몽골과의 관계에서 어떻게 풀어갔는지 살펴보자.

거란에 대한 정책　고려는 초기에 문명이라는 '국가가치'와 근공원교(近攻遠交)라는 '외교원칙'에 따라 거란에 대해 강한 적대감을 보였다. 반면, 남중국에 있는 한족계 국가들과는 조공관계를 맺어 거란을 견제하려 했다. 그러나 고려와 송은 서로가 필요할 때마다 상대방에게 수차례 공동 군사작전을 제안했으나 하나도 성사되지 않았다. 서로가 불필요한 부담을 회피하고, 세력균형 노력에 무임승차하려고 했기 때문이다.

고려는 요가 북중국의 요충지인 연운16주를 획득하는 등 강성해지자, 마지못해 992년에 조공관계를 맺었다. 고려는 송과 요, 양국과 이중적 조공관계를 맺은 것이다. 그러나 이듬해 요는 고려와 송의 관계 단절, 고려의 북진기도 봉쇄, 송나라 정복을 위한 후방 안정화 등을 목적으로 고려를 대거 침공했다. 고려 조정에서는 한때 서경 이북의 땅을 요에 할양하고 항복하자는 주장도 일었다. 그러나 서희는 이에 강력히 반대하고, 요의 소손녕과 외교적 담판을 벌였다.

소손녕은 "너희 나라는 신라에서 일어났고, 고려의 땅은 우리의 것인데, 너희가 침범했다. 또한 우리와 땅을 맞대고 있으면서 바다 건너 송을 섬기고 있다"라며 침공의 이유를 밝혔다. 이에 대해 서희는 "우리나라는 고구려를 계승했기 때문에 고려라는 국호를 사용한다. 땅의 경계로 말하면 요의 동경은 모두 우리 경내에 속하는데 어찌 침식했다고 하는가. 압록강 내외의 땅도 역시 우리 땅에 속하지만 지금 여진이 그 사이를 도둑질하여 점거하고 있다. 조공하러 가지 못하는 것도 그 여진 때문이다"라고 반박했다.[57]

요는 서희가 결의에 차 있고 논리에 합리성이 있었기 때문에, 조공관계 강화, 조공로 확보를 조건으로 청천강에서 압록강에 이르는 280여 리를 고려가 차지하는 데 동의했다. 서희의 외교력은 앞에서 말한 고려의 선택과 사명에 가장 부합하는 대표적인 외교 성공사례이다.

그러나 고려는 송과의 관계를 완전히 끊지 않았다. 그리고 강동

6주에 대한 전략적 가치를 알게 된 요가 강동6주의 반환을 요구하자, 고려와 요 사이에는 긴장이 계속되었다. 게다가 고려에서 강조가 정변을 통해 현종을 옹립한 것을 구실로 요가 내정을 간섭함에 따라, 1018년까지 수차례의 전쟁이 벌어졌다. 이 전쟁에서 고려는 항복하지 않고 전력을 다해 끝까지 항쟁했다. 결국 강감찬 장군이 대승리를 거둠으로써 요와 강화가 맺어진다. 강화를 통해 조공책봉관계는 계속되었지만 강동6주를 확보했고, 송과의 관계도 지속적으로 유지했다. 외교와 내정에 대한 자율권을 확보한 것이다.

고려는 현실의 무력에 대해서는 조공책봉관계라는 의례적 외교관계를 유지했으나, 요의 무력에는 결코 굴복하지 않았다. 고려가 동아시아 세계를 반분한 요와 송에게 이러한 결의와 군사력을 펼쳐 보였을 때, 고려에게 참으로 큰 영광이 찾아왔다.

송의 외교관 부필(富弼)은 1044년에 제출한 〈허베이(河北)를 지키는 열두 가지 전략〉이라는 문건에서 '고려와 연합하여 거란을 견제함이 외교상의 주요한 목표가 되어야 한다'고 지적했다. 그리고 "고려는 그 시서예의(詩書禮儀)가 중국에 못지않으며, 거란이 무력으로 고려를 제압해도 이에 대항해 싸웠다. 고려가 거란의 신하국이 된 것은 거란의 위압으로 부득이한 정황 때문이며, 거란도 이에 대해 어찌할 방도가 없다. 고려가 거란을 섬기고 있지만 거란은 고려를 두려워하며, 고려를 엄중한 후환으로 여기고 감히 모든 역량을 다 동원해 남하할 수 없다"[58]라고 평가했다.

1078년 고려에 보내진 송나라 사절단의 배 두 척에는 금·은기, 옥, 의대, 비단, 칠기, 악기, 안마 등 진기한 물품이 가득했다. 그 품

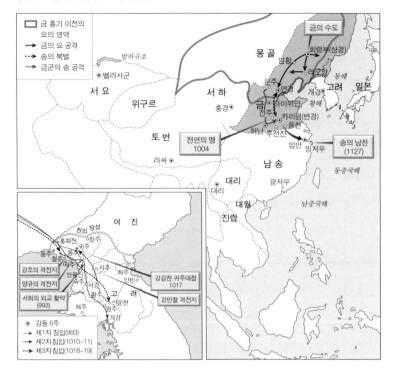

송과 요·금의 대립 및 고려의 위치

종이 1백 가지를 넘었고 건수는 6천을 넘었다. 송의 휘종(1111~1117) 대에는 고려의 사절을 아주 우대해, "그 사신을 송과 대등한 외교관계인 국신사(國信使)로 승격시켜 서하보다 더 높게 예우하고, 요(遼)와 함께 모두 추밀원에 예속케 하였다. (…) 심지어는 예모전 안에서 고려 사신을 위한 연회까지 베풀었다." 이에 송의 대신 소철은 "고려 사신에게 베푸는 우대는 너무나 과분해 다른 나라를 훨씬 초과하는데 이는 합당치 않다"라고 지적했다. 또한 고려왕 문종이 죽었을 때 요와 송 모두 조문사를 파견해 정중하게 조문했다.[59]

운명처럼 다가온 대륙의 남부세력(XA)과 북부세력(XB) 사이의 경쟁관계에서 고려는 문명과 무력을 동시에 추구했다. 그 결과 국가의 독립성을 유지하고 선진문명을 흡수함으로써 역사적 사명을 실현할 수 있었다. 즉 고려는 운명을 받아들이고, 그 운명에 명운을 겶으로써 새로운 운명을 창조한 것이다.

여진에 대한 정책　　윤관이 여진을 무찔러 9성을 설치하고, 이를 다시 돌려준 지 4년 뒤인 1113년, 아구다(阿骨打)가 여진의 추장이 되었다. 그리고 2년 뒤에는 거란의 지배에서 벗어나 황제를 칭하며 대금국(大金國)을 건설했다. 이때 요가 '대금 연합전선'을 구축하자고 고려에 제안했다. 그러나 고려는 국내외의 정세를 판단해 이 제안을 거절하고, 1년 뒤에는 요와의 조공관계를 끊고 중립을 표방했다. 금은 중국 동북 지역에서 요를 격파한 뒤인 1117년 배후를 안정시킬 목적으로 고려에 새로운 외교관계를 제안했다. 형제의 의를 맺자는 금의 황제 아구다의 주장은 다음과 같다.

"형인 대여진 금국 황제는 동생인 고려국왕에게 글을 보낸다. 우리는 할아버지 때부터 한쪽에 자리 잡아 거란을 대국이라 하고, 고려를 부모의 나라로 삼아 조심스럽게 섬겨왔다. 그런데 거란이 무도하게 우리의 강역을 침략하고 우리의 백성을 노예로 삼아 명분 없이 무력을 자주 행사했다. 우리는 부득이 이에 항거하여 하늘의 도움을 입어 그를 진멸했다. 오직 고려왕은 우리와의 화친을 허락하고 형제의 의를 맺어 대대로 무궁한 평화를 이루자."[60]

이 제안에 대해 고려 조정은 두 파로 나누어졌다. 하나는 얼마 전까지만 해도 고려를 '부모의 나라'로 섬겨 자식과 같았던 여진이 하루아침에 형이 되는 관계의 역전을 용인할 수 없다는 주전파이다. 당시 조정의 대부분이 이에 가담했다. 반면 김부의는 홀로 "오랑캐나라에 굴복하여 섬김은 국가를 보전하는 좋은 정책"이라면서 주화론을 주장했다.

주전파와 주화파의 논쟁에서 결국 주전파가 승리하고, 이에 따라 고려는 천리장성을 쌓고 전쟁에 대비했다. 한편 송은 '세력균형상' 금과 연합하지 말라는 고려의 충고에도 불구하고, 부상하는 금과 연합해 쇠퇴하는 요를 협공했다. 그 결과 1125년 요가 멸망했으나, 곧바로 금에 의해 송이 위태로워졌다.

이때 고려 조정에서는 대금정책을 둘러싸고 제2차 전략 논쟁이 벌어졌다. 고려 조정의 대부분은 여전히 여진의 야만성을 들어 그를 섬길 수 없다고 주장했다. 반면 이자겸과 척준경은 금이 요를 멸망시키고 송을 굴복시킨 현실을 들어 '주화=사대'를 주장했다.

"금이 옛날에는 소국으로 거란과 우리를 섬겼으나, 지금은 돌연히 강성해져 거란과 송을 멸망시키고 정치적 기반을 굳건히 함과 아울러 군사력을 강화했다. 우리와 영토가 인접하여 있으므로 정세가 사대하지 않을 수 없다. 작은 나라가 큰 나라를 섬기는 것은 선왕의 법도이니, 응당 먼저 사신을 보내 문안을 올리고 그에 따르는 것이 옳다."[61]

금에 대한 정책을 둘러싸고 전개된 고려 내부의 전략 논쟁은 5백년 뒤 여진족이 세운 후금(청)에 대해서도 그대로 반복된다. 그러나 조선 '인조' 때의 양상은 고려 '인종' 때의 양상과 전혀 달랐다. 고려는 성공했으나 조선은 대실패했다. 이자겸, 척준경 등의 주화론자가 고려 조정을 주도하면서, 인종은 1126년 금과 군신관계를 맺었다. 고려가 군사력을 온존한 상태에서 조공관계를 맺음으로써 양국은 이후 1백 년간 평화를 유지했다. 반면 조선의 광해군과 인조는 고려와는 달리 무력의 준비와 그 시기에서 전혀 전략적이지 못했고, 결국 삼전도의 수모를 겪게 된다.

고려는 금과의 정치외교적 조공관계로 평화를 확보하고, 송과의 경제문화적 관계를 발전시켜 고려문화를 질적으로 성숙시켰다. 고려는 활발한 무역국가가 되었으며, 중국의 이웃 국가 중에서 가장 문화 수준이 높은 나라가 되었다. 중국인들은 고려를 '문물예의의 나라'라고 치켜세웠다.

한편 1127년, 금은 송의 수도 카이펑(開封)을 함락시키고 휘종·흠종 두 명의 황제를 포로로 잡아갔다. 이로써 회수를 경계로, 남북이 송과 금으로 나뉘게 된다. 금과 송은 1126년에 '숙질관계'가 되었고, 1142년에는 '군신관계'가 되어 송이 금에게 조공했다. 금 중심의 세계 질서가 형성된 것이다. 중국의 한족국가가 이적의 야만국에게 신하국으로서 조공을 한 것은 역사상 처음이었다. 야만이었던 여진과 문명이었던 송·고려의 관계가 군신·부모관계에서 형제·숙질·군신의 관계로 역전된 것은 국제관계를 근본적으로 규정하는 '힘' 때문이었다. 당시의 힘은 군사력이 핵심이었다. 냉혹한 힘의 현실에서는 과거의 영욕이 현재의 힘으로 전환되지 않았고, 분노와 자만 또한 세력관계를 바꿀 수 없었다.

몽골에 대한 정책　테무진은 1206년 몽골을 건국하고, 1211년 요동을 침공해 금군을 대패시켰다. 1219년 거란이 의거하던 강동성을 고려군과 함께 함락시킨 몽골은, 고려의 은인임을 자처하며 고려와 형제의 맹약을 맺었다. 그러나 역사적으로 고려와 밀접했던 여진과는 달리 몽골은 고려에 대한 착취를 일삼았다. 1231년에는 몽골의 오고타이가 대군을 이끌고 금을 공격함과 동시에 고려를 침공했다. 이때 몽골은 고려와 조공책봉관계를 맺고 고려의 국정을 감독하는 72인의 다루가치를 두었다. 다루가치의 만행이 심해지자 고려의 무인정권은 이들을 처단했다. 그리고 동아시아에서 패권을 행사한 금이 몽골에 멸망당한 1232년, 수도를 강화도로 옮기고 결사항전을 선언했다.

1231년에서 고려·몽골 간의 강화가 성립되는 1260년까지 30년간 몽골은 여섯 차례에 걸쳐 대규모로 침공했고, 고려는 쑥대밭이 되었다. 1253년의 전쟁에서는 남녀 20만 6천8백 명이 포로로 잡혀갔고, 살육된 사람도 헤아릴 수 없었다. 고려의 3분의 1 이상을 몽골이 직접 지배했다. 금이 지배한 중국의 화북지방도 마찬가지였다. 금이 망할 때까지 20년간 인구는 과거의 30퍼센트로 격감했고, 20~30만이 살았던 산둥의 대도시들은 불과 수백 명이 살았으며, 대낮에도 여우와 토끼가 횡행할 정도였다.[62]

1260년 쿠빌라이가 즉위했다. 쿠빌라이와 고려 원종은 개경환도, 고려에 주재하는 다루가치 및 몽골군의 철수, 고려인 포로의 송환, 고려의 통치권 승인을 합의하고 강화했다. 그러나 원은 고려가 건국한 뒤에 확보한 땅에 쌍성총관부와 동녕부를 설치해 직접 지배하기도 했다. 탐라에도 총관부를 설치했으며, 정동행성도 간헐적으로 설치했다. 또한 원은 중국 역대 왕조의 형식적인 책봉과는 달리 고려의 왕을 마음대로 책봉했다. 고려의 왕이 원의 공주를 왕비로 맞이함에 따라 몽고식의 이름과 말, 풍속이 광범위하게 확산되었다.

이렇게 해서 고려는 원의 보호국, 부속국이 되었지만 고려는 원의 일부가 아니었다. 원사(元史) 제왕표는 원대의 제왕을 여섯 등급으로 분류했는데, 부마 고려국왕·회국왕·안남(베트남)국왕은 제1등급인 금인수수조에 속해 있었다. 원이 직접 지배하는 나라가 아니었던 것이다. 또한 몽골이 침략 상대국의 주권을 인정하고 그 나라의 왕실과 지속적인 혼인관계를 맺은 것은 고려가 유일했다. 고려의 왕들과 대신들은 '부마국'임을 무기로 다루가치를 제압하고, 원 조정에 지속적으로 영향력을 행사했다. 원의 통치자들은 "지금 천하에서 자기의 백성과 사직을 가지고 왕위를 누리는 나라는 오직 고려뿐이다"라고 말했다.[63] 인류 역사상 전무후무하게 강대했던 몽골의 세계제국에서 고려가 부분적으로나마 독립을 유지할 수 있었던 원인은 무엇이었을까?

첫째는 고려의 저항과 지형상의 한계를 들 수 있다. 고려의 무인정권은 몽골에 의해 여섯 차례나 대규모의 공격을 받고 국토가 초토화되면서도 30년간이나 굴하지 않았다. 몽골과의 강화 이후에도 삼별초는 13년간이나 항쟁을 계속했다. 이러한 끈질긴 항전이 고구려가 수·당과의 전쟁에서 승리했던 명성과 합쳐져 몽골의 지배욕을 약화시켰다. 그리고 고려의 국토는 평지가 아닌 산지였고, 삼면이 바다로 둘러싸여 있어서 몽골 기마병이 활동하기에는 불편했다.

둘째는 고려의 전략적 가치이다. 몽골은 일본과 남송을 정복하는 데 고려의 힘이 필요했다. 원은 1279년에 가서야 남송을 멸망시켰고, 일본에 대해서는 1274년과 1281년 두 차례에 걸쳐 대규모로 침공했다. 1차에서는 몽골, 금 치하의 한족, 고려로 구성된 3만 3천 명의 연합군과 고려가 만든 9백 척의 배가 동원되었다. 2차에서는 1차에 남송군을 더한 14만 명의 병력과 4천4백 척의 배가 동원되었다.

셋째는 원종의 뛰어난 정치외교력을 들 수 있다. 뒤에 원종이 된 왕전(王倎)은 태자 시절 원과 강화조약을 맺기 위해 원나라로 갔다. 그때 몽골의 칸 몽케가 죽고, 왕위계승 투쟁이 벌어졌다. 이때 고려 세자 왕전은 쿠빌라이가 칸이 될 것이라 판단하고, 쿠빌라이가 수도인 카라코룸에 올 때까지 기다리지 않고 그를 찾아 나섰다. 1260년 수도를 향해 올라오고 있던 쿠빌라이는 뜻밖에도 길거리에서 고려 태자를 만났다. 쿠빌라이는 "고려는 만 리 밖의 나라로서 당 태종 이래로 황제가 친히 정벌하여도 굴복시키지 못했는데, 지금 그 세자가 스스로 나에게 돌아왔으니 이는 하늘의 뜻이다"라고 기뻐했다. 고려 태자와 함께 카이펑에 올라간 쿠빌라이는 3월에 원의 황제가 되었고, 왕전은 귀국해 4월에 왕으로 즉위했다.[64]

원종은 원의 세조 쿠빌라이와 굳게 형성된 인간관계를 토대로 고려의 주권 유지, 개경환도, 몽고군의 철수, 고려인 포로의 송환 등을 요구했고, 세조 쿠빌라이는 파격적으로 이 요구를 수락했다. 이후 원종은 고려 태자와 원의 공주를 결혼시키도록 원에 요구했고, 이것이 성사되어 고려는 원의 부마국이 되었다.

세종,
위대한 조선문명의 시대

몽골의 세계제국은 조선 건국과 관련해 고려에 두 가지의 유산을 남겼다. 하나는 고려인의 세계 인식과 활동 폭을 제국 전체로 확장했다는 점이다. 특히 몽골전쟁 기간에 끌려간 수십만 명의 포로와 자발적 이주민들이 요동 지역에 분포했는데, 요동 인구의 태반이 고려인이라는 말이 나올 정도였다. 이 요동 땅을 고려왕 또는 고려의 왕족 출신인 심양왕이 다스리고 있었다.

또 하나의 유산은 중국의 전통 유교문명을 강렬히 옹호하고 이적을 강력히 배척하는 송나라의 성리학(주자학)이 고려 후기 신진 지식인들의 대표적 이데올로기가 되었다는 점이다. 성리학은 불교 및 도교와의 사상투쟁 속에서 성장하여 대단히 철학적이고 체계적인 우주관을 담고 있었고, 그 자체로 완결성이 있었다. 조선은 주자성리학을 국교로 만들었다.

이러한 두 가지의 유산을 배태한 몽골제국이 붕괴되기 시작했을 때, 고려에 한편으로는 국가적 위기가 닥쳤고, 다른 한편으로는 고구려의 영토를 회복하고 민족의 정체성을 확립할 수 있는 호기가 다가왔다.

국가적 위기는 사방에서 터져 나왔다. 동에서는 왜구가 1350년 이래 끊임없이 반도의 해안지대뿐만 아니라 전 국토를 유린하기 시작했다. 또한 중국의 남부에서 봉기한 홍건적들이 '송'을 건국하고, 원의 주요 도시를 공격했다. 이들은 고려에도 쳐들어와 개경을 비롯한 이북 지역을 휩쓸었다(1359, 1361). 또한 몽골과 요동 지역의 부원세력들이 고려와 충돌했고, 여진족도 움직이기 시작했다. 나아가 1368년에 명을 건국한 주원장은 요동뿐만 아니라 원이 직접 지배한 동녕부의 평안 지역까지 넘보았다.

공민왕의 주도하에 외세를 막아내는 데 혁혁한 공을 세운 대표적 인물은 최영과 이성계였다. 이들은 외세만 막아낸 것이 아니라 함경도 지역으로 영토를 대폭 확장했다. 요동만 확보한다면 고구려시대의 영토를 거의 모두 회복할 가능성이 있었다. 요동에는 수많은 고려인이 살고 있었고, 몽골세력은 후퇴하고 있었다. 명은 진격하지 않았고, 여진과 거란도 무력한 상태였다.

1370년 1월, 공민왕은 반란군 토벌과 영토 확보를 위해 이성계, 지용수로 하여금 요동을 공격케 했고, 많은 전과를 올렸다. 8월과 11월에도 공격했다. 지용수는 "요동과 심양은 우리나라 강역이요, 백성은 우리 백성이므로 이제 의병을 일으켜 어루만져 편안케 하려 한다"라고 말했다. 12월 고려 정부는 요동의 동녕부에 문서를 보내 '요동과 심양이 원래 고려의 영토'라는 것을 알리고, 백성들을 회유하는 공고문을 곳곳에 붙였다. 그러나 1371년 4월, 명이 요동에 영향력을 뻗치기 시작했다. 명은 고려에 글을 보내, 랴오양행성(遼陽行省)의 평장(平章)이 명에 귀순해 명 태조가 이곳을 군대의 지휘소로 삼았다고 통보했다. 그리고 정요위(定遼衛)라는 군사령부를 설치하고, 원의 장군 나하추를 격퇴하는 등 만주 지역을 공략해 압록강에 이르렀다. 고려도 9월에 군사를 보내 요동 지역을 공격했다.[65]

명이 요동을 거의 점거한 상태에서 이후 30년간 요동 문제를 둘러싸고 코리아의 운명과 왕조의 존폐, 그리고 정치인의 생명을 건 대논쟁과 투쟁이 벌어진다. 요동 확보를 통한 고토 회복은 고구려를 계승한 고려의 이념이었고, 몽골제국이 붕괴되면서 기회가 온 듯했다. 그러나 중국에 명이라는 새로운 통일국가가 등장하면서 위기가 닥쳤다. 역사가 증명하듯 중국에 새로운 패권국가가 등장했을 때 코리아에는 전쟁이 찾아왔다. 따라서 기회는 곧 위기였고, 이것이 현실이었다. 이념과 현실 사이에서, 그리고 기회와 위기 사이에서 무엇을 선택할 것인가? 코리아의 운명은 무엇인가?

1388년에 첫 번째 위기가 닥쳤다. 명은 현재의 평안도 지역이 원나라가 동녕부를 설치한 지역이므로 다시 철령위를 설치해 지배하겠다고 통고했다. 이에 대해 우왕과 역전의 노장이자 문하시중(총리)이었던 최영이 강력히 반발했고, 요동정벌노선이 채택되었다. 고려는 명의 연호 사용을 중지하고, 관복을 원대의 것으로 환원하는 등 '대명(對明) 전면전'을 준비했다. 군사 3만 8천830명, 수송대 1만 1천634명, 말 2만 1천682필을 동원했다. 그러나 출병 1달 만에 이성계와 조민수는 위화도에서 회군해 우왕을 폐위하고 최영을 숙청했다. 회군의 가장 큰 이유는 군사력이 약한 소국이 강대국을 상대로 싸워서는 안 된다는 것과 왜구의 침략에 대한 우려였다. '대명 전쟁론자'는 패배했다.

두 번째 위기는, 명이 조선 건국의 주역이었던 정도전의 표전이 무례한 내용을 담고 있다는 것을 핑계로 정도전을 명으로 압송하라고 명령한 것이다. 이에 대해 정도전은 군사력을 강화하면서, 남은 등과 함께 요동정벌을 추진했다. 그러나 명 태조가 죽은 지 3개월 뒤에 대명 전쟁 반대론자였던 이방원이 난을 일으켜 정도전과 남은을 죽였다. '대명 전쟁론자'가 또다시 패배했다. 조선에서 왕자의 난이 일어난 지 1년 뒤에, 명에서도 연왕(燕王) 주체(朱棣)가 왕자의 난을 일으켜 세력을 장악했다. 그리고 1년 뒤엔 이방원이 왕위에 올랐다. 조선과 명에서 무력을 가진 다섯째 아들과 넷째 아들이 쿠데타를 통해 동시에 왕으로 등장한 것이다.

세계패권 국가의 등장 과정을 생각하면 명이 요동을 차지한 1371년 이후의 '요동정벌론'은 전략적 오류이다. 신생 패권국가는 점령한 영토를 결코 포기하지 않기 때문이다. 특히 중국은 오랫동안 요동을 자기 영토라고 주장해왔다. 중국에게 요동은 포기할 수 없는 전략적 안보선이었다. 왜냐하면 고구려·요·금에서 볼 수 있는 것처럼, 중국은 요동 지역의 국가들로부터 심대한 안보의 위협을 지속적으로 받았기 때문이다. 만일 명이 요동을 점령하기 전에 고려가 먼저 몽골군을 몰아내고 요동을 장악했다면, 그래서 명이 대 몽골 전쟁을 수행하고 중국을 평정하는 데 도움이 되었다면 사정은 달라졌을 것이다. 요동 선점이라는 기득권을 가지고, 요동과 고려의 군사력을 합한 무력에 기초해 요동이 고려의 고토라고 주장했다면 설득력을 발휘했을 수도 있다.

그러나 신생국가 명이 요동을 점령한 상태에서 요동정벌론은 무모했다. 사실 이때 명의 북방군사령관은, 몇 년 뒤 영락제가 되어 중국의 북방과 대양의 남방으로 대원정을 단행한 주체(燕王)였다. 군사적 재능이 뛰어나고 거대한 야심을 가진 연왕의 군대는 명나라에서 제1의 군대였다. 그리고 봉지였던 베이징 주민의 3분의 1은 몽골인이었다. 만일 코리아가 요동정벌을 단행했다면 큰 타격을 입었을 것이다. 당제국이 붕괴된 혼란기를 틈타 1천 년 만에 독립한 베트남은 이때 다시 명의 식민지가 되었다. 베트남은 명과 수많은 전쟁을 치른 지 20년 만인 1428년에야 다시 독립했다. 물론 조공책봉체제 안에서의 독립이었다.

조선의 운명은 몽골제국의 첫 번째 유산(요동 지역의 고려인)을 토대로 요동을 점령하기 위해 세계패권 국가 명과 한판 전쟁을 치르는 것이 아니었다. 조선의 운명은 당시 동아시아 세계의 보편 문명으로 간주된 중화문명의 이상을 조선의 특수한 현실에 완전히 실현하는 것이었다. 이때 몽골제국이 물려준 두 번째 유산(성리학)이 그 토대가 되었다. 실제로 '요동정벌'이라는 코리아의 오랜 꿈이 좌절되자, 국가의 모든 역량은 이 운명에 집중되었다.

이 운명을 위해 역사의 죄인처럼 십자가를 지고 간 사람은 세종 이도였다. 그는 요동정벌을 좌절시키고 '왕위를 찬탈'한 이성계의 손자이자 이방원의 아들이었고, 그 자신도 전통적인 왕위계승권자가 아니었다. 이도는 코리아의 운명을 이루기 위해 한시도 쉬지 못하고 뛰어야 했다. 백성이 굶주리면 자신도 죽기를 각오하고 굶주리며 하늘에 빌었다. 눈이 멀어 제대로 보지 못하고, 몸을 제대로 가누지 못해도 묵묵히 자신의 운명에 헌신했다. 이렇게 해서 세종은 중화체제 속에서 코리아의 문명을 창조했다. 고려에게서 물려받은 두 가지 유산(확대된 세계 인식과 성리학)과 당시 세계의 흐름이었던 민족의 정체성 확립을 통합해낸 것이다.

우선 세종은 천민(天民), 곧 '국민 개개인이 하늘의 백성'이라는 개념을 국가 운영에 완전히 구현했다. 세계패권 국가 중국은 천자(天子)를 만들었고, 고립국 일본은 천황(天皇)을 만들었다. 그러나 코리아에는 2천여 년의 역사상 천자도, 천황도 존재하지 않았다. 존재할 수가 없었다. 이러한 상황에서 세종은 천민(天民)을 재창조했다. 세종이 재발견한 천민은 '천자의 백성'도, '천황의 신하'도 아니다. 왕토왕민(王土王民)에 나오는 '왕의 백성'도 아니다. 말 그대로 '하늘의 백성'이다. 세종은 백성 하나하나를 천자(天子)로 만들고, 천황(天皇)처럼 받든 것이다. 왕은 단지 이 고귀한 하늘의 백성을 돌보는 사람일 뿐이다.

여기서 특히 주목해야 할 점은 이 천민(天民)이 '전체' 또는 집합명사로서의 국민, 또는 일부의 '계층'이 아니라는 점이다. 국민 '개개인'이 천민이다. 세종은 천민 하나하나를 세심히 배려했다. 노비도 천민이었다(세종 26년 윤 7월 24일).[66] 그래서 관노비에게 30일간의 산전휴가와 1백 일간의 산후휴가를 주었을 뿐 아니라(세종 12년 10월 19일), 그 남편에게도 30일간의 육아휴직을 주게 했다(세종 16년 4월 26일). 죄인들의 인권도 존중하여 감옥의 난방과 냉방, 청결을 항상 유지하도록 했다(세종 30년 8월 25일). 그리고 세종에게는 조선의 백성

훈민정음의 제자원리

〈자음의 원리〉

〈모음의 원리〉

1. 높다→높아요
2. 곧다→곧아요
3. 돋다→돋아요
4. 솟다→솟아요
5. 호호(따뜻한 입김을 낼 때)

1. 어둡다·어두워요
2. 훤하다
3. 누렇다
4. 들썩이다
5. 퍼렇다
6. 허옇다
7. 출렁출렁
8. 없어지다
9. 두껍다·두꺼워요
10. 겹다·겨워요
11. 허허

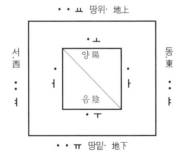

1. 밝다·밝아요
2. 환하다·환해요
3. 노랗다
4. 달콤하다
5. 파랗다
6. 하얗다
7. 촐랑촐랑
8. 나타나다
9. 살다·살아요
10. 맑다·맑아요
11. 하하(숨찰 때)

1. 죽다→죽어요
2. 묻다→묻어요
3. 춥다→추워요
4. 눕다→누워요
5. 후후(뜨거운 것을 식힐 때)

※ 출처: 문효근, 〈훈민정음 제자원리〉, 《세종학연구8》(1993)
김석연, 〈정음사상의 재조명과 부흥〉, 세종탄신 602주년 기념학술회의

만이 천민이 아니었다. 여진인 등 외국인도 천민이었다(세종 16년 1월 28일).[67] 이 점에서 세종은 인류를 문명과 야만으로 구분하는 중국 세계의 화이사상(華夷思想)을 뛰어넘었다.

그러나 천민(天民)은 단지 배려의 대상, 통치의 대상이 아니다. 천민은 자신(自新)한다.[68] 스스로 새롭게 되고, 스스로 깨치고, 스스로 높은 문화 수준을 이룰 수 있다. 이렇게 되도록 돕는 것이 바로 왕의 일이고, 관리의 일이다. 훈민정음을 만들고, 온갖 종류의 책을 만들며, 학교를 만든 것은 모두 스스로 혁신해서 자신을 변화시킬 수 있는 천민을 위한 것이다. '살아감의 즐거움(生生之樂)을 누리는 하늘백성(天民)과 함께 즐기는 것', 여민락(與民樂)이 바로 세종의 꿈이었다.

둘째, 세종은 세계적 보편성과 코리아의 특수성을 통일시켰다. 화이부동(和而不同)의 정신이 그 기초였다. 당시의 세계는 기본적으로 중국이었다. 그러나 그는 중국문명에 매몰되지 않았고, 코리아의 것에만 집착하지도 않았다. 《향약집성방》과 《의방유취》, 《농사직설》과 《칠정산내외편》은 모두 당시 세계패권국 중국과 조선의 지식을 집대성해 통합한 것이다. 음악에서도 아악(중국 음악)과 향악(조선 음악)을 동시에 사용케 했다. 세종은 "우리나라의 음악이 비록 다 잘되었다고 할 수는 없으나 반드시 중국에 부끄러워할 것은 없다. 중국의 음악인들 어찌 바르게 되었다고 할 수 있겠는가"(세종 12년 12월 계유)라고 말했다.

나랏말이 중국과 다른 코리아에 사는 사람들을 위해 창제한 훈민정음도 마찬가지였다. 세계의 말과 글을 연구해 찾아낸 보편성을 토대로 주역과 성리학에서 찾아낸 우주만물의 기본원리를 적용했다.

이렇게 만들어진 정음은 세상의 모든 소리를 표현할 수 있다. 정음을 창제한 핵심 이유는 중국말과 다른 말을 쓰는 조선인들이 제대로 문자생활을 해 인간답게 생활하도록 하는 것이다. 정음을 통해 인간의 기본 도리를 밝히는 삼강오륜을 익힐 수 있고, 법률을 읽어 부당한 처벌을 피할 수 있게 될 것이며, 각종 기술·전문 서적을 읽어 생활을 향상시킬 수 있을 것이다.

셋째, 법고창신(法古創新)과 실사구시(實事求是)[69]의 정신으로 문물을 창조했다. 세종은 중국의 고대를 모범으로 삼았지만, 코리아의 역사와 현실을 토대로 새로운 제도를 만들었다. 그는 항상 고전을 참고하게 했으나, 현실을 살아가는 사람들의 생각과 경험을 광범위하게 수렴해 새로운 것을 창조하려 했다.[70] 세종 11년 5월 16일, 정초(鄭招)는 《농사직설》이 만들어진 과정을 다음과 같이 말한다.

"우리나라의 풍토가 같지 아니하여 곡식을 심고 가꾸는 법이 각기 적성이 있어 옛글과 다 같을 수가 없다 하여, 여러 도의 감사에게 명하여 주현(州縣)의 늙은 농민들을 방문하게 하여, 농토의 이미 시험한 증험에 따라 갖추어 아뢰게 하시고, 신 변효문과 더불어 저 열거한 것들을 참고하여, 그 중복된 것을 버리고 절요한 것만 뽑아서 찬집하여 한 편을 만들고 제목을 《농사직설》이라고 하셨다."

이렇게 해서 만든 창조물은 모든 백성들에게 널리 알려져야 한다. 그리고 일시적인 것이 아니라 항칙(恒則), 항식(恒式)이 될 정도의 생명력이 있어야 한다. 법고창신과 실사구시의 원리에 따라 만든 새로운 제도와 문물은 다시 세계에서 고전(古典)이 될 것이다. 세종은 백성의 생활 향상을 위한 창조성을 대단히 강조했다. 농사와 의약에 관한 각종 실용서가 편찬되었고, 천문기구와 수차, 측우기 등 실험적이고 실용적인 많은 발명이 이루어졌다.

그는 코리아의 역사를 있는 그대로 쓰게 했다. 《고려사》를 편찬할 때, 중국의 황제를 중심으로 모든 것을 서술한다는 대일통주의에 빠져 있었던 중화론자들과는 달리 고려시대에 사용했던 황제 등의 용어를 그대로 쓰도록 지시했다. 그리고 중국적인 기자와 조선적인 단군을 동시에 받들고, 조선건국자들에게 타도의 대상이었던 우왕·창왕·공양왕에 대한 기술도 당시의 호칭 그대로 하도록 했다. 당시 대부분의 성리학자들이 빠져 있었던 '기자조선-신라-고려'의 정통론이 아니라, '단군·기자조선-삼국-고려'의 정통론을 주장했다.[71]

넷째, 상호존중과 관용을 통해 민주적 토론과 협력적 파트너십을 전 기간에 걸쳐 발휘했다. 신하들과 책을 읽고 토론하는 경연을 재위기간 중에 무려 1천898회 실시했고, 이 경연이 국정 운영에 참으로 큰 도움이 되었다고 밝혔다. 그는 토론을 통해 국정 과제를 설정하고 확산했으며, 토론 시에는 자유로이 의견을 개진케 했다. 최만리의 훈민정음 반대론, 재위 말의 불당건립에 대한 신하들의 격렬한 반대와 이에 대한 세종의 반론을 '실록이라는 속기록'을 통해 보면 왕조시대가 아니라 가장 발달된 민주체제의 지도자를 보는 듯하다.

그리고 세종은 파트너십에 기초한 리더십을 발휘했다. 4군6진을 개척할 때는 "김종서가 없었다면 내가 이 일을 못했을 것이고, 내가 없었다면 종서가 그 일을 이루지 못했을 것이다"라고 말하고, 음악에 대해서는 박연에 대해 똑같은 방식으로 말했다. 과학기술에서는 이천·이순지·장영실 등이 그의 파트너였고, 훈민정음 창제 때는 아들 문종이, 해석과 보급에는 정인지 등이 파트너였다. 이 당시 세계패권국가인 명나라의 황제들이 환관과 비밀경찰을 통해 가장 폭압적인 황제독재체제를 완성했다는 점을 염두에 둔다면, 세종의 방식은 중국문명과는 확연히 다른 '코리아문명'의 전형이 된다.

다섯째, 모든 사람과 사상에 대해 포용했다. 조선인만이 아니라 여진인·왜구 등 외국인에 대해서도 내국인과 동등하게 대우했다. 성리학을 국교로 억불정책을 실시한 조선에서 세종은 종교의 자유를 요구했고, 이를 위해 신하들과 투쟁했다. 세상의 일과 영혼의 안식을 구분했고, 하나의 사상으로 전 사회를 지배하려 하지 않았다.

세종시대는 토지실결수와 수세실결수가 조선 5백 년 역사상 가장 높았고, 최첨단의 무기와 막강한 군사력으로 4군6진을 개척함으로써 국토도 확대되었다. 농학·약학·천문학 등 과학기술의 발전도 최첨단을 달렸다. 1983년에 편찬된 일본의 과학기술사사전에 의하면, 15세기 전반기 전 인류의 과학 업적은 코리아가 29건, 중국이 5건, 일본 0건, 그리고 동아시아를 제외한 세계의 나머지 지역이 26건이었다.[72] 학문과 예술이 융성함으로써 국민생활의 수준도 질적으로 향상되었다. 당시의 세계 어디와 비교해도 민주적이고 선진적인 민족사의 황금시대를 구가한 것이다.

세종은 메마른 교조주의자, 극단적 원리주의자들과 달랐다. 그러나 조선의 지배·지식층은 세종이 살아 있을 때도 세종을 이해하지 못했고, 세종이 죽은 뒤 몇 세대가 지나지 않아 거의 모두가 세종의 정신을 버렸다. 조선의 사대부와 선비들은 중화문명에 중독

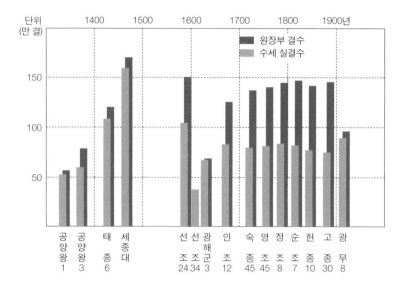

되어, 주자학에 대한 교조주의자가 되거나 중화사상에 대한 원리주의자가 되었다. 다시 말해 그들은 '한족에 의한, 중국에 근거한, 유교적 예법체제를 위한 중화체제'를 태양처럼 따르고 그 속으로 조선을 일체화시키려 했다. 그러나 세종은 '조선인에 의한, 조선에 근거한, 인간적 문명체제'를 만들려고 했다.

이러한 세종의 정신, 세종의 방식, 세종의 문명건설론과 최만리의 상소로 대표되는 조선 지배지식층의 사고는 코리아의 운명을 좌우하는 대논쟁이다. 훈민정음의 제정을 둘러싸고 벌어졌던 중화교조주의자 최만리를 비롯한 집현전 학자들과 세종의 논쟁을 살펴보자. 집현전 부제학 최만리를 대표로 집현전 학자들[73]이 먼저 반대론을 편다.

"첫째, 우리 조선은 건국 때부터 대국을 섬기어 한결같이 중화의 제도를 준행해, 이제 비로소 글을 같이하고 법도를 같이하는 때가 되었는데, 언문을 창작하신 것은 보고 듣기에 놀랍습니다. 음을 쓰고 글자를 합하는 것이 모두 옛것에 반대되니 실로 의거할 데가 없습니다. 만일 중국에라도 흘러 들어가서 혹시라도 비난하여 말하는 자가 있으면, 어찌 대국을 섬기고 중화를 사모하는 데에 부끄럽지 않겠습니까?

둘째, 예부터 중국 안에 풍토는 다르나 지방의 말에 따라 따로 문자를 만든 것이 없고, 오직 몽고·서하·여진·일본과 서아시아 국가들이 각기 그 글자가 있으되, 이는 모두 야만족(夷狄)의 일이므로 족히 말할 것이 없습니다. 옛글에 '화하(華夏)로서 이적(夷狄)을 변화시킨다'고는 했지만, '화하가 이적으로 변한다'는 말은 듣지 못했습니다. 역대로 중국에서 모두 우리나라는 기자가 남긴 풍속이 있다 하고, 문물과 예악을 중화에 견주어 말하기도 합니다. 이제 따로 언문을 만드는 것은 중국을 버리고 스스로 이적과 같아지려는 것으로서, 이른바 차조기풀의 아름다운 향을 버리고 사마귀의 지독한 냄새를 취함이니 어찌 문명의 큰 흠결이 아니겠습니까?

셋째, 신라 설총의 이두는 비록 속된 말이나 모두 중국에서 통용하는 글자를 빌려서 사용하기에, 이두로 인해 문자(漢字)를 알게 되는 자가 상당히 많고 학문을 일으키는 데에 한 도움이 되었습니다. 이두를 시행한 지 수천 년이나 되어 장애가 없는데, 어찌 옛날부터 시행하던 폐단 없는 글을 고쳐서 따로 야비하고 상스럽고 무익한 글자를 창조하시나이까? 진실로 관리된 자가 언문을 통달한다면 후진(後進)이 모두 이러한 것을 보고 생각하기를, 27자의 언문으로도 족히 세상에 입신할 수 있는데 무엇 때문에 고심하고 노력해서 성리의 학문을 궁리하겠습니까? 전에는 이두가 비록 문자 밖의 것이 아닐지라도 유식한 사람은 오히려 야비하게 여겨 이문으로써 사용하는 것을 바꾸려고 했는데, 하물며 언문은 문자와 조금도 관련이 없고 오로지 시골의 상말을 쓴 것이 아닙니까? 언문이 이전부터 있었다 해도 문명의 정치를 위해 이를 물려받지 말고 새롭게 고치자고 할 사람이 있지 않겠습니까? 옛것을 싫어하고 새것을 좋아하는 것은 고금의 우환인데, 언문은 새롭고 기이한 한 가지 기예에 지나지 않는 것으로서, 학문에 방해되고 정치에 무익하므로 아무리 되풀이 생각해도 옳은 것을 찾을 수 없습니다.

넷째, '형벌에 관한 법조문을 이두문자로 쓴다면 문자를 알지 못하는 어리석은 백성이 한 글자의 착오로 원통함을 당할 수 있으나, 이제 언문으로 그 말을 직접 써서 읽게 되면 비록 지극히 어리석은 사람이라도 모두 다 쉽게 알아서 억울함을 품을 자가 없을 것이다'라는 주장이 있으나, 중국은 말과 글이 같아도 옥살이에 원통함이 많습니다. 형벌과 옥살이의 공평하고 공평하지 못함은 옥리(獄吏)의 어떠하냐에 있지, 언문으로 옥사를 공평하게 한다는 것은 옳지 않습니다.

다섯째, 일을 제대로 하기 위해서는 빨리 해서는 안 되는데, 근래 나라가 하는 일은 모두 빨리 이루려고 힘쓰니, 이는 정치하는 방식이 아닙니다. 만일 언문을 불가피하게 만드는 것이라면, 이는 풍속을 변하여 바꾸는 큰일이므로, 마땅히 재상으로부터 아래로는 모든 관료에 이르기까지 함께 의논하되, 나라 사람이 모두 옳다 해도 오히려 다시 세 번을 더 생각하고, 중국 황제의 꾸짖음에도 어그러지지 않고, 중국에 상고해도 부끄러움이 없으며, 백 세대 뒤에 나타난 성인에게도 의혹되지 않은 연후라야 시행할 수 있는 것입니다. 그런데 갑자기 관리 십여 명에게 가르쳐 익히게 하고, 운서(韻書)를 고치고 각본(刻本)을 떠서 널리 반포하려 하니, 천하 후세의 공통된 의견이 어떻겠습니까? 특히 흉년인데다가 몸도 좋지 않으신데 왜 이것만은 직접 챙기십니까?

여섯째, 옛 선비가 '여러 가지 놀이를 좋아하는 것은 뜻과 기를 빼앗는다', '외곬으로 하면 뜻과 기가 상실된다'고 했습니다. 동궁(문종)이 비록 덕성이 갖추어졌다 해도 성현의 학문을 더 공부해야 하는데, 정치하는 데 도움이 되지 않는 언문에 모든 시간과 정력을 집중해 학업에 손실이 됩니다."

이에 대해 세종은 다음과 같이 반론을 편다.

"너희들은 음을 사용하고 글자를 합한 것이 모두 옛글에 위반된다고 했는데, 설총의 이두도 역시 음이 다르지 않느냐? 또 이두를 제작한 본뜻이 백성을 편리하게 하려 함이 아니었느냐? 만일 그것이 백성을 편리하게 한 것이라면 이제의 언문도 백성을 편리하게 하려 한 것이다. 너희들은 설총은 옳다 하면서 임금이 하는 일은 그르다 하는 것은 무엇이냐?

또 너희들이 운서(음운학)를 아느냐? 사성칠음(四聲七音)에 자모가 몇이나 있느냐? 만일 내가 그 운서를 바로잡지 않으면 누가 바로잡을 것이냐?

또 상소에 '새롭고 기이한 하나의 기예(技藝)'라 했는데, 내가 서적으로 벗을 삼고 있는데 어찌 옛것을 싫어하고 새것을 좋아하여 하는 일이겠느냐? 또 수렵용으로 매사냥을 하는 것도 아닌데 너희들의 말은 너무 지나치다.

그리고 내가 나이 늙어서 국가의 사무를 세자에게 오로지 맡겼는데, 비록 세미한 일일지라도 참예(參五)하여 결정함이 마땅하거늘 하물며 언문이겠느냐? 만약 세자를 항상 동궁에만 있게 한다면 환관에게 일을 맡길 것이냐? 너희들이 시종하는 신하로서 내 뜻을 밝게 알면서도 이러한 말을 하는 것은 옳지 않다.

또 전번에 김문이 아뢰기를 '언문을 제작하는 것이 안 될 것이 없습니다'라고 해놓고 지금은 안 된다고 한다. 또 정창손은 '삼강행실을 반포한 후에 충신·효자·열녀가 무리지어 나오지 않는 것은 사람이 행하고 행하지 않는 것이 사람의 자질 여하에 달려 있기 때문입니다. 어찌 꼭 언문으로 번역한 후에야 사람이 모두 본받을 것입니까?'라고 했는데, 사람을 근본적으로 차별하는 이러한 자질론이 어찌 선비의 이치를 아는 말이냐? 아무짝에도 쓸모없는 선비이다."

세종은 최만리를 비롯한 신하들의 훈민정음창제 반대론에 조목조목 반박했다. 그는 부드러우면서도 단호했다. 그러나 세종은 최만리의 반대론 중 '중화론'과 '사대론'에 대해서는 언급하지 않았다. 중화와 사대에 동의하면서도, 이것을 생각하는 근본적인 관점이 달랐기 때문이다. 세종은 신하들에게 "내 뜻을 밝게 알면서도 왜 이런 말을 하느냐?"라고 안타깝게 말한다. 가슴과 행동으로, 그리고 여러 가지 정책으로 중화문명 속에서 코리아의 문명을 만들고, 중국에 대한 사대 속에서 자주하는 노력을 이미 수십 년간 시행해왔기 때문이다.

　세종은 두 발은 코리아에 두고, 두 눈은 보편적이고 인간적인 문명을 바라보며, 살아 있는 하늘백성을 위해 한 걸음 한 걸음 나아갔다. 반면에 중화교조주의자들은 두 눈은 중국에, 두 발은 자신의 기득권에 두었다. 그리고 '중화사상'이라는 이데올로기가 주는 만족감에 도취되어 이카로스처럼 중화체제의 태양을 향해 나아갔다. 세종은 코리아를 태양계의 지구로 만들었으나, 중화교조주의자들은 코리아를 태양계의 수성으로 만들었다. 세종의 사후 그의 아들인 수양대군과 한명회가 세종이 구축한 문명의 정신을 짓밟은 것이다. 그리고 1백여 년이 지난 16세기 중반 이후, 중화교조주의자들이 코리아를 지배하기 시작한다.

몽골 세계제국과
해양제국의 등장

    1200년대 전 세계에 거대한 태풍이 몰아쳤다. 인류 역사상 그 이전에도, 그 이후에도 없었던 이 엄청난 태풍의 발생지는 남태평양의 적도지대가 아니라 북아시아의 대초원지대였고, 태풍의 핵은 칭기즈칸과 95명의 천호(千戶)였다. 1206년 몽골고원을 통일하고 대몽골제국의 명실상부한 '칸'으로 즉위한 칭기즈칸은 함께 나라를 건설한 사람들을 천 명씩 나누어 천호장(千戶長)에 임명했다. 이들은 이전의 씨족관계가 아닌 의형제로 뭉쳐 맹우(盟友)가 되었고, 막우(幕友)로 발전했다. 1천 수백 년간 대륙을 지배한 중화체제의 압박이 이들을 씨족의식에서 벗어나 민족의식을 발전시키도록 만들었다. 그리고 중앙아시아 출신의 이슬람상인들이 칭기즈칸에게 중국 이외에도 넓은 세계가 있음을 알려주었다.[1]

    이때 이슬람상인이 세계의 전면에 등장한 것은 7세기부터 6백 년간 계속된 당·송 시대에 상공업이 비약적으로 발전했기 때문이다. 이슬람상인들은 동아시아 역사의 대변혁기라는 당·송 시대에 각종 무역로를 통해 동아시아의 산물을 유라시아 대륙 전체로 확산시켰다. 이처럼 당·송 시대에 발달한 상공업과 이슬람상인의 무역으로 확대된 세계가 바로 몽골제국의 토대가 되었다.

몽골이 중국을 침략하기 1세기 전인 1100년경 중국(금과 송)에는 인구 1백만의 대도시가 발달했고 인구는 1억에 달했다. 화폐경제의 발전으로 지폐가 유통되고 서면계약서·신용대부·수표·약속어음·환어음 등이 사용되었다. 송에서 생산된 엄청난 양의 도자기·후추·쌀·목재·광물들이 바다로 운송되었는데, 도자기는 이집트 및 아프리카의 소말리아 해안까지 판로가 확장되었다. 5백 톤짜리 상선들이 바다를 누볐다. '무력'을 가진 거란의 요와 여진의 금에게 '평화의 비용'을 지불해야 했던 '문명'의 송은 국가 차원에서 적극적인 대외무역정책을 폈다. 선박건조와 무역량이 급증했고, 해운업에서의 합작투자와 선박대여업이 일반화되었다. 정부는 무역세로 막대한 수입을 올렸다. 송나라의 주요한 부는 상업과 수공업에 의존했다. 12세기 말 차·소금·술에 매겨진 간접세에서 나온 세금이 국세 총액의 70퍼센트였다. 요와 금으로 인해 대상로(실크로드)에 접근할 수 없었던 송은 해상 무역로를 개척하기 위해 해군력을 강화했다. 실크로드는 요와 금, 그리고 서하에 의해 활용되었다.[2]

당송시대와 몽골제국 시대에 이르기까지 이슬람상인이 중화세계와 이슬람세계를 연결했다. 그리고 베네치아와 제노바의 상인들이 이슬람세계와 기독교세계를 연결했다. 이렇게 해서 말 그대로 '지구적 세계(Global World)'가 출현한다. 그러나 몽골의 세계제국이 지구의 각 문명세계를 하나로 교통시켰지만, 그것이 미친 영향은 참으로 대조적이었다. 몽골 세계제국의 본질은 북아시아 오지의 유목민으로서 가장 낙후했고 '야만적'이었던 칭기즈칸의 몽골과 농업혁명을 지나 상업혁명의 단계에 접어들고 있었던, 세계에서 가장 '문명적'이었던 송시대가 결합되고 충돌한 것이다. 따라서 몽골제국은 중화문명·이슬람문명에게는 재앙이었고, 그 밖에 있었던 서구문명권에게는 행운이 되었다.

몽골의 대초원에서 발달한 거대한 태풍이 중국과 중앙아시아, 이란 등 페르시아와 동유럽을 강타했을 때 '기존의 문명들'은 폐허로 변했다. 이에 대해 몽골이 중국문명·이슬람문명의 파괴자가 아니라는 주장도 있지만,[3] 이전의 어떤 정복전쟁보다도 극심한 파괴와 살육이 뒤따랐던 것은 분명하다. 몽골의 정복자들은 정복 과정에서 '초토화작전'을 폈다. 수적으로 열세인 몽골에 대한 저항과 보복의 근원을 없애기 위한 전략적 고려가 작용한 것이다. 또한 토지에 얽매여 사는 농민들은 풀을 뜯어먹고 사는 가축과 다를 바 없다는 사고방식도 작용했다.

칭기즈칸이 타타르부를 정복했을 때 수레바퀴보다 키가 큰 사람은 모두 몰살시켰고, 부하라를 점령한 뒤에는 성내의 가옥을 모두 불 지르고 성벽을 무너뜨렸다. 사마르칸트에서는 성벽을 완전히 허물어 평지처럼 만들어 마행(馬行)이건 보행이건 어디에서나 걸리지 않도록 했다. 우르겐치를 함락할 때에는 수공(水攻)으로 도시 전체가 물에 잠겼고, 아랄 해로 흐르던 강의 물길이 카스피 해로 바뀌었다. 인명의 살상도 극에 달해 무슬림 역사가들은 메르프가 함락된 뒤 70~130만, 니샤푸르에서는 170만, 헤라트에서는 160~240만 명이 죽었다고 전한다.

1213년 가을에 북중국을 침공한 몽골군은 황허 유역, 산둥지역 수천 리에서 대부분의 인민을 살육해 없애고, 금과 비단, 아이와 여자, 소·양·말 등을 모두 거두어 돌아갔다. 가옥은 불타고 성곽은 폐허가 되었다. 1207년 금조 치하에서 인구가 768만 호(약 4천만 명)였던 것이, 1230년 몽골의 오고타이시대에 행해진 호구 조사에서는 1백여 만 호(약 5백만 명)로 격감했다.[4] 심지어는 자그마치 3천5백만 명의 중국인이 몽골인에게 죽임을 당했다는 주장도 있다.[5]

몽골은 농경과 상공업에 별 관심이 없었고 경제논리를 무시했다. 정복을 진행할 때는 오직 약탈만 생각했고, 정복이 끝난 뒤에는 최대한의 수탈에만 관심이 있었다. 한때 화베이평원(華北平原)의 농경지를 모두 유목지로 만들어야 한다는 주장이 제기되었고, 악성 고리대를 추구하는 알탈전(斡脫錢), 농민들의 담세능력과 무관하게 조세수입만을 증대시키는 징세청부제도인 후려치기(撲買)가 성행했다.[6] 원대 초기 태환지폐로서 신용이 높았던 교초가 후기에는 통화 남발로 불환지폐(不換紙幣)가 되었고, 경제 활동은 완전히 혼란에 빠졌다.[7] 인구의 급격한 감소로 넓은 지역 도처에서 경제 활동이 사라져버렸고, 상업·수공업 혁명의 맹아는 잘려나갔다. 중국은 퇴보해서 다시 자급자족의 농경시대로 돌아간 것이다.

1276년 몽골인들이 남송을 뒤엎은 뒤로 중국은 과거의 역동성을 결코 되찾지 못했다. 명이 들어서자 '천하 만민'을 추구했던 중화사상이 '한족(漢族)의 폐쇄적 민족주의'로 위축된다. '천하 세계'로 확장할 수밖에 없었던 중화체제가 정화의 대규모 원정을 끝으로 '쇄국

몽골의 세계제국과 제국의 교통로

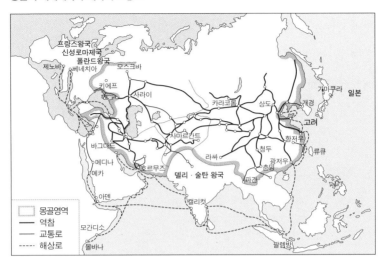

체제'로 변해 외부세계로부터 자신을 격리시킨다. 태양이 빛을 잃듯 중화문명은 빛을 잃어갔다.

이슬람도 마찬가지였다. 진취적이고 포용적이었던 이슬람문명이 보수적이고 폐쇄적이며 저항적인 문명으로 변화된다. 이슬람도 몽골제국 이후 그 이전의 역동성을 결코 회복하지 못했다. 러시아와 동유럽에도 몽골의 잔재가 각인되었다.

몽골제국이라는 거대한 태풍이 당시 지구상에 존재했던 세 개의 세계, 즉 중화세계와 이슬람세계, 그리고 동유럽세계를 강타하고 지배하고 있을 때, 오직 서유럽세계만이 이 태풍의 직접적인 영향권에서 벗어나 있었다. 아니 오히려 이들 세계의 파멸로 인해 이익을 보았다. 몽골제국에 의해 중국과 이슬람, 그리고 서유럽 세계 사이의 장벽이 무너진 것이다. 그리고 태풍으로 인해 상류에 있던 온갖 잔해들이 하류로 떠내려 오듯, 유럽 동쪽의 각종 문화와 산물들이 서유럽으로 떠내려 왔다. 유럽은 이제 화약과 인쇄술, 나침반과 항해기술을 알게 되었다. 유럽의 무역상들과 사절, 장인, 선교사 들은 이슬람인들을 거치지 않고 직접 몽골인들이 만들어놓은 편리한 역참을 통해, 그리고 당·송·원 시대의 무역상들이 만들어놓은 해로를 따라 유라시아의 동쪽으로 끊임없이 넘나들었다. 선사 이래 수천 년간 몇 개의 세계로 나누어져 있던 지구가 비로소 하나의 세계, 전 지구적 세계로 일체화되기 시작한 것이다.

유라시아 대륙의 동쪽에서 당송시대와 원제국이 성립되었을 때, 그 서쪽에는 십자군전쟁의 거점으로 발전하기 시작한 해양도시 베네치아와 제노바가 있었다. 이슬람상인들이 그 중개상이 되었다. 서유럽과 동지중해의 중간에 있었던 이들 해양도시들은 뛰어난 지리경제적 이점을 갖고 있었다. 동방의 물산들은 육지의 대상로를 통해 흑해 및 지중해 연안에 도착했다. 그리고 항저우(杭州)·푸저우(撫州) 등에서 출발한 산물들이 인도양을 지나 페르시아 만, 홍해를 거치는 바다의 무역로를 통해 지중해 연안의 알렉산드리아 등지에 도착했다. 도자기와 후추 등 향로가 포함된 동방산물들은 베네치아, 제노바의 상인들 손에 집하되었다. 동방산물들은 한편으로는 알프스산맥을 넘어, 다른 한편으로는 이베리아 반도의 남부 지브롤터 해협을 지나 서유럽으로 팔려나갔다. 이 무역로를 따라 서유럽의 상업도시들이 생겨났고, 두 해양도시는 엄청난 호황을 누렸다.

베네치아와 제노바에서는 각종 금융업들이 발전하고, 서유럽의 상업도시에서는 직물업이 발전했다. 그리고 이들 도시의 상업자본가는 입법권과 행정권 나아가 군사권을 장악해 무역과 상공업을 장려하는 도시국가를 발전시켰다. 베네치아는 1300년경부터 선박에 대포를 장착한 함대를 보유했으며, 이탈리아의 북부 도시국가에서는 르네상스가 꽃피기 시작했다. 대포로 무장한 함대라는 새로운 '무력'과 상공업경제와 르네상스문화라는 새로운 '문명'이 탄생하고 있었던 것이다. 어미 불사조가 타버린 잿더미 속에서 새끼 불사조가 태어나듯, 근대의 서유럽문명, 곧 자본주의문명은 몽골제국에 의해 중화세계와 이슬람세계의 역동성이 사라진 곳에서 배태되었다.

1368년 중국에서는 '한(漢) 민족주의'와 '쇄국체제'를 표방한 명나라가 등장했다. 명은 1371년부터 바다에서 장사하는 사람을 비적이나 해적으로 낙인찍었다. 나아가 1402년 황제로 즉위한 영락제는 사막을 넘어 몽골고원에 있는 북원을 정벌하고, 바다를 건너 동서무역로에 대한 대규모 남해 원정을 실시했다. 1405년 색목인(色目人)으로 이슬람교도인 정화(鄭和)는 2천 톤이 넘는 함대를 비롯해 65척의 범선에 225척의 지원선박, 2만 7천870명의 병사와 선원을 이끌고 원정에 나섰다. 2년 4개월 동안 참파에서 자바, 스리랑카를 거쳐 인도 서해안 캘리컷(지금의 코지코드)까지 이르렀다. 1433년까지 총 7차의 원정을 통해 페르시아의 호르무즈 해협, 아프리카 동해안까지 모든 무역로를 폐쇄하고 조공을 강요했다.[8]

명나라는 '자신의 가치'에 따라 무역체제를 조공체제로 바꾸고 사적인 무역 거래를 종식시켰다. 남해 원정을 끝내자 중국은 거대한 함선과 상선을 더 이상 수리하지 않았다. 원양선박의 건조를 금지하고, 두 개 이상의 돛을 가진 배는 모두 폐기하라는 황제의 칙령이 내려졌다. 조선소는 문을 닫았다. 중화체제의 바깥에 있었던 몽골의 충격과 왜구의 난동에 의해 역사의 흐름을 거스르는 반동(反動)이 일어난 것이다.

1370년 이란·이라크 등의 페르시아지방에는 티무르제국이 등장했고, 1394년에는 오스만투르크의 바예지드 1세가 동로마제국 일대를 지배하고 정식으로 술탄이라 칭했다. 1453년 콘스탄티노플을 점령한 오스만제국은 흑해와 지중해 일대에 강력한 영향을 미치기 시작했고, 베네치아·제노바의 해상무역을 위협했다.

1400년대 중반 베네치아와 제노바의 무역이 점점 힘들어졌다. 중국의 쇄국정책과 동중국해·인도양 일대의 무역거점 파괴로 동방에서 오는 물산이 대폭 줄었을 뿐 아니라, 그마저도 중간의 티무르제국과 오스만제국에 의해 차단되고 값이 뛰었다. 서유럽은 동방물산에 목말라했고, 베네치아와 제노바는 그것을 제대로 조달할 수 없었다. 동지중해를 지나 아시아 대륙 안으로 뚫고 들어갈 수가 없었기 때문이다. 이것이 베네치아와 제노바의 운명이었다. 동방에서 온 산물들이 이슬람상인을 거쳐 집하되는 동지중해와 그 산물들을 소비하는 서유럽 사이의 중개 역할에 명줄이 걸려 있었던 이들 도시국가는 그 역할이 줄어들자 더 이상 발전하지 못한다.

그러나 향신료를 비롯한 동방산물을 한번 맛본 유럽인들은 마치 아편중독처럼 그 맛을 잊지 못하고, 그것을 구하기 위해 혈안이 된다. 이때 이베리아 반도의 포르투갈과 스페인이 그 욕구를 충족시켜 벼락부자가 되기 위해 등장한다. 이베리아의 포르투갈과 스페인의 해안지대는, 15세기에 이르기까지 동방무역의 중심지였던 베네치아 · 제노바와 서 · 북 유럽 북해 연안의 한 중간에 위치했다. 또한 이베리아 반도는 대서양을 향해 열려 있었고, 유럽의 최남단에 있었다. 포르투갈과 스페인이 번영할 수 있는 조건이 주어졌고, 이베리아인들은 이것을 확실히 움켜쥐었다. 대서양이라는, 인류가 항해해보지 못한 무서운 미지의 세계에 대담한 용기와 벼락부자의 꿈을 안고 도전했다. 가능성을 필연으로 바꾼 것이다. 운명이 위험을 동반하며 다가왔을 때, 과감히 운명의 목덜미를 잡고 올라타 내달았다. 운명을 창조한 것이다. 베네치아와 제노바로부터 동방물산과 무역의 맛을 보았고, 해양항해술을 습득하고 있었던 포르투갈의 리스본이 운명 창조에 앞장을 섰다.

포르투갈의 왕자 엔리케가 그 핵으로 등장했다. 엔리케 왕자는 새로운 지식에 대한 열정이 있었다. 그리고 마르코 폴로의 《동방견문록》에 기록된 '미지의 프레스터 존'이라는 아시아 기독교국가와의 동맹체결, 그리고 '지팡구(일본)의 황금'이라는 다소 황당한 종교적 · 경제적 열정을 갖고 있었다. 그리스도 기사단의 지휘관이자 알가르베주의 총독이었던 엔리케는 무엇보다 휘하의 탐험대가 필요로 하는 지식을 공급할 일종의 대규모 싱크탱크를 구상했다. 그는 사그레스 곶에 작은 성채를 세워 각지의 우수한 조선기사 · 항해기술자 · 세공업자 · 탐험가 · 지리학자 · 천문학자 등 필요한 두뇌들을 모았다. 그리고 각종 기행기와 지리서, 각국의 지도와 항해 관련 서적을 모았다. 이렇게 해서 정보 · 지식 · 창조의 공동체가 만들어졌다. 리스본을 중심으로 한 포르투갈의 대외 팽창에서 두뇌 역할을 한 것이 바로 사그레스 성이었다.[9]

이 성을 배경으로 북해 바이킹의 선박과 이슬람의 삼각 돛배를 결합해 탄생한 걸작품이 바로 카라벨라 선박이다. 이것은 대서양세계를 연결시키는 거대한 기술혁명이었다. 그리고 1501년에는 선박의 상부가 아니라 선체에 포문을 내는 방식을 창조함으로써 선박의 무장 능력을 엄청나게 강화시킬 수 있었다.[10] 또한 머스킷총(화승총)을 개발함으로써 일반인들도 손쉽게 무장할 수 있었다. 이 무기는 아프리카·아메리카·아시아의 주민들에게 큰 두려움을 주었고, 그들의 호기심을 자극했다. 대항해를 가능케 하는 카라벨라선, 여기에 장착된 대포 그리고 개인이 휴대한 화승총은 대항해시대의 새로운 '무력'이 되었다.

사그레스 성이 정복을 뒷받침하는 두뇌로 떠오를 수 있었던 배경에는 포르투갈인들이 자국 내에 거주하는 외래인들에게 보여준 관용, 즉 톨레랑스가 큰 몫을 했다. 포르투갈인들은 당시로서는 놀랄 만큼 인종적 편견과 지역적 편협성에서 벗어나 있었다. 이러한 포용력, 톨레랑스를 바탕으로 포르투갈은 기독교·유대교·이슬람 등을 주체적으로 혼성하는 문명적 칵테일에 성공했다.[11]

대서양을 종단하여 동방에 도달하고자 하는 엔리케의 국가적 사업은 포르투갈인들의 공간을 아프리카 연안의 대서양으로 확장시켰다. 1441년 엔리케가 파견했던 범선 하나가 사금가루와 흑인노예들을 싣고 돌아왔는데, 그 뒤 노예무역이 확대되었다. 향신료를 위한 인도항로 개발이라는 장기 목표를 이루어가는 과정에서 흑인노예무역은 제법 짭짤한 이익이 되었다. 1487년 주앙 2세의 명을 받은 디아스는 아프리카의 서남단에 위치한 희망봉을 발견했고,

1498년 바스코 다 가마는 이슬람 항해전문가 이븐 마지드(Ibn Majid)의 도움으로 인도양을 건너 캘리컷에 도착했다. 바스코 다 가마 일행은 인도에서 향로를 가득 싣고 다음 해인 1499년 리스본에 도착했다. 바스코 다 가마 일행의 항로는 포르투갈의 국가기밀로 취급되었다.[12]

이제 동방무역은 16세기 포르투갈 경제의 기축이 되었다. 엄청난 독점 이익을 챙길 수 있었던 포르투갈 왕실은 인도항로를 통한 동방무역을 '신의 사업'으로 합리화했다. 포르투갈의 마누엘 1세는 캘리컷의 이슬람 군주에게 다음과 같은 친서를 보냈다. "포르투갈인들의 기적적인 해외 활동은 꼭 교역이나 기타 세속적인 이익 때문만이 아니라, 우리들이 가장 깊은 관심을 가지고 있는 영혼 구제 등 정신적 이익 때문에 신이 베푸시는 은총이다."[13] 이 당시 물산으로는 동방에 별로 내세울 것이 없었던 포르투갈과 스페인인들은 기독교를 세계 확장과 정복의 대의, 곧 '문명'으로 내세웠다.

'새로운' 무력과 '새로운' 문명, 철포(대포와 화승총)와 기독교를 앞세운 포르투갈은 명나라 정화의 원정로를 거슬러 올라갔다. 16세기 초에는 호르무즈·고아·몰루카·티모르 등을 점령했고, 이어서 중국의 마카오를 지나, 1543년 일본의 규슈 남부에 있는 다네가시마(種子島)에 도달했다. 다네가시마에 도착한 포르투갈인은 일본인들에게 '화승총 두 자루'를 건네주었다. 이 화승총 두 자루가 동아시아 세계의 '무력'에 일대 혁명을 일으킨다.

포르투갈은 엔리케의 조카 주앙 2세 때에 150만 명의 포르투갈인이 해외로 진출해 세계의 항해대국으로 발돋움한다. 포르투갈 왕

실의 적극적인 지원하에 추진된 포르투갈의 해외 팽창은 1494년
〈토르데시야스조약〉에 의해 스페인과 세계지도상에서 지구를 양분
한다. 이러한 포르투갈의 대외 팽창에 자극받은 스페인에서는 콜럼
버스가 1492년 8월, 이사벨라 여왕으로부터 세 척의 배와 90명의
선원을 지원받았다. 콜럼버스는 당시로서는 혁명적이었던 '지구는
둥글다'는 학설을 믿고, 인도를 찾기 위해 망망한 대서양을 가로질
러 서쪽으로 나아갔다. 그 뒤 스페인은 포르투갈과 더불어 대서양을
호수로 만들었고, 1522년에는 멕시코를 정복했으며 중남미로 그
세력을 확장한다.[14]

　스페인의 펠리페 2세(1556~1598)는 포르투갈에 이어 명실상부한
전 세계적 해양패권체제를 확립했다. 당시의 시인 에르난도 아쿠
냐는 펠리페 2세에게 바야흐로 한 목자와 한 무리의 양떼만 있고,
'한 군주, 하나의 제국, 그리고 하나의 칼'만이 존재하는 희망찬 새
날이 머지않아 도래할 것이라고 노래했다.[15] 기독교로 통일된 세상
을 꿈꾼 펠리페 2세는 기독교문명의 수호자임을 자처했던 페르난
도 2세와 이사벨라 여왕의 손자이자, 신성로마제국 황제 카를 5세
의 아들이었다. 그는 1561년 수도를 톨레도에서 마드리드로 옮겼
고, 1566년에는 '국본조칙'을 발표해 이슬람풍의 의상·관습 및 아
랍어 사용을 강력히 금지했다. 그리고 1569년에는 필리핀을 정복
했으며, 1580년에는 포르투갈을 병합해 그 광대한 식민지까지 손
에 넣었다.

　대서양을 스페인의 호수로, 아프리카에서 일본까지의 해양루트
를 스페인의 뱃길로 만든 펠리페 2세는 강력한 중상주의 정책을

※ 테오도르 드 브리(Theodor de Bry)의 동판화

폈다. 대서양 교역에 종사하는 상인의 자격을 '스페인 출생자, 스페인 귀화자, 이베리아 반도에 정주한 외국인'으로 제한했다. 대서양을 운행할 수 있는 선박의 자격도 스페인인들이 소유하고 있던 배들로 한정했다. 이런 상황에서 굳이 자국 국적을 포기하지 않고 대서양을 항해하는 유럽의 모든 선박들은 스페인의 기준에 비추어보면 단지 '해적'에 불과했다.[16] 패권질서의 밖은 기원전부터 지금까

포르투갈과 스페인의 세계제국

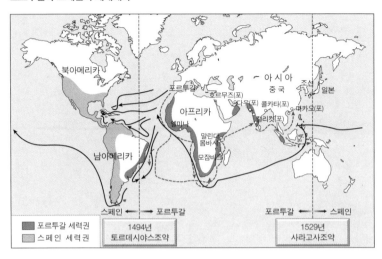

지, 중국에서나 스페인에서나, 영국에서나 미국에서나 모두 금수나 이적, 해적이나 깡패로 취급된다.

최강성기에 스페인은 이베리아 반도만이 아니라 시칠리아·샤르디냐 섬을 포함한 남부 이탈리아의 대부분을 차지했다. 또한 오늘날의 네덜란드와 벨기에에 해당하는 북대서양 연안의 저지대와 프랑스의 부르고뉴지방, 대서양 너머 북아메리카의 텍사스에서 아르헨티나에 이르기까지의 아메리카 전체, 그리고 희망봉을 비롯한 아프리카 연해 지역, 인도에서 동남아, 중국, 일본에 이르는 장대한 황금의 해양루트, 그리고 필리핀 제도와 마리아나·캐롤라인 제도까지 영유하고 있었다.[17]

스페인의 제국은 바로 그 이전의 세계패권국이었던 몽골제국을 연상시킨다. 몽골이 대륙에서 유라시아에 걸친 세계제국을 건설했다면, 스페인은 해양에서 세계제국을 건설했다. 그리고 몽골이 말

164

을 타고 대륙을 누볐다면, 스페인은 범선을 타고 해양을 누볐다. 몽골이 칼과 활을 가졌다면, 스페인은 포와 총을 가졌다. 몽골의 대륙제국은 진수군(鎭戍軍)과 창고(倉庫) 그리고 역참(驛站)에 의해 연결되었고, 스페인의 해양제국은 해양거점과 해양루트를 통해 연결되었다. 몽골이 정복기간 내내 구대륙에서 약탈에만 몰두했던 것처럼, 스페인도 팽창기간 내내 신대륙에서 금은의 약탈무역에 몰두했다. 몽골에서 자체 생산된 것이 아무것도 없었던 것처럼, 스페인이 직접 생산한 것은 아무것도 없었다. 몽골제국 전체가 "카라코룸을 정점으로 하는 거대한 수탈기구"[18]였던 것처럼, 스페인도 마드리드를 정점으로 한 거대한 식민약탈기구였다.

　스페인이 해양에서 세계패권을 장악할 수 있었던 '무력'은 '무적함대(無敵艦隊)'였다. 스페인 · 베네치아 · 로마의 기독교연합함대는 1571년 레판토 해전에서 오스만투르크의 이슬람 함대를 궤멸시켰다. 스페인은 이 해전을 통해 지중해의 헤게모니를 확고히 했다. '무적함대'는 대서양에서 경쟁국 포르투갈을 누르고, 네덜란드 · 영국 · 프랑스 등의 추격을 따돌리는 데 사용된 스페인 무력의 선봉이었다. 한편 스페인이 해양패권에서 내세운 '문명'은 포르투갈과 마찬가지로 종교, 곧 기독교였다. 펠리페 2세는 기독교 전파를 명분으로 필리핀을 정복했고, 1590년대 초에는 중국을 정복하려는 야심을 키우고 있었다.

도요토미의 아시아 패권구상
- 중국과 인도를 지배하라

　1543년 표류한 포르투갈인이 '왜구'와 함께 일본 최남단의 다네가시마에 도착해 일본인에게 화승총 두 자루를 건네주었을 때, 그리고 1549년 포르투갈의 예수회 선교사 사비에르(Francisco de Xavier)가 선교와 통상을 위해 규슈의 최남단 가고시마(鹿兒島)에 도착했을 때, 코리아의 운명과 동아시아 세계의 운명은 이전과 전혀 달라지기 시작했다. 1575년 오다 노부나가(織田信長)가 조총으로 무장한 보병부대를 이끌고 기마병을 중심으로 한 다케다 신겐(武田信玄)의 막강한 군사력을 격파했을 때, 운명은 위기로 다가왔다. 동아시아 세계에 새로운 '무력'이 등장한 것이다.

　일본의 서부 규슈지방의 다이묘(大名)들은 교역을 통해 화승총과 화약, 그리고 경제적 이익을 얻으려고 앞다투어 기독교를 믿었으며, 1582년경에는 신도수가 15만 명에 이르렀다. 새로운 '문명'이 확산될 때, 코리아와 중국뿐만 아니라 일본도 위기를 느꼈다. 1587년 규슈 전체를 정복한 도요토미 히데요시(豊臣秀吉)는 '신국(神國)의 불법

(佛法)'을 파괴하는 기독교를 금지시켰다. 새로운 '기독교문명'을 '신 국의 불법'으로 막으려 한 것이다.

기원전 2세기의 한제국 이후 동아시아 세계의 패권은 대륙세력 이 차지했다. 해양에서 처음으로 이 대륙패권에 도전한 것이 히데요 시였다. 비록 이 도전은 첫발을 내딛자마자 실패로 끝났으나, 그 계 획은 이전에 보기 힘든, 다시 말해 몽골의 세계제국에 버금갈 정도 의 야망을 토대로 한 것이었다. 그렇다면 유사 이래 계속되어 온 대 륙의 패권체제에 섬나라 일본의 히데요시는 어떻게 도전의 뜻을 품 을 수 있었는가? 그리고 단지 뜻을 품는 것에 머무르지 않고 어떻 게 이것을 실행에 옮겼는가? 일본 천하를 아시아 전체로 확장시키 려 한 무력과 문명은 무엇이었는가? 이 문제에 답하는 것은 그 뒤 20세기에 이르기까지 코리아, 동아시아 그리고 일본의 운명을 이해 하는 데 아주 중요하다.

일반적으로 히데요시의 아시아정복 구상은 두 개의 국제적 조건 에 따른 것으로 평가된다. 하나는 명나라를 중심으로 하는 동아시아 의 국제질서가 16세기 왜구의 활동에 의해 안에서부터 파탄나기 시작했다는 것이다. 다른 하나는 포르투갈·스페인, 즉 이베리아 세력의 동아시아 진출이다. 이 두 요인이 만나서 동아시아의 변동 이 일어났다고 보는 것이다. 이러한 시각을 염두에 두면서, 우선 히 데요시의 의도를 가장 명료하게 드러낸 세 가지의 문건을 통해 그 의 아시아정복 구상을 검토해보자.

1592년 4월 13일, 조선 침략을 개시한 히데요시는 조선에서의 혁혁한 승전보를 접하고, 5월 18일 관백(關白, 총리격) 히데츠구(秀次)에게 보내는 문서에서 다음과 같은 천하제패 계획을 밝혔다.

"명나라의 수도 베이징에 천황을 옮겨 수도로 삼고, 수도 근처의 10개국을 직할지로 해 진상하고, 귀족들에게는 토지세 징수를 열 배 증가시킨다. 히데츠구를 명의 관백으로 삼아 수도 근처에 있는 백여 개의 나라를 준다. 자신은 닝보(寧波)를 거소로 하며, 조선의 수도에는 우키타 히데이에(宇喜多秀家)나 누구를 이주시키고, 조선의 국왕은 체포해서 일본에 끌고 온다. 전쟁의 선봉에 선 다이묘들에게는 인도 근처에 있는 여러 나라들을 준다. 현재의 일본은 천황의 태자나 동생에게 물려주고 일본의 관백은 도요토미 히데야스(豊臣秀保)든지 누구를 결정한다. 다른 다이묘들에게도 토지세 징수를 열 배 혹은 스무 배 증가해서 나누어준다."[19]

6월 3일 히데요시는 조선을 침략하고 있는 장군들과 모리 데루모토(毛利輝元)에게 아시아 제패에 대해 대단한 자신감을 보이는 다음과 같은 격문을 보냈다.

"나는 직위가 낮았을 때, 5백에서 1천 정도의 기병을 이끌고 다수의 적을 공격해 일본을 통일했다. 이것에 비해 조선에 출병한 병력은 수십만이고 처녀와 같은 대명국(大明國)을 정복하는 것은 산이 계란을 깨는 것과 같다. 그것은 명만이 아니라 인도·동남아에 있는 국가도 마찬가지이다. 일본은 활과 화살의 나라이고, 명나라는 긴 소매의 나라이기에 정복하지 못할 이유가 없다."[20]

여기서 우리는 히데요시의 핵심적 침략 구상을 몇 가지로 정리할 수 있다.

첫째, 히데요시의 세계 인식과 관련되는 것으로, 그는 중국·조선·인도·동남아를 포함한 아시아 전체를 지배의 대상으로 삼고 있다. 그중에서도 자신은 상하이 근처의 닝보에 머무르고, 거기서 천하를 통치하겠다는 입장이다. 곧 히데요시는 대륙국가들의 패권 구상과는 달리 인도를 중시하고, 천하의 중심이었던 중국 역대 왕조의 수도 베이징이 아닌 닝보를 세계통치의 중심으로 삼고자 했다. 이 '인도'와 '닝보'의 중시는 중국적 패권 구상과는 전혀 다른 것이다. 동아시아 역사에서 중국을 비롯한 대륙국가는 인도를 한 번도 지배한 적이 없고, 나아가 정복 의욕을 가진 적도 없었다. 따라서 이 것에는 히데요시의 독특한 세계 인식이 반영되어 있다.

히데요시의 세계 인식에는 중국을 중심으로 한 '대륙적 세계 인식'이 아니라, 포르투갈과 스페인을 중심으로 한 '해양적 세계 인식'이 직접적으로 반영되어 있다. 바로 '대항해시대'라는 세계사의 새로운 전개를 인식한 것이다. 이베리아의 국가들을 비롯한 유럽인들의 대항해는 인도를 목표로 하고 있었다. 그 동기는 바로 인도(인도·인도네시아·인도차이나)의 향료, 나아가 인도인과 이슬람상인들이 중심이 된 아시아의 무역권을 장악하기 위한 것이었다. 이때 닝보는 일본이 명에게 조공무역(朝貢貿易＝勘合貿易)을 할 때의 기항지였을 뿐 아니라, 중국이 마카오·천주(泉州)와 더불어 포르투갈에게 허용한 무역기지였다.

히데요시가 이베리아적인 세계 인식을 하게 된 원인 중의 하나는 일본 통일전쟁의 주력 군비였던 조총에 쓰이는 탄약의 조달 때문이기도 했다. 화약은 주로 이베리아와의 대외무역으로 조달되었고, 그 조달은 무역상과 결부되어 있었다. 이 당시 일본의 무역상들은

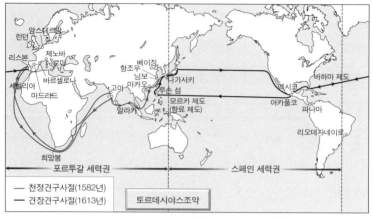

1582, 1613년 일본의 구미사절단 파견루트

※ 출처 : 市村佑一・大石愼三郎, 『鎖國 - ゆるやかな情報革命』

주로 동아시아의 조공질서 밖에 있었던 일종의 '왜구'였고, 동중국·남중국해에 광범위하게 퍼져 있었다. 따라서 히데요시의 세계 인식은 왜구의 세계 인식과도 연결된다. 결국 히데요시는 '이베리아 + 왜구'의 해양적 세계 인식을 갖고 있었다. 따라서 "대륙 침략에 착수했던 히데요시는 명과 조선, 그리고 동남아시아의 여러 지역에서 왜구의 대두목으로 인식되었다."[21]

둘째, '해양적 세계 인식'을 갖고 있었던 히데요시는 해군이 아니라 육군을 아시아 정복을 위한 군사력으로 생각했다. 특히 일본 통일 과정에서 위력을 발휘했던 조총부대(鐵包隊)와 성(城)의 결합을 전략의 핵심으로 생각했다. 조선 침략 시 사용한 일본군의 군사전략은 일본 통일 과정에서 사용했던 것과 유사했다.[22]

화승총은 전국시대라는 조건과 맞물리면서 급속히 모방되고 개량되고 확산되었다. 이 결과 탄생한 것이 일본의 조총인데, 안전성과 조작성은 낮지만 명중도는 높았다. 오다 노부나가는 조총부대에 의한 교체·연속사격 전술을 개발해 1575년 다케다의 군대를 대파했다. 그 뒤 히데요시는 이를 더욱 발전시켜 조총부대와 성을 결합시켰다. 곧 성이 가진 공격적 속성을 전략적으로 활용하고, 그 방어적 본질을 전술적으로 활용함으로써 조총부대에 의한 전쟁 방식을 완성했다.

부연하면, 히데요시의 군대는 고도로 단련된 무사들의 기마병이 아니라, 일반인들로 쉽게 충당되는 하층무사집단이 중심이었다. 이들이 조총부대와 성을 쌓는 토목부대, 그리고 통상적인 보병부대를 구성한다. 여기서 공격의 주요한 방식은 진성(陣城)들의 라인을 만들어 중앙으로부터 통로를 유지해 나가면서, 조총부대를 통해 그 라인을 계속 전진시켜 영역을 확보하고 확대해가는 것이다. 이것이 바로 천하 통합의 비밀이었고, 천하 통합 뒤 영역 지배의 원형이었다.[23]

히데요시는 이베리아의 해양적 세계 인식을 모방했음에도 불구하고, 이베리아의 전쟁 방식은 깨닫지 못했다. 이베리아는 총과 성을 결합해 해양제국을 만든 것이 아니라 총과 함대를 결합해 해양을 지배했다. 섬나라 일본의 통일 과정에서 사용된 전쟁 방식은 해양 지배에도 사용될 수 없었고, 코리아와 중국·인도라는 대륙에도 사용될 수 없었다.

셋째, '처녀와 같은 대명국', '일본은 활과 화살의 나라', '명은 긴 소매의 나라' 등에서 보이는 것처럼 명과 조선 등 정복 대상국의 군사력에 대한 인식이다. 이것은 '이베리아 + 왜구'의 세계 인식을 갖고 있었던 히데요시가 어떤 과정을 통해 아시아의 군사정세를 인식했는가 하는 점과 연결된다. 이 문제를 풀기 위해 우선 스페인이 동아시아의 군사정세를 어떻게 파악했는지 살펴볼 필요가 있다.

1585년 예수회 일본 부관구장 코엘료(Gaspar Coelho)는 일본 선교를 위해 스페인함대의 파견을 요청했다. 그는 일본 66개국이 기독교로 개종되면 "펠리페 국왕은 호전적이고 예리한 일본군대를 통해 한층 쉽게 중국을 정복할 수 있다"라고 말했다. 이들이 중국을 정복할 수 있다고 본 이유는 "첫째, 국민이 안일해져서 유약한데, 특히 귀족이 그렇다. 둘째, 전 국토에 화승총이 하나도 없다. 셋째, 정부는 국민의 모반을 두려워해 국민이 무기를 휴대하지 못하도록 금지한다. 넷째, 가혹한 정치 때문에 반란이 일어나기 쉽다"라는 것이다.[24]

이러한 스페인 선교사의 군사정세 인식은 히데요시의 군사정세 인식과 거의 일치한다. 우선 히데요시는 1587년에 기독교 금교령을 내렸으나, 이것은 어디까지나 강제적인 선교의 금지였고, 규슈 원정 도중에 예수회 일본 부관구장을 만난 적이 있었다. 다음 조선 침략의 선봉에 섰던 제1군의 사령관 고니시 유키나가(小西行長)를 비롯해 소 요시토시(宗義智), 아리마 하루노부(有馬晴信), 오무라 요시아키(大村喜前) 등 모두가 기독교 다이묘였다.[25] 그렇기 때문에 히데요시는 명을 '처녀와 같은 나라', 또는 '긴 소매의 나라'라고 말하면서, "대명국을 깨는 것은 산이 계란을 깨는 것과 같다"라고 자만할 수 있었다. 실제로 히데요시가 아시아 정복전쟁에 투입한 총 16만의 병력은 일본 통일 과정에서 시마즈(島津)나 호조(北條)를 공격했을 때

의 병력보다 적은 것이다.[26]

히데요시는 포르투갈과 스페인이라는 해양패권국가로부터 조총이라는 '무력'과 '해양적 세계 인식' 및 '아시아의 군사정세'에 대한 정보를 획득해 세계 정복에 나선다. 그렇다면 일본 천하를 확대시키는 '문명'의 논리는 무엇인가? 이 문명의 논리는 이베리아 국가들이 널리 선교하려 했던, 이베리아세계의 확장 논리인 '기독교'가 아니었다. 또한 동아시아 2천 년의 역사에서 핵심적인 패권 논리였던 중화문명, 유교문명의 이데올로기도 아니었다. 이때 등장한 것이 히데요시가 '천하(でんか)'이고, 일본은 신국(神國)으로서 불법(佛法)과 다례(茶禮)를 갖추고 있는 문명국이라는 논리이다. 일본 중심의 세계관이 대외 팽창적 도구로 그 힘을 얻기 시작한 것이다.

중국 중심의 중화사상은 중국·천하·화이라는 기본 개념으로 구성되어 있고, 이 패권 이데올로기가 동아시아 전체에 확산되었다는 것을 앞에서 언급한 적이 있다. 일본도 701년 대보율령에 의해 일본 중심의 중화체제, 화이체제를 제도적으로 구축한 바 있고, 그것을 코리아에 강제하려고 시도한 적도 있었다. 그러나 그때는 무력이 부족했고, 문명의 근거 또한 부족했다. 그 이후 일본은 오랜 분열의 시기를 거쳤고, 천황은 유명무실한 존재가 되었다. 일본은 수많은 나라들로 나누어졌고, 중국처럼 전국시대가 열렸다. 이 전국시대를 평정하기 시작한 사람이 오다 노부나가였고, 통일을 완성한 사람은 도요토미 히데요시였다. 기원전 3세기 중국에서 통일제국에 어울리는 권위의 상징으로 황제라는 칭호가 등장한 것처럼, 일본에서도 통일국가에 어울리는 권위와 개념체계가 필요했다.

8세기 대보율령 이후, 일본에서는 중국을 중심으로 한 '대천하'를 인정한 상태에서 '소천하'를 설정하고, 이에 맞춰 국내적·국제적 질서를 구축했다. 이것이 가마쿠라 막부, 무로마치 막부에도 이어졌고, 무로마치 막부시절에는 명에게 조공한 적도 있다. 그러나 전국시대를 거치면서 일본의 통일이 눈앞에 다가오자, 대천하가 배제된 소천하가 천하 그 자체로 발전하기 시작한다. 열도 통합의 명칭으로서 '천하'가 구체적인 실체를 갖고 등장한 것이다. 노부나가와 히데요시가 천하통일의 이데올로기로 사용한 것은 '천하', '천황', '신국', '다례' 등의 개념이다.

우선 일본이 곧 천하라는 관념이다. 노부나가는 조총을 통일전쟁의 핵심 무기로 사용한 인물인데, 포르투갈인을 만나 지구적 세계인식이 생겨났다. 그는 포르투갈인으로부터 세계지도를 선물받아 집무실에 항상 걸어놓기도 했고, 선물로 받은 흑인노예를 행사 때마다 앞장세워 과시하곤 했다. 그러나 이때 노부나가의 천하는 어디까지나 일본열도였다. 한편 노부나가는 일본 통합의 권위로 천황을 이용하기 위해 그때까지 일본 정치의 한구석에 있던 천황을 현실 정치에 부분적으로 등장시켰다. 그는 천황 영지의 조세도 징수해주고 천황의 거소를 수리해주면서, 천황으로부터 우대신이라는 관직을 받기도 했다.

노부나가의 뒤를 이은 히데요시는 천하통일을 달성하자 그 천하를 더욱 확대시켰다. 나아가 그는 천황의 권위뿐만 아니라 자신의 권위도 '태양의 아들'로 격상시킨다. 노부나가와 히데요시 모두 다른 사람들로부터 '천하'로 불렸는데, 히데요시는 스스로를 '천하'라고 불렀다. 곧 "천하(히데요시)는 열도 주변에 머물렀던 노부나가의 천하를 더욱 확대해, 수입된 지리적 인식을 기초로 당(중국)·남만(동남아)을 포괄하는 세계 규모로 천하를 확장했다. 이 천하 개념을 확대하고 보다 위대한 '천하인'이라는 것을 과시하려는 점이야말로 히데요시의 독창이고, 노부나가를 계승하면서 노부나가를 뛰어넘어 발전시킨 측면이었다. 사상의 요소는 노부나가에게도 있었지만, 히데요시에게는 그것을 현실화하지 않으면 안 된다는 정치적 요인이 있었다. 그런 의미에서 조선 출병은 도요토미 정권의 시작에서부터 배태되어 있었고, 정권의 성격을 근본적으로 규정했던 것이다"[27]라는 평가가 내려진다.

히데요시는 류큐, 고산국(대만), 스페인령 필리핀, 조선, 명, 포르투갈령 인도부왕(副王) 등 여섯 나라에 보내는 외교문서에 "일본은 통일되었고, 천하와 이역(異域)의 통일은 천명이며, 따라서 명나라를 정벌한다"라고 적고 있다. 그리고 류큐, 필리핀 제도 장관, 고산국에 "복속과 입공을 요구하고 그렇지 않으면 조선처럼 벌을 받아 토벌될 것"이라고 위협하고 있다.[28] 일본의 통일이 히데요시를 폭주시켰다.

다음으로 신국(神國)이라는 개념이다. 1587년 스페인 선교사를 추방할 때 처음 사용한 신국이라는 용어를, 히데요시는 명과 인도 및 필리핀 제도의 장관에게 보낸 문서에 다시 사용한다. 그리고 1593년 6월, 명과 강화교섭을 시작할 때 명의 칙사에게 제일 먼저 '일본은 신국'이라는 점을 주지시킨다. 또한 히데요시가 태양의 아들이기 때문에, 태양이 둘이 아니듯 천하도 한 사람에게 귀속되어야 한다고 주장한다.

스페인에게 일본이 신국이라고 주장한 것은 기독교의 확산을 막기 위한 일종의 방어 논리였다. 그리고 일본 불교계에서 처음으로 신국이라는 개념을 사용한 것도 중국과 인도에 대항해 정체성을 확보하기 위한 방어적 노력의 산물이었다. 그러나 히데요시시대에 와서 중국에 대해 일본이 신국이라고 주장하는 것은 일종의 팽창 논리가 된다. 일본은 신국이고, 그리고 신은 곧 천제(天帝)이며, 히데요시가 태양의 아들이기 때문에 중국을 비롯한 온 천하를 지배해야 한다는 논리가 된다. 한편 히데요시는 신국 규정과 함께 일본문화의 독자성이 무가의례(武家儀禮) 및 다례(茶禮)에 있음을 강조하고 있다.[29] 조선처럼 주자가례(朱子家禮)가 아닌 무가의례, 유교적 예법이 아닌 다례를 일본문화의 독자성, 우월성의 근거로 제시한다는 점에서 독특함이 있다.

결국 일본의 아시아패권 구상은 스페인의 해양제국과 기존의 중화사상, 그리고 일본의 자체 논리를 짜깁기한 것이었다. 히데요시의 세계 인식은 이베리아의 세계 인식에 왜구의 동아시아 인식을 결합한 것이었다. 히데요시의 무력은 조총이라는 이베리아의 무기와 일본 통일의 전쟁 방식이 결합된 것이었다. 그리고 정복의 논리는 일본식의 불교 논리에 기독교의 일부 논리를 결합한 '신국'이라는 개념이었다. 왜냐하면 당시의 이베리아 국가들이 신(그리스도)을 내세워 정복 활동을 전개하고 있었기 때문이다. 또한 당시의 유교적 문화와 예법체제에 대항하는 논리로 무가의례와 다례가 등장했다. 그러나 일본이 조선을 침략한 핵심 이유는 신국을 확장하거나 다례를 확산하기 위해서가 아니라, 영토를 확장하고 수탈하기 위한 것이었다. 이 점에서 스페인(포르투갈)이나 몽골의 방식과 다르지 않았다. 일본 군은 '7년 전쟁' 시 문화재를 약탈하고, 성종과 중종의 능을 도굴 했다. 또한 도공 등 각종 기술자를 포함해 10만에 가까운 백성을 노예로 팔기 위해 끌고 갔다.

동아시아 역사에서 중국은 주변국을 침략할 때 문명과 야만, 세계 질서 유지와 위협 제거라는 목적을 앞세웠다. 그러나 이 단계에서 일본은 중국에 대해 문명을 내세울 수도, '처녀와 같은 대명국'이라는 말처럼 지극히 방어적이었던 명과 조선에 대해 정벌의 논리를 찾을 수도 없었다. 일본은 처음에는 '신국'이라는 모호한 논리로 침략했으나, 결국 그것은 공허한 논리에 불과했다. 따라서 중국과의 강화교섭에서는 '무역의 재개'라는 위축된 논리가 나오고, 조선에게 전쟁 책임을 전가했으며, 조선을 분할해 지배하려고 했다.

일본이 조선과 중국을 비롯한 아시아로 팽창할 논리와 이것에 필요한 무력을 갖추기 위해서는, 산업혁명을 통해 서양이 다시 등장하는 19세기까지 기다려야 했다. 산업혁명을 통해 등장한 서양의 힘에 의해 비로소 '문명'과 '야만', '지도'와 '맹주(盟主)'라는 패권의 논리가 획득될 수 있었기 때문이다. 일본의 패권 추구에는 항상 해양세력이 필요했다. 이것이 바로 일본의 운명이다.

임진왜란,
해양과 대륙세력의 7년 전쟁

1592년 히데요시 일본의 침략은 조선만 목표로 한 것이 아니라 중국을 정복하기 위한 것이었다. 그래서 처음부터 정명가도(征明假道)라는 말이 나왔고, 이에 동참하라고 조선에 요구했다. 그리고 전쟁의 전개 양상도 일본군과 중국군 간의 전투가 결정적 국면을 좌우했다. 수군을 제외한 조선 관군이 초기에 궤멸했기 때문이다. 1592년에서 1598년에 이르는 '7년 전쟁'의 성격과 의미, 그리고 이것이 코리아의 운명에 미친 영향을 살펴보기 위해 전선의 이동 상황, 조선 최고지도자의 전쟁 태도, 중국군의 참전과 군사지휘권, 휴전교섭의 과정, 조선의 전쟁전략, 전시군사력의 구성 등을 검토해보자.

전선의 이동 상황　4월 14일에 부산성을 공격해 함락시킨 일본군은 4월 26일 충주 탄금대에서 조선 주력군을 격파했다. 이 소식을 들은 서울은 대혼란에 빠졌다. 일본군이 서울에 도착하기 전인 4월 30일, 군통수권자인 왕이 서울을 빠져나가자 수도 방어는 한순간에 붕괴되고 전국은 무정부 상태에 빠졌다. '나라가 반드시 망한다'는 유언비어가 삽시간에 전국으로 퍼졌고, 노비들은 노비문서를 불태웠으며, 민중들은 관청을 약탈하고 방화했다. 5월 3일 일본군이 서울에 무혈입성하자, 평양에 이른 조선 조정은 중국에 구원을 요청했다. '평양사수'를 결의했지만, 일본군이 대동강에 이르자 왕은 다시 평양을 빠져나와 의주로 도망갔다. 이것은 평양성민들의 분노를 자아냈다. 6월 13일 평양성 방어를 책임진 윤두수와 김명원이 일본군에 대한 기습공격의 실패를 빌미로 성을 빠져나가자, 일본군은 평양성에도 무혈입성했다. 부산성을 공격한 지 불과 두 달 만에 일본군은 대동강을 건너 평양까지 진격한 것이다. 이때 가토 기요마사(加藤清正)는 두만강과 압록강변에 도달했다. 해양세력의 북방진출 한계선까지 온 것이다. 그로부터 340년 뒤, 한국전쟁에서 북한군이 침공한 지 두 달도 안 돼 대륙세력의 남방진출 한계선인 낙동강변에 도달한 것과 흡사하다.

일본이 침략한 전쟁 초기, 민중들은 조선 조정의 편이 아니었다. 16세기 후반에는 조정의 부정부패와 민생의 피폐, 양반과 상민·노비 간의 계급갈등이 심각했다. 관군이 붕괴되자 백성들은 곳곳에서 관아를 약탈하고, 조정에 대한 적대감을 노골적으로 드러냈다. 일본군이 토지를 나눠준다는 소문이 돌자 일본군에 자발적으로 협조하는 자들도 나타났다. 그리고 서울과 평양의 예에서 보듯 국가 최고 지도부가 결사항전을 기피하자 전선은 완전히 붕괴되었다. 이것도 한국전쟁 때와 거의 유사하다. 한편 해양세력이 대동강을 넘어 압록강과 두만강에 도달하자 중국이 대대적으로 반격했다. 12월 하순,

이여송이 이끄는 4만 3천 명의 대군이 압록강을 넘었고, 1월 6일에는 평양성을 공격해 탈환했다. 일본군은 4월 19일 서울을 빠져나와 5월 중순에는 경상남도의 해안지대로 후퇴했다. 해양세력 최후의 방어선까지 밀려온 것이다.

코리아 최고지도자의 전쟁 태도 군통수권자인 선조는 '7년 전쟁' 내내 최고지도자로서의 자질 부족, 전략적 무능과 소아병적 모험주의를 드러냈다. 그 하나가 선조의 요동내부(遼東內附), 즉 '요동으로의 도망' 주장이다. 5월 1일, 서울에서 피난해와 장단(長湍)에 도착한 조정은 전략 회의를 갖는다. 이때 도승지(비서실장) 이항복이 우선 의주로 피신하고, 조선 8도가 함락된다면 명으로 도망가야 한다고 건의했다. 이에 선조도 "요동내부는 원래 나의 뜻이다"라고 적극 동의했다. 하지만 윤두수와 유성룡은 요동내부를 반대했다. 특히 유성룡은 "임금의 가마가 조선을 일보라도 벗어나면 조선은 우리의 국토가 아니게 된다. 호남의 충의스러운 선비들이 봉기를 일으키려고 하는 상황에서 요동내부를 말하게 되면 인심이 와해된다"라고 주장했다.[30]

그러나 일본군이 다시 평양으로 진격해오자, 6월 11일 평양을 빠져나온 군통수권자 선조는 "내가 천자의 나라인 중국에서 죽는 것은 괜찮지만, 조선에서 적의 손에 죽는 것은 안 된다"라고 하면서 다시 요동내부를 주장했다. 이때 영의정 최흥원도 유성룡과 같이 요동내부를 반대했다. 그러나 선조는 왕세자인 광해군에게 왕위를 부분 이양하는 교서를 내리고(分朝), 6월 14일 요동내부를 결정했으며, 중국에 병력을 요청하러 가는 이덕형에게 요동내부를 요청하는

임진·정유 7년 전쟁의 전선

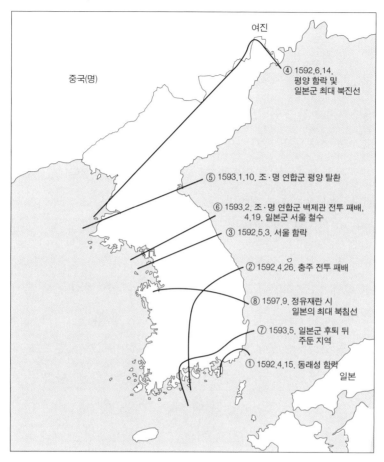

여진

중국(명)

④ 1592.6.14.
평양 함락 및
일본군 최대 북진선

⑤ 1593.1.10. 조·명 연합군 평양 탈환

⑥ 1593.2. 조·명 연합군 벽제관 전투 패배,
4.19. 일본군 서울 철수

③ 1592.5.3. 서울 함락

② 1592.4.26. 충주 전투 패배

⑧ 1597.9. 정유재란 시
일본의 최대 북침선

⑦ 1593.5. 일본군 후퇴 뒤
주둔 지역

① 1592.4.15. 동래성 함락

일본

공문을 발송했다. 중국의 요동 지역 책임자가 이를 허락해 요동내부가 준비되는 동안, 유성룡 등은 "전라·경상·충청·강원·함경의 각 도가 아직도 버티고 있는데, 국왕이 요동에 도망가서 조선 신민의 처치를 어떻게 하려고 하는가. 군이 필부(匹夫)의 일을 하려고 하는가. 명군을 향도할 조선군이 필요하고, 과거를 통해 지휘관을 소집할 필요가 있다"라는 이유를 들어 강력히 반대했다.[31] 결국 선조는 요동으로의 도망을 포기했다.

7년 전쟁 내내 군 최고통수권자인 선조는 군과 민의 사기에 결정적인 타격을 입혔다. 그는 전쟁 초기에는 너무나 쉽게 수도와 평양을 포기하고, 요동 도망과 왕위이양까지 추진할 정도로 극단적인 패배주의에 빠져 있었다. 그런데 중국군이 개입하여 의지할 곳이 생기고, 성종과 중종의 묘가 도굴되었다는 소식을 듣자 이번에는 끊임없이 군사적 모험주의를 견지한다. 일본을 선제공격해야 한다는 '대왜진공론'이 그 대표적 예이다.

선조만이 아니라 조선의 군사·정치 지도부도 이와 유사했다. 평양성 방어를 책임진 윤두수와 김명원은 옥쇄(玉碎)할 각오로 성을 굳게 지키지 않았다. 일본군을 이길 전략전술도 없으면서 밤에 성에서 빠져나와 일본군을 기습했고, 패배하자 도망했다. 그리고 결사항전을 위해 평양성에 쌓아둔 모든 무기와 화약, 식량을 못 속에 빠뜨렸다. 7년 전쟁 중에 이러한 사례가 자주 등장한다. 즉 성 또는 전선을 지키며 결사항전해야 할 때 기습공격을 명분으로 성과 전선을 이탈해 일본군을 공격하고, 기습공격에서 패배하면 그 패배를 구실로 죽어야 할 곳에서 벗어나는 것이다. 이것은 전술의 부족이 아니라 결사(決死)의 부족이었다. 그리고 이러한 유형의 행동들은 곧잘 군사모험주의와 극단적 강경론으로 연결된다. 윤두수는 '대왜 진공론'을 가장 강력히 주장했다.

중국군의 참전과 작전지휘권의 문제   일본군이 대동강, 압록강선에 도달하자 중국은 '항왜원조(抗倭援朝)'를 내걸고 참전을 결심한다. 당시 중국도 내부의 각종 반란에 직면해 있었고 여진족의 움직임이 심상치 않았기 때문에 조선에 지원군을 보내는 것이 쉽지 않았다. 1592년 7월 10일, 중국의 요동 지역 군대 3천5백 명이 조선에 파병되어 일본군과 일전을 벌였으나 중국군이 패배했다. 그리고 9월 초 중국의 특명대사(勅使) 설번(薛藩)이 조선의 형세를 살펴보고 중국군의 대규모 파병을 강력 건의한다.

"사세를 돌아보니 걱정거리는 조선에 있는 것이 아니라 중국의 강역에 있고, 중국의 강역에만 있는 것이 아니라 수도 근처까지 진동될까 두렵다. 그러니 군사를 동원하여 적을 토벌하는 일을 한순간인들 늦출 수 있겠는가. 무릇 요동은 수도 베이징의 팔과 같고 조선은 요동의 울타리와 같다. 2백 년 이래 푸젠·저장 지방이 항상 왜구의 침입을 받으면서도 랴오양과 톈진이 안전했던 것은 바로 조선이 울타리가 되어 막아주었기 때문이다. (…) 정벌을 할 경우에는 평양의 동쪽에서 일본을 견제할 수 있으므로 그들의 침략을 더디게 하여 화를 줄일 수 있다. 그러나 정벌하지 않을 경우 평양의 외곽으로부터 그들의 뜻대로 행동할 수 있으므로 빨리 쳐들어오게 될 것이며, 화도 그만큼 커질 것이다. 또한 빨리 치면 조선의 힘을 빌릴 수 있다. 그러나 늦게 치면 왜적들이 조선사람들을 거느려 우리와 적이 될 것이므로, 군사를 동원해 적을 토벌하는 데 조금도 시간을 늦추어서는 안 된다."[32]

설번은 조선이 망하면 요동이 위험해지고 중국 전체가 위험해진다는 점, 정벌할 바에는 평양 부근에서 제압해 일본군의 활동반경을 줄여야 한다는 점, 조선이 망하면 일본이 조선의 힘을 흡수해 중국을 공격할 수 있다는 점 등 코리아의 전략적 가치와 전쟁의 본질을 꿰뚫고 있었다. 이러한 전략적 판단과 조공책봉관계라는 군사외교상의 수직적 동맹관계에 따라, 12월 하순 중국의 4만 3천여 대군이 압록강을 건너온다.

1592년 12월, 중국의 대군이 전선에 투입되면서 사실상 군사지휘권은 중국으로 넘어갔다. 병부시랑(국방차관) 송응창이 일종의 합참의장격이었고, 이여송이 최고사령관을 맡았으며, 군대를 3군으로 나눠 이에 조선군을 편입시켰다. 그리고 조선의 지휘관들은 중국군 장수의 배신(陪臣)으로서 그들의 자문에 응하는 역할로 한정되었다. 이것은 1597년 일본군이 재침했을 때도 마찬가지였다. 당시의 최고사령관 마귀가 중국군을 3군으로 나누었는데, 여기에 중국군의 4분의 1 정도였던 조선군 1만 1천5백 명이 각각 분산 배치되었다. 조선군의 작전지휘권이 중국으로 넘어간 가장 대표적인 사례는 중국과 일본이 휴전협상을 벌일 때, 중국이 조선군의 전투 행위를 금지시킨 것이다.[33] 20세기 중반의 '한국전쟁'에서도 이와 유사한 패턴이 반복된다.

중국군은 군사지휘권만 장악한 것이 아니라, 병참을 제대로 공급하지 못한다고 조선의 대신들에게 곤장을 쳤다. 그리고 중국의 병원부외랑(종5품) 유황상은 중국군에 의해 생긴 문제에 대해 비난이 일어나지 않도록 단속하라고 선조'왕'을 질책했다. 또한 제독 이여송은 왕의 말을 요구했으며, 유성룡 등의 대신들이 일본군 퇴치를 게을리한다고 하면서 군대를 철수시켜 다시 조선이 망하도록 하겠다고 협박했다.[34]

평화를 위한 회담 과정   중국과 일본의 강화교섭은 1592년 7월 중국군과 일본군의 제1차 평양성 전투에서 중국군이 패배하자 개시되었다. 이 전투에서의 패배로 중국은 충격을 받았을 뿐 아니라, 북방 여진족의 침공 대책 때문에 휴전이 다급해졌다. 일본도 명군과 조선 수군 및 의병에 의해 전쟁이 혼미해지자 중국과 교섭할 필요성이 있었다. 중국의 유격(遊擊) 심유경과 고니시 유키나가(小西行長) 간에 이루어진 회담에서 고니시는 대동강을 경계로 이북은 명, 이남은 일본에 속하는 분할안을 제시했다.[35] 그러나 일본군이 평양성에서 패하고 중국군이 서울 근처의 벽제관에서 패함에 따라 전선이 교착되었고, 중국과 일본 사이에 다시 강화교섭이 재개되었다. 이 과정에서도 조선 분할안이 제기되었고, 선조는 강화교섭을 강하게 반대하면서 '대왜 진공론'을 주장했다.

그러나 명은 이를 무시하고 강화교섭을 진행했고, 1593년 5월 중순에 일본군이 조선의 두 왕자를 인질로 삼아 서울에서 철수했다. 일본군은 본토로부터의 군량 운송이 용이한 울산에서 거제에 이르는 남해안가에 장기 주둔한다. 중국은 일본이 한강 이북에서 철수한 것을 중국 안보의 위협 해소로 인식하고, 철병계획을 수립했다. 그러나 중국의 경략 송응창은 조선이 일본의 침략으로부터 중국을 지키기 위한 요새지라고 주장하며, 완전철병론을 반대했다. 이에 따라 단계적 철병계획이 수립되었다.

이러한 중국의 정책과 함께 일본에서 진행된 중국·일본의 강화회담에서 히데요시는 7개항을 제시했다. 중국 황녀를 일본의 후비로 책봉할 것, 중국과 일본의 무역 재개, 중국과 일본 대신의 서약

교환, 조선의 4도(경상·전라·충청·경기) 할양 등이 그것이다. 선조는 이러한 중국과 일본의 강화교섭 과정 자체를 반대했고, 중국의 최고 책임자인 경략 송응창을 만나려 했으나 만날 수 없었다. 선조와 송응창의 대립이 심화되자 송응창은 선조의 무능을 이유로 왕을 교체하려 했고, 조선이 중국에 사절을 보낼 수 없도록 길을 끊었다.[36] 이러한 과정을 거치면서 중국과 일본의 강화교섭은 결렬되었다. 1597년 3월, 일본군은 14만 1천5백 명의 병력으로 재침했다.

강화교섭 과정에서 나타난 특징적 현상은 조선이 철저히 배제되었다는 점이다. 이는 물론 선조가 무조건적으로 일본과의 강화를 반대하고 일본에 대한 공격만을 주장했기 때문이기도 하지만, 전쟁의 주역이 중국과 일본이었음을 반증하는 것이기도 하다. 한국전쟁 때에도 이와 유사했다. 유엔사령관을 겸임한 미국과 중국, 북한이 휴전회담을 벌였고, 한국은 휴전회담에서 빠졌다. 당시 이승만 대통령은 휴전회담을 반대하고 강경하게 대북 진공론을 주장했으며, 미국은 한때 휴전회담에 반대하는 이승만을 제거하려고 계획했다.

일본군에 대한 전쟁전략　중국과 일본의 강화회담이 진행된 뒤 전선은 이른바 낙동강선에서 고착되었다. 1593년 9월, 1만 6천 명의 병력만 남겨두고 경략 송응창과 제독 이여송을 비롯한 중국군이 철수했다. 이러한 상황에서 조선의 조정은 '대왜 진공론'과 '대왜 방어론'으로 나뉜다.

영의정 유성룡은 일찍이 전력상 조선군이 선제공격전을 수행하기는 어렵지만 방어전만은 가능하다고 보고, 조선군의 전력을 보강해 왜란의 장기화에 대비했다. 그리고 일본군이 재침할 경우, 전쟁 초기 행주산성 등에서의 성공사례와 고구려 안시성의 승리 경험 등을 들어 산성을 거점으로 청야전(淸野戰)을 전개해야 한다고 주장했다. 이것은 조선군이 일본군의 진격로 요지에서 산성을 지켜 적군의 예봉을 꺾고 그들의 군량 보급로를 끊어서, 전진하여도 싸울 곳이 없고 후퇴하여도 약탈할 곳이 없도록 해, 스스로 물러가도록 하는 방어전략이라고 할 수 있다. 그리고 유성룡은 선조와 서인의 대명 외교 실패를 비판하고 대명 외교를 중시했다.[37]

이에 대해 좌의정 윤두수를 비롯한 서인은 일본군에 대한 '선제공격론'을 주장했다. 윤두수는 1594년 9월, 도원수 권율과 통제사 이순신으로 하여금 거제의 왜군을 수륙병진으로 공격케 했으나 실패했다. 한편 1596년 11월, 비변사는 조선 수군의 우위에 대한 자신감으로, 해상에서의 선제공격론에 따라 이순신에게 무리한 작전을 명령했다. 이에 대해 이순신이 신중하게 반응하자 선제공격을 주장한 서인은 이순신을 집중적으로 비난했고, 원균을 경상우수사로 전임시켜 조선 수군의 일익을 담당케 했다. 그리고 1597년 초, 선조는 이순신의 신중론에 격노해 원균을 새 수군통제사로 임명하고 이순신을 하옥시켰다. 조선은 지상에서는 방어전을, 해상에서는 공격전을 전개하는 전쟁전략을 수립하고, 이에 따라 1597년 6월에서 7월에 걸쳐 일본 해군을 선제공격했으나 모두 실패했다. 이로써 조선 수군은 거의 전멸하고, 일본 수군은 남해에 대한 제해권을 장악하여 호남에 대한 수륙병진작전을 전개했다.[38]

일본군에 비해 전력의 열세가 현저했던 조선군이, 해안선에 거점을 마련하고 강력한 방어벽을 구축한 일본군을 선제공격한다는 것은 섶을 지고 불에 뛰어드는 것이나 마찬가지였다. 선제공격론자들은 강점과 약점, 기회와 위협 요인을 파악해, 우리의 기회와 강점으로 적의 약점과 위협 요인을 최대화한다는 전략의 기본을 지키지 않았다. 그들은 전략적 고려보다 감정적 분노와 당위적 명분만이 앞섰다.

군의 최고통수권자인 선조는 전쟁 초기의 '요동 도망론'과는 정반대로, 일본군에 의해 성종과 중종의 능이 도굴당하자 극단적인 '대일 공격론'을 전개했다. 두려움과 분노라는 감정이 항상 상황을

이순신의 '필사즉생 필생즉사'

앞서 나갔고, 그러한 인식의 배경에는 중국이 있었다. 도망해서 살아남을 '중국'이 있었기에 결사항전하지 않았고, 선제공격해서 군사력이 소진되어도 일본군의 반격을 막아줄 '중국군'이 있기에 감정이 내키는 대로 공격하자고 주장할 수 있었다. 선조는 조선의 운명에 무관심했다. 선조는 중국의 요동에서 죽을 것이 아니라, 조선의 서울도성이나 평양성에서 장렬히 전사할 각오를 했어야 한다. 그의 뒤를 이을 왕자는 많았다. 그랬더라면 전세는 달라졌을 것이고, 코리아의 운명도 달라졌을 것이다. 이순신 장군이 말한 '필사즉생

필생즉사(必死則生 必生則死)'는 그 어떤 사람보다도 조선의 왕 선조에게 필요한 말이었다.

윤두수의 서인도 명분과 대의만이 있었을 뿐 전략이 없었다. 윤두수는 일관되게 선조의 요동내부를 반대했고, 중국의 지원조차도 반대한 적이 있다. 이것이 '대의'였기 때문이다. 그리고 일본에 대한 선제공격론을 일관되게 주장했다. 이것이 '명분'이기 때문이다. 그러나 스스로는 자신을 지킬 힘도, 적을 공격할 용기도 없었다. 뒷걱정은 하지 않았다. 국가의 운명을 자신의 운명으로 느끼지 않았기 때문이다. 이들은 앞에서는 명분을 주장해 강경파가 된다. 그러나 막상 전선에 직접 나가서 결사항전하라고 하면 구실을 붙여 도망을 친다. 평양성에서 그랬다. 사실 윤두수와 같이 대의와 명분을 중시하는 사람은 평양성에서 장렬히 전사했어야 한다. 그래야만 그 주장의 진실성이 입증된다. 여진족에 맞선 광해군도 1621년 6월 6일, 서인의 이러한 태도를 강력히 비난했다.[39]

중국과 조선의 전력 구성　7년간 계속된 일본의 조선 침략에 대항한 조·중의 연합전력을 검토하는 것은 전쟁의 성격을 파악하는 데도 도움이 된다. 1593년 1월, 조선이 중국에 통보한 전국의 관군과 의병의 수는 14만 1천4백 명과 2만 7천 명이다. 그러나 전쟁의 막바지인 1598년 9월 20일 전후(前後) 일본군을 총공격할 때, 중국군은 14만 3천7백 명이었고 조선군은 2만 5천1백 명이었다.[40] 즉 전쟁 말기에 중국군은 대일전 총병력의 85퍼센트 정도를 차지했다. 일본이 1597년 3월, 14만 1천5백 명의 병력으로 재침했다는 것을 염두에 두면, 일본군의 숫자와 중국군의 숫자는 거의 비슷하고, 조선군은 이들의 15퍼센트 정도에 불과했다. 그리고 7년 전쟁의 분기점이 된 평양성 탈환은 기본적으로 이여송이 이끈 중국군의 작품이었다. 물론 조선은 이순신의 수군, 권율의 육군, 곽재우 등의 의병이 혁혁한 성과를 거두었다. 그러나 중국군의 역할은 일반적으로 우리가 배운 것 이상이었다.

'정유재란' 시기의 정규군 전력만을 볼 때, 16세기 말 코리아에서 일어난 '7년 전쟁'은 일본과 중국이 맞붙은 전쟁의 성격을 띠고 있었다. 히데요시가 애초에 공언했던 정명전쟁(征明戰爭), 즉 중국과 동아시아의 패권을 두고 다툰 전쟁이었다고도 할 수 있다. 이때 스페인의 선교사와 상인들은 일본군의 전력에는 큰 도움이 되지 못했지만, 일본군과 함께 조선에 건너오는 등 일본과 함께했다.[41] 그리고 일본군이 압록강·두만강 유역에 이르렀을 때, 여진의 누르하치가 조선에 원병 파견을 제의했다. 비록 조선이 이 제의를 받아들이지 않았지만, 여진도 코리아전쟁에 충분히 개입할 수가 있었다. 이 점에서 당시의 '7년 전쟁'은 대륙세력과 해양세력의 전쟁 양상을 띠고 있었다.

결국 전쟁 시의 전선이동 상황, 외국군의 참전과 군사지휘권, 강화·휴전회담, 전쟁전략, 연합군의 전력 구성 등을 모두 고려할 때, 1592년에 발발한 '코리아전쟁'은 360여 년 뒤인 1950년에 발발한 '코리아전쟁'과 아주 비슷했다. 그렇다면 4세기라는 긴 시간차에도 불구하고, 왜 이처럼 전쟁의 양상이 유사했을까? 대륙세력과 해양세력의 접점이라는 코리아의 지정학적 특수성, 코리아와 패권국 간의 군사외교상의 수직적 동맹관계, 코리아가 스스로를 방어하고 스스로의 문제를 해결할 능력이 없었다는 점 때문이었다.

한편 임진왜란 당시 조선의 허약한 군사력은 중국에게 의외였다. 고구려가 세계패권 국가였던 수·당의 침략을 수차례에 걸쳐 격퇴한 무용담을 가슴 깊이 간직하고 있었던 중국인들에게, 임진·정유 전쟁에서 조선이 보여준 군사적 무기력은 실로 당황스럽고 실망스러웠다. 명나라 초기인 1488년, 중국 쑤저우(蘇州)의 안찰어사(按察御使)들이 조선에서 표류해온 최부(崔溥)에게 "당신 나라에 무슨 장기가 있어서 능히 수·당의 군대를 물리칠 수 있었느냐"라고 물은 적이 있다. 그러나 1596년 중국의 도찰원우첨도어사 이화룡은 일본군의 재침을 우려해 중국에 원병을 청하러 간 조선의 사신들에게 "조선이 수·당 이래 강국으로 불렸는데 지금 이처럼 허약해진 이유가 무엇이냐"라고 반문했다.

중국인들은 조선의 쇠약에 대해 크게 세 가지의 원인을 꼽았다. 첫째, 국사태만이다. 전쟁 초기 조·명 연합군의 합참의장격이었던 경략 송응창은 선조에게 보낸 자문에서 조선 관인들이 시나 읊조리며 기생을 끼고 앉아 국사는 팽개치고 있다고 비난했다. 둘째, 문약(文弱)이다. 송응창의 참모였던 유황상은 조선이 고구려 이래 강국이었음에도 선비와 백성들이 독서와 농사에만 치중해 변란을 초래했다고 비판했다. 셋째, 오로지 중국 의존이다. 《동정기(東征記)》의 저자인 명의 서희진(徐希震)은 조선이 중국만을 믿고 무비를 방기해 거의 황폐하게 되었다고 적고 있다.[42]

여기에 하나를 더 추가한다면, 임진왜란 직전에 조선 전체를 뒤

흔든 '옥비의 난(1583년)'과 '기축옥사(1589년)'가 발생했다는 점이다. '옥비의 난'은 조선의 지배세력들이 양인(良人)이 된 천인(賤人)을 다시 천인으로 만드는, 역사에 역행하는 수구정책을 폈기 때문에 일어났다. 기축옥사는 '정여립 사건'을 계기로 선조의 주도하에 서인이 동인을 대상으로 대대적인 권력투쟁을 전개한 것이다. 이 두 사건과 각종 부정부패로 조선은 전쟁 직전에 이미 국가적 통합력이 산산조각 나 있었다.

그러나 조선이 이러한 문제점들에도 불구하고 '7년 전쟁'에서 중국군과 연합해 일본군을 물리칠 수 있었던 것은 이순신과 같은 명장, 유성룡과 같은 지도부, 곽재우와 같은 사회세력이 그나마 있었기 때문이다. 이들은 전쟁 동안 거의 전략적 오류를 범하지 않았고 헌신했다. 그리고 전시에 필요한 올바른 국가관과 생사관을 갖고 있었다. 일본과의 7년 전쟁 동안 이들이 코리아의 운명을 바꾸었다. 이들이 없었다면 아마도 코리아는 1945년에 미국과 소련에 의해 분단되는 것이 아니라, 1593년에 일본과 중국에 의해 분할되었을지도 모른다. 그리고 1910년에 일본의 식민지가 되는 것이 아니라, 1598년에 일본 또는 중국의 식민지가 되었을지도 모른다. 이들이 코리아의 운명에서 세종의 계보를 잇고 있다.

광해군의 투항주의,
인조의 모험주의

1598년, 아시아 정복의 야망으로 가득 찼던 히데요시가 사망하자 7년에 걸친 '코리아전쟁'도 끝났다. 중국 정복의 야욕을 가졌던 스페인의 펠리페 2세도 같은 해에 사망했다.

이 1598년에 누르하치는 건주여진(建州女眞)을 평정하고, 두만강 유역과 지린(吉林) 일대에 세력을 더욱 확장했다. 누르하치는 우선 혼인으로 여러 부족과 혈연관계를 맺어 세력을 확장하는 한편, 기존의 여진사회에서 전투나 수렵 때 사용된 기본 조직을 강력한 팔기제도로 발전시켰다. 이 팔기제도는 1601년 누르하치가 창설한 만주족의 독자적인 제도로, 호구통계·징집·징세·병력동원을 위한 행정제도인 동시에 국민개병제적인 군사제도이며, 중국의 정복 과정에서 결정적 역할을 했다.[43] 그뿐 아니라 누르하치는 한인과 몽골인도 팔기에 포함시키고, 한인 유력자를 왕으로 봉함으로써 체제의 통합력을 더욱 강화시켰다. 뛰어난 통합력을 발휘한 누르하치는 1605년 요동반도를 제외한 동만주 일대를 장악하고, 조선에 국서를 보내 '왕'이라 자칭했다. 나아가 1608년에는 명에 바치던 조공을 끊고 명에 대항하는 독립된 국가를 지향했다. 같은 해에 선조가 죽고 광해군이 왕위에 오른다.

광해군은 코리아의 역사상 가장 어려운 시기에 왕위에 올랐다. 7년 전쟁으로 인구는 격감하고, 국토는 황폐해졌으며, 왕궁들도 불타버렸다. 전쟁이 끝난 지 10년이 지났지만 전쟁의 피해는 제대로 복구되지 못했다. 일본과는 국교를 정상화하지 못했고, 중국은 7년 전쟁에서 도와준 은혜를 갚으라며 경제적·군사적 압박을 가해왔다. 여기에 이미 20년 전부터 세력을 키워온 여진족의 누르하치가 드디어 명에 바치던 조공을 끊고 제국의 길로 들어서기 시작했다.

광해군은 영리했지만 여러모로 취약했다. 우선 왕후 태생이 아닌 후빈 태생으로 서자인데다가, 그것도 맏이가 아닌 차남이었다. 그리고 선조가 뒤늦게 어린 왕후를 맞이해 죽기 3년 전에 적자 영창군을 낳았다. 광해군은 왕위에 오르는 것도, 왕위를 유지하는 것도 힘이 들었다. 당시의 패권국이었던 명은 오랫동안 광해군의 왕세자 책봉을 승인하지 않았고, 조선의 주류들도 광해군을 왕으로 흔쾌히 받아들이지 않았다. 왕권이 참으로 불안정했다. 광해군은 아버지인 선조를 대신해 분조를 이끌면서 일선에서 7년 전쟁을 이끈 적이 있었다. 전쟁을 이끌면서 현실의 세력관계에 민감해졌고, 또한 소심해졌다. 전국 방방곡곡을 다니면서 조선의 실상을 알게 되었고, 국제정세에 예민해진 반면, 두려움도 엄습했다.

이러한 객관적, 주체적 조건에서 새로 즉위한 왕은 어떤 정책을 펴야 했을까? 어떻게 해야 내우외환의 위기를 극복할 수 있었을까? 왕위에 오른 광해군은 네 가지의 주요 정책을 추진한다.[44]

첫째, 민생안정정책이다. 즉위 직후인 1608년 5월, 경기도 지역에서 대동법을 전격적으로 실시했다. 공물을 현물이 아닌 쌀로 내는 이 법을 백성들은 크게 환영했다. 반면 공물 방납으로 이익을 보던 무리들은 아우성을 쳤다. 그리고 전란 중에 유실된 사서 등 각종 서적을 다시 찍어냈다. 귀양 중인 허준에게《동의보감》을 완성하게 해서 당시에 만연하던 질병을 치유하려 했다.

둘째, 왕권강화책의 일환으로 정적을 숙청하고, 대대적으로 궁궐을 중건·신축했다. 정적을 숙청하는 과정에서 친형인 임해군과 이복동생인 영창군이 살해되고, 인목대비를 폐하려고 했다. 수많은 사람들이 역모로 처형되거나 유배되었고, 정권의 기반은 점점 협소해졌다. 특히 광해군은 전란으로 불타버린 궁궐 등 왕실과 관련된 건축물을 새로 짓고 화려하게 꾸미는 데 열심이었다. 1608년 종묘 중건을 마치고, 1611년에는 창덕궁을 중건하고, 창경궁을 중수했다. 그리고 자수궁을 짓고, 창덕궁 크기의 경덕궁을 신축했다. 나아가 경복궁의 열 배 규모인 어마어마하게 큰 인경궁을 짓기 시작했다. 또한 하늘에 직접 제사를 지내기 위해 원구단을 지었다. 이에 필요한 엄청난 재원을 확보하기 위해 공명첩을 남발하고, 돈(贖罪銀)을 받고 죄인을 풀어주었다. 그리고 강압적인 방법으로 국민 전체에게 부담을 전가했다.

셋째, 여진족에 대한 대책으로 정보를 대대적으로 수집하는 한편, 방어책을 마련했다. 광해군은 친히 전투 훈련을 참관하고 방어진지를 점검했다. 그리고 누르하치의 철기군(鐵騎軍)에 대항할 무기는 화포밖에 없다고 보고, 1613년 조총청을 화기도감으로 확대 개편하고, 파진포(破陣砲) 등 각종 화포를 생산케 했다. 그리고 변방 수령을 대부분 무인으로 임명하고, 수시로 무과를 실시해 장교를 양성하고 병력도 확충했다.

넷째, 광해군은 '북로남왜(北虜南倭)'의 상황에서 남방을 안정시키기 위해, 빗발치는 반대를 무릅쓰고 1609년 기유약조를 맺어 일본과 국교를 재개했다. 7년 전쟁이 끝난 지 10년밖에 안 되어 반일 정서가 팽배했던 시기에 국교를 재개한 광해군의 외교적 안목은 뛰어난 점이 있었다.

1616년 드디어 누르하치가 국호를 후금(後金)으로, 연호를 천명(天命)으로 하는 국가를 수립했다. 이제 동북아시아에서 전쟁을 피할 수는 없었다. 1614년부터 조선에 후금 토벌을 위한 병력 준비를 요구했던 명은, 1618년 공동으로 후금을 공격하자고 강요했다. 코리아에 참으로 어려운 선택의 순간이 다가왔다. 대륙에서 다시 문명과 야만의 두 개 국가가 대립한 것이다. 코리아의 운명이 위기로 다가왔다. 어떻게 할 것인가? 어떤 전략을 수립하고, 선택하고, 결단할 것인가?

코리아의 역사에는 이와 유사한 사례가 있었다. 6백 년 전인 10세기 초, 고려는 북의 요(거란)와 남의 송이라는 대륙의 양대 국가를 놓고 갈등한 적이 있었다. 그리고 요에 이어 여진족의 아구다가 금을 세웠을 때 똑같은 고민을 했다. 거란의 요와는 수차례의 전쟁에서 패하지는 않았으나, 형식적인 조공관계를 맺어 북방을 안정시켰다. 그리고 요에 패하지 않고 군사력을 보유할 수 있었기 때문에, 송과도 관계를 끊지 않고 외교통상관계를 유지할 수 있었다. 소극적인 의미에서 일종의 균형외교가 가능했다. 그후 금이 요를 격파해 우세가 확연히 드러났을 때에는 금과 전쟁을 하지 않고 조공관계를 맺었다. 대적이 불가능하다고 보았기 때문이다. 그리고 남송과는 무역관계만 유지했다.

고려사를 읽은 광해군은 금을 세운 아구다의 사례를 자주 거론했다. 싸우지 않고 복속한 고려 인종이 그의 모델이 되었다. 무력 앞에서의 '현실과 국익'이 그의 주장이었다. 그는 1621년 6월 6일, 《광해군 일기》에서 다음과 같이 말한다.

"중원의 형세가 참으로 위태로우니 이러한 때에는 안으로는 자강을 꾀하고, 밖으로는 기미(羈縻)하여, 한결같이 고려가 했던 것처럼 해야만 나라를 보호할 수 있을 것이다. 그러나 근래 우리나라의 인심을 보면, 안으로는 일을 분변하지 못하면서 밖으로는 큰소리만 친다. 시험 삼아 조정 신료들이 의견을 모은 것을 보면, 장수들이 말한 것은 전부 압록강변에 나아가 결전해야 한다는 것이니, 그 뜻은 참으로 가상하다. 그렇다면 지금의 무사들은 무슨 연고로 서쪽 변방을 '죽을 곳'으로 여겨 부임하기를 두려워하는가? 생각이 한참 미치지 못하고 한갓 헛소리들뿐이다. 강홍립이 보내온 편지를 보는 것이 무슨 방해될 일이 있는가? 이것이 과연 적과 화친을 하자는 뜻이겠는가? 우리나라 사람은 허풍 때문에 끝내 나라를 망칠 것이다."[45]

조선 광해군이 맞은 상황은 5백 년의 시차가 있지만 고려 인종이 맞은 상황과 너무나 유사했다. 북방(XB)의 위협세력이 똑같은 여진족이고 국호도 같은 금(金)이다. 건국자가 아구다에서 누르하치로 바뀌었을 뿐이다. 그리고 중원(XA)도 똑같이 한족계의 송과 명이다. 송과 명은 문명적인 차원에서 코리아와 궤를 같이하지만 무력적인 측면에서 금을 감당하기엔 한계가 있다. 역사의 패턴은 반복된다. 그러나 역사는 그대로 반복되지 않는다. 1620년대의 광해군이 5백년 전인 1120년대 고려 인종의 노선을 그대로 답습하는 것이 과연 가능했고, 또 바람직한 것이었는가? 그렇지 않은 이유를 살펴보자.

첫째, 5백 년 전의 고려 인종대와 조선 광해군대의 가장 큰 차이는 중국과 코리아의 관계였다. 명과 조선의 관계는 송과 고려의 관계와 전혀 달랐다. 송(宋)은 처음부터 고려와 아무런 군사적 관계가 없었고, 고려가 도움을 받은 적도 없었다. 그러나 명은 14만의 대군을 파병해 이여송의 말대로 망해가는 조선을 살려주었다. 비록 명이 전쟁 뒤 여러 가지로 조선을 괴롭혔지만, 여전히 조선의 혈맹이었다. 후금 정벌의 총사령관 요동경략 양호(楊鎬)처럼 대일 전쟁에 참전했던 이들이 대부분 대 후금 전쟁의 사령관으로 활약하고 있었다.[46]

둘째, 조선인도 고려인과 달랐다. 조선은 정부의 최고지도층에서 지방의 촌에 이르기까지 중화사상과 숭명사대주의(父子之義)가 널리 퍼져 있었고, 조선을 다시 건국시킨 은혜(再造之恩)를 갚아야 한다는 여론이 비등했다. 수직적 동맹관계에 있는 혈맹을 배신할 수 없다는 '대의와 명분'이다.

셋째, 고려 인종과 광해군의 시기에 여진의 군사력에도 차이가 있었다. 1117년, 아직은 세력이 약했던 금나라의 아구다가 고려 예종에게 화친조약을 제의했을 때 고려는 전쟁 준비에 돌입했다. 그러나 10년 뒤 금(金)이 대륙을 반분한 요를 멸망시켰을 때, 나아가 송(宋)이 금에 굴복할 정도로 금의 군사력이 막강해졌을 때 비로소 금과 조공책봉관계를 맺었다. 반면에 1608년 광해군이 집권했을 때 여진은 아직 만주 지역도 석권하지 못했고, 1621년에야 만주 지역의 중심을 차지한다. 고려 예종·인종 대와 비교해 광해군대의 여진은 그토록 강력한 군사력이 아니었다. 물론 '7년 전쟁'을 치른 조선의 군사력이 고려에 비해 훨씬 약했다는 점은 분명히 계산해야 한다.

이러한 점을 염두에 둔다면, 누르하치의 대명 전쟁노선이 분명해 졌을 때인 1608년에 집권한 광해군은 결전의 자세로 전쟁을 준비해야 하지 않았을까? 화친은 그 다음의 문제이다. 우선 후금의 침략을 막기 위해 정쟁을 중단해 나라를 통합시키고, 민생을 안정시키며, 과도하게 궁궐 공사를 벌이지 말았어야 했다. 북쪽 여진족의 위협은 이미 1580년대부터 제기되었고, 그로부터 20년이 지난 때에는 누르하치의 위협이 눈앞에 다가와 있었다. 7년 전쟁의 피폐와 여진족의 위협으로 국가의 운명이 풍전등화처럼 되었는데, 광해군은 어떻게 조선 역사상 전무후무할 정도로 거대한 궁궐 건축에 몰두할 수 있었을까? 특히 1619년 사르후 전투에서 조·명 연합군이 후금 군에게 대패한 뒤에도 광해군은 무슨 생각으로 궁궐 건축에 몰두했을까? 광해군의 영건(營建)사업에 대해 당시 훌륭한 관리로 명성이 높았던 이창정은 다음과 같이 비판한다.

"지금 누르하치는 사납고 교만한데, 중국은 군대를 잃어 요동민 들이 전부 피난을 준비하고 있습니다. 하물며 우리의 두 장수는 항복하고 3군은 오랑캐에게 패몰되어, 변방은 이미 비었고 군량은 모두 없어졌습니다. 적이 또다시 틈을 노려 우리를 삼키려 하니, 묘당(廟堂)이 강구해야 할 바는 마땅히 자강(自强)을 급무로 삼는 것입니다. 궁궐 건축을 위한 기관들을 없애 건축을 중지하고, 쓸데없는 비용을 줄여 군량을 넉넉하게 하고, 금고를 덜어서 병력을 기르고, 탐오한 자를 제거해 백성들의 힘을 펴주어야 합니다. 절의를 숭상하여 사기를 기르고, 장수를 선발하고 수령을 신중히 뽑으며, 군사를 다스리고 병기를 단련하여, 오로지 적을 막는 것을 도모해야 합니다."[47]

이창정의 이러한 주장에도 불구하고, 7년 전쟁의 참화를 겪은 광해군이 이토록 궁궐 건축에 몰두한 것은 여진족의 군사적 위협을 '위협'으로 보지 않았기 때문이다. 광해군에게는 빠져나갈 구멍이 있었다. 고려 인종이 했던 것처럼, 누르하치에게 항복하고 조공을 바치면 된다고 생각했다. 그는 민족의 명운이 걸린 문제를 너무나 쉽고 간단하게 생각했다. 위기를 위기로 생각하지 않았기 때문에, 그는 군사력 확충보다 내부의 권력투쟁과 막대한 재정이 투입되는 토목공사에 열중했다.

1608년 광해군이 집권했을 때 결사항전의 자세로 전쟁에 대비했다면, 역사는 달라졌을지도 모른다. 7년 전쟁에서 상대적으로 타격을 덜 입은 함경·평안·황해도에 전력을 다해 성을 쌓고, 군대를 기르고, 무기를 제조하고, 군량미를 확보했다면, 그리고 역사를 읽으며 전략전술을 세워두었다면, 전 국민을 하나로 결집할 수 있었을지도 모른다. 이미 7년 전쟁을 치른 경험이 있었고, 문명을 공유하고 대일전에 참전한 명과 대 후금 공조를 할 수밖에 없었기 때문이다. 또한 나라의 지도층들은 조선의 아래에 있었던 '야만적'인 여진에게 고개를 숙이는 것은 생각조차 하기 싫었기 때문이다.

광해군이 이런 노선을 견지했다면 후금에 승리하지는 못했다 해도, 참패하지도 않았을 것이다. 거란의 침략을 격퇴한 고려처럼 후금의 공격을 막아낼 수도 있었을 것이고, 후금이 산해관(山海關)을 지나 명을 공격하는 데 조선이 큰 장애가 되었을 것이다. 물론 고려 인종대보다 조선 광해군대가 전쟁의 참화로 더욱 피폐해 있었고, 명에도 여러 가지 문제점이 있었다. 그렇지만 명이 1644년까지 살아남았다는 점은 그 당시에 결정적으로 약화되지 않았다는 것을 의미한다. 정세의 급변으로 설사 고려 인종처럼 후금과 화친(조공책봉)하더라도 조선은 군사력을 유지할 수 있었을 것이다.

결국 중국과 함께한 일본과의 '7년 전쟁'으로 조선의 운명은 정해져 있었다. 이 운명에서 도망칠 수는 없다. 명과의 수직적 상호방위동맹을 파기할 수 없고, 여론 주도층의 생각을 일시에 바꿀 수도 없는 것이다. 그러나 광해군은 운명으로 다가온 이 길에서 도망치려 했다. 여진의 무력에 대한 두려움으로 패배주의의 일종인 '후금 투항노선'을 견지했다. 1619년 우여곡절 끝에 파병된 군대는 왕의 의향을 읽고 제대로 싸우지도 않고 항복했다. 5천 명의 정예조총부대를 비롯해 항복한 1만의 조선군은 모두 후금에 편입되었다. 조선의 후금 토벌군 대장 강홍립은 1627년 정묘호란 때 후금군의 향도가 되어 조선 침략의 선봉에 세워졌다.

후금 투항노선은 후금을 더욱 강하게 하고, 조선을 더욱 약하게 만들었다. 원 세조 쿠빌라이의 말처럼, 몽골의 그 강력한 군대가 수·당의 1백만 대군과 맞서 싸운 고구려의 명성 때문에 고려 공략에 한계를 느꼈던 역사의 사례를 생각하면, 지더라도 용맹스럽게 져야 역사에 도움이 된다. 만주에서 제대로 싸워보지도 않고 조선군이 투항한 것은 조선에 있는 군대 전체의 사기를 땅에 떨어뜨렸다.

물론 이 당시 명·조 연합군의 대 후금 선제공격은 대단히 무모했다. 후금이라는 도전국의 패권을 막기 위한 예방공격에서 실패할 경우 패권국이 치명상을 입는 것도 사실이다. 광해군의 생각처럼 선제공격보다 방어전략이 더 올바른 선택이었을 것이다. 그러나 대 후금 전쟁은 전략전술의 문제가 아니라 노선의 문제였다.

여진족인 금의 아구다와 후금의 누르하치, 송과 명, 고려 인종과 자신을 동일시한 광해군은 역사의 포로가 되었다. 광해군은 선조를 대신해 전쟁을 총괄한 7년 전쟁의 충격이 너무나 컸고, 금과 후금, 송과 명이 아주 유사했기 때문에 현실의 국제관계를 모두 이 관점에서 해석했다. 역사의 유사성을 무비판적으로 받아들임으로써 역사의 주술(呪術)에 걸렸다. 광해군은 고려사를 잘못 읽은 것이다.

1623년, '현실과 세력'은 무시하고 '대의와 명분'만 추구하는 정파인 서인이 쿠데타를 일으켜 광해군을 폐위하고 인조를 내세워 권력을 차지했다. '명에 대한 배은망덕'과 '후금과의 화친'이 쿠데타의 이유였다. 그러나 서인의 결정적 문제점은 끊임없이 전쟁을 주장하나 전쟁을 준비하지는 않고, 강경한 항전을 주장하나 결사(決死)하지 않으며, 결국은 스스로 나가 싸우지 않고 오직 화친하는 것만을 반대한다(反和)는 점이다. 이것은 '7년 전쟁' 중에 서인의 수장 윤두수

명·청 교체기의 중국과 만주

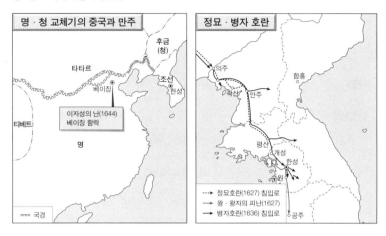

에게서 이미 나타났고, 1627년과 1636년 청나라의 침공 당시 '척화론'으로 입증된 것이다.

1627년 후금이 침공할 때까지 약 4년의 시간이 있었지만, 서인 정권은 권력투쟁에 빠져 있었고 정변의 공로를 다투는 '이괄의 난'이 일어났다. 군대를 제대로 양성하지 않았고, 국방상의 요지에 제대로 된 방어시설도 갖추지 않았다. 정묘호란 때 후금의 군대는 3만 명에 불과했으나, 후금과의 전쟁을 위해 쿠데타를 일으킨 서인정권은 전혀 저항하지 못했다. 후금군이 압록강을 넘어 안주를 점령했을 때, 비로소 전국에 군사를 모으러 다녔다. 왕은 친히 전쟁에 나서는 대신 왕권을 둘로 나누고(分朝), 수도를 버리고 피신했다. 그리고 명의 구원을 요청하고 기대했다. 이것은 1636년 청 태종이 침략할 때에도 그대로 반복된다.

서인 쿠데타의 모험주의는 광해군의 투항주의보다 훨씬 나쁜 결과를 낳았다. 사실 서인이 쿠데타를 일으킬 무렵에는 이미 되돌리기

203

힘들 정도로 후금의 세력이 커져 있었다. 1608년 광해군이 즉위할 무렵에는 대 여진 전쟁준비노선이 옳았을지 모르나, 이때는 벌써 시기가 지나가고 있었다. 쿠데타를 일으킨 1623년의 시점에서는 대세가 후금으로 기울고 있었다. 1619년 '사르후 전투'에서 조선군 1만 3천 명을 포함한 10만의 명·조 연합군이 후금군과 싸워 대패한 것이 분수령이 되었다. 1621년 후금이 랴오양과 선양을 함락시키고 만주 중심부를 석권했을 때, 후금이라는 태양은 벌써 동산 위에 떠올라 기세가 등등해지고 있었다. 대의명분으로는 광해군을 도저히 인정할 수 없어도, 운명의 시간이 지나가고 있었다면, 서인은 광해군의 노선을 현실로 받아들여야 하지 않았을까? 특히 민족의 존망이 걸린 순간에는 이해와 감정을 떠나 현실을 더욱 꼼꼼히 살펴야 하지 않았을까?

전쟁사를 보면 패해서 복속하는 경우와 패하지 않고 복속하는 경우에 큰 차이가 있다. 특히 아군이 강력한 군대를 보유하여, 결사항전할 경우 적에게 막대한 피해를 줄 수 있는 정도의 전력을 확보하고 있는 상태에서 복속한다면, 형식적으로는 복속이지만 내용적으로는 상당한 자율권을 누리게 된다. 고려 인종이 아구다의 금에 복속한 것이 바로 이에 해당한다. 그러나 패하고 난 뒤, 그것도 아무런 힘을 쓰지 못해 군사력이 형편없음을 입증한 뒤 복속하면 아무것도 남지 않는다. 그래서 서인이 옹립한 인조는 코리아의 역사상 최초로 적국의 수장 앞에서 무릎 꿇고 절하며 항복하는 왕이 되었다. 명의 은혜를 갚은 것이 아니라 명의 한쪽 팔이 잘려나간 것이다. 후금과 친하게 지낸 것이 아니라 굴욕적으로 항복한 것이다. 서인은 오히려 광해군보다 더 대의명분을 잃었다. 인조반정의 대의를 스스로 배신한 것이다.

서인의 쿠데타와 대 후금 전쟁의 허망한 패배는 코리아의 운명을 결정적으로 왜곡시켰다. 조선은 이제 현실의 벽 앞에서 좌절하며 명분의 허상만을 추구한다. 무력한 현실과 아련한 허상은 결국 돈키호테를 만들어냈다. '코리아의 운명'이라는 관점에서 보았을 때, 이후 서인 계열에 의해 주도된 대청 복수론, 북벌론은 참으로 유치하고 또 그만큼 위험한 불장난에 불과했다. 서인 계열의 지도층은 낡은 창을 든 채 늙은 말을 타고 풍차로 돌진하는 세르반테스의 돈키호테와 다를 바가 없었다. 코리아의 운명에서 점점 현실과 이상이 괴리되어 가는 것이다.

명분만을 중시하며 민족의 운명에는 관심이 없는 서인세력은 이후 노론과 소론, 벽파와 위정척사파 등으로 이어진다. 이들은 청이 명을 멸망시키고 동아시아의 패권을 차지한 1644년 이후에도, 끊임없이 청에 대한 공격과 명에 대한 은혜를 주장하며 '허상의 세계'를 추구한다. '코리아의 악순환'을 강화한 이들은 '코리아의 운명'에서 세종의 계보와 정반대에 위치한다.

청에 끌려갔던 효종은 즉위한 뒤 송시열을 발탁했다. 송시열은 대중 관계에서 '대청 복수론'과 '대명 의리론'을 전개해 '허상의 세계'에서 '태두(泰斗)'가 된다. 대청 복수론은 동아시아의 평화를 파괴한 청나라를 토벌하자는 북벌론으로 발전했다. 대명 의리론은 문화중심국가인 주나라, 그를 이은 명나라를 존숭한다는 '존주론(尊周論)'으로 이론적 틀이 형성되었다. 그러나 국가대의로 제창된 북벌론이 실현 가능성이 희박한 것으로 입증되자 대청 복수론보다 대명 의리론, 존주론이 국가의 핵심 이데올로기로 자리 잡는다. 17·18세기에는 전란의 충신열사를 현창(顯彰)하는 사업을 국가적으로 추진하는 한편, 명의 신종과 의종, 그리고 명 태조에게 제사지내는 대보단이 설치되고 만동묘도 건립되었다. 또한 문명국인 명이 야만족인 여진에 의해 멸망되었기 때문에, 이 세계에 조선만이 오직 문명국가라는 조선중화주의가 생겨났다.[48]

이러한 흐름과는 달리 18세기 말 북학운동의 기수인 박제가(1750~1805)는 명의 재조지은(再造之恩)은 역사적 사실로 인정하지만, 청이 이미 한화되어 발전하고 있으므로 조선이 청의 장점을 적극적으로 받아들여야 한다는 주장을 폈다. 그는 조선이 고립주의 속에서 스스로 오랑캐가 되고 있다고 신랄하게 비판했다. 그리고 "이제 오랑캐를 물리치려면 먼저 오랑캐가 누구인가를 알아야 하고, 중국을 높이려면 그 법을 더욱 존중해야 한다. 만약 명을 위하여 복수하고 치욕을 갚으려면 힘써 중국을 배운 20년 후에 더불어 의논해도 늦지 않을 것이다"[49]라고 말했다. 이후 대청 복수론과 대명 의리론에 갇혀 있었던 사람들이 주로 위정척사파를 형성하고, 박제가의 대청 현실론과 국력양성론을 이어받은 세력이 개화파를 형성한다.

도쿠가와의 쇄국정책
- 일본형 중화체제를 만들다

663년 동아시아 세계의 대전에서 2만 7천의 병력을 금강 전투에 투입했다가 패배한 일본은 전후 질서를 새로 확립하지 않으면 안 되었다. 672년 왜왕 천지(天智)의 사후에 권력투쟁이 일어나 아들이 아닌 아우가 승리해 천무(天武)천왕이 된다. 천무는 일본 중심의 새로운 질서를 만들기 위해, 새롭게 역사를 편찬하고 중국과 대등한 율령을 제정했다. 약 1천 년이 지난 뒤인 17세기 초, 일본은 똑같은 작업을 하지 않으면 안 되었다. 도요토미 히데요시의 거창한 대명 정벌이 조선에서 실패로 끝났고, 정권도 도요토미 집안에서 도쿠가와 집안으로 바뀌었다. 히데요시가 부풀려놓았던 '대천하'를 다시 일본을 중심으로 하는 '천하'로 축소하지 않을 수 없었다. 이 작업을 담당한 것이 도쿠가와 이에야스(德川家康)를 비롯한 도쿠가와 막부였다. 일본을 중심으로 하는 '천하'와 이에 기초한 '일본형 화이체제', 또는 '일본 중심의 중화체제'의 형성은 크게 다섯 가지의 작업을 통해 달성된다.

첫째는 류큐, 에조지(현재의 홋카이도)를 포함하여 일본 천하를 실질적으로 지배하는 것이다. 오다 노부나가, 도요토미 히데요시는 이들 지역을 일본 천하에 포함시키는 작업을 꾸준히 추진해왔다. 이 연장선상에서 도쿠가와 정권은 1609년 류큐를 정복하여 막부에 복속시켰다. 이때 류큐를 정복하고 왕국을 유지시킨 것은 대명(對明) 외교의 루트를 확보하기 위한 배려와 함께, 류큐를 일본에 조공케 함으로써 조공과 책봉이라는 중화체제를 형성할 수 있기 때문이었다. 따라서 류큐왕 상녕(尚寧)을 에도(江戶)에 입조시켰다.

둘째, 조선과의 관계에서 조선을 일본 천하에 포함시키는 작업을 진행한다. 이에야스는 조·일 강화교섭의 목표를, 조선을 형식적으로 일본에 복속시키고 도쿠가와 장군의 권력을 정당화하며 명나라와의 강화교섭에 필요한 외교루트를 확보하는 것으로 설정했다.[50] 반면 조선은 포로의 송환과 재침의 방지를 목적으로 했다.

1607년 조선 사절이 일본에 도착해 강화교섭이 본격화되었다. 이 강화교섭에서 가장 크게 문제가 된 것은 중화체제 내에서 조선과 일본의 위치를 어떻게 설정할 것인가 하는 점이었다. 이것은 구체적으로 '장군(쇼군)'에 대한 호칭과 '연호'의 사용 문제로 나타났다. 중국 중심 체제에 포섭되어 있던 조선은 1617년과 1624년 두 번에 걸쳐 일본에게 '국왕' 칭호를 사용할 것과 '명'의 연호를 사용할 것을 요구했다. 그러나 일본은 국왕이라는 호칭의 사용이 중국의 속국을 의미하고, 명의 연호 사용이 일본의 천황을 부정하는 것이라는 이유로 강경하게 반대했다.[51]

결국 1627년과 1636년에 청이 조선을 점령하고 1644년 청이

명을 멸하자, 조선의 입장은 일본의 입장에 가깝게 정리된다. 도쿠가와 장군은 대군(大君)이라는 호칭을 사용하고, 일본 장군과 조선왕이 대등한 관계를 맺는다는 것이다. 이에 의해 일본은 조선왕과 장군이 대등하기에 장군 위에 있는 천황과 조선왕은 상하관계라는 주장이 가능하게 된다. 실학자 이익은 장군을 대신해 천황이 권력을 잡을 때 장군과 대등관계에 있는 조선 국왕은 일본 천황의 아래에 놓일 것을 우려했다.[52] 이 문제는 19세기 후반 조·일 간에 가장 심각한 외교 문제가 된다. 도쿠가와시대의 외교전략가 아라이 하쿠세키(新井白石)가 주장한 것처럼, 장군-조선 국왕, 천황-중국 황제라는 대등관계(敵禮)의 도식은 메이지 정부에 의해 계승되고 실질화된다.[53]

한편 연호 문제와 관련해 조선은 명의 연호를 사용할 것을 강력히 주장했다. 그러나 일본은 조선이 명의 연호를 사용하지 않을 때에만, 자국도 일본 연호를 사용하지 않을 것이라고 주장했다. 조선과 일본의 관계에 '중국'이 개입되는 것을 배제하려고 했기 때문이다. 결국 명의 멸망 이후, 조선은 명·청의 연호가 아닌 간지(干支)를 사용했고, 일본은 독자 연호를 사용했다. 장군 칭호와 연호 문제가 타결됨으로써 조선·일본 관계에서 중국이 완전히 배제되었다.

또한 일본은 조선이 청에 점령당한 것을 계기로 조선이 일본에 복속한 듯한 뉘앙스를 풍기도록 각종 작업을 전개했다. 조선이 청에 항복한 지 1년 뒤인 1637년, 일본은 조선 사절을 이에야스의 묘인 닛코(日光)에 참배시켰다. 그리고 1642년 조선왕 인조가 쓴 축하 명문으로 새로 완성한 닛코를 수식했다. 1643년에는 조선에 "도쿠가와의 덕이 일본의 곳곳에 미치고 멀리 조선에서도 밝게 빛난다"라는 내용을 새겨넣은 동종(銅鐘)을 주조하게 해서, 사절이 일본에 입국할 때 봉정하도록 했다. 조선이 만든 닛코의 이러한 상징물들은 막부의 권위가 저 멀리까지 미쳤다는 것을 표시하는 증거물로서, 닛코의 동조궁(東照宮)을 참배하는 일본의 다이묘들에게 막부권력의 정당성을 확인시키는 근거가 되었다.[54]

셋째, 중국을 일본 중심의 세계 질서에서 제일 아래에 위치시키는 것이다. 도쿠가와 막부는 1610년 명나라상인을 통해 일본과 명의 강화를 요구하는 문서를 복건총독에게 보냈다. 이 문서에서 일본은 종주권 인정의 표시인 명의 연호를 사용하지 않았다. 그뿐 아니라 조선 침략을 사죄하지도 않았고, 중국의 번속국이었던 류큐가 일본의 신하가 되었다고 주장했다. 나아가 중국의 번속국에 속했던 조선에서 시암(타이)에 이르는 나라들을 열거해 이들이 일본에 조공하기 시작했다고 주장했다. 이러한 주장은 일본이 동아시아의 중화체제에서 중국의 위치를 빼앗았다는 것을 선언하는 셈이었다.[55]

일본은 중국과의 강화교섭이 실패로 돌아가자, 1621년 중국과 직접적 관계를 끊고 중국을 무역 상대국으로는 최하위에 떨어뜨렸다. 하야시 라잔(林羅山, 1583~1657)은 중국인을 당인(唐人)이라 부르며, "무력을 엄중히 해서 중국인을 노예와 같이 대우한다. 따라서 이들에 대한 관장 업무를 미미한 관리들에게 맡긴다"라고 규정했다. 1715년 아라이는 중국 상선에 대해 무역허가증, 즉 신패(信牌) 사용을 의무화함으로써 중국인들의 신분을 더욱 낮게 위치 지웠다. 신패는 명이 일본에 준 감합부(허가증)와 같은 것이었는데, 아라이는 거꾸로 중국상인에게 이것을 주어 중국과 일본의 위치가 역전되었음을 과시하려 했다. '신패'에 중국을 천시하는 용어를 사용하고, 일본 연호를 기입했다. 1716년 중국이 논란 끝에 일본의 신패제도를 수용하자, 일본은 중국의 황제가 신패를 묵인했다는 점을 들어 일본의 중심성, 우월성이 확인되었다고 간주했다. 이와 같이 하야시에서 아라이로 이어지는 도쿠가와 막부의 외교정책담당자들은 중국을 일본류의 국제체제에서 최하위인 만이(蠻夷)의 지위로 떨어뜨렸다.[56]

넷째, 중국이 오랑캐인 청에 의해 점령됨으로써 천황이 '천하'의 구심으로서 새롭게 부각된다. 천황과 막부의 관계는 오다, 도요토미 정권 때부터 강화되어 왔는데, 도쿠가와에 이르러 이것이 더욱 강화된다. 우선 천하에서 중국(황제)이 제외된 이상 막부권력의 정당성은 일본 천황이 장군을 임명한다는 것이었다. 천황의 존재와 연호 사용이 중국으로부터 독립한 일본과 일본 중심 세계의 상징이었다. 이로써 천황과 장군의 관계는 상하관계로 고정되고, 천황이라는 상위의 존재를 전제로 도쿠가와 장군과 조선 국왕의 대등관계가 인식된다. 일본 중심, 천황 중심의 사상체계는 17세기에 들어오면서 본격화된다.

이것에 대한 검토에 앞서 동아시아 세계의 지식인들이 중국에 대한 문명적 열등감과 이로 인한 정신적 스트레스를 어떻게 극복했는지, 또 중화사상에 어떻게 대응했는지 살펴보자. 일반적인 방법은 세 가지이다.

하나는 중국에 자국을 편입시키는 것이다. 다시 말해 자국의 시조가 중국 고대의 현인이라고 주장함으로써, 자신이 오랑캐(蠻夷)가 아니라 중화임을 정당화하는 것이다. 이것은 혈연적으로 중국과 자신을 동일시함으로써 한족의 문명을 숭배해 열등감(중화 콤플렉스)을 극복하려는 것이다. '중국의 특수성'에 매몰되는 것이라고 할 수 있다.

다음은 중화가 종족적·민족적으로 한족(漢族)에 고정되어 있는 선천적이고 혈연적인 것이 아니라, 후천적으로 누구나 획득 가능한 '보편적인 가치'라고 주장하는 것이다. 이에 의하면 보편적인 가치, 다시 말해 유교적 예교문화의 유무 및 높낮이에 따라 화(華)와 이(夷)가 구별된다. 따라서 '보편 문화', '보편적 가치'의 획득이 무엇보다 중요해진다.

마지막으로 중국 고유의 인종·문화적 요소, 또는 문화가치의 보편성보다는 '자국의 특수성'을 중화의 근거로 내세우는 것이다. 이들은 중화사상의 본질이 민족적으로는 '한족', 지리적으로는 '중원'에 근거한 것이기 때문에, 중화사상은 '중국적 특수성'을 벗어날 수 없다고 본다. 따라서 중국의 전통에 끼어들려고 하지 않으며, 보편 문화를 획득하기 위한 노력도 하지 않는다. 대신 중국 및 타국과 비교해 자국이 가진 독특하고 우월한 점을 찾아 나선다. 즉 이것은 '자국 특수성'의 강조라고 할 수 있다.

조선은 주로 '중국적 특수성'과 '문화적 보편성'에 주목했고, 명이 멸망하자 조선이 중화의 정통을 계승했다는 '조선중화주의'를 발전시킨다. 일본의 경우도 위에서 제기한 세 측면을 하나의 진행 경로로서 경험하고 있다. 조선시대의 유학자들은 중국 상나라의 기자(箕

子)가 고조선에 와서 기자조선을 만들었다는 것을 대단히 자랑스럽게 생각했다. 마찬가지로 에도시대 초기의 유력한 유학자였던 하야시 라잔 등은 중국 고대의 현인 태백(泰伯)이 일본에 도래해서 천황가의 조상이 되었다는 설을 지지했다. 그리고 이것을 일본이 중국과 같은 동양의 군자국이라는 주장의 근거로 사용했다.[57]

이에 비해 오규 소라이(荻生徂徠, 1666~1728)는 유교이념의 보편성을 추구하여 중국 중심의 중화체제를 극복하려 했다. 소라이는 공자의 가르침을 가치의 절대적 기준으로 해서 공자 이후의 중국문화를 상대화했다. 그리고 공자 이후의 중국 유학자를 모두 비판하면서, '동이(東夷) 사람'인 자신에 의해 '성인의 도'가 비로소 분명히 되었다고 자부했다.[58] 그리고 소라이의 제자인 다자이 순다이(太宰春台)는 유교이념을 중국사회로부터 보다 철저히 잘라내어 "중화사람이라도 예의가 없으면 이적과 같고, 사이(四夷)의 사람이라도 예의가 있으면 중화사람과 다르지 않다"라고 주장해 중화와 이적의 종족적 구분을 철폐했다.[59]

그러나 이러한 중국 중심성 또는 중국에서 발원한 유교의 보편성을 추구하는 데서 벗어나 일본의 특수성을 추구하고, 일본의 특수성을 '일본 중화론'의 근거로 내세우는 데 '일본형 화이사상'의 특징이 있다. 이것의 일단은 우선 야마자키 안사이(山崎闇齊, 1619~1682)에게서 보인다. 그는 중국을 문화적 개념이 아닌 지리적 개념으로 상대화시킨 뒤, '중국'이라는 이름은 자기를 중심으로 본다면 모두가 사용할 수 있다고 했다. 그는 중국을 보편적 문화가치가 아닌 지리적·국가적 관념으로 대체한 뒤, "공자가 대장(大將)이 되고 맹자가 부장

(副將)이 되어 쳐들어와도 이들과 맞서 싸울 것이다"[60]라고 말했다. 야마자키의 이 일화는 유교 중심의 동아시아 세계에서 가장 폭탄적인 발언에 속한다.

야마가 소코(山鹿素行, 1622~1685)는 젊은 날 '중국적 특수성'에 매몰돼 중국을 동경했던 것을 후년에 자기 비판하고 '일본적'인 것으로 회귀했다. 그는 일본을 중조(中朝)라 하고 중국을 외조(外朝) 또는 이조(異朝)라고 부르면서, 정치체제의 안정성과 천황의 혈통이 하나로 내려온 것, 그리고 군사적 우월성 등의 세 가지 점에서 일본이 중국에 비해 우월하다고 주장했다.[61]

중국과의 관계에서 일본이 차지하는 위치를 중심으로 전개된 '일본형 화이사상'의 형성은 또한 일본 내에서 장군과 천황의 관계, 존왕(尊王)과 충성의 문제를 제기한다. 따라서 이에 대한 논의를 거쳐 비로소 일본형 화이사상은 하나의 체계로 완성되어 간다.

일반적으로 존왕사상은 군주에 대한 신하의 충의도덕을 절대화한다. 일본의 경우 그 절대적 충성의 대상으로 천황이 떠오른다. 야마가는 충성의 대상을 천황으로 규정하는데, 이를 한 단계 발전시킨 것이 바로 국학자 모토오리 노리나가(本居宣長, 1730~1801)이다. 모토오리는 중국사상의 특색인 유학의 도덕본위주의를 '중국적 사고방식에 심취한 것(漢心)'이라고 배척하고, 천황의 지위가 변하지 않은 것이 일본사회의 정치적 기본 원리라고 주장한다. 이때 천황에 대한 숭배의 관념은 단순히 국내의 정치체제를 근원적으로 통일하는 원리일 뿐 아니라, 세계의 만국을 정치적으로 지배하는 것과도 밀접하게 연관된다. 곧 "만국이 공히 이 천황이 다스리는 나라를 존경하고 떠받들어 신복(臣服)하고, 사해 안의 모두가 이 참된 길에 의거해 따르지 않을 수 없다"라고 주장한다. 여기서 만국이 일본을 따른다는 사례로서 특히 왜의 삼한 정벌, 도요토미의 조선 출병, 조선의 조공 등을 제시함으로써, 일본형 화이체제 또는 일본형 화이사상에서 조선이 차지하는 특별한 위치를 부각한다.[62]

다섯째, 일본 중심의 세계 질서를 형성하는 마지막 단계는 네덜란드를 비롯한 서양세력을 오랑캐인 남만(南蠻)으로 취급해 '일본형 화이체제'에 포함시키는 것이다. 일본은 기독교를 금지했으나, 유럽세력이 일본의 중심성을 인정할 때에는 통상을 허락했다. 1640~1641년에 네덜란드인을 히라도(平戶)에서 나가사키의 데지마(出島)로 이주시킨 직접적인 발단은 이들이 서력기원을 사용했기 때문이다. 네덜란드의 무역관장은 매년 에도에서 장군을 알현(江戶參府)했으나, 중국상인에게는 에도참부를 허용하지 않아 서로 간의 지위를 달리했다.

결국 일본형 화이체제는 우선 기본 발상에 있어서 중국 천하에서 독립한 일본 천하를 상정한 것이나, 여기서 중국 천하와 일본 천하가 대등하게 병존하는 것이 아니다. 일본은 중국 천하를 무시 또는 천시함으로써 중국을 천하의 중심인 중화(中華)가 아니라, 천하의 가장 변경에 있는 오랑캐(邊夷)로 전락시켰다.

일본형 화이체제의 대외관계는 동심원적 구조로 표현될 수 있다. 우선, 직접적인 권력은 없지만 명목상 일본형 화이체제의 핵심인 천황, 그리고 이를 둘러싸고 실질적으로 화이체제를 지탱하는 국가권력으로서의 도쿠가와 막부가 있다. 다음으로는 막부에 복속하여 독립성이 전혀 인정되지 않는 에조지(홋카이도), 독립성은 인정되나 막부에 신속하는 류큐(오키나와), 일본이 내부적으로는 신속을 주장하나 외교의례 등 모든 면에서 대등한 관계에 있는 조선, 그리고 통상관계로서 에도참부가 허용되는 네덜란드가 있다. 그리고 가장 바깥에 통상관계로서 에도참부가 허용되지 않는 청의 중국, 시암(타이) 등이 위치하는 구조이다.

이러한 동심원적 구조에서 가장 중요한 위치를 차지하고 있는 것은 조선이다. 조선과의 관계에 의해서만 연호와 대군이라는 호칭이 국제적으로 공인되어 중국 천하가 부정될 수 있었다. 결국 "막부와 대등하거나(조선) 또는 일본을 종주국으로 인정하는(류큐) 이들 두 개의 나라를 매개로, 일본은 국제관계에서 자신을 정의하고 또 우주에서 자신을 위치 지우는 데 더 이상 중국과 같은 외적 매개에 의존할 필요가 없어졌다."[63]

17세기 중반부터 19세기 초까지 도쿠가와 막부는 쇄국정책을 폈다. 그러나 이러한 '일본형 화이체제'를 통해 도쿠가와 막부는 권력을 정당화하고, 나아가 실질적인 무역체제와 안보체제를 만들었다. 내적으로는 참근교대제(參勤交代制)에 의해 여러 '번(藩)'들이 끊임없이 에도로 올라왔다. 그리고 밖으로는 일본형 화이체제가 작동함으로써 세계의 정보가 수집되었다. 여기서 5개의 무역·정보수집 루트가 설정될 수 있다. 1루트는 류큐-사쓰마(薩摩), 2루트는 부산-쓰시마(對馬), 3루트는 네덜란드상인-나가사키, 4루트는 중국상인-나가사키, 5루트는 에조지-마쓰마에(松前) 번이었다.[64] 이것을 그림으로 나타내면 다음과 같다.[65]

19세기경 동아시아의 국제질서(개념도)

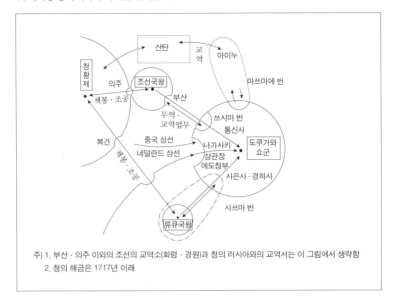

주) 1. 부산·의주 이외의 조선의 교역소(회령·경원)과 청의 러시아와의 교역서는 이 그림에서 생략함
  2. 청의 해금은 1717년 이래

　일본은 이러한 5개의 루트와 이에 대응하는 정보를 체계적으로 수집·관리·해석함으로써 명·청 교체라는 동아시아의 대변혁, 나아가 산업혁명 후 서양세력의 재래라는 동아시아 세계의 대충격에 적극적으로 대응할 수 있었다. 그리고 일본형 화이체제에 입각한 이러한 통로는 무역과 정보를 수신하고 발신하는 통로였을 뿐 아니라, 일본의 국가 의지를 무력을 통해 발산시키는 통로이기도 했다. 1868년의 메이지유신 이후, 천황제국가의 대만 출병, 정한론과 〈강화도조약〉, 이에 이은 청일전쟁 등은 이렇게 형성된 루트의 한 특질을 반영하는 것이었다. 이 루트의 핵심에 위치한 사쓰마 번과 조슈(長州) 번이 메이지유신의 주체세력이 되는 것은 역사의 우연이 아니었다.

서양 문명의 도전과
조·중·일의 응전

　　1842년 중국의 대영 전쟁 패배와 1860년 영국·프랑스 연합군의 중국 수도 베이징 점령은 동아시아 세계에 큰 충격을 주었다. 태양계 밖을 지나는 혜성이 지구에 충돌해 지구생태계 전체를 흔들어 놓은 것처럼, 외계인과 같았던 서양세력이 중화세계를 대표한 중국을 무찌르고 그 수도까지 점령했다는 것은 일찍이 겪지 못한 미증유의 대충격(Deep Impact)이었다. 영국과 중국 사이에 벌어진 일련의 전쟁은, 13세기 몽골군과 유럽군의 전쟁 이후 첫 번째로 전개된 동아시아세력과 유럽의 전쟁이었다. 13세기에 몽골군이 우수한 화기와 기동력과 전술을 가지고 파죽지세로 유럽군을 격파해 나갔다면, 19세기의 영국군은 증기엔진을 탑재한 철갑함과 대포와 소총을 가지고 자유자재로 중국을 공격했다. 군사력만을 가지고 본다면 중국과 유럽의 이러한 역전은 역사상 최초였고, 중국은 적수가 되지 못했다.

　　1842년 '서양 오랑캐' 영국에게 중화제국이 패배한 이 충격의 진상은 전쟁 직후 위원(魏源)의 《해국도지(海國圖志)》를 통해 즉각 동아시아로 전달되었다. 그는 책의 서문에서 "혈기가 있는 사람이라면 모두 당연히 분격해야 하고, 눈과 귀가 있는 뜻있는 사람이라면 당연히 대책을 강구해야 한다"라며 강력한 경보를 발했다.

그러나 위원의 이러한 경보와 달리, 중국 조정은 '전쟁'의 패배는 단지 넓은 중국 땅 어느 한곳에서 벌어진 '전투'의 패배에 불과하다고 생각했다. 그래서 중국과 영국 사이에 맺어진 〈난징(南京)조약〉은 영국군의 즉시 철군을 실현시키기 위한 일시적 편의수단으로 간주되었다. 중국의 관료들은 여전히 중화사상에 입각해 있었고, 영국과 강화한 이유도 "통상 조약을 체결해 오랑캐(夷)를 무마하고 목전의 문제인 이적의 베이징 침입을 막는 것"이라고 보았다.[66]

위원의 《해국도지》를 중시하지 않는 중국에 대해 어떤 일본인은 "아아, 충성스럽고 지혜로운 선비가 나라를 염려해 지은 책이 그 나라의 주군에게 이용되지 않고 오히려 다른 나라의 손에 무너진 것은, 위원 혼자만을 위해 슬픈 것이 아니고 청의 군주를 위해서도 슬픈 것이다"라고 한탄했다.[67]

조선에도 청으로 간 사신을 통해 1845년 위원의 《해국도지》가 전해졌다. 《해국도지》는 영의정 조인영의 집에 보관되어 있었다. 그는 당시의 세도가였던 풍양 조씨의 영수로서, 1839년 천주교도를 대대적으로 탄압한 기해박해 뒤 사교를 물리쳐야 한다는 왕의 조서를 내리도록 했고, 그 뒤 출세가도를 달린 사람이다. 그러나 조인영이 이 책을 읽고 무슨 생각을 했는지는 알려져 있지 않다. 그리고 한때 병조참판을 지낸 추사 김정희도 《해국도지》를 읽었다. 그는 《해국도지》는 필수의 책이며, 서양 군함이 우리 경계를 넘어와 공격하는 것을 가만히 볼 수 없으니, 위정자들이 《해국도지》에서 주장한 바를 채택하고 실시해야 한다고 말했다. 그러나 그는 서양의 배가 중국의 남북에 출몰하는 것은 심각하게 우려할 필요가 없으며, 중국의 사태는 우리에게 누를 끼치지 않을 것이라고 평가했다. 그 이유는 서양세력이 우리를 침공할 생각이 있었다면 왜 지금까지 가만히 있었겠느냐는 것이다. 이러한 분석에 따라, 그는 우리 정부가 취해야 할 정책은 '민심의 소동'을 막는 것이라고 주장했다.[68]

중국과 조선의 대수롭지 않은 반응에 비해, 나가사키의 상관을 통해 책과 소문으로 전해진 아편전쟁의 소식은 일본에게 청천벽력과도 같았다. 사면이 바다인 일본에게 대륙이 아닌 바다에서 오는 서양세력은 이전과는 전혀 다른 적이었다. 대륙으로는 '코리아'라는 방파제가 있었지만 해양에는 아무것도 없었다. 따라서 영·중의 아편전쟁을 계기로 일본에서는 자국의 안보 문제뿐만 아니라, 세계 인식의 대전환이 나타났다. 이것을 계기로 막부는 1842년, '두 번 생각할 것 없이 외국선박을 물리치라'는 전래의 〈무이념이국선타불령〉을 폐지했다.

아편전쟁에 대한 정보 및 소문, 그리고 위원의 《해국도지》는 일본의 지도층뿐만 아니라, 무사와 일반 백성에 이르기까지 광범위하게 영향을 미쳤다. 《해국도지》는 끊임없이 번역되고 해석되어 일본사회에 널리 퍼졌고, 어떻게 바다를 방어할 것인지 온갖 대책이 쏟아졌다. 천황을 받들고 유신을 단행해야 한다는 주장의 선구자가 된 사쿠마 쇼잔(佐久間象山)은, 위원과 자신의 처지를 비교하며 '동지'라고 말하고,《해국도지》를 극찬하며 대책을 세워야 한다고 주장했다. 사쿠마의 제자로 메이지유신세력의 스승이 되는 요시다 쇼인(吉田松陰)은 서양을 알아야 한다는 사쿠마의 뜻에 따라 밀항을 시도하다가 체포된 적도 있었다. 그는 쇄국정책으로는 나라를 지킬 수 없다고 보고 존왕양이와 유신개혁을 주장했다. 이처럼 쇄국으로 세계정세를 제대로 알지 못했던 당시의 일본인에게 '아편전쟁'은 하늘이 내려준 반면교사의 '거울'이었고,《해국도지》는 하늘이 내려준 '보배로운 책(寶書)'이었다.[69]

1844년 네덜란드의 국왕 빌렘 2세는 일본의 장군에게 국서를 보내 개국을 권고했다. 그 내용은 중국이 아편전쟁에 패해 결국 통상 요구에 응했다는 것과 영국이 상업뿐만 아니라 기기(機器)·제도도 발달해, 쇄국을 계속하면 중국과 똑같은 경험을 맛볼 것이라는 충고의 글이었다.[70] 막부는 이 권고를 물리치고 쇄국을 계속했다. 그러나 1853년 미국의 페리가 군함을 이끌고 나타나 개국을 요구하자, 상황은 완전히 달라졌다. 일본의 여론이 들끓었고 절대적인 다수가 쇄국을 주장했지만, 막부는 아편전쟁을 지켜본 이상 서양과의 전쟁을 피해야 했다. 결국 1854년 3월, 〈미일화친조약〉이 체결되었다. 이에 따라 중국과 서양세력이 1842년에 맺은 난징조약처럼, 기항지로서의 역할과 최혜국 대우, 항구 개방 등의 조치가 취해졌다. 일본은 미국에 이어 영국·러시아·네덜란드와도 조약을 맺었다.

도쿠가와 막부가 서양의 군사적 위협과 압력에 굴복해 나라의 문호를 부분적으로 개방하자, 이를 비난하고 공격하는 양이론(攘夷論)이 전국에서 거세게 일어났다. 특히 큰 영향력을 가진 웅번(雄藩)이 그 중심이었다. 이 과정에서 막부는, 중국에서 1856년 애로호 사건이 일어나 전쟁이 발발했고, 영불연합군이 중국에서 전쟁을 끝내면 바로 일본 원정에 오를 것이라는 소식을 들었다. 이에 막부는 1858년 천황과 상의 없이 독자적으로 4년 전보다 한발 더 나아간 〈미일수호통상조약〉을 맺었다. 미국과의 통상 허용, 4개항 개방, 미국에 대해 영사 상주권과 영사 재판권 부여, 일본거주 미국인의 신앙의 자유 인정 등이 그 내용이었다. 이러한 조약은 곧이어 다른 서양국가와도 맺어졌다.

1860년 동아시아 세계에 또 한번 대충격이 발생했다. '중화체제'의 수도 베이징을 '서양 오랑캐'가 함락한 것이다. 아편전쟁 이후 〈난징조약〉을 비롯한 불평등조약으로 협정관세제도, 영사 재판권 등이 인정되었으나, 이들에 대한 중국과 서양의 입장 차이는 계속적으로 의견대립과 분쟁을 낳았다. 그런데 1856년 애로호에서 중국 관헌이 영국기를 끌어내리는 사건이 발생했다. 중국에 무력을 행사하기로 결심하고 있던 영국의 파머스턴 수상과 휘그당 내각은 이를 영국에 대한 모욕이라고 주장하고, 중국을 침공키로 결정했다. 프랑스 정부도 중국 윈난성(雲南省)에서 프랑스 선교사가 살해된 것을 이유로 영국과 공동 침공을 결정했다. 영국군이 주력이 된 5천7백 명의 영불연합군은 1858년 광둥(廣東)을 점령했고, 군대를 이끌고 톈진(天津)으로 진격해 6월에 중국과 〈톈진조약〉을 맺었다.

〈톈진조약〉은 조인 뒤 1년 이내에 베이징에서 비준서를 교환하게 되어 있었다. 그러나 중국은 수도에서 조약을 비준하는 것을 꺼렸고, 영국과 프랑스는 베이징을 고집했다. 의지의 대립이 해소되지 않으면 무력으로 승부를 내야 한다. 따라서 영국과 프랑스는 1860년 10월 초, 총 2만 명의 대군을 이끌고, 황제가 만주로 도망 간 베이징을 점령해 약탈하고 방화했다. 그 결과 중국은 〈톈진조약〉 을 전면적으로 이행하고, 주룽반도(九龍半島)를 영국에 할양했다. 그리 고 중국과 러시아 간에는 1858년의 〈아이훈조약〉을 추인해 우수리 강 이동(以東)의 연해주를 러시아에 정식 할양했다.

서양세력에 의한 중국의 수도 함락이라는 충격적 사건이 일어 나자 중국과 조선, 그리고 일본은 각각 다른 반응을 보였다.

우선 중국의 반응부터 살펴보자. 1861년 8월, 청의 황제 함풍 제가 도망간 만주의 이궁에서 죽자 새 황제가 즉위했다. 10월 새 황 제가 베이징으로 돌아오자, 황제의 어머니인 서태후가 공친왕 일파 와 손을 잡고 쿠데타를 일으켜 보수파를 제거하고 정권을 잡았다. 그리고 연호를 동치(同治)로 정하고, 군기처에 '총리각국사무아문(총 리아문)'이라는 기구를 신설했다. 여기서 서양의 조약체결국과 외교 통상관계는 물론, 자강을 위한 서양 과학기술의 도입에 관한 모든 사무를 총괄했다. 이른바 중국과 서양의 협조체제가 이루어졌고, 이 힘으로 광범위하게 퍼지고 있던 태평천국의 난을 진압했다. 이를 계기로 중국은 서양문물을 학습하고 군사력을 강화해 '동치중흥' 이라는 말이 나올 정도였다.

일본에서도 서양과 막부의 조약체결 이후, 이를 반대하는 운동 이 광범위하게 일어났다. 그러나 당시 총리격이었던 이이 나오스케 (井伊直弼)는 1858년 이후 천황을 받들고 서양을 배척한다는 존왕양 이파를 대대적으로 탄압했다. 이에 대해 존왕양이파의 무사들이 이

이 나오스케를 암살했고, 존양운동(尊攘運動)이 격화되었다. 막부는 천황세력(公)과 막부, 그리고 여러 번(武)을 융합하는 '공무합체운동(公武合體運動)'으로 이에 대응했다. 한편 일본은 1854년 미국에 대한 개항 이후 꾸준히 서양의 문명과 무력에 대한 각종 지식을 익혔으며, 서양식의 제철, 총포 제작, 기계제작소, 해군훈련소, 선원 양성, 조선소, 외국어학교 등을 설립했다. 또한 서양을 알고 배우기 위해 1863년 조슈 번에서는 이노우에 가오루(井上馨), 이토 히로부미(伊藤博文) 등 이후 메이지정부에서 최고지도자가 되는 인사들을 영국으로 유학 보냈다. 1865년에 사쓰마 번에서도 막부의 금령을 어기고 15명의 유학생과 3명의 시찰단을 유럽에 파견했고, 다른 번들에서도 유학생들이 줄을 이었다. 결국 1866년에 막부는 해외도항금지령을 해제한다.

1864년 조슈 번의 보수파가 '양이'를 목적으로 영국·프랑스·미국·네덜란드 등 4국 함대와 전쟁을 벌여 패배했다. 보수파는 패전의 책임을 존왕양이파에 돌려 존양파 인사를 탄압했다. 이에 존양파 지도자 다카스기 신사쿠(高杉晋作)는 영국 유학에서 돌아온 이노우에 및 이토와 함께 거병했다. 이들은 2개월 만에 조슈 번의 권력을 장악하고 개명정책(開化文明)으로 선회했다. 또한 사쓰마 번에서도 영국과의 전쟁에서 패배한 뒤 개명정책으로 선회했고, 양이파였던 사이고 다카모리(西鄕隆盛), 오쿠보 도시미치(大久保利通)가 권력을 잡았다. 이들 모두 일본이 서양에 맞서 이길 수 없다는 것을 잘 알고 있었다. 토사(土佐) 출신의 사카모토 료마(坂本龍馬), 나카오카 신타로(中岡愼太郎)는 견원지간(犬猿之間)처럼 상호 대립적이었던 사쓰마와 조슈 양 세력을 통합시켰다. 일본의 운명을 바꾸는 통합의 정치력이 발휘된 것이다.

1865년 영국은 파크스(H. Parkes) 공사를 부임시켜 종전의 막부 지지노선을 바꾸었다. 영국은 새로 대두한 사쓰마·조슈 양 번의 개명파세력과 천황을 지지했다. 막부에게는 통상의 성의가 없고, 양이파를 통제할 힘도 없다고 보았기 때문이다. 영국공사의 통역관이었던 새토우(E. Satow)는 막부 말기의 지사들에게 큰 영향을 준 〈영국책략〉이라는 글에서 "장군을 없애도 국가는 전복되지 않는다"라고 주장했다. 1866년 프랑스의 지원을 받은 막부가 제2차 조슈 정벌에 나섰다. 그러나 조슈 번은 영국의 지지와 조슈·사쓰마 번의 연맹밀약, 그리고 높은 사기와 새로 구입한 무기로 무장한 군대로 막부군을 격파했다.

1868년 1월 3일, 토막파는 1만 명의 병력으로 천황 궁전의 대신들과 짜고 왕정복고의 쿠데타를 일으켰다. 이날 사쓰마·조슈 번의 토막군(討幕軍)과 막부연합군은 대결전을 벌였고, 막부연합군은 3배나 병력이 많았지만 패배했다. 백성들이 토막군을 압도적으로 지지했기 때문이다. 영국 파크스 공사의 지원을 받은 이타가키 다이스케(板垣退助)가 이끄는 신정부 육군은 막부세력을 소탕했고, 구로다 기요타카(黑田清隆)의 신정부 해군은 막부 해군을 5월에 항복시켰다.[71]

1854년 일본의 개국 이후 '존왕양이론'과 '문명개화론'은 근본적으로 대립되는 흐름이었다. 그러나 메이지유신을 계기로 이들은 서로 절충하고 결합하기 시작한다. 존왕양이파가 서양의 힘을 인식

225

하면서 맹목적인 양이를 지양했다면, 문명개화파는 메이지유신을 통해 국내의 발전 가능성을 보고 맹목적인 서양식의 문명개화론에서 벗어났다.

그러나 이렇게 양파가 절충하고 통합하여 형성한 '일본형 화이체제'의 근대적 변형, 또는 '일본식 문명개화론'은 중국문명에 대한 태도가 그러했던 것처럼, 보편성의 추구보다는 일본 특수성의 추구로 귀결되어버린다. 즉 산업혁명과 민주주의혁명에 의한 근대세계의 '새로운 질'이 새로운 문명의 근원이 되는 것이 아니라, 만세에 걸쳐 하나의 계통으로 내려온 '천황'이 문명의 근원이 된다. 곧 '일본적 동양문명'이 이후 내외적으로 확대·강화되면서, 결국 태평양전쟁을 통해 '서양문명' 및 '기타의 동양문명'과 충돌을 일으키게 된다.

이상에서 살펴본 것처럼 19세기 새로운 문명과 무력을 내세우며 전 세계로 지배의 영역을 확장하려 한 서양에 대해, 그 대상이 되었던 아시아 등의 구대륙에 있던 국가들은 다섯 가지의 대응양태를 나타냈다. 이것을 그림으로 나타내면 다음의 그림과 같다.[72]

다섯 가지 대응의 첫째는 근대화와 서구화를 모두 부정하는 '쇄국'이다. 이는 A이다. 서양세력과 처음 대결했을 때, 대부분의 나라들이 쇄국노선을 택한다. 일본에서는 도쿠가와 막부 이후 나가사키의 무역항구 하나만 두고 나머지는 모두 닫았다. 개국 이후의 존왕양이운동은 기본적으로 이 쇄국노선의 연장이다. 코리아의 경우 줄곧 쇄국정책을 폈다. 그리고 대원군은 집권한 지 2년이 지난 뒤 쇄국정책을 극단적으로 강화했다. 전국 각지에 척왜양이의 척화비를 세우고, 서양세력에 대한 군사적 대응에 주력했다. 그러나 이 "쇄국

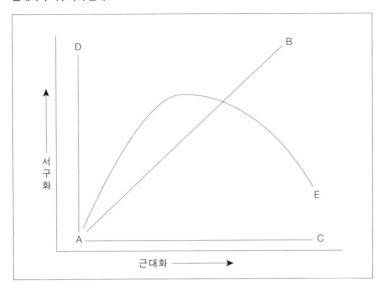

노선은 하루가 다르게 조여드는 근세세계에서 사회를 고립시키는 가망 없는 시도이다."[73]

둘째는 근대화만 추구하고 서구화는 추구하지 않는 것이다. 이는 C다. 이것은 조선의 동도서기론(東道西器論), 중국의 중체서용론(中體西用論), 일본의 화혼양재론(和魂洋才論)으로 나타났는데, '개량주의'라고 할 수 있다. 1842년《해국도지》를 지은 위원이 그 시조이다. 그리고 1861년 중국 공친왕이 정권을 잡고 추진한 동치중흥과 존왕양이파가 막부타도파로 발전해 성취한 1868년 일본의 메이지유신도 기본적으로는 이러한 개량주의의 일종이었다.

조선은 1880년 외교통상과 자강책을 추진할 '통리기무아문'을 설치했고, 1882년 8월에는 고종이 다음과 같은 내용의 교서로써 김윤식의 동도서기정책을 공식화했다. "서양의 교(敎)는 사특하니 마땅히 멀리하고, 저들의 기(器)는 이로우니 진실로 이용후생할 수 있다면 무엇을 꺼려서 피하겠는가. 그 교는 배척하되 그 기는 본받는 것이 진실로 병행하여 거스르지 않는 것이다. 하물며 강약의 형세가 이미 현격한 차이가 벌어졌는데, 만일 저들의 기를 본받지 않는다면 어떻게 저들의 모욕을 받고 저들의 엿보는 것을 막을 수 있겠는가."[74]

셋째는 근대화와 서구화를 모두 추진하는 것이다. 이는 B다. 이것은 근대화가 성공하기 위해서는 사회가 완전히 서구화되어야 한다는 가정에서 나온다. 근대화와 서구화는 동반자관계에 있기에 토착문화는 포기 또는 제거되어야 한다. 19세기 말 가토 히로유키(加藤弘之)를 비롯한 일본과 중국의 일부 지식인들은 자신이 쓰던 말을 버리고 영어를 국어로 사용해야 한다고 주장했다. 메이지정부의 핵심인 이노우에 가오루는 "일본제국 및 인민을 변화시켜 서양 국가와 같이, 서양 인민과 같이 만든다"라고 주장했다. 이는 근대화가 곧 서양화라는 의식을 표현한 것이다.[75]

조선에서 김윤식은 김옥균 등의 개화파를 비판하면서 "개화파들은 서양을 매우 높이는 반면, 요순(堯舜)과 공맹(孔孟)을 박대하고 깎아내렸다. 인륜의 도를 야만이라고 하고, 서양의 도로써 우리의 도를 바꾸어 나가고자 하는 것을 걸핏하면 개화라고 하였다"라고 말하고 있다.[76] 터키의 경우, 케말 파샤가 오스만제국의 폐허로부터 새로운 터키를 건설하기 위해 근대화와 서구화를 위하여 매진했다.

넷째는 근대화 없이 서구화만 이루어지는 경우이다. 이는 D에 해당한다. 이집트와 아프리카가 기술적 근대화 없이 문화적으로 서구

화되었다는 주장도 있다.[77]

다섯째는 처음에는 근대화와 서구화를 동시에 추진하다가 시간이 지날수록 서구화는 약해지고 근대화만 추진하는 것이다. 이는 E이다. 근대화는 변화의 초기단계에서 서구화를 촉진하나, 변화의 후기단계에서는 오히려 탈서구화를 자극하여 고유문화의 부활 현상이 나타난다. 즉 근대화는 한 사회의 경제력·군사력·정치력을 전체적으로 끌어올려, 사회 성원들이 자신의 문화에 자신감을 갖고, 그 문화를 적극적으로 내세우도록 북돋운다는 것이다.[78]

이러한 상황은 근대의 일본뿐만 아니라, 전근대의 일본에서도 마찬가지로 나타났다. 전근대에도 일본은 중화문명을 섭취해 이른바 '근대화'와 '중국화'를 동시에 추구하다가 나중에는 일본의 정체성을 추구한다. 대표적인 것이 앞에서 언급한 야마가 소코와 모토오리 노리나가 등의 국학파이다. 일본의 근대화가 성과를 거두는 과정에서 그때까지 서양 중심의 문명관을 갖고 있었던 후쿠자와(福澤諭吉)는 2백여 년 전 중국 중심의 문명관을 갖고 있었던 야마가가 겪은 것과 거의 유사한 인간적·사상적 변혁을 겪는다.

야마가는 중국 중심의 사상에 매몰된 자신을 비판하고 일본 중심의 화이관을 획득한 바 있다. 이와 마찬가지로 후쿠자와도 "한 몸으로 두 번 살고, 한 사람으로써 두 인생을 살며, 오늘의 나는 옛날의 내가 아니다"라고 하면서 서양문명에 심취한 과거의 자신을 철저히 비판한다. 후쿠자와는 1874년, "지금의 나와 옛날의 나를 비교하여 지난날의 실책을 생각하면 혼신에 땀이 흐르는 것을 주체할 수 없다. (···) 세상 사람들이 가장 부끄러워하는 것은 뜻을 바꾸는 것인데, 나는 바로 그 뜻을 바꾸었다"[79]라고 한다. 이에 후쿠자와는 일본의 독립과 자체의 문명론을 새롭게 창조하려는 결의로《문명론의 개략(文明論之槪略)》을 썼다.

일본의 경우 메이지 초기에는 근대화만을 추구했지만, 더 급속한 발전을 위해 서구화와 근대화를 동시에 추진한다. 그리고 근대화가 궤도에 오르고 청일·러일 전쟁에서 승리하자 다시 일본적 요소를 강화한다. 이는 결국 천황의 신격화, '일본형 화이체제적' 제국주의, 대동아공영권 등으로 전개되어 미국과의 전쟁을 통해 패망하게 된다.

중국의 경우 초기에는 중화체제에 안주하고 있다가 동치중흥이라는 근대화를 추구한다. 그러나 이것이 결국 청일전쟁의 패배로 실패하자, 더 근본적인 변화를 위해 근대화와 서구화를 동시에 추구한다. 이렇게 해서 중화민국을 탄생시켰다. 그러나 중국은 1949년 이후 소련을 모델로 서구화가 아닌 공산화(소련화)라는 더 근본적이고 급속한 근대화 방식을 추구한다.

공산중국은 공자를 비판하는 비림비공(批林批孔)을 내걸고 문화대혁명을 전개했다. 그러나 대약진운동과 문화대혁명으로 대표되는, 모든 전통과 체제를 부정하는 급속한 근대화·공산화는 실패했다. 이에 따라 덩샤오핑(鄧小平)은 흑묘백묘론(黑猫白猫論)을 내걸고 실용적 근대화를 전개했다. 하지만 중국은 급속한 근대화에 성공하자, 21세기에 들어 다시 공자와 맹자를 중시하고, 중화민족주의를 강조하는 방향으로 전환하고 있다. 2004년 9월 28일, 중국 정부는 산둥성 취푸(曲阜)현에서 공자탄생 2555주년을 맞아 공산중국 건국 이래 처음으로 공식 제사를 지냈다.

코리아의 경우 철저한 쇄국으로 출발해 동도서기라는 개량주의 노선을 추진했다. 조선은 중국과 일본에 비해 20여 년 늦게 근대화를 추진했고, 이 과정에서 '갑신정변'이 발생했다. 서구화와 근대화를 동시에 급속히 추진하려 한 갑신정변이 실패하자, 근대화와 서구화의 동력은 급격히 약화되었다. 결국 일제에 의해 전면적 '일본화'와 부분적 '근대화'가 강제된다. 따라서 오늘날의 식민지 근대화 논쟁은 '근대화'라는 하나의 잣대가 아니라, '일본화'라는 또 하나의 잣대를 사용해야 제대로 평가할 수 있다.

대원군,
비전과 전략부재의 비극

    1863년 철종이 사망했을 때, 코리아는 큰 위기에 직면해 있었다. 신라 말, 고려 말의 상황을 뛰어넘는 위기의식이 나라 전체를 뒤덮고 있었다.

    우선, 밖으로는 세계의 중심 역할을 하던 중국에서 수도 베이징이 서양 '오랑캐'에 의해 함락되었을 뿐 아니라, 태평천국의 난 등 각종 반란이 일어났다. 이웃 일본에서도 서양의 무력에 굴복한 개항이 이루어짐으로써 양이운동이 계속되고 있었다. 외세의 침략과 왕조체제의 위기감이 고조되었다.

    둘째, 안으로는 1862년 진주·단성 등지에서 조선건국 이후 최대 규모의 농민봉기가 일어났다. 한 해 동안 도합 37회에 걸쳐 수백, 수만의 백성들이 가담했다. 이들은 세정의 문란과 부정부패, 그리고 관리의 학정에 격렬하게 저항했다. 조선은 혈연에 기초한 권력의 사유화와 독점, 권력의 횡포와 부패가 극에 달했다. 지배층이었던 양반도 부정부패의 고리를 강화했다. 기존의 방식으로는 더 이상 지배체제가 유지될 수 없었다.

셋째, 기존의 지배세력들은 백성들의 신임을 완전히 잃은 상태였다. 1800년 정조 사후에 외척 중심의 세도정치가 계속되었다. 왕권의 권위는 실추했고, 안동 김씨, 풍양 조씨를 비롯한 세도가들은 더 이상 스스로 정권을 지탱할 수 없었다. 이들이 60년에 걸쳐 국가권력을 온통 사유화하고 있었기 때문에, 세도정치를 대체할 마땅한 권력구조도 없었다. 이를 대체할 실학파나, 중인세력, 민중세력들도 성장해 있지 않았다.

마지막으로 교조적인 성리학과 복고적인 조선중화주의가 지배계급에게 확고히 자리 잡고 있었지만, 전통세력들이 보기에 유교문명의 근본을 뒤흔드는 '사악한 종교'가 나날이 확산되고 있었다. 천주교는 1801년 신유사옥 이래 온갖 박해에도 불구하고 세력을 확대해갔다. 대원군이 집권할 무렵에는 서양 신부를 중심으로 2만 3천여 명의 신도를 확보하고 있었다. 그뿐 아니라 1860년에는 최제우가 동학을 창도해 민중 속으로 그 영향력을 확장하고 있었다. 이 또한 기존의 지배질서를 위협하는 것이었다.

이러한 역사적 대위기의 순간에 대원군 이하응이 등장한다. 그는 1861년에 황제의 어머니로서 집권한 청조의 서태후처럼 왕의 아버지로서 집권했다. 그에게는 조선이 직면했던 대위기를 극복할 수 있는 여러 가지 장점이 있었다.

첫째, 대원군은 왕족이었고, 당시의 지배세력과도 관계를 맺고 있었다. 그러나 지배세력의 비리와 문제점 또한 잘 파악하고 있었다. 둘째, 왕족이지만 평민의 생활을 잘 알고 있었고, 민심을 누구보다도 잘 파악했다. 시정잡배와 어울리며 자유분방하게 살면서 부정부패로 시달리는 민중의 고통을 잘 알고 있었다. 셋째, 그는 실학파와 천주교와도 관계가 있었다. 추사 김정희에게서 글과 그림을 배웠고, 실학파의 막내이자 개화파의 선구자인 박규수 등과도 친하게 지냈다. 또한 그의 부인 민 씨와 딸, 그리고 고종의 유모 박 씨 등 가족이 천주교인이었으며, 천주교도였던 남인 홍봉주, 북인 남종삼과 친해 서학도 알고 있었다. 넷째, 풍수지리·도참사상 등 전래의 각종 민간사상에 대해서도 일가견이 있었고, 오위도총부 도총관을 지내는 등 군사 문제에도 경험이 있었다.[80]

대원군은 세 번이나 집권했다. 첫 번째는 1864년에서 1873년까지의 10년간이고, 두 번째는 1882년 임오군란 직후 한 달간, 세 번째는 1894년 청일전쟁에서 중국이 패한 뒤 4개월간이다. 첫 번째 시기에는 기존의 정치세력들이 대원군을 인정했고, 임오군란 직후에는 반란을 일으킨 구식군인들이 그를 받들었다. 그리고 2년 뒤의 갑신정변에서는 개화파인사들이 대원군의 환국을 중국에 요구했다. 1894년의 동학농민전쟁 시 동학군은 대원군과 연합을 모색했고, 일본과 갑오개혁 추진세력도 대원군을 활용하려 했다. 대원군은 1860년에서 1900년까지 40년간의 그 혼란했던 정치외교 상황에서 두루 통용될 수 있는 인물이었다.

대원군은 역사상 최대의 위기를 맞은 19세기 중반 코리아에서 국난을 타개할 '영웅적' 면모를 갖추고 있었다. 미국인 헐버트(H.B. Hulbert)는 1905년에 출판한 그의 책 《코리아의 역사》에서 대원군을 "위압적 인품과 불굴의 의지를 가진 인물로서 대체로 근세 한국사상 가장 인상 깊은 기인(奇人)이었다"라고 평했다.[81] 상하이 임시정부의 2대 대통령이었던 박은식 또한 대원군이 '정치상 대혁명가'이고, '그 지위가 충분하고 그 힘이 충분한 사람'이었다고 평했다. 그리고 역사소설《운현궁의 봄》을 지은 김동인은 대원군을 '조선 근대의 괴걸'이고, '유사 이래 어떤 제왕이든 감히 잡아보지 못했던 절대적 권리를 손에 잡은 인물'이라고 말했다.

그렇다면 영웅적 인물이 될 수 있었던 대원군이 왜 파멸적 시대의 선구자가 되었는가? 어떤 점에서 성과가 있었고, 무엇이 문제가 되었는가? 무엇이 그를 결국은 망국의 길을 예비한 사람으로 만들었는가?

대원군은 우선 당시 집권세력의 위기관리자, 지배세력의 대표로서 출발했다. 그는 집권하자 백성들이 비난하는 핵심 인물들을 정권에서 축출했고, 그 대신 안동 김씨, 풍양 조씨를 포함한 기존의 노론계 집권세력과 그동안 국가권력에서 소외된 남인·북인·소론계 인사와 이씨 왕족, 그리고 집권하기 전에 그를 따랐던 심복들을 고루 등용했다. 또한 부패하고 무능한 중앙관료를 엄벌하고, 출신 지역과 출신 배경에 관계없이 능력 위주로 인재를 등용하기 위해 몇 가지 조치를 취했다.

그러나 대원군이 이 모든 사람들을 하나로 묶어줄 통일적이고 진취적인 이념을 제시했던 것은 아니다. 다양한 사람들을 결집시키고 나아가 새로 충원시키는 핵심으로서의 이념과 비전이 없었다. 집권 초기에는 왕실의 위엄을 다시 세우는 것, 다시 말해 왕조지배체제를 재확립하는 것이 그의 꿈이었다. 이 점에서 대원군은 궁궐 건축에 몰두한 250년 전의 광해군과 아주 유사했다.

왕조지배체제 확립을 위한 가장 큰 사업은 집권 1년 뒤 국정의 제1과제로 추진된 경복궁의 복원이다. 복원비용을 충당하기 위해 왕실과 종친이 자발적으로 헌금하게 했고, 그의 심복들은 원납전을 강제로 모금했다. 그리고 지세를 신설하고 통행세를 징수했으며, 당백전이라는 악화를 발행해 인플레이션을 일으켰다. 경복궁의 중건뿐만 아니라 종묘·의정부·육조·도성 등도 재정비했다.

제2의 과제는 진주민란 등 왕조체제를 근본적으로 흔드는 민란의 원인을 제거하는 것이다. 이를 위해 관리들의 부정부패를 엄단하고, 토지와 각종 탈세·면세를 조사해 재정수입을 확대했다. 또한 삼정문란의 핵심인 환곡제를 사창제로 바꾸고, 군포를 호포로 개혁해 계급을 불문하고 과세를 균등하게 했다. 이러한 개혁조치로 어느 정도 민생고를 해결하고 재정도 확충했다.

제3의 과제는 중앙정부의 권위를 잠식하며 평민을 침탈하는 양반세력을 억제하고, 중앙정부의 세입을 증대시키기 위해 서원에 철퇴를 가하는 것이었다. 1864년 전국의 서원과 향사를 조사하고 범법행위를 처분했다. 그 이듬해엔 서원의 대표격인 청주의 화양동 서원과 만동묘를 철폐했다. 그리고 1871년에는 650여 개의 서원 중 47개만 잔존케 했다. 그러나 이것은 조선의 지배계급인 유생들의 대대적인 반발을 불러일으킨다.

제4의 과제로 외침을 막고 정권의 기반을 강화하기 위해 군사력을 강화했다. 대원군은 삼군부를 통해 국방과 변경 업무 일체를 처리케 했다. 군인의 지위를 개선했으며, 군제개편을 단행했다. 그리고 《해국도지》 등을 참고해 각종 무기를 제조하고, 방어시설도 확충했으며, 오가작통제를 통해 민병제도를 실시했다. 또한 기마(騎馬)를 장려하고, 의관·복식 등을 간소하고 편리하게 개선했다.

왕조지배체제의 강화를 위한 대원군의 개혁은 어느 정도 성과가 있었지만 시간이 흐름에 따라 광범위한 저항을 일으킨다. 우선 왕실의 위엄을 살리기 위한 경복궁의 중건은 심각한 문제를 발생시켰다. 각종 토목사업으로 세금 부담이 증가하고 경제질서가 혼란해짐에 따라 백성들의 원성이 높아졌다. 또한 대원군이 등장시킨 전주 이씨들과 그의 심복들의 비리 또한 만만치가 않았고, 대원군 스스로도 뇌물과 정실인사를 통한 부정부패에서 자유롭지 못했다. 나아가 대원군의 친위세력이 강화되자, 안동 김씨, 풍양 조씨 등 연합정권의 수구세력들이 불만을 나타내기 시작했다. 특히 1865년 청주의 화양동 서원과 만동묘의 철폐로 유생을 비롯한 전통적인 지배세력의 불만은 급격히 고조되었다. 조선의 광범위한 주류세력들은 대원군이 과연 조선의 국시이자 지배 이데올로기인 중화문명과 유교문화의 수호자인지 그 '정체성'을 의심하기 시작했다. 집권 2년 만에 대원군 정권에 위기가 닥친 것이다. 60년간 권력을 장악해온 전통적 세도가, 수구세력들은 이 '정체성 논쟁'을 통해 대원군을 제압할 생각을 하게 된다. 이때 등장하는 것이 바로 서학, 천주교이다.

1865년까지 대원군은 천주교에 대해 비교적 관대한 입장이었다. 서양세력이 베이징을 함락시킬 정도로 힘이 강하다는 것을 알고 있었기 때문이다. 또한 자신의 부인과 딸 등 가족 중에도 천주교 신자가 있었다. 나아가 두만강을 경계로 마주하게 된 러시아를 견제하기 위해 프랑스와 협조할 생각까지 했다. 1865년 한때는 러시아의 남하를 막기 위해 프랑스의 힘을 빌려야 한다는 천주교인 남종삼의 건의를 듣고, 그를 통해 프랑스 신부인 베르뇌를 만날 계획까지 세우고 있었다. 그래서 비록 1864년에 동학의 교주 최제우를 처형하기는 했지만, 역대 정권에 의해 수많은 박해를 받아온 천주교에 대해서는 박해를 가하지 않았다.

그러나 이 당시 조선의 완고한 지배층에게 천주교는 오늘날의 남북한에게 '미제'나 '친북세력'만큼 '절대악'이었다. 천주교가 침투하고, 그것을 믿는 서양세력과 수교하면 사람들은 짐승이 되고, 유교의 예법으로 유지되는 왕조의 질서도 무너진다고 믿었다. 유교성리학은 올바른 정교(正敎)이지만 천주교는 악독한 사교(邪敎)였다. 특히 천주교도는 조상과 제사를 모르는 짐승일 뿐 아니라, 황사영 백서 사건 이후 서양세력과 내통해 나라를 팔아먹을 자들로 인식되어 있었다. 대표적인 위정척사론자 이항로(1792~1868)는 서양선교사들이 천주교를 전파하는 목적이 "그들의 동조자를 심어놓고 내외로 호응하면서 우리의 허실을 정탐하고, 군대를 이끌고 쳐들어와 우리의 문명과 문물을 더럽히고 재물과 부녀자를 약탈하기 위한 것"이라고 단정했다.

조선 후기에 천주교는 권력투쟁의 핵심 요소였다. 정조가 죽은 직후인 1801년의 신유사옥은 천주교를 빌미로 한 대표적인 권력투쟁의 산물이다. 영조의 계비였던 정순왕후 김씨와 권력에서 배제되어 있던 수구세력 벽파는, 당시의 집권세력이었던 개혁세력 시파를 몰아내기 위해 천주교를 빌미로 삼았다. 천주교도와 연관성이 있다는 이유로, 코리아의 새로운 운명 개척에 앞장섰던 시파의 권철신·이승훈·이가환 등을 처형하고, 정약용 등을 유배 보냈다. 신진개혁 세력은 정치권에서 전멸되었다. 그리고 '역적들의 사교를 토벌하는 글(討逆敎文)'을 발표해 천주교도를 대대적으로 탄압했다. 이때 황사영은 베이징주재 프랑스 주교에게 군대를 이끌고 와 구원해달라는 1만 3천311자의 글을 비단에 썼고, 전달 과정에서 발각되었다. 서인·노론 계열의 정순대비파는 조선에서 가장 휘발성이 높았던 천주교를 빌미로 정권을 장악했고, 이를 통해 안동 김씨가 60년에 걸친 세도정치를 시작한다.

역사는 비극적으로 반복된다. 이번에는 안동 김씨가 그 대상이 된다. 1839년 안동 김씨는, 1801년에 바로 자신들이 '시파'에게 했던 방식의 희생자가 된다. 집권세력이었던 순원왕후의 안동 김씨는 이 당시 천주교도에 대해 관대한 정책을 쓰고 있었는데, 풍양 조씨 일파가 안동 김씨 일파를 쫓아내는 하나의 방법으로 천주교를 모질게 박해한다. '천주교를 물리치라'는 '척사윤음'이 전국에 공표되고 서양인 신부를 포함해 수백 명의 사람들이 목숨을 잃었다. 대원군과 연합했던 안동 김씨나 풍양 조씨 등 노론 계열은 이러한 역사적 선례를 누구보다도 잘 알고 있는 세력들이었다.

1865년은 조선에서 권력투쟁의 시기였다. 안동 김씨가 장악하고 있던 핵심적 권력기관인 비변사가 폐지되고, 대신 삼군부가 설치됨으로써 대원군의 세력이 강화되었다. 대원군에 의해 안동 김씨, 풍양 조씨들이 점차 권력의 핵심에서 밀려나고 있었다. 신정왕후 조대비는 고종을 혼인시켜 친정케 함으로써 대원군을 제어하려 했다.[82]

반면에 안동 김씨와 수구세력들은 천주교도를 타격함으로써 대원군을 제어하려 했다. 이런 상황에서 대원군과 가까웠던 남종삼 등의 천주교도들은 경솔하게도 러시아를 견제하기 위해 프랑스의 힘을 빌리고, 천주교를 공인해야 한다고 떠벌리고 있었다. "대원군이 서양신부를 만난다", "운현궁에도 천주쟁이가 출입한다", "대원군의 가족에도 천주쟁이가 있다"라는 소문이 급속히 확산되었다. 이것은 대원군에게 치명타가 될 수 있었다. 종주국 청나라가 천주교를 박해하기 시작했다는 소문도 들리고, 권력의 핵심에 있던 안동 김씨를 비롯한 수구세력들의 동향도 심상치 않았다.

대원군은 조대비로부터, 안동 김씨로부터, 서원철폐를 반대하는 수구세력으로부터, 그리고 토목공사로 고통 받는 백성들로부터 고립되고 퇴출될 위기에 처했다. 정세 변화에 누구보다 민감했던 마키아벨리스트 대원군은 곧 이러한 움직임을 알아차렸다. 그래서 정치생명을 걸고 천주교에 대해 선수를 쳤다. 수구세력을 대신해 대원군이 천주교를 대대적으로 박해하는 것이다. 수구세력에 의한 정체성 논쟁, 정치투쟁의 근거를 제거하고, 오히려 이를 권력 강화의 기회로 삼는 것이다. 1866년 1월 21일, 천주교서적 소각과 대대적인 천주교인 체포령이 내려졌다. 2월부터는 프랑스 신부 9명을 비롯해 수천 명의 천주교도가 처형당했다. 대원군은 코리아의 운명을 위해 건드리지 않아야 할 뇌관을 터뜨린 것이다. 거대한 악순환이 시작된다.

1866년 7월, 평양에 올라온 제너럴셔먼호가 행패를 부리다가 평양의 군과 민에 의해 소각되고 승무원 전원이 몰살되는 사건이 일어났다. 8월 3일에는 척사윤음이 발표되었고, 8월에 이어 10월에는 프랑스가 선교사 및 천주교도 학살에 대한 보복으로 7척의 군함과 1천5백 명의 군대를 동원해 강화도를 침공했다. 이항로는 9월에 상소를 통해 "국내에 주전론과 주화론이 있는데, 주전론자는 조선 편이지만 주화론자는 적이다. 주전론에 서면 예부터 내려오는 예법을 보전할 수 있지만, 주화론에 빠지면 금수와 같이 된다"라고 주장했다. 이때 함경도의 경흥부에 무력으로 통상을 요구해온 러시아인을 군사적 위협으로 축출했고, 1868년에는 독일인 오페르트가 대원군의 아버지 묘를 도굴하려 한 사건도 발생했다. 척화론에 기름을 부은 것이다.

1871년 6월에는 미국의 베이징주재 공사와 로저스 제독이 이끄는 5척의 군함과 1천230명의 군대가 강화도를 침공했다. 조선측이 막대한 피해를 입었지만 이 또한 격퇴했다. 대원군은 "서양 오랑캐(洋夷)가 침범했을 때 싸우지 않으면 강화하는 것이며, 강화를 주장하는 것은 매국하는 것"이라는 내용의 척화비(斥和碑)를 전국에 세웠다. 그리고 고종도 경연에서 "만약 양이와 강화를 말하는 자가 있으면 마땅히 매국의 죄로 다스리겠다"라고 말했다. 그리고 신하들은 조선은 수천 년 내려온 '예의의 나라'인데 비해, 미국은 그것을 모르는 '짐승의 나라'이며, 조선은 세상에서 유일하게 남아 있는 청결한 땅이라고 주장했다.[83] 250년 전 인조반정 이후 범람했던 '척화론'이 조선에서 다시 하늘을 찌를 기세였다. 서양세력은 중국과 같은 통상적 가치도 없었고, 일본과 같은 기항지로서의 가치도 없었던 조선을 더 이상 침공하지 않았다. 대원군의 대(對) 서양 전쟁정책에 직접적 계기가 된 천주교인들은, 1866년에서 1871년까지 총 8천여 명이 학살되었다. "하느님 맙소사(하느님 마시옵소서)"라는 통곡이 천지를 진동했다.

대원군은 '척화론'으로 집권층뿐만 아니라 전국을 하나로 통일시키려 했다. 그러나 서양세력과의 전쟁이 끝나자 다시 내부 모순이 드러났다. 농민들은 1869년의 광양민란, 1871년의 영해민란 등 이전보다 더욱 과격한 무장봉기를 일으켰다. 일본은 드디어 중국과 수호조규를 체결한 뒤, 조선에 개방을 요구하기 시작했다. 1873년에는 일본에서 '정한론'이 일어나 조선과 일본 사이에 조만간 전쟁이 터질 것이라는 우려가 높아졌다. 중국의 국정책임자 리훙장(李鴻章)은 조선에 일본과의 전쟁 위험을 회피하라는 신호를 보냈다. 또한 서양세력들은 천주교인을 학살하고 서양과의 전쟁을 고집하고 있는 대원군을 제거하도록 리훙장에게 압력을 넣었다.

1871년 대대적인 서원철폐로 유생을 비롯한 기존의 지배층들이 크게 반발했다. 1873년 2월 중국에서는 황제의 어머니 서태후가 물러나고 동치황제(同治帝)가 친히 나라를 다스리기 시작했다. 같은 해 10월, 이항로의 제자 최익현이 만동묘를 포함한 서원을 복구하라고 상소문을 올렸다. 나라의 안과 밖, 신진세력과 수구세력 등 주변에 있는 모두가 대원군의 적이었다. 그로서는 후퇴할 수밖에 없었다. 대원군은 정권을 고종에게 맡기고 일시적으로 물러났다.

그렇다면 대원군이 민족사의 이 중요한 시기에 코리아의 운명을 망친 핵심 원인은 무엇이었는가? 박은식은 《한국통사(韓國痛史)》에서 다음과 같이 분석한다.

"당시는 세계정세가 급변하고 서양문물이 동아시아에 침투하여 중국은 아편전쟁을 치렀고 일본은 혁신의 소리가 높을 때였다. 우리나라도 이에 호응하여 만약 걸출한 수완으로 옛것을 바꾸고 새것을 취했다면 국가 민족의 융성을 기대할 수도 있었으며, 또 그 무렵은 오랜 세도정치로 백성이 혁신을 절실하게 기대하던 때였으니 곧 그 지위가 충분하고 그 힘이 충분하며 그 시기도 적절했던 때였다. 단지 고금을 통할 수 있고, 국내외를 관찰할 수 있는 학식이 부족하여 개인의 지혜를 내치에 치중하니 과격한 경우가 많았으며, 대외적으로 배척하는 것을 위주로 하여 쇄국정책을 편 탓에 스스로 소경이 되었고, 마침내는 화가 아주 가까운 주변으로부터 미쳐왔으니, 나라가 중흥할 수 있는 시기를 잃게 된 것은 참으로 원통하고 애석한 일이다. 따라서 우리나라의 한스러운 역사가 바로 여기서 시작하는 것이다."[84]

결국 대원군은 시대가 요구하는 뚜렷한 비전과 전략이 부족했다. 대원군은 초기에는 천주교도에 대해 묵인했다. 그러나 이것을 계기로 수구세력이 대원군의 정체성을 문제 삼고 대대적인 정치공세를 전개하려 하자, 천주교 탄압의 제일선에 섰다. 그리고 그 연장선에서 '외세와의 전쟁'을 선포했다. 대원군의 개혁에 대해 수구세력의 반발이 강해지고, 과도한 토목공사로 민중의 반발이 일어나자, '외세와의 전쟁'을 정권의 존립 근거로 삼은 것이다. 그러나 이것은 곧 파멸의 길이다.

시대는 당시 사람들의 의지와 감정과는 무관하게 개혁과 개방을 요구했고, 그렇게 하지 않으면 망한다는 것을 중국과 일본이 증명하고 있었다. 조선의 종주국이었던 중국도 서양의 강압에 어쩔 수 없이 개방되어 서양을 배우는 양무운동(洋務運動)을 전개했다. 조선의 새로운 종주국이 되려 한 일본도 서양의 압력으로 존왕양이(尊王攘夷)로 출발해서, 존왕토막(尊王討幕)을 거쳐, 결국 존황친이(尊皇親夷)로 바뀌었다. 서양세력이 중국과 일본을 틀어쥐고 있었기 때문이다. 그러나 중국과 일본이 서양세력에 의해 개방되었을 때 조선은 홀로 위대하다고 생각했다. 대원군은 미국군의 침공을 격퇴한 다음, "서양인들의 배에서 나는 연기와 먼지가 온 천지를 뒤덮어도 동방국의 찬란한 광채는 영원토록 빛나리라"라는 시를 지었다. 이것은 대원군 개인만의 인식이 아니라, 당시 조선 지배층의 일반적 인식이었다. 그들은 '우물 안의 개구리'였다.

개화파,
미숙한 정치력으로 위기를 맞다

1873년 대원군이 물러나고 고종이 친정을 시작했다. 북학파의 선구자인 박지원의 손자 박규수(1807~1876)가 우의정이 되었다. 조선에서 새로운 시대를 대표하는 정치가가 된 것이다. 조선 정부는 1861년에 영국과 프랑스의 침략으로 베이징이 함락되고 중국 황제가 열하로 피난하자 문안차 사신을 파견했는데, 박규수가 이 사절단의 부사였다. 그는 귀국보고서에서 "서양의 침입에 방파제가 되어줄 것으로 믿었던 중국이 내란과 외침으로 극히 쇠약해졌다는 것과 서양의 진출 목적이 영토 확장에 있는 것이 아니고, 통상하여 이익을 얻는 것과 종교를 전파하는 데 있으며, 침략의 폐단도 없다"[85]라고 보고했다. 또한 그는 현시대가 천하가 한 집을 이루고 사해에서 사람들이 모여 어우러지는 시대라고 보고, 서양과 외교관계를 맺어야 한다고 주장했다. 그리고 1862년에는 '지세의'라는 지구본을 스스로 만들고 《지세의명(地勢儀銘)》이라는 책을 썼다. 여기서 위원이 쓴 《해국도지》의 내용을 다양하게 소개하고 있다. 1866년 대원군이 천주교를 대대적으로 박해하고 '외세와의 전쟁'을 선포하고 있을 때, 박규수는 다음과 같이 말했다.[86]

"지금 세계의 형편을 살펴보면 정세가 날로 변하여 동서열강이 서로 대치하는 것이 옛날에 춘추열강시대와 같다. 세계는 열강이 서로 동맹하여 정벌하므로 장차 분란에 휩싸일 것이다. 이러한 때를 당하여 우리나라는 (…) 내치와 외교에 기민한 대응을 잃지 않아야 보전할 수 있다. 그렇지 않으면 우매하고 약해져서 먼저 망할 수밖에 없다. 누구를 질책하겠는가?"

또한 미국의 상선 제너럴셔먼호를 격침시킨 시기에도, 평양감사였던 박규수는 《해국도지》의 영향을 받아 미국이 "지구의 여러 나라 중에서 가장 공평하고 갈등과 분쟁을 잘 해결하며, 게다가 세계에서 가장 부유하고 강토를 약탈할 욕망이 없는 나라"라고 말한다. 그리고 1871년 미국과 신미양요가 발생했을 때에도 이항로와 그의 제자 김평묵 등이 조선은 '예의의 나라'이고, 서양은 '금수의 나라'라고 하는 송시열류의 화이(華夷) 이데올로기에 빠져 있자, 다음과 같이 일침을 가한다.[87]

"함부로 예의의 나라라고 하는데, 나는 본래 이 말을 추하게 생각한다. 천하만고에 국가가 되어가지고 어찌 예의가 없는 나라가 있겠는가? 이 말은 중국인이 이적 중에서도 예의가 있음을 가상히 여겨서 우리를 예의의 나라라고 부른 것에 불과하다. 따라서 이것은 본래 수치스러운 말로서, 이것을 가지고 스스로 천하에 호기를 부릴 만한 것은 아니다."

박규수는 1872년 제2차 중국사행을 다녀오면서 자주적으로 개항해야 한다는 생각을 확고히 했다. 귀국보고에서 유럽의 사정과 중국에 있는 서양인의 동향, 중국이 서양의 기술을 습득해 자주적으로 생산하고, 드디어는 외국상품을 몰아내는 등 양무운동(洋務運動)이 성과를 내고 있다고 고종에게 보고했다. 1875년 5월의 어전회의에서 대부분의 사람들이 외교 문제에 몸을 사렸으나 박규수는 공개적으로 대일 교섭을 주장했다.[88]

"일본의 풍속으로서 천황을 칭한 것은 극히 옛날부터의 일입니다. 천황의 왕정복고를 통고해온 서계(書契)를 받을 것인가, 어떻게 할 것인가는 다만 임금님의 도량과 포용 여하에 달려 있습니다. 그들이 나라의 제도를 변경하여 이웃 간 평화호혜를 주장하고 있는데, 그것을 거부하면 반드시 한을 품게 되고 불화를 낳는 단서가 되니 충분히 생각하는 게 좋겠습니다. 바라옵건대 그 장점을 취하여 처분하옵소서."

이러한 새 시대의 선구자 박규수의 사랑방에서는 개화파들이 성장하고 있었다. 급진개화파로서 갑신정변을 주도한 김옥균·박영효·홍영식·서재필·박영교 등만이 아니라, 온건개화파인 김윤식 등도 모두 박규수의 영향 속에서 자라났다. 그러나 이들 개화파와 박규수는 50년의 긴 세대차가 있었다. 〈강화도조약〉이 체결되어 조선이 '내치와 외치에 기민하게 대응'해야 할 때인 1876년, 당대 최고의 경세가 박규수가 죽었다. 비록 역관 오경석과 한의사 유대치 등이 개화사상으로 무장해 있었지만, 박규수가 기른 신진개화파들은 이 당시 겨우 10대, 20대에 불과했다. 코리아의 새로운 운명을 개척할 수 있었던 박규수의 빈자리는 너무나 컸다.

한편 1868년 메이지유신을 성공시킨 일본에서는 '무력'과 '외교'
에 대한 큰 논쟁이 발생했다. 우선 '무력'과 관련해, 조슈 번 출신으
로 메이지신정부의 〈5개조 서약문〉을 확정한 기도 다카요시(木戶孝
允)는 메이지유신 이후 1870년까지 계속해서 조선 침략론을 주장
했다. 조선 침략이 '국민보안'과 '국위선양'이라는 메이지국가의 국
시(國是)와 관련되고, 내정의 위기를 해결하는 수단이 된다는 이유
이다. 이것은 이후 사이고 다카모리·이타가키 다이스케 등의 정한
론으로, 메이지정부의 조선 침략으로 계속 연결된다.[89] 조선 침략
론, 나아가 아시아 정복론은 메이지유신이 일어나기 10여 년 전인
1850년대에 조슈 번(야마구치현) 출신으로 유신세력의 스승이었던 요
시다 쇼인(吉田松陰, 1830~1859)이 그의 제자들에게 가르친 것이었다.

"조선으로 말하면 옛날에는 우리나라에 신속(臣屬)하였거니와 지
금은 그저 잠자고 있는 상태이다. 무엇보다 그 풍교(風敎)를 자세히
가르쳐 옛날로 되돌려 놓지 않으면 안된다", "지금의 계략을 말하자
면, 강역을 튼튼히 하고 조약을 엄격히 하여 그것으로써 두 오랑캐
(조선과 중국)를 휘어잡는 것이다. 기회를 타서 하이(홋카이도)를 개척
하고 류큐(오키나와)를 평정하며 조선을 취하고 만주를 굴복시켜 지
나(중국)를 제압하고 인도를 넘본다. 그로써 진취의 기세를 떨치고
방어의 기반을 굳혀, 신공(일본서기에 의하면 일본 14대 천황의 황비로 조선에 출
병하여 신라를 치고 백제, 고구려를 귀속시켰다고 함)이 다하지 못한 것을 이룩하
고, 풍신수길이 미처 이루지 못한 것을 완수하지 않으면 안 된다."[90]

다음은 '외교'와 관련된 것으로 메이지정부는 출범하자마자 도
쿠가와 막부가 서양과 체결한 모든 조약과 협정을 존중한다고 선언

했다. 그러나 일본은 수백 년 전에 막부와 조선이 맺은 조약은 존중할 마음이 없었다. 천황의 친정은 성호 이익이 우려한 대로 조선과 일본의 외교관계에 큰 파문을 일으킬 수밖에 없었다. 일본에게 서양은 '서양이 만든 만국공법'에 따라 복속하지 않을 수 없는 대상이었다. 하지만 조선은 '일본이 만든 일본형 화이체제'에 따라 복속시켜야 할 대상이었다.

따라서 메이지정부는 두 가지의 외교정책을 추진한다. 하나는 도쿠가와 장군과 조선의 왕이 대등한 관계였으므로, 일본 천황이 조선 왕 위에 있다는 것을 인정받는 것이다. 다른 하나는 서양의 아래에 있는 일본이 서양과 대등한 국가로 취급될 수 있도록 조약을 개정하는 것이다. 메이지정권의 정당성 및 일본 국력의 인정과 직결되는 이 두 가지 문제는 이후 항상 연동되면서 전개된다.

먼저 조선에 대해 일본은, 1869년 1월 천황에 대해 황제에게만 쓰는 호칭을 사용하며 천황의 친정을 알리는 외교문서를 보냈다. 조선은 이 문서의 접수를 거부했다. 조선이 천황 정부에 대한 인정을 거부하자, 일본에서는 군대를 파견해 무력으로 굴복시키자는 강경론과 사절을 파견해 외교교섭을 시도하자는 온건론이 나타났다. 강경론의 대표자는 기도 다카요시였다. 이에 대해 오쿠보 도시미치는 조선 정벌의 경우 러시아가 어부지리를 얻게 될 가능성과 서양과의 조약 개정이 급선무라는 두 가지의 이유를 들어 반대했다.

1870년, 일본 외무성은 조선에 대한 기본방침으로 세 가지의 안을 제출했고, 이 중에서 제3안이 채택되었다. 제3안은 "조선이 청국에 복속되어 있기에 우선 중국에 천황의 사절을 파견해 수교를 맺는다. 돌아오는 길에 일본과 중국의 격이 같아진 것을 토대로 조선이 일본보다 한 등급 아래에서 관계를 맺게 한다. 만일 이것을 조선이 수락하지 않으면 화전을 논의한다. 이 안은 임진왜란 때와 같은 중국군의 조선 원조를 쉽게 피하도록 할 것이다. 따라서 중국과의 수교가 조선과의 교섭보다 더 시급하다"[91]라는 것이다. 이것은 중국과의 수교 우선론이라고 할 수 있다.

이로써 기도 다카요시의 '즉각적인 조선정벌론'이 폐기되고 '일청조약 우선론'이 승리했다. 이 노선에 따라 대중 교섭이 시작되고, 1871년 9월 중국의 리훙장과 일본의 다테 무네나리(伊達宗城) 사이에 중·일 간 최초의 대등조약인 〈청일수호조규〉가 조인되었다. 조약 개정과 서양 탐정을 위해 유럽과 미국으로 파견된 이와쿠라 도모미(岩倉具視) 사절단이 돌아온 뒤인 1873년 4월, 이 조약이 비준되었다. 각자의 세계에서 서로를 배제해온 중국과 일본이 유사 이래 처음으로 대등국임을 공식화한 것이다. 그러나 중국과 일본의 대등 외교관계가 곧장 조선·베트남·류큐 등에도 그대로 적용되어 이들 국가도 중국과 대등관계를 수립할 수 있는 것은 아니다. 중국은 〈청일수호조규〉를 통해 일본이 조선·류큐·베트남과 달리 조공국이 아니라고 밝힘으로써, 조선에 대한 전래의 종주권을 계속 행사하려 했다. 이로써 조선은 일본과 중국이라는 이중의 족쇄 속으로 빠져들게 된다.

일본은 중국과 수교한 뒤 조선에 이를 알리고 직접 교섭에 들어갔다. 그러나 효과가 없었다. 이에 따라 일본은 1872년 10월 부산의 왜관을 철수했고, 이듬해엔 '정한론(征韓論)'이 크게 일어났다. 메이지유신의 일등공신이며 전국 무사들의 압도적인 신망을 얻고 있었던 사이고 다카모리가 '정한론'을 주도했다. 그러나 이와쿠라·오쿠보·기도·이토 등은 이를 반대했다. 특히 오쿠보는 '민심동요, 재정위기, 착수한 부강책의 괴멸적 영향, 무역적자, 러시아의 남하위협, 영국의존심화에 따른 내정간섭, 조약 개정 미완성' 등 일곱 가지의 반대 이유를 제시했다. 러시아의 위협과 조약 개정 미완성이 이 중의 핵심 이유였다.[92]

1873년 10월, 내치우선론자에 의해 사이고, 이타가키 등 정한론자가 퇴진했다. 이들의 불만을 해소하기 위해 일본은 1874년 4월, 대만인이 류큐상인을 살해한 것을 빌미로 3천 명의 병력으로 대만을 침략했다. 일본은 중국으로부터 50만 엔의 보상금을 받고서야 철수했다. 당시 조선에서는 1873년에 대원군이 퇴진했다. 이제 일본에게 남은 것은 러시아가 조선 문제에 개입하지 않을 것이라는 확신이었다. 그래서 1875년 5월 일본과 러시아는 사할린 전체를 러시아 영토로 하고, 쿠릴열도 전체는 일본 영토로 한다는 조약을 체결했다. 이 조약으로 러시아가 조선 문제에 개입하지 않을 것이라고 판단한 일본은 일주일 뒤에 운요호(雲揚號)를 비롯한 군함들을 조선으로 출동시켰다.

그러나 일본은 중국을 빼놓고는 조선 문제를 풀 수가 없었다. 일본은 중국의 리훙장과 조선 문제를 교섭했다. 이때 중국은 〈청일수호조규〉 제1조에 규정된 '소속방토불가침(所屬邦土不可侵)' 조항을 들어, 일본이 조선을 공격하면 중국과 러시아가 출병할 것이라고 말했다. 조선·류큐·베트남 등이 '소속방토'에 포함된다는 것이다.

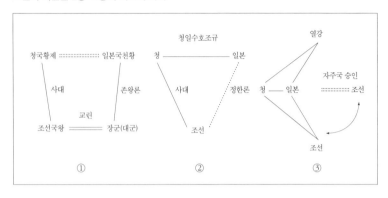

그러나 리훙장과 중국 정부는 조선이 일본과 불화하는 것은 옳지 않다고 판단하고, 조선 정부에 일본과 수호조약을 맺도록 권고했다. 이에 따라 1876년 2월, 일본은 6척의 군함과 8백 명의 군대를 거느린 전권대표를 파견해 〈강화도조약〉을 맺었다.

일본에 의해 주도된 〈조일수호조약〉은 부산에 일본의 조계를 설정하는 등 중국 및 일본이 서양과 맺은 조약처럼 기본적으로 불평등조약이었다. 그러나 한 가지 특징이 있었다. 그것은 제1조의 '조선은 자주의 나라이고, 일본국과 함께 평등한 권리를 보유한다'는 조항이다. 조약교섭 시 일본이 이 1조를 주장하자, 조선은 종주국인 중국에게 '자주의 나라'라는 조항을 조약에 넣어도 되는지 물어보았다. 중국은 '조선은 자기 스스로 행하고 주체적으로 보존한다'는 말로 이 용어의 사용을 허락했다.[93] 일본이 넣은 이 '자주' 조항은 코리아를 중국으로부터 떼어내려는 일본의 집요한 노력을 반영한다. 이때의 '자주'란 바로 조선이 '중국으로부터 자주독립한 나라'라는 의미였다.

1876년 수호조약 이후, 부산의 일본거류지 그리고 일본의 경제적 진출에 의해 조선과 중국 사이에 일본이라는 새로운 힘이 작용했다. 그리고 1879년에는 중국과 러시아 사이에 '이리(伊犁) 지역'에서 국경분쟁이 발생했고, 일본은 류큐를 병합했다. 영국의 '세력균형론'에 심취한 리훙장은, 조선에서 러시아 및 일본이 세력을 확장하는 것을 막기 위해 조선이 구미 각국과 수교해야 한다고 생각했다.

이러한 구상의 결과 1882년 3월, '중국'의 북양대신 리훙장과 '미국'의 전권대표 슈펠트 사이에 '조선'과 '미국'의 수교를 위한 협상이 이루어졌다. 이 과정에서 리훙장은 조약에 '조선이 중국의 속국'이라는 것을 명시하려 했으나, 미국이 반대했다. 그러나 조약의 조인과 동시에 조선왕은 리훙장의 요구에 따라 미국 대통령에게, '조선은 중국의 속국이며, 조선과 미국 사이에 맺어진 상호평등조약은 중국·조선 사이의 종속체제와 아무 관계가 없다'는 내용의 서한을 보냈다. 이어서 영국·독일 등과도 조약이 체결되었다. 조선왕은 미국 대통령에게 했던 것처럼 이들 나라에도 별도의 편지를 보내 조선이 중국의 속국임을 공식적으로 알렸다.[94]

중화체제에서 조공국은 근대적인 의미의 속국이 아니었다. 리훙장도 처음에 인정했던 것처럼 중국적 질서를 벗어나지 않는 한, 내정과 외정 등 모든 것을 자주로 처리하고 그 책임도 스스로 지는 것이다. 그러나 조선은 조공외교에서 근대외교로 바뀌는 중대한 변혁기에 전통적인 조공국에서 근대적인 속국으로 전락했다. 근대외교에 대한 인식 부족과 중국의 간섭, 그리고 자주독립국가에 대한 의지의 부족 때문이었다.

미국은 중국이 조선을 속국으로 간주하는 데 반대하고, 조선이 자주국임을 주장했다. 그러나 왕을 비롯한 조선의 지도부는 중국의 요구에 제대로 항의하거나 저항하지 않았다. 미국의 눈에는, 조선이 중국에게 스스로 굴복하는 모습이 매우 이상하게 보였을 것이다. 〈조미수호조약〉 제1조는 "어느 일방이 제삼국에 의해 부당한 처우를 받을 때는 다른 일방이 이를 도와 거중조정한다"라고 되어 있다. 이를 근거로 고종은 20년 뒤 일제가 조선을 병탄하려 할 때, 미국의 시오도어 루스벨트 대통령에게 '거중조정'을 요청했다. 이때 루스벨트는 손을 내저었는데, 〈벨기에의 비극〉이라는 글에서 그 이유를 다음과 같이 설명한다.

"코리아는 절대적으로 일본의 것이다. 물론 코리아가 독립국으로 존재해야 한다는 것은 1882년의 수호조약에 의해 엄숙히 주어진 것이었다. 그러나 코리아는 그 조약을 시행하기에 무력했다. 코리아인 스스로 자신을 위해 할 수 없는 일을 이해관계가 없는 다른 나라가 코리아를 위해 시도하리라 가정하는 것은 불가능한 일이었다. 더구나 그 조약은 코리아가 스스로 잘 통치할 수 있다는 그릇된 가정에 기초한 것이었다. 코리아는 어떤 의미로도 전혀 스스로를 통치할 수 없었다는 사실을 이미 보여주었다."[95]

조공책봉관계를 이용해 중국이 조선의 외교관계를 주도하고 있을 때인 1880년 12월, 고종은 외교통상과 자강책을 추진할 통리기무아문을 설치했다. 그리고 정세를 시찰하고, 기술을 익히기 위해 일본과 중국으로 조사단을 보냈다.

개화정책이 본격화되자 1881년 제1차 위기가 발생했다. 대원군이 그의 또 다른 아들 이재선을 국왕으로 추대하고 고종을 폐하는 동시에, 서양 및 일본과 통하는 개화론자들을 제거하려고 했기 때문이다. 그러나 이 계획은 실패로 돌아갔고, 반란을 꾀한 30여 명이 처형당했다. 이것을 계기로 〈조일수호조약〉과 개화정책, 그리고 〈조선책략〉의 내용에 대해 강력하게 반발해온 척화론자와 수구세력들의 기세가 한풀 꺾였다.

문제는 부국강병을 위한 '강병책'에서 발생했다. 처음(1880년 9월)에는 중국에 조선 군사를 파견해 훈련시키기로 했다. 그러나 정부가 총포와 함정을 일본에서 구입하기로 결정한 뒤에는 군사의 중국파견계획을 보류하고, 대신 일본측과 협의했다. 군관 윤웅렬은 국왕으로부터 '신식군대(別技軍, 倭別技)'의 설치를 승낙받아, 5군영으로부터 지망자 80명을 선발했다. 1881년 4월부터 일본 육군소위 호리모토를 초빙해 신식훈련을 시작했다. 그리고 군 간부 양성을 위해 사관생도 20명을 모집했고, 그중 세 사람을 9월경에 일본육군사관학교에 입교시켰다. 1881년 연말까지는 군제개편을 완료했는데, 일련의 군제개편 결과 두 세력이 소외되고 반발심이 커져갔다. 바로 '구식군대'와 '중국'이다. 이 두 세력이 일본 중심으로 전개되는 일련의 군 개혁정책에 결정타를 날릴 때를 기다리고 있었다. 이 '구식군대'에 대원군이 결합되어 있었다.

1882년 6월, 구식군인들이 급료 체불과 급여양곡 변질 등에 격분해 봉기를 일으켰다. 홍인군 이최응을 살해하고 민비 일파를 공격해 민겸호를 죽였으며, 궁궐 전체를 장악하고 일본공사관을 습격했다. 고종은 대원군에게 정권을 물려주었다. 대원군은 신식군대를 폐지하고, 5군영을 복구시켰으며, 통리기무아문을 폐지하고, 모든 근대적인 제도개혁을 원점으로 돌렸다.

1882년 8월, 중국은 임오군란 진압을 명분으로 리훙장 휘하의 우장칭(吳長慶)이 이끄는 3천 명의 군사를 조선으로 진격시켰다. 중국은 임오군란을 통해 재집권한, 왕의 아버지이자 국정책임자인 대원군을 체포하고 중국으로 압송했다. 조·일, 조·미 간의 국교수립에 주도적 역할을 한 중국은 군대를 주둔시키면서, 외교권만이 아니라 군사권과 내정권까지도 장악했다.

우선 중국은 1882년 10월에 〈중조상민수륙무역장정(中朝商民水陸貿易章程)〉을 발표했다. 이를 통해 중국은 조선에 영사 재판권을 설정하고, 인천에 중국전관조계를 두었다. 이때 중국은 조선이 중국의 속국이기 때문에 외국에 사용하는 '조약'이라는 용어를 쓰지 않고, 중국이 일방적으로 발표하는 '장정'이라는 형식을 취했다.[96]

그 다음 12월에는 독일인 묄렌도르프와 중국인 마젠충(馬建忠)을 국정의 고문으로 임명해 고문정치를 시작했다. 그리고 앞에서 살펴본 것처럼 1882년부터 중국은 리훙장의 주도하에 조선이 미국을 비롯한 서양국가들과 수호통상조약을 체결토록 했고, 조선의 왕이 이들 국가에게 조선이 중국의 속국임을 문서로 제출토록 했다. 나아가 조선이 구미로 사절을 파견하거나 차관을 제공받지 못하도록 했다. 또한 중국은 군사제도를 개편해 친군영을 세우고, 중국의 위안스카이(袁世凱)가 군대를 훈련토록 했다. 조선에 대한 중국의 지배력은 서울에 주둔한 3천 명의 중국 군대에 의해 강화되었다.

이때 북양대신과 함께 조선 문제에 대해 일차적 책임을 진 사람은 일본주재 중국공사 리수창(黎庶昌)이었다. 리수창은 영국이 인도를 식민지로 만든 것처럼, 중국이 조선의 왕을 폐하고 중국의 군현(郡縣), 곧 식민지로 만들어야 한다고 주장했다. 장젠(張謇)과 덩청슈(鄧承修)도 〈조선선후6책〉에서 2천 년 전 한이 4군을 설치한 것처럼 조선을 중국의 동삼성(東三省)에 편입시켜야 한다고 주장했다.[97] 이때 조선은 일본, 구미의 견제로 중국의 식민지로 전락하지 않았지만, 외교·군사·내정·경제 등 전 분야에 걸쳐 중국의 실질적 속국이 되었다. 조선이 '일본'의 보호국이 된 1905년보다 20여 년 전에 '중국'의 보호국으로 전락한 것이다. 이때부터 중국의 조선에 대한 정책은 가능한 한 모든 수단과 방법으로 외교상·경제상·전략상의 특권과 이익을 추구하는 제국주의의 모습을 띤다.

후쿠자와 유키치(福澤諭吉)는 일본의 대표적 문명개화론자로 갑신정변의 주역들과도 관계가 깊었다. 그는 임오군란 뒤《시사소언(時事小言)》이라는 잡지에 "일본의 군사력을 비약적으로 강화해서 조선에 대한 중국인의 간섭을 간섭하는 것이 가능하면, 문명과 무력에서 일본은 아시아의 맹주가 될 수 있다"라고 주장했다. 그리고 갑신정변의 실패 뒤인 1884년 12월 16일자 사설에서, "중국과 조선은 흡사한 몸에 두 머리가 붙은 모양(一體雙頭)"이라고 평가했다.[98]

조선은 중국의 속국으로 전락하고, 친중세력이 중국과 하나가 되어 권력을 독점했다. 임오군란 뒤 박영효가 일본에 수신사로 갔다오자, 김옥균을 중심으로 한 급진개화세력의 움직임이 빨라졌다. 이들은 중국과 친중세력의 움직임에 위기의식을 느끼고 비상수단을 강구하기 시작한다.

갑신정변이 일어나기 꼭 한 달 전인 11월 4일, 김옥균·홍영식 등은 일본 공사관의 시마무라 서기관을 박영효의 집으로 초대해 거사계획을 밝혔다. 이때 이들의 마음이 어떤 상태였고, 일본이 이에 어떻게 반응했는지는 다음에 잘 나타난다.

박영효가 말했다. "근래 민비파 보수당이 왕비의 보호로 크게 권력을 얻게 되자, 우리들에게 어떤 죄명을 씌워 유형에 처하려는 악질적인 계획을 꾸미고 있다는 정보가 들어왔다. 우리들은 처음부터 죽음을 각오한 바이나 그들의 손에 처형당하는 것을 바라지 않으며, 우리도 이에 대처할 계획을 세우고 있다."

이에 대해 시마무라가 경솔한 행동을 삼가야 한다고 충고하니, 김옥균이 다음과 같이 말한다. "우리는 지난 수년 동안 평화적인 수단으로 모든 노력을 다했지만 여태까지 이에 대해 아무 효과가 없을 뿐 아니라, 오늘날 죽음의 경지에까지 처하게 되었다. 가만히 앉아서 죽음을 기다리는 것보다는 차라리 우리가 먼저 일어나 그들을 막아내는 대책을 취하지 않으면 안 될 형편에 몰리게 되었다. 그러니 우리들의 결심은 이미 한 길밖에 없다."

갑신정변이 일어나기 5일 전, 김옥균은 고종과 민비를 독대했다. 이때 고종은 "그대의 마음을 나는 잘 알고 있다. 무릇 나라가 위급한 시기에 처하면 국가의 대계를 그대가 생각한 계획에 맡길 터이니, 그대는 이에 대해 다시는 의심치 말라"라고 말했다.[99] 임금이 전폭적인 신뢰를 보였음에도 불구하고, 급진개화파들은 '위기'와 '기회' 속에서 조급해졌다.

1884년 프랑스·중국 전쟁이 일어나 조선에 있던 3천 명의 중국 군사 중 절반인 1천5백 명이 빠져나가자, 이것을 기회로 인식한 김옥균 등 급진개화파는 일본육군학교 출신의 신식군인 수십 명과 쿠데타를 일으켰다. 조선에 주둔하고 있던 120여 명의 일본 군사들이 도울 것이라는 생각도 했다. 그들은 왕을 인질로 삼고 대원군의 즉시 귀환과 중국에 대한 조공폐지를 비롯한 14개조의 개혁을 내걸었다. 그러나 1천5백 명의 중국군이 궁궐로 쳐들어오자 3일 만에 쿠데타가 종결되었다. 중국세력을 척결하고 반중개혁을 추진하려 한 쿠데타는 중국의 군사력에 의해 순식간에 진압되었다.

개화세력의 대장이었던 김옥균은 30세가 된 1880년대에 이미 고종의 최측근이 되었다. 박영효는 우의정이었던 박규수의 친척이 었을 뿐 아니라 선왕 철종의 부마였다. 그리고 홍영식의 아버지는 영의정을 지낸 홍순목이었다. 모두가 새 시대의 큰 일꾼으로 막강한 영향력을 발휘할 수 있는 위치에 있었다. 이들은 가문만이 아니라 재능도 뛰어났고, 임금의 총애도 받았다.

갑신정변이 끝난 뒤 정부에서 발표한 〈갑신변란사실〉이라는 정부의 합동수사발표문은 다음과 같이 적고 있다. "김옥균, 박영효, 홍영식, 서광범, 서재필 등은 재기가 있고 화술에 능하며 또 외국 사정을 대략 알고 있다 해서, 국왕이 그들을 총애하여 높은 벼슬을 주고, 또 그들을 가깝게 하고 신용하였다."[100]

개화세력의 지도자 김옥균은 세계정세를 꿰뚫고 있었고, 조선에 대한 '간절하고 위대한 꿈'이 있었다. 그는 젊은 동지들에게 항상 입버릇처럼 그 꿈을 말했다. 서재필은 이렇게 말했다.

"김옥균은 현대교육은 받지 못했으나, 시대의 추이를 통찰하고 조선을 힘 있는 근대적 국가로 만들려고 절실히 바랐다. 그리하여 그는 자연 일본을 모델로 취하려고 백방으로 분주하였다. 그가 늘 우리에게 말하기를 일본이 동방의 영국 노릇을 하려고 하니, 우리는 우리나라를 아시아의 프랑스로 만들어야 한다고 하였다."[101]

코리아의 운명이 이들에 의해 '유럽의 프랑스'처럼 새롭게 바뀔 수도 있었다. 최소한 정조 이후로 계속된 역사의 악순환을 끊고, 민족사의 선순환을 만들 수 있었다. 비록 대원군이 기회를 위기로 만들었고, 중국과 일본을 비롯한 세계가 코리아의 목을 죄어오고 있었지만, 여전히 기회는 있었다. 중국의 태양은 서산에 지기 시작했고, 일본의 태양은 이제 동산 위로 떠올랐을 뿐이었다. 서양의 태양들은 조선에 큰 관심이 없었고, 러시아도 아직은 큰 모험을 하려 하지 않았다. 역사의 시간은 아직 남아 있었고, 임금의 신임도 얻고 있었다.

그러나 이 중요한 시기에 이들은 마치 초읽기에 몰린 바둑선수처럼 행동했다. 20, 30대였던 그들은 마치 임종을 앞둔 노인처럼 안절부절못했다. 메이지유신을 이룩한 일본의 성공이 계속 눈앞에서 어른거렸고, 동치중흥을 통한 중국의 발전도 하루가 다르게 눈에 걸렸다. 게다가 중국과 일본에서 발산되는 2중의 족쇄를 느꼈다. 중국을 등에 업은 친중세력의 압박은 위기로 다가오고, 중국군의 절반이 베트남으로 출병하자 기회를 잡았다고 생각했다. 일본의 격려와 일본군의 힘이 실제보다도 더욱 커보였다. 그래서 코리아의 운명이 걸린 시기에 치밀한 전략을 수립하지 않고, 막연한 기대와 모험주의로 돌진했다.

대원군도, 김옥균도 악순환을 끊지 못했다. 그들은 수구와 외세의 사슬 속에서 더욱더 그 사슬을 강화했다. 위기를 기회로 만들어야 할 사람들이 기회를 위기로 만들었다. 영웅적 풍모가 있었던 사람들이 척박한 토양 속에서, 강력한 수구세력과 외세의 힘 앞에서, 위기 속에서 아이처럼 행동했다. 먹이를 사냥하는 사자처럼 행동해야 할 새 시대의 주역들이 토끼처럼 행동했다. 역사적 통찰력의 부족, 세력관계를 헤아리지 않는 전략의 부재, 미숙한 정치력 때문이다. 외세와 수구의 강력한 힘 앞에서 미숙한 정치력이 코리아의 악순환을 더욱 강화시킨 것이다.

4장

영·일의 공동패권과
코리아의 편입

대영제국의 세계패권과
중화제국의 해체

영국은 1860년경 세계 인구의 2퍼센트에 불과했으나 근대산업의 거의 반을 차지했고, 철과 석탄의 50퍼센트를 생산했으며, 원면의 50퍼센트를 소비했다. 영국은 유럽 대륙과 신대륙, 식민지 등 전세계로부터 농산물과 천연자원을 수입했고, 세계의 공장으로서 이들 지역에 역으로 공산품을 수출했다. 영국은 공장제적 생산방식을 처음으로 만들었다. 그뿐 아니라 19세기 중반까지 산업화를 이끌었던 면직·기계·석탄·철도·제철 등 주요 선도산업에서 압도적인 기술적 우위를 확보했다. 영국은 신기술과 신산업의 창조자이자 전파자였다.

또한 영국은 1860년대에 세계 공산품 무역의 40퍼센트, 세계 상선의 35퍼센트, 세계 무역량의 30퍼센트를 차지해 세계 무역의 중심 국가가 되었다. 19세기의 자유무역질서는 세계 무역의 중심인 영국에 의해 추진되었고, 영국 시장에 접근하려던 다른 나라들로 퍼져나갔다. 영국은 국제금융도 지배했다. 런던은 각국의 무역거래가 결제되고 준비자산이 예치되는 국제금융의 중심지였다. 19세기 말 국제금융거래의 90퍼센트가 파운드화로 결제되었다. 이 같은 금융력을 바탕으로 영국은 19세기 말에 성립된 금본위체제를 지탱하는 최종 대여자가 되었다. 영국은 해운·보험·중개업 등 서비스 부문 역시 장악했다.[1]

영국은 경제력만이 아니라 학문의 발전에서도 타의 추종을 불허했다. 영국은 뉴턴의 만유인력법칙과 다윈의 진화론을 비롯해 최신 과학이론의 산실이었고, 정치·경제·사회 제반분야에서 근대학문의 중심지였다. 1851년 영국의 빅토리아 여왕은 대영제국의 경제적 패권을 과시하기 위해 런던에서 최초로 만국박람회를 개최했다. 또한 1896년에 처음 실시된 근대 올림픽의 스포츠 종목 대부분은 영국에서 게임의 규칙이 정립되었다.

압도적 경제력을 바탕으로 영국은 자유방임적 경제체제와 자유무역주의를 주창했다. 이것은 아담 스미스 이후의 각종 경제이론과 데이비드 리카르도의 자유무역이론으로 나타났다. 그리고 영국은 정치체제로서 의회민주주의를 발전시켜 세계적으로 민주주의의 선구가 되었다.

이것은 분명 완전히 '새로운 문명'이었다. 이 새로운 문명은 '새로운 무력'에 의해 뒷받침된다. 산업혁명을 통해 무기의 혁명이라고 하는 맥심총, 경량의 야포와 증기엔진을 탑재한 철갑함 등이 등장했다. 이러한 무기를 손에 넣은 영국을 비롯한 선진국들은 가장 발달이 늦은 국가에 비해 일인당 50배 혹은 1백 배의 군사 역량을 보유하게 되었다.[2]

강대국 보유 군함의 총 톤 수[3]

	1880년	1890년	1900년	1910년	1914년
영국	650	679	1,065	2,174	2,714
프랑스	271	319	499	725	900
러시아	200	180	383	401	679
미국	169	240	333	824	985
이탈리아	100	242	245	327	498
독일	88	190	285	964	1,305
오스트리아 · 헝가리	60	66	87	210	372
일본	15	41	187	496	700

(단위: 1천 톤)

영국은 해군력에서도 타의 추종을 불허했다. 1819년 증기선이 최초로 대서양을 횡단한 이래, 1860년대에는 증기기관을 장착한 철갑함이 해양의 주된 전투함으로 부상했다. 증기기관을 장착한 철갑함에서 가장 앞서갔던 나라가 대영제국이었다. 1889년 3월, 솔즈베리는 '해양방어법'을 통해 영국이 그 다음으로 강력한 두 나라의 해군력을 합친 것보다 우세한 해군력을 보유해야 한다고 선포했다. 1880년대에서 1910년대까지 영국의 해군력을 표로 나타내면 위의 표와 같다.

영국이 세계적인 해양패권을 장악하기 전에는 네덜란드가 포르투갈 · 스페인에 이어서 해양패권을 장악하고 있었다. 네덜란드는 북해 연안의 자연조건이 열악한 저지대에서 한편으로는 자연을 극복하고, 다른 한편으로는 스페인에 저항하면서 형성된 도시들의 연합으로 이루어진 소국이었다. 네덜란드의 출발점은 1572년 해상 거지들이라고 불린 신교도들이 26척의 선박과 1천1백 명의 인원으로 스페인의 철권통치에 저항했을 때이다.

이들은 "우리의 왼손을 잘라 먹으면서라도 오른손으로는 우리의 부녀자와 자유, 그리고 우리의 신앙을 외적의 압제로부터 지켜낼 것이다. 운이 다해 마지막 순간이 다가온다면 우리 손으로 불을 질러 남녀노소 모두 불길 속에 뛰어들어 죽으리라"는 결사항전의 정신으로 도시를 둘러친 제방을 무너뜨려 스페인을 무찔렀다.[4]

스페인을 물리친 네덜란드는 자연적 불리함을 기회로 활용해 어업과 조선·해운·금융에서 세계 최고가 되었다. 1670년을 기준으로 네덜란드 선박의 총 톤 수는 영국의 세 배였다. 이는 영국·프랑스·포르투갈·스페인·독일의 선박을 모두 합친 것보다 많았다. 네덜란드의 신교도 엘리트들은 청교도적인 금욕주의로 낭비를 몰아냈다. 수많은 유럽인들이 사상과 종교의 자유가 있는 네덜란드로 몰려왔다. 암스테르담은 유럽 금융의 중심지로 떠올랐고, 물류의 중심지가 되었다.[5]

네덜란드의 뒤를 이은 영국은 프랑스와의 7년 전쟁과 트라팔가 해전에서의 승리로 해양패권을 완전히 장악했다. 1783년에서 1816년 사이에 영국은 대서양 지역에서 인도양에 이르기까지 주요한 지역을 모두 차지했다. 18세기 말 산업혁명을 이룩한 영국의 아시아 진출은, 16세기 포르투갈이나 스페인의 진출과는 달랐다. 포르투갈·스페인·네덜란드 등 이전의 중상주의단계에서는 유럽의 상업 활동이 동아시아 세계체제 내에 포함되었다. 반면 산업자본주의단계에서는 기존의 동아시아체제를 해체시켜 이것을 유럽의 세계체제 속으로 포함시켰다. 유럽의 산업자본주의세력이 아시아

대영제국과 러시아제국

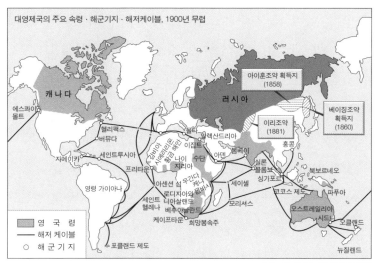

대영제국의 주요 속령·해군기지·해저케이블, 1900년 무렵

※ 참조 : 폴 케네디,《강대국의 흥망》

에 새롭게 등장한 것이다. 그 예로서 1799년 네덜란드의 동인도회
사가 프랑스대혁명의 영향으로 해산되었고, 1814년 영국 동인도회
사의 무역독점권도 산업자본가들의 압력으로 폐지되었다.

19세기에 새롭게 등장한 유럽세력은 농경단계에 머물던 나머지
세계에 새로운 문명으로 다가갔다. 수천 년 전 중국이 농업혁명과
문명건설을 통해 수렵채취단계에 머물고 있던 다른 동아시아 지역
에 새로운 문명으로 다가간 것과 마찬가지였다. 특히 경제·정치·
군사·문화 등 모든 면에서 동아시아의 농경체제를 압도하면서 등
장한 영국 등 유럽세력은, 중국이 수천 년간 그랬던 것처럼, 자신을
'문명'이라고 부르고 다른 모든 지역을 '야만'이라고 불렀다.

산업문명의 대표자였던 영국은 세계와 인종을 계층적으로 보는
세계관을 형성했다. 곧 영국인을 비롯한 서양인이야말로 문명의 정

점에 있고, 아시아·아프리카·아메리카의 원주민들은 문명을 만들어내는 것이 불가능하다고 생각했다.[6] 이러한 사고는 국제법체계에도 반영되었다. 문명국에게만 적용되는 만국공법체계가 그것이다. 문명국은 유럽과 북아메리카였고, 중남미의 여러 나라는 불완전한 문명국이었다. 반면 터키·페르시아·중국·일본·시암 등은 야만국이었고, 이들은 불평등조약의 대상이 된다. 그리고 지구상의 나머지 지역은 미개국으로 간주되어 식민지배가 가능하다.[7]

문명과 야만에 대한 새로운 인식, 만국공법체제, 그리고 막강한 경제력과 군사력을 토대로 세계제국을 형성한 영국은 전 지구적인 규모로 정책을 전개한다. 세계패권국 영국의 외교군사 목표는 크게 세 가지로 정리될 수 있다.[8]

첫째는 '대영제국'을 유지하고 방어하며, 세계시장에서 영국의 우월적 지위를 옹호하는 것이다. 이를 위해 해양에서 본국과 속령을 잇는 '제국 교통로'를 확보한다. 둘째는 유럽 대륙에서 세력 균형을 유지하는 것이다. 영국은 유럽에서 어떤 한 나라가 패권을 장악하지 못하도록 세력균형정책을 폈고, 섬나라의 지리적 이점과 우월한 경제력·해군력을 바탕으로 균형자의 역할을 했다. 셋째는 영국의 세계패권에 대한 도전자를 제압하는 것이다. 영국 주도하의 평화라는 '팍스 브리타니카'는 이 시대의 상징이었고, 영국은 세계 질서의 유지자로서 여러 세력을 규합하여 그 평화에 대한 도전자를 제압했다.

1870년대에서 1905년까지 영국의 세계패권에 대한 도전자는 해양을 찾아 진출하는 러시아였다. 영국은 러시아의 발칸 반도 남하정책으로 제국의 생명선인 지중해 교통로가 위협받자, 1878년의 베를린 회의를 통해 러시아의 대(大)불가리아 건설을 저지했다. 또 러시아의 중동 진출이 대영제국의 심장인 인도의 지배권을 위협하자 1879년에 파키스탄을 보호령으로 만들었다. 이로 인해 1885년에 영국과 러시아 간에 전쟁 위기가 발생하자, 아프가니스탄을 영·러 양국 간의 완충국가로 만들었다. 그리고 1894년 청일전쟁 뒤 러시아가 만주를 점령해 중국에서 영국의 우월적 지위를 위협하자, 영일동맹을 맺어 러일전쟁에서 일본을 지원했다.

영국은 러일전쟁에서 러시아가 패한 뒤에는 독일을 도전자로 규정한다. 독일이 베를린·비잔티움·바그다드를 잇는 3B정책을 펴자 이것은 인도양을 호수로 하는 영국의 3C정책, 즉 카이로·케이프타운·캘커타를 잇는 정책과 충돌했다. 그리고 독일이 대대적으로 해군력을 강화하자 영국은 독일을 포위하고 독일의 도전에 응전한다.

영국의 동아시아정책 또한 해군력에 근거를 두고 있었다. 세계 군함의 절반 가까이를 보유했던 영국은 1860년대에서 1890년대 중반까지 동아시아 수역에서도 타국의 해군력에 비해 압도적으로 우세했다. 다시 말해 19세기 후반 동아시아에서 영국이 확보한 전반적인 우위는 영국 해군의 제해권(制海權) 장악 덕분이었다. 영국의 해군력이 상대적으로 저하되었다고 평가되는 1895년의 시점에도, 로즈베리내각(1894~1895)의 해군장관이었던 스펜서는 동아시아에서의 해군력에 대해 대단한 자신감을 보이며 "영국은 극동에 있어서도 러시아·프랑스 양국 해군의 공동작전을 두려워할 필요가 전혀 없다. 극동의 영국 함대는 러시아·프랑스 양국의 해군력 합계에 비해서 상대적으로 강력하다"[9]라고 말했다.

해군력에 기초한 영국의 아시아정책에서 주요한 적은 러시아였고, 특히 중시한 지역은 인도와 중국이었다. 영국은 인도를 식민지로 만들었지만, 중국에 대해서는 영국의 압도적인 경제·정치·군사적 우월성이 보장되는 상태에서 중국의 영토를 보전하고 정치의 독립을 옹호하려고 했다. 그것은 중국에 압력을 가해 중국을 붕괴시키는 것보다는 이러한 정책을 취하는 것이, 중국 전체에서 경제적 이익을 추구하는 데 낫다고 판단했기 때문이다. 세계적 패권국가 영국이 중국에 어느 정도의 영향력을 행사했는지는 1897년 영국 외무부 정무차관이었던 커즌의 다음과 같은 말에서 잘 나타난다.

"영국은 지금까지 중국 수역에서 탁월한 제해권을 가지고 있으며, 더구나 압도적인 경제적 우월을 유지해왔다. 또 베이징에 가장 많은 영향력을 행사하고 있고, 지금까지 중국의 장래에 영향을 미치는 어떠한 문제도 영국의 입장을 고려하지 않고, 또 영국의 동의를 얻지 않고 결정된 것은 하나도 없다."[10]

영국은 중국만이 아니라 일본에 대해서도 강력한 영향력을 행사했다. 일본은 조슈 번, 사쓰마 번 등 유신주도세력들이 도쿠가와 막부를 타도할 때, 그리고 각종 개혁·개방정책을 실시할 때 영국의 지원을 받았다. 또한 해군력의 건설도 영국의 지원을 받았는데, 군함의 구입이나 해군의 훈련, 자금의 조달 등 거의 모두가 영국을 통해 이루어졌다.

결국 19세기 말 영국은 동아시아에서 러시아라는 패권 도전세력에 맞서기 위해 하위 파트너로 중국과 일본을 거느리고 있었다. 조공책봉체제에서 중국의 패권하에 있었던 조공국 상호 간에 분쟁이 허용되지 않았던 것처럼, 영국 패권하의 중국과 일본도 서로 협력체제를 유지해야 했다. 그리고 중국과 일본은 모두 영국의 대 러시아 전선에 동참해야 했다. 이러한 틀이 유지되는 한 영국은 중국과 일본이 독자적인 외교 활동과 군사 활동으로 대만·류큐·조선 문제 등에 개입하는 것을 허용한다. 그러나 이러한 활동이 영국이 설정한 선을 넘고, 대 러시아 전선을 훼손시킬 때 영국은 제재를 가한다. 그 방법은 중국과 일본 중 어느 한쪽에 힘을 실어주는 외교적 방법에서부터 해당 국가에 대한 군사적 응징까지 다양한 수단이 동원될 수 있다.

영국은 1840년대 이래 일관되게 기존의 동아시아 패권국이었던 중국을 영국의 패권체제 속으로 편입시켰다. 그리고 동아시아에서 수천 년간 유지되어온 중국의 패권체제, 곧 중화체제를 해체했다.

그 첫 번째 노력이 아편전쟁에 승리해 〈난징조약〉을 맺은 것이다. 이를 통해 영국은 중국이 서양을 더 이상 조공국이 아닌 대등국으로 취급하도록 만들었다. 그리고 핵심 항구들을 개방시키고, 홍콩을 할양했다.

둘째는 1860년 〈베이징조약〉을 통해 중화체제의 수뇌였던 황제를 굴복시키고, 중화체제의 각종 예적 형식을 타파했다. 영국은 1858년의 〈톈진조약〉에서 공문서에 이(夷)자를 쓰지 못하도록 함으로써 화이사상을 조약으로 금지시켰다. 이어 고두(叩頭)를 비롯한 각종 예적 체제를 철폐함으로써 중국은 전래의 대청회전(大淸會典, 청나라 국정의 기본 법규)을 수정할 수밖에 없었다. 이것은 중국 황제가 천제(天帝)로서 세계를 지배한다는 세계관을 파괴시켰다. 그리고 중화체제의 수도 베이징을 함락시키고, 그곳에서 불평등조약(城下의 盟)을 맺

청대의 중화제국체제(19세기 초까지)[12]

A. 예부 관할의 조공국 (禮部 관할의 朝貢國)	조선, 류큐, 베트남, 라오스, 시암(타이), 스루, 버마, 서양(네덜란드, 포르투갈, 로마교황청, 영국)
B. 예부 관할의 호시국 (禮部 관할의 互市國)	일본, 프랑스, 스웨덴, 노르웨이, 기타 동남아 항구도시
C. 이번원 관할의 번부 (理藩院 관할의 藩部)	내몽골 부족, 외몽골 부족, 동투르키스탄(위구르)의 여러 부족·도시들, 티베트
D. 이번원 관할의 조공국 (理藩院 관할의 朝貢國)	네팔, 러시아, 카자흐칸국(汗國), 코칸트칸국, 기타 중앙아시아의 여러 국가 및 도시

었다. 이로써 이전의 우열관계가 역전되어 중국의 시대가 끝나고 영국의 시대가 왔음을 만방에 공표했다. 또한 영국은 중국의 핵심 지역을 할양받았다.[11]

셋째는 중화제국체제를 형성하고 있었던 속국들을 하나하나 떼어내 새로운 제국주의체제 속으로 편입시켰다. 이러한 과정이 완성되고, 중국이 독립할 힘마저 없다는 것이 판명된 뒤에는 중국 자체를 분할한다. 이 과정은 프랑스와 러시아 그리고 일본이 함께 했다. 영국이 등장하기 전까지 유지되어온 중화제국체제의 구성을 살펴보면 위와 같다.

중화체제의 주요한 구성 부문은 '예부 관할의 조공국'들이다. 우선 베트남은 프랑스가 선점했다. 프랑스는 1862년의 〈제1차 사이공조약〉을 통해 코친차이나 남부의 3주를 분할해 취하고, 1863년에는 〈무동조약(武東條約)〉을 통해 캄보디아를 보호령으로 만들었다. 1874년 프랑스는 〈제2차 사이공조약〉을 통해 안남(베트남 북부)의 주권 및 독립의 인정, 외국의 침략과 국내 혼란으로부터의 보호, 프랑스의 베트남 외교감독 등을 인정케 했다. 그러나 중국은 프랑스의 이러한 정책을 반대했고, 1873년 안남의 도움 요청에 따라 군대를 파견했다. 안남도 1876년, 1880년에 중국에 조공사절을 보냄으로써 프랑스의 종주권을 인정하지 않았다.

이 문제를 해결하기 위해 중국과 프랑스, 베트남 사이에 3각 외교가 전개되었다. 1882년에 상하이각서, 1883년과 1884년에 프랑스와 안남의 1, 2차 〈후에협정〉이 맺어졌다. 그러나 이러한 노력이 수포로 돌아가자 1884년 프랑스·중국 간에 전쟁이 발발했고, 1885년에는 〈텐진조약〉이 체결되었다. 이로써 프랑스는 베트남을 보호국으로 만들었고, 중국은 조공국을 상실했다. 프랑스는 1887년 인도차이나연방을 조직했고, 1899년에 라오스를 편입시켰다. 그리고 1904년에는 인도차이나 전역에 대한 식민지배를 완성했다.

영국은 1886년 1월, 버마를 영국령으로 만들었다. 이에 대해 종주국인 중국이 항의하자 7월 영국·중국 간에 〈버마 및 티베트에 관한 조약〉을 맺었다. 중국은 버마에 대한 영국의 종주권을 승인했다. 영국은 버마가 10년에 한 번씩 청국에 조공사절을 보내는 관례를 인정했으나, 1894년 청일전쟁 뒤 조공은 한 번도 이루어지지 않았다. 그리고 중국은 시암(타이)에 대한 영국과 프랑스의 분쟁에 개입하지 않음으로써, 시암에 대한 종주권을 포기했다. 시암은 서쪽의 영국과 동쪽의 프랑스 사이에서 세력완충지대로 설정되어 중립국이 된다.

러시아는 중국의 북서부지방에 영향력을 확대했다. 러시아는 중국과 러시아에 2중으로 조공했던 카자흐칸국을 1850년에 완전히 병합했고, 1871년에는 이리(伊犁)를 점령했다. 이 때문에 중국과의 분쟁과 협상이 계속되었는데, 1881년에야 타결되었다.

일본은 1875년 류큐에 군대를 투입해 류큐와 중국의 조공책봉관계를 금지시켰다. 그리고 1879년에는 류큐 번을 폐하고 오키나와 현을 설치해 일본 영토로 편입시켰다. 이 과정에서 류큐 왕국은 일본 정부의 처분에 불만을 품고 중국이 류큐 문제에 개입할 것을 탄원했다. 이에 중국은 일본에 항의했고, 그랜트 미국 대통령의 주선으로 중·일 간에 류큐의 2도 분할 등을 내용으로 하는 조약안이 확정되었다. 그러나 일본은 이것을 조인하지 않았고, 청일전쟁에 의해 류큐는 최종적으로 일본에 편입된다.

1894년 청일전쟁이 발발할 때까지 2천여 년간 유지되어온 중화제국체제의 국제관계는 모두 해체되었다. 중국의 남·서부는 영국과 프랑스에 의해, 북·서부는 러시아에 의해, 동부는 일본에 의해 해체되고, 새로운 제국체제로 편입되었다. 그리고 천하를 지배하는 천자로서, 중화체제의 세계와 국내 관계를 하나로 통일시켜온 중국 황제의 권위는 땅에 떨어졌다. 이제 1년에 네 번 조공하며 중화제국의 하위 파트너 중 최고의 위치를 차지한 '외번필두(外藩筆頭)' 조선만 남았다. 결국 조선이 중화제국체제에서 마지막으로 남은 명맥(命脈)이었다. 이것이 끊어지자 중화체제는 국제체제로서뿐만 아니라 국내체제로서도 종식된다. 1895년 청일전쟁에서 중국이 패배하자, 열강은 중국을 본격적으로 분할하기 시작한다. 1910년 조선이 일본의 식민지가 되자, 그 1년 뒤인 1911년 신해혁명이 일어나 청조가 멸망했다. 중화체제라는 세계체제에 의해 하나로 연결되어 있었던 중국과 조선이 동시에 망한 것은 역사의 우연이 아니었다.

〈조선책략〉, 〈영남만인소〉의
전략논쟁

1880년 9월, 조선의 조정뿐만 아니라 나라 전체를 뒤흔드는 전략문서 하나가 서울에 도착했다. 일본에 수신사로 파견된 김홍집이 귀국하면서 일본주재 중국 외교관 황쭌셴(黃遵憲)이 쓴 〈조선책략〉[13]을 왕에게 헌상한 것이다. 풍부한 세계 인식과 뛰어난 논리, 그리고 조선에 대한 애정까지 표현한 이 전략문서는 조정 내에서 즉각 회람되었다. "지구 위에 더할 수 없이 큰 나라가 있으니, 러시아라고 한다"라는 말로 시작되는 〈조선책략〉은 러시아의 영토팽창 과정을 설명하며 이를 막기 위한 대책을 제시한다.

"조선은 실로 아시아의 요충을 차지하여 지리적으로 반드시 쟁탈의 대상이 될 것이다. 조선이 위태로워지면 중앙 및 동아시아의 정세도 날로 위급해질 것이며, 러시아가 영토를 공략하려 한다면 반드시 조선으로부터 시작할 것이다. 아! 러시아는 마치 옛날 중국 전국시대의 포악한 진나라가 그랬던 것처럼 영토 확장에 주력하여온 지 3백 년이나 되었다. 처음에는 유럽을 침략 대상으로 했으나, 그 다

277

음에는 중앙아시아, 오늘에 와서는 다시 동아시아로 표적을 옮기니, 마침내는 조선이 그 폐해를 입게 되었다. 그렇다면 오늘날 조선의 입장에서는 러시아를 방어하는 일보다 더 급한 일이 없을 것이다. 조선이 러시아를 방어할 수 있는 전략이 무엇인가? 그것은 중국과 친하고(親中), 일본과 맺으며(結日), 미국과 연계(聯美)함으로써 부국강병을 도모하는 것이다. (중략)

아, 아, 시세의 핍박함은 위태롭고도 위태로우며, 기회의 찾아옴은 미세하고도 미세하다. 세계의 모든 나라 사람들은 이 기회를 놓치면 조선이 위태롭다고 하는데, 조선만이 이 절박한 재앙을 알지 못한다. 이야말로 '부엌에서 불이 나 집이 타게 되었는데도 처마에 있는 제비와 참새는 정답게 지저귀면서 저들에게 화가 미쳐올 것을 모른다'는 연작처당(燕雀處堂)의 말과 무엇이 다르겠는가? 지혜로운 자만이 기회를 탈 수 있고, 군자만이 미세함을 알 수 있으며, 호걸만이 위태로움을 안정시킬 수 있다. 이것이 조선에 인물이 있어 급히 일어나 일을 도모하기를 바라는 이유이다.

급히 일어나 일을 도모하려면 나의 계책, 이른바 '친중국, 결일본, 연미국'을 힘써 행하는 것이 상책(上策)이다. 주저하여 결단을 내리지 못하고 시간만 보내며 '친중국'하되 옛 제도를 지키는 데 불과하고, '결일본'하되 새 조약을 맺는 데 불과하며, '연미국'하되 표류한 선박이나 구조해주고 문호개방을 요구하는 문서나 접수하면서, 격변이 일어나지 않고 혼란이 생기지 않기만을 바라는 것은 하책(下策)이다. 내가 속을 것을 근심한 나머지 스스로 도움 줄 세력을 잘라버리고, 적은 병력으로 요새를 지키면서 문호를 굳게 닫아 일체를 거절하고, 남들을 오랑캐라 배척하며 그들과 함께 동렬에 서는 것을 꺼리고 있다가, 변고가 일어난 뒤에야 비로소 비굴하게 온전하기를 바라고 다급하여 어찌할 바를 모르는 것은 무책(無策)이다."

당시 중국 정치를 주도하고 있었던 리훙장과 주일 공사 허루장(何如章)의 지시를 받아 작성한 황쭌셴의 〈조선책략〉은 1880년대 초 중국의 대 조선 정책을 잘 나타내고 있다.

그 첫째는 영국의 세계전략을 거의 그대로 채용하여 러시아 방어가 외교정책의 핵심이라는 점이다. 물론 이것은 영국만이 아니라 중국도 절실한 이해관계가 있었다. 베이징조약으로 우수리 강 이동(以東)이 러시아에게 할양되었고, 1880년대 초까지 중국 서북부의 '이리분쟁'이 해결되지 않았기 때문이다. 이 당시에는 일본도 연해주와 사할린으로 남하하는 러시아를 최대의 위협으로 생각했다.

둘째는 중국이 영국의 전통적인 외교전략인 '세력균형론'을 채택해 이것을 조선에 적용시키고 있다는 점이다. 중국과 일본·미국을 '방(防)러'라는 공통의 이해관계를 가진 나라로 인식하고, 이들이 조선에서 병렬적으로 활동하도록 권고하고 있다. 이것은 1880년 5월 황쭌셴의 상관이었던 주일 공사 허루장이 본국에 제출한 〈조선에 대한 세 가지 정책〉과는 다른 것이다. 허루장은 여기서 조선을 중국의 식민지로 만드는 것이 상책, 감국대신을 파견해 조선을 보호국으로 만드는 것이 중책, 서양 국가들에게 조약체결을 권유하는 것이 하책이라고 제안했다.[14]

그러나 막상 이 세 가지 정책 중에서 조선을 식민지로 만드는 상책이 아니라 친중국, 결일본, 연미국이라는 하책이 〈조선책략〉에 나타났다. 왜 이렇게 되었을까? 그 핵심 이유는 이 당시에 중국이 아직 '상책'이나 '중책'을 사용할 계기를 잡지 못했고, 힘이 부족했기 때문이다. 따라서 친중을 통해 조선에 대한 중국의 영향력을 강화하고, 일본과 미국 등을 끌어들여 세력균형을 도모하며 기회를 기다리는 것이다. 결국 조선의 보호국화라는 허루장의 '중책'은 임오군란이라는 계기를 통해 실현된다. 이것은 조선과 서양 열강의 조약체결 과정에서 조선이 중국의 속국임을 천명하게 함으로써 외교적으로도 달성되었다.

셋째는 중국과 함께 영국 패권의 하위 파트너인 일본을 우호적으로 평가하는 대목이다. 중국은 1879년에 발생한 류큐 문제로 일본과 외교마찰이 있었음에도 불구하고 조선에 '결일본'을 권유한다. 그리고 이 시기에 일본 또한 러시아를 막기 위해 중국과의 협력정책을 추진한다.

이 당시 일본 외교의 핵심 관료였던 이노우에 고와시(井上毅)는 〈조선정략의견서〉에서 "만약 구주(歐洲, 유럽)의 일국이 조선을 점령해 베트남 또는 인도처럼 식민화한다면, 일본은 머리 위에 칼을 걸어놓은 것처럼 된다. 만약 불행히 러시아에 의해 조선이 탈취당하면 동양의 대세는 완전히 달라진다. 중국과 일본이 힘을 합쳐 동양에서 세력균형을 유지하고, 조선의 독립을 보호해 러시아의 남침을 억제해야 한다"[15]라고 주장했다. 이노우에는 중국처럼 영국의 세력균형론에 따라 대러 방어를 위한 중국과의 협조를 상정했다. 물론 이러한 주장의 근저에는 중국과 마찬가지로 조선에서 중국의 영향력을 배제하고 단독 지배하려는 의도가 깔려 있다.

1880년 10월, 고종은 영의정 이최응을 비롯한 수뇌부들에게 〈조선책략〉에 대한 대책을 마련하라고 지시했다. 여섯 명의 대신들이 모여 회의한 결과가 〈여러 대신의 의견서〉로 제출되었다. 그 내용은 "첫째, 러시아의 위협은 인정한다. 둘째, 조선이 2백 년간 중국에 사대해왔는데, 친중국을 재차 강조한 이유를 제대로 알 수 없다. 셋째, 결일본과 관련해 일본과 우호관계를 유지하되, 인천을 개항할 수 없다. 넷째, 연미국은 좋은 정책이다"라는 것이다. 〈조선책략〉을 수용하기로 결정한 것이다.[16]

이러한 '대러 방어론'에 입각한 친중·결일·연미 정책에 정면으로 반발하고 나온 것이 이만손을 비롯해 영남 지식인 1만 명이 서명한 〈영남만인소〉[17]이다. 〈영남만인소〉는 "〈조선책략〉이 유포되는 것을 보니, 저절로 머리카락이 곤두서고 쓸개가 흔들리며 통곡하고 눈물을 흘리지 않을 수 없다"라는 말로 시작한다. 그리고 '러시아주적론'을 근본적으로 비판하고, 친중을 제외한 결일, 연미 모두 강력히 반대한다. 〈조선책략〉에서 결론으로 언급한 '무책(無策)', 즉 쇄국정책이 '상책(上策)'이라고 주장한 것이다.

"러시아 오랑캐는 본래 우리가 싫어하고 미워할 처지에 있지 않은 나라입니다. 공연히 타인의 말을 믿었다가 틈이 생긴다면 우리의 체통이 손상되게 됩니다. 그리고 먼 친구(遠交)에 기대어 가까운 이웃(近隣)을 배척하는 것은 그 조치가 전도되고 허점을 드러내는 것입니다. 만일 러시아가 이것을 빙자해 군사를 동원해 침입하면 전하는 장차 어떻게 구제하려 하십니까? 그리고 러시아, 미국, 일본은 모

두가 오랑캐여서 그 사이에 두텁고 얇음을 두기 어렵습니다. (중략)

세계에는 미국과 일본 같은 나라가 헤아릴 수 없이 많습니다. 만일 그들이 각자 비뚤어진 생각을 갖고, 일본이 하는 것과 같이 각자 이익을 추구하고 토지와 재화를 요구해오면 전하는 장차 어떻게 이를 막으려 하십니까? (…) 오랑캐의 종자는 그 성질이 탐욕스러움이 예나 지금이나 마찬가지이며, 남북이 마찬가지입니다. 만일 저들이 서로 의지하고 앞뒤로 합세해 우리나라에서 어부지리를 얻으려 한다면 전하는 장차 어떻게 이를 금하려 하십니까? (…) 참으로 황쭌셴의 말대로라면 러시아는 그 힘이 능히 우리나라를 병탄할 수 있고, 그 목적하는 바가 우리나라를 침공하는 것이라면 전하는 만 리 밖에서 오는 원병(미국)을 기다리면서 장차 경군(조선군)만으로 이를 막아낼 수 있겠습니까?"

'방러 노선'을 근본적으로 비판한 〈영남만인소〉에 이어 전국의 수많은 유생들이 상소문을 올려 〈조선책략〉을 비난하고 쇄국정책을 고집했다. 이 중에서 대표적인 것이 1881년 개방·개혁 정책을 반대하는 극렬한 상소를 올려 처형된 홍재학의 상소이다. 그 내용은 다음과 같다.

"(명이 청에 망해) 중국이 시궁창에 빠지자 온 세상에 짐승냄새가 풍긴 지 3백 년이나 되었습니다. 한 줄기의 왕통(王統)이 우리나라에만 붙어 있는 것이, 비유컨대 온 세상에 겨울이 찾아왔을 때 큰 과일 한 개가 높이 달려서 생기가 나무 끝에 남아 있는 것과 같습니다. 이것은 하늘과 땅이 애호하는 것이고, 사람들이 소중히 여기는 것입니다. (…) 어찌 삼천리 우리 옛 강토가 오늘에 와서 개·돼지가 사는 곳으로 되고, 5백 년 공자·주자의 예의가 오늘에 와서 똥물에 빠질 줄을 생각했겠습니까?"[18]

이렇게 해서 대규모의 위정척사운동이 벌어지고 그 과정에서 임오군란이 발생했다. 1882년 임오군란 뒤 중국이 본격적으로 조선을 보호국으로 만들기 시작하자, 김옥균·박영효 등 개화파 인사와 고종은 중국이 가장 두려워하는 러시아와 수교함으로써 중국의 세력을 견제하려고 했다. 그뿐 아니라 민씨 일파인 민영익과 한규직 등 고종 측근들도 적극적으로 러시아를 끌어들일 것을 주장했다. 1883년 민영익은 사절로 미국과 유럽을 다녀온 뒤 고종에게 "유럽에서 특히 러시아가 강대하며, 유럽 여러 나라는 모두 러시아를 두려워합니다. 그리고 조만간 러시아가 아시아로 침략의 손을 뻗쳐 조선에도 그 영향을 미칠 것이니, 우리나라 입국의 근본정책은 일본이나 중국만 상대할 것이 아니라, 한걸음 더 나아가 러시아의 보호를 받도록 하는 것이 상책입니다"라고 귀국보고를 했다. 한규직도 "일본은 중국과 러시아를 의식하여 감히 조선을 병탄(竝呑)하지 못하지만, 늘 침략하고자 하는 뜻을 가지고 있다. 중국은 다른 나라가 조선을 점령해도 힘이 부족하여 조선을 보호하지 못할 것이지만, 조선과 일본 간에 조약상 문제가 있으면 보호국으로 만들려고 한다. 러시아는 세계 최강국으로 세계가 두려워하지만 조선과 함께하며 도울 수 있다"[19]라고 주장했다.

러시아를 '주적'으로 설정하고 이를 막기 위해 친중·결일·연미해야 한다고 주장한 〈조선책략〉과는 정반대로, 조선의 여론은 러시아와 우호·협력해야 한다는 방향으로 조성되고 있었다. 세계패권국인 영국의 세계전략과는 정반대로 조선의 세력들이 움직이고 있었던 것이다.

첫째, 수구세력인 위정척사파는 이때까지 러시아가 조선에 해를 끼친 적이 없다는 이유를 들었다. 둘째, 반 중국 노선을 견지한 급진 개화파는 조선을 속국화하는 중국을 견제하기 위해 러시아를 이용하려 했다. 셋째, 민씨 일파는 러시아의 힘이 너무 강하기 때문에 이에 굴복해 러시아의 보호를 받는 것이 유리하다고 주장했다. 넷째, 일본의 침략 위협에 대처하기에는 중국의 힘만으로는 부족하고, 설령 중국은 힘이 있어도 조선을 보호국으로 만들려 하기 때문에, 러시아의 도움이 필요하다는 것이다.

러시아에 대한 국내인사들의 이러한 우호적 움직임에 결정적 영향을 끼친 사람은 독일인 묄렌도르프이다. 그는 임오군란 뒤인 1882년 12월, 중국의 리훙장에 의해 통리교섭통상사무아문의 고문으로 임명되었다. 조선의 외교통상정책에 핵심적인 역할을 한 묄렌도르프는 〈조선책략〉과는 달리, 영국과 자연적 동맹관계에 있는 일본이 조선에게 '태생의 적'이라고 규정했다. 그리고 리훙장의 '세력균형론'처럼 중국의 힘만으로는 조선을 보호할 수 없기 때문에 다른 강대국, 즉 러시아가 필요하다고 주장했다.

"러시아는 중국과 정상적인 외교관계를 맺고 있으며 태평양까지 진출한 이래로 일본의 적이다. 따라서 독립적인 조선이 자국과 일본 사이에 일종의 완충국으로 남는 데 깊은 관심을 갖고 있다. 어떤 다른 강대국도 이 역할을 담당할 수 없을 것이다. 미국은 그렇게 하고 싶다고 할지라도 너무 멀고, 군사적으로 충분히 강하지 못하다. 인도차이나로 진격한 프랑스는 1880년 전쟁까지 가져온 중국의 반대를 받고 있다. 독일은 아직 세계 정치에 참가하지 않았다. 극동 문제들에 있어서 러시아의 적인 영국은 일본의 자연적 동맹이다."[20]

'중국'에 의해 임명된 '독일인' 묄렌도르프는 독일의 반 영국 정책 및 중국의 반 일본 노선에 입각해 일관되게 반영·친러 정책을 폈다. 중국의 속국화정책에 의해 코리아에는 세계패권 국가인 영국의 세계전략 및 동아시아전략과는 정반대로 친러세력이 강화되고 있었다. 고종과 왕비를 중심으로, 실권을 쥐고 있던 일부 친중사대세력을 제외하고는, 개혁과 수구를 가리지 않고 러시아에 경도되었다. 이 결과 1884년 7월 서울에 온 텐진주재 러시아영사 베베르(K.I. Weber)와 전격적으로 〈조러수호통상조약〉을 체결했다. 갑신정변 뒤, 묄렌도르프는 일본주재 러시아공사관 1등서기관인 스페이어(Alexis Speyer)에게 러시아가 조선을 보호국으로 만들 것을 요청했다. 중국과 일본의 속박에서 벗어나기 위해 러시아에 의존하는 정책은 결국 1896년 조선왕이 러시아공사관으로 집무실을 옮기는 사태로 발전한다. 그때까지 고종과 왕비 등 측근세력들이 러시아뿐만 아니라 미국에도 큰 기대를 했으나 미국정부는 조선에 관심을 보이지 않았다.

고종과 그 측근세력들은 중국의 속국정책에서 벗어나기 위해, 그리고 일본의 침략을 예방하기 위해 중국과 일본이 두려워하는 인접국 러시아에 크게 의존했다. 그러나 러시아는 중국과 일본을 하위에 거느리고 있는 세계패권국 영국의 적대국(패권 도전국)이었다. 결국 조선은 중국과 일본이라는 여우를 피하려다 영국이 제일 싫어하는 러시아라는 호랑이의 굴에 들어갔다. 이것은 중국과 일본, 특히 세계패권국 영국의 구도를 완전히 벗어나는 것이었다. 이것이 조선의 세계정세에 대한 인식과 외교 역량의 실상이었다.

1885년 4월, 조선에서 러시아의 영향력이 강화되고, 아프가니스탄을 둘러싸고 영·러의 갈등이 격화되자 영국은 거문도를 점령했다. 묄렌도르프의 영향을 받은 조선은 영국이 거문도에서 철수하지 않을 경우 영국과의 조약을 폐기할 것이라고 위협했다. 영국은 조선의 친러·반영 정책에 격노했고, 일본인은 놀라워했다. 결국 영국은 중국에 압력을 가해 묄렌도르프를 소환케 했고, 1885년 8월 외교고문을 미국인 오언 데니(Owen Denny)로 교체했다.[21] 나아가 1886년 8월 '조선이 러시아의 보호를 요청하는 국서를 작성했다'는 문서조작 사건이 발생하자, 영국은 러시아세력을 견제하기 위해 중국이 조선을 점령하는 것을 지원하겠다고 공언했다. 위안스카이는 〈조선대국론(朝鮮大局論)〉에서 미얀마와 베트남은 잃을 수 있지만 조선만은 결코 잃을 수 없다고 주장했다. 이때 중국의 리훙장은 고종을 폐위시키기 위해 밀사를 파견하기도 했다.[22]

조선은 '중·일, 영·러'라는 2중, 4중의 족쇄에 묶여 있었다. 조선은 중국의 족쇄와 일본의 속박에서 벗어나기 위해 패권 도전국 러시아에 일방적으로 경도되었다. 이때 세계패권국 영국은 러시아의 진출을 막기 위해 중국이 조선을 더욱 강력하게 속박하도록 지원했다. 중국은 더욱 강하게 조선을 얽매었고, 친중 수구세력들도 더욱 강화되었다. 조선이 세계체제의 핵심을 꿰뚫는 전략적 사고를 하지 못하고, 일시적 편의와 불안한 감정 그리고 강력한 관성에 따라 움직이기 시작했을 때, 코리아의 운명은 파멸을 향해 치달았다.

그렇다면 세계패권국인 영국은 조선에 대해 구체적으로 어떤 정책을 펼쳤는가? 〈조선책략〉에도 영국은 언급되지 않고, 영국 또한 조선에 큰 가치를 두지 않았다. 영국은 중국이나 일본이 조선을 맡아서 처리해주길 바랐다. 즉 "영국은 블라디보스토크의 군항 및 조선 북부에 건설할지도 모를 러시아의 군항에 대항해 동아시아 해역의 제해권을 보지하기 위해 조선 해역에 군항을 둘 것을 열망했다. 그러나 영국의 주요한 권익은 양쯔 강 유역에 집중해 있었고, 조선에는 구체적인 이익을 가지지 않았다. 조선 정책은 대 중국 정책에 종속해 있었고, 만약 조선에 대한 중국의 종주권이 러시아의 남하를 저지하는 것에 유리하다면 그것을 부정할 생각이 없었다. 영국에게는 확실히 러시아에 대항할 수 있는 어떤 세력이 조선에 존재하는 것이 바람직했다. 따라서 러시아가 조선에 개입할 기회를 제공하는 정치적 변화를 바라지 않았다."[23]

　　19세기 후반 코리아에 대한 세계패권국 영국의 정책목표와 선택지를 몇 가지로 정리하면 다음과 같다.

　　첫째, 조선은 그 자체의 경제적 이익보다도 러시아에 대항하는 군사적 방파제의 의미를 갖는다. 코리아는 중국의 동해와 일본의 서해, 즉 동아시아 극동수역의 제해권에 중요한 지역이고, 영국의 영향하에 있는 중국과 일본의 안보에도 영향을 미치기 때문이다.

　　둘째, 러시아의 남하를 저지하는 데 도움이 되는 한에 있어서 조선에 대한 중국의 종주권은 인정된다. 따라서 1882년의 임오군란을 계기로 중국이 조선에 대해 전래의 종속관계를 뛰어넘어 속국으로 만드는 정책을 취한 것도 영국은 용인할 수 있었다. 또한

1885년 4월, 중국은 갑신정변의 뒤처리를 위한 중·일의 〈톈진조약〉에서 영국과 프랑스의 힘을 배경으로 강경한 대일외교를 전개할 수 있었다.[24]

물론 조선에 대한 일본의 영향력이 커지고 나아가 일본의 군사력이 강화될 때, 이노우에(井上毅)의 주장처럼 조선에 대한 중국과 일본의 공동보호권도 인정될 수 있다. 중국과 일본 모두 영국의 영향력하에 있기 때문이다. 이 점에서 갑신정변 뒤 제기된 조선에 대한 '중·일 공동보호론'을 영국이 양해할 수 있었다. 〈조선책략〉도 기본적으로 이러한 영국 중심의 방러 전략에 토대를 두고 있었다.

셋째, 러시아에 대항할 수 있는 어떤 세력이 조선에 확실히 존재해야 한다. 조선이 러시아에 대항하는 입장을 확실히 견지하고, 그에 걸맞는 힘을 길러간다면 조선의 독립은 유지될 수 있다. 그러나 조선이 러시아에 대하여 존립할 힘이 없고 나아가 친러의 입장을 취한다면, 조선은 영국의 관점에서 볼 때 '독립'할 가치가 없다. 마찬가지로 중국이 조선 문제와 관련해 러시아에 대항적 관점을 가지는 한, 조선에 대한 중국의 종주권은 인정된다. 그러나 러시아의 조선 진출을 허용하고 나아가 러시아를 끌어들인다면, 조선에 대한 중국의 종주권은 부정된다. 조선에 대한 중국의 지배권이 부정될 경우, 조선에 대한 일본의 지배권은 자연스럽게 인정된다. 조선 정부의 상태에 따라 식민화까지 용인되는 것이다.

세계패권국 영국의 '중국과 일본을 지렛대로 한 대러 봉쇄'라는 동아시아정책에서 중국과 일본의 중요성은 시간에 따라 변화한다. 1880년대까지는 청국이 중요한 위치를 점했으나, 1890년대 이후 일본의 비중이 높아간다. 일본의 국력이 급신장했고, '대러 봉쇄'와 '중국의 정치적 독립 보존'이라는 영국의 양대 목표 중에서 중국이 대러 봉쇄의 역할을 하지 않았기 때문이다. 중국이 조선에 대한 영향력을 유지하기 위해 세력균형론에 따라 러시아를 끌어들이기 시작했을 때, 영국은 조선에 대한 중국카드를 버리고 일본카드를 중시한다. 영국의 동아시아정책은 1894년 '청일전쟁' 전까지는 중국을, 그 뒤에는 일본을 지렛대(하위 파트너)로 하여 전개되었고, 조선은 영국의 동아시아정책에서 '지레받침'이 되었다.

일본은 어떻게
중국을 이겼는가

 19세기 후반에서 20세기 초에 걸쳐 동아시아에서 대립의 기축은 영국과 러시아였고, 그 하위체계에서 중국과 일본이 대립하고 있었다. 그러나 중국과 일본 두 나라 모두 영국의 강력한 영향하에 있었다. 여기서 기축으로서의 영·러의 대립과 하위 축으로서의 중·일의 대립이 한 점에서 교차하는데 그 지점이 바로 조선이었다.

 중국은 임오군란의 진압을 계기로 조선을 속국화하고, 갑신정변을 계기로 개화파를 대대적으로 탄압하며 우민화(愚民化)정책을 전개했다. 조선에서 반중국 독립지향의 개혁운동이 다시는 일어나지 않도록 정부 요직에서 개화파를 몰아내고, 외국에 있는 유학생을 소환해 박해했다. 김홍집, 어윤중이 요직에서 쫓겨났으며, 유학생 유형준, 영어교사 이수정은 강제 귀국돼 처형당했다. 그리고 당대 최고의 개화지식인 유길준도 조선으로 소환되었으나, 국왕과 한규설의 도움으로 겨우 죽음을 면하고 유폐되었다.[25] 1885년 8월 26일, 위안스카이는 임오군란 때 중국으로 압송한 대원군을 대동하고, 주

차조선통상교섭사의(駐箚朝鮮通商交涉事宜)라는 일종의 '조선통감'으로 부임했다.

갑신정변의 실패는 조선과 동아시아의 세력관계에 중대한 변화를 일으켰다. 영·러, 중·일 대립의 주무대였던 조선에서 서구적 근대화와 일본의 이익을 공유하고, 이에 공동 보조를 취할 정치세력이 하나의 '세력'으로서는 제거되었기 때문이다. 임오군란과 갑신정변 뒤 조선은 중국의 보호국이 되었다. 영국은 조선 문제에 관한 한 러시아세력의 강화를 제어하기 위해 중국을 더욱 지원했다. 그리고 일본은 영국의 노선을 따라 러시아세력을 저지하기 위해 중국과 협조하지 않을 수 없었다. 조선 문제에서 일본은 국제적으로 고립되었다. 이러한 상황에서 일본은 청일전쟁에 이르기까지 영국 등 서구와 러시아 및 중국에 대해 적극적으로 외교정책을 전개하고, 군비를 증강했으며, 국내체제를 정비했다.

우선 갑신정변의 실패로 조선과 중국이 일체쌍두(一體雙頭)가 되자 일본에서 탈아입구(脫亞入歐)론이 나타났다. 일본의 대표적 전략가 후쿠자와 유키치는 1885년 3월, 〈탈아론(脫亞論)〉이라는 제목의 사설에서 "아시아와 함께 흥하기 위해 우리나라는 이웃 나라의 개명을 기다릴 수 없다. 오히려 그 대오에서 벗어나 서양의 문명국과 진퇴를 함께하고, 중국과 조선에 대해서는 이웃이기 때문에 특별히 하는 것이 아니라, 바로 서양인들이 그들을 대하듯이 그대로 처분하면 된다"라고 말했다. 그리고 "이 두 나라를 보면 지금의 문명동점(文明東漸) 풍조에서는 그 독립을 유지하는 것이 불가능하다. (…) 지금부터 수년이 지나면 나라가 망하고, 그 국토는 세계 문명제국에 의해

분할될 것이다"라고 주장했다.[26]

한편 일본의 대표적 군사 전략가인 야마가타 아리토모(山縣有朋)는 1888년 1월, 〈군사의견서〉를 제출했다. 여기서 그는 영국과 러시아 양국의 알력으로 인해 동양에 일대 파란이 일어날 것과 영국과 중국이 공격과 수비를 함께할 것으로 예측했다. 따라서 그는 조선을 중국에서 완전히 이탈시켜 자주독립국으로 만들고, 구주의 강국이 조선을 점유하지 못하도록 하는 데 조선 정책의 목표를 두었다. 영국과 중국이 공수를 함께하기에 중국을 영국에서 분리시켜 조선 문제는 중·일 간의 모순대립으로서 맞붙어야 한다는 것이다.[27]

나아가 야마가타는 1890년 3월의 〈외교정략론〉과 12월의 제1회 제국의회에서 수상으로서 행한 시정연설에서 '주권선'과 '이익선'의 개념을 제시했다. 그는 여기서 조선이 '이익선의 초점'이자 '사활적인 이익관계'라고 주장했다. 시베리아철도가 완성될 때 조선이 러시아의 침략 위협에 놓일 것이고, 조선이 '일본 열도에 칼을 겨누고 있는 형상'이므로 조선이 러시아에 넘어가서는 안 된다고 보았다. 따라서 야마가타는 군비 확장 우선론과 함께 일본과 중국이 공동으로 조선을 보호하는 '일·중 공동관리론' 또는 '조선 중립책'을 구상했다. 이를 위해 영국과 독일에 주선을 부탁하고, 대 중국 외교를 개선하며, 대 조선 외교를 강화해야 한다는 것이다.[28]

그러나 야마가타는 1893년 10월의 〈군사의견서〉에서 조선에 대한 기존의 '일중 협조론'을 '일본 단독지배론'으로 바꾼다. 이는 영국, 러시아 및 프랑스가 중국에 대해 군사 활동을 급속히 전개할 것이라는 평가 때문이다. 야마가타는 러시아가 시베리아철도를 통해 몽골을 거쳐 극동, 중국 내지까지도 석권할 것이고, 프랑스는 인도차이나의 식민지를 기반으로 광시(廣西)·윈난(雲南)지방으로 침략할 것이며, 영국은 프랑스와 러시아의 중국 진출을 견제하기 위해 쓰촨성(四川省)에 진출하고 양쯔 강을 차지할 것이라고 예상한다.[29] 결국 열강의 중국 진출로 중국이 약화될 것이므로, 천황제국가의 국시(國是)에 따라 조선을 지배해야 한다는 것이다. 이제부터 문제가 되는 것은 중국이 아니라 러시아이고, 러시아의 군사적 개입을 저지하기 위한 영국과의 협조이며, 나아가 러시아·프랑스·영국과의 '만국대치' 상태를 뚫고 나가는 것이 된다.

야마가타는 1883년 11월, 〈군비비교표〉를 만들어 군사력 강화를 주장했다. 그 10년 뒤인 1893년, 〈해군군령부조례〉를 두어 천황이 군령을 장악했고, 〈전시대본영조례〉를 공포해 참모총장이 육·해군 대작전계획을 장악했다. 1889년에는 '주권은 천황에 속하고 국민은 천황의 통치를 받는 신민'으로 규정한 제국헌법을 공포하고, 징병령을 실시했으며, 1890년에는 교육칙어를 발표했다. 이로써 국내체제를 정비해 대륙세력과의 임전체제를 갖추었다.[30]

다음은 대외관계의 정비이다. 앞에서 살펴본 영국 외무부 정무차관 커즌의 말대로 "중국의 장래에 영향을 끼치는 어떠한 문제도 영국의 입장을 고려하지 않고, 또 영국의 동의를 얻지 않고는 하나도 결정될 수 없었기" 때문에, 청일전쟁의 핵심은 영국이 어떤 입장을 취하느냐에 달려 있었다. 세계패권 국가 영국은 자국의 의사에 반하는 행위를 하는 중국과 일본을 징벌할 수 있을 뿐 아니라, 러시아와 프랑스 같은 패권 도전국가가 이들 나라에 간섭하는 것을 제어할 힘도 있었기 때문이다.

이러한 사실을 일본의 외교책임자들은 그 누구보다도 잘 알고 있었다. 이 시점에서 영국이 일·중 개전을 묵인 또는 승인하도록 하는 조건은 두 가지였다. 하나는 영·일 간의 관계 강화이고, 다른 하나는 영·중 간의 관계 악화이다. 영·일 간의 관계 강화는 무쓰 무네미쓰(陸奥宗光) 외상, 아오키 슈조(青木周藏) 주영 대사 등 일본 외교책임자들의 유능함에 의해 이루어졌다. 반면 영·중 간의 관계 악화는 리훙장 등 중국 외교책임자의 잘못된 전략 때문이었다.

1893년 7월, 조선에서의 방곡령 사건 이후 무쓰 외상은 구미와 조약 개정 협상에 돌입했다. 일본은 구미와 대등한 관계가 되어야 열강의 무력 간섭을 피할 수 있다고 보았다. 따라서 조약 개정은 단지 영사 재판권의 회수 문제만이 아니라, 영국과 러시아의 대립이 격화되었던 당시의 동아시아 상황에서 안전 보장의 문제이기도 했다.[31]

1894년 5월 31일 동학농민군이 전주를 점령했을 때, 대외강경파가 중심이 된 일본의 중의원은 내각탄핵안을 가결했다. 조선 정부는 6월 1일 중국에 원조를 요청했고, 다음날 일본은 각의를 열고 국회를 해산하는 동시에 파병을 결정했다. 일본은 오랫동안 준비해온 개전을 향해 돌진한 것이다. 그러나 6월 25일, 영·미·러·프의 각국 공사가 조선 정부의 의뢰로 중·일 양국 공사에게 공동으로 양국 군대의 동시 철퇴를 권고했다. 특히 러시아는 안 되면 단독으로라도 간섭을 진행할 것이라고 하면서, 일본군의 철퇴를 강경하게 요구했다. 이에 영국도 중·일 간의 조정에 힘썼다. 일본이 가장 우려하

던 열강의 간섭이 시작된 것이다.[32]

　열강의 간섭에 직면한 일본의 주영 대사 아오키는 "영국 정부는 금후 일본의 조치가 적어도 직접 또는 간접으로 러시아의 침입을 예방하는 것이라면 그것을 허용할 것이다"라고 일본에 타전했다. 이에 따라 일본 정부는 러시아의 강경한 위협을 물리치고, 영국의 지지를 얻어 일거에 중국과 개전하려고 했다. 일본 정부는 영국과의 조약 개정 교섭에 매진했고, 7월 6일 영국은 조약 개정의 최종안을 무쓰 외상에게 제출했다. 일본 정부는 이를 전면적으로 승인하고, 또 이를 급히 조인하기 위해 아오키 대사에게 조약은 영문으로만 조인해도 좋다고 훈령했다. 7월 16일 〈영일신조약〉이 조인되었다. 7월 19일 아오키 대사는 무쓰 외상에게, 조약 조인이 끝났을 때 영국 외상 킴벌리가 "이 조약은 본질적으로 일본에게 중국의 대병을 패주시키는 것보다도 오히려 훨씬 우월한 것이다"라고 말했다고 전했다. 이것은 영국이 중·일 개전을 양해한 신호로 받아들여졌다.[33]

　그렇다면 중국과 일본 사이에서 세력균형을 유지해온, 아니 엄밀히 말한다면 중국에 대해 더 우호적인 태도를 취해온 영국이 왜 이렇게 입장을 바꿨을까? 일본의 군사력이 중국보다 강했다는 것이 하나의 이유가 될 수 있지만, 필자는 무엇보다도 '러시아 요인'을 중시한다. 중국은 조선에 일본의 영향력이 강화되고 이에 대한 독자 대응력이 약화되자, 일본과의 타협이 아닌 러시아에의 의존으로 조선에 대한 지배권을 유지하려 했다. 즉 일본이라는 위험에 대항하기 위해 패권국 영국과 적대관계에 있었던 러시아를 끌어들임으로써 더 큰 위험을 자초한 것이다. 이것은 약소국인 중국의 리훙장이 패권국가가 사용하는 '세력균형론'을 자의적으로 사용했기 때문이다.

1894년 6월, 일본이 조선에서 군사력을 전개하자 중국과 러시아가 접근했고, 영국은 6월 28일부터 중국과 일본의 입장을 조정하기 시작했다. 이때 오코너(N. O'Conor) 주중 영국 공사는 조선 문제에 대해 중·일이 교섭을 진행하되, 교섭의 기초는 조선의 '내정 정리'와 '영토 보전'이라고 가이드라인을 제시했다. 이에 대해 중국의 리훙장은 영국의 조정 내용 자체에 불만을 나타냈다. 이때 리훙장은 일본이 조선에서 철병하지 않으면 중국과 러시아가 공동으로 일본에 무력을 행사할 수 있을 것이라고 생각했다. 곧 러시아가 조선 문제에 강력히 개입할 것이라는 기대감으로 리훙장은 영국의 조정에 반대했다.

7월 8일, 중국의 리훙장은 총리아문에게 교섭 거부의 강경한 회답을 일본의 고무라 공사에게 보내도록 지시했다. 그러나 하루 뒤인 9일 상황이 급변했다. 즉 러시아는 일본에게 병력 철퇴를 권고할 뿐 병력을 동원해 이를 강제하지는 않을 것이며, 또 조선의 내정 개혁에 러시아가 관여하지 않을 것이라는 러시아 정부의 전문을 리훙장에게 알렸기 때문이다.[34]

그렇다면 이때 러시아 입장이 왜 이렇게 변했을까? 이것은 패권 체제의 국제관계에서 아주 중요한 문제이다. 영국이 조약 개정의 최종안을 일본에 제시한 7월 6일에서 7월 8일 사이에 러시아의 입장이 변화했다는 점을 염두에 둔다면, 영국이 일본에 접근한 것이 러시아가 조선 문제에서 이탈한 것과 직접적인 관계가 있다. 결국 영국의 위압에 의해 러시아가 일본에 대한 간섭을 중지했을 수도 있지만,[35] 필자는 영국과 일본의 관계가 강화되자 이에 대응할 수 있는 체제를 갖추지 못한 러시아가 일본과의 직접적인 충돌을 회피하려 했다고 판단한다. 영국과 러시아의 적대관계와 청일전쟁 뒤 러·프·독 삼국의 간섭을 염두에 둔다면, 후자가 훨씬 더 설득력이 있을 것이다.

결국 중·러의 접근에 의해 중·영의 관계가 멀어지고, 일·영의 관계가 강화되자 러시아가 발을 빼내 중·러의 관계가 이완된다. 이 순간, 리훙장이 보낸 교섭 거부의 강경한 전문을 받은 주중 일본 공사 고무라는 주중 영국 공사 오코너를 방문해 중국의 교섭거부 사실을 알렸다. 이에 오코너는 중국이 태도를 변화시키지 않으면 자신도 어쩔 수 없다고 말했다. 그리고 영국은 중·일 간의 조정을 좌절시킨 책임이 중국에 있다고 인정했다. 이에 일본은 7월 14일 선전포고에 준하는 제2차 절교서를 중국에 보냈다. 그러자 격노한 중국의 황제는 대일 개전을 결의했다.[36]

일본은 조약 개정이 실현되었다는 전보가 도착한 지 이틀 뒤인 7월 19일, 오토리 게이스케(大鳥圭介) 공사에게 조선의 내정 개혁안을 강행토록 했다. 23일, 일본군은 단독으로 조선 왕궁을 점령해 친일내각을 수립했다. 그리고 25일에는 인천 앞바다에서 중국 함대를 기습해 격침시키고, 29일에는 중국군과 아산에서 전투를 벌였다. 일련의 전투 승리를 바탕으로 일본 정부는 7월 31일 중의원 총선거를 고시하고, 8월 1일 중국에 선전포고했다. 중국과 일본을 동아시아의 하위 파트너로 거느리고 있었던 대영제국은 일본과 중국의 전쟁에 공식적으로 중립을 선언했다.

청일전쟁 전선도

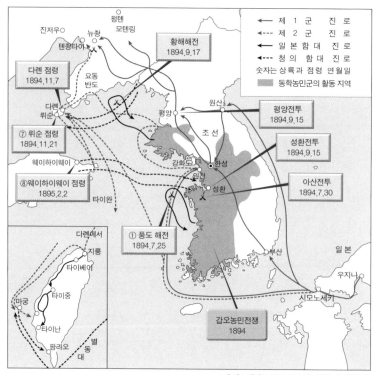

※ 출처 : 아사오 나오히로 외, 《새로 쓴 일본사》

　1894년 8월 1일, 일본은 '선전포고'를 통해 '조선의 독립 보장과 내정 개혁 실시'를 전쟁 목적으로 내걸었다. 그리고 전쟁을 '전시국제법'에 따라 실시할 것을 선언했다. 곧 일본은 전쟁 목적이 '정의'를 추구하는 것이고, 전쟁 수행 방법은 근대법체계를 따르며, '문명전쟁'이라는 것을 선언했다. 일본 외상 무쓰는 청일전쟁을 서구문명의 대표자 일본과 동양의 구태를 온존시키는 중국(청)과의 전쟁, 서구적 신문명과 동양적 구문명의 충돌로 규정했다. 그리고 전쟁의 결과 일본이 동양의 우등생이 되었다고 주장했다. 후쿠자와 유키치도 청일전쟁의 승리를 '반개(半開)에서 문명(文明)으로의 큰 전진'이라고 평가했다. 후쿠자와는 〈청일전쟁은 문명과 야만의 전쟁이다〉라는 글에서, "이 전쟁은 문명과 야만의 전쟁이고, 세계문명의 진보를 목적으로 하는 전쟁이다. 따라서 이것을 반대하고 방해하는 세력을 타도하는 전쟁은 일종의 종교전쟁이다"라고 주장했다. "세계의 문명 진보를 가로막는 방해물을 제거하는 데 다소의 살풍경이 벌어지는 것은 어쩔 수 없다"라는 것이다. 그뿐 아니라 당시 일본의 기독교를 대표했던 우치무라 간조(內村鑑三)도 일본과 중국의 전쟁을 '문명을 위한 정의의 전쟁'이라고 말했다.[37]

1894년에서 1895년까지의 청일전쟁은 기본적으로 코리아에 대해 2천여 년간 종주권을 행사해온 중국과 이에 맞서 새롭게 지배력을 행사하려는 일본의 대결이었다. 일본과 중국이 조선의 지배권, 나아가 동아시아의 지배권을 두고 전쟁을 벌인 것은 이보다 3백 년 전인 1590년대에 이미 한 차례 있었다.

19세기 말의 전쟁에서 중국의 뒤에는 러시아가 있었고, 일본의 뒤에는 영국이 있었다. 하지만 16세기 말의 전쟁에서는 러시아와 영국이 없었다. 대신 러시아의 자리에 여진족(후금)이 있어서, 일본이 두만강까지 침략해왔을 때 조선에 원병을 보내겠다고 제의했다. 또한 영국의 자리에는 해양제국을 만든 스페인이 있었고, 이들이 일본군과 함께 조선에 들어와 전쟁 상황을 직접 둘러보기도 했다. 코리아에 중국과 일본만이 아니라, 그보다 더 큰 범위의 세력들이 개입될 상황이 조성되고 있었던 것이다.

16세기 말 히데요시 일본은 코리아만을 목표로 하지 않고, 중국에서 나아가 인도까지 염두에 두고 있었다. 19세기 말의 메이지 일본도 코리아만을 염두에 둔 것이 아니었다. 8월 1일 선전포고한 일본은 9월 16일 평양을 점령했고, 9월 말까지 코리아 전역에서 중국군을 섬멸했다. 그리고 히데요시의 일본은 압록강을 넘지 못했으나, 메이지의 일본은 10월 24일 압록강을 건너 만주로 진격했다. 11월에는 요동 반도를 점령했고, 중국의 최정예인 북양함대를 격파했다. 일본은 요동에서 멈추지 않았다. 1895년 1월에는 산둥 반도를 공격했고, 해군기지인 웨이하이웨이(威海衛)를 점령했다. 하지만 산둥 반도에도 머무르지 않았다. 3월에는 중국 남부의 펑후 군도(澎湖群島)와 대만까지 점령했다. 16세기 말에 비해 19세기 말의 일본은 힘이 월등하게 커진 것이다.

1894년의 청일전쟁은 대륙세력과 해양세력의 전쟁이라는 점에서, 1590년대의 임진·정유 전쟁과 1904년의 러일전쟁, 그리고 1950년대의 한국전쟁과 기본적으로 성격이 같다. 청일전쟁에서는 중국이 대륙세력이었고, 일본이 해양세력이었다. 임진·정유 전쟁에서도 중국과 조선이 대륙세력이었고, 히데요시의 일본이 해양세력이었다. 그러나 러일전쟁에서 대륙세력은 러시아였고, 독일과 프랑스는 발을 뺐으며, 중국은 별 힘이 없었다. 이때 해양세력은 일본과 영국의 영일동맹이었고, 미국이 이들을 후원했다. 한국전쟁에서 대륙세력은 공산정권인 코리아의 북측과 중국, 그리고 소련이었다. 해양세력은 코리아의 남측과 미국, 그리고 미국 주도하의 국제연합이었고, 일본이 뒤에서 후원했다. 4백 년간 코리아에서 일어난 이들 전쟁의 기본 구도는 변함이 없었다.

코리아는 1894년 전쟁까지는 전체가 대륙(X)의 편이었다. 그러나 1904년 전쟁에서는 중립을 선언해 위치(0)를 변경했으며, 그 50년 뒤에는 코리아가 둘로 나뉘었다. 북은 대륙세력(X), 남은 해양세력 (Y)과 한편이 되었다. 사실 1880년 〈조선책략〉 이후 코리아는 해양세력과 대륙세력으로 분화, 분열되기 시작했고, 갑신정변은 그 정치적 결과였다.

1894년의 청일전쟁은 단지 외교·군사적 의미만을 띤 것이 아니라, 이데올로기의 전쟁이었다. 일본은 청일전쟁을 조선의 '독립과 개혁'을 위한 전쟁, '문명과 야만'의 전쟁, '서구 신문명과 동양 구문명'의 전쟁, '정의'의 전쟁으로 규정하고 선전했다. 이렇게 전쟁의 대의가 선전되고 규정되었다는 점에서 반세기 뒤의 '한국전쟁'과 유사하다. 20세기 중반의 한국전쟁에서 대륙측은 '해방'을 내세웠고, 해양측은 '자유'를 내세웠다. 나아가 청일전쟁에서 '문명'이 전쟁 이데올로기의 핵심으로 등장했다는 점에서, 2천 년간 중국이 동아시아의 패권을 장악하기 위해 수없이 사용한 '야만(蠻夷)에 대한 문명(中華)의 정벌전쟁'과 비교될 수 있다.

모든 전쟁의 근원에는 영토적 야욕이 있다. 1592년과 1894년의 전쟁은 해양세력인 일본의 영토적 야욕에서 출발했다. 반면 1904년의 러일전쟁과 1950년의 한국전쟁에 대해, 해양세력은 러시아(소련)의 팽창주의가 전쟁의 원인이라고 선전했고, 대륙세력은 이것이 모두 일본과 미국의 영토적 야욕에서 시작되었다고 주장했다.

일본의 폭주,
러시아제국을 만나 좌절하다

1894년 8월 17일, 일본 정부는 무쓰 외상이 제출한 〈조선 정부에 대한 장래의 일본정책〉 안을 검토했다. 여기서 무쓰는 네 개의 안을 제시한다.[38]

갑 일본 정부의 공적 성명대로 조선을 독립국으로 인정해 완전히 그 자주자치에 맡기고, 일본은 간섭하지 않는다.

문제점 조선은 관민(官民) 모두 독립의식이 결여되어 독립 능력이 없고, 방임하면 중국이 다시 간섭하여 현 정권을 전복하고 친중 사대당 정권을 부활시킬 것이다.

을 명의상 독립국으로 하고 실질적으로는 보호국으로 한다.

문제점 일본의 공적 성명과 모순되고, 열국의 비난을 초래해 국제적 갈등이 일어날 수 있다. 장래 중국과 러시아가 조선에 개입할 때 일본은 단독으로 이에 대항해야 할 것이다.

병 일중 공동보호

문제점 첫째, 일본의 독립론과 중국의 종속론이 대립하게 되고, 일본이 형식상 중국의 하위에 있게 된다. 이에 쟁의가 발생하고 교전국의 정세가 계속된다. 둘째, 중국의 종속국이라는 것을 폐기해 명분 문제가 해결되어도, 실제로 조선을 공동보호하면 의견 대립이 발생한다.

정 구미와 중국을 유도하여 조선을 벨기에, 스위스 같은 중립국으로 한다.

문제점 큰 병력을 동원한 제국 정부로서 국민을 만족시킬 수 없다.

이 네 가지의 안 가운데, 병과 정은 갑신정변과 영국의 거문도 사건 이후 일본이 그 실현을 모색했던 조선 정책이었다. 그러나 전쟁을 거친 뒤에는 선택될 수가 없었다. 따라서 네 가지의 안 중에서 "조선을 명의상의 독립국으로 하지만, 일본제국에 의해 직·간접적으로 영원히, 적어도 장기간 그 독립을 보호하고 유지한다"는 '을' 안을 채택했다. 이것이 '조선보호국안'이다. 그러나 '을'안은 러시아의 간섭이 예상되었다.

8월 20일 일본은 조선과 〈잠정합동조관〉을 맺고, 26일에는 〈대일본·대 조선 양국맹약〉을 맺었다. 일본과 조선이 동맹을 맺어 공동으로 중국과 싸운다는 형식을 만든 것이다. 이것은 강대국들이 일본의 조선 침략을 비난하거나 간섭하는 것을 막고, 조선에서 일본군의 행동이 합법적이라는 것을 선전하기 위해서였다. 이때 일본은 민심을 얻기 위해 대원군을 4개월간 다시 복귀시켰다.

1894년 9월, 청일전쟁에서 제1군사령관으로 활약한 야마가타 아리토모는 이토 히로부미에게 조선에 일본 관리를 파견해야 한다고 주장했다. 그리고 11월에는 〈조선정책상주(朝鮮政策上奏)〉를 통해 대동강 이북에 일본인을 부식해 조선과 중국의 관계를 확실히 단절해야 한다고 주장했다. 나아가 "부산-의주의 철도는 장래 중국을 횡단하여 인도에 도달하는 도로가 될 수 있다. 우리나라가 패권을 동양에 진작시키려면, 이 철도를 인도까지 통하는 대도로 만들어야 한다"라고 주장했다.[39] 조선 지배를 통해 인도에 이르는 아시아 제패의 꿈, 3백 년 전 도요토미 히데요시가 꾸었던 꿈을 야마가타가 다시 피력한 것이다.

이러한 아시아 팽창론은 야마가타뿐만 아니라 당시 일본에 널리 확산되어 있었다. 1895년 3월, 메이지유신의 주역으로 체신부, 농상무부 장관을 역임한 고토 쇼지로(後藤象二郎)는 〈극동정략의견서〉에서 '유신의 대업을 성취하는 좋은 기회'인 이 전쟁을 계기로, '천황의 위엄을 만국에 발양(發揚)'해야 한다고 주장했다. 이를 위해 만주의 삼성(三省)을 점령하고, 베이징을 침공해 청의 항복을 받아내고, 나아가 러시아·프랑스와 연합해 영국과 맞서야 한다고 주장했다. 그리고 민당의 수뇌 이타가키(板垣退助)는 〈청국 정책에 관한 의견서〉에서 "성경성(盛京省)·지린성(吉林省) 양 성의 땅을 떼어내 일본이 취함으로써 조선과 중국 사이를 잘라내 단절시켜야 한다"라고 주장했다.[40]

한편 1895년 4월 15일, 시모노세키에서 일·중 강화조약이 조인되기 2일 전에 제출된 육군대신 야마가타의 〈군비확충의견서〉는 주목할 만한 내용을 담고 있다. 그는 기존의 군비 확장이 오로지 '주권선 유지'를 중심으로 한 것이어서, 이번의 승전을 계기로 '이익선을 확장'해 동양에서 패권을 장악하기 위한 군비로는 극히 부족하다고 강조했다. 그리고 청일전쟁 뒤의 동아시아 정세는 동양맹주론, 중국의 복수대비론, 러·영·프의 군비증강 대비론에 의해 결정된다고 하면서, 그중에서도 특히 시베리아 철도의 완성에 대비해야 한다고 주장했다.[41]

야마가타는 일본의 조선 점령 뒤에 발생한 갈등과 팽창, 군비 확장의 연쇄현상을 느끼기 시작한 것이다. 곧 조선 점령으로 조선이 일본의 주권선에 편입되자 이익선이 동아시아 전체로 확장되고(동양맹주론), 조선의 점령이 대 중국 전쟁의 끝이 아니라 새로운 시작이며(청의 복수론), 러·영·프와의 마찰이 증폭(러·영·프의 군비대비론)되는 것이 필연적이었다. 따라서 일본의 군비 확장은 무한궤도를 달리게 된다. 청일전쟁의 종결은 평화의 시작이 아니라, 일본을 둘러싸고 있는 모든 나라들과 소용돌이치며 확대되는 무한전쟁의 출발점이 된다. 일본의 조선 점령은 '무한전쟁'이라는 판도라의 상자를 여는 것이었다.

일본은 대 중국 전쟁의 승리로 동아시아의 핵심 요충지인 코리아에서 겪은 일종의 병목현상에서 벗어났다. 그 결과 아시아 대륙에 대한 일본의 폭주욕은 병목현상에 의해 스트레스를 받은 것 이상으로 분출했다. 히데요시의 아시아 지배 구상이자, 메이지유신으로 탄생한 천황제국가의 국시(國是)였던 '국외 팽창론'이 전쟁 승리를 계기로 단숨에, 그리고 조급하게 발산된 것이다.

일본의 아시아 폭주는 삼국간섭을 전개한 러·프·독의 이해와 상충되는 것이었다. 그뿐 아니라 일본의 상위에 있는 패권국 영국의 '이해 범위'를 벗어나는 것이었다. 따라서 이러한 폭주는 당연히 제지된다. 러시아가 앞장을 서고, 프랑스와 독일이 이에 동조해 일본의 폭주를 제지했다. 대영제국은 그 제지에 대해 침묵했다. 일본에 의해 '아시아의 병자', '종이호랑이'로 낙인찍힌 '중화제국'이 붕괴한 그 자리에 중국보다 더 무서운 '러시아제국'이 일본의 상대로 등장했다.

1895년 4월 17일, 일본과 중국은 〈시모노세키조약〉에 합의했다. 그 내용은 중국이 조선의 완전한 독립과 자율을 명백히 인정하며, 뤼순을 비롯한 요동 반도와 대만 및 펑후 군도를 일본에 할양하고, 총 2억 냥의 배상금을 지불하는 것 등이다. 이 조약이 체결되자마자 러시아가 제동을 걸었다. 당시 러시아 국정의 핵심이었던 재무장관

코리아를 둘러싼 일본, 중국, 러시아

비테(Witte)는 일본에 의한 요동 반도의 점령이 건설중인 러시아의 철도를 목표로 하고 있으며, 일본의 뤼순항 장악은 전 조선을 궁극적으로 획득하기 위한 것이고, 결국은 중국의 황제를 일본의 천황으로 대체할 수 있다고 주장했다. 러시아의 외무장관 로마노프는 조약이 체

결된 바로 그날 열강들에게 일본에 대한 러시아의 항의를 전달했다. 독일은 중국의 분할 과정에서 소외될지 모른다는 생각에 러시아의 요청에 적극 찬동했다. 프랑스는 1894년에 러시아와 동맹을 체결했기 때문에 러시아의 제안에 찬성했다. 영국은 러시아의 제안을 거부했다.

1895년 4월 23일, 러시아·프랑스·독일 삼국의 공사들은 공동으로 '동양의 평화를 위해' 요동 반도를 중국에 반환토록 일본에 권고안을 제시했다. 당일 히로시마의 일본 총사령부에서 이토 히로부미 수상, 야마가타 아리토모 육군상, 사이고 츠구미치(西鄕從道) 해군 대장이 참석한 어전회의가 열렸다. 병상에 있던 무쓰 외상은 영국·미국 및 이탈리아의 외교적 지원을 받아 버틸 생각이었으나, 영국은 긍정적인 답변을 하지 않았다. 결국 일본은 삼국의 간섭을 받아들이지 않을 수 없었다. 이 삼국간섭은 일본이 청일전쟁에서 승리했다고 해도 구미 열강의 동의 없이는 아시아를 침략할 수 없다는 국제관계의 냉혹한 현실을 보여준 것이다. 이러한 사례는 1878년 러시아가 터키와의 전쟁에서 승리한 뒤 〈산스테파노조약〉을 체결했으나, 열강들이 베를린 회의를 통해 이를 수정한 것과 유사했다.[42]

1895년 5월 8일, '러시아 함대'가 정박하고 있는 중국의 즈푸(芝罘)에서 〈시모노세키 평화조약〉의 비준서가 일·중 간에 교환되었다. 일본은 전쟁을 통해 대만을 확보했지만 요동은 확보하지 못했다. 이에 대해 일본 여론이 들끓었다. 하지만 전쟁배상금 2억 냥은 당시 일본 예산의 몇 배나 되는 엄청난 것이었고, 이에 의해 군수산업을 중심으로 일본의 산업화는 본궤도에 오르게 된다. 그리고 일본은 전쟁 초기에는 조선의 농민군, 전쟁 말기에는 대만 주민의 저항에 직면했고, 이를 무자비하게 진압해 제국 건설의 어려움을 실감했다. 일본은 대만에 대한 식민지배를 통해 일본형 제국주의의 통치술을 형성해나가고, 남중국과 동남아로 진출할 수 있는 발판을 마련했다.

반면에 동북아에서는 중화제국을 대신해 러시아제국이 등장했다. 조선 문제와 관련해 일본은 다시 원점으로 돌아가 러시아와 협상하고 대결하지 않으면 안 되었다. 청일전쟁에서 패배한 중국은 이제 대영제국의 하위 파트너가 아니라, 러시아제국의 하위 파트너로 좌표를 이동한다. 리홍장은 '세력균형론'에 따라 청일전쟁 이전부터 러시아에 대해 친밀함을 표현해왔지만, 전쟁 뒤에는 명시적으로 러시아에 접근했다.

"만일 우리가 동맹 조약의 체결을 희망하고 상호 원조의 결속을 원한다면 당연히 러시아가 우리에게 가장 편리하다. 왜냐하면 영국은 통상을 이용하여 중국의 이득을 빨아먹고, 프랑스는 종교를 이용하여 중국인들을 유혹하고, 미국은 타국의 군사력 문제에 끼어들기를 원치 않기 때문이다. 이 모든 국가들이 우리들과 동맹을 논하기는 어렵다. 잘 알다시피 중국의 이웃으로서 러시아는 2백 번 이상이나 우리와 조약합의를 지켰다. 그리고 러시아는 결코 적대적 행위를 시작한 적이 없다. 러시아는 우리들에게 번번이 전쟁을 한 다른 국가들과 다르다. 더구나 러시아의 행위는 위엄 있고 관대하다. 따라서 유럽인들의 행위와 비교될 수 없다."[43]

1896년 6월 3일, 러시아 황제 니콜라스 2세의 대관식에 참석한 리홍장은 러시아와 비밀동맹조약을 체결했다. 6개항의 이 조약은

"일본이 극동의 러시아 영토, 중국, 조선을 침략하는 경우 상호 원조한다. 단독으로 강화하지 않는다. 전쟁중에는 중국의 모든 항만을 러시아 군함에 개방한다. 러시아는 헤이룽장(黑龍江)과 지린(吉林)을 통과해 블라디보스토크까지 철도를 건설하고, 전시나 평시에 이 철도를 이용할 수 있다"라는 내용을 담고 있다.[44]

러·중 동맹조약에 의해 중국이 러시아의 보호국이 되었을 뿐 아니라, 조선도 러시아의 보호국이 되었다. 청일전쟁으로 맺어진 〈시모노세키조약〉에서 중국이 조선에서 손을 뗐으나, 러·중 동맹조약에 의해 러시아가 중국의 자리를 그대로 대신했다. 코리아를 둘러싸고 일본과 러시아가 대립할 수밖에 없는 상황이 된 것이다.

자주와 중립, 그리고 대한제국
- 시대정신이 허상으로

1895년 중국이 일본과의 전쟁에서 패하자, 1880년 황쭌셴이 〈조선책략〉에서 예언한 '처마 밑에 있는 제비와 참새가 집에 불이 나다 죽게 되었는데도, 지저귀며 놀고 있다'는 '연작처당'의 비유가 실현되고 있었다. 조선은 왕후가 살해되고 왕이 외국 공사관으로 집무실을 옮겼으며, 중화제국의 붕괴를 기회로 '연작처당'처럼 '대제국'을 만들었다. 또한 1885년 후쿠자와 유키치가 〈탈아론〉에서 중국에 대해 예언한 "지금부터 수년이 지나면 나라가 망하고, 그 국토는 세계 문명제국에 의해 분할될 것이다"라는 주문이 실현되고 있었다. 중국은 마지막 개혁인 '무술변법'이 수구세력에 의해 실패하고, 의화단전쟁이 일어났으며, 결국은 열강들에 의해 분할된다.

19세기 말의 코리아에 가장 필요했던 것은 '자주독립'과 '중립' 그리고 한발 더 나아간다면 '제국'이었다. 그러나 조선 말기처럼 코리아가 '자주독립'적이지 못하고, '중립'적이지 않으며, '대제국'이라는 말에 어울리지 않은 때도 역사상 일찍이 없었다. 그러나 또한 이때만큼 '자주독립'과 '중립' 그리고 '제국'이라는 말이 빈번히 외교에 등장한 적도 없었다. 코리아의 자주독립과 중립은 시대정신 이었고, 어떻게 보면 당시에 모두가 바라는 것이었다. 그뿐 아니라 황제의 나라 중국과 천황의 나라 일본과 대등해지기 위해 코리아가 제국이 되는 것도 필수적이었다. 그러나 조선은 중국이라는 초가 집이 모두 불타자, 러시아라는 옆에 있는 초가집으로 옮겨갔고, 그 초가집도 불타버리자 결국 함께 까맣게 타버린 연작(燕雀)이 되었다. 그렇다면 말과 행동, 명분과 현실의 이 엄청난 괴리가 왜 발생했 을까? 제비와 참새는 과연 초가집과 운명을 함께할 수밖에 없는가? 이때 코리아의 생존노선은 과연 무엇이었는가?

중국 패권 속에서 2천 년간 조공(朝貢)과 책봉(冊封), 사대(事大)와 자 소(字小), 적례(敵禮)와 교린(交隣)이라는 말을 듣고 살아온 코리아에게 '자주독립'이라는 말을 집중적으로 사용한 나라는 일본이었다. 일본 은 1876년에 코리아가 최초로 맺은 근대적 조약의 제1조에 "조선 은 자주국이다"라고 규정했다. 그리고 갑신정변 뒤인 1885년 4월 에 맺어진 중국과 일본의 〈톈진조약〉에서도 중국은 조선이 자국의 속국임을 고집했으나, 일본은 조선이 독립국임을 주장했다. 1895년 청일전쟁이 끝난 뒤 일본은 중국과 맺은 조약 제1조에서 이를 더욱 강조해, "조선은 완전무결한 자주독립국임을 확인한다"라고 규정 했다. 그러나 일본이 1876년 이후 30년간 일관되게 주장한 자주는 '중국으로부터'의 자주였고, 독립은 '중국 의존에서 벗어난' 독립이 었다. 갑신정변을 일으킨 개화파들도 기본적으로 중국으로부터의 자주를 주장했다.

일본은 이 당시의 조선을 중국의 속국으로 보았다. 조선은 중국 중심의 세계관에서 벗어나지 못했고, 조선중화주의 또한 중화사상의 원리주의에 불과했다. 그리고 1876년 일본과 수호조약을 맺을 때도 조선은 중국에 '자주'라는 용어를 사용해도 되는지 물어보고 사용했다. 서양 국가들과 외교관계를 맺을 때 중국이 협상을 주도했고 조선은 이를 추인했다. 나아가 수교한 나라마다 조선 정부는 조선이 자주독립국이 아니고 중국의 속국임을 확실히 통지했다. 초기에는 미국을 제외한 어떤 나라도 조선에 공관을 두지 않았고, 주중 공사관이 겸임했다. 청일전쟁까지 중국이 조선의 외교와 내정을 좌우했고, 그 핵심 대리인은 민씨 일파였다.

일본에게 조선의 자주독립이란 어디까지나 중국으로부터의 자주이고, 나아가 일본의 보호국화이다. 1894년 8월 17일 무쓰 외상이 제안한 것처럼 '명의상 독립국이고 실질적으로는 일본의 보호국'이라는 정책의 '명의'가 바로 '자주'의 의미이다. 그 실질은 1894년 8월 20일과 26일, 일본과 조선이 맺은 〈잠정조관〉과 〈맹약〉에 나타난 보호조치에 의해 현실화된다. 그리고 1905년의 〈을사보호조약〉, 1910년의 〈합방조약〉에 의해 완전 식민화로 귀결된다.

1895년 3월 29일, 러시아·독일·프랑스는 삼국간섭으로 일본이 중국과 체결한 〈시모노세키조약〉을 수정토록 압박했다. 이때 이들 삼국은 '조선이 자주독립국'임을 주장했는데, 이들이 사용한 자주는 '일본으로부터의 자주'였다. 반면, 1896년 서재필, 윤치호, 이상재 등이 결성한 독립협회는 '외세로부터의 자주'를 내세웠지만, 그 핵심은 당시 조선에 막강한 영향을 행사한 '러시아로부터의 자주'

였다. 독립협회는 중국의 사신을 맞이하던 영은문을 헐고 독립문을 세웠고, 모화관을 독립관으로 바꾸었으며,《독립신문》을 제작했다. 이들은 고종의 환궁과 러시아 재정고문 및 군사교관의 철수를 요구했다. 한편 일제시대에는 모든 사람들이 '일제로부터의 자주독립'을 주장했다. 그리고 1945년 일제로부터 해방된 이후, 한국에서 '자주'라는 말은 보통 '미국으로부터의 자주'를 의미했다. 그러나 현재의 추세대로 코리아에 대한 중국의 영향력이 강화된다면, 앞으로는 1백 년 전과 같이 또다시 '중국으로부터의 자주'가 '자주'라는 말의 본뜻으로 등장할지도 모른다. 자주는 방향성이 있는 것이다.

"조선은 자주독립국이다"라는 말을 일본이 외교관계에서 처음으로, 그리고 가장 많이 사용했지만 이것은 시간이 갈수록 큰 호응을 얻었다. 이것이 바로 당시의 시대정신이었기 때문이다. 임오군란 이후 청일전쟁까지 중국이 조선을 속국으로 만들었고, 그 이후 러일전쟁까지 러시아가 중국의 자리를 차지했으므로, 조선에서 자주독립의 의미는 곧 '대륙세력으로부터의 자주독립'이었다. 이것을 주장한 대표적 세력은 갑신정변을 일으킨 개화파 1세대였고, 서재필과 함께 독립협회를 결성하고 만국공동회를 추진한 개화파 2세대가 그 뒤를 이었다. 개화파 2세대의 막내는 1898년 만민공동회를 개최해 6개조의 개혁안을 제출하고, 친러정권에 의해 구속된 이승만이다. 일본과 미국 등 '해양세력으로부터의 자주'는 조선 후기 대의명분과 대명의리를 주장한 노론 계열과 이를 이어 쇄국정책을 주장한 위정척사파가 그 중심이 된다. 해방 후에는 북한이 그 뒤를 이었다.

중립론을 코리아에서 최초로 주장한 사람은 개화파인 유길준이다. 그는 중국이 조선을 속국으로 지배하고 있을 때인 1885년, 중국 주도의 조선 중립화가 러시아를 방어하기 위한 최선의 길이라고 주장했다.

"우리나라는 지리적으로 아시아의 목구멍에 위치하고 있어 마치 유럽에서의 벨기에와 같으며, 그 국제적 지위로는 중국의 조공국이어서 불가리아와 터키의 관계와 같다. (…) 불가리아를 중립화한 조약은 유럽의 강대국들이 러시아의 남하를 막으려고 한 계책에서 나온 것이고, 벨기에를 중립화한 조약은 유럽의 강대국들 상호 간의 자국 보호를 위한 방책인 것이다. 이로써 논하면 우리나라가 아시아의 중립국이 되는 것이 실로 러시아를 막는 큰 계기가 될 것이며, 또한 아시아 강대국들이 서로 보호하는 정략도 될 것이다. (중략)

오직 중립 한 가지만이 진실로 우리나라를 지키는 방책이지만 이를 우리가 먼저 제창할 수 없으니, 중국이 이를 맡아서 처리해주도록 청하는 것이 좋을 듯하다. 만일 중국이 혹 일을 핑계 삼아 즉시 들어주지 않으면, 오늘 청하고 내일 또 청해서, 중국이 조약의 주창자가 되어 영국·프랑스·일본·러시아 등 아시아 지역과 관계가 있는 여러 나라들이 회동하는 자리에 우리나라가 참여하여, 공동으로 그 조약문을 작성하도록 요청해야 한다. 이것은 우리나라의 입장만을 생각한 것이 아니고 중국에게도 이익이며, 여러 나라가 서로 보존하는 계책이기도 한데, 어찌 근심만 하면서 이를 행하지 않는가."45]

유길준은 갑신정변의 좌절과 영국의 거문도 점령 그리고 조선 내 러시아세력의 강화를 지켜보면서, 중립화만이 러시아를 막을 수 있다고 보았다. 나아가 중립화가 중국과 일본을 제어해 조선의 독립을 유지하고, 동아시아의 평화를 이룩하는 방법이라고 생각했다. 이를 위해 자신은 비록 중국에 의해 유폐되어 있었지만, 당시 영국의 지원하에 조선을 지배하고 일본에 비해 상대적으로 강했던 중국이 조선의 중립화를 주도하도록 간곡히 설득했다. 유길준은 조선의 중립화가 장차 있을 러시아와 일본의 야욕도 제어할 수 있기에 중국에게도 유리할 것이라고 보았다. 그러나 중국은 유길준의 중립화안을 수락하지 않았다.

유길준이 '중국 주도의 중립화'를 주장할 무렵, 중국의 리훙장에 의해 조선의 외교통상 책임자로 파견된 묄렌도르프는 중국이 아닌 '러시아 주도의 중립화'를 구상했다. 그는 러시아가 조선의 보호자 역할을 담당하는 것이 최선이라고 생각했다. 하지만 차선은 조선을 유럽의 벨기에처럼 중립화하는 것이고, 이것을 러시아가 다른 강대국에게 제안할 것을 요청했다. 이에 대해 러시아는 호의적인 반응을 보이지 않았다.

같은 시기인 1885년 3월, 조선주재 독일 부영사 부들러(Hermann Budler)는 당시 조선을 속국처럼 지배하고 있던 "중국의 군대를 조선에 더 많이 파견해야 한다는 일부 정치인의 주장은 어리석은 짓이자 아주 큰 해를 초래할 것"이라고 비판하면서, "조선과 관계국들이 이상적으로 살 수 있는 방법은 조선을 중립국으로 만드는 것이 유일하다"라고 주장했다. 이를 위해 중국, 러시아, 일본이 조선의 중립화를 영원히 보장하는 조약을 맺어야 한다고 제안했다. 이렇게 해야만 중국군과 일본군의 주둔으로 발발 가능성이 높은 '중국과 일본의 전쟁'으로부터 조선이 안전할 수 있고, 평화와 번영을 이룰 수 있다는 것이다. 따라서 "조선은 중립화정책을 국민들에게 확신시켜야 하고, 속히 중국·일본과 협상해야 한다"라고 주장한다.[46]

이 당시 일본의 야마가타는 '일본과 중국이 주도하고 영국과 독일이 주선하는 조선 중립화'를 구상했다. 한편 개화개혁파의 2세대인 이승만은 1910년 〈미국의 영향을 받은 중립〉이라는 박사논문을 썼다. 코리아 문제를 직접 다룬 것은 아니지만, '미국 주도의 중립구상'이 그 논문의 근저에 있었다.

1895년 을미사변 이후 조선에 대한 러시아의 영향력이 급속도로 강화되자 일본은 러시아에 38도선의 분할을 제안했다. 그러나 러시아는 이를 거부하고 대신 러·일 두 강대국이 전 조선에 대해 일종의 공동지배체제를 수립하기로 합의했다. 그러나 5년 후 의화단의 봉기가 진압된 뒤인 1901년, 조선에 대한 일본의 영향력이 급속히 확대되자, 러시아는 강대국 보장하에 조선을 중립화할 것을 일본에 제안했다. 이것을 일본이 거부하자 7월에는 이보다 한발 더 나간 제안을 한다. 러시아 재상 비테는 조선을 중립지대로 두면서, 행정고문·재정고문·경찰책임자를 조선 정부에 제공할 수 있는 권한을 일본에 주겠다고 제안한 것이다.

그러나 이 당시 조선을 중립화하기에는 대륙세력과 해양세력의 양대 진영이 너무 적대적이었다. 그리고 무엇보다도 조선 내부의 정치세력이 조선이 중립화됨으로써 열강 모두가 이익을 얻을 수 있다는 확신을 주지 못했다. 조선 내부의 정치세력들은 구심력 없이 수구와 개혁, 대륙과 해양으로 극단적으로 분화되어 있었다. 따라서 조선은 주변 열강들(X, Y)을 모두 만족시킬 교차점에서 한참 떨어져 산만하게 흩어져 있었다. 특히 조선 정치의 주류가 친대륙(중·러)세력이었고 이들이 정권을 잡고 있어서, 영·일·미의 해양세력은 조선의 중립화가 결국은 대륙화로 연결될 것을 두려워했다. 19세기 말 조선 독립의 가장 유력한 대안으로 떠오른 중립화는 실현되지 못하고 망국으로 치달았다.

자주독립론과 중립론이 전개되는 과정에서 한 가지 주목해야 할 것은 조선왕의 '칭제(稱帝)'문제이다. 코리아의 역사상 왕이 공식적·대외적으로 황제라 칭한 것은 고려 광종시대의 짧은 시기를 제외하고는 한 번도 없었다. 따라서 '칭제'는 동아시아의 국제관계뿐만 아니라, 조선 내에서 일어난 정치사상의 변화를 파악하는 데도 중요한 의미가 있다. 중화체제라는 세계체제에 완전히 포섭되어 있는 나라에서 황제라는 것은 오직 중국만이 가능했고, 따라서 칭제는 중국을 중심으로 형성된 계층적 세계 질서에 대한 반역을 의미했기 때문이다.

칭제 문제를 최초로 구상하고 언급한 인물은 1884년 갑신정변의 주역 김옥균이다. 그는 황제를 칭하고, 조공을 중단하는 것이 청국의 지배에서 벗어나기 위한 유력한 방편이라고 생각했다. 이때부터 칭제 문제는 끊이지 않고 제기되었다. 1892년 조선과 오스트리아가 수호통상조약을 체결할 때에도 양국의 관계자가 이를 언급했다. 그리고 1894년 6월 일본이 중국과의 전쟁을 위해 개전외교를 한창 진행할 무렵, 조선주재 일본 공사 오토리 게이스케(大鳥圭介)는 내정 개혁의 한 방편으로 황제를 칭하고 연호를 제정하며, 머리를 깎고 양복을 입을 것을 주장했다. 일본의 승리가 확정된 1894년 12월, 친일파내각은 왕의 존칭을 '주상전하(主上殿下)'에서 '대군주폐하(大君主陛下)'로 바꾸었다.[47]

그러나 삼국간섭과 조선 조정의 반일·친러 경향, 이를 역전하려고 일본이 시도한 을미사변과 이에 대항한 을미의병의 강력한 저항은 칭제 문제에 새로운 의미를 부여했다. 을미사변 직후인 1895년 10월 15일, 친일내각은 조선이 자주독립국임을 국민에게 확고히 심어주자는 명분에서 칭제 문제를 구체적으로 거론했고, 10월 26일에 황제 즉위식을 거행하기로 결정했다. 이러한 결정을 주도한 것은 을미사변과 관계된 친일내각의 소장관료와 훈련대의 장교들이었다. 청일전쟁에서 패한 '중국으로부터의 독립'이 아니라, '친러세력'의 핵심이었던 명성황후의 살해를 정당화하기 위해 칭제를 주장한 것이다. 곧 을미사변이라는 일제의 야만적 행위를 무마하기 위한 하나의 방편으로 '조선의 자주독립'과 '칭제'를 내세웠고, 이를 통해 친일적 갑오경장세력의 정권 기반을 강화하려 했다.[48]

일본과 친일세력의 이러한 의도가 관철되지 못한 것은 삼국간섭을 진행시킨 러·프·독과 미국의 압력 때문이었다. 미국 공사 대리 앨런과 러시아 공사 베베르, 프랑스 공사 르페브르는 고종에게 명성왕후가 이들 나라에 호의를 갖고 있었다고 지적하면서, 왕후에 대한 폐후조칙(廢后詔勅)의 철회를 요구했다. 나아가 이들은 일본 공사와 일본인 고문관들을 제거하기로 합의했다. 이러한 압력에 의해 미우라 고로(三浦梧櫻)를 대신해 새로 임명된 고무라 주타로(小村壽太郎) 공사는 황제 즉위식 거행 전날인 1895년 10월 25일, 친일내각에 즉위식의 중지를 요구했다. 바로 이날 일본의 니시 도쿠지로(西德二郎) 외상 대리는 조선의 내정에 간섭하지 않는다는 방침을 선언했다. 이어서 러시아 공사 베베르와 미국 공사 대리 앨런의 협조로 고종은 집무실을 러시아공사관으로 옮겼고, 조선 정부에서 일본세력을 배제시켰다.[49]

1896년 5월 일본과 러시아의 공사 사이에 국왕의 왕궁 귀환 등에 관한 합의가 이루어졌다. 또한 조선의 민·관 모두가 환궁을 요구하는 상소를 올렸다. 아관파천 1년 뒤인 1897년 2월 고종이 환궁했고, 독립협회를 중심으로 자주독립을 주장하는 분위기가 더욱 고조되고 칭제를 요청하는 상소가 이어졌다. 1897년 봄 이최영의 상소를 비롯해 5월에는 유생들의 상소가 이어졌는데, 그 내용은 국왕의 존호를 높여 자주독립국의 권위를 내외에 알리자는 것이었다.[50]

1897년 8월 15일, 연호를 광무(光武)로 하는 조서를 내려 건원(建元) 문제를 해결하자, 주요 대신, 전직 관료 및 유생들의 칭제상소가 분출했다. 칭제의 주요 논거는 앞에서 언급한 내용에 더해, 청일전쟁에서 중국이 패한 것을 인정한 〈시모노세키조약〉이 언급되고, 조선이 한(漢)·당(唐)·송(宋)·명(明)의 정통을 이었다는 점이 강조되고 있다.[51] 바로 이 점은 당시 조선 지식층이 중화사상에 얼마나 뼛속까지 물들어 있었던가를 잘 보여준다. 이들은 조선을 차지하기 위해 벌어진 청일전쟁에서 중국이 패배한 것을 민족의 '위기'가 아니라, 중화체제의 정통성을 잇는 역사적 '호기'로 인식하고 있었다. 이것은 실로 코리아 역사상 한 번도 없었던 역사와 세계에의 맹목 그 자체였다. 그러나 이 당시 독립협회를 중심으로 하는 개혁세력의 칭제 요구는 이와는 다른 맥락이었다. 청일전쟁에서 중국이 패하기 10년 전부터 개화파들이 주장한 칭제론은 중국 황제 중심의 세계체제에서 큰 용기가 필요한 것이었기 때문이다.

독립협회를 중심으로 한 개혁세력과 유생을 비롯한 보수세력의 칭제 요구가 결합되어 1897년 10월 12일 원구단에서 황제 즉위식이 거행되었다. 14일에는 '대한제국'이라는 국호를 선포했다. 이때 국호 '대한제국'은 17세기 후반에 확립된 남인계의 삼한정통론(三韓正統論)과 노론계의 도통(道統) · 정통론(正統論)을 이어받은 역사계승의식을 종합한 것이었다. 이는 당시 조선의 성리학자들에게 팽배해 있었던 역사의식이었다.[52]

그러나 '대제국'을 만들면서 당시 조선 영역의 절반도 안 되는 영역을 차지했던 한국(삼한)이라는 이름을 채택한 것이야말로 대한제국의 운명을 상징하는 것이었다. 삼한이 38선 이남에 위치했다는 점을 염두에 두면, '황제'가 지배하는 영역(한국)이 '왕'이 지배한 영역(조선)보다도 작아지는 아이러니가 발생했다. 사실 이때의 황제는 이전 시대의 어떤 왕보다도 훨씬 힘이 약했다. 그리고 5세기에 왜의 5왕들이 억지로 삼한(한국)에 대한 군사권을 주장한 것처럼, 20세기에 일본이 한국(대한제국)을 지배하겠다고 나설 수 있었다. 코리아와 일본 사이의 2천 년 역사를 일본 중심으로 집요하게 서술해온 일본이 '대한제국'이라는 국호를 제안한 것이 아니라면, '한국'이라는 국호의 제정은 역사의 우연인가, 필연인가. 아득한 옛날이나 지금이나 한국(삼한 · 대한제국)은 해양세력과, 조선(고조선 · 북조선)은 대륙세력과 긴밀한 관계를 맺어왔다.

광무원년에 고종황제가 대한제국을 개창했을 때, 러시아·일본을 비롯한 열국의 입장은 무엇이었을까?[253] 미국 공사 앨런은 "일본은 전에 이런 조치(칭제)를 주장하였지만, 근래에는 반대하여온 것으로 안다. 러시아 측은 전에 이를 반대했지만, 이제 그 반대를 철회했음이 틀림없다. 독일과 영국 대표는 이를 반기지 않고 있다. 러시아의 세력이 막강하기에 만일 러시아가 원하지 않았다면, 러시아는 조선의 칭제 논의를 간단히 막을 수 있었을 것이다"라고 평가하고 있다.

이와 같이 러시아가 칭제에 대해 긍정적이었던 것은 을미사변 때 일본의 경우처럼, 러시아의 속국이 된 조선의 상황을 호도하기 위한 것이다. 칭제를 통해 조선이 자주독립국임을 선언하는 것이 러시아에게 상징적이나마 의미가 있었을 것이다. 프랑스는 러시아와 동맹관계에 있었기 때문에 러시아의 입장을 따랐다. 러시아는 1897년 12월 31일, 러시아 황제의 이름으로 대한제국을 승인하고 축하공문을 보냈다. 프랑스도 공사를 통해 같은 공문을 보냈다.

한편 일본은 비록 '러시아 주도'의 칭제건원을 내심으로는 반대했지만, 조선의 이러한 움직임을 표면적으로 반대할 수 없었다. 조선과 관계를 개선해 친일세력을 심어놓는 것이 더 중요했기 때문이다. 따라서 일본은 조선과 관계를 개선하기 위해, 칭제에 대한 일본 언론의 야유에도 불구하고, 천황의 국서를 통해 '간접적'으로 승인한다.

대한제국 및 칭제 문제와 관련해 가장 주목해야 할 것은 당시의 세계패권 국가 영국이다. 이 시기에 조선 정부의 재정고문이 영국인에서 러시아인으로 바뀌는 등 조선 내에서 영국과 러시아 간의 대립이 심각했다. 친러파 외무대신 민종묵에 의해 영국 영사 조단의 고종 알현이 묵살되었고, 알현하는 자리에서조차 재정고문에 대한 조단의 진언은 저지되고, 결국은 황태자에게 쫓겨났다. 영국은 1898년 3월 조단의 지위를 '영사'에서 '공사'로 상향 조정하는 것 외에는 칭제를 승인하는 직·간접의 의사 표시를 끝내 하지 않았다.

미국은 다음해 3월에 가서야 칭제를 승인했으나 국호를 '조선'으로 그대로 표기했고, 독일은 국호를 '한국'으로 바꾸는 것 외에는 별다른 조치를 취하지 않았다. 청국은 고종의 칭제를 '망자존대(妄自尊大, 분별도 없이 함부로 잘난 체하는 짓)'의 일로 간주하는 등 여전히 과거의 종주국적 관점을 떨쳐버리지 않았다. 그러나 1899년 8월 17일, 양국 황제의 명의로 〈한청통상조약〉이 체결됨으로써 2천여 년 만에 코리아와 중국은 공식적으로 대등한 외교관계를 수립했다.

결국 '자주독립'과 '중립', 그리고 '칭제와 건원'까지도 일·러·중을 중심으로 한 열국의 입장에서 볼 때는 자국의 세력을 확대하거나 유지하기 위한 '허상'에 불과했다. 그러나 자주독립과 중립 그리고 황제라는 개념을 허상의 행태일지라도 취하지 않을 수 없었다는 점에 코리아의 특수성이 있다. 바로 이 점에서 한편으로는 코리아가 외세의 영향을 강하게 받아 자주독립이 위협받지만, 다른 한편으로는 진정으로 자주독립할 수 있는 여지가 생긴다. 자주와 독립, 나아가 중립을 '열강의 허위 이데올로기'가 아닌 '조선의 현실'로 만들 수 있는 유일한 힘은 조선의 내부 역량이었다.

일본, 영일동맹으로
러시아를 제압하다

1895년 4월 러시아·프랑스·독일의 삼국간섭으로 일본은 중국과의 전쟁에서 승리했으나, 조선과 만주 그리고 산둥 반도 일대에서 자국의 영향력을 신장시키기 못했다. 러시아라는, 중국보다 더 크고 위압적인 적이 중국의 자리를 대신해 중국과 조선에 막강한 영향력을 행사했기 때문이다.

일본은 1894년 7월 청일전쟁이 본격적으로 개시되기 전에 조선 왕궁을 점령해 대원군을 앞세우고 친일내각을 수립했다. 그러나 1895년 4월 러시아 중심의 삼국간섭이 시작되고 이에 일본이 굴복하자, 모든 것이 바뀌기 시작했다. 친러세력의 핵심이었던 왕비를 중심으로 하는 세력이 친일파를 축출하고 친러파 내각을 만들었다. 이러한 흐름을 바꾸기 위한 친일개화파의 몇 차례 시도가 실패하자, 1895년 10월 일본은 친러세력의 핵심인 왕비를 살해했다.

그러나 이 을미사변은 왕을 비롯한 정부 내에서만이 아니라 전국적인 저항을 불러일으켰다. 그뿐 아니라 미국과 영국, 독일과 프랑스 등도 반발했다. 일본은 10년 전 갑신정변 이상의 극단적 모험주의로 조선에서 완전히 궁지에 몰렸고 사면초가가 되었다. 그리고 1896년 2월 친러쿠데타가 발생했고, 고종은 집무실을 러시아공사관으로 옮겼다. 이완용(李完用)을 비롯한 친러수구파는 친일개혁파였던 총리 김홍집과 정병하를 처형하고 김윤식을 유배시켰다. 유길준 등은 일본으로 망명하고 어윤중은 군중에게 피살되었다.

중국에서도 리훙장은 청일전쟁 이후 급격하게 친러주의자가 되었고, 1896년 6월에는 러시아 황제의 대관식에 참여해 〈러·중 동맹조약〉을 체결했다. 러시아는 코리아를 중심으로 동해에는 블라디보스토크, 서해에는 요동의 뤼다(旅大)에 해군기지를 보유했고, 시베리아에서 만주로 이어지는 철도를 확보했다. 동북아를 제패할 수 있는 기틀을 마련한 것이다.

1897년 독일의 자오저우만(膠州灣) 조차(租借) 이후 열강은 중국을 분할 점령하기 시작했다. 이에 제국주의의 중국 침탈에 대항하는 반제국주의 민족운동이 확산되었다. 청의 서태후가 지원하는 의화단이 '청을 돕고 서양을 멸하자(扶淸滅洋)'는 기치를 내걸고 봉기했다. 이를 진압하기 위해 1900년 6월 영국의 함대사령관 시모어(Seymour) 중장을 총사령관으로 하는 8개국 연합군이 베이징을 향해 진격했고, 8월에는 베이징을 점령했다. 영국의 《런던 타임스》는 의화단전쟁에 즈음한 사설에서 "유럽의 이익을 위해 문명의 동맹에 신입하려는 신모병, 즉 일본을 이용해야 한다"라고 주장했다. 그리고 일본에서도 가쓰라 다로(桂太郎)는 의화단전쟁을 '동방의 패권을 장악하는 단서'로 규정하고, 연합군의 반을 차지하는 2만 2천 명의

대군을 파견했다.[54]

　결국 해양이 아니라 대륙에서, 즉 만주와 조선 그리고 중국 내륙에서 러시아가 영향력을 확대하고 민족운동이 발전함에 따라, 해군력 중심의 영국은 동아시아를 감당하기가 힘들어졌다. 그래서 영국은 동맹의 파트너를 절실하게 찾게 된다. 이때 의화단전쟁은 일본의 힘을 구미열강에 인식시키는 데 결정적인 계기가 되었다. 1900년 10월 16일, 영국·일본·독일은 삼국협정을 맺었다. 이 협정은 의화단전쟁을 계기로 출병한 러시아가 만주에서 철군하지 않고 계속 주둔하고 있었기 때문에, 러시아를 겨냥해 중국의 문호 개방과 영토 보존의 원칙을 확인한 것이다. '중국의 문호 개방과 영토 보존'은 1899년과 1900년에 미국의 국무장관 헤이(J. Hay)가 주장한 정책인데, 이에 영국과 독일만이 아니라 일본도 동의한 것이다. 이로써 일본은 영국뿐만 아니라 미국 및 독일과도 우호적인 관계를 맺게 된다.

　한편 1896년 2월, 왕이 러시아공사관으로 거처를 옮긴 이후 궁지에 몰린 일본은 러시아에 조선의 38도선 분할을 제의했다. 러시아는 이를 거부했다. 그리고 2년 뒤인 1898년 3월 니시 일본 외상은 만주와 조선을 교환해 만주는 러시아, 조선은 일본의 영향권에 두자고 제안한다. 그러나 군부의 반대에 직면한 러시아는 이것도 거부한다. 이렇게 러시아가 일본의 제안을 계속 거부하고 의화단전쟁 이후 러시아가 만주를 점거하자, 일본은 '북을 지키고 남으로 진출한다'는 북수남진론(北守南進論)으로 정책을 변경한다.

　연합군의 베이징 점령 5일 뒤인 1900년 8월 20일, 수상 야마가타 아리토모는 북수남진론에 중점을 둔 〈북청사변전후책〉을 제시한다. 여기서 "의화단 사건을 계기로 일본이 조선 전부를 세력 범위에 두고, 대신 러시아의 만주 경영을 용인해야 한다. 그러나 현재 조선 전부를 점령하지 않는다 해도, 대동강과 원산항을 잇는 선에서 조선을 남북으로 나눠 남은 일본이 북은 러시아의 범위로 하는 방법을 취하면, 우리나라는 러일전쟁을 하지 않고도 북방 경영의 목적을 달성할 수 있다"라고 주장한다.[55] 조선을 39도선에서 분할하고 남방으로 진출하겠다는 야마가타의 구상은, 러시아가 일본의 제안을 거절하고 영국을 중심으로 하는 서양세력이 일본의 남진을 강력히 견제함에 따라 실패한다.

일본은 1895년 청일전쟁에서 승리했음에도 불구하고 '일본 중심'의 구상에 근거해 만주 지배라는 '독자정책'을 펴다가, 결국은 러·프·독의 삼국간섭에 의해 실패했다. 마찬가지로 일본은 1900년 의화단전쟁에 최대의 병력을 투입해 승리하고 이 승리를 기초로 '일본 중심'의 독자적인 구상, 즉 북수남진론에 입각해 남중국의 샤먼(廈門)에 출병하려 했으나, 영·독·미의 간섭으로 실패했다. '영국 중심'의 세계패권체제에서 영국의 하위에 있었던 일본은 청일전쟁과 의화단전쟁에서 승리했지만, 영국의 승인 없이는 어떠한 팽창도 불가능했다.

이로써 1900년 10월 북수남진론을 추진한 야마가타 내각은 총사직하고, 제4차 이토(伊藤) 내각이 성립한다. 그리고 외상에는 영국과의 동맹으로 러시아에 대항할 것을 일찍부터 주장한 가토 다카아키(加藤高明)가 취임했다. 북진과 이를 위한 영일동맹노선이 1898년

6월의 오쿠마 시게노부(大隈重信) 내각에서 반러·친영·친미 노선으로 등장한 뒤, 일본의 대외정책으로 재등장한 것이다.

이때 러시아는 동북아에서의 우위를 바탕으로 만주 점령을 기정 사실화하고, 코리아를 러시아와 일본의 완충지대로 만들기 위해 '한국 중립화안'을 제안했다. 그러나 일본은 한국을 중립화시키는 것이 아니라, 일본의 영향권 안에 편입시키기 위해 일러협상을 전개한다. 1901년 1월 3일, 러시아와 중국 간에 철도 보호를 위한 러시아군대의 만주 주둔과 만주를 사실상 러시아의 영향 아래 두는 것을 인정한 〈정-알렉세예프 협약〉이 《런던 타임스》에 보도되었다. 일본은 러시아와의 협상이 다급해졌다. 1901년 1월, 원로 이노우에 가오루(井上馨)를 중심으로 일러협상이 개시되었고, 12월에는 이토가 러시아를 방문했다. 그는 이미 1898년 〈니시-로젠 협정〉으로 확보한 '조선에서 일본의 상공업상 우위'에 더해, 정치·군사적인 우위, 즉 한국 정부에 대한 원조와 내란 진압을 위한 군사 원조 등에 대해서도 러시아 측이 승인할 것을 요구했다.[56] 이것은 1898년에 제안된 '만한교환론(滿韓交換論)'과 궤를 같이하는 것이었다.

한편 1900년 이후 영국은 일본이 북수남진론을 전개하고, 조선·만주 문제를 해결하기 위해 대러 협상을 강화하자 불안해졌다. 중국 전체와 티베트·페르시아·터키 문제 등에서 러시아와 대립하고 있었던 영국은 의화단의 진압에서 큰 능력을 보여준 일본이 러시아와 타협해 관계가 발전되면 영국에 치명적인 손실이 될 것이라고 생각했다. 또한 독일이 해군력을 대대적으로 증강하고 있는 현실에서 이에 대응할 수 있는 파트너도 필요했다. 그리고 1899년 남아프리카에서 발생한 보아전쟁과 1900년 중국에서 발생한 의화단전쟁은 이제 더 이상 세계 문제에 영국이 홀로 대응할 수 없게 되었음을, 힘이 한계에 도달했음을 깨닫게 했다.

1901년 영국과 일본의 이해관계가 일치되자 가쓰라 내각은 7월부터 본격적으로 영일동맹교섭을 추진한다. 12월의 원로회의는 '일러협상'과 '영일동맹' 중 어느 것이 유리한지를 검토한 뒤, '영일동맹'이 항구적인 평화의 보장과 일본의 중국 진출 및 조선 지배의 실현에 유리하기 때문에 상책이라고 결론짓는다. 그 결과 1902년 1월 30일, 일본에서 '제국외교의 골수(骨髓)'라고 평가되는, 대영제국의 '화려한 고립정책'에 종지부를 찍은 영일동맹이 체결되었다.

영일동맹은 동북아에서 일본 패권이 성립되는 데 결정적인 의미가 있었다. 영일동맹의 형식적 목표는 러시아제국에 대항해 "중화제국과 대한제국의 독립을 유지하고 그 영토를 보전하며, 이들 나라에서 모든 국가의 상공업이 균등한 기회를 가질 수 있도록 보장"하는 것이었다. 그러나 일본은 '영일동맹의 효과는 곧 동양의 천지를 평정하게 만들 것'이라는 판단에서 재정을 정비하고, '중국과 조선에서 일본제국의 이익을 증진할 방침'을 세웠다.[57]

일본은 영국과의 동맹을 배경으로 러시아에 대해 계속 강경한 입장을 펼쳤다. 1903년 12월 30일, 〈대러 교섭 균열에 즈음해 일본이 채용할 청국과 한국에 대한 방침〉을 내각회의에서 결정했다. 여기서 대한(對韓) 방침은 "한국에 관해서는 어떠한 경우에도 실력을 행사하여 그것을 우리의 권세 아래에 둔다. 그렇지만 명의(名義)를 올바로 선택하면 득책이기 때문에 공수동맹(攻守同盟, 제삼국의 공격에 대하여 공동으로 방어와 공격을 하기 위하여 맺어진 두 나라 이상의 군사동맹) 혹은 여타의 보호협약을 체결하면 가장 좋은 것"이라고 규정했다. 군사력을 통한 보호국화가 그 방침이었다.[58]

한편 러시아는 영일동맹이 체결되자 곧바로 1895년 청일전쟁 뒤의 삼국간섭처럼 러·프·독 삼국의 공동 대응을 추진했다. 그러나 독일 정부는 삼국공조가 부활하면 영국이 독일의 수송로를 위협하고, 나아가 미국이 영일동맹에 합류하도록 고무해 위험한 국제관계가 조성될 수 있다고 우려했다. 또한 독일은 러시아가 붕괴하지 않고 러일전쟁으로 군사력을 소모하면 유럽 방면으로 투입할 러시아의 힘이 줄어들어 유리할 것이라고 생각했다. 따라서 러·일 간에 갈등이 발생할 경우 엄격한 중립을 지키는 것이 독일의 정책이라고 표명했다. 프랑스 또한 1894년 이후 러시아의 동맹국이었지만, 1903년 4월 이후 영국과의 관계도 개선되어 1904년에는 영국과 우호협정을 맺었다.

세계패권을 행사해온 대영제국과 맺은 영일동맹은 '유럽문명의 신입생' 일본에게 이루 헤아릴 수 없을 정도로 큰 이익을 주었다.

우선 심리적으로 영일동맹은 일본이 러시아와의 전쟁에서 승리할 수 있다는 보증수표와 같았다. 그리고 1895년의 삼국간섭과 같은 불안감을 말끔히 씻어주었다. 러일전쟁이 일어나기 전에 이미 영국의 세계패권력이 작용함으로써 프랑스와 독일이 러시아를 지원할 가능성이 사실상 없어졌기 때문이다.

둘째, 군사적으로 일본에 막대한 도움이 되었다. 영국은 러시아의 발틱함대가 전쟁의 전 기간 동안 영국 관할하에 있는 모든 항구를 사용하지 못하게 했다. 이로써 발틱함대가 극동에 도달하는 시간이 수개월이나 지연되었다. 그리고 영일동맹은 일본이 영국으로부터 최신 군함을 구입하는 데 도움이 된 반면, 러시아가 이탈리아로부터 새로운 선박을 구입하는 것을 막았다. 러일전쟁 전 일본의 주력함 가운데 전함은 6척 전부, 장갑함은 6척 중 4척이 영국에서 건조된 것[59]으로, 주력 해군에 관한 한 일본 해군은 영국 해군의 아류였다.

셋째, 외교적으로 일본은 영국으로부터 큰 지원을 받았다. 러시아의 동맹세력인 프랑스가 군사적으로 중립화되고 독일도 손을 뗀 상태에서 일본은 영국과 이해관계를 함께한 미국을 지원세력으로 확보했다. '제국외교의 골수'인 영일동맹으로 러시아는 국제적으로 고립되었고, 일본은 기존의 세계패권국 영국과 더불어 새롭게 세계패권국으로 부상하고 있었던 미국의 도움까지 얻을 수 있었다. 미국은 러일전쟁의 강화회담에서 중재를 맡는다.

넷째, 재정적으로 영일동맹이 큰 도움이 되었다. 러일전쟁에서 일본이 사용한 전비(戰費)의 44퍼센트는 영국과 미국의 외채에서 조달되었다. 반면 러시아는 전비의 3분의 1을 프랑스와 독일에 의존했다.

1904년 1월 30일, 일본의 원로·정부수뇌 합동회의는 개전을 결의했다. 2월 8일 일본 연합함대의 주력이 뤼순항에서 러시아함대를 포격하고, 동시에 인천상륙작전을 전개했다. 해군사령관 도고 헤이하치로(東鄕平八郎)는 청일전쟁에 이어 러일전쟁의 선봉에 섰다. 그는 일본에서 동양의 트라팔가 해전이라고 부르는 1905년 5월의 쓰시마 해전을 승리로 이끌었다. 도고는 1871년부터 1878년까지 영국의 그리니치 해군대학에서 수학했는데, 초기 일본의 해군장교들은 대부분 영국의 해군교관에게서 교육을 받았거나 영국에서 연수를 받은 사람들이었다.

한편 일본의 육군은 독일의 지도를 받았다. 일본의 요청으로 독일 장군 몰트케가 추천한 폰 멕켈(Von Meckel)은 1885년에서 1888년까지 육군참모대학에서 클라우제비츠의《전쟁론》등 독일의 군사전략을 가르쳤다. 이들이 청일전쟁, 러일전쟁에서 일본 육군의 주역이 되었다.[60]

전쟁 전야에 인천에 상륙한 일본 육군의 제1군은 4월 초에 압록강에 도달했다. 그리고 이 압록강에서 5월 초에 최초의 실질적인 전투가 벌어져 러시아군은 3천 명, 일본은 1천 명의 사상자가 났다. 그리고 5월 초 요동에 상륙한 제2군은 난산에서 전투를 벌였고, 여기서 일본군은 4천3백 명, 러시아는 850명의 사상자를 냈다. 이렇게 시작된 러일전쟁에서 일본군은 30만 명의 병력으로 출발했으나 1905년에는 90만 명으로 증원되었고, 러시아는 처음 10만 명의 병력으로 출발했으나 1905년에는 130만 명의 병력을 투입했다. 만주에서 총 2백만 명의 대군이 대결했다. 그 결과 일본은 장기적인 뤼순 포위 공격에서 승리했지만, 여기서만 5만 8천 명의 병력을 잃었으며, 러시아는 3만 1천 명을 잃었다. 그리고 펑텐(선양)의 대규모 전투에선 러시아가 8만 5천 명, 일본이 7만 명의 병력을 잃었다. 기관총이 동원된 이 전쟁은 그 규모와 살상에서 제1차 세계대전의 선구였다.[61]

일본은 1905년 3월 펑텐의 대전투에서 승리하고, 나아가 5월

열강의 중국 분할과 러일전쟁

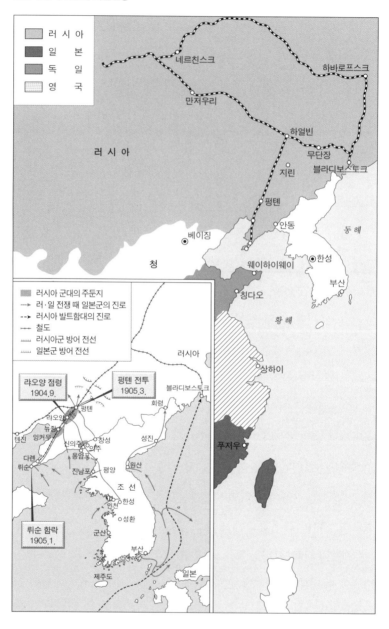

러 시 아
일 본
독 일
영 국

네르친스크
하바로프스크
만저우리
하얼빈
무단장
러 시 아
지린
블라디보스토크
펑텐
안동
동 해
베이징
한성
청
웨이하이웨이
부산

러시아 군대의 주둔지
러·일 전쟁 때 일본군의 진로
러시아 발트함대의 진로
철도
러시아군 방어 전선
일본군 방어 전선

라오양 점령
1904.9.
펑텐 전투
1905.3.
러시아
블라디보스토크
펑텐
회령
라오양
뉴좡
잉커우
텐진
성진
신의주
창성
다롄
용암포
뤼순
진남포
평양
원산
조 선
상하이
청다오
황 해
한성
인천
성환
푸저우
군산
뤼순 함락
1905.1.
부산
제주도
일본

28일 쓰시마해협에서 러시아의 발틱함대를 궤멸시켰다. 애초에 러일전쟁을 '제한 전쟁'으로 규정한 일본은 이 승리의 순간에 전쟁 종식의 결정적인 카드를 빼들었다. 5월 31일 일본의 고무라 외상은 루스벨트 대통령에게 대통령 자신의 제안으로 러시아와 일본을 공개적인 직접 협상의 테이블에 초대할 것을 요청했다. 세계패권국으로 부상하고 있던 미국의 운명을 자신의 것으로 기쁘게 떠맡은 시오도어 루스벨트는 세계와 동북아에서 미국의 지위를 각인시키기 위해 '평화제조자(Peace Maker)'로서의 역할을 자임했다.

1905년 8월 10일, 미국의 포츠머스에서 러시아의 비테와 로젠, 그리고 일본의 고무라와 다카히라가 루스벨트의 중재로 협상을 개시했다. 이때 일본은 12개항을 들고 나왔는데, 그 1항이 조선에서 일본의 배타적 권리 인정, 2항이 만주로부터의 러시아 철수 및 주권과 기회균등 보장, 5항이 사할린 섬의 양도 등이었다. 전쟁으로 탈진한 상태였던 러·일 양국은 8월 27일, 조선에서 일본의 무제한적인 자유, 만주에서 양국군의 철수, 뤼순과 그 북쪽의 남만주 철도 및 요동 반도의 할양, 사할린의 분할 등에 대해 합의했다.

대륙세력과 해양세력의 대결이었던 러일전쟁은 일본과 미국이 새로운 강자임을 세계에 널리 알렸다. 이제 일본에게는 1895년 청일전쟁 승리 뒤에 그랬던 것처럼 대륙으로 무한질주하는 길이 열렸다. 청일전쟁 뒤에는 러시아를 비롯한 삼국간섭이 일본의 폭주욕을 막았지만, 러시아가 패배한 이후 대륙에서 일본을 막을 세력이 없었다. 1905년 8월 러시아와의 〈평화조약〉은 일본에게는 무한히 팽창되는 '거대한 전쟁'의 시작이었다.

러시아는 러일전쟁에서 패배해 영국의 세계패권에 대한 도전자로서의 자격을 상실했을 뿐 아니라, 체제 붕괴의 길로 빠져들었다. 1905년 1월의 '피의 일요일 사건', 6월 '포템킨의 학살' 등 혁명의 기운이 치솟기 시작했다. 중화제국이 청일전쟁에 패배한 지 15년 만에 국민혁명으로 붕괴된 것과 마찬가지로, 러시아제국은 러일전쟁에서 패한 지 12년 만에 공산혁명에 의해 타도되었다. 2천여 년의 세계사를 살펴보면, '통일제국 → 패권전쟁 → 세계적 패권체제의 형성'이라는 상승 과정과 '패권전쟁의 패배 → 체제의 붕괴 → 제국의 분할'이라는 하강 과정이 주기적으로 반복된다.

조선망국을
극복할 방법은 없었는가

러일전쟁 직전인 1904년 1월 23일, 한국 정부는 개전 시 중립을 지키겠다고 선언했다. 그러나 일본은 개전 직후 곧바로 러시아 공사를 추방하고, 친러정부를 제거했다. 그리고 1904년 2월 〈일한의정서〉, 8월의 〈제1차 일한협약〉에 따라 고문정치를 시작했다. 1905년 4월 일본 내각회의는 〈한국보호권 확립의 건〉을 의결했고, 11월 17일 추밀원 의장 이토 히로부미는 〈제2차 일한협약〉을 강제적으로 체결했다. 이것으로 통감을 설치하고, 한국의 외교 교섭권을 박탈했다. 그리고 통감에게 병력사용 명령권, 조약 이행을 위한 집행 명령권, 통감부령의 발포권 등을 주었다. 메이지유신의 주역이자 정부의 원로 이토 히로부미가 초대 통감이 되었다.

그리고 조선의 독립을 호소한 헤이그 사건을 이유로 고종을 퇴위시키고, 1907년 7월 24일 〈제3차 일한협약〉을 맺었으며, 8월에 군대를 해산했다. 마침내 1910년 8월 22일에는 대한제국의 총리대신 이완용과 통감 데라우치 마사타케(寺內正毅) 사이에 〈일한합병조약〉이

체결되었다. 합병조약의 제1, 2조는 한국 황제가 한국의 모든 통치권을 넘겨주고 천황은 이를 수락하는 형태를 취했다. 그리고 일본은 조선의 황제를 식민화에 이용하기 위해 노력했고, 황태자 이은 등 조선의 왕족을 일본 귀족과 정략 결혼시켜 조선 왕족의 혈통을 단절시켰다.[62]

미국·영국·러시아 등 거의 모든 나라가 일본이 한국을 보호국, 나아가 식민지로 만드는 것을 승인했다. 우선 1905년 7월 29일, 일본 수상 가쓰라와 미국 육군장관 윌리엄 태프트는 일본의 한국지배를 합의하는 협약에 서명했다. 이때 가쓰라는 "한국이 이전의 상태로 환원되는 것을 막기 위하여 부득이 몇 가지 확실한 조치를 취하지 않을 수 없다. 그렇지 않으면 한국은 타 열강과 협약을 맺곤 하는 옛 버릇으로 돌아갈 것이고, 그렇게 되면 일본은 전쟁 이전과 같은 복잡한 양상에 다시 직면할 것이다"라고 말했다. 이에 태프트는 "귀하의 견해는 정당하다. 한국이 일본의 동의 없이 외국과 조약을 맺지 못하게 요구하는 범위에서, 일본의 군대로써 한국에 대해 종주권을 확립하는 것은 현 전쟁의 필연적 결과요, 극동의 항구적 평화에 직접적으로 이바지할 것이다"라고 대답했다.[63]

루스벨트도 이 협약을 통해 일본이 한국을 완전히 지배하는 것을 승인했다. 루스벨트는 일찍부터 일본이 한국을 지배해야 한다고 생각했다. 루스벨트는 〈한국에서의 일본인〉이라는 글에서 "독립국가로서의 한국은 내부적으로 질서를 유지할 수 없는 국가였고, 외국의 공략이 있을 때 스스로를 위해 효과적인 일격을 가할 수 없는 무력한 국가였다"라고 평가했다. 그리고 자서전에서 다시 한번 "한국은

자립적 통치나 자위에 대한 절대적 무력함을 나타냈다"라고 적고 있다.[64]

대영제국이라 불린 영국은 1905년 8월 12일에 조인된 〈제2차 영일동맹조약〉을 통해 일본의 한국 지배를 승인했다. 동맹조약 제3조는 "영국은 일본국이 한국에서 정치·군사 및 경제적으로 탁월한 이익을 가지고 있다는 것을 인정하고, 모든 국가의 상공업상의 기회균등원칙에 위배되지 않는 한, 일본이 한국에서 그런 권리를 보호·주창하기 위해 필요하다고 생각하는 적절한 지도·통제·보호 조치를 취할 수 있는 권리를 인정한다"라고 되어 있다.

또한 러시아는 1905년 8월 23일, 포츠머스에서 조인된 〈러일강화조약〉 제2조에서 "러시아제국 정부는 일본이 조선에 지배적인 정치·군사·경제적 권리가 있음을 인정하고, 일본제국 정부가 조선에 채택할 필요가 있다고 생각하는 어떤 형태의 지도·보호·감독 조치에 대해서도 이를 간섭하거나 방해하지 않기로 합의한다"라고 규정, 일본의 한국 지배에 동의했다.

미국과 영국, 러시아는 일본의 조선 지배를 승인했다. 일본은 1868년의 메이지유신과 1873년의 정한론 이후 중화제국과 러시아제국과의 전쟁을 통해 40년 만에 조선을 단독 지배하게 되었다. 이것은 1882년 임오군란 이후 코리아에 절대적인 영향력을 행사해온 중국과 러시아라는 대륙세력에 대해 일본과 영국·미국이라는 해양세력이 승리했음을 의미한다. 이로써 코리아는 유사 이래 처음으로 대륙세력에서 강제적으로 떼어내져 해양세력으로 완전히 편입되었다.

조선이 일제의 식민지로 변해갈 때, 전국적으로 수많은 의병이 항거했고 몇 사람은 자결했다. 그중에서 황현은 "나는 죽어야 할 이유가 없지만, 다만 나라가 선비를 기른 지 5백 년이 되어, 나라가 망하는 날 한 사람도 난국에 죽지 않는다면 오히려 애통하지 않겠는가"라며 자결했다. 그는 다음과 같은 절명시를 남겼다.[65]

새와 짐승은 슬피 울고, 바다와 산도 찌푸리네
무궁화 피는 세상은 이미 사라졌는가
가을 등불 아래 책을 덮고 옛일을 회상하니
인간 세상에 지식인 노릇이 정녕 어려워라

오늘날 우리가 만일 이 '어려운 지식인 노릇'을 하려면 조선이 왜 망하게 되었는지, 왜 일본의 식민지가 되었는지, 왜 해양세력에 강제적으로 편입되었는지에 대해 최소한의 논리적인 답을 내놓아야 한다. 이에 대해 시중에 떠도는 일반적이고 관성적인 답변이 아니라 설득력 있는 답을 찾아야 한다. 우리가 그토록 분개하는 망국의 원인은 과연 무엇인가?

망국의 원인에 대해서는 크게 두 가지의 대립되는 의견이 있을 수 있다. 하나는 일본의 침략성을 강조해, 일본 나아가 영국·미국 등의 해양세력이 망국의 원인이라는 입장이다. 이들은 일본의 대외팽창은 메이지유신의 대의이자 천황제국가의 국시였고, 조선 침략이 그 첫걸음이었다고 평가한다. 그리고 영국(미국)은 일본과 자연적 동맹관계에 있기 때문에 영·미도 결국 조선 침략의 동조세력으로 본다. 이러한 입장의 대표자가 〈영남만인소〉를 작성한 이만손과 묄렌도르프이다. 이들은 일관되게 일본의 침략성을 제어하기 위해 중국과 러시아와 연합하거나 쇄국해야 한다는 입장을 견지했다.

그러나 이러한 입장은 표면적으로는 그럴 듯해 보이나 실상은 세계정세의 본질을 무시한 것이다. 세계패권은 영국을 비롯한 해양세력에 있었고, 이들을 적대해서는 약육강식의 세계 질서에서 살아남을 수 없었다. 중화제국도, 러시아제국도, 나중에는 일본제국도 모두 이들에게 패배했다.

다른 하나는 일본의 침략성, 중국의 속국화를 극복할 수 있는 조선의 역량에 초점을 맞추는 것이다. 일본의 침략성과 중국의 속국화가 필연성을 띠면서 코리아를 압박해왔다면, 이것을 막을 수 있는 힘을 우리가 갖고 있었는가, 또 갖고 있지 못했다면 그 원인은 무엇인가 하는 점에서 망국의 원인을 찾는 것이다. 필자는 이러한 접근법이 조선 망국의 원인을 찾는 올바른 관점이라고 본다. 이러한 시각으로 접근할 때 망국의 원인은 크게 세 가지로 정리된다.

첫째, 부정부패한 지배세력의 힘이 강력했고, 이들이 국가를 수탈기구로 만들어 국력을 형편없이 만들었다. 1801년 신유사옥 이후의 세도 정권과 1873년 이후의 민비 정권은 타락과 부패의 대명사였다. 1860년대 이래 수없이 봉기해 전쟁(민란)을 일으킨 절대 다수의 농민들은 권력층과 토호들의 부정부패와 학정에 치를 떨었다. 박은식은 《한국통사》에서 "지방관리들이 구리(돈) 냄새로 관리 노릇을 하지 않는 자가 없었으니, 그런 까닭에 그물로 이익을 다 차지하는 것을 직업으로 삼고 게다가 연못까지 말려 고기를 잡아가듯이

남김없이 빼앗아갔다"[66]라고 하면서 사회 전체에 만연한 부정부패를 개탄했다.

이러한 부정부패와 학정의 결과 사회 전체가 퇴락하고 무기력이 만연했다. 미국의 기자였던 조지 케넌(George Kennan)은 1905년, 〈코리아: 타락한 국가〉, 〈코리안: 한 퇴락한 문명의 산물〉이라는 글들을 통해 "조선은 심각하게 병들어 있으며 장기적인 치유가 필요하다"라고 진단했다.[67] 그리고 1890년대 후반 조선의 방방곡곡과 연해주로 넘어간 월경민의 마을까지 돌아본 이사벨라 비숍은 조지 케넌의 평가와 유사한 인상을 서술하면서도, 조선의 퇴락과 무기력의 원인이 부패한 정부임을 갈파했다.

"토착 한국인들의 특징인 의심과 나태한 자부심, 자기보다 나은 사람들에 대한 노예근성이 주체성과 독립성, 아시아인의 것이라기보다는 영국인의 것에 가까운 터프한 남자다움으로 변했다. 활발한 움직임이 우쭐대는 양반의 거만함과 농부의 낙담한 빈둥거림을 대체했다. (…) 한국에 있을 때 나는 한국인들이 세계에서 가장 열등한 민족이 아닌가 의심한 적이 있고, 그들의 상황을 가망 없는 것으로 여겼다. 그러나 이곳 연해주 프리모르스크에서 내 견해를 수정할 상당한 이유를 발견하게 되었다. 이곳에서 한국인들은 번창하는 부농이 되었고, 근면하고 훌륭한 행실을 하고, 우수한 성품을 가진 사람들로 변해갔다. 이들 역시 한국에 있었으면 똑같이 근면하지 않고 절약하지 않았을 것이다. 이들은 대부분 기근으로부터 도망쳐 나온 배고픈 난민들에 불과했다. 이들의 번영과 보편적인 행동은 한국에 남아 있는 민중들이 정직한 정부 밑에서 그들의 생계를 보호받을 수만 있다면, 천천히 진정한 의미의 '시민'으로 발전할 수 있을 것이라는 믿음을 나에게 주었다."[68]

둘째는 역사와 세계에 대한 통찰력의 부족이다. 19세기 초·중반의 신유사옥과 대원군의 쇄국정책으로 세계에 대한 정보와 지식, 그리고 지성의 극심한 빈곤이 발생했다. 18세기 영·정조 시대에 서양문물이 급속도로 조선에 전파되었다. 안정복은 서양 서적들이 선조 말년에 조선으로 전래된 이후 뛰어난 학자들 중 이를 보지 않은 사람이 없었고, 특히 서양의 과학을 중시했다고 말했다. 그러나 수구세력이 권력을 장악하기 위해 전개한 신유사옥(1801) 이후 천주학 관계는 물론이고 과학, 기술 등의 저술 유입도 철저히 금지되었다. 정확한 세계 인식이 불가능해졌다.[69] 박규수와 같은 뛰어난 선각자 몇 사람을 제외하고는 조선중화주의라는, 편협하고 자기중심적인 세계관으로 무장한 지식인들이 판을 쳤다. 전통적인 조공책봉체제가 근대적인 국제관계로 바뀌는 세계 질서의 대격변을 제대로 이해한 사람은 거의 없었다. 이는 일본에서 17세기 이래 꾸준히 네덜란드 학문(蘭學)이 발전하고, 이를 통해 서양문물에 대한 인식을 확장·심화시킨 것과 대조적이다.

셋째, 자주적이고 통합적인 정치 구심력이 소멸되었다. 이는 수구세력의 강력한 힘과 개혁세력의 미숙한 정치력, 그리고 강대국의 개입 때문이었다. 사실 19세기 말의 조선은 어느 일국이 독점적으로 지배하기가 대단히 어려운 지정학적 구도에 위치했다. 중국과 일본, 러시아와 영·미라는 4대 세력이 1880년대 들어 동서남북으로 솥발처럼 정립되어 있었다. 따라서 일본·중국 등이 엄청난 야욕이 있었다고 해도, 그 야욕을 온전히 실현시키기가 쉽지 않았다.

조선이 통합의 리더십을 통해 강대국의 이해관계를 조정할 정도로 정치적 구심력을 확보했더라면, 코리아의 운명은 바뀌었을지도 모른다. 그러나 대원군의 8천여 천주교도 학살과 1881년의 쿠데타, 그리고 임오군란, 갑신정변, 청일·러일 전쟁을 계기로 발생한 10여 차례의 유혈적인 정변은 정치적 구심력을 소멸시켰다. 그리고 정치적 구심력이 약화되면서 강대국으로의 원심력은 더욱 강화되었다. 강력한 수구세력은 주로 중·러 등 대륙국가를 권력의 숙주로 삼았고, 미약한 개혁세력들은 주로 일·미·영 등 해양세력을 권력 장악의 근원으로 보았다. 이들은 민족 존망의 위기 앞에서 대통합의 정치력을 발휘하지 못했다. 태초부터 정치의 존재 이유가 국민을 통합시키고 국가를 보위하는 것임에도 불구하고, 당시의 위정자들은 정권을 획득하고 권력을 유지하기 위해 분열의 정치를 계속했다.

미국 공사 앨런은 조선에 우호적이었고, 미국 정부에 일본의 침략성을 계속 강조한 인물이다. 그러나 그는 1903년 미국을 방문하고 한국으로 돌아온 뒤 한국의 자립성 부족을 가차 없이 비판한다.

"이 나라 국민들은 스스로 통치할 능력이 없습니다. 항상 그랬듯이 한국인들은 지배감독자(overload)가 필요합니다. 그것이 중국이 아닐 때는 러시아 또는 일본이었고, 한 지배자로부터 벗어나자마자 곧이어 일들을 형편없이 혼란스럽게 만들어, 그들을 책임지는 또 다른 지배자에게 복종합니다."[70]

이것은 어쩌면 2천 년간 계속된 조공책봉, 사대자소로 맺어진 중화체제의 산물일 수 있다. 1801년 천주교도였던 황사영도 조선을 중국 황제의 식민지로 만들거나, 서양세력의 군대를 끌어들여 종교의 자유를 확보하려 했다. 위정척사의 수구세력은 망해버린 중국의 명나라를 그리워했다. 대원군의 정적인 명성왕후 세력은 청나라의 도움으로 재집권했고, 이후 청의 속국화를 제어하기 위해 러시아와 미국에 의존했다. 개화개혁파들은 일본을 이용해 정권을 획득하려 했고, 나중에는 미국이 그 자리를 대신했다.

그렇다면 19세기 말 코리아는 어떻게 했어야 하는가? 망국을 극복할 방법은 무엇이었는가? 1842년에 중국인 위원은 《해국도지》를 통해 부국강병의 전략을 제시했고, 1880년 중국인 황쭌셴은 〈조선책략〉을 통해 코리아의 외교·국가 전략을 제시했다. 그렇다면 조선인 중에서 과연 누가 절체절명의 위기에서 나라를 구할 종합적인 국가전략을 제시했는가? 그래도 박규수, 김옥균, 유길준 등 개화개혁파가 당대에서 코리아의 운명을 새롭게 개척할 수 있는, 시대의 요구에 가장 근접한 전략을 제시했다. 이들의 결정적 문제점은 국민이 아니라 외세에서 힘을 구했다는 점이다. 그렇다면 19세기 후반 조선이 부국강병과 자주독립을 위해 어떤 국가전략을 수립했어야 하는지 생각해보자.

첫째, 세계 내에서 조선은 어떤 좌표를 설정해야 했는가? '문명'과 '무력'으로 작동하는 세계패권체제의 관점에서 봤을 때, 당시 조선의 파트너는 어느 세력이었을까? 19세기 후반 조선의 파트너는 해양세력일 수밖에 없었다. 영국과 미국이 새로운 문명과 무력의 중심에 있었고, 이것은 아편전쟁과 베이징 함락, 일본의 메이지유신과 1870년대 이래 계속된 중화제국의 해체에 의해 증명된 것이다.

이 점에서 해양세력을 조선의 모델이자 우군으로 생각한 김옥균 중심의 개화·개혁 세력이 옳았다. 1890년 조선주재 미국 공사 허드 (A. Heard)는 "조선은 중국에 의해 억압되고 발전이 저해되고 있는 한 그 번영은 불가능하다. 이 억압의 손을 배제함으로써만 조선의 개혁과 발전이 가능할 것이다"[71]라고 말했다.

둘째, 해양세력을 파트너로 할 때 자주독립을 위한 외교전략은 무엇이었을까? 결론은 세계패권 국가인 영국 주도의 무장 중립화였다. 당시 조선을 둘러싸고 수많은 중립화론, 공동지배론, 분할지배론이 등장했다. 이것은 어느 한 세력이 독점적으로 조선을 지배하기가 그만큼 어려웠다는 것을 증명한다. 유길준은 종주국으로서 조선에 가장 큰 영향력을 발휘하고 있던 중국 주도의 중립화를 구상했다. 묄렌도르프는 조선에 인접한 나라 중 가장 강력한 러시아 주도의 중립화를 한때 생각했다. 부들러는 중국과 일본, 러시아 중심의 중립화를 구상했다. 야마가타는 중국과 일본이 주도하고 영국과 독일이 보장하는 중립화를 주장했다. 그러나 이것은 올바른 해법이 아니다.

당시 세계의 패권국은 대영제국이었다. 러시아는 새로운 문명을 제대로 획득하지 못한, 덩치가 큰 도전국이었을 뿐이다. 중국과 일본은 영국의 영향 아래 있었다. 따라서 조선을 틀어쥔 중국과 삼키려 한 일본의 갈등과 전쟁은 오직 영국에 의해서만 중재될 수 있었다. 조선의 정치세력들이 일치단결해서 구심력을 만들고, 그 힘을 바탕으로 영국 주도의 중립화를 강력하고 집요하게 밀고 나갔다면 코리아의 운명은 바뀌었을지도 모른다. 이 당시 영국이 지배한 미얀마와 프랑스가 점령한 인도차이나 사이에 있었던 타이(시암)가 중립화로 독립을 유지했다는 점을 상기해야 한다. 영국 주도의 조선 중립화는 유길준이 분석한 대로 중국의 안보에 도움이 되었을 것이다. 그뿐 아니라 일본이 대륙으로 폭주하는 것을 막음으로써 영국과 미국에게도 큰 이익이 되었을 것이다. 러시아에게도 일본과의 완충지대가 설정됨으로써 큰 이익이 되었을 것이고, 일본에게도 긴 역사를 염두에 두면 이익이 되었을 것이다.

영국 주도로 조선이 중립화되지 못한 것은 여러 가지 원인이 있다. 국내 정치세력의 분열, 조선에 대한 영국의 관심 부족 등을 거론할 수 있지만, 조선의 대륙일변도 외교정책도 큰 몫을 했다. 조선의 주류세력들은 역사적 관성과 현실의 두려움으로 망해가고 있었던 중국과 러시아에 의존했다. 19세기의 코리아는 외교적 통찰력이 없었고, 세계의 대세를 읽는 능력(知性)이 부족했다.

셋째, 어떻게 부정부패를 일소하고, 부국강병을 이룰 수 있었을까? 국가를 혁신하고 통합하는 대전략은 무엇이었을까? 조선은 당시 혁명에 준하는 개혁이 필요했다. 그러나 그것을 주도할 강력한 사회세력이 없었다. 대원군, 위정척사파, 농민세력, 개화파 등이 서로 다른 세계관과 이해관계로 대립했다. 따라서 낮은 차원에서는 이들을 하나로 묶을 수가 없었다. 각자의 세계관과 이해관계를 뛰어넘어 모두가 공유할 수 있는 더 높은 차원의 슬로건이 필요했다. 그것이 과연 무엇이었을까? 필자는 왕을 황제로 만드는 칭제건원운동(稱帝建元運動)이라고 생각한다. 당시의 정치인 중 김옥균이 유일하게 이것을 생각했으나, 제대로 실천에 옮기지 못했다.

중국 중심의 세계 질서에서 칭제건원은 나라를 새로 만드는 것에 버금가는 위험과 위력을 지닌 것이다. 칭제건원은 외교적으로 중국 중심의 세계 질서에서 벗어나는 것일 뿐 아니라, 국가 전체를 혁신하고, 조선의 구심력을 강화하는 핵심전략이 될 수 있었다. 물론 이때 중국의 침공이라는 위험을 감수할 수밖에 없다. 부정부패 척결과 부국강병, 그리고 이를 위한 개화와 칭제건원을 하나로 결합시켰다면, 대원군 집권기부터 이 네 가지 운동이 순차적으로 전개되었다면 코리아의 운명이 달라졌을지도 모른다.

위기가 크면 클수록 더욱더 깊은 통찰력과 더 강한 통합력이 요구된다. 그리고 시대를 초월해 모든 정치적 힘(Power)은 국민(People)에게서 나온다. 국민이 우매하든, 퇴락했든 간에 정치적 힘은 정치적 영향력이 미치는 범위 안에 있는 사람에게서 나온다. 따라서 19세기 말 조선에서 가장 필요했던 것은 '대중의 실재적인 필요와 희망에서 출발해 더 높은 차원의 임무로 대중을 전환시키는 리더십'[72]이었다.

역사의 발자국 소리를 듣고, 시대에 맞는 통합의 정치력을 발휘하는 정치인만이 훌륭한 정치인이다. 김옥균은 위대한 뜻과 시대적 통찰력이 있었지만 정치력은 위대하지 못했다. 대원군은 정치력이 뛰어났지만 위대한 뜻을 품지 못했다. 전봉준은 위대한 힘을 느꼈지만 시대적 통찰력이 부족했다. 조선 말의 3대 주요세력이었던 이들을 하나로 모을 수 있는 대통합의 핵심은 무엇이었을까? 부정부패 척결과 부국강병을 위한 칭제건원, 그리고 코리아의 자주적 역량과 결합한 영국 주도의 중립화가 아니었을까.

제5장

미·소의 패권 경쟁과
코리아의 분단

미국의 '명백한 숙명'
- 태평양 진출

    1620년 9월 16일, '필그림 파더스(Pilgrim Fathers)'라 불리는 102명의 개신교도들이 메이플라워호를 타고 잉글랜드의 플리머스 항을 출발했다.[1] 이들은 목숨을 걸고 폭풍우가 몰아치는 대서양을 가로질러 65일 만에 오늘날 뉴잉글랜드 지역의 뉴플리머스에 도착했다. 상륙에 앞서 이들은 성경을 펼쳐놓고 '메이플라워 서약'을 했고, 자신의 가치와 이상에 따라 새로운 사회와 나라를 만들어갔다. 1776년 메이플라워 서약을 모태로 헌법을 만들고, 영국으로부터 독립해 새로운 나라를 건설했다. 국가의 건설 이후 서부로, 태평양으로 계속 전진한 결과 1백 년이 지난 1890년대에는 태평양 연안까지 프런티어 활동을 완료했다.

    19세기 중엽 경제 규모에서 영국을 추월한 미국은 남북전쟁을 통해 국가를 통일했다. 그 뒤 본격적인 산업화를 전개해 1890년대에는 공업생산에서도 세계 최대가 된다. 1900년대 이후 공업생산은 비약적으로 성장해 1913년에는 세계 공업생산의 32퍼센트,

	1880년	1890년	1913년	1928년	1938년
미국	46.9 (14.7)	127.8 (23.6)	298.1 (32.0)	533 (39.3)	528 (31.4)
영국	73.3 (22.9)	100.0 (18.5)	127.2 (13.6)	135 (9.9)	181 (10.7)
독일	27.4 (8.5)	71.2 (13.2)	137.7 (14.8)	158 (11.6)	214 (12.7)
프랑스	25.1 (7.8)	36.8 (6.8)	57.3 (6.1)	82 (6.0)	74 (4.4)
러시아	24.5 (7.6)	47.5 (8.8)	76.6 (8.2)	72 (5.3)	152 (9.0)
오스트리아 · 헝가리	14.0 (4.4)	25.6 (4.7)	40.7 (4.4)	-	-
이탈리아	8.1 (2.5)	13.6 (2.5)	22.5 (2.4)	37 (2.7)	46 (2.8)
일본	7.6 (2.3)	13.0 (2.4)	25.1 (2.7)	45 (3.3)	88 (5.4)

* 1900년의 영국을 100으로 함(점유율은 %)

1928년에는 40퍼센트에 이른다. 이는 미국 다음의 2·3·4위를 다 합친 것 이상의 생산력이었다. 또한 미국은 철강이나 증기기관, 기관차 등 전형적인 중공업뿐만 아니라, 당시의 최첨단 산업이었던 전기·석유·전신전화 등에서도 선두를 달렸다. 1903년 12월 17일에는 미국의 라이트 형제가 최초로 하늘을 비행했고, 1927년에는 25세의 미국 청년 린드버그가 비행기를 타고 대서양을 횡단했다. 그리고 1910년대부터 포디즘(Fordism)이라는 생산방식의 혁명을 이룩해 대량생산이 이루어졌다. 미국으로 수천만 명의 이민행렬이 이어져 풍부한 양질의 노동력이 끊임없이 공급되었고, 소비시장 또한 급격히 팽창했다. 제1차 세계대전 이후 미국은 금융 부문에서도 세계 최대의 채권국이 되고, 1929년에는 미국의 해외투자가 국민 총 생산의 20퍼센트에 달할 정도로 해외 팽창이 확대된다.

급격히 팽창하는 경제력과 인구, 그리고 광대한 국토를 배경으로 미국은 대서양뿐만 아니라 태평양으로 영향력을 확장하는 것이 '명백한 숙명(Manifest Destiny)'이라고 주장했다. 1845년 언론인에 의해 처음 사용된 '명백한 숙명'이라는 말은 그 뒤 역사학자에 의해 이론화되었고, 1890년대에 이르러 군사전략가와 정치가들에게 대외 팽창의 이념적 틀을 제공했다. 1890년《해군력이 역사에 미치는 영향》이라는 큰 파장을 일으킨 책을 쓴 앨프리드 머핸(Alfred Mahan)은 "이제 대륙적 팽창이 완수된 만큼 미국은 해양제국의 건설을 위한 기지 확보에 매진해야 한다"라고 주장했다. 머핸뿐만 아니라 해군차관과 대통령을 역임한 시오도어 루스벨트와 상원의원 헨리 로지(Henry Lodge), 앨버트 비버리지(Albert Beveridge) 등이 적극적 팽창주의를 주장했다.[3]

1890년대 이후 미국의 팽창은 두 방향으로 이루어진다. 하나는 중남미 대륙과 카리브 해 연안이다. 1895년 베네수엘라 사태에서 영국이 해안을 봉쇄하자 해군차관이었던 루스벨트는 해군을 동원해 봉쇄를 풀면서, "유럽 열강의 간섭 구실을 완전히 제거하기 위해 혼란과 외채에 시달리는 라틴아메리카 국가들에 대해 무력 간섭을 행하는 것은 미국의 책임"[4]이라고 했다.

1898년 미국과 스페인 간에 전쟁이 발생했고, 이 전쟁에서 16세기 이후 해양제국을 유지해온 스페인이 패배했다. 스페인의 패배는 단지 카리브 연안에서의 패배로 끝나지 않았다. 이것은 1494년 포르투갈과 스페인 사이에 맺어진 〈토르데시야스조약〉을 통해 확보된 태평양 연안에서의 스페인 지배가 종식됨을 의미했다. 대항해시대의 유산으로 미국은 졸지에 대서양의 쿠바·도미니카·푸에르토리코만이 아니라, 태평양의 필리핀·괌 등도 획득하게 되었다.

루스벨트는 태평양을 '숙명의 바다'라고 하고, 세계문명은 지중해에서 대서양을 거쳐 태평양으로 향하고 있다고 주장했다. 이러한 인식 위에서 1897년 하와이를 병합했고, 이듬해 스페인과의 전쟁으로 태평양의 중요한 해군기지인 괌과 필리핀을 획득했다. 하와이 병합과 스페인전의 승리로 2년 만에 '미국 서부→하와이→괌→필리핀→중국'이라는 태평양 항로를 확보한 미국은 이듬해인 1899년 중국과 관련된 중요한 아시아정책을 제시한다. 바로 중국의 '문호개방정책'이다.

1898년 중국은 열강에 의해 분할·점령되기 시작했다. 이에 대한 대응으로 1899년 9월 미국의 존 헤이 국무장관은 '중국의 영토 보존과 중국에서의 상업적 이익을 추구하기 위한 균등한 기회의 보장'을 위한 문호개방정책을 발표했다. 그리고 1900년 7월 헤이는 '중국 영토의 행정적 실재의 보존'을 강조한 제2차 문호개방정책을 발표했다. 미국이 열강을 대상으로 국제 문제에서 주도적인 입장을 최초로 표명한 문호개방정책은 향후 대 중국 정책의 기초가 되었다. 또한 이것은 식민지 획득을 바라지 않는 새로운 강국 미국이 등장했음을 세계에 알리는 선언과도 같았다. 이것은 시장개방에 기초한 세계자본주의체제의 비전을 제시했다는 점에서 세계 질서의 큰 전환점이 되었다.

미국이 세계에서 자신의 위치를 자각하고 적극적으로 활동을 개시할 무렵인 1901년, 팽창정책을 적극적으로 주장한 루스벨트가 대통령이 되었다. 그는 한(漢)의 무제, 당(唐)의 태종 또는 스페인의 펠리페 2세나 영국의 빅토리아 여왕과 같이 자국을 세계문명의 중심으로 보고, 야만세계로 제국을 팽창시켜야 한다고 생각한 최초의 미국 대통령이었다. 세계패권체제에서 2천 년간 계속되어온 '문명'과 '야만'의 논리가 20세기에 엄청난 '힘'을 갖춘 새로운 패권국가가 등장함에 따라 다시 화려하게 부활한다.

루스벨트는 이분법적 사고로 세계의 많은 국가들을 두 종류로 구별했는데, 구별의 기준은 문명(Civilization)이었다. 하나는 '문명국(Circle of Civilization)'이며, 다른 하나는 비문명화된 세계의 '버려진 공간(Waste Space)'에 존재하는 후진국(Backward) 혹은 야만국(Barbarian)이었다. 여기서 국제관계는 문명 수준의 불평등성에 의해 상·하의 수직적 관계로 구성되고, 비문명국가는 문명국가들의 세력 팽창 대상이 된다. 그렇다면 문명은 어떻게 정의되는가? 루스벨트에 의하면 '인종'과 '국가의 능력'에 따라 문명과 야만이 나누어진다.[5]

인종은 백인종과 유색인종이 있는데, 백인종은 "유럽에 뿌리를 둔 사람으로 의심할 수 없는 어떤 혈통이 있고, 기독교를 신앙으로 가지며, 문화적 근원을 고대 그리스·로마에 두고 있는 사람들"[6]이라고 정의했다. 그리고 백인종 중에서도 영어사용권과 비영어사용권을 구별해 앵글로색슨족의 우월성을 강조하고, 국제정치에서 영국과 미국의 이해를 동일시했다. 따라서 세계를 지배하고 비문명권에 문명을 전파할 의무가 백인종인 앵글로색슨족에 있다고 주장한다.

인종에 근거한 루스벨트의 문명론은, 중국이 '한족에 의한, 중국에 근거한, 유교적 예법체제를 위한 중화사상'을 수천 년간 끊임없이 주장한 것과 유사하다. 루스벨트는 '앵글로색슨족에 의한, 미국에 근거한, 기독교적 그리스·로마 문명을 위한 문명사상'을 주장한다. 또한 중국이 2천 년간 주변 국가의 영역을 '저승, 유배지 또는 짐승들이 사는 곳'으로 보고, 그곳에 사는 민족들을 야만(蠻夷戎狄)이라 부르며 엄청난 스트레스를 준 것처럼, 미국의 루스벨트는 거꾸로 중국을 '버려진 공간'으로 보고, 중국인을 야만 중의 야만으로 생각했다. 그는 "중국인과 일본인을 같은 인종이라고 말한다면 얼마나 당치도 않은 말이냐"[7]라고 한다. 중국은 야만이고 일본은 문명이라는 것이다. 여기서 루스벨트가 적용하는 문명의 또 다른 기준이 나온다. 바로 국가의 능력이다.

문명의 기준으로서 국가의 능력이란 '자립의 능력', '조직의 효율성', '국민적 통합' 그리고 '군사력'에 의해 결정된다. 이 중에서 가장 핵심적인 문명의 판단 요소는 군사력이다. 중국 역대의 제국 경영자들처럼 루스벨트에게도 '문명'과 '무력'이 하나로 인식되었다. 루스벨트는 "터키인들은 일본인들보다 인종적으로 우리 백인종에게 더 가깝다. 그러나 터키인들은 우리의 문명권에서 구제불능의 회원인 반면, 일본인들은 바람직한 신입회원이라고 생각한다"[8]라고 말했다. 그 이유는 청일전쟁과 의화단전쟁에서 보여준 일본의 군사력 때문이었다.

2천5백 년 전 공자로부터 시작해 중화제국의 지배자들은 일관되게 문명국이 야만국들을 지배하고 정복하는 것은 도덕적으로 나쁜 것이 아니라 올바른 일이라고 생각했다. 마찬가지로 루스벨트는 〈국가의 의무〉라는 글에서 다음과 같이 말한다.

"야만성은 문명세계에 발붙이지 못하였고, 또 그렇게 될 수도 없다. 야만 상태에 살고 있는 국가의 국민에 대해, 그들이 야만의 사슬에서 자유롭게 되어야 함을, 또한 우리들이 그 야만성 자체를 괴멸함으로써 그들을 자유롭게 할 수 있음을 주지시켜야 하며, 그것이 우리들의 의무이다. 선교사와 상인 그리고 군인이 이 야만성의 괴멸 임무에 일익을 담당할 수 있을 것이고, 결과적으로 국민들을 향상시킬 수 있을 것이다."[9]

중화체제에서 중국이 코리아를 비롯한 주변 국가들에 대한 정벌전쟁을 야만(夷狄)을 교화하기 위한 정의의 전쟁으로 설명한 것처럼, 루스벨트도 야만적·반야만적 국가에 대한 문명국의 전쟁을 야만성을 없애기 위한 '정의의 전쟁(Just War)'이라 불렀다. 그리고 이것이 인류의 복리를 증진시키고 세계평화에 직접적으로 공헌하는 것이기 때문에, 문명국에게 가장 숭고한 국제경찰적 의무라고 주장했다. 따라서 그는 "야만성을 종식시키는 대가로 문명국이 비문명국 안에 기반을 다지는 것은 비문명국에 이익이 된다"라고 결론짓는다.[10]

문명과 야만의 이분법적 세계관과 야만세계로의 문명 확장을 주장한 루스벨트는 대서양만이 아니라 태평양, 나아가 전 세계를 대상으로 패권국가로서의 정책을 전개했다.

그 첫째는 미국의 앞뜰이라고 하는 카리브 연안과 라틴아메리카에 대한 확실한 지배이다. 미국은 1901년 쿠바를 보호령으로 하고, 1902년 아이티의 채무를 청산해주었다. 1903년에는 파나마가 콜롬비아로부터 독립하도록 지원해 성공시켰으며, 파나마 운하지역을 약 1백 년간 임대하는 조약을 맺어 운하지배권을 확보했다.

1905년에는 도미니카 공화국을 재무보호국으로 만들고, 1906년에는 쿠바를 점령하고, 1909년에는 니카라과에 상륙했다. 이렇게 하여 카리브 해는 미국의 호수가 되었고, 나아가 1914년에 완공된 파나마 운하를 확보함으로써 대서양과 태평양이 연결되어 지구상의 양 대양을 운용할 수 있게 되었다.

루스벨트는 1904년 먼로주의를 최대한 확대 해석한 〈먼로주의 추론〉을 발표해, 라틴아메리카에 대한 유럽의 개입 금지를 내용으로 하는 먼로 독트린을 미국에 의한 라틴아메리카의 지배를 정당화하는 것으로 재정의했다.[11] 이것은 바로 '아메리카 대륙에 대한 미국의 패권선언'이라고 할 수 있다.

다음은 태평양에서 하와이·괌·필리핀을 연결하는 태평양 루트를 확고히 하고, 러시아를 주적으로 한 동아시아정책을 전개한다. 러시아로부터 스스로를 보호할 힘이 없었던 중국에 대해 문호개방정책을 주장했고, 이때 일본이 미국의 동아시아정책에서 핵심적인 파트너가 된다. 1905년 루스벨트 대통령이 러일전쟁을 중재한 것은 미국이 일본과 러시아의 상위에 존재하는 패권국가임을 세계에 알리는 것이었다. 이른바 '동북아시아에 대한 미국의 패권선언'이었다. 그는 미국의 하위 파트너이자 '문명국'인 일본에게 '야만적인' 조선에 대한 지배를 허용함으로써 일본의 기본적 욕구를 충족시켜주었다.

동아시아, 그리고 세계에서 1905년은 대단히 중요하다. 1905년 8월 미국 대통령의 중재로 〈일·러 강화조약〉이 맺어진 시점, 그리고 1905년 8월 제2차 영일동맹에 의해 영국이 태평양함대를 치안 유지

미국의 세계적 영향력 확대

러·일 전쟁 중개(1905)
러시아
중국
알래스카
캐나다
대서양
한국
일본
미국
도미니크
(1905~41)
1900년 미국의
임차계획 실패
포르모사
하와이 제도
1898년 미국에 합병
진주만(1887)
쿠바
푸에르토리코(1898)
(1902~58) 파나마
베네수엘라(1895)
괌
미국-스페인
전쟁 이후
미국에 할양
웨이크 섬
1898년 미국에 합병
(1903)
미국령 사모아(1898)
인도양
오스트레일리아
파고파고
태평양

※ 출처: 김명섭, 《대서양 문명사》

정도로 축소하고, '미국의 먼로주의에 필적하는 정도의 지원을 일본
의 극동정책에 주면서'[12] 동아시아에서 한발 물러난 시점이 정확히
일치한다. 이때부터 세계와 동아시아에는 영국을 대신해 미국의 패
권이 형성되기 시작한다. 그러나 이러한 영·미의 패권 교대를 미국
으로서는 세계에 '확인'시킬 필요가 있었고, 세계에 의해서는 '승인'
될 필요가 있었다. 이를 위해 '큰 몽둥이(Big Stick)' 정책이 동원된다.

루스벨트 대통령은 1904년 12월 6일, 의회에 보내는 교서를 통해
"만일 서반구의 질서가 흔들린다면 미국은 국제정치적 권력을 행
사할 의무가 있다"라고 하여 일명 '큰 몽둥이' 정책을 선언했다. 그
는 '부드럽게 말하라. 그리고 몽둥이를 항상 지참하라'는 것을 모토
로 내걸고, 무력을 행사할 의지와 함께 그 의지를 때때로 과시해야

한다고 생각했다. 그는 단단히 후려칠 준비가 되어 있지 않으면 아예 공격하지 말아야 한다고 보았다. 루스벨트는 '큰 몽둥이 정책'의 일환으로 1907년 대규모의 백색함대를 세계에 일주시킨다.

1907년에서 1908년에 걸쳐 16척의 전함과 구축함으로 구성된 이른바 '백색함대'는 미국의 대서양 연안을 출발해 카리브 해를 지나 아메리카 대륙의 남단을 통과했다. 그리고 태평양을 가로질러 하와이·일본·필리핀·오스트레일리아를 방문해 태평양 연안에 대한 무력시위를 펼쳤다. 이어서 인도양과 아라비아 해를 거쳐 대영제국의 해양항로에서 가장 요충지인 수에즈 운하를 통과했다. 그리고 지중해를 지나 스페인의 최남단에 있는 지브롤터 해협을 통과해 다시 미국의 대서양 연안에 귀항했다. 백색함대의 세계 일주는 일종의 '무력시위'였는데, 1908년 10월 8일 당시 국민 일각에서 '대미개전론(對美開戰論)'이 일고 있었던 일본의 요코하마에 백색함대가 입항했을 때 일본은 '열렬히 환영'했다. 루스벨트의 말대로 백색함대의 순항으로 "일본 정부 및 일본 언론과의 모든 말썽 요인들이 마술처럼 자취를 감추었다."

백색함대의 요코하마 입항으로 미국은 영·미의 패권 교대를 '어렴풋하게' 일본에 확인시켰고, 일본은 입항을 '열렬히 환영'함으로써 새로운 패권국이 등장했음을 '감지'했다. 그러나 일본은 미국 패권을 '승인'하지 않았다. 청일·러일 전쟁의 승리로 대륙과 해양으로 무한질주하려는 욕구가 분출하고 있었고, 미국의 힘을 아직 직접 체험하지 못했기 때문이다.

앵글로색슨,
일본의 흥망을 좌우하다

1900년대에 미국과 일본이 함께 지역패권국가로서 새롭게 등장했다. 신생 강대국으로 지역패권을 추구하기 시작한 미국과 일본이 만나는 지점은 동아시아·태평양 지역이었다. 일본이 해양세력인 미국과 만난 것은 기회이자 위기였다. 일본이 지역패권국가가 되기 전까지, 다시 말해 순수하게 해양국가로 남아 있을 때에는 이것이 기회로 작용했다. 그러나 코리아를 식민지로 만들고 대륙으로 팽창해 이익이 서로 충돌하자 위기가 증폭되기 시작한다. 영·미라는 앵글로색슨과 공동으로 추구했던 일본의 동북아패권은 세계패권 국가로 발전하는 미국과의 마찰과 전쟁을 통해 균열되고, 결국은 붕괴된다. 이 과정을 다섯 가지 방향에서 살펴보자.

첫째는 태평양을 둘러싼 경쟁으로 하와이, 필리핀, 미국 서부의 일본인 이민 문제가 주요한 초점이었다. 하와이의 병합 문제로 미·일이 대립했던 1897년, 태평양 해역에 있던 미국 전함 오레곤호의 함장 앨버트 버거는 해군장관에게 최초로 '일본위협론'을 주장한 정보분석 보고서를 보냈다. 그리고 1899년 미국의 필리핀병합은 미·일 간에 새로운 긴장을 조성했는데, 미 의회는 이 해에 새로이 건조된 모든 군함은 '광역 활동 범위'를 가져야 한다고 결정했다. 그리고 러일전쟁 직후 미 서부에 1만 명 내외의 일본인들이 돌발적으로 밀려오자 인종적 편견과 함께 미국의 위기감이 증대되었다.[13]

이 시기에 미일의 대립은 한편으로는 협상을 통해 해결되나, 다른 한편으로는 전쟁 계획이 수립되는 등 모순이 심화된다. 1908년 〈루투-다카히라(高平)협정〉에서 일본이 굴복해 중국에서 문호를 개방하고 태평양에서 현상을 유지하겠다는 뜻을 명확히 밝혔다. 그러나 양국 간에 전쟁 계획 또한 준비되고 있었다. 1907년 1월, 미국의 육·해 양군은 일본과 전쟁 시 취할 행동으로 이른바 〈오렌지 계획〉을 입안했다. 일본 해군도 1907년의 전쟁 계획에서 '러시아·미국·프랑스'를 가상 적국으로 하도록 결정했다. 그러나 그 뒤 러시아·프랑스와의 관계는 1907년 일·러, 일·프 협상에 의해 개선되어갔기 때문에, 1910년대에 들어 미·일 간의 대결 가능성이 아주 높아졌고, 일본 해군은 미국을 제1의 가상 적국으로 간주했다.[14]

미·일의 대립 가능성이 높아지는 가운데 미국 정부는 만일 미일이 개전할 경우 영일동맹의 존재가 미국에 위협이 될 수 있다고 생각해 대책에 부심했다. 그래서 미국 정부는 〈영일동맹조약〉의 개정 (1911. 7.)과 병행해, 동맹의 원조의무 발생을 저지하고 기각하는 〈영미중재재판조약〉(1911. 8.)을 조인했다. 미·일 개전 시 영국이 참전하지 않도록 한 것이다.[15]

둘째는 중국을 둘러싼 대립이다. 미국은 중국에 대해 문호개방정책을 주장했는데, 이 정책의 도전자는 러시아와 일본이었다. 청일전쟁 뒤에는 러시아가, 러일전쟁 뒤에는 일본이 문호개방정책의 주요한 적대자로 등장했다. 1906년 3월 미·영 양국은 주일 공사를 통해 만주에 대한 일본의 배타적 지배 기도를 강력히 비판했다.[16]

미국의 동아시아정책에서 대전환점이 된 것은 1911년에 신해혁명이 일어나 이듬해 중화민국이 수립된 것이다. 이를 계기로 미국의 여론은 친일에서 친중으로 급속히 바뀌었다. 미국 여론은 일찍부터 '중화민국'의 승인을 요구했고, 1913년 우드로 윌슨은 대통령에 취임하자 신정권을 승인했다. 이에 일본은 동조하지 않았는데, 여기서 양국의 행로가 암시되었다. 이후 윌슨 대통령은 중국에게 보인 동정과 관용을 일본에게는 결코 보이지 않았다.[17]

미국의 대 중국 정책과는 반대로 일본은 만주에 대해 영향력을 확대했다. 그뿐 아니라 야마가타 등은 신해혁명으로 인한 중국의 황제체제 붕괴가 일본의 천황제에 악영향을 미칠까 두려워했다. 혁명 직후 일본 정부는 그때까지의 청조 옹호방침을 재확인하고, 열강의 공동 간섭으로 청조의 입헌군주제를 유지하려 했으나 실패했다. 일본의 대 중국 외교가 혼미에 빠져 내부적으로 통일성을 잃자, 미일관계는 더욱 긴장되었다. 1915년 1월, 일본이 제1차 세계대전에 편승해 중국에 21개조를 요구하자, 미일관계는 파국으로 치달았다. 미국의 윌슨 대통령은 일본과의 어떠한 타협도 반대했다.[18]

셋째, 식민지 문제, 다시 말해 제국주의체제에 의해 폭발적으로 성장한 민족운동에 대한 대응의 문제이다. 일본은 20세기에 새롭게 등장한 반제국주의, 민족주의운동을 이해하려 하지 않았다. 오히려

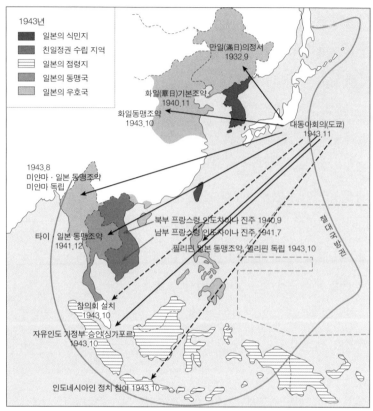

일본의 대동아공영권

1943년
- ■ 일본의 식민지
- ■ 친일정권 수립 지역
- ▤ 일본의 점령지
- ▨ 일본의 동맹국
- ▥ 일본의 우호국

만일(滿日)의정서
1932.9

화일(華日)기본조약
1940.11

화일동맹조약
1943.10

대동아회의(도쿄)
1943.11

1943.8
미얀마 · 일본 동맹조약
미얀마 독립

북부 프랑스령 인도차이나 진주 1940.9
남부 프랑스령 인도차이나 진주 1941.7

타이 · 일본 동맹조약
1941.12

필리핀 일본 동맹조약, 필리핀 독립 1943.10

절대국방권

참의회 설치
1943.10

자유인도 가정부 승인(싱가포르)
1943.10

인도네시아인 정치 참여 1943.10

※ 출처 : 아사오 나오히로 외, 《새로 쓴 일본사》

민족주의를 억압하기 위한 국제 협조로 계층적 구조를 가진 세계에
서 스스로의 특권과 지위를 유지하려고 했다.[19] 다시 말해 일본은
아시아의 반제국주의, 민족주의에 대해 '아시아맹주론 · 아시아먼로
주의 · 대아시아주의 · 오족협화론 · 황색인종연합론 · 동아신질서 · 대
동아공영권'이라는 일본적이고 동양적인, 계층적 국제관계(일본형 화
이체제적 제국주의)를 내세워 대항했다. 나아가 이것으로 계층적 국제관
계를 은폐 · 호도하려 했다.

반제국주의와 민족주의의 등장에 대해, 일본이 '일본형 제국주의'로 대응한 반면, 미국은 세계사의 새로운 비전을 제시했다. 1918년 1월 8일, 윌슨 대통령은 〈평화원칙 14개조〉에 관한 연설을 통해 다음과 같이 새로운 세계 질서의 윤곽을 그렸다.

　"'힘의 공동체'의 상징인 국제연맹이 몇 개의 군사동맹이 경합하는 적대적인 균형을 대신할 것이다. 강자에 의한 약자의 제국주의적 지배는 종식되지 않으면 안 된다. 타민족은 다른 모든 민족의 자결권을 존중해야 할 것이다. 무역과 자원의 독점적 지배를 추구하는 팽창은 평화적 경제발전을 위해 모든 자의 기회균등에게 길을 양보해야 할 것이다. 군비제한을 통해 여러 국가들이 벌이는 육·해군의 경쟁적 군비 확장에 종지부를 찍을 것이다."[20]

　'민족 자결주의'라는 미국의 새로운 '비전'은 민족주의운동에 큰 영향을 미쳤다. 특히 일본의 지배하에 있었던 코리아와 중국에서는 3·1운동과 5·4운동이라는 대규모 민족운동으로 호응했다. 중국공산당의 창설자이자 베이징대학교 교수였던 리다자오(李大釗)는 1919년 1월에 〈대아시아주의와 신아시아주의〉라는 제목의 글을 통해 일본의 대아시아주의를 격렬히 비판했다. 그는 일본의 '대아시아주의'는 중국 병탄주의를 숨긴 말이고, 약소민족 병탄을 위한 제국주의이며, 민주주의가 아니라 군국주의이고, 세계의 질서를 파괴하는 것이라고 주장했다. 이어 그는 '신아시아주의'는 "민족해방을 기초로 해서 근본 개조를 행하는 주장이다. 민족 자결주의에 의해 아시아의 대연합을 실현하고, 유럽·아메리카의 대연합과 정립해서 세계연방을 실현하는 것으로 인류의 행복을 도모해야 한다"

²¹⁾라고 주장한다.

1919년 한국, 중국에서의 대규모 반일운동과 일본 제국주의에 대한 지식인들의 비판에 의해, '민족 자결주의'라는 미국의 비전과 '일본형 제국주의'라는 일본의 비전 중에서 어느 것이 새로운 동아시아체제의 지도이념이 될 것인지는 이미 결정되었다.

넷째, 국가체제의 문제이다. 경제체제에서 일제는 점점 소비에트적인 통제경제의 색채를 강화해갔다. 또 정치체제에서 천황제국가는 전체주의인 독일의 나치즘, 이탈리아의 파시즘과 유사한 '텐노이즘'을 강화해나갔다. 미국의 프랭클린 루스벨트는 1941년 1월 6일, 연두교서에서 4대 자유를 주장했다. 제2차 세계대전 전의 전체주의와 자유주의의 대결은, 대전 후 공산주의와 자유주의의 대결만큼이나 분명하게 되었다.

다섯째, 세계패권을 둘러싼 동맹의 문제이다. 이것은 제2차 세계대전에 대한 일본의 정의(定義)에서 가장 명확히 드러난다. 일본은 '대동아전쟁'을 "대동아신질서 건설을 목적으로 하는 전쟁으로서, 서반구에서 독일과 이탈리아를 중심으로 하는 구주(歐洲)신질서 건설과 상응해서 세계의 신질서를 건설하려는 것으로, 무력전임과 동시에 건설전이고 영구적인 사상전·문화전이다"라고 규정했다.²²⁾ 미·영의 세계패권에 대해 반패권동맹을 선언한 것이다.

1910년 일본은 대륙 팽창 욕구를 억누르고 있었던, 병의 마개와도 같았던 조선을 식민화하자 대륙으로 폭주했다. 이때부터 일본과 미국의 갈등은 증폭되기 시작했다. 일본의 폭주와 미일 갈등의 근원에는 천황제국가의 이데올로기 또는 '일본형 화이체제적 제국주

의'가 있었다.

일본형 화이체제적 제국주의는 중국의 패권사상(중화사상)과 그 체제(중화체제)를 모태로 하면서, 서양 제국주의를 결합시켰다는 점에서 특징이 있다. 따라서 그 근원은 고대 천황제국가로 거슬러 올라갈 수 있지만, 현실적인 출발점은 노부나가, 히데요시의 일본 통일기이다. 아사오 나오히로(朝尾直弘)의 표현처럼 이 시기는 포르투갈이 전래한 "총으로 천하를 통합했던 무가(武家)의 국가가 군사기술을 통해서 유럽의 문명을 동경하여 그 현실적인 위치를 중화에서 서서히 서구로 옮기기 시작한 때"[23]이다. 그러나 그 과정은 동아시아에서 중국의 위치를 빼앗는 과정이었다. 즉 "중화에 근거해 아시아의 근대를 생각할 때, 일본이 중화를 탈취하려는 과정이 일본의 근대화였다."[24] 결국 일본은 중국 중심의 세계 질서로부터 벗어나 일본 중심의 화이사상에 근거해 근대화가 이루어졌다고 평가할 수 있다.[25]

그러나 일본형 화이체제는 '일본의 근대화'를 성공시키는 요인이 되었지만, 그것을 팽창시켜 '일본형 제국주의'를 만드는 동인이 되었다. 나아가 그것은 일본을 패전으로 이끄는 원인이었다. 일본제국주의를 생각할 때 무엇보다도 특징적인 것은 패권의식, 패권사상의 과대한 성장이다. 일본은 제국의 역량을 갖추기도 전에 제국주의 팽창을 꿈꾸었다. 이것은 유럽의 중상주의 단계에서는 히데요시 정권의 폭주로, 산업자본주의 단계에서는 '정한론'으로 나타났다. 일본형 화이체제라는 역사적 전통, 그리고 이를 핵심에서 규율한 천황제는 패권의식과 패권능력의 균형을 상실케 했다. 결국 팽창이라는 불을 찾아 헤매는 불나비가 일본제국주의의 모습이었다.

일본제국주의는 결코 조선에 만족하지 않았다. 왜냐하면 '중화체제(Pax Sinica)'든, '대영제국체제(Pax Britannica)'든, 패권체제는 하나의 세계를 대상으로 하기 때문이다. 이들을 모태로 한 '일본형 제국주의(Pax Japonica)'도 아시아라는 하나의 세계를 대상으로 한다. 1910년 조선 식민화로 구체적인 모습을 드러낸 '일본형 화이체제적 제국주의(아시아세계의 일본화)'는 1940년대에 '동아신질서', '대동아공영권' 구상을 통해 완성된 모습을 드러낸다. 동아신질서에 대해 고든 버거의 정리를 요약하면 다음과 같다.

1940년 8월 1일에 공표된 일본의 《기본국책요강》은 '동아신질서'를 "황국을 핵심으로 해서 일본·만주·중국의 강고한 결합을 근간으로 하는 대동아의 신질서"로 정의했다. 이날 처음으로 일본은 공식적인 정책 결정에서 자국을 '황국'으로 불렀고, 국가지도자들은 이때부터 그들의 내외에 걸친 모든 정책을 '황도(皇道)'라는 말로 표현했다. 일본의 지도자들은 '황국의 황도정치'라는 고도로 '토착적'이고 '특수한' 개념으로 세계의 '보편 질서'를 설명하려고 했다.[26] 이러한 '동아신질서'는 천황과 결합된 또 하나의 고전적이고 토착적인 '팔굉일우(八紘一宇)'라는 말로도 묘사된다. 7세기 《일본서기(日本書記)》에 나오는 전설적인 일본 시조 신무천황이 만든 씨족 중심의 계층적 패권질서인 '팔굉일우'로 20세기의 세계 질서를 설명한 것이다. 여기서 아시아의 여러 국민은 일본의 천황에게 종속된다. 중국의 황제를 중심으로 하는 중화체제와 같이, 일본의 천황을 정점으로 한 서층적(序層的) 세계 질서인 '동아신질서'는 다음과 같은 정치·외교·군사·경제적인 특징을 갖는다.

우선 지역적으로 동경 90도에서 동경 180도까지를 포함하는 '대동아공영권'에는 만주국·중국은 물론, 프랑스령 인도차이나, 타이, 말레이시아, 네덜란드령 인도네시아를 포괄한다. 그뿐 아니라 오스트레일리아와 뉴질랜드도 여기에 포함된다.

정치·외교적으로 이러한 아시아 제 지역의 민족적 지배자는 만주국 황제 푸이(溥儀)처럼 각각의 지역을 통치하지만, 일본의 천황에게 충성을 서약한다. 이 과정에서 중국의 국민당 정권은 지방 정권으로 전락된다. 그리고 일본의 천황이 백인을 몰아낸 서양의 식민지에 군림하지만, 지역민들의 자치권은 허락된다.

경제적으로 일본은 공동시장을 설립하고, 개발계획을 입안하는 전문적 기관을 설치한다. 궁극적으로는 식민지의 여러 지역과 일본 본토의 경제적 통합을 꾀한다. 이렇게 해서 동아시아 블록은 구미의 여러 제국과 대등한 입장에서 교섭한다.[27]

이러한 일본의 '몽상의 제국'은 태평양전쟁으로 현실화되는 것과 동시에 붕괴된다. 청일·러일 전쟁 이후 일본의 팽창욕은 요원의 불길처럼 타올랐고, 이 불길에는 군부의 지도자만이 아니라 일반 대중들도 기름을 부었다. 일본은 1931년 만주사변을 일으켰고, 1937년에는 중국과 전쟁을 개시했다. 그리고 1938년 독일이 유럽을 침공하자, 영국·프랑스·네덜란드령의 동남아 각국을 침략했다. 이러한 일본의 세력 확장에 대응해 미국은 1941년 석유금수를 단행해 봉쇄정책을 폈다. 1946년 패전한 뒤 미국의 조사를 받은 히로히토 천황은 다음과 같이 말했다.

"석유의 수입금지는 일본을 궁지로 몰아넣었다. 그렇게 된 이상

만일의 요행을 바라면서 싸우는 것이 좋겠다는 생각이 결정된 것은 자연스러운 일이었을지도 모른다. 만일 그때에 내가 주전론을 억제했더라면, 다년간 연마해온 정예의 육해군을 가지고 있으면서도 힘없이 미국에 굴복하는 것이라고 국내 여론이 비등하고, 쿠데타가 일어났을 것이다. 실로 어려웠던 때였다. 그러한 때 헐 미국 국무장관의 최후통첩이 왔으므로, 외교적으로 최후의 단계에 이르게 되었다."[28]

봉쇄정책으로 더 이상의 팽창이 불가능해진 일본은 떠오르고 있던 세계패권국 미국과의 전쟁을 결의했다. 일본은 1941년 12월 7일, 진주만을 기습해 미군 2천4백여 명과 비행기 475기, 전함 4척을 파괴했다. 미국의 여론은 일시에 '모든 수단을 동원해서라도 일본과의 전쟁에서 승리해야 한다'는 전쟁론이 휩쓸었다. 태평양전쟁이 시작되었다. 1945년 3월 미국은 도쿄를 대공습했고, 하루 만에 20여만 명이 사상했다. 그리고 1945년 8월 6일엔 히로시마에, 사흘 뒤엔 나가사키에 원자폭탄을 투하했다. 비록 일본의 정예육군 2백만 명이 중국 대륙에 남아 있었지만, 하늘에서 B29기를 동원해 폭격하고, 원자폭탄을 투하하는 미국에게는 아무 소용이 없었다.

1945년 8월 15일, 히로히토 일본 천황은 미국에게 무조건 항복을 선언했다. 항복을 결정하는 회의에서 히로히토는 "내가 내린 결정은 일청전쟁 뒤 삼국간섭 때 나의 조부인 메이지 천황에게 강요된 것과 비슷하다. 그가 견딜 수 없는 것을 견디었던 것처럼 나도 그럴 것이다. 그리고 여러분도 그래야만 한다"라고 말했다. 히로히토의 일본은 9월 2일 도쿄항에 정박한 미국 군함 미주리호에서 미국의 맥아더 장군이 지켜보는 가운데 항복문서에 서명했다. 그리고 27일, 천황은 주일 미대사관으로 맥아더 장군을 찾아감으로써 일본 역사상 최초로 외국군의 장수 앞에 무릎을 꿇었다.

1907년, 메이지유신 40주년에 즈음해 전직 수상 오쿠마 시게노부는 일본이 앵글로색슨의 도움으로 발전했다고 고백했다. 그러나 그 40년 뒤인 1943년 내각정보국 차장은 《존황양이(尊皇攘夷)의 혈전》이라는 책에서 대동아전쟁을 "오랫동안 아시아에 화를 입혔던 앵글로색슨의 이기적 지배를 근절"하기 위해 영국과 미국에 대항하는 '성전(聖戰)'이라고 주장했다.[29] 결국 앵글로색슨과의 '공동 패권'으로 성립한 동아시아에서의 일본 패권은 앵글로색슨과의 마찰을 통해 균열하고, 전쟁을 통해 붕괴했다. 일본 제국주의, 곧 '일본형 화이체제적 제국주의'는 이로써 실패했다. 이후 일본은 앵글로색슨과의 동맹체제, 또는 미국 패권체제에서 결코 벗어나지 않는다.

4개의 힘,
독립운동을 4개의 세력으로

1919년 3·1독립운동에 참여해 옥고를 치른 민족시인 심훈 (1905~1937)은 일제에서 해방만 된다면, 종각의 종을 머리로 들이받아 두개골이 산산조각이 나도 기쁘겠다고 자주독립의 염원을 노래했다.

그날이 오면 그날이 오며는,
삼각산이 일어나 더덩실 춤이라도 추고
한강물이 뒤집혀 용솟음칠 그날이.
이 목숨이 끊기기 전에 와주기만 하량이면,
나는 밤하늘에 날으는 까마귀와 같이
종로의 인경을 머리로 들이받아 울리오리다.
두개골이 깨어져 산산조각이 나도
기뻐서 죽사오매 오히려 무슨 한이 남으오리까.

이 염원을 코리아의 모든 사람들이 한마음으로 소리 높여 외친 것은 1919년 3월이었다. 3월 1일 기독교·천도교·불교의 민족대표 33인이 독립선언서를 낭독했다. 이때부터 전국 211개 군에서 2백만 명 이상이 1천5백여 회에 걸친 집회를 통해 '독립만세'운동을 전개했다. 비록 4만 7천여 명이 체포되고, 7천5백여 명 이상이 피살되었지만, 독립의 요구는 전국 방방곡곡으로 퍼져나갔다. 19세기 이후 처음으로 전 민족이 하나가 되어 독립만세를 불렀다. 3·1운동의 의의에 대해 조소앙은 〈3·1운동과 나〉라는 글에서 다음과 같이 말한다.

"나는 우리 민족의 단결성 결여를 개탄하고 실망하였다. 그러나 이것은 나의 오산이었다. 그 기운이 농숙하고 그 시기를 포착하면, 우리 민족보다 더 단결이 강한 민족도 다시없는 것을 나는 3·1운동에서 발견하고 교훈 받았다. 10년 동안 조성되어온 혁명의 불꽃은 폭발하여, 우리의 발랄한 민족정신과 위대한 단결력을 여실히 현시한 것이다."[30]

1919년 봄, 코리아의 모든 사람들이 세계사의 봄, 곧 독립선언서에 나오는 것처럼 '위력의 시대'가 가고, '도의의 시대'가 왔다고 생각했다. 바로 1년 전에 미국의 윌슨 대통령이 민족 자결주의를 선언했고, 제1차 세계대전이 끝났으며, 동유럽의 많은 나라들이 독립했기 때문이었다. 민족 자결주의의 이상과 3·1운동에서 드러난 코리아인들의 엄청난 독립 열기에 자극을 받아 새로운 나라를 건설하려는 시도가 곳곳에서 일어났다.

1919년 3월 21일, 러시아의 블라디보스토크에서 이동휘를 중심으로 국민의회가 결성되었다. 4월 10일 상하이에서 개원한 대한민국 임시 의정원은 11일 '대한민국은 민주공화국'임을 천명하는 헌법을 제정하고, 13일에는 이승만을 수반으로 하는 대한민국 임시정부를 선포했다. 그리고 23일에는 국내 13도 대표들이 이승만을 집정관 총재로 하는 대조선공화국을 선언했다. 이밖에 손병희를 정통령으로, 이승만을 부통령으로 조선민국 임시정부, 고려공화국, 간도 임시정부, 신한민국정부 등이 수립되었다는 전단이 뿌려졌다.

그러나 3·1운동 뒤에 생겨난 임시정부의 핵심 인물은 45세의 이승만이었고, 조직은 상하이의 대한민국 임시정부였다. 이동녕, 여운형, 김규식, 조소앙 등이 실무를 총괄한 상하이 임시정부는 국내뿐만이 아니라, 중국·일본·미국·러시아·만주 등지에서 대표자를 소집했다. 또 김구를 비롯해 임시정부에서 일을 하려는 사람들이 속속 상하이로 찾아왔다. 그 결과 9월 15일, 이 모든 조직을 뭉친 통합체제가 출범했다. 대통령에 이승만, 국무총리 겸 군무총장에 이동휘, 외무총장에 김규식, 내무총장에 안창호, 법무총장에 신규식을 선출했다. 그리고 만주와 연해주지방의 독립군을 일원적으로 재편성하고, 광복군 총영도 설치했다. 또한 임시정부의 기관지로《독립신문》을 간행하고 주필은 이광수가 맡았다.

이승만은 코리아의 국내외를 막론하고 3·1운동 이후 새로운 정부의 최고지도자로 인정되었다. 그는 독립협회에서 급진적인 개화 개혁운동을 전개하던 중, 1898년 만민공동회 사건으로 '친러정부'에 의해 구속되었다. 이승만은 6년간의 감옥생활 동안 옥중학교를 설립해 어린이 죄수들을 교육하기도 했다. 1904년 러일전쟁으로 친러정부가 제거되자 이승만이 석방되었고, 민영환과 한규설은 그를 미국에 보내 코리아의 독립을 요청했다. 독립청원이 아무런 효과를 얻지 못하자, 이승만은 대학에 입학해 1910년 〈미국의 영향을 받은 중립〉이라는 논문으로 박사학위를 받았고, 귀국해 YMCA 청년학교장으로 활동하기도 했다.

1920년 12월 이승만은 대한민국 임시정부가 있는 상하이에 도착했다. 임시정부는 대통령 이승만의 상하이 도착을 열렬히 환영했다. 그러나 문제는 이때부터 발생한다. 임시정부의 활동노선을 둘러싸고 '무력 투쟁이냐, 외교 활동이냐', '일제와의 타협이냐, 비타협이냐', '소련과 공산주의를 우호적으로 볼 것이냐, 적대적으로 볼 것이냐' 등 논쟁과 대립, 갈등이 생겨나기 시작한 것이다. 이승만은 이러한 갈등을 수습하지 못했고, 시간이 갈수록 대립은 격화되었다.

독립노선의 갈등이 일어난 배경의 첫째는 일제의 정책 변화였다. 일제는 3·1운동 뒤 무단통치를 문화통치로, 자주독립이 아닌 자치 허용으로 정책을 바꾸기 시작했다. 둘째, 1919년 파리강화회의에 김규식을 파견하는 등 각종 외교 활동을 전개했으나, 미국을 비롯한 열강들이 이를 완전히 무시했다. 그러자 외교청원으로 독립을 성취하는 것에 대한 회의가 일어났다. 셋째, 1917년 러시아혁명이 성공했고, 1919년 3월 26일에는 코민테른이 설치되어 민족운동에 대한 소련의 개입이 본격화되었다. 곧 자본주의에 대한 사회혁명과 제국주의에 대한 민족혁명을 동시에 달성할 수 있다는 '공산주의'가 퍼져나갔다. 넷째, 임시정부가 위치해 있었던 중국에서 1911년 신해혁명을 통해 수립된 중화민국과 쑨원(孫文)의 국민당이 영향력을 강화하고, 북벌을 통해 중국을 통일하기 시작했다.

1875년에서 1905년까지 코리아를 둘러싸고 복잡하게 전개되었던 국제관계가 일제의 병탄을 계기로 일본 하나로 단순화되었다. 따라서 대립 구도도 일제 대 코리아로 단순명료했다. 그러나 1919년을 계기로 단순했던 대립관계는 모두 바뀌어 또다시 조선말 4대강국이 정립하는 상태로 되돌아갔다. 주변에 성격이 각각 다른 두 개의 해양세력(YC=일본, YD=미국)이 있고, 또 두 개의 대륙세력(XA=중화민국, XB=소련·중국공산당)이 있다. 이에 따라 코리아 내에도 대륙세력과 해양세력의 아류인 'xa·xb·yc·yd'가 생겨난다. 여기서 XA·XB·YC·YD와 xa·xb·yc·yd는 각각 함수관계이다. 예를 들어 xa는 중국 국민당이 약해짐에 따라 약화되고, yc 또한 일제의 식민정책이 갈수록 포악해짐에 따라 일제의 동조자로 변해 입지가 아주 약화된다. 그러나 xb는 소련과 중국공산당의 세력이 강해짐에 따라 독립운동 내에서의 영향력이 강화되고, yd 또한 미국이 제2차 세계대전에 참전함으로써 그 중요성이 더욱 커진다.

우선 코리아의 2천만 인구와 이를 직접 지배하고 있는 일본(YC)이 독립의 가장 중요한 상수라고 판단한 세력들(yc)이 있다. 이들은 일제의 정책 변화에 따라 민족개량운동·자치론을 주장한다. 김성수·송진우·이광수 등이 핵심 인물인데, 이들의 핵심 논리는 코리아에 대한 일제 지배력의 강고함이었다. 이것은 1919년 11월 임시정부의 핵심이었던 여운형이 자치 문제에 대응하기 위해 만난 일본의 육군대신 다나카 기이치(田中義一)의 발언에서 잘 나타난다. 다나카는 "우리 일본은 천하무적의 막강한 육군이 있고, 대해를 휩

쓴 8·8함대가 있다. 이러한 막강한 군대와 일전을 해볼 용의가 있는가. 만일 조선인들이 끝까지 반항한다면 2천만 명 정도의 조선인들이야 일시에 없애버릴 수도 있다. 그런즉 조선은 자치를 하여 일본과 상호 제휴하는 것이 가장 현명한 길이다"[31]라고 위협했다.

국내에 물적, 인적인 기득권을 갖고 있었던 김성수, 송진우, 이광수, 최린 등은 한편으로는 일본의 불가항력적인 막강한 위력에 대한 두려움과 다른 한편으로는 일본의 정책 변화로 생긴 활동공간을 이용해 민족개량주의를 전면에 내세웠다. 이들은 민족성 개조, 실력양성, 자치 등 세 가지를 내세우고 독립을 장기적인 과제로 보면서 독립운동을 전환했다. 이들은 자주독립의 힘인 2천만의 코리아인과 가장 가까이 있었을 뿐 아니라, 자주독립의 적이었던 일제와도 가장 가까이 있었다. 이것이 이들의 강점이자 약점이었다.

둘째는 세계의 패권국가로 부상하고 있었던 미국(YD)의 힘과 의지가 코리아의 독립에 핵심적인 요소라고 보는 세력(yd)이다. 이승만이 그 핵심인데, 그는 국제정치학자답게 국제외교를 통해 독립을 쟁취하는 길이 최선이라고 보았다. 따라서 그는 일본 요인에 대한 암살도 강경책만을 불러올 것이기 때문에 반대했다. 이승만은 미국에 임시정부의 승인을 끈질기게 요구했으나, 윌슨에서 루스벨트에 이르기까지 모두가 거부했다. 특히 독립협회에서 '반러 자주운동'을 편 적이 있었던 그는 1919년에 대통령으로 추대된 때부터 일관되게 소련 공산주의를 강력히 반대했다. 그는 공산주의세력과 합작하는 것은 곧 노예생활을 자초하는 것이라고 생각했고, 비타협노선으로 일관했다. 국제정세에 대한 그의 식견은 일반인의 인식 수준을 훨씬 앞질렀다. 그러나 1920년 12월 이승만이 상하이에 도착해 독립노선에 대한 논쟁이 일어났을 때, 대부분의 사람들은 이승만의 독립노선에 동의하지 않았다.

셋째는 새롭게 탄생한 중화민국(xA)의 힘에 의지해 독립을 이루려는 세력(xa)이다. 코리아가 식민지가 된 지 1년 만에 발생한 중국의 신해혁명에 독립지사들은 큰 기대를 했다. 1912년 초 조성환은 안창호에게 신해혁명으로 코리아에서 일본의 지배를 끝장내고 독립을 이룰 수 있다고 말했다. 이를 위해 그는 신규식과 함께 쑨원을 총재로 받드는 자유당에 가입하고, 두 나라 사이의 연대를 위해 노력했다.[32] 당시 많은 독립 운동가들이 상하이에 모여들었고, 대한민국 임시정부가 상하이에 수립된 것은 이러한 흐름의 반영이었다. 이러한 노선은 '중국의 힘을 통한 코리아의 해방'이라고 부를 수 있다. 중국의 혁명과 혁명한 중국이 제국주의 일본과 싸워서 일본을 중국에서만이 아니라 코리아에서도 물리치는 것이다. 체제를 전환한 중국은 2천 년의 역사적 경험을 고려할 때, 결코 코리아에 대한 자신의 영향력을 포기하지 않을 것이기 때문이다.

이러한 흐름 속에서 부각되는 인물이 김구이다. 김구는 동학접주를 거쳐 1903년에는 기독교에 입교했고, 이때부터 교회와 학교를 중심으로 민족운동을 전개했다. 4년간의 감옥생활 뒤인 1919년 9월 상하이로 가서 임시정부의 경무국장이 되었다. 이때 김구는 국무총리 이동휘의 공산주의운동 권유를 뿌리쳤고, 1940년에는 임시정부의 주석이 되었다. 김구는 임시정부의 존재와 코리아의 독립 요구를 알릴 수 있는 것이라면 무엇이든지 할 수 있다고 생각했다. 요인 암살과 파괴 활동, 유격전 등 가능한 모든 방법을 동원했다. 김구 주석이 이끄는 임시정부는 중화민국의 국민당 정부가 수도를 이동할 때 같이 이동했고, 1940년 이후 장제스(蔣介石)로부터 정기적으로 재정 원조를 받았다. 그러나 1949년 6월, 중화민국이 대륙에서 소멸될 때 김구는 암살당한다.

넷째는 공산주의와 민족해방을 내걸고 거대한 힘으로 새롭게 부상하고 있었던 소련(XB)에서 코리아 해방의 동력을 찾은 사람들(xb)이다. 세계패권의 도전국에 기대는 것이다. 1917년 러시아혁명의 성공 이래 코리아의 안팎에 각종 사회주의자 클럽과 정당들이 수도 없이 생겨났다. 여기에 속하는 대표적 인물이 1918년 블라디보스토크에서 노령정부(露領政府, 대한국민의회)를 이끌었던 이동휘이다. 이동휘는 상하이 임시정부의 국무총리 겸 군무총장이 되었는데, 1920년의 독립노선 논쟁에서 이승만의 노선과 대립해 사직했다. 이들은 모스크바로부터 자금 지원을 비롯한 각종 지원과 해방의 이데올로기를 공급받았다. 소련이 주도하는 코민테른의 지도하에 중국공산당(1921), 조선공산당(1925), 인도차이나공산당(1930)이 생겼다. 이들은 모두 소련이 제공하는 새로운 이데올로기와 자금 및 무력으로 제국주의를 몰아내고 새로운 나라를 만들려고 했다는 점에서 일치한다.

1933년 1월 중국공산당 주도로 동북인민혁명군이 창설되었다. 이듬해 3월 제2군에 조선인 주진을 사장으로 하는 1독립사와 김일성을 사장으로 하는 3독립사가 창설되었다. 여기에 최현, 김일, 안길 등이 포함되어 있었다. 그리고 제3군은 허형식과 김책을 중심으로,

제4군은 이학만과 최용건을 중심으로 창설되었고, 이들이 1937년의 보천보 전투를 이끌었다. 그러나 1939년 11월부터 일본 관동군이 이들을 압박하자, 1941년 연해주로 탈출했고 하바로프스크에서 소련군의 일원으로 정찰 활동과 정치교육을 실시했다.[33] 한편 중국 공산당의 지도부가 있었던 중국 연안에도 무정과 최창익이 중심이 된 조선인 무장독립세력이 있었다. 이들은 1940년대 이후 중국공산당 8로군과 연대작전을 전개한다. 해방 뒤 '연안파'가 된 이들은 공산세력이 대륙을 장악함에 따라 막강해진다.

1920년 이후 시간이 갈수록 대한민국 임시정부의 구심력은 약해지고, 각 세력의 중심국으로부터 발산되는 구심력이 강해졌다. 1924년 송진우, 김성수, 최린, 이광수 등은 자치운동단체를 결성하려 했고, 1925년 3월에는 이승만이 상하이 임시정부에서 면직되었다. 그리고 4월에는 김찬과 조봉암 등이 조선공산당을 창립하고, 박헌영이 고려공산청년회를 만들었다. 독립운동세력들이 지역에 따라, 이념에 따라, 그리고 인간관계에 따라 심각하게 분화되기 시작했다. 그러나 이러한 분열 과정에서 독립운동세력의 통합을 이루려는 노력도 이루어졌다. 1926년의 6·10만세운동을 계기로 그 이듬해에 민족주의자와 사회주의자의 연합단체인 신간회(1927~1931)가 결성되었다. 그리고 만주사변이 일어난 뒤인 1935년에는 중국에서 한국독립당, 조선혁명당, 신한독립당, 대한독립당, 의열단 등 좌우의 민족세력이 협력해 민족혁명당을 결성했다. 그러나 민족혁명당은 얼마 후 깨졌고, 통합의 구심력보다 분열의 원심력이 더욱 강력히 작용했다.

악순환의 정점,
분단과 전쟁

　　1941년 12월 7일, 일본의 진주만 공격으로 미일전쟁이 발발하자, 이승만은 미국 국무부의 장관 비서와 혼벡(S. Hornbeck) 극동국장을 만났다. 그는 미국이 임시정부를 승인하고, 일제의 후방에서 저항 및 게릴라전을 수행할 수 있도록 군사·경제 원조를 해줄 것을 요청했다. 이 시기에 김구 주석하의 중경 임시정부도 일본에 선전포고하고 미국에 정부 승인을 요청했다. 이때 미국은 대한민국 임시정부가 어떤 조직인지를 알아보라고 주중 미국 대사에게 지시했다. 주중 미대사관은 영국에 정보 협조를 요청했다.

　　미국의 요청에 대해 영국 외무성은 1942년 2월 28일, 다음과 같은 내용으로 주중 미대사관에게 답변했다. "중경주재 영국대사관이 보기에 현지 한국인들 간에 상당한 분열이 내재되어 있다. 그리고 중국 외무부도 한국인들이 정치적으로 서로 견해 차이를 보이고 있다고 보고 있다. 또한 중국 당국도 한국인이 반일행동을 하는 데는 유용하지만, 한국인들 간의 파벌이 해결될 때까지 한국의 해방운동을 승인할 수 없다고 본다. 중국 당국은 한국인들의 파벌이 화해하도록 하는 데 거중조정을 맡을 의사가 있다. 그리고 영국 외무성은 일본이나 한국에서 한국인들이 일본에 효과적으로 저항할 가능성은 아주 적다고 본다."[34]

임시정부에 대한 이러한 인식과는 달리 미국은 시베리아에 거주하는 코리아인으로 구성된 2개 여단의 존재가 이후 코리아정치에 미칠 파장을 일찍부터 주목했다. 중경주재 미국 대사 고스는 1942년 4월 국무장관에게 보낸 전문에서, 미국이나 중국이 임정을 승인하면 시베리아에 거주하는 코리아인들이 코리아로 진격해 별도의 정부를 수립할 가능성이 있고, 국제적으로 미묘한 문제를 야기할 것이라고 우려했다. 또한 이들 빨치산 부대와 20만에 가까운 소련 영토 내에 있는 코리아인들, 그리고 만주 지역의 코리아인들이 실질적인 자치 경험과 정치적 통일성 및 행정 능력이 있다고 평가했다. 그리고 국내의 독립운동에 대해서는 코리아인들이 끊임없이 저항하고 있기는 하지만 독립운동의 가능성은 매우 희박하다고 평가했다. 그러나 일제하에서 일한 하급관리들을 해방 이후 국가경영에 참여시킨다면 실무적 행정 능력을 제공할 수 있을 것이라고 예상했다.[35]

영국 외무성과 주중 미국대사관 그리고 각종 보고에 대한 종합적 평가에 따라 미 국무부는 1942년 5월, 대한민국 임시정부의 승인을 거부한다고 정식으로 밝혔다. 혼벡 극동국장은 이승만이 한국에 전혀 알려져 있지 않으며, 임시정부는 망명인사 몇몇으로 구성된 자치클럽에 불과하다고 생각했다.[36] 그리고 같은 해 8월, 국무부

고위자문위원회 정치소위는 독립운동세력의 성향과 능력에 대한 평가에 기초해, "일정한 기간이 지난 뒤 독립시키되 이 기간중 연합국이 공동 관리하는 신탁통치를 통해 자치 능력을 배양시킨다"[37]라는 결정을 내렸다.

미국이 1942년 6월 미드웨이 해전에서 일본군에 대승하고, 1943년 2월 1일 과달카날 섬에서 일본군을 대파하자 태평양에서 미국의 승리가 확실해졌다. 또한 유럽에서도 1943년 2월 2일, 스탈린그라드에서 소련군이 독일군을 항복시키고, 8월에는 소련 정부가 모스크바로 다시 돌아왔다. 독일의 패배가 확실해진 것이다. 그러나 미국의 우세가 확연해진 1943년이 되어도 미국의 코리아에 대한 평가는 변함이 없었다.

1942년 여름에서 1943년 봄에 걸쳐 미국의 대일전 승리가 확실해졌을 때, 코리아의 운명을 결정하는 것은 두 가지였다. 하나는 코리아의 독립운동세력에 대한 역량 평가였고, 다른 하나는 식민지에 대한 미국의 전후 세계전략이었다.

미국은 독립운동세력에 대해서 앞에서 살펴본 것처럼 대단히 부정적이었다. 독립운동세력이 분열되었고, 임시정부의 대표성이 부족하며, 오랜 식민지배의 결과 자치 능력이 약하고, 소련의 영향권 안에 있는 세력들의 역량이 강하다는 점이 그 이유였다. 따라서 미국은 코리아를 바로 독립시킬 경우 분쟁이 심화되고, 나아가 미국의 영향권에서 이탈해 공산화될 가능성이 있다고 보았다. 이러한 평가에 대해 미국의 전후정책 수행의 주요 파트너였던 영국과 중국도 동의하고 있었다.

    다른 하나는 식민지에 대한 미국의 전후정책이다. 제2차 세계대전 초기인 1940년 이후, 미국은 전후 세계 질서를 구상했다. 그 핵심은 미국 주도하에 전 지구를 포괄하는 통합된 세계경제체제를 건설하고, 이를 유지할 새로운 국제기구와 제도를 수립하는 것이었다. 그리고 식민지는 신탁통치하고, 이를 미국이 주도하는 국제기구가 관리한다는 것이다. 신탁통치는 식민지 본국의 반발을 최소화하여 이들과 이해관계를 조절하고, 식민지 국민들의 민족주의적 열기를 일정한 정도에서 개량적으로 흡수할 수 있는 일종의 '안전밸브'로 간주되었다.[38]

    코리아의 독립세력에 대한 종합 평가와 식민지에 대한 세계정책을 한국에 구체적으로 적용시킨 것이 1943년 5월 국무부 자문위원회가 작성한 〈코리아: 국내정치구조〉, 〈코리아: 독립문제〉 등의 문건들이다. 이러한 문건으로 '코리아의 운명'이 최종 결정되었다. 미국은 종전 시 코리아인의 자유·독립에 대한 권리를 인정해주되, 일정 기간 신탁통치하의 자치정부시기를 거쳐 독립시켜야 한다고 결론지었다.[39] 이 내용이 카이로 회담에서 "코리아 인민의 노예 상태에 유의하여 적당한 절차를 거쳐 코리아를 자주독립시킬 것을 결의한다"라는 선언으로 관철된다.

    미국은 전후 구상을 확립하자 다른 연합국들이 이것을 승인하도록 외교를 펼쳤다. 1943년 3월 루스벨트는 영국의 외상 이든(Anthony Eden)에게 코리아에 대한 국제신탁통치를 공식 제의했다. 그리고 11월의 카이로 회담과 테헤란 회담, 그리고 1945년 2월의 얄타 회담 등 수뇌 회담 때마다, 영국·중화민국·소련에게 코리아의 신탁통치안에 대한 동의를 구했다. 영국과 중화민국이 미국의 영향하에 있다는 점을 염두에 둔다면, 미국이 4대국의 신탁통치를 주도할 수 있게 될 것이기 때문이다. 루스벨트는 이들 나라의 수뇌부들에게 필리핀이 자치정부를 준비하는 데 약 50년이 걸렸다는 점을 예로 들면서, 코리아가 완전한 독립을 얻기 위해서는 최소한 20~30년의 수습기간이 필요하다고 말했다. 또한 1944년 1월 12일의 태평양전쟁위원회 회의에서 루스벨트는 스탈린이 코리아에 대한 40년간의 신탁통치 필요성에 동의했다고 말했다.[40]

미국의 루스벨트 대통령과 국무부에게 1940년대의 코리아는 그 40년 전인 1905년의 코리아와 달라진 것이 없었다. 프랭클린 루스벨트도 그의 친척인 시오도어 루스벨트와 거의 동일하게 코리아를 인식했다. 코리아의 정치세력이 정치적 통합을 이루지 못하고, 독립할 힘도 없다고 생각했다. 또한 코리아를 독립시켜 가만히 두면 결국 대륙으로 편입될 것이라고 생각했다. 그리고 1905년에 영국·러시아·미국이 일본이 코리아를 보호국으로 만드는 것을 승인한 것처럼, 1943년에 영국·중국·소련은 미국이 제안한 국제민간행정기구에 의한 신탁통치안을 찬성했다.

신탁통치안에 깔린 미국의 안보 구상은 소련의 남진 저지가 1차 목표였고, 일본 통제가 2차적인 목표였다. 1944년 11월 국무부 정책기획위원회 코리아소위원회는 〈얄타 회담을 위한 요약보고서〉를 만들었다. 이 보고서는 미국이 '코리아에 대한 연합국의 공동 점령과 공동 시정방침, 미국의 주도성에 대한 다른 나라의 확약'을 추구해야 한다고 제안했다. 그러나 1945년에 들어 미국 군부는 국무부가 상정한 공동 점령·공동 관리에 의한 통일된 중앙통제 대신, 오스트리아식의 지역분할 점령방식을 택했다. 종전 시 동북아에서 막강한 육군을 보유하고 있는 소련이 미국보다 군사적으로 유리한 위치에 서게 되고, 따라서 미국의 영향력과 발언권이 소련에 비해 약화될 것이라는 우려 때문이었다. 38도선 분할 점령은 이러한 고려에서 나왔다.[41]

일본의 항복이 확정되고, 소련군이 만주로 물밀듯이 진격하고 있을 때인 8월 11일, 미국의 국무·국방·육군의 3부조정위원회는 38도선의 분할 점령을 결정했다. 이때 소련은 대 코리아 정책의 목표를 '코리아가 소련을 침략하는 기지가 되는 것을 막고, 소련에 우호적인 국가를 수립하는 것'으로 설정했다. 이에 따라 소련은 코리아를 분할 점령하고, 그 지역에 친소정권을 만들려고 계획했다.

1945년 8월 9일 오전 11시, 3일 전 20여 만 명의 생명을 앗아간 히로시마에 이어 나가사키에 원자폭탄이 투하되었다. 12시간 뒤 소련군은 130만 명으로 구성된 육군 50개 사단과 탱크 3천5백 대, 그리고 항공기 4천8백 기를 동원해 해일처럼 국경을 돌파했다. 이날 자정, 일본은 히로히토 천황 주재로 긴급 어전회의를 열고 무조건 항복을 결정했다.

1944년 8월 10일, 국내에 '건국동맹'을 결성해 전쟁 종식을 대비하고 있었던 여운형은 일본이 항복하자 조선총독부로부터 치안을 유지해달라는 부탁을 받았다. 이를 수락한 여운형은 안재홍·정백 등과 함께 '건국준비위원회'를 만들어 해방정국의 주도권을 쥐었다. 8월 17일부터 약 3주간 일반 대중들은 건국준비위원회를 독립정부

수립을 위한 정치적 결집체 또는 민족 스스로의 자주적인 통치기관으로 생각했다. 따라서 각 지방의 유지들은 치안대·보안대 또는 유사한 이름의 단체를 구성했다가, 이들을 건국준비위원회의 지회 또는 분회로 개명하거나 새로이 지회 등을 구성했다. 전국 145개소에 분회가 조직될 정도였다.[42]

여운형은 중도좌파였는데 당시의 독립운동가들 중에 가장 폭넓게 활동해온 사람이었다. 대한민국 임시정부의 창설을 주도했으며, 민족주의자들과도 깊이 교류했다. 그뿐 아니라 박헌영 등의 공산주의자와도 좋은 관계를 맺었으며, 상하이와 만주, 일본과 국내에서 다양하게 활동했다. 외교 활동뿐만 아니라 무장 활동도 벌였고, 언론 활동만이 아니라 연설과 조직 등 대중 활동에도 탁월했다. 중일전쟁과 태평양전쟁이 벌어진 1930년대 말 이후, 엄혹한 국내정세 속에서도 3천만 민족과 함께 국내에서 호흡하며 지속적으로 활동을 전개했다.

여운형이라는 '통합의 지도자'에 의해 주도된 건국준비위원회의 운명은 사실상 해방 뒤 코리아의 운명과 일치했다. 이때 건국준비위원회가 미국이 점령한 남과 소련이 점령한 북을 모두 아우르는 통일된 조직체로서 계속 발전했다면, 다시 말해 건국준비위원회로 모든 독립운동세력을 하나로 결집시키고, 이 단일조직체의 힘을 바탕으로 미국과 소련에 독립정부 수립의 절차와 방법을 교섭할 수 있었다면, 코리아의 운명은 완전히 달라졌을 것이다.

이 점에서 코리아와 가장 대비되는 나라가 오스트리아이다. 4대국에 의해 분할 점령된 오스트리아가 10년 만에 중립화 통일을 이루는 과정은 우리에게 큰 시사점을 준다. 여기서 잠깐 오스트리아의 중립화 통일에 대한 이호재의 설명을 정리하면 다음과 같다.[43]

코리아에 대한 4대국의 신탁통치가 구상될 무렵인 1943년 10월 말 미·영·소 세 나라의 외상들은 전후 유럽에 대한 모스크바 선언에 합의했다. 그리고 1945년 1월 미·영·소·프 4대 연합국은 오스트리아를 네 지역으로 분할·점령키로 결정했다. 이에 따라 연합군 중 최초로 소련군이 4월 7일 빈 교외로 진군했다.

4월 20일 소련은 온건사회주의자인 칼 레너를 찾아내 임시정부의 수립을 요청했다. 칼 레너는 국민 통합과 정당 간의 갈등 예방을 위해 13개 중요 내각의 장관직을 주요 정치세력들에게 골고루 배분했다. 곧 13개의 장관직을 기독교사회당에 4개, 인민당에 4개, 공산당에 3개, 그리고 무소속에 2개 할당했다. 그리고 장관이 한 당이면 차관 두 자리는 다른 당에 배분함으로써 능률보다 3당의 균형과 합의를 중시했다. 이렇게 빨리 오스트리아의 주요 정당 간에 임시정부 수립에 대한 합의가 도출될 수 있었던 것은 크게 세 가지의 요인 때문이다.

첫째, 역사에서 교훈을 얻었다. 1919년에서 1934년 사이의 오스트리아 제1공화국에서 양대 계급정당인 사회민주당과 기독교사회당은 다른 정당과의 공존을 거부하고 독점 지배만을 추구했다. 그 결과 정쟁으로 폭력 대결과 내란이 발생했고, 히틀러에게 망했다. 이러한 경험을 바탕으로 오스트리아는 소련을 비롯한 연합군의 분할 점령이라는 국가적 위기 속에서 국민적 단결과 정치적 통합을 필사적으로 추구했다.

둘째, 뚜렷한 정치기반을 가진 정당 조직과 그 당을 대표하는 지도자들이 있었다. 전쟁 전에 오스트리아에는 기독교사회당·인민당·공산당 등의 정당이 존재하고 있었다. 점령당국은 이 세 당만을 인정하고, 그 외의 정당 설립을 막아 정당이 난립하지 못하도록 했다.

셋째, 타협을 위한 제도적 장치를 마련했다. 권력의 '구성비원칙'에 합의해 정당 간의 타협을 쉽게 했고, 이것이 '대연립정부'를 성립시키는 데 결정적인 도움이 되었다. 이 구성비원칙은 정당 간의 내각 배분만이 아니라, 국영기업체·국책은행·방송국의 사장 및 이사직 배분에까지 적용되어 계층 간 갈등을 완화하는 데 기여했다.

오스트리아는 칼 레너를 중심으로 정치적 통합과 국민적 단결에 성공했다. 그 결과 소련군이 진주한 지 20일 만에, 1920년의 헌법 정신에 입각해 임시정부를 수립했다. 연합군의 점령 시작과 거의 동시에 국민 전체를 대표하는 단일정부가 출범한 것이다. 그러나 서방 진영인 미국·영국·프랑스 연합3국은 칼 레너 수상의 임시정부를 '소련의 괴뢰정부'라고 비난하고 승인을 거부했다. 하지만 이들도 현실적으로 존재하는 오스트리아의 단일한 국민적 결집체를 무시할 수 없었다.

이렇게 해서 오스트리아의 임시정부는 '무수한 국내 정치세력과 4대 점령국'이라는 다대다(多對多)의 상황을 '임시정부와 4대 점령국'이라는 일대다(一對多)의 상황으로 창구를 단순화시켰다. 이 과정에서 1946년, 제1통제협정과 제2통제협정을 체결해 임시정부의 자율권을 확대했다. 여기서 주목할 점은 오스트리아가 4대 연합국들 상호 간에 신뢰가 살아 있을 때, 그 기회를 놓치지 않았다는 점이다. 오스트리아는 1947년 냉전이 본격화되기 이전에 국민 통합적 임시정부를 수립했고, 미소의 대립이 임시정부에 별 영향을 미치지 못할 정도로 자율권을 확대해나갔다.

그 결과 1955년 4월, 소련과 오스트리아 정부는 어떠한 군사동맹에도 가담하지 않고, 영토 내에 어떤 외국 군사기지도 두지 않는 스위스식의 '중립화'에 합의했다. 이것은 4대국과 오스트리아 외상이 참석한 빈 회의에서 최종적으로 조인되었다. 이에 따라 모든 점령군이 철수했고, 1955년 11월 5일, 영구중립을 규정한 헌법이 공포되었다. 이로써 오스트리아는 10년 만에 외국 군대의 분할 점령이라는 위기를 극복하고, 국가의 독립과 중립화 통일을 달성했다.

이처럼 오스트리아의 지도자들은 나라의 운명을 새롭게 개척했지만, 코리아의 지도자들은 역사의 격랑에 휩쓸려 민족의 운명을 파국으로 몰고 갔다. 그 과정을 살펴보면 다음과 같다.

첫째, 1945년 9월 6일, 여운형과 연결된 박헌영 등이 주도해 만든 '조선인민공화국'은 형식적으로는 오스트리아의 임시정부와 유사하게 보였으나, 내용적으로 공산세력의 독무대가 되었다. 주석에 이승만, 부주석에 여운형, 국무총리에 허헌을 지명해 상부에는 몇몇 명망가들이 고루 포진되어 있었지만, 나머지는 모두 공산주의자들이 장악했다. 이승만은 주석 취임을 거부했고, 미군정도 인정치 않았다. '조선인민공화국'은 민족세력을 통합하지 못했다. 그러기에는 공산세력의 야욕이 너무 컸다.

둘째, 미국의 일관된 정책에 따라 미군정은 대한민국 임시정부를 인정하지 않았다. 송진우·김성수 등이 임시정부를 지지하고 이를 맞이하는 준비를 했으나, 이승만과 김구·김규식 등 임시정부 요인들은 모두 개인 자격으로 귀국했다. 남한의 모든 정치세력들이 개인 자격으로 처음부터 새롭게 정치적 구심체를 만들어야 했다. 오스트리아와는 달리 수십, 수백 개의 정당, 사회단체가 난립했다. 미군정의 초기정책은 정치적 구심력 형성에 도움이 되지 못했다.

셋째, 1945년 12월 17일, 김일성이 '민주기지론'이라는 공산세력 중심의 국가 건설을 주장함으로써 민족 분열은 더욱 심화되었다. 소련은 이승만과 김구가 귀국하기 전에 이미, '이승만과 같은 반소적인 인물들이 정권을 장악할 경우 조선과 우호관계를 가질 수 없을 것'이라고 주장했다. 소련은 1, 2차 미소공동위원회가 개최될 때까지 계속해서 이승만을 거부했다. 북에서 '소련 주도'가 성립됨으로써 남북의 정치세력이 하나로 합칠 수가 없게 되었다.

넷째, 남에서는 일제시대의 인물과 제도를 그대로 유지하고 있었는데 반해, 북에서는 급진적 개혁이 실시되었다. 1946년 2월에 발족된 북조선임시인민위원회를 통해 토지개혁법(3월), 국유화법(8월)이 발표되었다. 남북한의 '체제 분단'이 시작되었다.

다섯째, 1945년 12월 27일, 모스크바 3상회의에서 신탁통치안이 결정되자 신탁통치 찬반운동이 코리아를 격렬히 분열시켰다. 코리아를 일제로부터 해방시킨 '해방자들'의 구상은 아랑곳하지 않고, 좌파는 찬성하고 우파는 반대했다. 1946년의 3·1절 행사는 좌·우파가 각각 개최했고, 1947년의 3·1절 행사에서는 양 세력이 유혈 충돌했다. 북에서는 1945년 12월, 신탁통치 반대를 이유로 민족세력의 핵심이었던 조만식을 연금했다. '좌우대결'이 본격화된 것이다.

여섯째, 1946년 남에서 좌우합작운동이 시작되었으나 1947년에 결국 무산되었다. 1946년 1월, 여운형은 한민당·국민당·조선공산당·조선인민당 등 4당의 공동선언을 이끌어냈다. 그 내용은 "모스크바 3상회의의 결정이 조선의 자주독립을 보장하는 데 대하여 전적으로 지지한다. 신탁 문제는 장래 수립될 우리 정부로 하여금 해결한다"라는 것이었다. 그러나 이 공동선언은 하루도 안 돼 무산되었고, 여운형은 "우리 같은 지도층이 없었던들 통일은 벌써 성공하였을 것이다. 조선 지도자들은 제1차 시험에서 전부 낙제다"[44]라고 말했다.

1946년 4월 미소공동위원회가 열렸을 때, 여운형은 우리나라는 "지정학상으로 남방세력이자 해양세력인 자본주의의 맹주 미국, 북방세력이자 대륙세력인 사회주의 사령탑 소련이 접합하고 있다. 때문에 자주국가의 건설과 유지 발전은 조선의 역사가 증명하는 바와 같이 좌우협력에서만 가능하다"[45]라고 주장했다. 또한 그는 "우리가 자주적으로 일정한 형태의 내부적 연합을 먼저 실현해야, 조선에 관한 미·소의 일치를 촉진하면서 건국의 과업을 전진시킬 수 있을 것이다"[46]라고 보았다.

1946년 6월, 미국 국무부의 지시에 따라 미군 사령관 하지는 김규식이 이끄는 중도우파와 여운형의 중도좌파를 중심으로 좌우합작을 추진했다. 그 결과 10월 7일 좌우합작 7원칙이 발표되었고, 12월에는 김규식을 의장으로 하는 남조선과도입법의원이 조직되었다. 그러나 1947년 7월, 통일정부 수립을 위한 국내적 협상틀인 좌우합작의 한 축이었던 여운형이 암살되었다. 또한 국제적 협상틀이었던 미소공동위원회가 결렬되었다. 이로써 평화통일을 위한 노력은 무산되었다.

일곱째, 1946년 5월 남에서는 미군정이 38도선을 허가 없이 월경하지 못하도록 했고, 7월에는 이북으로의 항해를 금지했다. 그리고 1948년 북에서는 남으로 보내는 전기를 끊었다. 38도선이 분할 점령선이 아니라 '국토 분단'선으로 바뀌기 시작했다.

여덟째, 1946년 6월 3일, 이승만이 정읍에서 남한 단독정부 수립계획을 발표함으로써 남북이 각각의 정부를 수립하기 위해 공식적 행보를 시작했다. 이승만은 미국에게 이 정책을 수용할 것을 촉구했다. 미국 또한 1947년 7월 이후 제2차 미소공동위원회가 결렬되자 이 정책을 적극 지지하기 시작한다. 한편 북에서는 1947년 2월 당·정부·인민회의로 구성된 사실상의 국가가 수립되었다. 이른바 '분단 정부'가 공식화된 것이다.

아홉째, '세계진영의 대결'이 개시되었다. 1947년 3월 트루먼 독트린 이후 본격화된 전 세계적인 소련과 미국, 공산주의와 자유주의, 대륙세력과 해양세력의 갈등과 충돌이 코리아에 그 모습을 나타내기 시작했다. 1947년 10월, 제2차 미소공동위원회의 결렬은 세계적 냉전이 코리아에 관철된 것이다.

열째, 1946년 9월 공산당의 주도로 총파업이 발생했고 10월에는 '대구폭동'이 발생했다. 남에서는 좌익에 대한 탄압을 강화했고, 북에서도 조만식 등 민족주의자들에 대한 탄압이 심화되었다. 이때부터 좌·우, 친소·친미 간의 대립이 투쟁으로, 대화가 무력 충돌로 비화되기 시작했다. '좌우협력'이 무산되고 '군사대결'이 개시된 것이다. 1948년 4월의 제주도 4·3사건, 10월의 여순 사건으로 무력 충돌은 더욱 격화된다.

코리아의 남쪽은 세계패권국 미국(YD)과 결합된 이승만(yd)을 중심으로 모든 세력들이 정리되기 시작했다. 이승만이 일찍부터 주장해온 소련과 공산주의에 대한 대결노선, 중간노선이 없는 극단노선이 1947년 여름에 승리했다. 코리아의 북쪽에서는 패권 도전국 소련(XB)과 결합된 김일성(xb)으로 모든 것이 정리되었다. 국가체제와 정치세력도 재편되고 이를 받아들이지 못한 사람들은 대거 남과 북으로 이동했다.

일제의 식민통치를 겪은 코리아에서 소련의 지원을 받는 공산세력은 강력했다. 반면 미국의 지원을 받는 자유세력은 취약했다. 조선 말과 마찬가지로 코리아는 해양패권의 도전세력이었던 대륙세력으로 경도되었다. 1946년 8월 미군정청 여론국이 실시한 여론조사에 의하면, 자본주의 지지자는 14퍼센트에 불과한 반면 사회주의 지지자는 70퍼센트에 달했다.[47] 코리아에서 공산세력의 우세는 분명했다. 당시의 세력 중 가장 강력했던 북의 김일성은 공산세력을 코리아 전체로 확산시키려 했다. 당시 세계패권의 동향과 코리아의 세력관계를 가장 정확하게 읽은 이승만은 분단으로 공산세력의 확장을 차단하고, 나아가 역전시키려 했다. 여운형, 김규식, 조소앙 등은 좌우합작으로 분열을 막으려 했으나 현실의 강력하고 냉혹한 힘 앞에서 무기력했다. 1947년 가을, 당시로서는 가장 합리적이었던 모스크바 3상회의의 결정이 파탄 나고, 세력의 양극화가 심화되었다.

이제 남은 것은 전쟁이었다. 코리아에 대한 강요된 분단을 어떤 사람도 인정치 않았고, 미국과 소련도 결코 분단 상태가 평온하게 지속될 것이라고 보지 않았다. 1948년 이후 남과 북, 미국과 소련 그리고 모든 세력들이 전쟁을 준비했고, 또 전쟁에 대비해 활동을 개시했다. 1950년의 한국전쟁은 임진왜란 이후 대원군의 쇄국정책, 중국에의 속국화, 갑신정변, 그리고 청일전쟁과 러일전쟁, 일제의 식민지배와 독립운동의 분열을 통해 끊임없이 증폭되고 강화된 거대한 악순환의 결정판이었다. 거대한 바위가 가파른 산에서 굴러 내려오고 있었다.

코리아,
공산세계와 자유세계의 시험장

1947년 3월, 미국의 트루먼 대통령은 세계정책에서 전환점이라고 하는 '트루먼 독트린'을 발표했다. '트루먼 독트린'에 근거를 제공한 케넌(G. Kennan)은 1946년 이래 소련에 대한 봉쇄를 주장했다. 그는 1947년 7월에는 〈소련 행동의 근원〉이라는 글을 통해 "이제 세계는 미국과 소련이라는 오로지 두 강대국의 대결장이 되었다"라고 선언하며, 소련을 막기 위한 전 세계적 봉쇄를 주장했다.[48] 이 시기 미국의 전략가들이 생각한 봉쇄정책, 냉전정책을 케넌은 다음과 같이 설명한다.

"제2차 세계대전이 1년 반 정도 지났을 때 우리의 무장력은 동원해제의 과정에 있었고, 비록 그 정도가 약했지만 소련도 마찬가지였다. 그 당시 소련은 나에게 결코 우리나라에 대한 군사적 위협으로는 보이지 않았다. 러시아는 제2차 세계대전으로 2천5백만의 국민이 희생되었고, 물리적인 파괴는 끔찍할 정도였다. 러시아는 당시 이름 붙일 만한 해군도, 실질적인 전략공군도 없었다. 핵실험도 하지 못했다. 나는 소련이 서유럽을 점령할 어떤 위험도 거의 없다고 확신했다.

그래서 내가 1946년에 그 나라에 대해 '봉쇄'라는 말을 사용했을 때, 나의 마음에 있었던 것은 오늘날 사람들이 생각하는 바와 같은 군사적 위협을 막기 위한 것은 결코 아니었다. 내가 생각하고 설명했던 것은, 말하자면 이데올로기적·정치적 위협이었다. 왜냐하면 북반부의 대부분, 특히 서유럽과 일본은 전쟁 경험에 의해 심각하게 사회적·정신적·정치적으로 불안정했기 때문이다. 그 국민들은 미래에 대한 두려움과 더불어 자신감이 없었고, 그들 속에 있는 소수의 공산주의자들의 설득과 압력에 아주 허약했다.

세계 공산주의운동은 그 당시 통일되고 단련된 운동이었고, 모스크바에 있는 스탈린의 전적인 통제하에 있었다. 그뿐 아니라 소련은 전쟁에서 이룩한 거대하고 성공적인 전쟁 수행 때문에 커다란 특권을 가지고 출현했다. 이제 모스크바에 종속적인 공산당들이 주요한 서유럽 국가의 일부, 특히 이탈리아와 프랑스에서 그리고 일본에서 권력을 잡을지도 모른다는 위험이 있었다. 그 당시 나는 말하자면 모스크바로부터 발산되는 '정치적'이고 '이데올로기적'인 위협을 보았다."[49]

미국은 제2차 세계대전에서 대서양의 유럽과 태평양의 아시아 양 전선에서 모두 전쟁을 치러 전체주의국가인 독일과 일본을 물리침으로써 명실상부하게 새로운 태양, 새로운 세계패권 국가로 인정받았다. 제2차 세계대전 직후 미국은 세계 총생산의 절반을 차지했을 뿐 아니라, 핵무기·전폭기·항공모함 등 군사력에서도 월등한 우위를 차지했다. 그리고 독일제국과 일본제국을 패배시킨 해방자로서 국제사회에 엄청난 위력을 떨치고 있었다.

그러나 미국이 보유한 이 모든 경제적·군사적 힘(hard power)에도 불구하고, 자본주의 세계체제는 결정적으로 '매력(soft power)'을 잃고 있었다. 미국을 제외하고는 일본과 독일·이탈리아 등 패전국은 물론이고, 영국과 프랑스 등 승전국들도 제국주의 간의 전쟁, 제국주의와 민족세력 간의 전쟁이라는 성격을 가진 제2차 세계대전으로 모두 큰 상처를 받았기 때문이다.

자본주의체제가 흔들리고 있을 때 공산주의를 내건 소련은 하드 파워와 소프트 파워 모두 급속하게 강화되었다. 소련이라는 새로운 태양이 떠오른 것이다. 소련은 1928년부터 5개년계획을 전개해 생산력을 급격하게 증대시켰고, 1945년에는 미국에 이어 두 번째의 생산력을 가진 나라가 된다. 그러나 이보다 더 중요한 것은 제1·2차 세계대전을 겪으면서 자본주의의 대안으로 공산주의가 급속하게 확산된 것이다.

케넌의 지적처럼 세계의 강대국이었던 프랑스와 이탈리아, 그리고 일본이 모두 사회주의세력에 의해 정권이 장악될 가능성이 있었다. 그뿐 아니라 1945년 유고슬라비아를 필두로 1946년에는 알바니아, 헝가리, 불가리아 그리고 이듬해엔 루마니아, 체코슬로바키아에 이르기까지 '인민공화국'들이 속속 들어섰다. 나아가 아시아에서는 베트남과 인도네시아에서 민족해방세력들이 정권을 잡았다. 거대한 중국 대륙에서도 1946년 이후 공산당의 세력이 더욱 강화되었고, 1947년에 들어서는 국민당의 패배가 불가피해보이기 시작했다.

미국은 중국에서 국민당 우세의 현상을 유지하기 위해 1946년 1월 마셜의 주선으로 정전협정을 체결케 했다. 국민당은 만주의 행정기구를 장악했으나 심각하게 부패해 있었다. 반면 중공군은 1946년 소련군이 만주에서 철수하면서 일본군에게서 획득한 수많은 무기를 넘겨받아 전력을 강화시켰다. 만주에서 내전이 다시 시작되었고, 1947년 1월에는 마셜의 노력이 모두 실패로 돌아갔다. 1947년 5월 만주에서 국민당군과 공산당군이 대전투를 벌였고 국민당이 패배했다. 펑톈(瀋陽)에 있었던 미국 총영사는 당시 상황을 미 국무부에 다음과 같이 전했다.

"국민당군 병사들 사이에 무관심, 불만, 패배주의가 급격히 확산되고, 항복과 탈영이 일어나고 있음이 확실하다. 이렇게 된 주요 요인들로는 현지 모집병을 최대한 이용하고 조선인 부대의 도움을 받아서 공산당군이 압도적인 수적 우위를 차지한 점, 군대 증강을 기대했던 국민당군이 낭패한 점, 공산당군 측이 단결력과 사기 면에서 우세하다는 점뿐만이 아니다. 국민당군 측은 내부가 분열되어 있고 전투 의욕을 상실하고 있다."[50]

1947년 이후 거대한 유라시아 대륙을 비롯한 세계 전체가 공산주의와 결부된 정치혁명, 민족혁명의 소용돌이에 휩싸여 있었다. 이것이 '모스크바로부터 발산되는 정치적이고 이데올로기적인 위협'이었다. 모스크바를 중심으로 유라시아, 나아가 전 세계로 확산되는 공산주의 및 민족혁명세력과 이에 반대하는 워싱턴을 중심으로 한 자유민주주의세력 간의 이념적·정치적 전쟁이 시작된 것이다. 지정학적인 면에서 전 세계를 겨냥하고, 이념적인 면에서 각기 보편성을 지향함에 따라 미·소 간의 경쟁은 더욱 치열해졌다. 이러한 이데올로기적·정치적 전쟁은, 19세기 초 자유·평등·박애를 내건 나폴레옹의 프랑스와 왕정을 유지하려는 보수적 유럽 국가와의 전쟁, 루터와 캘빈의 종교개혁으로 발생한 16~17세기 신교와 구교의 종교전쟁, 나아가 11세기에 발생한 기독교와 이슬람의 종교전쟁과도 유사한 의미를 갖고 있었다. 이데올로기적이고, 정치·경제적이며, 군사적인 의미까지 갖고 있는 거대한 두 세계 간의 전쟁 기운이 한 곳으로 모아지고 있었다. 그곳은 바로 코리아였다.

코리아는 '세계 공산주의의 조국'인 소련과 영토를 접할 뿐 아니라, 공산주의혁명과 민족혁명을 결합한 중국과도 접해 있다. 또한 새로운 세계패권국 미국이 직접 점령한 지역이자, 좁은 해협을 사이에 두고 코리아를 식민지배한 일본과 마주하고 있다. 또한 남과 북은 38선을 경계로 공산주의세력과 자유주의세력으로 점점 분화·결집되고 있었고, 양측 모두 통일을 내걸고 상대방을 괴멸시키는 전쟁도 불사했다. 코리아는 냉전 및 봉쇄정책의 핵심이었던 이데올로기적·정치적 가치를 집중적으로 내포하고 있었다. 1946년 6월 22일, 트루먼 대통령의 특사 자격으로 동북아를 방문한 폴리(Edwin Pauley) 대사는 다음과 같이 보고했다.

"코리아가 작은 나라이며, 우리의 전체 군사력 중 가장 적은 책임 지역이기는 하지만, 아시아에서 우리의 전반적 성공이 달려 있는 '이데올로기의 전쟁터'이다. 몰락한 공산주의의 도전에 직면하여 경쟁적 민주체제가 적응할 수 있는지, 혹은 어떤 다른 체제 즉 공산주의가 강력해질 것인지에 대한 '시험장'이 될 지역이 바로 이곳이다."[51]

1947년 2월 25일, 트루먼 독트린이 발표되기 직전에 제출된 〈한국 문제에 관한 부서 간 특별위원회〉의 보고서도 다음과 같이 코리아의 중요성을 언급하고 있다.

"지금 코리아는 세계에서 미국과 소련이 얼굴을 마주 대하고 있는 유일한 지역이다. 코리아는 소련의 이념에 대한 비교 개념으로서의 미국 민주주의의 효과를 위한 시험장소이다. 향후 코리아에서 미국의 민주주의가 좋은 평가를 얻을 수 있도록 충분히 지원해주지 않는다면, 전 세계의 국민과 국가는 미국 민주주의의 효과와 그 굳건함, 그리고 정부의 형태에 대하여 본능적 의심을 갖게 될 것이다. 미국에 대한 코리아의 정치적 중요성은 아마도 한반도에서의 전반적인 미소관계에 영향을 미치게 될 효과일 것이다. (…) 미국이 한국에서 소련으로부터 등이 밀리거나 스스로 피하게 되면, 독일이나 또는 미국에게 매우 중요한 의미를 가지는 그밖의 지역에서 소련의 경직된 태도를 매우 쉽사리 유발할 수도 있다. 그 반면에 코리아에서 우리가 물러서지 않는다면 그밖의 지역에서 우리가 소련을 다루면서 우리의 입장을 실질적으로 강화할 수 있다."[52]

그리고 1947년 한국 문제가 유엔으로 이관된 이후에는 미국뿐 아니라 유엔의 위신도 코리아에 걸려 있는 것으로 평가되었다. 1948년 4월의 미국 국가안전보장회의 전략문서인 〈NSC-8〉은 "유엔의 후원하에 설립된 한국 정권이 소련이 지배하는 세력에 의해 전복된다면 유엔의 위신과 영향력은 심각한 타격을 입을 것

미국의 전략가들과 소련의 위협

(왼쪽) 왼쪽부터 존슨 국방장관, 트루먼 대통령, 애치슨 국무장관
(오른쪽) 거대한 소련이 북한을 조종한다는 의미를 담은 《리포터Reporter》지의 표지

이다"라고 분석했다. 이를 발전시킨 1949년 3월의 〈NSC - 8/2〉
는 한국을 공산주의가 지배한다면 "제2차 세계대전과 그 이후 미국
이 행한 모든 국제적인 공약정신에 타격을 입을 것이며, 또한 극동
전역에 걸쳐서 미국의 위신과 영향력은 돌이킬 수 없는 손상을 입
을 것"이라고 보았다.[53] 이를 종합해 트루먼 대통령은 중국공산당
이 대륙을 평정한 시점이자, 코리아에서 미군이 철수를 완료할 시점
인 1949년 6월 7일 의회에 교서를 보냈다. 이 교서에서 "한반도는
민주주의와 공산주의가 경쟁하고 있는 시험장"이라고 하면서, "앞
으로 코리아는 아시아 민중들이 공산주의에 저항하는 데 있어서 등
대 노릇을 하게 될 것"이라고 말했다.[54] 애치슨은 2년 뒤 "코리아
는 양대 진영의 세계적 목적을 위한 세계전략의 시험장"이라고 주
장했다.[55] 이렇게 해서 코리아의 문제가 양대 진영의 세계전략과 세
계패권 국가인 미국의 위신과 신생 유엔의 권위 그리고 서유럽과
동아시아의 운명에도 영향을 미치는 전 세계적인 문제가 된 것이다.
　한편, 미국은 1947년 이후, 트루먼 독트린의 일환으로 서유럽에서 공산주의세력의 정권 장악을 막기 위해 마셜플랜을 실시해 4년간 120억 달러를 원조한다. 동아시아에서는 일본을 회복시켜 아시아의 공장이자 반공의 보루로 만드는 정책을 추진한다. 그리고 1949년에는 사회주의적인 민족혁명세력의 진출을 막기 위해 '포인트 포 계획(Point Four Program)'을 실시하고, 소련을 중심으로 한 공산권에 대해 군사적으로 봉쇄하기 위해 북대서양조약(NAT)을 체결한다. 한편 1949년 소련이 원폭실험에 성공해 미국의 핵 독점이 끝나자, 트루먼은 1950년 1월 수소폭탄 제조계획을 승인한다.

1949년 중반 동아시아 대륙에서 거대한 지각변동이 일어났다. 1949년 4월 중국공산당의 1백만 대군이 양쯔 강을 도하했고, 남으로 진군을 계속해 10월 1일에는 중화인민공화국을 수립했다. 중국 대륙의 통일은 항상 코리아에게 큰 영향을 미친다. 중국공산군이 대륙을 평정하자 중공군을 지원했던 수만 명의 '조선군'들이 북한으로 들어오기 시작했다. 중국 대륙에서 공산혁명으로 발생한 거대한 지진해일이 코리아 반도로 밀려오고 있었다.

세계적으로 냉전이 격화되고 중국 대륙이 뒤집히는 시기, 미국이 코리아를 '이데올로기적 전쟁터', 또는 '공산주의와 자유주의의 시험장'이라고 본 이 시기에, 코리아에서는 두 가지의 중요한 일이 발생한다. 하나는 1948년 남북의 분단정부 수립이다. 남에서는 코리아 문제를 유엔으로 이관한 뒤 1948년 8월에 이승만을 대통령으로 대한민국이 수립되었고, 북에서는 1948년 9월에 김일성을 수반으로 조선민주주의인민공화국을 수립했다. 또 하나는 미·소 양군의 철수이다. 소련군은 1948년 12월 말까지 북한에서 철수를 완료했고, 미군은 1949년 6월 말까지 철수를 완료했다.

　미국과 소련에 의해 국제 문제가 된 코리아의 문제는 4년 만인 1949년 6월에 남과 북의 내부 문제로 전환되었다. 미소 간의 패권 경쟁이 격화되고 있었던 시기, 세계패권전선의 최전방인 코리아가 갑자기 진공 상태가 된 것이다. 이것은 코리아가 무풍지대였기 때문이 아니라 바로 태풍전야에 있었기 때문이다. 거대한 지진해일이 밀려오기 직전에 바닷물이 일시 후퇴하는 것과 마찬가지이다. 밀려오고 있는 엄청난 해일, 거대한 태풍을 국무장관 애치슨을 비롯한 미국의 전략가들은 냉철히 바라보고 있었다. 그들은 위기를 기회로 만들 방법을 찾았다. 미국은 세 가지 차원, 즉 코리아, 동아시아, 세계 전략의 차원에서 주도면밀하게 곧 닥칠 사태를 대비한다.

코리아에 대한 정책　미 육군부는 주한 미군의 철수가 완료되는 시점인 1949년 6월 27일, 〈주한 미군 철수 후 발생할 가능성이 있는 북한의 전면 남침〉이라는 극비작전계획을 국무부에 제출했다. 이 작전계획은 북이 '전면 공격'할 경우 가능한 행동 방침으로 "(a) 코리아 거주 미국인의 긴급 철수 (b) 긴급 결정을 위한 유엔안보이사회에의 문제 제기 (c) 유엔의 승인하에 법·질서의 회복과 38도선의 불가침성을 재확인시킬 목적을 가진 미군과 기타 유엔가입국의 부대로 구성된 특별기동대의 치안유지적 활동을 시작하는 것" 등을 제시했다.[56]

　미국은 1년 뒤에 발생할 전쟁에 대한 기본계획으로 긴급 철수, 유엔의 활용, 제한 전쟁의 수행을 채택했다. 이 계획은 전쟁이 발발했을 때 그대로 적용되는데, 소련의 '이데올로기적이고 정치적인 위협'을 강조하는 냉전에서 북한을 '침략자로 낙인찍는 것'이 대단히 중요했기 때문이다.

미국의 동아시아정책　이때 미국의 정책담당자들은 코리아에서의 조건, 중국의 공산화에 대한 새로운 방벽의 필요성, 즉 일본 경제의 부흥과 주일 미군의 안정적 주둔 등을 중요하게 고려했다.[57] 1949년 말 미국이 설정한 동아시아전략은 〈NSC - 48〉 시리즈와 국무장관 애치슨의 발언을 분석함으로써 다음과 같은 몇 가지로 정리할 수 있다.

첫째, 몇 개의 선택된 국가 및 지역(일본·오키나와·필리핀 등)을 공산주의가 더 이상 팽창하는 것을 막기 위한 대대적인 군사기지로 만든다. 이것이 불후퇴방위선을 형성함과 동시에 공격의 발진기지가 된다. 그리고 애치슨은 한국을 방위선에서 제외한 것이 아니라, 미국이 직접 책임이 있는 지역으로 설정했다.[58]

둘째, 대만은 확보되어야 하며, 그 방법은 공공연한 군사 개입이 아니라 외교적, 경제적 수단을 사용하는 것이다. 이때 코리아의 충격이 필요하다. 1949년 3월, 미국이 대만 내에 또는 그 주위에 군사력을 배치해야 할 것이라는 합동참모본부의 제안에 대해 애치슨은 "만약 현재의 우리 정책이 대만에서 성공할 어떤 희망이라도 있으려면, 그 섬을 본토의 통제에서 분리시키려는 우리의 바람을 철저히 은폐시켜야 한다. 그리고 군사적으로 개입할 때에는 되도록이면 유엔기구를 이용해야 한다"라고 주장한다.[59] 또한 1950년 5월

30일 국무차관 러스크가 대만에서 전쟁을 감수하고라도 행동하지 않으면 위신에 타격이 온다고 주장한 데 대해, 애치슨은 이에 반대하면서 "어떤 종류의 충격이 대만에 대한 명백한 정책 전환을 위해 필요하다"라고 보았고, "코리아가 대만보다 미국의 개입에 더 적당하다"라고 평가했다.[60]

셋째, 공산화된 중국에 대해 미국은 소·중 간의 분쟁을 조장하는 정책을 써왔으나, 1950년 2월 〈소·중 우호동맹조약〉이 체결되자 중국을 봉쇄하는 정책을 구상한다. 곧 중국의 외교적 승인을 반대하고, 중국의 유엔 가입을 저지하는 정책을 채택한 것이다. 이는 한국전쟁에서 미국이 취한 중국에 대한 정책에서 분명히 드러난다. 그리고 인도차이나에서 혁명세력을 약화시키기 위해 식민 종주국 프랑스를 원조한다. 인도네시아에서는 네덜란드가 그 파트너가 된다.

미국의 세계전략   코리아와 동아시아에 초점을 둔 미국의 세계전략은 1950년 2월에서 4월에 걸쳐 완성된 〈NSC-68〉과 미국 전략가들의 발언을 통해 살펴볼 수 있다.

〈NSC-68〉은 미국이 행할 수 있는 네 가지 방도로 기존의 정책 계속, 고립화정책, 전쟁-소련과의 전면전, 자유세계의 급속한 정치·경제·군사력의 구축 등을 제시한다. 이 중에서 네 번째 안이 선택할 수 있는 유일한 방도라고 하면서, 소련의 팽창을 저지하고 제한적 또는 전면적인, 소련이나 소련의 지시하에 수행되는 공격적 행동을 패퇴시키기 위해 군사력을 증강하는 것이 필요하다고 한다.

특히 〈NSC-68〉은 시종일관 공산주의의 이데올로기적이고 정치적인 위협을 언급하며 서방세계의 결속을 강조하고 있다. 이 문서에서 언급되는 봉쇄정책은 소련세력이 팽창하는 것을 저지하고, 소련 주장의 기만성을 폭로하며, 크렘린의 지배력과 영향력의 퇴조를 유도하고, 최소한 크렘린이 자체 행동을 수정할 정도로 소련체제 내에 붕괴 요소를 조장하는 것이다. 이것을 대소 '전면 전쟁'을 제외한 모든 수단으로 추구한다.[61]

〈NSC - 68〉을 작성한 위원회의 의장이었던 니츠(Paul Nitze)는 〈NSC - 68〉이라는 세계전략을 실현하는 데, '북의 공격'이 얼마나 중요한 역할을 했는지 다음과 같이 말했다. "한편으로는 불균형한 예산, 높은 세금, 그리고 더욱 경색된 경제 통제와 다른 한편으로는 적당한 군비 상태의 필요성 사이에서 생긴 딜레마는, 북한의 남침이 발발하기 몇 달 전까지는 정책결정의 차원에서 해결되지 않았다. 그러한 결정은 북의 남침이 연구에 의해 이미 제출된 결론에 대해 구체적이고 유혈적인 확신을 주었을 때 비로소 특별한 행동으로 전화되었다."[62] 애치슨도 코리아가 〈NSC - 68〉의 여러 문제들을 해결하고 소련의 침략에 저항하도록 미국인들을 단결시켰다고 보았다.[63]

1941년에서 1953년까지 미국 국무부를 이끌면서 미국의 외교정책을 주도한 사람은 애치슨이었다. 이때 국무장관 애치슨의 구상은 곧 미국의 외교정책이 되었는데,[64] 그는 '자유세계를 창조했다'고 자부했다. 그는 7백 년 전에 살았던 스페인왕 알폰소 10세의 말을 인용해, 자서전의 제목을 《창세에 존재하다(Present at the creation)》로 정했다. 알폰소 10세는 코페르니쿠스의 태양중심론이 나오기 4백 년 전인 1250년, 지구중심론에 입각한 프톨레마이오스 체계가 너무 복잡하다고 비판했다. 그래서 "내가 만일 창세의 순간에 있었더라면, 신에게 우주를 더 질서 있게 만드는 힌트를 주었을 텐데"라고 불평했다.[65] 7백 년 전 알폰소 10세의 고민을 화두로 삼은 애치슨의 사고는 다음과 같았다.

"만일 적이 우리 자신 및 세계의 여론에 의해 의심할 여지없이 분명한 침략자로 낙인이 찍힌다면, 그에 따른 정치적 및 군사적 이득은 명백하다. 이와 유사하게 국가 안보와 관련된 엄청나게 중요한 고려사항이 있지 않다면, 선제공격을 개시함으로써 스스로 침략자의 배역을 떠맡기보다는 차라리 상당한 군사적 모험을 무릅써야 할 것으로 본다."[66]

클라우제비츠는 《전쟁론》에서 방어란 '공격을 위한 정점'을 기다리는 것이며, 정점의 순간에 도달하면 공세로 전환해야 한다고 주장했다. 미국의 애치슨과 NSC 문건을 작성했던 전략가들은 이 '정점'을 기다리고 있었다. '정점'은 대륙세력이 침략자로 낙인찍히는 시점이다. 이때 대대적인 공격을 가하는 것이다.

한국전쟁은
제3차 세계대전의 대체물

　한국전쟁의 주요한 당사자인 북의 김일성은 남의 이승만과 마찬가지로 무력을 통한 통일을 추구했다. 북의 김일성에게 1949년은 다음과 같은 이유로 대단히 중요한 해였다.

　첫째, 그동안 추진해온 이른바 '남조선의 혁명'을 통한 통일전략이 실패로 돌아갔고, 빨치산 투쟁도 남한 정부의 대토벌작전에 의해 거의 괴멸되었다. 그리고 단정수립으로 통일전선에 의한 통일도 불가능했다.

　둘째, 남한에 있던 주한 미군이 6월 말 전면 철수했다. 주한 미군의 철수로 남과 북에서 외국군이 사라지고 코리아세력만 남게 되었다. 따라서 남북 간의 전쟁을 국내 문제로 주장할 근거가 생겼다.

　셋째, 가장 중요한 것으로서, 4월 이후 중국에서 공산군의 승리가 확정되고 10월에는 중화인민공화국이 수립된 것이다. 그리고 소련이 원폭실험에 성공했다. 중공군으로 참가해 중국의 혁명을 도와준 5만 명 이상의 막강한 조선지원군이 1949년 말에서 1950년 초에 걸쳐 모두 코리아로 돌아와 '조선인민군'의 주력부대가 되었다. 이들이 전체 병력의 3분의 1 이상을 차지했다. 그리고 소련은 철수와 함께 많은 무기를 북한에 지원했다. 미군도 철수하면서 한국군을 지원했지만, 1950년의 시점에서 남·북의 군사력은 병력수로는 1.4배, 화기는 1.5배, 전차는 8배, 항공기는 4배로 북측이 우세했다. 코리아의 북쪽에서는 집중호우로 댐의 수위가 높아지듯 무력의 수위가 점점 높아만 갔다. 방류 직전의 상태가 된 것이다.

이제 북이 '주도'하는 전쟁에 소련과 중국의 동의를 얻는 것이 남았다. 김일성은 1949년 말 소련을 방문했다. 흐루시초프는 《회고록》에서 다음과 같이 적고 있다.

"1949년 말 내가 우크라이나에서 모스크바로 전근되었을 때, 김일성이 대표단을 거느리고 방문하여 스탈린과 협의하였다. 북조선인은 남조선을 총검으로 찌르고 싶어했다. 김일성의 말에 따르면, 처음 한 번 찌르기로 남조선 내부에 폭발이 일어나 인민의 힘이 승리를 얻는다, 즉 북조선을 지배하고 있는 힘이 승리를 차지한다는 것이었다. 당연히 스탈린은 그 생각에 반대할 수 없었다. 그 생각이 공산주의자로서의 그의 신념에 더욱 강하게 호소한 것은, 이 투쟁이 조선인 스스로 해결할 내부 문제이기 때문이었다. (…) 그래도 스탈린은 김일성의 제안에 관해 마오쩌둥(毛澤東)의 의견을 타진하기로 작정했다. 마오쩌둥의 대답도 긍정적이었다. 그는 김일성의 제안을 승인하면서, 이 전쟁은 조선 인민이 자신들 스스로 해결해야 할 국내 문제이기 때문에, 미국은 개입하지 않을 것이라는 의견을 보내왔다."[67]

김일성의 남침계획에 소련은 세 가지 방향을 제시했다. 첫째, 김일성이 주도하는 전쟁이 조선의 내부 문제이므로, 이를 방해할 생각은 없다. 따라서 무기와 군수물자는 지원할 수 있지만 군 병력은 지원할 수 없다. 1950년 2월 9일, 스탈린은 북한주재 소련 대사 스티코프에게 "김일성의 제의는 면밀히 숙고할 필요가 있다. 어떠한 위기도 없고 성공이 전면적으로 보장되는 경우, 김의 제의에 동의할 수 있다. 김이 요청한 3개 사단 추가 양성에 필요한 모든 탄약 등 군수물자와 의약품 등을 보내도록 지시했다. 그러나 소련군 병력은 개전 시 절대로 파견할 수 없다는 점을 김에게 명확히 해두라"[68]라고 전문을 보냈다.

둘째, 소련이 이 전쟁에 가담했다는 증거를 남겨서는 안 된다. 왜냐하면 미국과 군사 충돌을 원치 않기 때문이다. 따라서 소련은 북한의 전면공격이 '남한의 침략에 대한 응전'의 형태가 되어야 지지할 수 있다는 것이다. 북한이 6월 25일의 전면남침을 '남측의 공격에 대한 자위행동', 곧 반격으로 발표한 것도 소련과 상의한 결과로 볼 수 있다. 그리고 전쟁이 일어나기 전부터 소련이 유엔안보리에 불참한 것도 국제적으로 북한 편에 서지 않기 위한 외교적 조치로 이해할 수 있다.[69] 이러한 '알리바이'를 성립시키기 위해 북한은 남한에서 총선거가 있은 지 일주일 뒤인 6월 7일, 다가오는 8·15에 통일국회를 서울에서 개최하자고 제의했다. 그리고 6월 19일에는 남한의 국회와 북한의 최고인민회의를 합병하자고 제안했다.

셋째, 김일성의 남침은 꼭 중국의 마오쩌둥과 합의되어야 한다. 이것은 한국전쟁에 대한 스탈린의 마지막 안전장치였는데, 북한이 패퇴할 경우 소련이 아닌 중국이 나서서 북한군을 원조해야 하기 때문이었다. 따라서 스탈린은 끊임없이 김일성에게 마오쩌둥과 전쟁 문제를 상의하게 했고, 마오쩌둥은 이를 승인했다.

인천상륙작전 이후 북한군이 압록강·두만강까지 밀리자 스탈린은 애초의 계획대로 중공군의 참전을 독려했고, 중국이 출병하자 스탈린은 감동하여 '중국 동지는 훌륭하다'고 말했다. 그리고 1950년 말 소련은 2개 비행사단을 파병했는데, 모두 중국 비행사의 제복을 입고, 조선민주주의인민공화국의 마크를 붙인 미그 전투기로 출격했다.[70]

스탈린이 최악의 경우 미국이 개입할 것을 예상했음에도 불구하고, 김일성의 남침을 용인한 것은 소련의 세계전략 때문이었다. 당시 소련의 핵심적인 이해관계는 모스크바와 동유럽이었고, 이 지역은 미국의 직접적인 군사적 위협 아래 있었다. 즉 1947년 이래로 미국에서는 소련의 주요 도시에 원자탄을 투하해야 한다는 의견이 공공연히 군부와 의회에서 제기되었다. 국방장관 번즈는 소련이 독일에서 떠나지 않으면 최후의 수단을 쓸 것이라고 위협했다. 소련에게 가장 긴급한 위험은 원자연구소와 개발 공장에 대한 예방적인 공중폭격이었다. 그리고 1946~1947년간 미국이 유격대를 양성하기 위해 우크라이나인과 동유럽 전문가를 모으는 것으로 알려졌다. 그리고 1948년에서 1950년 사이 나치가 동유럽과 러시아지역을 점령해 수립한 괴뢰정부의 지도자들이 미국으로 이동했다는 소식이 있었다. 또한 부역자와 전범 처리에 대한 미국의 동맹협정 위반이 소련을 불안하게 했다.[71]

제2차 세계대전 후 군사적 수세에 있었던 소련은 핵심 지역인 모스크바 주변 지역과 동유럽을 보호하기 위해 미국의 군사력을 다른 방향으로 돌릴 필요가 있었다. 극동 지역은 이 점에서 안성맞춤이었다. 특히 마오쩌둥의 중화인민공화국이 수립되어 있으므로 소련이 개입하지 않아도 최악의 경우 현상 유지는 가능할 것으로 보았다.

그렇다면 중국의 마오쩌둥은 왜 김일성의 남침계획에 동의했을까? 단지 중국에서와 같이 조선에서도 공산혁명이 일어나야 하고, 조선이 5만 명의 막강한 군대를 보내 중국혁명을 지원했으므로 중국도 지원할 수밖에 없었기 때문인가? 이러한 이유도 중요했을 것이다. 그러나 중국이 김일성의 계획을 승인한 것은 소련과 마찬가지로 군사전략상의 필요 때문이었다.

1980년 야오쉬(姚旭)는 〈항미원조(抗美援朝)의 영명한 결단〉이라는 글에서 당시 중국의 지도부가 어떻게 정세를 평가했고, 어떤 이유로 김일성의 전쟁을 승인하고 참전하게 되었는지를 다음과 같이 설명하고 있다.[72]

중국은 1949년 4월, 1백만 대군의 양쯔 강 도하작전 때 미국이 공중폭격 등으로 직접 출병할 것을 예상했다. 당시에는 미국이 개입하지 않았으나 중국은 이후 계속 미국과의 군사 충돌을 경계해왔다. 1950년 4월 말 해남도(海南島)를 점령하고 대만을 남겨둔 시점에서, 중국공산당이 미국과 '힘겨루기'를 할 가능성이 있다고 생각한 곳은 세 지역이었다.

하나는 베트남인데, 베트남과 프랑스의 전투가 계속되고 미국이 프랑스를 지원하고 있었다. 둘째는 대만 해협인데, 미국은 대만의 장제스에게 군사를 원조하고 중국공산당의 대만 해방을 저지한다고 선언했다. 셋째는 코리아인데, 미국은 이승만을 지지하고 코리아를 분단해 '조선인민의 통일원망'에 반하고 있었다. 더욱이 1950년 1월 26일에 〈한미상호방위원조협정〉이 맺어져 '여기서 칼을 뺄 가능성이 있었다.' 요컨대 코리아에서 미국과 중국이 싸울 가능성이 가장 높다고 본 것이다. 이러한 판단의 근거로 야오쉬는 1958년 2월 17일 저우언라이(周恩來)가 북한에서 철수한 중국인민지원군의 간부대회에서 한 다음의 발언을 인용하고 있다.

"우리가 미 제국주의와 '힘겨루기'를 하는 것은 불가피했다. 문제는 어느 지역을 선택하느냐 하는 것이었다. 당연히 이것은 제국주의가 결정하는 것이지만, 동시에 우리가 결정하는 것이기도 했다. 제국주의는 조선을 전장으로 결정했다. 이것은 우리에게 유리했다. 우리는 항미원조를 결정했다. 모두 알겠지만 만약 베트남에서 싸웠다면, 연해 도서에서의 작전은 말할 것도 없고 여기보다 훨씬 어려움이 많았을 것이다. 비교해보면 유리한 지형, 가장 편리한 교통, 가장 편리한 물자지원, 가장 편리한 인력지원, 가장 편리한 정치 동원, 그밖에 소련의 간접지원을 받는 데 가장 편리하다는 점 등 어떤 조건에서 보더라도 세 개의 전장 중에서 가장 좋은 전장이 역시 여기(조선)라는 데에 여러분 모두 동의할 것이다."[73]

그리고 인민군이 파죽지세로 남진해 낙동강선에 도달한 8월, 마오쩌둥은 미국이 개입할 것을 예상하고 인민해방군을 대기시켰다. "미 제국주의는 결코 안이한 마음으로 실패하지는 않는다. 그들은 해·공군의 우세를 지니고 있으므로 반격할 수가 있다. 하지만 조선 인민군은 고군돌출(孤軍突出)하여 후방이 박약하다. 조선의 전쟁 국면은 곡절과 반복이 출현할 가능성이 있다. 그래서 8월 5일 나는 군사위원회의 결정에 따라 전략예비대에 전령을 발했다. '이달 안으로 일체의 준비 공작을 완료하고 출동작전 명을 기다리라.'"[74]

중국도 소련과 마찬가지로 미국과의 '힘겨루기'가 불가피하다면, 미국 군사력의 힘을 빼는 곳은 한반도가 되어야 한다고 생각했다. 코리아가 모든 면에서 유리했고, 특히 소련이 옆에 있어서 최악의 경우 대비가 되기 때문이다. 또한 미국과 직접 싸우는 형식이 아니라, '조선의 내전에 개입한 미국에 대항해 조선을 원조(抗美援朝)'하는 형식이 되어 미국과의 전면전을 피할 수 있기 때문이다. 마오쩌둥은 전장을 중국의 영토가 아닌 한반도에 국한시키는 것이 중국에 가장 피해가 적다고 생각한 것이다.

공산세력과의 대결주의로 일관해온 이승만은 대통령이 된 뒤 북진통일을 강력히 주장했다. 그러나 그가 북진통일의 무력으로 생각한 것은 한국의 군사력이 아니라 미국의 군사력이었다. 이승만은 남북의 군사력 비교에서 남한이 북한에 훨씬 뒤처진다는 것을 잘 알고 있었다. 그럼에도 그는 세계패권국 미국의 군사력을 믿고 모험주의를 택한 것이다. 360년 전 선조와 똑같은 '외세의존 모험주의'의 사고방식이었다. 1950년 6월 25일, 새벽에 전쟁이 터져 인민군이 물밀듯이 쳐내려오고 있었던 정오경에 이승만은 대통령 관저를 방문한 미국 대사 무초를 만났다. 무초는 이때의 이야기를 다음과 같은 내용으로 미국 국무부에 보냈다.

"이승만은 자신이 한반도를 제2의 사라예보로 만드는 것을 피하려고 노력해왔다고 말했다. 그러나 어쩌면 현재의 위기가 한반도 문제를 일거에 전면적으로 해결하기 위한 최선의 기회가 될지도 모른다고 말했다. 그는 공산주의의 침략에 대하여 미국의 여론이 날이 갈수록 강해지고 있다고 언급했다."[75]

개전은 사라예보처럼 한반도의 국지전쟁을 세계전쟁으로 만들고, 그렇게 함으로써 한·미군의 북진통일을 가능하게 한다. 바로 그렇기 때문에 이것은 '한반도 문제를 일거에 전면적으로 해결하기 위한 최선의 기회'라는 것이다. 그런데 이승만 대통령은 25일 밤에 독단으로 정부를 대전으로 옮긴다고 결정해 장관들과 무초 대사를 놀라게 했다. 이승만은 개인의 안전 문제가 아니라, 정부가 적의 포로가 되어서는 안 되기 때문이라는 이유를 댔다. 이승만은 27일 새벽 서울을 탈출해 진해를 향해 내려가다가, 너무 멀리 후퇴했다는 생각에 대구에서 다시 대전으로 되돌아갔다. 이승만 대통령에게 통일노선이 있었다면, 그것은 미군이 증원되어 오기를 기다려 미군과 함께 북진통일을 이루는 것이었다.[76] 이러한 이승만의 후퇴 행위는 한국전쟁 개전 시 애치슨 등 미국이 채택한 '후퇴 뒤 반격전략(Retreat and Rollback)'과 거의 일치한다.

1950년 6월 25일 '한국전쟁'이 발발하자, 미국은 1년 전부터 작성해온 1949년 6월 27일의 〈작전계획〉(코리아전략), 〈NSC - 48〉시리즈(아시아전략), 〈NSC - 68〉(세계전략) 등을 가동시켰다. 국무장관 애치슨은 "나는 완전한 계획을 가지고 있었던 것은 아니지만 한국전쟁이 발발하자마자 무엇을 해야 할지는 모두 알고 있었다"라고 말했다. 그래서 그는 북한의 침공을 소련의 침략으로 연결시켜 공산주의의 침략성을 만방에 선전했다. 이것이 이데올로기적, 정치적 특성을 지닌 '냉전'에서는 가장 중요한 핵심이었기 때문이다. 또한 미국은 독자적으로 행동한 것이 아니라 유엔안보리를 소집해 유엔의 이름으로 성전을 치르고, 자유세계의 군사력를 하나로 묶었다. 그리고 소련이 아닌 중국의 개입을 예상하고, 중국의 개입을 침략으로 규정해 유엔 가입을 저지시키며, 대만 해협에 대한 봉쇄와 인도차이나에 대한 군사 원조를 촉진한다. 또한 〈NSC-68〉에 규정된 대로 대규모의 군비 증강이 이루어진다.

애치슨과 미국의 전략가들은 프린스턴대학교 세미나에서 "코리아가 나타나서 우리를 구해주었다"라고 말했다.[77] 일본은행 총재 이치마다 히사토(一萬田尙登)는 한국전쟁을 통해 "우리 재계는 구원을 받았다"라고 말했다.[78] 아마 중국과 소련도 코리아의 전쟁을 미국 위협의 물꼬를 돌리는 기회로 생각했을 것이다. 한편 미국은 한국전쟁을 통해 1947년 트루먼 독트린으로 시작된 공산주의에 대한 봉쇄의 사슬을 하나의 튼튼한 철벽으로 만들었다. 반면 소련은 모스크바를 중심으로 사회주의권을 하나로 묶을 수 있었다.

20세기 중반의 '코리아전쟁(한국전쟁)'은 거의 모든 면에서 16세기 말의 '코리아전쟁(임진·정유 전쟁)'과 유사하다. 낙동강선, 두만강·압록강선, 37도선으로의 남하, 다시 해양세력과 대륙세력에 의한 38선의 분단, 휴전회담 과정, 선조와 이승만·김일성의 행태, 외국군의 논리 등 흡사하다.

첫째, 작전지휘권 문제다. 남의 이승만은 전쟁 발발 20일째인

한국전쟁의 전선 이동 상황

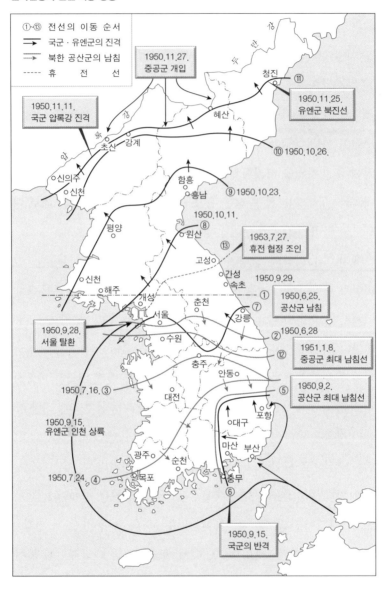

- ①-⑬ 전선의 이동 순서
- ⟶ 국군·유엔군의 진격
- → 북한 공산군의 남침
- ----- 휴 전 선

1950.11.27.
중공군 개입

1950.11.11.
국군 압록강 진격

청진 ⑪

1950.11.25.
유엔군 복진선

혜산

⑩ 1950.10.26.

신의주
신천
함흥
흥남 ⑨ 1950.10.23.

평양

1950.10.11.
⑧
원산

1953.7.27.
휴전 협정 조인
⑬

고성

신천
해주
간성
속초 1950.9.29.
① 1950.6.25.
공산군 남침

개성
서울
춘천
⑦
강릉

1950.9.28.
서울 탈환

수원
②1950.6.28
⑫

충주
안동
1951.1.8.
중공군 최대 남침선

1950.7.16. ③
대전
⑤
1950.9.2.
공산군 최대 남침선

1950.9.15.
유엔군 인천 상륙
대구
포항

광주
순천
마산 부산

1950.7.24. ④
목포
충무
⑥

1950.9.15.
국군의 반격

1950년 7월 14일, 〈한국 육·해·공군 지휘권 이양에 관하여〉라는 문서를 통해 맥아더 사령관에게 한국군의 작전지휘권을 이양했다. 그리고 북에서는 1950년 10월 19일 중국군이 참전하고 두 달이 채 안 된 12월 3일, 마오쩌둥이 베이징을 방문한 김일성에게 중국군과 조선군의 통일지휘부를 만들어야 한다고 제안했다. 이에 따라 중국이 정(正), 조선인민군이 부(副)를 맡기로 하고, 12월 7일 김일성이 베이징에서 귀국한 뒤 중국군과 조선군의 연합사령부가 구성되었다. 전쟁의 모든 것을 책임진 연합사령부의 사령관 겸 정치위원은 중국군 사령관 펑더화이(彭德懷)가 맡았다. 김일성은 이승만과 마찬가지로 전쟁이 끝날 때까지 군사지휘권을 회복하지 못했다.[79] 코리아 남과 북의 군통수권자가 모두 군 통제권을 해양세력과 대륙세력의 장군에게 내준 것이다. 이것은 4백 년 전 임진·정유 전쟁에서도 마찬가지였다.

둘째, 한국전쟁에서의 전력이다. 남측에서는 미군이 육·해·공군의 종합 전력에서 압도적이었다. 북측에서도 중국군의 개입 이후 중국군과 조선군의 전력 비율이 미군과 한국군의 비율과 유사했다. 임진·정유 전쟁에서도 중국(명)이 참전한 뒤에는 한국전쟁과 유사한 전력 구성을 보인 적이 있었다.

셋째, 휴전회담 과정이다. 20세기 중엽의 코리아전쟁에서 이승만 대통령은 미국을 믿고 모험적 통일노선을 견지했으며, 미국의 휴전 협상에 강력 반발했다. 미국은 쿠데타로 대통령을 교체할 생각까지 했다. 마찬가지로 16세기 코리아전쟁에서 조선왕 선조는 중국군을 믿고 모험주의노선을 폈을 뿐 아니라, 중국의 휴전 노력에 강력 반

	지상군	해군	공군
미국	50.32	85.89	93.38
한국	40.10	7.45	5.65
15개국	9.58	6.66	0.5

(단위: %)

발했다. 중국은 왕위교체까지 생각했다.

1953년 6월 8일, 미 국무부의 힉커슨(John D. Hickerson) 차관과 로버트슨(Walter S. Robertson) 차관보는 덜레스(J. F. Dulles) 장관에게 〈한반도의 중립화와 안전〉이라는 부제를 가진 보고서를 제출했다. 그리고 6월 25에는 국가안전보장회의 기획국에서 작성했던 〈변함없는 한국 주도하의 한반도 중립화〉안이 국가안전보장회의에 제출되었다. 이 문건은 〈정전 후의 한반도에 관한 미국의 목적〉이라는 제목의 〈NSC - 157〉로 확정되었다. 그러나 6월 30일, 합동참모본부는 국방부 장관에게 한반도의 중립화를 반대하고, 한국을 강력 지원해야 한다는 의견서를 제출했다. 통일은 필요하지만 비공산주의적 한반도여야 하며, 남한을 부흥시켜 경제적 · 정치적 모델을 만듦으로써 북한 내부에 불만과 불안을 조성하여 통일을 성취해야 한다는 주장이었다.[81] 합동참모본부의 노선에 따라, 1953년 7월 27일 미국과 북한 그리고 중국 사이에 휴전협정이 조인되었고, 3년간의 전쟁이 휴전 상태에 들어갔다.

전쟁의 결과 코리아는 초토화 · 피바다가 되었다. 분단의 골은 더욱 깊어졌고, 강대국에 대한 종속도 더욱 강화되었다. 북한은 인구의

28.4퍼센트인 272만여 명을 사망과 난민으로 잃었고, 남한은 7퍼센트인 133만 명을 잃었다. 공산중국은 공식적으로는 마오쩌둥의 아들을 포함해 13만 명을 잃었고, 미국은 3만 6천5백여 명을 잃었다.[82] 한국전쟁은 제2차 세계대전과 제1차 세계대전, 나폴레옹전쟁, 스페인 내전, 그리고 〈베스트팔렌조약〉으로 종결된 30년 종교전쟁 다음으로 많은 희생자를 낸 전쟁으로 인류사에 기록되었다. 결국 한국전쟁은 공산진영과 자유진영 사이에 벌어진 제3차 세계대전의 대체물이었다.[83]

한국과 조선,
전혀 다른 세계에 편입되다

한국전쟁으로 코리아는 자유세계의 일원인 '한국'과 공산세계의 일원인 '조선'으로 완전히 갈라졌다. 하나의 세계에서 1천4백 년을 함께 살아온 민족이 전혀 다른 세계 속으로 좌표를 이동하고, 그 결과 민족 간에는 동질성보다 이질성이 심화되었다. 각각은 해양세력과 대륙세력의 세력권에 완전히 편입되어, 민족의 일원이 아니라 자유세계와 공산세계의 일원으로서 동질성을 갖게 된다.

한국과 미국은 휴전협정 조인 뒤인 1953년 10월 1일, 〈한미상호방위조약〉을 체결해 전쟁재발 시 미국의 참전을 공약화했다. 그리고 이듬해 11월 17일에 체결된 〈한·미 합의의사록〉을 통해 한국군의 작전통제권이 전후에도 계속 유엔군 사령관에게 있음을 확인했다. 이로써 미국은 거의 영구적으로 한국의 방위를 책임져야 하는 입장에 서게 되었다. 그 결과 전후에는 한국군에 대한 투자비뿐 아니라 운영비도 상당 부분이 미국의 원조로 충당되었다. 미국의 대한 원조는 1954년 1억 달러에서 1957년에는 3억 7천만 달러로 늘어

났고, 이는 당시 일반회계의 두 배에 달하는 것이었다.[84]

북한도 마찬가지였다. 북한도 전시에 군사통제권을 중국에게 넘겼을 뿐 아니라 중국군이 준행정권도 가졌다. 그리고 1958년에 중국군이 철수했는데, 그때까지 중국의 입김이 셌고 연안파의 영향력도 강해졌다. 또한 소련과 중국으로부터 받은 원조가 1955년경에는 전체 예산의 24퍼센트에 달했다. 그리고 1950년대 후반에 중소분쟁을 이용해 주체성을 강조했지만, 1961년에는 중국, 소련과 각각 군사동맹조약을 체결했다.[85]

무엇보다도 한국전쟁을 거치면서 남과 북은 각각 정쟁의 큰 무기, 정치적·이데올로기적으로 예리한 칼날을 갖게 되었다. 코리아의 남북에서 '빨갱이·미제, 친북·친일, 좌파·반동' 등은 정적을 공격하는 최악의 낙인이자 치명적인 비수가 되었다. 한쪽에서는 '빨갱이'와 '친북'으로 치고, 다른 쪽에서는 '미제'와 '친일'로 친다. 19세기에 서학(천주교)이 정적을 제거하는 가장 강력한 칼날이 되었던 것처럼, 20세기에는 빨갱이와 미제, 친북과 친일이 정적을 타도하고 자기 세력을 강화하는 가장 큰 무기가 되었다. 박헌영과 조봉암 등이 각각 북과 남에서 제거된 뒤, 오늘날까지 이 정쟁의 무기는 녹슬지 않았다. 분단으로 정치적 분열은 더욱 심화되고, 정치적 분열로 분단은 더욱 조장된다.

코리아만이 아니라 전 지구적으로 세계는 자유세계와 공산세계로 양분된다. 이른바 제3세계가 1950년대 중반 이후로 등장하나 이들은 하나의 구심과 정체성을 갖지 못했다.

1917년 러시아의 공산혁명으로 공산주의는 더 이상 이데올로기가 아니라 힘을 가진 국가적 실체가 되었다. 그리고 제2차 세계대전으로 추축국 독일·일본·이탈리아만이 아니라, 연합국 영국·프랑스·네덜란드 등 제국주의세력 모두가 커다란 타격을 입었다. 1백여 년간 유지되어온 기존의 제국주의체제가 붕괴되었다.

기존의 태양계가 붕괴되고 새로운 태양계가 만들어지듯 제2차 세계대전 이후의 정세는 새로운 태양, 새로운 태양계가 만들어지는 과정이었다. 트루먼 독트린을 통해 미국이라는 새로운 태양을 중심으로 주변의 세력들이 하나하나 결집되었다. 미국을 중심으로 새로운 궤도들이 생겨났다. 마찬가지로 소련이라는, 새로운 태양처럼 보이는 거대한 중심이 생겼고, 이것이 주변에 있는 중국을 비롯해 수많은 국가와 세력들을 끌어당기기 시작했다. 이들이 또 하나의 궤도를 만들었다.

이러한 과정을 명확히 하고, 두 세계의 대립을 가장 격렬하게 표현한 것이 바로 한국전쟁이다. 한국전쟁을 통해 지구상에는 '자유세계'와 '공산세계'라는 두 개의 전혀 이질적인 세계체제가 확고히 자리 잡았다. 그리고 이 세계체제는 국제관계뿐만 아니라, 한 국가의 정치·경제·사회 제도 등의 국가체제 및 국민의 생활과 의식 하나하나에까지 영향을 미친다. 전 지구적 차원에서 자유체제와 공산체제의 체제 경쟁이 시작된 것이다.

자유세계의 중심인 미국은 1940년대 초반까지는 '단일세계주의 (One Worldism)'를 내걸었으나, 1947년 이후에는 본격적으로 '자유세계주의(Free Worldism)'를 내걸었다. 그리고 공산세계를 봉쇄하고 자유세계를 강화하기 위해 대서양과 태평양에서 군사·정치·경제라는 세 가지 방향에서 세계전략을 전개한다.

첫째, 군사적으로 미국은 서유럽을 공산주의에 대한 방벽으로 만들기 위해 북대서양조약기구를 설립했다. 이로써 미국과 서유럽을 하나의 통일적인 군사기구로 엮었다. 그리고 동아시아에서는 일본, 한국, 중화민국 그리고 동남아, 오스트레일리아 등의 태평양 국가들과 개별적인 군사동맹관계를 수립했다.

1949년 4월 조인된 북대서양조약(NAT)은 '종이동맹'적 성격을 띠고 있었으나, 한국전쟁을 계기로 북대서양조약기구(NATO, 나토)로 발전했다. 1950년 9월 인천상륙작전이 진행될 때 북대서양조약 이사회는 유럽통합군사조직의 창설을 승인했고, 중공군이 한국전에 참전한 뒤인 12월 18일 나토는 60개 나토사단의 창설, 서독의 주권회복과 나토 가입, 나토군 최고사령관 임명 등을 결정했다. 이로써 미군의 유럽 주둔이 정식으로 결정되었다. 또한 터키와 그리스는 군대를 한국에 파견했고 1952년 2월에는 나토에 가입했다. 이로써 제정러시아 이래로 영국과의 불씨가 되었던 근동지역이 결정적으로 서구진영에 편입되었다. 또한 스칸디나비아 반도의 국가들도 한국전쟁을 계기로 급속히 미국진영으로 흡수되었다. 특히 한국전쟁을 계기로 서독의 재무장이 나토의 틀 속에서 급속하게 이루어졌고, 영국·프랑스·캐나다 등도 무장해제에서 재무장으로 급격히 전환했다.[86]

둘째, 미국은 식민지에 대한 무제한적 경쟁을 일삼는 제국주의적 국제경제체제와는 다른 새로운 자유주의적 국제경제체제를 수립했다. 세계의 첨단산업에 대한 절대적 우월성과 세계 총생산의 절반을 차지하는 압도적인 경제력이 그 원동력이었다. 이 체제를 구성하는 두 축은 국제통화금융질서와 국제무역질서였다.

안정적 국제통화질서를 마련하기 위한 실무작업은 종전 이전부터 계속되었다. 마침내 1944년 브레턴우즈에서 44개국이 새로운 국제통화질서를 수립하는 협정에 서명했다. 새로운 국제통화질서는 '브레턴우즈체제'라고 불리는데, 국제통화기금(IMF, 1945)과 국제부흥개발은행(IBRD, 1946)이 핵심적인 역할을 한다. 이 체제를 지탱하는 것은 금태환(金兌換)제에 기초를 둔 미국의 돈, 달러였다. 미국의 달러는 영국의 파운드를 대신해 세계의 기축통화가 되었고, 각국 통화의 가치와 교환 비율 그리고 외환준비고도 모두 달러를 기준으로 책정되었다.

새로운 국제무역질서를 만들기 위해 미국은 이미 1943년부터 영국과 여러 차례 회의를 진행해왔다. 그 결과 1947년 7월 〈관세 및 무역에 관한 일반협정〉(GATT, 가트)이 조인되었다. 미국 주도하의 가트체제는 무차별원칙과 호혜주의원칙으로 관세를 대폭 인하했고, 세계 무역을 확대했다.

이렇듯 자유주의적 국제경제체제는 한국전쟁이 끝난 뒤 본격화되었고, 그 뒤 10년 내에 세계경제체제로 확고히 정착된다. 미국은 새로운 경제질서를 고안했을 뿐 아니라, 질서를 수립하고 유지하는 데 드는 비용을 감당했다. 브레턴우즈체제 통화질서는 미국이 국제수지적자를 통해 국제유동성을 공급하는 한편, 달러의 가치를 유지해줌으로써 작동했다. 자유무역질서 또한 광대한 미국시장을 개방함으로써 유지되었다.[87] 그러나 미국은 자유세계에는 자유로운 경제 활동을 추동했으나, 공산세계에는 기술과 상품이 유통되는 것을 철저히 봉쇄했다. 1949년에 미국은 수출제한법을 제정하고 대공산권 수출통제위원회(COCOM)를 조직했다. 이로써 공산권 국가에 대한 수출입금지 목록을 만들고, 미국뿐만 아니라 다른 동맹국의 무역관계도 구속했다.

셋째, 정치·사상·문화적인 면에서 미국 주도의 자유주의체제가 확산된다. 우선 공산주의세력은 하나의 정치세력으로 성장할 수 없도록 철저히 탄압되었다. 1949년 이후 내부의 공산주의 지지세력에 대한 대결적 태도가 분명해졌다. 1년 뒤인 1950년 2월 상원의원 매카시의 발언으로 매카시선풍이 일어났다. 한국전쟁이 일어나기 직전부터 휴전까지 4년 동안 미국에서 소련 및 중국공산당과 접촉한 사람이나 이에 호의적인 사람은 탄압받았다. 일본에서도 1950년에 공산당이 불법화되었고, 남미의 볼리비아와 파나마 등지에서도 공산당이 불법화되었다.

그리고 국제관계에서는 유엔(UN, 국제연합)이 자유세계의 중요한 정치적 도구가 되었다. 특히 한국은 유엔의 감시하에 총선거가 실시되고, 유엔의 이름으로 16개국이 참전해 공산세력을 물리쳤다는 점에서 유엔의 가장 상징적인 나라가 되었다. 유엔안보리 상임이사국 5개국 중 4개국이 자유진영이었고, 이것은 중화인민공화국이 중화민국을 대신해 상임이사국이 되는 1971년까지 계속되었다. 그러나 아프리카·아시아·아메리카의 신생국들이 대거 유엔 회원국으로 등장하는 1960년대 이후, 유엔은 더 이상 미국의 정치적 수단이 되지 못했다.

사회문화적으로 자유세계에서 미국의 영향력은 절대적이었다. 경제학·정치학 등 사회과학과 과학기술·경영·신학 등 미국에서 생산된 학문들이 자유세계로 급속히 확산되었다. 미국의 각종 장학 프로그램에 의해 수많은 학생들이 미국으로 유학을 떠났다. 또한 미국이 만든 할리우드의 영화와 메이저리그의 야구 등 각종 문화도 급속히 확산되었다.

한편, 미국 중심의 자유세계가 형성된 것과 마찬가지로 소련을 중심으로 공산세계가 만들어졌다. 소련은 유럽에서 나토의 창설에 대항해 바르샤바조약기구를 만들었다. 또한 미국의 자유주의 세계경제체제에 대항해 코메콘(COMECON, 경제상호원조회의)을 만들었다. 그리고 1947년에 각국의 공산당을 회원으로 한 코민포름을 창설했다. 나아가 소련과 중국 등 공산주의 국가들은 반공산·비공산 세력을 철저히 탄압했다.

제6장

미국의 단일패권과
코리아의 기로

공산세계의 분열과
미국의 위기 극복

 1950년부터 3년간의 한국전쟁에 의해 지구상에 미국을 중심으로 하는 자유세계와 소련을 중심으로 하는 공산세계가 확실한 경계선을 두고 단절되었다. 처칠은 한국전쟁 전에 소련이 '철의 장막'을 치고 있다고 말했다. 그러나 미국 또한 한국전쟁을 통해 '봉쇄의 철벽'을 쌓았다. 이제 장기간에 걸친 체제 경쟁이 시작되었다. 자유세계와 공산세계 중 어느 쪽이 승리자가 될 것인가 하는 문제만 남았다.

 1950년의 한국전쟁 이후 냉전이 종식될 때까지 전 지구 차원에서 전개된 체제 경쟁의 양상을 크게 세 시기로 나누어 살펴볼 수 있다. 제1기는 한국전쟁 이후부터 닉슨 대통령이 등장할 때까지, 제2기는 1970년 닉슨 독트린 이후 1980년 카터 정권까지, 제3기는 1981년 레이건의 등장 이후 1989년 냉전이 종식될 때까지이다. 우리는 이러한 변동 과정에서 공산세계의 분열, 공산·민족 혁명세력의 강화, 공산체제의 한계, 미국 패권의 재편 등을 눈여겨볼 필요가 있다.

우선 제1기는 1953년 한국전쟁의 종전 이후 1960년대 말에 이르는 시기다. 이 시기에 자유세계는 공산·민족 혁명세력에 대한 대응에 골몰했다. 반면 공산세계는 흐루시초프가 주장한 두 세계 간의 평화공존론으로 중·소 간의 분쟁이 심화되었다.

한국전쟁을 계기로 전개된 각종 정책으로 서유럽과 일본 등 자본주의 중심 국가들의 체제는 안정되었다. 그러나 아시아·아프리카·라틴아메리카 등의 광범위한 지역에서는 공산주의의 영향을 받은 사회혁명세력들이 계속 강화되었다. 특히 인도차이나, 인도네시아를 비롯한 아시아에서 이러한 현상이 심각했다. 이에 대처하기 위해 월트 로스토의 '근대화이론'이 등장한다.

로스토는 1950년대 중반의 아시아 인민이 소련의 경제적 성공과 중국의 경제 건설을 맹목적으로 선망하고 있다고 보았다. 그래서 이에 대처하기 위해서는 아시아에서 자유세계의 경제 성장의 모범을 만들 필요가 있다고 생각했다. 즉 "아시아의 장래는 중국과 그밖의 아시아 국가 중 어느 쪽이 더 뛰어난 성과를 얻을 수 있는가에 달려 있다"라고 보고, 세계은행·국제통화기금을 비롯한 선진 자본주의 국가의 자본을 이 지역에 집중 투입해 경제를 고도성장시키는 근대화이론을 제시했다.

로스토의 근대화이론은 1959년 '대통령을 위한 군사 원조계획 검토위원회'와 결합되었고, 1960년에 등장한 케네디 정권에 의해 실천된다. 이 위원회의 보고서는 "군사 원조계획은 전진전략의 기초다. 특히 그것이 발전도상국에 대해 유효한 것은 다음과 같은

자유세계와 공산세계의 전쟁

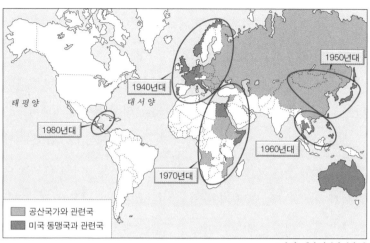

태평양 / 대서양

1940년대
1950년대
1980년대
1960년대
1970년대

■ 공산국가와 관련국
■ 미국 동맹국과 관련국

※ 출처: 헨리 키신저,《외교》

이유에서이다. 첫째, 통치·행정 능력을 가진 자는 군에 집중되어 있다. 둘째, 군은 국내의 치안 유지·국토 방위의 책임을 수행할 수 있다. 셋째, 군인들에게 지도자로서의 훈련을 쌓게 함으로써 미국적 가치체계를 이들 국가 내부에 보급하고 동질적 가치체계를 형성할 수 있다"라고 제안한다.[1]

미국은 세계전략의 일환으로 군사 원조를 지배엘리트의 양성과 결합시켰고, 공산혁명에 취약한 전통사회를 근대사회로 바꾸는 정책을 추진했다. 이러한 과정에서 한국에서는 1961년 5·16 군사쿠데타가 일어난다. 그리고 군사정부는 근대화이론에 따른 고도성장 계획과 공업개발·지역개발·녹색혁명 등을 추진하고, 사회간접자본을 대규모로 확충한다. 또한 미국은 1965년 한일국교정상화를 통해 한국 경제를 일본 경제와 묶어 미국 중심의 경제권으로 확실히 편입시켰다.

한편 미국이 각종 원조를 통해 인도차이나에 적극 개입했지만, 공산세력의 혁명 활동은 더욱 강화되었다. 미국은 공산혁명의 도미노를 막기 위해 1961년부터 본격적인 행동계획을 실시했고, 1965년에는 북베트남에 대한 폭격을 단행했다. 이어서 미국은 자체 병력뿐만 아니라 한국과 오스트레일리아 등의 군대를 결합해 대대적으로 전쟁을 확대했다. 이에 대항해 중국과 소련은 베트남을 집중 지원했다. 북한도 한국에 무장공비를 침투시키는 등 코리아의 긴장을 격화시켜 북베트남을 측면 지원했다. 베트남의 전쟁 격화가 코리아의 긴장 격화로 연결된 것이다. 베트남전쟁은 한국전쟁과 유사하게 자유세계와 공산세계의 전면전 양상으로 발전했다.

한편 공산세계의 종주국 소련에서 흐루시초프는 1956년 제20차 전당대회에서 '신식민지론'과 '전쟁가피론'을 내용으로 하는 평화공존론을 내세웠고, 미국과 협상을 개시했다. 소련의 평화공존론은 공산세계를 분열시켰는데, 중국공산당은 이를 수정주의라고 강력히 비난했다. 이것은 무력적화노선을 내건 북한 정권에도 일대 타격이 되었다. 중국은 1958년에 대약진운동을 폈는데, 이것이 실패하자 소·중 간의 대립이 더욱 격화되고, 소련기술자들이 중국에서 철수했다. 이 시기에 조선은 종파 투쟁을 벌여 김일성체제를 더욱 강화시키고, 중국의 대약진운동과 같이 천리마운동·샛별보기운동 등을 벌였다. 중국과 보조를 맞춘 것이다.

한편 1959년 티베트 지도자 달라이 라마의 인도 망명으로 중국과 인도 간에 분쟁이 발생했고, 이것이 중국과 인도의 전쟁으로 확대되었다. 이때 소련이 인도를 옹호함으로써 소·중 관계는 더욱 악화된다. 친소적인 류사오치(劉少奇)의 '수정주의'에 대항해 마오쩌둥은 1966년 문화대혁명을 일으켰고, 1969년에는 소·중 국경분쟁까지 발생했다. 1950년대 말 소·중의 갈등이 1960년대 말 소·중의 전쟁으로 발전한 것이다. 소련과 중국은 이제 서로에게 제1의 주적이 되었다.

1960년대 말 자유세계에서는 미국이 베트남전쟁의 수렁에 빠졌고, 공산세계에서는 소련과 중국이 결정적으로 분열되었다. 미국은 엄청나게 확대된 군비를 감당할 수 없게 되었고, 국내의 반전 여론도 더 이상 외면할 수 없었다. 베트남에서 발을 빼는 정책 전환이 필요했다. 공산세계는 1950년대 중반까지는 소련을 중심으로 하나의 세계체제를 형성했으나, 1950년대 후반 이후 소련과 중국이라는 두 개의 중심이 생겨났다. 소련은 1957년 최초의 인공위성 스푸트니크의 발사 성공과 핵전력의 강화 등에 자신감을 갖고, 미국과의 평화공존으로 체제 경쟁에서 승리하는 전략을 추구했다. 그러나 중국은 자본주의와 수정주의 모두를 반대하는 반미반소(反美反蘇) 혁명전략을 극대화시켰다. 그리고 제3세계로의 혁명 수출에 몰두했다. 비유하면 태양계에서 목성과 토성이 마주보고 있는 형세가 조성된 것이다. 이러한 조건에서 미국은 새로운 세계전략을 추진한다.

제2기(1969~1980)는 미국에서 닉슨·포드·카터 대통령으로 이어지는 시기이자, 소련에서는 브레즈네프가 집권해 평화공존노선이 소멸되는 시기이다. 이 시기에 미국이 전개한 세계전략의 특징은 1차적으로는 베트남에서, 2차적으로는 아시아에서 개입을 축소하는 것이다. 그리고 군사력 축소로 생긴 예산을 한편으로는 국내경제

미국의 GNP 대비 국방예산 비율 추이

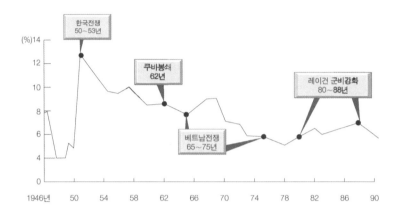

재건에 사용하고, 다른 한편으로는 소련에 대한 대응에 집중한다.

1969년 6월 닉슨은 티우 베트남 대통령과 회담을 가진 뒤 주월 미군을 즉각 철수하고, 남·북 베트남의 대화를 통해 임기 중에 전쟁을 마무리 짓겠다고 말했다. 그리고 7월에는 괌에서 이른바 〈괌 독트린〉을 발표했다. "아시아의 분쟁에 대한 군사 개입을 축소한다는 미국의 새로운 정책이 수립되고 있다. 미국은 조약상의 의무를 이행할 것이며, 장래에도 아시아에서 중요한 역할을 담당할 것이지만, 아시아의 지도자는 앞으로 자신의 힘으로 전쟁을 수행하기 위해 노력해야 한다"라는 것이다. 이에 따라 타이를 비롯한 동남아에서뿐만 아니라 한국, 일본 등 동북아로부터도 미군이 철수할 것임을 밝혔다.[2]

〈괌 독트린〉은 1970년 2월 18일 〈평화 3개 원칙〉으로 다시 한 번 천명되었다. 그 내용은 "첫째, 미국은 그 조약상의 의무를 계속 지킬 것이다. 둘째, 미국은 어떤 핵보유국가가 미국의 동맹국이나 미국의 안보에 필수적인 나라를 위협한다면 방패 역할을 할 것이다. 셋째, 핵무장이 아닌 전력의 공격 시에는 공격을 받은 나라가 국방력을 동원해 일차적으로 막아야 한다"[3]라는 것이다. 이것은 내전으로 인한 지역 분쟁에는 개입하지 않겠다는 정책이었다. 그리고 닉슨은 지역 분쟁에 개입하지 않는 대신 소·중의 대립을 이용해 소련에서 중국을 떼어내 미국으로 견인하는 정책을 편다. 1971년 7월 15일, 닉슨은 이듬해 상반기에 중국을 방문하기로 했다고 발표했다.

〈닉슨 독트린〉은 코리아의 남북에 큰 충격을 주었다. 남과 북에게 일종의 종주국이었던 미국과 중국이 화해함으로써 남과 북이 적대할 근거가 약화된 것이다. 미국과 중국의 화해정책에 따라 미국은 남한에, 중국은 북한에 남북대화를 적극 종용했다. 그 결과 억지 춘향격으로 1971년 가을부터 남북적십자회담이 열리고, 1972년에는 〈7·4 공동성명〉이 발표되었다. 그러나 미국의 남북대화 종용에도 불구하고, 베트남의 공산화가 눈앞에 보이는 상황에서 주한 미군의 철수는 한국 안보에 큰 위기로 다가왔다. 이에 따라 박정희 대통령은 1972년 10월 비상계엄을 통해 이른바 '10월 유신'을 일으키고 전면적인 병영체제를 구축한다. 자주국방을 내걸고 대대적으로 군비를 증강하고, 민주인사를 탄압했으며, 독재체제를 구축했다.

미국이 중국과 화해함으로써 소·중 간의 대립은 더욱 심화되었다. 이로써 미국은 기존의 2와 2분의 1 전략(두 개의 대규모 전쟁과 한 개의 지역 분쟁에 대비하는 군사력)에서 1과 2분의 1 전략(소련과 지역 분쟁)으로 바꿔 군비 축소가 가능해졌다. 실제 닉슨이 취임한 1969년에 345만 명이었던 병력이 1973년에는 228만 명으로 1백만 명 이상 감축되었다.

아시아에서 미국의 개입 축소와 대중 접근은 대만 문제를 둘러싸고 정체 상태에 빠진다. 1973년 미국은 대만을 국가로 인정하는 두 개의 중국론을 주장한 반면, 중국은 한 개의 중국론을 주장해 국교 수립으로 진전되지 못했다. 미중관계의 변화에 따라 한국에서도 외교정책의 변화를 꾀했고, 1973년 6월 23일에 평화통일을 위한 7개 항의 외교정책을 선언했다. 그리고 1973년 9월 한미안보협의회에서 주한 미군의 철수 중지를 공동 선언하고, 같은 시기에 타이 주둔 미군의 철수 중지도 선언되었다.

워터게이트 사건으로 사임한 닉슨을 대신해 1974년 8월 포드가 대통령에 취임했다. 이때 타이와 필리핀 등 동남아 국가들은 미국의 동아시아정책에 불신을 품고 미군 철수를 요구했다. 한국과 일본의 동북아도 불안정했다. 이러한 상황에서 포드는 최초의 외국 방문국으로 한국과 일본을 택했다. 1975년 12월 7일, 포드는 "미국의 힘이 태평양 지역의 안정된 세력균형의 기본이며, 아시아에서 우호적 동맹국가의 주권과 독립을 유지하는 것은 여전히 미국정책의 최고 목표"라고 선언한 '태평양 독트린'을 발표한다. 일본과의 협력을 중시하고, 중국과의 관계를 강화하면서도, 아세안 국가들의 안전과 안정에 대한 미국의 결의를 표시하며, 한국과도 긴밀한 관계를 유지하는 것이 포드의 외교정책이 된 것이다.[4]

한편 소련은 브레즈네프의 등장 이후 전면적으로 군사력을 강화하기 시작했다. 1970년대 이후에는 세계적 규모의 대양해군을 건설했고 대륙간탄도탄(ICBM)에서 미국을 능가했다. 이러한 군사력을 바탕으로 소련은 아시아·아프리카·라틴아메리카의 분쟁에 군사 개입하는 등 전 세계로 영향력을 확대했다. 브레즈네프는 1976년 2월 "소련의 국제적 지위는 일찍이 없었던 정도로 확고하다"라고 말했다.[5]

1977년 대통령에 취임한 카터는 소련에 대해 이전 정권보다 더욱 강경한 자세를 취했다. 그리고 중국과의 관계를 더욱 강화해 1978년 12월에 국교를 수립했다. 일본은 미중국교정상화 이전에 중국과 국교를 수립하고 우호조약을 체결했다. 미국과 중국의 국교 수립, 그리고 중국과 일본의 우호조약 체결은 소련을 자극했다. 소련은 동아시아에 신예폭격기와 항공모함을 배치하는 등 군사력을 대대적으로 증강하고, 베트남과 군사관계를 더욱 강화한다.

동남아에서 '미·중 연합' 대 '소·월 연합'의 형세가 벌어졌다. 베트남이 캄보디아를 침공하자 중국이 베트남을 침공했다. '중·월 전쟁'이 발발한 것이다. 이에 소련은 베트남에 대규모 군사 원조를 실시했다. 또한 소련은 서남아시아에서 인도와 관계를 강화하고, 아프가니스탄을 침공해 친소정권을 수립했다. 동북아시아에서는 일본이 영유권을 주장하는 북방의 네 개 섬에 군사기지를 설치했다. 이에 따라 카터 정부는 인권 외교와 군사비 축소를 위해 추진한 주한 미군의 철수를 중단했다. 1978년부터 팀스피리트 훈련을 개시했으며, 미·일·한의 군사협력체제를 수립했다.

제3기(1981~1988)는 신 냉전 시기로서 1970년대 중반의 석유

위기와 세계경제의 침체를 배경으로 한다. 1974년 에티오피아·포르투갈·그리스 등에서 좌파 쿠데타가 발생하고, 영국에서도 노동당이 집권했으며, 가장 친소적인 인도에서 독자 핵실험이 이루어졌다. 그리고 1975년 베트남이 패망한 데 이어, 1979년까지 니카라과·엘살바도르·앙골라·아프가니스탄·캄보디아 등에서 친소 정권이 수립되었다. 이란에서는 호메이니혁명이 일어나고 미국 대사관 인질 사건이 발생했다. 미국이 볼 때 아시아·아프리카·라틴아메리카에 심각한 위기 상황이 조성된 것이다. 그리고 이러한 정세의 변화는 소련의 강력한 군사력과 병행하고 있었다. 그뿐 아니라 자본주의권 내에서도 석유 위기 이후 계속적인 불황으로 심각하게 경제가 악화되고 사회 갈등이 증폭되고 있었다.

1981년 1월 대통령으로 취임한 레이건은 1947년 3월 트루먼이 그랬던 것처럼, 이 모든 현상을 단순화시켜 소련을 문제의 근원으로 지목했다. 레이건은 카터가 소련 문제를 부차적인 위치에 놓음으로써 우회적으로 접근했던 것과는 달리, 소련 문제를 일차적으로 다루고 정면 공세를 취했다. 빈부격차라는 남북간의 근본적인 문제들까지도 간접적으로는 소련의 책임으로 간주했으며, 아랍·이스라엘의 분쟁과 같은 해묵은 문제도 광범위한 '반소 여론'의 조성이라는 토대 위에서 재검토했다.[6] 레이건은 취임 뒤 첫 기자회견에서 소련을 "그의 목적을 위해 어떤 범죄도 저지르고, 거짓말도 하고, 속일 준비가 되어 있는 불법 제국"으로 규정했다. 그리고 1983년에는 소련을 '악의 제국'으로 규정하면서, 미국의 가치를 극히 단순화해 미소의 대립관계를 분명히 했다.[7]

1981년 신 냉전을 개시한 레이건은 1947년 냉전을 개시한 트루먼과는 전혀 다르게 '소련 문제'를 보았다. 트루먼에게는 '소련에서 발산되는 이데올로기적·정치적인 위협과 미국의 군사적 우위'라는 대립 구도였다. 그러나 레이건에게는 '소련의 군사적 위협과 미국의 이데올로기적 우위'라는 역전된 대립 구도였다. 그는 공산주의 이데올로기가 더 이상 매력이 없으며, 공산주의 경제체제 또한 붕괴에 직면해 있다고 보았다. 그러나 당시 미국을 비롯한 자본주의 세계경제도 심각한 불황과 구조적인 위기에 처해 있었기 때문에, 이에 대한 대책도 시급했다. 따라서 미국 경제의 회생과 소련에 대항할 군사력의 증강이 레이건의 핵심적인 정책이 되었다. '레이거노믹스'와 '신 냉전 정책'이 결합되었다.

　레이건 정부는 1981년 집권과 동시에 '경제재생계획'이라는 종합경제정책을 발표한다. 이 계획은 금융면에서 인플레이션을 잡기 위해 긴축정책을 펴고, 재정면에서 사회보장비 등을 삭감해 '작은 정부'로 전환한다. 또한 정부 규제를 대폭 완화하며, 대폭적인 감세 정책을 실시하고, 군사비를 대폭 증액한다는 것이다.[8] 레이거노믹스는 이른바 신자유주의철학에 기반을 둔 것으로, 국가의 과도한 개입이 공산주의와 마찬가지로 경제사회 쇠퇴의 주범이라고 본다.

　레이거노믹스는 첨단기술 분야에서 큰 효과를 발휘했다. 1982년 이후 전통산업 부문 대신 고도의 첨단과학기술, 정보통신기술을 이용하는 새로운 산업 부문이 급성장했다. 미국 경제가 살아나기 시작했고, 캘리포니아의 실리콘 밸리가 그 중심이었다. 첨단산업은 새로운 군수산업과 연관되었는데, 그 대표적인 예가 '전략방위계획(SDI)'

이다. 1983년에 표면화된 SDI는 1985년 〈대통령의 SDI〉라는 문서로 기본적인 틀이 확인되었다. SDI는 핵 선제공격에 유효한 탄도미사일 방어체제를 개발해 '상호확증파괴'가 아닌 '상호확증생존'을 도모하겠다는 것이다. 이 방어체제의 권역에는 대기권까지 포함되는데, 최첨단 과학기술을 대소 군사력 우위 확보에 사용하는 것이다. 이때 SDI는 그 실현까지 약 30년이 걸리고 충분히 전개된 시스템의 총가치는 약 1조 달러이며, 1989년까지 260억 달러의 연구예산이 소요될 것으로 발표되었다.[9]

레이거노믹스, 대소 군비 강화정책을 편 레이건의 제1기 행정부는 '커크패트릭 독트린'을 통해 제3세계에 적극 개입했다. 레이건 정부는 제3세계의 혁명운동을 모두 소련을 배후로 하는 '전체주의적 세력' 또는 테러리스트의 행위라고 보고, 이들이 미국을 비롯한 자유세계의 이익을 침해한다고 생각했다.[10] 따라서 제3세계의 반미운동 고양과 사회주의권의 영향력 확산을 저지하기 위해 권위주의적 독재권력을 지원한다. 이에 따라 레이건은 대통령 취임 뒤 외국 정상으로는 처음으로 광주사태를 통해 집권한 한국의 전두환 대통령을 백악관에 초청했다.

공산세계의 해체와
미국의 패권 확립

　냉전이 개시된 지 40년이 흐른 1989년 12월 2일, 제2차 세계대전 이후 가장 중요한 회담이라는 미소정상회담이 지중해 몰타 근처의 소련 여객선에서 열렸다. "얄타에서 몰타로"라는 구호가 말해주듯, 이 회담이 끝난 뒤 미소 정상들은 하나같이 새 시대가 열렸다고 말했다. 미국의 부시 대통령은 "우리는 냉전시대와 결별하고, 새로운 시대를 여는 출발점에 들어섰다"라고 말했다. 고르바초프 소련공산당 서기장의 대변인인 게라시모프는 한술 더 떠 "냉전은 1989년 12월 3일 2시 45분에 공식적으로 막을 내렸다"라고 주장했다.[11]

　1989년 6월 중국에서 민주화를 요구하는 톈안먼(天安門) 사건이 벌어졌다. 그리고 11월 9일에 '철의 장막'의 핵심이었던 베를린 장벽이 붕괴되었고, 동독의 모든 국경이 개방되었다. 12월에는 체코슬로바키아에 신정부가 들어섰고, 루마니아에서는 체아우셰스쿠 정권이 붕괴되었다. 소련은 1989년에 아프가니스탄에서 철수했고,

1990년 10월 1일 시장경제체제로 혁명적인 경제개혁을 단행했다. 10월 3일에는 동서독이 통일했고, 12월에는 폴란드가 역사상 처음으로 직접선거를 실시해 바웬사를 대통령으로 뽑았다. 1990년 베트남의 캄보디아 점령이 종식되었으며, 니카라과의 산디니스타 정권이 자유선거를 받아들였다. 1991년까지 앙골라를 점령했던 쿠바군이 철수하고, 에티오피아에서는 공산주의정권이 무너졌다. 그리고 1991년 7월 소련공산당이 혁명의 골수인 마르크스·레닌주의를 포기했으며, 8월에는 사실상 해체되었다. 10월에는 소비에트사회주의연방(USSR)이 해체되고, 12개의 독립국가로 분열되었다. 이로써 2백 년간 지속된 러시아제국이 해체되었다. 소련이 탄생한 지 74년, 냉전이 본격화된 지 44년 만에 공산주의 세계체제가 종식되었다. 자유세계가 한국전쟁 이후 40년 만에 공산세계에 승리한 것이다.

그렇다면 자유세계가 공산세계와의 체제 경쟁에서 승리한 원인은 무엇일까? 제일 먼저 지적할 수 있는 것은 공산주의체제의 비효율성과 자유시장체제의 역동성이다. 1982년 6월 레이건 대통령은 영국에서 공산주의를 비판하는 다음과 같은 연설을 한 적이 있다.

"아이러니하게도 카를 마르크스는 옳다. 우리는 오늘날 거대한 혁명적 위기를 목격하고 있다. 그 위기는 경제질서의 요구와 정치질서의 요구가 직접적으로 모순된다는 점이다. 그러나 그 위기는 자유세계에서 일어나는 것이 아니라, 마르크스·레닌주의의 고향인 소련에서 일어나고 있다. 소비에트체제는 극히 집중되어 있고, 거의 인센티브가 없이 매년 그 최고의 자원을 파괴 무기를 만드는 데 쏟아붓고 있다. 군수품의 생산과 결합된 경제 성장의 계속적인 침체는 소련인들에게 심각한 긴장을 초래하고 있다. 우리가 여기서 보는 것은 생산력이 정치논리에 의해 방해받는 사회, 그것의 경제적 기초와 부합되지 않는 정치적 구조이다."[12]

사실 레이건이 이 연설을 했을 때, 그것은 단지 소련과 같은 공산체제만을 상정한 것은 아니었다. 공산체제처럼 자유세계도 정치가 과도하게 경제에 개입할 경우 심각한 문제가 발생한다는 것이다. 어쨌든 이때 레이건이 소련 경제의 문제점으로 지적한 것은 본질을 꿰뚫는 것이었다. 레이건이 이 연설을 한 지 5년 뒤에 소련공산당 서기장 고르바초프는 그의 책《페레스트로이카》에서 소련 경제와 소련 사회의 문제점을 레이건과 같은 맥락에서 다음과 같이 지적했다.

"어떤 시점에, 이것이 70년대 후반에 유독 현저해졌지만, 언뜻 설명하기 난감한 사태가 나타났다. 우리 소련은 활력을 잃기 시작한 것이다. 실패로 돌아간 경제계획이 더 빈번해지고 난관은 누적되기 시작했고 미해결의 문제가 급증했다. 경제적 정체를 비롯해서 사회주의와는 상관없던 갖가지 현상이 사회생활 속에 나타나기 시작했다. 사회·경제적 발전에 영향을 미치는 일종의 '브레이크 현상(성장장해 메커니즘)'이 생기게 되었다. 그리고 과학기술적 혁명에 의한 경제적·사회적 진보를 위한 새로운 전망이 열리고 있는 시기에 이런 모든 현상이 생긴 것이다. (…) 불행하게도 이것이 전부가 아니다. 우리 국민들 사이에는 이데올로기적·도덕적인 가치관의 부패가 점차로 팽배하기 시작했다. 이데올로기 면에서도 역시 브레이크 현상이 나타나고 있다. 제기된 문제를 건설적으로 검토하거나 새로운 아이디어를 내놓으면 그런 시도들은 맹렬한 저항에 부딪힌다."[13]

1987년 소련공산당 서기장이 이상과 같이 소련 체제의 문제점을 심각하게 실토함으로써 사실상 공산세계와 자유세계의 체제 경쟁은 끝났다. 따라서 소련이라는 공산세계의 중심을 자유세계로 편입시키는 일만이 남았다. 고르바초프 서기장이 등장하자마자 추진한 글라스노스트(개방)와 페레스트로이카(개혁)는 그것을 위한 핵심정책이었다. 1989년 7월 고르바초프는 G-7정상들에게 "우리의 페레스트로이카는 세계경제에 완전히 참여하려는 목적을 가진 정책과 불가분하다. 세계는 시장을 개방함으로써 소련만큼이나 큰 이익을 얻을 수 있다"[14]라고 말했다.

소련과 함께 또 하나의 거대한 공산국가였던 중국은 1980년대 내내 '특구'라는 형태로 외국 자본에 문호를 개방하고, 1992년 제14차 당대회에서 사회주의 시장경제론을 채택한 이후 시장경제로 끊임없이 이행했다. 그 결과 중국은 공산주의의 틀에서가 아니라 자유경제의 틀 내에서 성장하고 발전했다. 중국에서도 역시 체제 경쟁은 끝난 것이다.

둘째는 자유세계의 주변부에 위치하면서 체제 경쟁의 시금석이 된 한국·대만·싱가포르·홍콩 등 동아시아 국가의 비약적 발전이다. 1980년대에 한국을 비롯한 동아시아 신흥공업국의 발전이 공산세계에 어떤 충격을 주었는지, 하버드대학교의 에즈라 보겔은 《네 마리의 작은 용》에서 다음과 같이 설명한다.

"동아시아의 산업적 돌파는 세계에 심각한 충격을 주었다. (…) 개방하기 시작한 중국에서는 일본과 한국, 무엇보다 대만·홍콩·싱가

포르 등에서 중국인에 의해 이룩된 진보의 뉴스들이 개혁에 강력한 자극제가 되었다. 소련과 동유럽에서는 서구의 경제적 번영은 공산주의체제보다 더욱 오랜 역사적 차이의 결과라고 치부할 수 있었다. 그러나 그들에 뒤처져 있었던 동아시아 국가들이 산업발전에서 그들을 앞질러 가자, 그들은 자체의 체제 문제에 의문을 제기하지 않을 수 없었다."[15]

보겔은 이렇게 일본과 동아시아의 '네 마리 작은 용'이 성공한 상황적 요인으로 다섯 가지를 들고 있다. 미국의 지원, 일본의 식민지 배와 전쟁으로 인한 구질서의 파괴, 군사적 위협으로 인한 정치적이고 경제적인 긴박감, 산업화에 필요한 충분하고 열정적인 노동력, 그리고 일본의 자본과 기술과 모델을 이용할 수 있었던 점이다. 그리고 이들 상황적 요인 외에 뛰어난 관료엘리트, 고시제도, 조직 중시의 문화, 끊임없는 자기계발 등의 네 가지 요인도 큰 역할을 했다고 분석한다.[16]

셋째는 자유세계에 속한 권위주의국가에서 민주주의가 발전한 것이다. 민주주의의 발전은 독재국가에서 국민들의 민주 역량이 지속적으로 성장한 것과 더불어 1980년대 초 반소(反蘇)를 위해서는 군부독재도 지원할 수 있다는 '커크패트릭 독트린'이 폐기된 것과 연관된다. 필리핀인들이 독재자 마르코스를 축출한 뒤인 1986년 3월 14일, 레이건 대통령은 의회에 '자유, 지역안보, 세계평화'라는 외교메시지를 보낸다. 여기서 레이건은 "민주주의의 성공을 돕고, 대소봉쇄정책을 수행하는 정책 도구는 미국 자신의 군사력과 활기 있는 경제"라고 규정하면서, 이를 위해 외교적 주도권을 행사해야 한다고 주장한다. 그리고 "미국은 좌우 어느 형태의 전제에도 반대하며, 우방국의 민주화를 고무하기 위해 우리의 영향력을 행사한다"라고 선언했다.[17] 소련체제의 붕괴가 눈앞에 보인 1980년대 후반에 이르러 비로소 미국은 자유세계의 민주화를 적극 추진할 의사를 표명한 것이다.

한국의 민주화운동은 4·19혁명 이래 가열차게 전개되어 왔다. 이것이 1986년 직선제 개헌 문제를 계기로 전 국민에게 확산되어, 1987년 6월항쟁으로 결집되었다. 세계패권 국가로서 자유세계를 주도한 미국의 정책 변화에 영향을 받아 한국의 전두환 정권은 민주화운동을 무력으로 진압할 수 없게 되었다. 그 결과 6·29선언이 발표되고, 12월에는 16년 만에 대통령 직접선거가 실시된다. 반공의 보루 한국에서 민주주의가 승리한 것이다.

한국은 자유세계에서 가장 성공적인 사례였다. 그리고 1988년 서울올림픽은 자유세계와 공산세계의 체제 경쟁에서 대단히 상징적인 사건이었다. '신 냉전'이 개시될 때인 1981년 국제올림픽위원회(IOC)는 서울에서 제24회 하계올림픽을 열기로 결정했다. 올림픽 역사 1백 년 동안 한 번도 식민지배에서 해방된 나라에서 올림픽이 개최된 적이 없었고, 한국이 처음이었다. 1988년은 동서 간의 화해 무드가 완연할 때였지만, 세계적으로 아직 냉전의 얼음들이 남아 있었다. 그러나 서울올림픽이 끝난 1989년 공산세계는 '봄비에 눈 녹듯' 녹아내렸다. 한국이 자유세계와 공산세계가 체제 경쟁하는 시험장이었기 때문에, 한국의 발전이 세계에 미친 영향은 컸다.

1949년 전쟁 전야에 트루먼 대통령은 "코리아는 민주주의와 공산주의가 경쟁하는 시험장"이라고 말했고, 당시의 국무부와 ECA(Economic Cooperation Administration, 마셜플랜 실시를 위한 대통령의 직속기관)보고서는 "대한민국이 성공하고 번영하는 정도로 아시아 지역민들은 민주적 정부의 실질적인 가치에 대해 신념에 찬 과시를 보게 될 것이다"라고 말했다.[18] 또한 한국전쟁 시 휴전협상이 진행될 무렵, 미국의 합동참모본부는 남한을 부흥시켜 '경제적으로 정치적으로 모델'을 만듦으로써 북한 내부에 불만과 불안을 조성하여 통일을 성취해야 한다고 주장한 적이 있었다.[19] 1950년대 후반 로스토는 공산주의의 팽창을 막기 위해 아시아에서 자유세계가 경제 성장의 모범을 보일 필요가 있다고 주장했다.

동아시아의 분단국가인 한국, 부패한 봉건체제와 강고(强固)한 일제식민지, 그리고 세계전쟁에 준하는 대규모전쟁을 치른 분단국가 한국이 전쟁이 끝난 뒤 불과 한 세대 만에 세계에서 가장 빠르게 성장하는 나라가 되었다. 말레이시아·중국을 비롯한 동아시아 국가뿐만 아니라, 동유럽과 소련에서도 모두가 코리아를 지칭하며 '룩이스트(Look East)'를 외쳤다. 경제만이 아니라 시민사회와 민주적인 정치도 세계 민주주의의 횃불이 될 만했다. 자유세계와 공산세계의 '시험장'인 코리아에서 한국이 자유세계의 '등대'가 된 것이다.

1989년 동유럽과 소련, 그리고 중국과 기타의 제3세계 국가들은 시장경제와 자유민주주의로 역사의 진로를 바꾸었다. 중국에서는 1989년 6월, 수백만 명이 베이징의 톈안먼과 대도시에 모여 민주주의를 외쳤다. 이들이 군대에 의해 무력으로 진압되었지만, 중국은 1992년 당대회 이후 시장경제로의 발전에 더욱 속도를 내게 된다.

이러한 세계사의 거대한 흐름에서 오직 조선(북한)만이 예외였고, 오히려 조선은 거대한 역사의 흐름에서 밀려나 표류한다. 조선 후기의 수구적 성리학자들은 '중화체제의 원형(한·당·명)'을 그리워했다. 겨울철 나무 꼭대기에 매달려 있는 말라붙은 과실에 조선을 비유하며 중화사상을 붙들고, '우리식 중화주의(조선중화주의)'에 목숨을 걸고, 세상의 변화에 눈을 감았다. 그들처럼 20세기 말의 조선(민주주의인민공화국) 지도부는 '공산주의 원형'에 대한 허상을 꿈꾸며, 변절해 버린 공산주의의 조국 소련과 중국을 비난한다. 세상에서 홀로 고립돼 마르크스·레닌·마오쩌둥 사상을 더욱 발전시켰다는 주체사상을 붙잡고, '우리식 사회주의'에 목숨을 걸고, 세상의 변화에 문을 닫는다. 19세기의 조선은 일본이 두려워서, 20세기의 조선은 한국이 두려워서 변화를 하지 못한다.

1991년 소련이 해체되고 러시아가 등장하면서 1961년에 체결된 〈조·소 상호방위조약〉이 폐기되었다. 러시아는 북한에 35억 달러의 채무를 갚으라고 압력을 가했으며, 무역에서 경화결제(硬貨決齊)를 주장했다. 그리고 원자로 제공 합의도 파기되었고 원유 제공도 중단되었다. 이로써 북한에 있는 대부분의 공장과 농기계와 농수펌프의 가동이 중단되었다. 공산세계의 중심국이 붕괴되면서 북한은 궤도에서 이탈해 떠돌게 되었다. 21세기를 앞둔 시점에서 수십만 명이 굶어죽는, 민족사에 일찍이 없었던 참담한 비극이 발생했다. 결국 한때는 '맹수'였던 북한이 고립되고 퇴화하여 '고슴도치'처럼 변해간다.

냉전체제가 해체되기 시작하자 미국은 소련을 자유세계로 편입시키는 정책을 적극 추진했다. 1989년 5월에 〈국가안보검토(NSR) - 3호〉가 새로운 세계전략으로 대통령의 승인을 받았다. 1989년 5월 12일, 부시 대통령은 텍사스의 A&M대학교에서 '봉쇄를 넘어' 공산세계를 자유세계로 통합시키는 〈국가안보검토 - 3호〉의 내용에 대해 다음과 같이 연설했다.

"우리는 지금 전제와 갈등, 민주와 자유라는 두 비전 사이의 역사적인 전후 투쟁의 종결을 향해 나아가고 있다. 우리 행정부가 방금 완성한 미·소 관계의 재검토(NSR - 3)는 이 투쟁을 해소하기 위한 새로운 길의 윤곽을 제시하고 있다. 우리의 목표는 우리의 선대가 가능하리라고 생각했던 어떠한 것보다도 더 대담하고 야심에 찬 것이다. 우리의 재검토는 40여 년에 걸친 불굴의 노력이 우리에게 귀중한 기회를 가져왔으며, 지금은 봉쇄를 넘어(Beyond Containment) 1990년대를 향한 새로운 정책으로 나아갈 때라는 것을 지적하고 있다. (…) 요약하면 미국은 지금 소련의 팽창주의를 단순히 봉쇄하는 것보다도 훨씬 큰 목표를 가지고 있다. 우리는 국가들의 공동체로 소련을 통합시켜야 한다."[20]

소련 등 공산국가를 자유세계에 통합시키는 정책은 1995년 클린턴 정부에서 〈개입과 확대의 국가안보(A National Security of Engagement and Enlargement)〉라는 문건으로 종합 정리되었다. 여기서 미국은 시장경제와 민주주의의 세계공동체를 만들기 위해 적극적인 개입과 확대정책을 실시해야 한다고 주장한다.

한편 미국의 정책이 '봉쇄를 넘어 통합'시키는 것으로 결정되어 감에 따라, 미국의 군사전략 또한 크게 변화될 수밖에 없었다. 미국은 1988년에 이미 40년간 군사전략의 기축으로 삼아온 소련과의 전면전쟁전략을 수정하고, 선택적인 억지전략을 수립했다. 1988년 1월 12일에 발표한 〈선택적 억지〉는 키신저, 브레진스키 등 13인의 최고 전략가들이 1년 동안 연구한 결과물이었다.

이 보고서는 2010년까지 예상되는 세계전략 환경의 변화 가운데 가장 큰 특징은 소련에 이어 일본과 중국이 군사대국으로 부상하는 것이라고 본다. 따라서 일본을 비롯한 동맹국들과의 협력을 한층 발전시키는 것이 향후 미 국방정책의 핵심이 될 것임을 지적했다. 특히 중국이 2010년까지 세계에서 2~3번째 경제대국이 될 것이고, 이에 따라 군사적으로도 대국이 될 것으로 평가했다. 따라서 향후 미국이 취해야 할 정책으로, 소련을 상정한 일면적인 방위 구상에서 벗어나 '다양한 세계 각지'의 위협에 대처할 수 있는 전력 구축을 검토하고, 첨단기술을 이용해 통상전력(스텔스기, 정밀병기, 인공위성을 이용한 조기 경계, 위성파괴 시스템, 미사일 방어망)을 강화할 것을 제안했다.[21]

여기서 '다양한 세계 각지'의 핵심 지역은 바로 동아시아다. 따라서 다른 지역의 해외기지는 대체할 필요성이 제기되었으나, 한국과 일본 주둔 미군은 계속 유지해야 한다고 주장한다. 이것은 바로 부상하고 있는 중국을 염두에 두었기 때문이다. 바야흐로 소련을 주적으로 한 40년간의 전략이 폐기되고 새로운 전략이 수립되기 시작했다. 그러나 새로운 환경에서 코리아는 여전히 미국의 전략적 이해관계가 걸린 핵심 지역으로 남게 된다. 세계적인 냉전은 끝났다. 그러나 코리아에서의 냉전은 북한의 고립에 의해, 중국의 부상에 의해 여전히 계속된다.

미국의 패권력과
중국의 도전력

    20세기에 미국은 패권 도전국을 차례차례, 모두 제압해왔다. 1940년대에는 유럽의 독일제국과 아시아의 일본제국을 제압해 해체시켰을 뿐 아니라 미국체제로 편입시켰다. 1970년대에는 소련과 중국을 분리시켜 중국을 견인했다. 그리고 1980년대에는 냉전에서 소련을 패배시켜 공산세계를 해체했고, 동유럽을 서유럽에 편입시켰다. 1991년 소련이 붕괴된 뒤, 21세기의 세계를 좌우할 국가는 이제 미국과 중국으로 압축되었다. 미국과 중국이 세계 질서를 어떻게 구축해갈 것인가에 대한 예측은 각각의 힘이 2005년 현재 어떻게 분포되어 있고, 앞으로 어떻게 전개될 것인가에 대한 분석에 기초한다. 우선 미국의 패권력에 대해 살펴보자.

    미국의 전략가인 브레진스키는 1997년 《거대한 체스판》이라는 책에서 "미국은 최초의 진정한 세계 초강대국일 뿐 아니라, 유일한 세계 초강대국이고, 마지막 세계 초강대국이다"라고 하면서, 그 근거로 네 가지를 들었다. 군사적으로 미국은 경쟁상대 없는 세계적 힘을 지니고 있고, 경제적으로 세계 성장의 기관차이며, 기술적으로 첨단 분야의 기술혁신에서 압도적인 주도권을 보유하고 있고, 문화적으로 전 세계 젊은이에게 경쟁상대 없는 호소력을 지닌다는 점이다.[22] 미국의 최고 두뇌에 속하는 조지프 나이(Joseph Nye)도 2002년《미국 파워의 패러독스》라는 책에서 '거인 미국'의 패권력이 얼마나 강력한지에 대해 다음과 같이 말한다.

"군사력의 측면에서 미국은 핵전력과 재래식 군사력 양면에서 전 세계를 커버할 수 있는 유일한 국가다. 미국의 국방비는 다음 순위의 8개국 국방비를 합친 총액보다도 많다. 미국은 군사 부문에서 정보화 혁신 과정을 주도하고 있다. 경제적 측면에서 미국은 전 세계 생산량의 27퍼센트를 차지한다. 대체로 다음 순위 3개국의 생산량을 합친 것과 비슷한 수준이다. 시가 기준으로 전 세계 1백 대 기업 중 59개가 미국회사이다. 소프트 파워 측면에서 미국은 영화와 TV 프로그램 수출 부문에서 단연 세계 1위다."[23]

이상에서 언급한 것 외에도 미국의 패권력을 상징하는 지표는 수없이 많다. 미국의 경제는 전래의 강점인 경쟁을 조장하는 거대한 단일시장과 달러의 안정성, 건실한 금융제도와 정보기술 부문의 급속한 발전이 결합되어 있다. 또한 미래의 경제력인 과학기술 분야에서 대부분의 노벨상을 미국인이 차지하고, 미국을 제외한 G-7 국가의 모든 연구개발비를 합해도 미국의 규모에 미치지 못한다. 이는 전 세계 연구개발비의 44퍼센트에 이른다. 그리고 성인 12명당 1명인 1천6백만 명이 매년 신기술을 기반으로 창업에 나서고, 벤처자본이 활성화되어 신규 기업가들이 과감하게 민간 부문에 투자

기본 요소	미국	일본	독일	프랑스	영국	인도	러시아	중국
기본 요소								
영토(1만km²)	927	38	36	55	26	329	1708	960
인구(100만 명)	276	127	83	59	60	1014	146	1202
문자 해득률	97	99	99	99	99	52	98	81.5
군사력								
핵탄두(1999)	12,070	0	0	450	192	85~90	22,500	40
국방비(10억 달러)	288.8	41.1	24.7	29.5	34.6	10.7	31	12.6
병력수 (1만 명)	137	24	33	32	21	117	100	248
경제력								
GDP(구매력패리티 기준 10억 달러)	9,255	2,950	1864	1373	1,290	1,805	620	4,800
1인당 GDP (구매력패리티 기준)	33,900	23,400	22,700	23,300	21,800	1,800	4,200	3,800
제조업 부가가치 (10억 달러)	1,344	1117	556	290	214	63	-	309
하이테크 수출품 (10억 달러, 97년)	637	420	112	69	96	32	87	183
인구 1,000명당 PC 보유대수	571	287	297	222	303	3	37	12

한다.[25]

그뿐 아니라 더욱 중요성이 커지고 있는 IMF·IBRD·세계은행·WTO 등 수많은 국제기구를 미국이 주도해서 만들었으며, 지금도 이를 좌우하고 있다. 군사외교적인 측면에서도 미국은 전 세계 42개국과 방위조약을 맺고 있으며 약 1백 개국과 군사협력관계를 유지하고 있다. 이를 통해 미국은 전 세계 무기 수출의 절반을 차지한다.[26]

인적, 언어적 측면에서도 미국은 세계적 패권력을 확보하고 있다.

우선 미국은 끊임없이 고급 두뇌를 끌어들이고 정착시키는 강력한 흡인력을 갖고 있다. 60만 가까운 유학생과 50만에 이르는 각국의 두뇌들이 미국에서 공부하거나 연구하고 있으며, 상당수는 모국으로 돌아가지 않고 미국에 잔류한다. 세계에서 수많은 고급 인력과 숙련 노동자들이 미국으로 이민하고, 이들로 인해 인구는 꾸준히 증가하고 있다. 이들은 미국에 고급 노동력을 제공할 뿐 아니라 미국과 전 세계에 흩어져 있는 모국을 연결시키는 역할까지 담당한다.

미국 인구조사국과 유엔에 따르면 2000년 미국의 중간 연령은 35.5세, 중국은 30세였다. 그러나 2050년에는 미국이 39.1세, 중국은 43.8세로 역전될 전망이다. 향후 50년 동안 미국의 중간 연령은 3.6세밖에 늘지 않지만, 중국은 무려 13.8세가 늘어난다. 2030년경에는 미국이 아니라 중국이 고령사회에 접어드는 것이다. 결과적으로 미국은 다른 어떤 나라보다도 고급 두뇌 및 신규 노동력 보충율과 고령인구의 의존율에서 우위를 차지하고 있다.[27]

한편 21세기 미국의 주요한 도전국인 중국의 도전력은 어느 정도일까? 세계은행 등 대부분의 경제기구들은 중국이 국민총생산(GNP)에서 적어도 2030년까지는 미국을 따라잡을 것이라고 예측한다. 그리고 1998년 세계적인 경제지인 《이코노미스트》가 군사 역량과 경제 역량, 정부의 효율성, 국민의 지지 등 다양한 요소를 감안한 종합적인 열강지수를 산출했는데, 2030년경에 미국 14, 중국 13, 유럽 9, 일본 9, 러시아 8로 추정했다.[28]

헌팅턴은 1990년대 중반에 중국의 힘을 중국 본토에 국한시키지 않고 중화권 전체를 하나로 묶어 다음과 같이 평가했다. "동아시아의 경제는 점차 중국 중심, 중국 주도로 운영되고 있다. (…) 일본과 한국을 제외하면 동아시아 경제는 기본적으로 중국 경제이다. (…) 이 지역은 현재 일본이 지배하지만 중국 주도의 아시아 경제가 산업·통상·금융의 새로운 중심점으로 빠르게 부상하고 있다. 이 전략지역은 기술력과 제조력(대만), 경영·마케팅·서비스 분야의 탁월한 노하우(홍콩), 첨단 통신망(싱가포르), 막대한 자금력(세 나라 모두), 풍부한 토지·자원·노동력(중국 본토)을 두루 갖추고 있다."[29]

중국은 1999년 홍콩을 돌려받았으며, 이를 통해 홍콩이 보유한 우수한 고등교육기관과 경영 능력, 금융 노하우까지 모두 중국의 자산이 되었다. 중국은 1980년 이래 연평균 9퍼센트 이상의 고속성장을 계속해 20년 동안 GNP를 4배 이상 향상시켰다. 또한 중국은 WTO 가입 이후 경제 전 분야에서 개혁개방을 더욱 가속화해, 제조업뿐만 아니라 유통·서비스업까지 급속히 발전하고 있다.

2004년 중국은 세계 시멘트의 50퍼센트, 석탄의 31퍼센트, 철강의 21퍼센트, 원유의 17퍼센트를 소비했다. 그리고 1990년 이후 4천억 달러 이상이라는 막대한 외국인직접투자(FDI)를 유치했다. 그 결과 중국의 경기는 과열될 정도로 팽창하고 있으나 동남아와 신흥공업국에 투자되는 외자는 급격히 줄어 경제가 위축되었다. 세계의 공장이 된 중국은 완구·섬유·신발 등의 노동집약적 상품 생산을 완전히 장악했다. 그뿐 아니라 2004년의 조사에 의하면, 전 세계 필름 카메라의 50퍼센트, TV의 30퍼센트, 에어컨의 30퍼센트, 세탁기의 25퍼센트, 냉장고의 20퍼센트를 생산 조립했다. 그리고 전 세계 휴대전화의 30퍼센트 이상을 생산하며, 대만의 투자에 힘입어

컴퓨터와 반도체까지 그 생산을 비약적으로 확대하고 있다.[30]

또한 경제 성장과 함께 세계적인 자동차기업인 GM·폭스바겐·도요타·혼다·현대 등이 중국과의 합작투자로 대대적으로 공장을 증설했다. 중국은 2005년 현재 자동차의 생산과 소비에서 세계 3위가 되었고, 머지않아 2위인 일본을 따라잡을 전망이다. 중국은 인구 13억의 거대한 단일시장을 무기로 해 일종의 블랙홀처럼 세계의 자본과 자원, 기술과 노하우들을 빨아들이고, 불가사리처럼 몸집을 키우고 있는 것이다.

1994년, 싱가포르의 수상 리콴유(李光耀)는 "중국이 세계를 뒤흔들면 세계는 새로운 균형을 되찾기까지 30년에서 40년이 걸릴 것이다. 중국을 그저 또 하나의 열강일 뿐이라고 깎아내려도 소용없다. 중국은 인류 역사상 가장 큰 주역이다"라고 말했다. 그리고 헌팅턴은 미국에 이어 중국이 패권국가가 될 가능성을 대단히 높게 보면서, "중국이 패권국으로 떠오를 경우 그것은 1500년 이후 세계 역사에 등장한 모든 패권국들을 초라하게 만들 것이다. (…) (1996년의 시점에서) 중국의 경제 발전이 10년만 더 계속되고, 후계자 문제를 둘러싼 갈등을 겪으면서도 정치적 통합성이 유지된다면, 동아시아 국가들과 전 세계는 이 인류 역사상 가장 큰 주역의 점증하는 자기주장에 어떤 식으로든 대응하지 않을 수 없을 것이다"[31]라고 평가했다.

그러나 조지프 나이는 2002년의 책에서 중국의 등장을 우려하는 주장들과는 달리, 중국의 강력함은 역사에서 새삼스러운 것이 아니기에 '중국의 부상'이라는 말보다 '중국의 재등장'이라는 말이 적합하다고 본다. 또한 헌팅턴과는 달리 중국의 힘이 막강해지기는 하지만 결코 미국의 패권력에 미칠 수 없다고 주장한다. 나이는 이데올로기, 경제의 질, 경제·사회·정치 제도, 군사력 등에서 왜 중국이 미국의 상대가 되지 않는지 다음과 같이 조목조목 그 이유를 밝힌다.

"중국의 공산주의 이데올로기가 매력적이냐 하면 전혀 그렇지 못하다. 경제규모 면에서 미국과 중국 두 나라가 대등한 수준이 된다 할지라도 구조 면에서는 대등할 수가 없다. (…) 게다가 중국 경제는 비능률적인 국영기업을 털어버리는 과도기에 있는데다, 금융제도가 취약하고 인프라가 제대로 갖춰지지 않아 여러 가지 심각한 장애에 직면해 있다. 심화되는 불평등과 국내에서 이루어지는 대규모의 이주 행렬, 제대로 갖춰지지 못한 사회안전망, 부정부패, 부적절한 제도와 기구 등은 정치 불안을 조장할 수 있다. (…) 중국이 어떤 주목할 만한 방법으로 미국과의 '군사부문의 혁신(RMA)'의 차이를 좁혀나갈 가능성은 희박하다."[32]

'문명과 무력'이라는 관점에서 봤을 때, 미국은 21세기 과학기술·정보통신 문명의 중심에 있다. 그리고 과학기술과 정보통신 분야에서 비롯되는 문명의 중심적 힘은 특별한 일이 없는 한 21세기 내내 유지될 가능성이 있다. 그리고 무력에 있어서도 오늘날 어떤 국가들의 동맹도 미국을 따라잡을 수 없을 정도로 월등한 우위를 확보하고 있다. 특히 과학기술·정보통신이 21세기 무력의 핵심이 될 것이라는 점에서 무력의 우위 또한 문명과 마찬가지로 21세기 내내 지속될 가능성이 대단히 높다.

미국의 5개 지역 사령부와 해외 주둔 미군 현황

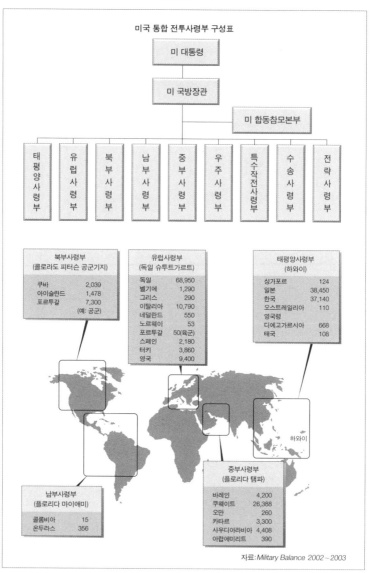

미국 통합 전투사령부 구성표

미 대통령

미 국방장관

미 합동참모본부

태평양사령부 / 유럽사령부 / 북부사령부 / 남부사령부 / 중부사령부 / 우주사령부 / 특수작전사령부 / 수송사령부 / 전략사령부

북부사령부
(콜로라도 피터슨 공군기지)

쿠바	2,039
아이슬란드	1,478
포르투갈	7,300
(예: 공군)	

유럽사령부
(독일 슈투트가르트)

독일	68,950
벨기에	1,290
그리스	290
이탈리아	10,790
네덜란드	550
노르웨이	53
포르투갈	50(육군)
스페인	2,180
터키	3,860
영국	9,400

태평양사령부
(하와이)

싱가포르	124
일본	38,450
한국	37,140
오스트레일리아	110
영국령 디에고가르시아	668
태국	108

하와이

남부사령부
(플로리다 마이애미)

콜롬비아	15
온두라스	356

중부사령부
(플로리다 탬파)

바레인	4,200
쿠웨이트	26,388
오만	260
카타르	3,300
사우디아라비아	4,408
아랍에미리트	390

자료: *Military Balance 2002~2003*

※ 병력 수치는 정시배치 현황(단위: 명)

그 다음의 문제는 미국이 '야만'을 어떻게 규정하고, '야만'을 포함한 세계 문제를 어떤 방식으로 다룰 것인가 하는 점이다. 20세기 이전의 중국 세계는 중국 황제의 지배와 유교적 예법의 유무로 문명과 야만을 갈랐고, 이슬람교도들은 마호메트에 대한 신앙을 기준으로 '평화의 땅(Dar al-slam)'과 '전쟁의 땅(Dar al-arb)'을 구분했다. 19세기의 대영제국은 '산업혁명을 통한 경제군사력'을 문명의 기준으로 보았고, 20세기 초의 시오도어 루스벨트는 '국가의 능력(자립력·조직력·통합력·군사력)'으로 문명과 야만을 구분했다.

오늘날의 미국은 사유민주주의제제를 가지고 문명과 야만을 가른다. 이것이 무력 행사를 정당화하는 명분이자 이데올로기가 되는 것이다. 미국은 자유민주주의가 세계적 보편성을 띠고 있고, 이를 실현하는 것이 도덕적 의무라고 생각한다. 2002년 9월 백악관은 '국가안보전략'에서 "미국은 전 세계에 자유의 혜택을 확장하기 위해 이 기회를 활용할 것이다. 우리는 지구상 어디에서나 민주주의, 발전, 시장경제 및 자유무역을 증진시키기 위해 적극 노력할 것이다"라고 밝혔다.[33]

2005년 1월 20일, 부시 대통령은 제2기 취임사에서 '자유(Liberty, Freedom)'가 독립선언서에서 비롯된 미국의 핵심 가치이자 인류의 보편적 가치임을 재천명했다. 그리고 "미국에서의 자유의 생존 여부는 다른 나라에서의 자유의 성공 여부에 달려 있다. 세계평화를 위한 최고의 희망은 전 세계에 자유를 팽창시키는 것이다"라고 강조한다. 따라서 "자유를 확대시키는 것은 건국의 사명이었을 뿐 아니라, 국가 안보의 긴급한 요구이고, 우리시대의 소명"이 된다. 여기

서 '자유'의 적은 '폭정(Tyranny)'으로 규정된다.[34]

한편 자유민주주의는 경제체제와 정치체제라는 두 가지 측면이 있다. 따라서 경제적으로 자유시장주의를 추진하고 정치적으로 자유민주주의를 실시하는 국가는 문명국으로 분류된다. 그러나 경제·정치적으로 모두 자유민주주의를 부정하는 국가는 '야만'이 된다. 부시 정부는 세계 패권역사에 수없이 등장하는 '야만'이라는 용어를 '불량 국가(Rogue State)', '악의 축(Axis of Evil)', '폭정의 전초기지(Outposts of Tyranny)'라는 말로 표현한다. 국가안보보좌관을 지내고 국무장관이 된 라이스(Condoleezza Rice)는 2000년 1월, 〈국익의 증진〉이라는 글에서 '불량 국가'를 "국민은 가난과 공포 속에 살고 있고, 그 자신은 국제무대에서 적당한 자리를 차지하지 못하고 있으며, 대량살상무기를 개발하는 나라"라고 규정했다. 이들은 시장체제와 민주주의로 진보하는 역사의 궤도에서 탈선해 있다는 것이다. 이러한 나라로 사담 후세인의 이라크, 북한 그리고 이란을 꼽았다.[35] 나아가 2005년 1월 라이스는 장관인준청문회에서 '폭정의 전초기지'라는 개념을 사용하며, 쿠바·미얀마·북한·이란·벨로루시·짐바브웨 등이 이에 해당한다고 주장했다.

미국의 기준으로 봤을 때 문명과 야만 사이에는 제3의 영역이 있다. 이들은 자유시장체제를 시행하면서도 정치적으로는 공산독재 또는 폭정을 실시하는 나라이다. 이른바 '반(半)문명국' 또는 '반야만국'이라고 할 수 있는데, 일부에서는 중국[36]을 꼽기도 한다. 여기서 중국을 비민주체제로 규정하면 라이스가 거론한 '폭정의 전초기지'는 '폭정의 거점'을 염두에 둔 발언으로 평가될 수 있다.

부시는 2기 취임사에서 "전 세계적 폭정을 종식시키는 궁극적인 목적을 가지고 모든 나라와 문화에 민주주의를 성장시키는 것이 미국의 정책"이라고 주장했다. 그렇다면 이를 위한 미국의 전략은 무엇인가? 그리고 이것은 어떤 문제가 있는가?

첫째, 부시는 한편으로는 폭정을 몰아내기 위한 피억압자의 용기와 행동을, 다른 한편으로 폭정국가 및 권위주의국가의 지배자들이 민주화를 위해 노력할 것을 촉구했다. 그러나 '폭정의 전초기지'로 규정된 국가들은 부시의 이러한 방법론을 정권 전복 음모로 규정하고 내부 단속에 돌입했다. 또한 중국도 2005년 1월 후진타오(胡錦濤) 주재로 중앙정치국회의를 열고, 부시의 취임사와 1989년 민주화시위를 옹호했던 자오쯔양(趙紫陽)의 사망을 계기로 조성되는 민주화 기대에 쐐기를 박았다. "중국공산당은 다른 나라의 정치제도(자유민주체제)를 절대로 모방하지 않을 것이며, 현재의 정치 및 당정제도를 유지하고 보완해 중국식 사회주의 정치체제를 건설할 것"이라고 천명한 것이다.[37] 러시아의 푸틴은 2005년 2월 부시와의 정상회담에서 "문명세계에서 승인된 민주주의원칙에 충실할 것"이라고 말하면서도, "모든 민주주의원칙과 주요 제도는 러시아 사회의 발전 정도와 우리의 역사전통에 부합해야 한다"라고 말했다. 반면 중동에서는 2005년 들어 이집트에서는 위로부터, 레바논에서는 아래로부터 민주화가 진척되고 있다. 구소련권인 우크라이나와 키르키스스탄에서도 시민혁명이 일어났다.

둘째, 미국의 지원과 강압이다. 라이스는 2000년 1월에 '불량국가' 이라크를 거론하며, 그들을 대할 때 공포감은 전혀 필요 없고 모든 수단을 동원해 그들을 제거해야 한다고 주장했다. 그러나 이를 위한 미국의 무력 사용과 일방주의는 오히려 많은 적을 양산했다. 브레진스키는 "냉전이 종식된 이래 미국이 거침없이 행패를 부리는 세계적 불량배와 같다는 유럽의 비난은 점점 더 확산되고 정교해졌다"[38]라고 비판한다. 미국이 미국질서의 바깥에 있는 나라('불량 정권' 등)를 다룰 때, 정치력이 아닌 무력만을 사용하거나 일방적으로 행동함으로써 미국의 패권력이 '야만'으로 인식되는 아이러니가 발생한 것이다. 결국 미국이 한 세기 동안 주창하고 주도해온 자유민주주의와 정보통신혁명이라는 시대적 특징은 미국에게 무력이 아니라 더욱 뛰어난 정치력을 요구한다. 따라서 부시 2기는 1기와는 달리 일방주의를 지양하며 정치력을 추구할 수밖에 없다.

셋째, 동맹과의 협력이다. 부시는 2기 취임사에서 자유의 적에 대항하기 위한 미국과 자유국가의 협력을 강조한다. 그는 "우리는 여러분의 우정을 존경하고, 여러분의 조언에 귀를 기울이며, 여러분의 도움에 의존한다"라고 몸을 바짝 낮춘다. 라이스도 인준청문회에서 "이제는 외교의 시기"라고 말하며, 동맹관계를 강화하고 친구들을 돕는 데에 힘을 쏟을 것이라고 말했다. 이러한 노력의 일환으로 부시는 2005년 2월 유럽을 방문해 나토 회원국 정상들과 회담을 가졌다.

문명과 야만, 무력과 정치력의 관계에서 결국 미국의 '정치력'이 미국 패권의 강도와 지속기간을 결정한다. 미국이 자국의 국익만을 위해 홀로 돌진할 때 일방주의가 되고, 오만과 야만이라는 비난이 쏟아졌다. 이것은 정치력이 아니다. 국제관계에서의 정치력은 자국의 이해와 타국의 이해를 조정·합의하는 것에서 한발 더 나아가, "자국이 바라는 것을 다른 나라들이 원하게끔 만드는 것"[39]이다.

이러한 정치력은 20세기 미국의 역사에서 아주 강력히 발휘되어 왔다. 그리고 이러한 정치력의 필요성과 동맹관계의 중요성을 브레진스키, 키신저, 나이 등 국제정치의 대가들이 끊임없이 조언했다. 프랑스의 비평가 도미니크 모이지는 "글로벌시대가 되었지만 미국이 아니면 이 세상에서 아무것도 할 수 없다는 사실에는 변함이 없다. 또한 새로운 관여자들의 다양한 모습은 곧 미국이 홀로 성취할 수 있는 것이 거의 없다는 점을 뜻한다"라고 말했다. 그리고 조지프 나이는 부시 1기의 외교정책을 비판하며 '콘서트 지휘자 (Concert Conductor)'로서의 미국을 강조했다.[40] 부시는 이러한 비판을 일부 받아들여, 2004년 11월 초 대통령에 재선되자마자 첫 메시지로 '동맹 중시'를 내보냈다. 그리고 2기 취임사에서 조지프 나이가 강조한 '콘서트된(조율된) 노력(Concerted Effort)'을 강조했다.

문명과 야만, 무력과 정치력은 여전히 국가의 운명을 판단하는 기준이다. 다음과 같은 '혁명적 사태'가 벌어지지 않는 한 21세기에도 미국이 세계 질서를 주도할 가능성이 매우 높다. '혁명적 사태'란 미국이 막강한 하드 파워에도 불구하고 소프트 파워를 잃어 패권력을 급격히 소진하는 반면, 중국이 21세기 세계의 요구를 새롭게 해결함으로써 미국보다 더 강력한 소프트 파워를 가지는 것이다. 만일 이렇게 된다면 미국이 만들고 확장시킨 바로 그 자유세계는 미국을 '문명의 제국'이 아니라 '야만의 제국'으로 대할 것이고, 이 경우 미국의 세계패권은 종식된다.

일본의 숙명
- 미국과 일체되어 중국을 견제하라

　20세기 공산세계가 해체된 뒤에 성립된 21세기 유라시아는 대륙의 서쪽과 대륙의 서남쪽, 그리고 대륙의 동쪽 등 세 지역으로 크게 나눌 수 있다. 2001년 9월 말에 발표된 부시 행정부의 〈4개년 방위정책 검토〉는 "세계의 핵심 지역들을 적대적인 세력이 지배하는 것을 막는다"라고 명시하고, 사활적 이해관계의 지역으로 유럽, 중동과 서남아, 동북아, 동아시아 연해국 등 4개 지역을 꼽았다. 유라시아의 세 개의 대지역에서 2005년 현재 미국이 어떤 전략을 추진하는지 살펴보자.

　우선 유라시아의 서쪽 지역이다. 이곳에서 미국은 일차적으로 나토 및 유럽연합(EU)으로 결합된 서유럽국가와 관계를 강화한다. 이 협력관계를 토대로 동유럽과 러시아가 반미패권동맹의 일원이 아니라, 자유세계의 일원이 되도록 만든다. 현재 유럽연합의 주도국가는 프랑스와 독일인데, 이들은 역사상 앵글로색슨과는 확실히 다른 독자적인 목소리를 내왔고, 앞으로도 그럴 가능성이 높다. 이

미국의 3대 유라시아 전략 지역

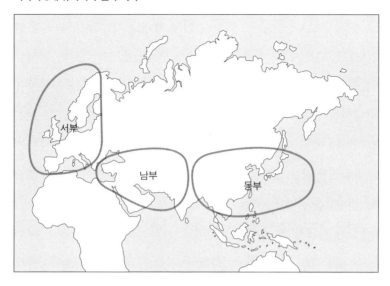

문제를 해결하기 위해 헌팅턴은 타문명과 대비되는 '서구문명'이라
는 개념을 강조한다. 민주주의와 인권, 기독교 등을 기본 가치로 하
는 서구문명에서 앵글로색슨의 영·미와 라틴의 프랑스, 게르만의
독일이 모두 하나라는 것이다.

　미국은 서유럽을 토대로 EU와 나토를 동유럽으로 확장시키는 데
적극 찬성한다. 2004년 현재 25개의 나라가 단일통화로 뭉쳐진 EU
에 포함되어 있으며, 터키·루마니아·불가리아·크로아티아가 가입
을 대기하고 있다. 이렇게 EU가 확대됨으로써 EU는 개개 회원국
의 정부를 대체하기보다는 회원국가와 함께 유럽을 통치하는, 다시
말해 연방보다는 국가연합이 될 가능성이 많아졌다.[41] 그러나 EU헌
법제정 등 연방화를 향한 노력도 꾸준히 계속되고 있다.

　그리고 미국의 군사적 주도권이 확보된 나토도 옛 바르샤바 조약기구의 회원국들을 포함해 26개국으로 회원국이 늘어났다. 앞으로 우크라이나 등으로 그 회원이 더욱 확대될 가능성이 높다. 한편 2002년 '나토-러시아 공동위원회'가 구성됨으로써 나토와 러시아의 협력관계가 확립되었다. 이렇게 해서 "오늘날 나토는 러시아가 전제적인 위협 국가로 변하는 것을 막고, 통합된 독일이 그들 스스로의 마음에도 와닿는 보다 큰 방위 영역에 눈길을 돌리게 만드는 보험증권과 같은 구실을 한다. 또한 미국에서 나토는 유럽과의 제도적 연계성을 나타내는 인기 있는 기구"가 되었다.[42]

EU와 나토가 옛 소련권으로 확대될 경우 러시아의 유일한 지정전략적 선택은 유럽이라고 브레진스키는 판단했다. 그는 러시아가 "미국과 경쟁하는 것은 어리석은 짓이고 중국과의 동맹은 종속을 의미한다"라고 말한다.[43] 그리고 범대서양적인 유럽을 통해서만 러시아가 개혁과 사회 근대화의 기회를 극대화시켜 내적인 이익을 도모할 수 있다고 보았다. 오스만제국 이후의 터키가 자발적으로 제국적 야망을 버리고 근대화, 유럽화 그리고 민주화의 길을 걸어간 것처럼 러시아에겐 이러한 선택 외에는 다른 대안이 없다고 평가한다.[44]

그러나 러시아는 정교문명과 공산세계의 중심이었고, 오랫동안 제국이었다. 따라서 러시아의 독자 논리가 강력한 관성처럼 작용하고, 서유럽과 미국의 작용에 대해 반작용한다. 2000년 이후 대통령과 총리를 번갈아 가면서 최고 권력을 행사해 '21세기의 짜르'라고 평가되는 푸틴은 브레진스키의 바람과는 반대로 러시아의 정체성이 '유럽'이 아니라 '유라시아'임을 명확히 하고, 미국과 경쟁하면서, 중국과의 관계를 준동맹관계로 발전시켰다. 일찍이 피터대제는 "수십 년간 우리에게 유럽은 필요하다. 그러나 나중에 우리는 그들로부터 등을 돌려야만 한다"고 말했다. 푸틴은 EU 및 나토의 확장을 막고 구소련권을 유라시아경제공동체로 결집하는 과정에서 우크라이나를 제물로 삼았다. 우크라이나는 2005년 친EU파인 유셴코의 당선, 2010년 친러시아파인 야누코비치의 당선을 거치며 친EU세력과 친러시아세력으로 갈갈이 찢어져 내전을 벌였고, 러시아는 서방과의 대립을 불사하며 2014년 3월 크림반도를 병합했다.

다음은 유라시아의 서남부이다. 이 지역은 풍부한 석유자원으로 경제적 가치가 막대할 뿐 아니라, 반미운동의 진원지로 테러와의 전쟁이 벌어지는 전장이다. 따라서 이 지역의 전략적 가치는 아주 높으나 여기에는 이스라엘을 제외하고는 미국이 신뢰할 만한 동맹국이 없다. 1979년 이란혁명이 일어나기 전에는 팔레비 정권이 미국의 주요한 파트너였다. 호메이니혁명 이후에는 이라크의 후세인 정권도 협력의 대상이 되었지만 곧 반미세력의 구심이 되었다. 파키스탄은 숙명적인 반인도·친중국 정책으로 인해 미국과 소원하고, 인도 또한 독자적 노선을 견지하고 있기에 세력균형용 이상의 안정적인 파트너가 되지 못했다. 특히 이 지역에서는 반미운동이 고조된 반면, 중국의 경제적·외교적·군사적 영향력이 강화되었다. 중국과 이슬람권이 결합할 가능성이 높아진 것이다.

헌팅턴은 "유교-이슬람의 결속은 지속될 것이고 그 관계의 심도와 범위도 깊어지고 넓어질 것이다. 이 결속에서 핵심적인 비중은 무기 확산, 인권, 기타 사안에서 이루어진 이슬람권과 중화권의 공조이다. 파키스탄, 이란, 중국의 긴밀한 결합이 그 밑바탕을 형성한다. 1990년 초에 들어와 중국의 양상쿤(楊尙昆) 주석이 이란과 파키스탄을 방문하였고, 라프산자니 이란 대통령이 파키스탄과 중국을 방문하였다. 이러한 상호 방문은 파키스탄, 이란, 중국의 기초적 동맹관계 구축을 겨냥한 것이었다"[45]라고 평가한다.

이러한 조건에서 미국이 유라시아의 서남부에 직접 개입해 지역패권을 장악할 필요성이 강력히 제기된다. 1991년 1월 미국은 이라크의 쿠웨이트 침공을 계기로 이라크와 '걸프전쟁'을 벌여 이라크를 격퇴했으나, 후세인 대통령을 제거하지는 못했다. 2001년 테러집단이 미국 본토를 공격하자 미국은 '테러와의 전쟁'이라는 일종의 전면전을 전개해 아프가니스탄의 탈레반 정권을 축출하고, 친미 정권을 수립했다. 아프가니스탄은 이란·파키스탄·중국·타지키스탄·우즈베키스탄·투르크메니스탄과 모두 국경을 접하는 서남아시아의 전략 요충지이다.

또한 미국은 이라크전을 통해 후세인 정권을 붕괴시키고 친미 정권을 수립했다. 이라크는 메소포타미아문명의 발상지이자 바빌론제국의 역사적 전통을 가졌고, 풍부한 석유자원과 이란·사우디아라비아·시리아·요르단 등을 제어할 수 있는 지역패권력을 가진 핵심 국가이다. 나아가 미국은 '테러와의 전쟁'을 통해 구소련권인 우즈베키스탄 등 중앙아시아 9개국에 13개의 군사기지를 설치할 수 있었다. 서아시아와 중앙아시아에 이렇게 전면적으로 진출한 것은 미국 역사상 처음이었다.

미국은 세계전략적인 의미가 있는 '테러와의 전쟁'으로 확보한 아프가니스탄과 이라크를 통해, 페르시아제국의 전통을 이어 받아 서남아시아에서 또 하나의 지역패권력을 가진 이란을 동·서로 제어할 수 있는 기틀을 마련했다. 그리고 아프가니스탄과 인도를 통해 파키스탄을 제어할 수 있는 지렛대도 확보했다. 또한 1979년 호메이니혁명 이후 급속하게 확산된 이슬람 원리주의운동에 쐐기를 박을 수 있게 되었다. 나아가 21세기 미국의 세계패권에 가장 큰 위협 요소인 중국과 이슬람의 연결고리를 끊을 수 있는 계기를 마련했다. 마지막으로 서아시아와 중앙아시아의 석유자원을 통제할 수 있게 됨으로써, 막대한 석유를 수입하는 중국과 석유 수출로 재정을 충당하는 러시아 및 아랍국들을 제어할 수 있는 기틀을 확보했다.

미국의 21세기 세계전략상 서아시아의 지역패권은 명줄과 같았다. 미국의 네오콘(Neocon, 신보수주의자)들은 서아시아의 지역패권을 위해 '일방주의', '독주', '야만' 등 어떠한 비난과 공격도 감수했다. 럼스펠드와 체니, 라이스를 비롯한 부시 정권의 핵심 외교 안보팀은 이 점에서 집요하고 과감했으며, 또한 철저했다. 미국은 2005년 현재 이라크에 발목이 잡혀 있다. 이것이 베트남전의 재현이 될 수도 있겠지만, 부시 행정부의 정책 책임자들은 미국이 확보한 이들 서남아의 전략 거점을 발판으로 이란 문제를 직접 해결하든, 서유럽을 비롯한 동맹국들을 이용하든 이전보다 여유롭게 풀 수 있게 됐다고 생각한다.

역사의 패턴은 되풀이된다. 미국은 1941년 12월 7일 일본이 진주만을 공격하자 이를 계기로 제2차 세계대전에 나라의 역량을 총

동원했고, 일본계 미국인들을 억류했으며, 독일·일본·이탈리아를 패배시켜 전쟁에서 승리했다. 그리고 1950년 6월 25일, 공산진영과 자유진영의 대치점이었던 코리아에서 북한이 공격하자 이를 계기로 제2차 세계대전의 종식 이후에 축소된 군사력을 전 세계적 규모로 강화했다. 그리고 공산주의자를 검거하는 등 미국 내부를 단속하고, 세계적으로 팽창하고 있던 공산세계를 봉쇄했다. 마찬가지로 2001년 9월 11일, 이슬람의 테러집단이 뉴욕을 직접 공격하자 냉전 종식 이후에 축소되고 있던 군비를 확충하고, 애국법을 제정했으며, 전 세계적인 규모로 '테러와의 전쟁'을 수행한다. 한국전쟁이 북한군의 격퇴에만 목적이 있었던 것이 아니라 전 세계적 공산주의 봉쇄에 목적이 있었던 것처럼, 테러와의 전쟁도 테러 위협을 제거하는 데만 목표가 있는 것이 아니었다. 이슬람권과 중국의 연결고리를 끊고, 나아가 유라시아의 서남부와 동부에서 지역패권을 확립하며, 궁극적으로 21세기 세계패권을 확고히 하는 데 목적이 있었다.

그렇다면 유라시아의 동쪽 지역에 대한 미국의 전략은 무엇인가? 미국은 동아시아의 지역패권을 차지하는 데 핵심적인 파트너는 일본이고, 걸림돌은 중국이라고 생각한다.

일본은 2천여 년 동안 중국의 패권체제에 제대로 들어간 적이 없다. 다시 말해 중국에 군사적으로 복속한 적이 없다. 특히 해양세력과 연결된 16세기 말의 임진왜란(征明戰爭) 이래 일본은 일관되게 동아시아에서 중국이 차지한 자리를 뺏으려 했다. 1894년의 청일전쟁에서는 중국에 승리했을 뿐 아니라, 1930년대의 중일전쟁에서도 중국의 거의 태반을 점령했다. 반면 중국은 일본을 지배한 적이 없다. 여기서 일본의 운명이 결정된다. 일본은 지역패권으로 급속히 성장하는 중국의 파트너가 되는 것이 아니라, 세계패권 국가인 미국과 일체가 되어 중국을 견제하는 것이다.

1907년 메이지유신 40주년 때 오쿠마 수상은 일본이 앵글로색슨의 도움으로 발전했다고 고백했다. 그러나 그 40년 뒤인 1941년, 일본은 아시아태평양의 지역패권을 차지하기 위해 앵글로색슨과 전쟁을 벌였다. 역사상 처음으로 전쟁에서 참패한 뒤, 일본은 미일동맹노선에서 벗어나지 않는다. 그 40년 뒤인 1980년, 일본의 대표적인 정치가 나카소네 야스히로(中曾根康弘)는 '중공연구회'의 이름으로 〈중공각서〉를 작성했다.

"일본은 해양국가라는 숙명적인 성격 때문에 통상무역으로 살아가지 않으면 안 되며, (…) 따라서 일본의 지향은 첫 번째로 태평양 방면 및 전 세계로 향한다. 그런 뜻에서도 태평양을 가운데 두고 같은 해양성과 세계성을 갖는 미국과의 제휴·우호는 숙명적이다. 그렇기 때문에 일본이 지향해야 할 정면은 미국 및 태평양, 동남아시아에 있으며, 대륙과의 관계에서는 과도한 관여는 위험하며 항상 한정적으로 추진하는 것이 바람직하다."[46]

나카소네는 '일본의 숙명'에 근거해 집권 5년 동안(1982~1987) 대외정책의 기본노선을 종래 후쿠다 정권이 추진해온 '전방위외교'에서 '미일동맹외교'로 전환시켰다. 1983년 일본의 전략가인 오카자키 히사히코(岡崎久彦)는 《전략적 사고란 무엇인가》라는 책을 통해 미일동맹이 선택 가능한 유일한 전략이라고 주장했다.[47]

미일동맹이라는 일본의 냉전시기 동맹전략은 21세기에 들어서도 크게 바뀌지 않고 오히려 강화된다. 소련이 해체된 뒤 10여 년이 지난 2004년 7월에 발표된 일본 방위청의 〈방위백서〉는 중국이 "고도의 경제 성장과 함께 민족주의 정서가 고조되고 군의 현대화가 이루어지면서, 일본 안보를 위협하는 존재가 되었다"라고 규정했다. 지난 1백여 년간 계속되어온 러시아(XB) 주적론이 중국(XA) 주적론으로 바뀐 것이지만, 이 둘이 모두 대륙세력(X)이라는 점에서는 일치한다.

1995년 미국이 세계적 전략문건인 〈개입과 확대의 국가안보〉를 발표한 뒤인 1996년 4월, 클린턴 대통령과 하시모토 수상은 〈미일신공동선언〉을 발표했다. 이 공동선언은 중국에 대한 강한 경계심을 토대로 미일안보동맹이 21세기 아태 지역의 안정과 번영을 유지하는 근간임을 재확인했다. 그리고 미일동맹을 '동북아 방어를 위한 동맹'으로부터 '아태 지역의 안정과 번영을 위한 동맹'으로 확대했다. 〈미일신공동선언〉의 후속조치로 1997년 9월 〈미일안보협력을 위한 신가이드라인〉을 발표했다. 이것을 일본 국내에 적용시킨 것이 1999년 5월에 제정된 '주변사태법'과 2003년 6월에 제정된 유사법제(有事法制)인 '무력공격사태 대처법'과 '자위대법'등 일련의 개정 법률이다.

2003년 일본의 〈외교정책평가 패널보고서〉는 미일안보체제가 일본 외교의 주축인 동시에 일본과 동아시아 평화와 안전의 초석임을 확인한다. 그리고 중국과 새로운 협력관계를 구축하기 위해 필요한 것은 '원칙'을 명확히 하는 것이며, '자유민주주의' 등 일본의 가치를 파괴하지 않는 것이라고 주장한다. 특히 이 보고서는 대만과의 관계를 중시하고 있다. 일본 주변에 친일 경향과 경제력을 보유한 국가의 존재가 아주 중요하므로, 중국과의 관계가 다소 어색해지더라도 대만과의 관계를 강화해야 한다는 것이다. 이러한 맥락에서 민족자결의 원칙에 따라 대만의 자주성을 존중해야 한다는 주장도 제기된다.[48]

그렇다면 미국에게 일본은 세계전략 및 동아시아전략에서 어떤 의미가 있는가? 도널드 럼스펠드 국방장관은 1998년 3월 '동아시아에서의 전략적 필수'라는 주제의 연설에서 "미국과 일본만큼 아주 조화로운 이해와 보완적인 자원을 가지고 있는 관계도 없다"라고 주장했다.

"일본은 동아시아에서 자유와 안정의 보루이며, 미국의 핵심적인 요지이자, 우리의 세계전략의 중요한 버팀목이다. 일본 자신의 안보를 위한 선택 사항은 제한적이다. 비무장 중립국은 선택사항이 아니다. 일본 역사를 볼 때, 핵 무장된 일본 역시 바람직하지 않다. (…) 미일동맹은 아시아 안정의 핵심이며, 아시아·태평양 지역 정부들의 안보 산출에서 핵심적인 상수이다. 그것은 또한 미국의 세계전략의 핵심적인 요소이다."[49]

일본은 미국의 동아시아전략뿐만 아니라 세계전략에서도 핵심적인 파트너이다. 그러나 침략의 역사와 평화헌법체계 때문에 일본은 미국과 동맹을 맺지 않고는 주변 국가들에게 납득될 만한 어떤 활동을 하기 힘들다. 독일이 오직 나토 안에서, 그리고 EU 안에서만 유럽의 중추적인 국가로 활동할 수 있듯이, 일본도 미일동맹의 틀 안에서만 동아시아, 나아가 국제적으로 중요한 일을 할 수 있다.

여기서 미국은 일본이 전후 50년간의 수직적 동맹관계에서 벗어나 좀 더 수평적인 관계가 되도록 관계를 발전시킨다. 19세기 말 일본이 한편으로는 국력을 배양하고 다른 한편으로는 영국과 끊임없이 외교교섭을 진행해 불평등조약을 대등조약으로 개정하고, 결국 1902년 영일동맹을 맺는 과정과 흡사하다.

이런 점에서 2000년 10월에 발간된 〈아미티지-나이 보고서〉[50]는 미국이 기존의 미일관계를 한 단계 격상시킨 중요한 의미가 있다. 이 보고서는 미일동맹을 미영동맹에 버금가는 중추적인 존재로 인식하면서, 이제까지의 '부담 공유'에서 '권력 공유'로 전환할 것을 주장한다. 일본 외교의 독자성 강화를 지원하면서 일본을 아태 지역에 국한되지 않는 포괄적 파트너로 인식한다. 더구나 일본의 집단자위권을 인정하고, PKO(Peace Keeping Operation, 유엔의 평화 유지 활동) 업무에의 참가 동결을 해제하며, 나아가 일본이 바란다면 헌법의 개정도 시야에 넣을 수 있다고 지적한다. 아미티지 국무부 부장관 등 공화당의 핵심인사들은 일본이 지역적이면서도 동시에 국제적인 역할을 떠맡을 수 있도록 미국이 지원해야 한다고 보는 것이다.

〈아미티지-나이 보고서〉에 대한 화답으로 일본의 방위전략연구회는 2001년 5월 〈21세기 안전보장〉이라는 보고서를 제출했다. 이 보고서는 추진해야 할 여섯 가지의 과제로 PKO 참여 동결 해제, 다국적군 후방지원법 제정, 유사법제 검토, 군사 부문 혁신추진체제 정비, 집단적 자위권을 둘러싼 헌법 해석의 완화, 헌법 9조 2항의 완화 등을 제안했다. 이러한 흐름 속에서 레이건 시절에 이미 시작한 전략방위구상(SDI)의 연장선상에서 추진되는 전역미사일방위계획(TMD)에 일본이 참가하고, 2004년 1월에는 1945년 이래 처음으로 전투지역인 이라크에 자위대를 파견했다. 그리고 2004년 11월에는 집권 자민당이 헌법 9조를 폐지해 자위대를 정식 군대로 바꾸고, 집단자위권을 행사하며, 국가원수·국기·국가를 명문화하는 헌법 개정안을 마련했다. 또한 일본은 미일동맹에 기초해 유엔안보리 상임이사국 진출을 추진한다. 미국을 통한 일본의 군사외교적 역할 확대가 일본의 노선으로 확고히 정착된 것이다.

한마디로 오늘날 미국과 일본은 '일체쌍두'의 형상이다. 부연하면 미국에게 오늘날의 미일동맹이 미영동맹과 같은 의미가 있는 것처럼, 일본에게 21세기 초의 일미동맹은 20세기 초의 일영동맹과 같은 의미가 있다. 미국과 일본 그리고 영국의 이 동맹관계는 1백 년 전이나 지금이나 세계패권을 유지하기 위해 대륙세력을 견제하는 '해양동맹'이라는 점에서 성격이 같다. 그리고 양국에게 숙명적인 의미를 갖는 미일동맹은 세계 1, 2위의 기술력, 그리고 세계 1, 3위의 국력이 결합되었다는 점에서 세계 역사상 유례가 없을 정도로 막강한 힘을 가진다. 특히 미일동맹은 세계 5위의 국력을 갖춘 영국과 세계 2위, 6위의 거대한 영토를 가진 캐나다, 오스트레일리아와의 결합으로 발전된다는 점에서 '앵글로색슨 - 재패니즈 동맹체제'라고도 표현할 수 있다. '앵글로색슨 - 재패니즈 동맹체제'는 1백 년 전이나 지금이나 세계에서 가장 강력한 동맹체제이다.

미국과 중국,
동반자인가 경쟁자인가

    2005년의 시점에서 미국의 패권력과 중국의 도전력에 대한 평가에 따라 미국의 중국 및 아시아 정책은 크게 두 가지로 나뉘어졌다. 하나는 미국의 패권력이 중국의 도전력에 비해 월등하고 향후 한 세대는 그 우월성이 유지된다고 보는 브레진스키, 조지프 나이 등 일종의 민주당 계열이다. 대중 온건파라 할 수 있는 이들은 미국의 세계적 패권력이 탁월하기에 동아시아에서 중국의 세력권을 인정하고, 미국은 중국·일본·인도를 이용해 세력 균형을 도모해야 한다고 주장한다. 다른 하나는 패권 도전국일 수밖에 없는 중국의 팽창적, 비민주적(공산당 독재체제) 특성에 주목해, 21세기 중국은 20세기 초의 독일처럼 될 것이라고 주장하는 부류이다. 이들은 대중 강경파라 할 수 있는데, 부시 정권의 외교안보정책을 추진하는 공화당 계열이 이에 해당한다.

    대중 온건파의 대표격인 브레진스키는 1997년 다음과 같이 주장했다. "중국이 머지않아 다음번 세계 강국이 되리라고 믿고, 그에 대해 공격적이고 적대적인 공포심을 갖는 것은 아무리 좋게 말해도 조급한 것이며, 나쁘게 말하면 자기 충족적 예언이 될 뿐이다. 따라서 중국이 세계 강국이 되는 것을 봉쇄하기 위해 동맹을 조직한다는 것은 역기능을 낳을 수 있다. 그것은 적어도 지역적 강국이 될 중국을 적대국으로 만들 뿐이다."[51]

따라서 브레진스키는 헌팅턴의 중화문명권과 유사하게 역사적으로 '중국에 대해 경의를 표하는 지역', 다시 말해 코리아도 포함되는 중화문명권에 대해 중국의 지도적 지위를 인정하고, 그 핵심 이익을 위협하지 말아야 한다고 본다. 이렇게 함으로써 미국에게 유라시아 동쪽의 중국은 유라시아 서쪽의 EU와 같은 역할을 하는 '극동의 닻'이 될 수 있다는 것이다.[52] 이때 미국에게 일본의 의미는 유럽에서 영국의 의미와 유사한데, 영국과 EU의 관계처럼 일본과 중국의 관계도 개선되어야 한다고 보았다.

반면, 대중 강경파라 할 수 있는 미 국무장관 라이스는 2000년, 〈국익의 증진〉이라는 글에서 중국의 위협을 주장했다. "중국은 아직까지 아시아·태평양 지역 안정의 잠재적인 위협이다. 그 군사력은 아직 미국에 필적하지 못하지만 그러한 상태가 영원하리라는 보장 또한 없다. 중국은 대만과 남중국해라는 해결되지 않은 중대한 과제를 지닌 강대국이다. 중국은 아시아·태평양 지역에 있어서의 미국의 역할을 상당히 불쾌해한다. 이것은 중국이 현상 유지를 추구하는 국가가 아니라, 이 지역에서의 세력 균형을 바꾸고자 하는 세력이라는 점이다. 이 한 가지 점만으로도 중국은 클린턴 행정부가 말했던 '전략적 동반자'가 아닌 우리의 '전략적 경쟁자'이다."[53]

※ 출처: Z. 브레진스키,《거대한 체스판》

　　2001년 테러와의 전쟁 이후 미중관계는 표면적으로는 상당히 개선되었다. 하지만 중국에 대한 대중 강경파들의 기본 시각이 바뀐 것은 아니다. 이들은 대중 온건파와는 달리 중국의 패권 도전력, 대만 문제, 중국의 무력과 그 대응책, 동맹관계 등에서 한결같이 단호하게 각을 세운다.

　　첫째, 패권 도전국으로서 중국의 성격과 능력이다. 이들은 중국이 21세기 미국의 가장 중요한 도전국이 될 것이라고 보며, 그 행태 또한 제1차 세계대전 이전의 독일과 유사하다고 본다. 부시 정권의 이론가인 로버트 케이건은 1997년 "중국 지도층은 한 세기 전 독일

황제 빌헬름 2세와 매우 흡사한 형태로 이 세계를 바라보고 있다. (…) 중국 지도자들은 자신들을 억압하는 데 대해 분개하면서 국제체제가 그들을 변화시키기 이전에 그들이 국제체제를 뒷받침하는 여러 가지 규칙을 바꿔야 한다고 안달하고 있다"[54]라고 말했다. 이러한 중국의 행태는 체제에서도 연유하는데, 폴 울포위츠 국방부 부장관은 2000년 "자국민을 무력으로 통치하는 중국은 이웃에게도 이러한 의지를 관철하려고 할 가능성이 더 많다"라고 보았다. 그리고 중국의 공산당이 대의제에 입각한 정통성이 부족하기에 경제 성장과 민족주의를 부추긴다는 것이다.[55]

둘째는 대만 문제이다. 공화당 강경파들은 2001년 부시의 집권 이전부터 대만의 민주화와 중국의 민주화를 연결시킬 수 있다고 보았다. 럼스펠드는 "중국의 미래와 관련해서 희망하는 것은 대만이 다른 어떤 방식보다 더 본토의 모델이 되는 것"이라고 말했다.[56] 그리고 울포위츠는 "우리는 대만을 미·중 관계의 장애물로 봐서는 안 되며, 오히려 기회로 간주해야 한다"[57]라고 주장했다. 그래서 라이스는 "만일 미국이 단호하다면, 양안(兩岸) 해협에서의 평화는 중국 본토의 민주적 정치 안정이 이루어질 때까지 유지될 수 있다"[58]라고 전망했다. 다시 말해 중국에서 대만과 같은 민주주의가 정착되지 않는 한, 힘에 의한 대만 통일은 불가능하다는 것이다. 2002년 9월 백악관은 〈미국의 국가안보전략〉이라는 문건에서 경제를 비롯한 여러 가지 차원에서 중국과 협력할 준비가 되어 있음을 밝히면서도, "미국과 중국이 심각한 의견 차이가 있는 분야가 있다. 대만관계법에 따른 대만의 자위에 대한 미국의 공약이 그 하나이며, 인권이 또 다른 하나이다"라고 천명했다.[59] 대중 관계에서 민주주의와 인권은 결코 양보할 수 없다는 것이다.

셋째는 중국의 무력에 대한 대응책이다. 국방부 아시아·태평양 담당 부차관보를 역임한 피터 브룩스는 2000년 미국의 미사일방어체제(MD)가 중국을 목표로 하고 있음을 명확히 했다.[60] 그리고 부시 행정부는 미국 본토에 대한 미사일 위협뿐 아니라, 우방인 일본과 한국 그리고 대만을 보호하기 위해 미사일방어체제를 구축할 것이라고 발표했다. 1985년 레이건 행정부에서 시작된 SDI는 부시 행정부에서 미사일방어체제로 실전에 배치되기 시작했다.[61]

넷째는 동맹관계이다. 대중 강경파들은 아시아의 동맹관계에서 일본과 한국, 오스트레일리아와 인도를 중시한다. 라이스는 2000년에 "중국과 북한의 도전은 일본, 한국과의 조율을 필요로 한다. 다시는 미국 대통령이 중국에서 8박 9일을 보내면서 도쿄와 서울을 방문하지 않는 일이 있어서는 안 된다"[62]라고 말했다. 그리고 2005년 1월의 장관인준청문회에서도 일본과 한국, 오스트레일리아를 핵심 파트너로 규정했다. 일본은 앞서 말한 〈아미티지-나이 보고서〉에서 언급된 대로 지역적, 세계적 동맹관계로 그 중요성이 강조되었고, 인도 또한 중국을 견제하는 데 큰 전략적 가치가 있다. 라이스는 "미국은 이 지역의 세력 균형에 있어 인도의 역할을 더욱 주목해야 한다"라고 주장했다.[63] 2002년 9월의 〈미국의 국가안보전략〉도 "미국과 인도는 대의정부로 보호되는 정치적 자유를 수호하려는 두 거대 민주주의국가이다. 인도는 또한 경제적 자유를 점차 확대하고 있다. (…) 오늘날 우리는 인도를 미국과 전략적 이익을 공유하는 떠오르는 세계 강국으로 보기 시작했다"[64]라며, 인도 중시전략을 수립했음을 밝혔다.

결국 공화당이 중심이 된 미국의 동아시아전략은 중국을 패권 도전국 혹은 전략적 경쟁자로 보고, 중국의 전통적 라이벌인 일본과 인도를 동맹과 동반자로 설정한다. 그리고 중국의 군사력 강화에 대비하기 위해 미사일방어체제를 계속 추진하며, 대만 문제를 중국의 민주화를 촉진시키는 계기로 만든다. 나아가 앞에서 언급한 것처럼 중동·서아시아에 미국의 지역패권을 확립함으로써 중국과 아랍권이 동맹관계로 발전하는 것을 예방한다. 이 전략의 최종 목표는 중국이 정치적으로 민주화되어 미국 중심의 세계 질서에 평화적으로 적응해 미국을 닮아가는 것이다. 중국의 한(漢), 당(唐), 명(明), 청(淸)을 비롯한 역사상의 모든 패권국들이 추구하던 것을 이제는 미국이 중국에 관철하려 한다. 이러한 미국의 전략에 중국은 과연 어떻게 대응할 것인가? 미국의 전략에 순응할 것인가, 도전할 것인가?

중국의 대응 2003년 11월 24일, 후진타오 공산당 총서기와 정치국원을 비롯한 중국의 핵심 지도자들은 전문가를 초청해 15세기 이후의 '강대국 흥망사'에 대해 집단적으로 학습하고 토론했다. 이 자리에서 후진타오는 "심각하게 변화하는 현재의 국제환경 속에서 역사상 여러 국가들의 성공과 실패의 사례를 학습할 필요가 있다"라고 강조했다.[65]

여기서 다루어진 주제는 세계 주요국가의 발전·성쇠에 관한 역사로서 15세기 이후의 세계역사·세계경제·과학기술·군사 분야에서의 변화와 혁신 등이다. 그리고 중국의 새로운 문명과 무력의 건설 방안에 대해서도 공부했다. 이 가운데 특히 15세기 이후 세계 주요패권국의 발전과 쇠망의 원칙과 관련해 많은 질문들이 쏟아졌다. 이 질문들은 '첫째, 무적의 패권국이 어떻게 영국·네덜란드·스페인 등 중국에 비하면 작은 변방국가에 의해 이룩되었는가? 둘째, 왜 대제국이 쇠퇴 또는 멸망했는가? 셋째, 왜 역사상의 강대국이 1세기 정도만 패권을 유지했는가? 넷째, 여기에는 어떤 원칙과 공통점이 있는가? 다섯째, 중국은 이들 역사로부터 어떤 경험과 교훈을 배울 것인가?' 등이었다.[66]

　1900년대 시오도어 루스벨트는 미국 대통령으로서는 최초로 미국이 세계적 강대국임을 자각하고 이에 따라 움직였다. 후진타오를 비롯한 중국의 4세대 핵심 지도부들은 그로부터 꼭 1백 년 뒤인 2000년대에 중국이 세계적 강대국임을 자각하고, 나아가 21세기에는 세계패권국이 미국에서 중국으로 바뀔 것임을 상정한 것이다. 이는 미국이 중국을 패권 도전국이었던 1백 년 전의 독일 모습으로 간주하는 것과는 분명히 다른 접근이다. 후진타오 시기 미국과 대비되는 중국의 현실적 힘과 동아시아를 넘어 세계패권을 향해 나아가는 중국의 의지가 결합되어 중국의 21세기 국가전략이 수립되었다.

　중국의 외교 및 국가전략은 사자성어 네 개로 집약될 수 있다. 1980년대 말 개혁개방정책을 시작한 덩샤오핑이 사용한 '도광양회(韜光養晦)', '유소작위(有所作爲)', 2003년 이래 후진타오 주석과 원자바오(溫家寶) 총리가 사용하는 '화평굴기(和平崛起)'와 '부국강병(富國强兵)'이다.

'칼날을 칼집에 감추고 때를 기다리며 실력을 기른다'는 의미의 도광양회는 삼국시대 유비가 조조의 식객 노릇을 할 때 조조를 기만하기 위해 썼던 전략이다. 조조의 참모들은 유비가 범상치 않은 인물이기 때문에 조기에 제거할 것을 건의했다. 이를 알아차린 유비는 생존을 위해 자세를 낮추었고 조조와 그 참모들의 경계심을 풀었다. 덩샤오핑은 1989년 9월 중앙책임자와의 대화에서 도광양회가 외교의 관건임을 강조했고, 이에 따라 20년 가까이 중국은 이 정책을 추진해왔다.[67] 덩샤오핑은 "향후 50년 안에 절대로 세계의 영도자로 나서지 말라"라고 주장했다.

그러나 중국의 경제는 급성장했고, 미국은 심상치 않으며, 세계는 변하고 있다. '테러와의 전쟁'을 통해 미국의 군사력은 더욱 강화된다. 이에 대응하기 위해 2004년 7월 24일, 후진타오 총서기를 비롯해 우방궈 전국인민대표대회 위원장, 원자바오 총리 등 중국공산당 정치국원 25명이 중난하이(中南海)에서 전략 회의를 열었다. 여기서 후진타오는 20년 동안 한쪽 방향으로 유지해온 중국호의 방향타를 조정하는 중대 발언을 했다.

"평화·발전·협력의 기치를 높이 들고 자주적인 외교정책을 유지하면서도, 국가 주권과 안전은 최우선 순위에 놓아야 한다. 국가의 근본 이익을 지키기 위해서는 국방과 경제를 조화롭게 건설해야 한다. 국방 건설과 경제 건설은 상호 촉진의 관계이므로 동시에 추진해야 한다."[68]

후진타오는 '도광양회'가 아닌 '부국강병'을 천명했고, 중국의 관영매체들은 이를 대대적으로 보도했다. 후진타오가 2004년 들어

암묵적인 '도광양회'가 아닌 명시적인 '부국강병'을 내걸고 있다는 점에서, 중국은 이제 더 이상 조조 수하에 있던 유비의 전략을 추구하기 어렵게 되었다. 세력이 커진 유비가 조조를 떠나 제갈공명의 천하삼분전략(天下三分之計)에 입각해 촉나라를 세우는 것처럼, 중국도 천하를 삼분(미국, 중국, EU)하는 독자세력화의 길에 나설 가능성이 생겼다.

만일 이런 노선을 취한다면, 중국은 부국강병에 더욱 박차를 가하고 미국을 겨냥해 반패권연합을 서서히 추진할 것이다. '부국'이 된 중국은 이제 '강병'을 위해 군사력을 강화할 것이고, 이때의 핵심 파트너는 러시아와 유럽연합의 프랑스이다. 1백 년 전 청일전쟁 뒤 패권 도전국이었던 러시아 또는 중국이 추구한 노선과 유사하다. 따라서 러시아와 프랑스를 둘러싼 미중 간의 경쟁이 치열해질 것이다. 2004년 9월 현재 후진타오는 주석 취임 이후 한 번도 미국을 방문하지 않았으나 유럽을 두 차례 방문했고, 러시아·아프리카·중앙아시아도 한 차례 이상씩 방문했다. 그리고 공산당정치국 상임위원 8명의 방문지도 유럽·아시아·남미에 집중되어 있다. 그 결과 프랑스 등 일부 EU 국가는 미국의 반대에도 불구하고 중국에 대한 무기 금수조치를 해제할 가능성을 내비쳤다.[69]

한편 '부국강병'과 함께 등장하는 것이 '화평굴기'이다. '무력을 사용하지 않고 평화롭게 국제사회의 강대국으로 우뚝 선다'는 의미의 화평굴기는 도광양회를 발전시킨 것으로, 미국뿐만 아니라 중국의 주변국에 대한 전략이기도 하다. 화평굴기를 통해 이른바 중국의 세력권이라고 하는 중국 주변의 여러 국가들을 안심시키면서 중국 중심의 체제를 형성하는 것이다. 이때 덩샤오핑 이래 계속 추구되어온, 중국의 핵심적 이익과 관련된 부분(有所)에서는 필요한 대응을 할 것(作爲)이라는 '유소작위(有所作爲)'가 더욱 강조된다.

중국의 주변국에 대한 전략을 살펴보면 첫째, 중국의 서북부 지역에서는, 2001년 중국·러시아·타지키스탄·카자흐스탄·키르기스스탄·우즈베키스탄 등 유라시아 대륙의 중심부에 위치한 6개국이 상하이협력기구(SOC)를 결성했다. 이는 중국의 주도로 만들어진 최초의 다자간협력기구이다. 그리고 2003년 5월 후진타오가 러시아를 방문해 양국이 유사시 공동 대응하기로 합의해 기존의 '전략적 동반자관계'를 더욱 발전시켰다.

둘째, 서남부의 인도에 대해서는 2003년 11월 상하이 앞바다에서 양측 해군 2천여 명이 참가하는 해상합동훈련을 벌일 정도로 군사관계를 강화했다. 그리고 2003년 6월 인도 총리의 중국 방문에 이어 2005년 4월에는 원자바오 총리가 인도를 방문해 양국간에 '전략적 동반자 관계'를 맺었다.

셋째, 동남부의 아세안 등에 대해서는 각종 경제 원조 및 협력을 강화했다. 그뿐 아니라 〈동남아우호협력조약(TAC)〉에 가입하고 아세안 국가들과 정례안보포럼을 결성했다. 그리고 전쟁을 치른 베트남과도 군고위급 회담, 합동 군사훈련을 실시했다. 이에 대해 베트남 일부에서는 '중국은 미국과 똑같이 중요한 협력 파트너가 될 것'이라고 전망했다. 그 외에도 태국인들의 76퍼센트가 중국을 제1의 우방국으로 꼽았고, 미국이 '폭정의 전초기지'로 규정한 군사독재국 미얀마에 대해서도 2002년 장쩌민(江澤民) 주석이 방문해 첨단무기

를 제공하는 등 군사협력을 강화했다.[70]

마지막으로 동북부의 코리아에서 북핵 문제 해결을 위한 6자회 담의 주최국이 된 것도 유소작위의 일환이다. 2005년 3월, 중국과 러시아가 사상 최초로 산둥성과 황해에서 합동군사훈련을 실시하기로 합의한 것도 동북아에서 영향력을 강화하기 위한 조치이다. 황해는 1백 년 전 청일전쟁과 러일전쟁의 격전지였다.

중국의 아시아정책은 세계패권국 미국을 강력히 의식한 것일 뿐 아니라, 지역의 라이벌인 일본을 의식한 것이다. 중국은 중국 중심의 동아시아 질서에서 일본을 배제하려고 하며, 이것은 공공연한 대일 적대 발언으로 나타났다. 이것은 일본도 마찬가지이다. 한편 동아시아 국가에서는 이러한 중국의 영향력 확대를 견제하는 모습도 나타난다. 2002년 6월, 싱가포르의 리콴유 수상은 중국과의 균형을 이루는 데 미일동맹이 불가결하다고 주장했다. 또한 베트남처럼 많은 아세안 국가들이 미국과 중국에 대해 등거리정책을 펴고 있다.

한편 외교정책과는 별도로 중국은 '중화민족주의(애국주의)'를 공산주의를 대체하는 국가 통합의 이데올로기로 적극 활용한다. 오늘날 중국의 영토 안에 있는 56개의 민족을 강제로 하나로 묶는 '중화민족주의'는 앞에서 살펴본 바와 같이 일종의 '패권적 민족주의'라고 할 수 있다. 한국전쟁이 일어난 1950년 10월, 중국 정부는 중국의 5천 년 역사상 청나라 지배기의 2백 년을 제외하고는 거의 독립국가로 존속했던 티베트를 중화민족주의에 입각해 무력으로 점령했다. 또한 중화민족주의라는 역사적 맥락에서나 경제·군사적 측면에서 볼 때 중국은 대만 문제를 결코 포기하지 않을 것이다. 대만 또한 21세기에 들어 양안(兩岸) 간의 경제관계가 밀접해짐에 따라 결국은 정치·문화적으로도 급속히 중국에 편입되지 않을 수 없다. 대만독립파는 우여곡절을 겪겠지만 중국이 부강해짐에 따라 점점 세력이 약화될 것이다.

2000년대에 들어 본격적으로 추진되는 '역사공정'은 중화민족주의와 중국의 영역지배체제를 더욱 강화하기 위한 것이다. 이것이 결국 고구려사를 중국사에 편입시키는 동북공정으로 나타났다. 중국은 한편으로는 '단대공정(斷代工程)'으로 하·상·주 등의 상고사를 대대적으로 연구함으로써 중화민족주의의 중심을 확립한다. 다른 한편으로는 '동북공정' 등 '변강공정(邊疆工程)'을 통해 중국 변방의 역사를 모두 중국 역사로 재정립한다. 중화민족주의의 정립을 위한 횡적, 종적 역사체계의 확립이다. 이에 따라 과거 중국에 조공한 모든 나라는 중국사의 일부로 간주될 뿐 아니라, 중국의 영향권에 편입될 수밖에 없는 운명으로 간주된다. 중국정부는 중화문명탐원공정(中華文明探源工程)의 일환으로, 2005년 4월 5일 전설상의 시조 황제(黃帝)에 대한 제사를 국가행사로 격상했다. 이 행사에 참가한 수만 명의 국내외 인사들은 '아시아인은 원래 모두 한 민족(중화민족)이고, 중화권을 대통합해야 한다'고 주장했다.

한편 국가 주도의 경제 발전과 민족주의가 불가분의 관계에 있고, 경제 성장에 따라 민족주의가 분출하는 것은 역사의 법칙이다. 20세기 초의 독일과 일본이 그 좋은 사례이다. 특히 중국의 민족주의는 20세기 초 독일의 민족주의 이상으로 심각하게 상처받은 민족주의이다. 중국은 동아시아에서 2천 년간 세계패권을 행사하면서 타민족을 지배해왔다. 그러나 지난 150년간은 관계가 역전되어 외세로부터 심한 굴욕을 겪었다. 따라서 경제 성장과 국가 위상의 상승에 비례해 민족주의적 열망과 분노가 뒤엉켜서 표출될 가능성이 매우 높다. 2004년의 아시안컵 축구대회와 2005년의 반일 시위가 그 대표적 예이다.

중화민족주의가 2003년 세계 세 번째인 유인우주선의 성공적 발사와 2005년 정화의 원정 6백 주년에 대한 성대한 경축, 그리고 2008년의 베이징올림픽과 2010년의 상하이엑스포를 통해 순화될 것인가? 아니면 그 성공을 바탕으로 패권주의적 형태로 폭주할 것인가? 중화민족주의가 20세기 초 독일과 일본의 역사를 따라갈 것인가? 아니면 중국의 대륙적, 다민족적 속성으로 찻잔의 태풍으로 끝날 것인가? 이것은 앞으로 세심한 검토를 요한다.[71]

그러나 한 가지 분명한 것은, 현재의 중국이 아무리 경제력과 군사력을 팽창시키더라도 21세기 인류가 보편적으로 추구할 만한 '문명'을 아직 만들어내지 못했다는 점이다. 만일 21세기 중국문명의 근거가 복고적인 '중화민족주의'라면 이는 중국이 가장 싫어하는, '일본형 중화사상'을 내건 60년 전의 '대동아공영권'과 큰 차이가 없다. 단지 중국과 일본이 자리를 바꿨을 뿐이다. 그리고 '중국식 사회주의'와 13억 인구에 기초한 경제력이 문명의 근거라면, 이 또한 세계사적 의미가 없다.

만일 중국이 아시아에서 리더십을 발휘하려면 전통의 중화체제가 아니라, 아시아의 새로운 질서에 대한 대안을 제시해야 한다.

그리고 1919년 미국 윌슨 대통령의 민족자결주의에 아시아의 인민들이 환호했듯이, 중국의 대안에 아시아의 국가들이 '진심'으로 환호할 수 있어야 한다.

나아가 중국이 21세기 세계패권을 확보하려면, 19세기와 20세기에 영국과 미국이 제시한 자유민주주의와 시장체제 이상의 '문명적 대안'을 인류에게 제시해야 한다. 새로이 세계패권 국가가 된 모든 나라들이 이전 패권국이 이룬 문명적 성취를 흡수하고 혁신했다는 점에서, 영국과 미국이 지난 3세기 동안 이룩한 문명적 성과는 결코 간과될 수 없다. 세계패권국은 모두 자신의 가치를 세계에 제시하고, 자신의 역량으로 세계에 그것을 확대한다. 중국은 세계에 어떤 '가치'를 제시할 것인가? 세계와 시대의 요구에 적합한 문명적 대안을 제시하지 않는 패권 도전은 자국민만이 아니라 주변국, 나아가 세계 전체에 비극이다.

중국에는 미국의 패권을 인정하자는 대미 온건파와 미국 패권에 대항해야 한다는 대미 강경파가 있다.[72] 덩샤오핑은 대미 온건파를 주도했고, 그가 옳았다. 그러나 최대 2040년까지 미국에 대해 온건정책을 펴야 한다고 주장한 덩샤오핑은 사라졌다. 중국은 이제 운명의 기로에 섰다. 도광양회에 따라 대미 온건노선을 계속할 것인가? 아니면 부국강병을 통해 천하삼분노선으로 질주할 것인가?

2004년 11월, 미국 대선이 실시되기 직전에 미국과 중국 간에 작은 외교 문제가 발생했다. 10년간 중국 외교를 이끌어온 전 외교부장 첸치천(錢其琛)이 중앙당교에서 '부시 독트린은 군사력을 앞세워 세계를 지배하겠다는 강자의 논리'라고 비난한 연설을《차이나데일

489

리》가 전제했기 때문이다. 이러한 첸치천의 주장은 미국에 대한 중국의 기본 인식을 반영한다.

그러나 첸치천의 이러한 주장에도 불구하고, 중국은 2005년 현재의 상황에서 미국과 직접 마찰을 일으킬 만큼 어리석지 않았다. 미국의 세계패권력을 잘 알고 있는 중국은 미국을 '관리'하면서, 실력을 키우고 우군을 확보해가는 신중한 정책을 추진했다. 즉 중국은 "위축된 미국이 지역적 지배국가인 중국을 동맹국으로서 필요로 하게 될 때까지, 그리고 궁극적으로 세계적으로 강력해진 중국을 자신의 동반자로서 필요로 하게 될"[73] 때까지 상당 기간 미국과 협조체제를 유지하기로 한 것이다. 따라서 중국 외교정책의 기본은 미국과 결정적 마찰을 줄이면서 부국강병을 통해 지속적으로 세력권을 확장하는 노선이라고 할 수 있다.

한편, 미국에는 중국을 '전략적 동반자'로 생각하는 대중 온건파와 '전략적 경쟁자'로 생각하는 대중 강경파가 있다. 온건파는 자유시장체제를 중시하고, 강경파는 자유민주체제를 중시한다. 온건파는 미국의 세계적 패권 아래에 있는 아시아 4개국, 곧 일본·중국·인도·러시아의 세력 균형을 강조하고, 강경파는 미·중의 대립과 일본·오스트레일리아·인도와의 동맹을 강조한다. 2005년 현재 미국은 이라크 등 서아시아의 안정을 위해 중국과 협조체제를 유지하고 있다. 그러나 만일 중국이 2008년 이후 천하삼분론을 주장하며 동아시아에서의 특별한 지위를 요구할 경우 미국은 어떻게 반응할 것인가?

미국의 대중 온건파는 이 요구에 귀를 기울일 것이나, 대중 강경파는 그럴 마음이 없다. 미국과 민주적 가치를 공유하지 않는 중국이 동아시아 지역에서 패권을 장악하면, 반미적 중국 패권이 이슬람권 등 아시아 전체로 순식간에 확장될 것이라고 생각하기 때문이다. 특히 이들은 20세기 초 국가가치를 공유했던 영국과 미국의 패권교대와는 달리, 국가가치를 달리하는 중국의 아시아패권은 미국이 중국 패권에 굴복하는 것이라고 생각한다.

결론적으로 대만 문제가 파국적으로 전개되지 않는 한, 최소한 베이징올림픽이 열리는 2008년까지 중국은 미국의 패권력에 순응할 것이다. 그리고 2010년 이후에도 지구적 차원에서 미국의 패권력은 여전히 중국의 도전력을 훨씬 능가할 것이다. 앞에서 언급한 패권체제에 대한 모델스키의 4단계론에 입각할 때, 2005년 현재의 미국 패권은 낮게 잡아도 1단계 '세계 대국'의 후기 또는 2단계 '비정통화'의 초기에 해당할 뿐, 비정통화의 말기 또는 3단계 '다극 구조'는 아니다. 그러나 동아시아라는 지역적 차원에서 미·중의 영향력은 그 격차가 점점 줄어들 것이다.

코리아의 운명을 규정하는
네 가지 조건

코리아의 운명을 개척하기 위해서는 우선 코리아를 본질적으로 규정하는 조건을 명확히 인식해야 한다. 향후 10~20년간 코리아의 운명에 영향을 미치는 결정적인 요소는 네 가지이다. 대륙과 해양의 대립에서 차지하는 코리아의 가치, 세계패권국 미국의 코리아정책, 지역패권국으로 부상하는 중국의 코리아정책, 그리고 북한의 생존력에 대한 평가가 그것이다.

첫째, 코리아의 가치이다. 대륙에 두 개의 세력(XA=송, XB=요)이 정립된 10세기 이래 코리아는 이들 두 세력의 쟁탈의 대상이 되었다. 이에 더해 16세기 말 해양세력의 등장 이후 코리아는 대륙세력과 해양세력의 쟁투장이 되었다. 코리아와 국경을 접한 모든 대륙국가는 전쟁에 패하기 전에는 자국에 적대적인 세력이 압록강선에 등장하는 것을 결코 허락하지 않았다. 마찬가지로 19세기 이래 해양세력은 코리아가 대륙세력의 전면적인 영향권에 들어가는 것을 결코 허용하지 않았다. 상대 세력에 지배되는 통일 코리아는 우리의 의지

와는 무관하게 대륙세력과 해양세력 각각에게 치명적인 흉기(凶器)
로 변하기 때문이다.

비유컨대 일본에게 코리아는 '열도의 심장을 겨누는 비수'이고,
중국에게 코리아는 '대륙의 머리를 때리는 망치'이다. 러시아에게
코리아는 '태평양으로의 진출을 막는 수갑'이며, 미국에게 코리아는
'일본·태평양의 군사력에 대한 방아쇠'이다. 이러한 코리아의 의미
는 군사 부문에 한정되는 것이 아니라 정치·경제·문화적인 면에도
적용된다. 제2차 세계대전 이후 코리아의 공산화는 일본의 공산화
를 자극할 수 있었다. 마찬가지로 오늘날 코리아의 자유민주체제는
대륙의 자유민주화를 자극할 수 있다. 따라서 주변 4국에 적대적이
지 않은 코리아가 우리가 선택할 수 있는 대안이 된다.

둘째, 세계패권국 미국의 코리아정책이다. 미국의 코리아정책은
항상 세계전략 및 동아시아전략의 일환으로 추진되었다. 대륙세력
과의 관계가 개선되지 않는 한, 다시 말해 대륙세력이 미국의 궤도
를 따르지 않는 한 해양세력인 일본이 미국의 동아시아전략에서
제1의 파트너이다. 따라서 미국과 불화하거나 일본에 적대적인 코
리아는 미국의 국익에 도움이 되지 않는다고 평가한다. 1905년의
가쓰라-태프트 밀약도, 1945년의 분단도, 1950년의 한국전쟁도,
1965년의 한일국교정상화도, 동아시아 차원에서는 대륙(중국·러시아)
을 막고 해양(일본)을 보호하기 위한 미국정책의 산물이었다. 그러나
대륙과 관계 개선이 필요할 때 미국은 코리아에서 협조체제를 구
축한다. 1945년 미소의 신탁통치안이나, 1972년 미중 접근에 따른
남북대화의 요구가 그것이다. 이때까지 미국에게 코리아는 독립변

수가 아니고 대륙과 해양의 종속변수였다.

미국 동아시아전략의 기본은 변함이 없지만, 1990년대 이후 코리아의 가치는 달라졌다. 한국이 세계 10위권의 경제력과 세계 8위의 군사력, 그리고 아시아에서 모범적인 민주국가가 되었기 때문이다. 미국의 핵심 가치에 가장 부합하는 아시아 국가인 것이다. 한국은 더 이상 일본의 종속변수가 아니라 독립변수가 되었고, 미국이 포기할 수 없는 중요한 자원이 되었다. 따라서 미국은 미국의 세계전략, 동아시아전략에 한국이 참여할 것을 요구한다. 주한 미군의 기동성 강화를 내용으로 하는 주한 미군의 재배치와 한미동맹의 성격 전환도 미국의 변화된 동아시아전략의 일환이다.

그러나 미국은 코리아에서 반일친중세력(반미세력)이 강화되는 것을 지켜보면서 한반도가 중국의 영향권으로 편입되어가는 것을 두려워한다. 브레진스키는 1997년 "주한 미군이 없는 통일한국은 처음에는 중국과 일본 사이의 중립 형태에서 한편으로는 아직까지도 잔존하는 강렬한 반일감정에 의해 움직이면서, 점차 중국의 확고한 정치적 영향권 혹은 교묘하게 중국의 권위가 존중되는 권역 안으로 기울어질 가능성이 크다"라고 보았다. 이렇게 되면 한국이라는 잇몸을 잃은 일본이 미국을 위한 아시아의 유일한 기지로 기능하지 않을 가능성이 있고, 미국은 동아시아에서 전면적으로 후퇴할 수밖에 없게 된다고 생각했다.[74] 따라서 미국과 일본은 북한의 붕괴가 아니라면, 코리아의 현상을 유지시키는 것이 좋다는 결론을 내린다.

그렇다면 이러한 미국의 우려 섞인 전망에 우리는 어떻게 대답할 것인가? 우리가 대답을 내놓기 전에 브레진스키는 '한일관계의 개

494

선'이 해답이라고 본다. "진정한 한일 화해는, 어떠한 형태의 한국 통일을 위해서도 도움이 되는 더욱 안정적인 지역 구도의 형성에 기여할 것이다. 한국 통일이 수반하는 다양한 국제적 복잡성은 한국과 일본의 진정한 화해를 통해 완화될 수 있을 것이며, 두 나라 사이의 협력적인 정치관계를 증대시킬 것이다. 미국은 그와 같은 화해를 촉진하는 데 결정적 역할을 할 수 있을 것이다."[75] 결국 미국은 코리아가 '관성'에 의해 중국의 영향권으로 흡수될 가능성이 아주 높기 때문에 중국의 구심력을 상쇄할 일본이 필요하고, 일본과 한국의 관계 개선이 통일에 유리하다는 것이다.

그러나 임진왜란과 일제를 겪은 우리의 오랜 역사적 경험, 역사교과서와 위안부 문제, 그리고 독도 문제는 반일감정을 강화한다. 또한 중국의 급속한 부상을 견제하기 위해 미일합작으로 추진되는 일본의 군사력강화, 집단자위권, 헌법개정 등 일본의 '보통국가화(우경화)'는 일본과 한국·중국의 갈등을 더욱 증폭시키고 있다. 따라서 한·일·미의 정치적 의지가 작용하지 않는 한, 코리아의 반일친중(反日親中) 관성은 시간이 갈수록 더욱 강화될 수밖에 없다.

결국 미국은 2005년 현재의 관성이 계속된다면 한국의 의지와는 무관하게, 처음에는 일본의 과거(역사 문제), 현재(영토 문제), 미래('보통국가화')에 대항하는 코리아·중국의 연대가 형성되고, 이것이 나중에는 미·일동맹에 대항하는 코리아·중국의 연합으로 발전할 가능성이 높다고 생각한다. 그렇기 때문에 일본과 일체쌍두(一體雙頭)인 미국에게 한일관계가 악화되는 것은 한미관계가 악화되는 것과 거의 같은 뜻으로 인식된다. 이때 미국은 한·중 대 일본의 대립구도에 딜레마를 느끼나, 결국에는 한일간 화해를 통한 미·일·한 삼각체제 구축에 주력한다.

셋째, 지역에 영향력을 강화하기 시작한 중국의 코리아정책이다. 중국의 코리아정책의 핵심은 남북 전체를 의식적이든, 무의식적이든 중국의 영향권 안으로 편입시키는 것이다. 이 점에서 결국은 미국과 모순되며, 일본과도 대립할 수밖에 없다.

우선 중국과 북한은 혈맹관계로서 1940년대 말 5만 명의 조선인 지원군이 중국의 공산혁명을 도와주었고, 한국전쟁 때는 십수만의 중국군이 목숨을 잃었다. 중국은 대북제재가 본격화되기 전까지 매년 북한에 총수입식량의 40퍼센트에 해당하는 약 1백만 톤의 식량과 석유 수입의 1백 퍼센트에 달하는 50만 톤의 중유를 제공했다. 또한 양국간 무역은 2003년 10억 2천만 달러로 북의 전체 무역에서 약 40퍼센트를 차지한다.

다음으로 중국과 한국과의 관계 또한 급속히 강화되고 있다. 중국은 한국의 제1수출시장으로 급부상했으며, 한국은 2003년 제조업투자의 65퍼센트를 중국에 투자했다. 그리고 2004년 한국의 대중 투자는 62.5억 달러로 일본의 54.5억 달러, 미국의 39.4억 달러를 훨씬 초과했다. 미·일과 한국의 경제규모를 비교할 때 한국의 대중 투자는 비정상적일 정도로 엄청난 규모이다. 특히 대중 투자의 89퍼센트가 제조업에 집중된 것은 이것이 한국의 산업공동화와 밀접히 연관된다는 것을 말해준다. 반면 중국은 한국의 자동차·정유·은행 등의 기간산업을 매수하고 있다.[76] 한국 경제의 대 중국 의존도가 격심해짐에 따라 이제는 미국 경제가 아니라 중국 경제가 기침하면 한국 경제가 감기 들 정도가 되었다. 그뿐 아니라 정치외교적으로 북에 영향력을 행사할 유일한 나라가 중국이라는 판단에서, 북의 개혁개방과 통일 문제에 대한 중국 의존도가 급격히 높아졌다. '중국 중독현상'[77]이 일어나고 있는 것이다.

이렇게 남과 북이 급속히 중국의 영향권 속으로 빨려들기 시작하자 2004년경 스인홍(時殷弘) 같은 중국의 일부 학자들은 북한 붕괴를 전제로 한 코리아의 통일을 주장하기도 했다. 이들은 남한 주도의 통일 정부가 장기적 관점에서 보면 미국과 일본으로부터 중국으로 기울어질 것이라고 본다. 따라서 북한 붕괴가 중국의 국가 이익에 반드시 손해가 아니고, 일본과의 지역패권 경쟁이나 세계적 차원의 경쟁에서 통일한국이 매우 중요한 관문 역할을 할 것이라고 본다.[78] 따라서 극단적으로는 북한 핵문제와 관련해 〈중·조 상호방위조약〉 2조의 자동개입 조항을 폐지해 북한의 오판을 막을 필요가 있다는 주장도 나온다.

그러나 이러한 주장은 일부 학자의 의견일 뿐 중국 정부의 입장이 되기는 쉽지 않다. 왜냐하면 중국은 정치적으로 민주화되고, 경제적으로 중국보다 잘살며, 군사적으로 강력한 통일 코리아가 국경을 맞대는 것을 바랄 가능성이 낮기 때문이다. 실제로 중국의 주변에는 경제적으로 발전되고 정치적으로 민주화된 나라가 하나도 없다. 모두 중국보다 못살고 체제가 허약하다. 그뿐 아니라 국경지역에 조선족 문제도 있다. 따라서 중국은 현실적으로 코리아의 분단이 유지되길 바라며, 특히 미군이 주둔하는 통일은 원치 않는다. 통일 후의 주한 미군은 일본과 함께 중국을 봉쇄하기 위한 전략이라고 보기 때문이다. 2002년 셀리그 해리슨은《코리안 엔드게임》에서 중국의 통일관에 대해 다음과 같이 말했다.

"북한은 중국에 중요하다. 무엇보다 북한이 미국과 일본, 러시아가 한반도에 군대를 주둔시키지 않도록 하는 완충지대 구실을 하기 때문이다. 마찬가지로 중국은 통일이 평화적으로 이루어지고 통일된 한반도가 중립적 외교정책과 군사 태세를 유지하며, 그 과정에서 외국 군대가 철수한다면 한반도의 통일에 반대하지 않을 것이다. 중국의 우려는 주로 미국이 남한과의 군사동맹을 통일 이후에도 유지하려 한다는 것에 초점이 맞춰져 있다."[79]

결국 중국은 코리아가, 코리아는 중국이 건설적인 역할을 하기 원한다. 그러나 중국이 생각하는 자국의 '건설적인' 역할은, 한반도 전체를 중국의 우호세력으로 확보해 향후 지역 또는 세계적 패권 구도에서 유리한 입지를 구축하기 위한 것이다. 구체적인 역할의 수준은 코리아가 분단을 극복할 수 있는 전기를 제공하는 것이 아니라, 북한체제가 자체적으로 변화하지 않는 한 '평화로운 분단'을 공고히 하는 역할을 '건설적으로' 수행하는 것이다.[80] 탈북 문제와 관련해 중국이 북한 국경에 병력을 배치하고, 탈북자에 대해 엄격히 처리하는 것도 분단의 안정화를 위한 것이다. 중국은 코리아 전체가 미일의 영향권이 아니라 중국의 영향권에 확실히 포함될 때까지 분단안정화 정책을 계속할 가능성이 있다.

넷째, 북한의 생존력에 대한 평가이다. 냉전체제가 붕괴된 뒤 10여 년간, 대부분의 사람들이 북한체제가 오래가지 못할 것이라고 생각했다. 지금도 여전히 북한체제가 곧 붕괴할 것이라는 주장이 있지만, 많은 전문가들은 북한이 무너지지 않는다고 단정한다. 미국의 페리(W. Perry)는 1993년 국방장관으로 재임할 때 북한이 몇 년 안에 붕괴될 것이라고 했다. 그러나 6년 뒤 평양을 처음 방문하고는, "북한체제는 잘 통제되고 있으며, 이 체제가 곧 붕괴된다는 가정은 분별없는 것이다. 우리는 우리가 바라는 대로의 북한이 아닌, 있는 그대로의 북한 정부와 교섭을 해야 한다"[81]라고 주장했다. 그리고 부시 정권의 대북 정책의 기본 틀을 제공한 1999년의 〈아미티지 보고서〉도 북한의 생존력을 인정했다.

"북한이 조만간 붕괴할 것이라는 핵심 가정은 심각한 결함을 지니고 있다. 심각한 곤경에도 불구하고, 정권을 위협할 만한 사회정치적 동요나 군사적 이반(離反)의 징후는 보이지 않는다. (…) 모든 제반 상황으로 볼 때 북한은 심하게 비틀거리고는 있지만 장기간 서 있을 수는 있을 것 같다. 기아사태가 북한 정권을 정치적으로 약화시키지는 않았다. 스탈린 치하의 우크라이나와 마오쩌둥 치하의 중국에서 입증되었듯이, 전체주의체제에서는 인간적 비극과 정권의 안정 사이에 반드시 필연적 연관성이 있는 것은 아니다. 전체주의 정권은 권력을 보전하기 위해서는 한 세대 전체를 파괴할 수도 있다는 의지를 보여왔다."[82]

북한이 동독보다 더 열악한 상황에 처해 있음에도 붕괴하지 않는 이유는 크게 세 가지이다. 하나는 정통성의 근거로 제시하는 항일투쟁과 수백만 명이 사망한 한국전쟁 때문이다. 끊임없이 세뇌되는 '일제'와의 유격투쟁과 '미제'와의 참혹한 전쟁 경험이 집단의식적인 포위심리와 강력한 민족주의를 고취시킨다. 이것이 주체사상이라는 '유사종교'로 연결되었고, 결국 북한이라는 국가 자체가 일종의 '유사종교집단'처럼 되었다.

둘은 북한이 극히 억압적이고 폐쇄적인 국가체제를 유지하고 있기 때문이다. 이렇게 된 것은 같은 민족, 같은 국가로 수천 년간 함께 살아온 민족의 반쪽(한국)이 체제에 위협이 된다고 생각하기 때문이다. 한국이 정치적으로 민주화되고 경제적으로 발전했기 때문에, 체제 경쟁에서 완전히 패한 북한은 붕괴의 두려움 때문에 제대로 개방을 하지 못한다. 자기만의 세계관과 기득권을 유지하려는 북한의 지배엘리트는 강력한 생존 의지를 보이고 있다.

셋은 북한 생존의 보루, 중국 때문이다. 중국은 북한의 생존에 필요한 최소한의 식량과 에너지를 공급해줄 뿐 아니라, 외부의 치명적인 위협으로부터도 최후의 안전판 역할을 한다. 또한 휴전선을 경계로 대치하는 남한도 생존을 위한 일종의 '인질'이다. 이를 토대로 벼랑 끝 외교가 가능해지고 몇 가지의 양보가 도출된다. 중국과 남한을 통해 최소한의 생존 조건을 확보한 북한은 시간 끌기에 돌입한다.

결국 현재의 북한체제는 주체사상을 교리로 한 억압적인 폐쇄체제이다. 따라서 '주체'라는 성상(聖像)만이 중요할 뿐, 2천4백만 북한 주민의 굶주림과 8천만 민족의 운명에는 별로 관심이 없다. 생존만을 생각하는 북한에게 통일과 남한은 심각한 고려의 대상이 아니다. 여기서 북한체제의 최후 보호자는 중국이고, 생존 전략은 고슴도치 전략이다.[83] 고슴도치는 여우처럼 생존과 번성을 위해 이것저것 고민하지 않고 오직 한 가지만 한다. 위기가 닥치면 온몸을 웅크리고 온통 가시로 무장해 저항한다. 그리고 적이 물러나고 위협이 약화될 때까지 아무것도 하지 않고 가시를 곧추세우고 인내한다. 이른바 '고난의 행군'을 계속한다. '고난의 행군' 중에 개발한 핵과 미사일은 미국의 군사적 위협뿐 아니라, 한국의 재래식 군비 증강에 대처하는 가장 강력한 수단(가시)이 된다. 그리고 '국방위원장'을 정점으로 하는 선군정치(先軍政治)를 내걸고 국가 전체를 병영체제로 만든 것은 고슴도치 생존체제의 결정판이다.[84]

21세기 코리아의 조건은 분명하다. 현재의 동아시아에서 미국을 비롯한 해양세력이 대륙세력에 비해 영향력이 우월하나, 해양세력이 코리아 전체를 독점하기는 힘들다. 미국과 일본은 현재의 추세라면 코리아가 중국의 영향권에 편입되어 결국 일본과 미국에 대립하게 될 것이라고 생각한다. 코리아가 19세기 말, 해방 직후 패권국 영국 및 미국의 전략 구도와는 정반대로 도전국 러시아·소련에 경도되었던 것처럼, 21세기에도 패권국 미국의 구도와는 반대로 도전국 중국에 경도되고 있다는 것이다.

이러한 사태에서 미국이 쓸 수 있는 카드는 무엇인가? 하나는 전운이 감도는 현재의 분단을 계속 유지하는 것이다. 또 하나는 중국에 대처하는 미·일의 군사동맹을 더욱 강화하고 확대하는 것이다. 이 두 경우 모두 북한(핵 문제)이 지레받침이 된다.

중국은 현 상태에서 한국 주도로, 주한 미군이 주둔하는 상태에서 통일이 되는 것을 원치 않는다. 중국이 통일을 원하는 때는 중국 경제가 급속히 발전해 코리아가 중국 경제권에 편입되고, 해양세력의 군사력이 코리아에서 제거된 시기이다. 바로 몇몇 시기를 제외한 지난 2천 년간의 모습이다. 그때까지 북한체제의 생존을 보장하고 또 필요하면 개입할 의지가 있다. 그러나 전쟁이 아닌 상황에서 중국이 북한에 무력으로 개입하는 것은 역사적으로나, 현실적으로 분명한 한계가 있다.

한편, 러시아는 역사적으로 한국이 일본에 적대의식을 갖고 있고, 중국을 의심하고 있으므로 통일 코리아가 러시아와 좀 더 가까워질 것으로 판단한다. 그리고 경제적으로 한국과 러시아가 상호보완관계에 있다고 생각한다.[85] 따라서 러시아는 통일을 반대하지 않을 수 있다. 그러나 오늘날의 러시아는 제2차 세계대전 뒤의 소련이 아니고, 코리아에 대한 결정적 행위자가 아니다.

그뿐 아니라 한국은 통일을 강렬히 열망하지만, 정치세력은 이념투쟁을 전면에 내걸고 친해양세력과 친대륙세력으로 분열되고, 권력 투쟁으로 그 골이 깊어졌다. 헌팅턴이 《문명의 충돌》에서 말한 것처럼, 우리 민족은 대륙세력과 해양세력의 단층선에 걸터앉은 '단절국'이 되었고, 우리 한국은 미국과 중국 사이에서 방황하는 '분열국'이 되었다.[86] 새로운 위기가 닥치고 있다. 19세기 후반, 20세기 중반에 벌어진 우리의 역사가 21세기 초 새로운 차원에서 반복되고 있다. 어떻게 할 것인가?

2005년 9월 19일, 남북이 분단되고 아시아태평양전쟁이 종식된 지 60년 만에 코리아와 동북아에서 가장 중요한 합의가 이루어졌다. 남과 북을 포함해 미국, 중국, 러시아, 일본 등 6개국이 2년에 걸친 6자회담 끝에 당면한 북핵문제만이 아니라 북한문제, 나아가 코리아의 평화와 동북아의 안보문제를 포괄적으로 해결하기 위한

〈9·19 공동성명〉을 발표했기 때문이다.

2003년에 시작된 6자회담은 1994년의 〈제네바합의〉와 1997년 이후의 〈4자회담〉 그리고 1999년에 제출된 〈페리(김대중-임동원) 프로세스〉 및 아미티지의 〈북한에 대한 포괄적 접근〉 등 북한의 변화를 유도하기 위한 여러 가지 노력들이 진화한 결과였다. 6자회담의 진행과정에서 미국만이 아니라 중국의 역할이 컸고, 특히 한국의 집요한 외교적 노력이 매우 중요한 역할을 했다. 〈9·19 공동성명〉의 핵심 내용은 다음과 같다.

첫째, 참가국들은 한반도의 검증 가능한 비핵화를 위해 북한의 모든 핵무기와 현존하는 핵 프로그램의 폐기, 미국의 한반도 내 핵무기 부재 및 북한에 대한 공격의사 부재, 한반도비핵화 공동선언 준수, 북한에 대한 경수로 제공논의를 재확인했다.

둘째, 북한과 미국, 북한과 일본의 관계정상화를 위한 조치를 취할 것을 약속했다.

셋째, 6자는 에너지, 교역 및 투자부문에서 양자적 혹은 다자적으로 경제협력을 증진시키기로 합의하였다.

넷째, 6자는 동북아지역의 항구적 평화와 안정을 위해 공동으로 노력할 것을 약속하고, 직접 관련 당사국들은 별도의 포럼에서 한반도의 항구적 평화체제에 대해 협상하기로 했다.

다섯째, 6자는 공약 대 공약, 행동 대 행동 원칙에 입각하여 단계적 방식으로 합의 이행을 위해 조율된 조치를 취하기로 하였다.

그러나 분단과 전쟁 이후 처음으로 한반도와 동북아의 당사국인 6자가 모여 역사적인 〈9·19 공동성명〉을 채택했음에도 불구하고,

이것은 실천에 옮겨지지 못하고 오히려 북핵 위기는 증폭된다. 6자회담의 이튿날인 9월 20일 미국의 재무부는 〈애국법〉에 근거해 마카오 소재 방코델타아시아(BDA)은행을 자금세탁 우려대상으로 지정해 관보에 게재했고, 이로써 일부 국제은행과 북한의 금융거래가 중단되었다. 이에 반발한 북한은 6자회담을 거부했고, 결국 이 문제가 해결될 때까지 거의 2년 동안 회담은 공전했다. 이 상태에서 북한은 2006년 7월 미사일을 발사함으로써 대외관계를 악화시켰고, 그해 10월 9일 제1차 핵실험을 실시함으로써 유엔을 비롯한 국제사회의 대북제재는 더욱 강화되었다.

그러나 한국을 비롯한 미국과 중국의 노력으로 2007년 2월 13일, 6자회담은 공동성명 이행을 위한 초기조치인 〈2 · 13 합의〉를 도출했다. 이로써 5개의 실무그룹 설치 등 공동성명 이행을 위한 제도적 틀을 확보했다. 나아가 2007년 10월 3일, 노무현 대통령과 김정일 위원장 사이에 남북정상회담이 열리고 있던 시간, 〈2 · 13 합의〉에 이어 〈10 · 3 합의〉가 채택되었다. 이를 통해 2007년 말까지 북한의 핵시설 불능화 및 신고 이행의 발걸음을 내딛게 되었다. 코리아와 동북아의 문제해결에 거대한 진전이 있었던 것이다.

그러나, 2008년 이명박 정부의 등장 이후 〈9 · 19 공동성명〉은 이행되지 못하고, 6자회담은 결국 좌초한다. 한반도와 동북아에 적대적 갈등과 전쟁의 위기가 다시 악순환되고, 이전과는 전혀 다른 국면과 새로운 판세가 조성된다.

제7장

미·중의 패권 대결과
코리아의 선택

중화제국의 부활
- 중국의 꿈과 국가대전략 일대일로

《코리아 다시 생존의 기로에 서다》 초판이 출판된 2005년 이후 10년이 지나는 동안 아시아 나아가 세계의 판이 움직이고 축이 이동했다. 우선 동아시아 차원에서 일본에서 중국으로 세력전이가 일어났고, 지구 차원에서도 미국과 중국 사이에 주도권 다툼이 벌어지기 시작했다. 이를 두고 중국공산당은 2012년 제18차 대회에서 2008년 금융위기 이후 신흥시장국과 개도국의 종합국력이 증강되어 기존 국제사회의 역학구도가 변화되고 있다고 평가했다. 세계의 평론가들은 냉전시기 미국과 소련의 양극체제, 1980년대 후반 미국과 일본의 바이게모니(Bigemony)를 대신해 미국과 중국의 G2시대가 도래했다고 주장했다.[1]

중국은 우선 경제적으로 2차 대전 이후 50년간 세계 2위의 경제대국이었던 일본을 2004년 무역액에서, 2010년에는 국내총생산(GDP)에서 추월했다. 나아가 1870년대 이후 140년간 세계 1위의 경제대국이었던 미국에 대해 2013년 무역액에서, 2014년 구매력

507

지수(PPP)에서 앞질렀다. 명목 GDP에서는 2016년 현재 미국이 중국의 1.6배이지만 이 또한 10여 년 뒤 역전될 전망이다. 중국경제의 아이콘인 알리바바의 마윈 회장은 "2030년에 세계경제는 시장경제와 계획경제를 놓고 대논쟁을 다시 벌일 것"이라며, 데이터기술(DT)에 의해 '보이지 않는 손'을 볼 수 있게 된 2030년엔 "계획경제가 더 우월한 시스템이 될 것"[2]이라고 확신한다. 이러한 중국의 경제 발전으로 미국식 시장경제체제의 대외 확산전략인 '워싱턴 컨센서스'가 아니라, 중국식 모델인 '베이징 컨센서스'가 저개발국에 전파된다.

중국은 국방비 지출에서 2005년 일본을 앞질렀고, 이후 연평균 10퍼센트 이상의 국방비 증액으로 2030년경 미국과 비슷해질 것으로 전망된다. 중국은 우주굴기를 내세우고 2013년 달에 우주선을 착륙시켰고, 이어서 유인우주선을 착륙시킬 예정이다. 2016년 중국은 2만 2천 킬로미터에 달하는 세계 최장의 고속철도망을 구축했고, 세계 최초의 양자위성(墨子號)과 세계 최장의 양자통신망을 개통했다. 중국은 2016년 세계지적재산권기구(WIPO)에 의하면 세계 1위의 특허출원국이고, 〈특허협력조약(PCT)〉에 의하면 세계 3위의 해외특허출원국이다. 2016년 중국정부는 '중국제조 2025'를 내걸고 현재 영국·프랑스·한국 수준인 제조업을 2025년까지 일본·독일 수준으로, 2045년까지는 세계 최고인 미국 수준으로 혁신시킨다는 계획을 발표했다.

또한 중국은 정치적으로 덩샤오핑, 장쩌민, 후진타오, 시진핑에 이르는 4세대에 걸쳐 안정적으로 권력을 교체했다. 경제발전과 정치안정이 동시에 이루어져 국민의 생활이 향상되자 중국인의 85퍼센트가 국가의 발전방향에 만족하고, 중국의 일부 학자들은 "실질적인 민주에서는 중국이 미국보다 더 잘하고 있다"는 평가를 내린다. 이로써 중국은 세계의 모든 저개발국에 미국식 양당제를 모델로 한 '대의민주주의(Representative Democracy)'만이 아니라, 중국식 일당제를 통한 '대표민주주의(Representational Democracy)'도 국가발전의 대안이 될 수 있음을 보여주었다.[3]

1980년대 남한과 대만, 홍콩과 싱가폴이 급속한 경제발전을 이루자 세계는 '4마리의 용(범)'이 날아오른다고 했다. 합계 인구 8천만에 불과한 이들 나라와 14억에 가까운 중국을 비교하면 오늘날의 중국은 70마리의 용(범)이 하늘로 오르며 포효하는 모습이다. 1949년 중국대륙의 공산화가 지진해일처럼 아시아대륙에 몰아쳐 거대한 지정학적 변동을 일으켰다면, 60년이 지난 지금 중국의 경제적 발전이 용암처럼 분출해 아시아의 패권구도를 변화시키고 있다. 2차 대전 직후 미국의 외교관 조지 케난이 모스크바로부터 발산되는 '정치적'이고 '이데올로기적'인 위협을 보았다면, 오늘날 미국과 일본은 베이징으로부터 발산되는 '경제적'이고 '전략적'인 위협을 느낀다.

2014년, 일본의 아베 총리는 스위스 다보스 포럼에서 "일본과 중국의 관계가 1차 세계대전 발발 직전인 1914년 영국과 독일의 관계와 유사하다"고 평가했다. 미국의 헨리 키신저도 독일 뮌헨에서 열린 안보회의에서 "현재 아시아의 상황은 19세기 유럽의 상황과 비슷하다. 중국과 일본 사이에 긴장이 고조되면서 전쟁이라는 유령이 아시아를 배회하고 있다"고 우려했다.

그러나 2014년 3월 프랑스를 방문한 시진핑 주석은 "중국이라는 사자는 이미 깨어났다. 이 사자는 평화적이고 친근하고 문명적"이라고 말했다. 그는 "어떤 '문명 충돌'도 없을 것"이라고 하면서, "중국의 꿈을 실현하는 것은 세계에 위협이 아니라 기회를, 혼란이 아니라 평화를, 퇴보가 아니라 진보를 가져다줄 것"이라고 강조했다. 1년 6개월 뒤 미국을 방문한 시진핑은 중국은 결코 패권과 확장을 추구하지 않을 것이며, 중국은 현 국제시스템(질서)의 참여자, 건설자, 공헌자인 동시에 수익자라고 말했다. 따라서 중국은 미국과 충돌하면서 현 국제시스템에서 분가하는 것이 아니라, 오히려 이를 더욱 공정하고 합리적인 방향으로 발전시켜 나갈 것이라고 강조했다.[4]

'깨어난 사자', '비상하는 용'으로 상징되는 중국은 과연 어떤 존재인가? 일본과 미국의 다수는 현재의 중국을 20세기 초 대영제국에게 도전한 독일, 20세기 중반 자유세계에 도전한 소련과 같은 패권도전국으로 인식하고 있다. 그렇다면 중국은 스스로를 어떻게 규정하는가? 나아가 중국은 어떤 비전과 전략을 가지고 중국과 아시아 나아가 세계를 이끌려 하는가?

중국의 꿈, 아시아의 꿈, 아시아·태평양의 꿈   2012년 11월 15일, 중국공산당 총서기로 취임한 시진핑은 기자회견에서 "중화민족이 모든 민족 가운데 우뚝 설 수 있도록 당과 국가, 각 민족을 단결시키고 역사의 바통을 이어받아 중화민족의 위대한 부흥을 위해 온 힘을 다하는 것"이 정치국 상무위원들의 책임이라고 선언했다. 그는 같은 달 29일 정치국 상무위원들과 함께 '부흥의 길'이라는 전시회를 관람하면서 "중화민족의 위대한 부흥을 실현하는 것이 근대 이래 가장 위대한 꿈"이라고 역설했다. "이 꿈은 몇 대에 걸친 중국인의 숙원을 응축한 것이고, 중화민족과 중국인민 전체의 이익을 체현한 것이며, 모든 중화자녀 공동의 기대이다. 역사가 말해주듯 개인의 운명은 국가의 운명과 갈라놓을 수 없다 (…) 나는 굳게 믿는다. 중국공산당 창당 100주년(2021)에 소강사회(小康社會) 완성이라는 목표가 꼭 실현될 것이다. 중국 건국 100주년(2049)에는 부강하고 민주적이며 문명화된 조화로운 사회주의 현대화 국가라는 목표가 실현돼 중화민족의 위대한 부흥의 꿈이 꼭 이루어질 것이다."

이러한 '중국의 꿈'(中國夢)은 중화민족을 위한 것이지만 꿈의 실현을 위해서는 주변국과 관계를 발전시켜야 한다. 이를 위해 2013년 10월 24일부터 1박 2일간 시진핑을 필두로 정치국 상무위원 7명 전원이 건국 이후 처음으로 대규모의 '주변국 외교공작 좌담회'를 개최했다. 이 회의에서 중국지도부는 "주변국 외교가 중국외교의 첫 번째 과제"임을 명확히 하고, "중국의 꿈을 좀 더 나은 삶을 바라는 주변국 국민의 염원 및 지역발전의 장밋빛 희망과 접목시켜 주변국에 '운명공동체'라는 인식을 심어줘야 한다"고 강조했다. 이후 시진핑은 2014년 5월 상하이에서 개최된 '아시아교류 및 신뢰구축 회의(CICA)'에서 중국의 평화적 발전은 "아시아로부터 시작해야 하고, 아시아에 의존해야 하며, 아시아를 복되게 할 수 있어야 한다"고 주장했다. 이어서 2015년 3월 보아오포럼에서 "아시아는 운명공동체를 건설해 새로운 미래를 개척해야 한다"고 연설했다.

'중화민족에 의한 중국의 꿈'은 이제 중국이 주도하는 '아시아인에 의한 아시아의 꿈', 즉 중국의 운명을 아시아의 운명과 결부시키는 '아시아 운명공동체'로 확장되었다. 이때 "중국이 주변국가와 건설하고 싶은 운명공동체는 지속적인 경제협력 공동체이자, 안보문제에서 서로 이해하고 지지함으로써 모든 국가들의 안보수준이 제고되는 관계를 형성하는 공동체이다. 아울러 정신적인 연대가 이뤄지는 공동체이기도 하다."[5] 미국과 일본은 공산중국에 대항하여 자유민주적 기본가치에 입각한 '가치공동체론'을 아시아정책의 일환으로 제기했다. 반면 중국은 중화민족의 위대한 부흥이라는 '중국의 꿈'을 확장해 '아시아 운명공동체론'을 제기했다. 그리고 이것은 과거 2천 년간 아시아에 존재했던 '중화체제'로 연결된다.

또한 이 꿈은 아시아에 머물지 않고 아시아태평양으로 확대된다. 시진핑은 2013년과 2014년의 아시아태평양경제협력체(APEC)회의와 2014년의 G20회의에서 아태 지역의 번영과 발전을 위한 '아시아태평양의 꿈'이라는 더 넓은 개념을 제시했다. '중국의 꿈'을 '아태의 꿈'(亞太夢)으로 확장하고, 중국과 아태 지역이 뗄 수 없는 운명공동체임을 강조하면서 중국이 아태 지역의 성장을 이끌어낸다는 구상을 제시한 것이다.[6]

나아가 시진핑은 중국의 꿈을 온 세계와 인류로 확장시켰다. 2015년 9월 제70차 유엔총회에서 시진핑은 유엔헌장의 원칙과 이념을 토대로 "협력상생을 핵심으로 한 신형국제관계와 '세계의 운명공동체'를 구축"하자고 연설했다. 2016년 9월 항저우에서 열린 G20 비즈니스서

밋(B20) 개막연설에서도 중국이 부진한 세계경제의 성장을 위해 기여하겠다고 하면서, 협력공영의 글로벌 동반자관계를 구축해 '인류 운명공동체'를 함께 만들어가자고 강조했다. 나아가 2017년 1월 17일 다보스포럼에 참석한 시진핑은 보호주의를 주창한 도널드 트럼프의 대통령 취임을 앞두고 세계화와 개방을 강조하면서 자유무역의 수호자임을 자처했다.

시진핑은 2013년 6월 8일 미국에서 오바마 대통령에게 '중국의 꿈'과 '미국의 꿈'이 서로 통한다고 말한 적이 있다. 시진핑이 주창한 '중국의 꿈'이 어떤 의미를 띠고 있는지 알기 위해서는 '아메리칸 드림', '코리안 드림', '유러피언 드림' 등 몇 가지의 다른 꿈들과 비교해볼 필요가 있다.

우선 '아메리칸 드림'은, '미국의 위대한 부흥'을 꿈꾸는 트럼프의 '미국 우선주의'에 의해 퇴색되기는 했지만, 기본적으로 "모든 사람은 평등하게 태어났고, 창조주는 몇 개의 양도할 수 없는 권리를 부여했으며, 그 권리 중에는 생명과 자유와 행복의 추구가 있다"는 미국의 독립선언서에 뿌리를 두고 있다. 이를 기초로 마틴 루터 킹은 불의한 체제 속에서 〈I Have a Dream〉을 연설했고, 버락 오바마는 《담대한 희망: 미국인의 꿈을 다시 요구하는 생각들》을 강조했다. [7]

코리아의 경우 근대화 시기에 부국강병책이 주창되었지만, 근원적으로 '홍익인간'에 뿌리를 둔 꿈이 있었다. 이를 세종대왕은 '모든 백성 한 사람 한 사람이 하늘 백성'이라는 천민(天民)사상으로 표현했다. 김구는 이를 더욱 구체화해 〈나의 소원〉에서 우리나라는 세계에서 가장 부강한 나라가 아니라, "모든 사람이 성인(聖人)이 되는 나라"를 궁극 목표로 해야 한다고 강조했다. 대한민국은 이를 헌법의 근본규범으로 삼아 제10조에 "모든 국민은 인간으로서의 존엄과 가치를 가지며, 행복을 추구할 권리를 가진다. 국가는 개인이 가지는 불가침의 기본적 인권을 확인하고 이를 보장할 의무를 진다"고 규정했다.

한편, 유럽에서도 오랜 기간 국가 간의 경쟁과 전쟁이 끊이지 않아 부국강병책이 강조되었고 오늘날 다시 국가주의가 강력히 부상하고 있다. 하지만, 21세기 들어 '유럽인의 꿈'이 퍼져 나갔다. 제러미 리프킨은 2004년 《유러피언 드림》을 "개인의 자유보다 공동체 내의 관계를, 동화보다 문화적 다양성을, 부의 축적보다 삶의 질을, 무제한적 발전보다 환경보존을 염두에 둔 지속가능한 개발을, 무자비한 노력보다 온전함을 느낄 수 있는 '심오한 놀이'를, 재산권보다 보편적 인권과 자연의 권리를, 일방적 무력행사보다 다원적 협력을 강조"[8]하는 것으로 정리했다.

일반적으로 간절한 꿈, 즉 비전은 핵심목적과 핵심가치를 결합한 것으로 설명될 수 있다. 우선 핵심목적과 관련하여 이상에서 언급한 여러 꿈들은 부국강병을 목표로 하지 않고 개인과 공동체의 행복, 다시 말해 존엄한 개개인들의 평화롭고 행복한 삶을 목적으로 하고 있다는 점에서 특징이 있다. 반면 중국의 꿈은 국가와 민족을 우선시하며 부국강병을 통해 중화민족이 세계에서 우뚝 서는 것을 핵심목표로 한다는 점에서 차이가 있다. 이때 부흥(復興)은 말 그대로 새로운 창조가 아니라 과거의 재현이다. 구체적으로 '강력한 한제국, 융성한 당제국'(強漢盛唐)으로 대표되는 '중화제국'을 되살리는 것이자, 당시의 세계 질서인 '중화체제'를 재현하는 것이다. 이 점에서 중국의 꿈은 21세기의 새로운 비전이라기보다는 민족주의와 국가주의, 나아가 중화(제국)주의라는 틀 속에서 영광스러운 고대사와 비참했던 근대사를 착종시킨 것이라고 할 수 있다.

중국의 핵심가치와 중국적 보편성 다음으로 '중국의 꿈'은 어떤 핵심가치에 기초하고 있을까? 현재 중국정부는 '서구민주주의에 대한 반사(反思)'[9]로서 민주화개혁에 반대하고, 공산당 일당독재에 영향을 미치는 어떠한 움직임에도 단호하게 대응하고 있다. 시진핑은 2013년 8월에 개최된 '전국 사상·선전 업무회의'에서 한편으로 공산당의 의제를 뒷받침하고, 다른 한편으로 서구적 보편가치의 전파를 금지하는 '이데올로기 순결화 운동'을 전개하라고 지시했다. 이지시는 2개월 뒤 중앙당교 기관지 《구시(求是)》가 '중국의 꿈'이라는 공통의 사상기초를 공고화하는데 방해가 되는 5개의 잘못된 사조, 즉 자유·민주·인권 등 보편가치, 헌정민주주의, (공산당과 마오쩌둥을 비판하고 부정하는) 역사허무주의, 신자유주의, (중국사회를 국가자본주의로 매도하는) 개혁개방에 대한 회의 등을 제시하는 것으로 구체화되었다. 이후 중국정부는 '잘못된 사조'에 물든 학자와 언론인들을 대대적이고 지속적으로 비판하고 제재했으며, 유명한 인권변호사, 인권운동가, 기독교활동가를 국가전복죄로 중형에 처했다.[10]

그렇다면 시진핑을 중심으로 한 중국공산당이 서구민주주의에 대한 '반사'가 아니라 '대안'으로 제시하는 가치는 무엇인가? 한마디로 말하면 '유교적 왕도(王道)사상'이다. 시진핑은 공산당 창당 이후 처음으로 2013년 11월 공자묘를 참배하고 공자연구원에서 연설했다. 2014년 9월에는 공자 탄생 2565주기를 기념하는 회의에 참석해 담화를 발표했다. 이런 흐름에서 시진핑은 2015년 보아오 포럼에서 '평등·합창·공동'이 운명공동체의 핵심가치라고 주장했고, 시진핑시대의 대표적 이론가 중 한 명인 칭화대의 옌쉐퉁(閻學通)은 중국 고대의 왕도사상을 본보기로 삼아 '공평·도의·문명'을 대외정책의 지도사상으로 삼아야 한다고 강조한다.

옌쉐퉁은 중국 고대 사상 가운데 인(仁), 의(義), 예(禮)는 현대의 공평, 도의(정의), 교양(문명)과 비슷하고, 정치윤리의 관점에서 공평, 정의, 교양은 각각 평등, 민주, 자유보다 한 단계 더 높은 보편적 가치라고 주장한다. 그런데 이때의 '공평·도의·문명'은 약자가 아니라 강자, 소국이 아닌 대국, 즉 맹주(盟主)의 가치인데, '배반하면 토벌해 위엄을 보이고, 복종하면 편안케 해 온정을 보이는 것'(春秋左氏傳)이다. 그래서 옌쉐퉁은 "2023년 중국외교에는 '대국은 소국을 어질게 대해야 한다(大事小以仁)'라는 전통 관념과 '개입(Engagement)'이라는 현대적 특징이 동시에 드러날 것"이라고 단언한다.[11]

왕도를 국제질서의 이상으로 보는 것은 중국의 오랜 전통이다. 1백여 년 전 중화민국을 창건한 손문(孫文)도 시종일관 왕도를 강조했다. 그는 중화민국이라는 근대적 국민국가도 왕조시대의 '제국적' 전통을 계승해야 하고, 아시아의 국제질서도 왕도에 기반한 '대아시아주의'가 되어야 한다고 보았다. 결국 중국의 정치지도자들은 1백 년 전부터 "오래된 중화제국의 체제를 먼 미래로 설정"해온 것이다.[12] 민주혁명을 이룬 손문만이 아니라 공산혁명을 성공시킨 마

516

오쩌둥도, '중국몽'을 주창하는 오늘날의 시진핑도 전통중국의 조공질서, 천하질서, 천하체계, 천하의식을 재해석한 신조공질서, 신천하주의, 신천하체계, 신천하관 등을 새로운 국제질서로 구상하고 있는 것이다.[13]

현재 중국이 제창하는 꿈은 21세기 판 '중화제국의 꿈(帝國夢)'이라고 할 수 있다. 그리고 이러한 '꿈들'은 표면적으로는 평등과 합창 그리고 공동을 내세우나, 그 근저에는 중국이 한 차원 높은 곳에서 왕도(王道)와 패도(霸道)로서 천하(세계)를 관리하고 이끄는 전통적인 중화체제론이 있다. 이 점에서 중국의 운명공동체론은 20세기 초 안중근, 21세기 초 김대중·노무현 대통령이 주창한 '평등한 주권국가'에 입각한 평화와 번영의 동(북)아시아공동체론, 하토야마 유키오 일본총리가 제시한 '우애'에 입각한 동아시아공동체론, 나아가 2차 세계대전 뒤 장 모네, 로베르 슈만, 콘라드 아데나워에 의해 추진된 유럽공동체론과도 대비된다.

과거 중화체제가 하늘로부터 명을 받은 무오류의 천자(皇帝)를 정점에 두었고, 대동아공영권이 만계일통의 신적인 천황(天皇)을 정점으로 했다면, 현대의 중국과 아시아운명공동체는 '인민의 근본이익 대표자이자 역사발전법칙의 담지자이고 집단적 지혜의 결정체'인 중국공산당(中國共産黨)을 정점으로 하는 계층적 체제이다. 이 점에서 공산당의 전제(專制)로 추진되는 '중국의 꿈들'은 향후 정세의 변화에 따라 20세기 전반 천황제국가 일본에 의해 주장된 '아시아맹주론, 대아시아주의, 황색인종연합론, 동아신질서, 대동아공영권'과 유사한 의미를 띨 수도 있다.

중국은 오래전부터 '중국특색의 사회주의', '중국특색의 강대국외교', '중국식 민주' 등의 개념을 개발하고 또 실천해왔다. 이러한 흐름이 2008년을 변곡점으로 하여 '중국적 특수성'을 '세계적 보편성'으로 확장하는 것으로 변화되고 있다. "2008년 미국의 금융위기로 자본주의와 미국식 자유민주주의에 대한 회의가 확산되는 과정에서 상대적으로 '중국적 가치'와 문화적 자부심이 크게 고조"되었고, "미국자본주의에 대한 비판적 인식이 중국사회주의체제의 정당성을 강화시키면서 '중화주의', '중국특수론'으로 복귀하기 시작"한 것이다. 이에 따라 "중국식 민주주의는 점차 부정적 특수성→역사적 상대성→긍정적 특수성→'특수성에서 보편성'으로의 전환을 시도해왔다."[14]

중국의 긍정적 특수성을 세계적 보편성으로 전환하는 정점에는 앞에서 살펴본 것처럼 중국식 계획경제가 미국식 시장경제보다 우월하고, 중국식 민주주의가 미국식 민주주의보다 더 민주적이라는 주장이 있다. 또 일부에서는 국제질서에서도 미국식 국제질서가 아닌 중국식 국제질서, 즉 왕도에 기반한 중화체제적 질서가 보편적 국제질서가 될 수 있다고 강조한다. "중국의 전통문화에 뿌리를 둔 사상을 지도이념으로 하여 글로벌화 시대의 특수성까지 결합시킨다면 중국은 새로운 보편적 가치관을 창조하고 새로운 국제질서와 국제규범을 만들 수 있다"[15]는 것이다. 이로써 중국사회주의체제가 시장경제를 채택하고 유교를 국가이념에 흡수하지만 향후 중국과 미국의 관계는 이익과 세력의 차원만이 아니라 규범과 이념의 차원에서도 경쟁이 격화될 가능성이 높아지게 되었다.

중국의 핵심이익과 대외정책의 기조   '중화민족의 위대한 부흥'을 위한 중국의 대외정책은 크게 주변국 외교와 대미외교(신형대국관계)로 나누어 살펴볼 수 있다. 우선, 시진핑은 주변외교의 목표로 두 가지를 제시했는데, 하나는 주변국과의 선린우호관계 강화이고, 다른 하나는 중국의 핵심이익인 국가주권, 안전, 발전이익을 수호하는 것이다. 그리고 냉전종식 이후 세계패권을 행사해온 미국에 대해서는 '새로운 형태의 대국관계' 정립을 요구했다. 시진핑은 2013년 6월 오바마와의 미중정상회담에서 신형대국관계를 위한 주요 협력분야로 네 가지를 제시했다. ① 상호이해와 전략적 신뢰의 증진, ② 각자의 '핵심이익과 중대관심사'에 대한 존중, ③ 이익증진을 위한 상호협력 심화, ④ 국제문제 및 전지구적 이슈에 대한 상호 협력과 협조가 그것이다.

결국 시진핑시대 중국의 대외정책에서 공통적으로 강조된 것은 '핵심이익의 존중과 수호'이다. 2013년 1월에 개최된 중국공산당 중앙정치국 3차 집단학습에서 지도부는 "정당한 권익을 결코 방기하지 않을 것이며 국가의 핵심이익을 결코 희생하지 않을 것"을 강조했다. 시진핑은 "어떤 외국도 우리가 핵심이익을 거래할 것이라고 희망해서는 안 되며, 우리가 국가주권, 안전, 발전이익의 손해라는 쓴 열매를 감수할 것이라고 희망해서는 안 된다"고 주장한다.[16] 그리고 2014년 3월에 개최된 전인대 인민해방군대표단 전체회의에서도 "우리는 평화를 희망하지만 어떤 시기 어떤 상황에서도 절대 국가의 정당한 권익을 포기하지 않을 것이며, 절대 국가의 핵심이익을 희생하지 않을 것"이라고 밝혔다. 이러한 결의는 미국에서 트럼프가 당선된 뒤인 2016년 12월에 개최된 공산당 중앙정치국 '민주생활회'에서 시진핑이 "핵심이익 보호를 위해 상대와 맞서며 고난 앞에 굴복하지 말고 중화민족의 근본이익을 훼손하는 어떤 압력에도 굴하지 않아야 한다"고 강조한 것에서도 그대로 드러난다.

그렇다면 중국의 핵심이익은 무엇인가? 일반적으로 공식적인 중국의 핵심이익은 ① 중국의 기본 국가체제와 국가안보 보존, ② 주권 및 영토보전, ③ 중국 경제사회의 지속적인 발전이라고 할 수 있다. 중국은 이 핵심이익을 어떠한 상황에서도 양보할 수 없는, 물리력을 사용해서라도 꼭 지켜야 하는 국가이익으로 파악했다. 문제는 중국이 스스로 상정하는 '핵심이익의 범위'가 점차 확대되고 또 핵심이익의 강조가 주변국들과 마찰을 일으킨다는 점이다. 초기에는 주로 주권 및 영토문제에 국한되었던 것이 확대되어 이제는 주권과 영토 이외에 안보, 발전이익, 안정, 평화발전 등 보다 포괄적이고 때로는 모호한 개념까지 포함하고 있다. 중국의 국력이 끊임없이 변화되고 그에 따라 자국 및 세계에 대한 인식, 즉 정체성과 세계관도 함께 변화되고 있는 것과 궤를 같이하는 것이다.[17] 이를 한반도에 적용시키면 중국은 그동안 한반도에 관한 3원칙으로 한반도 비핵화, 한반도의 평화와 안정, 한반도의 자주적 통일지지를 천명했으나, 2016년 1월 북한의 4차 핵실험 이후 중국의 '정당한 국익 보장'을 새로운 원칙으로 제시했다.[18]

중국의 핵심이익 중 '② 주권 및 영토보전'은 아시아 전체에 강력한 영향을 미치는 것으로 매우 중요하다. 그렇다면 중국은 자국의 영토를 어떻게 규정하는가? 1992년에 제정된 〈중화인민공화국

영해및인접법〉 제2조는 "중화인민공화국의 영해는 중화인민공화국의 육지영토와 내해에 인접하는 일대의 해역으로 한다. 중화인민공화국의 육지영토는 중화인민공화국의 대륙과 그 연해의 도서, 대만 및 그에 포함되는 조어도(釣魚島)와 그에 부속하는 각 섬, 팽호열도, 동사군도, 중사군도, 남사군도 및 그 밖의 일체의 중화인민공화국에 속하는 도서를 포함한다"고 규정했다. 즉 독립운동이 일어나고 있는 티베트(西藏)와 위구르(新藏)를 포함해 대만, 동중국해와 남중국해의 여러 도서들이 중국의 영토라는 것이다. 그래서 중국은 티베트 문제와 관련하여 미국에 대해 "중국의 핵심이익을 건드리면 반드시 대가를 치르게 될 것"이라고 경고했다. 또한 대통령에 당선된 트럼프가 대만의 차이잉원 총통과 통화하자 중국은 '하나의 중국'을 강조하며 강하게 반발했다.

특히 해양과 관련하여 시진핑을 비롯한 정치국은 2013년 7월 〈해양강국 건설의 연구〉라는 집단학습을 통해 덩샤오핑이 제기한 '주권보류, 공동개발'의 원칙을 폐기하고, 대신 '주권중국, 논쟁보류, 공동개발'이라는 공세적 방침을 채택했다. 이러한 흐름에서 중국은 2013년 11월 23일 방공식별구역규칙을 발표했고, 같은 시점에 하이난성은 남중국해에 적용되는 새로운 〈어업법 시행령〉을 공표했다.[19] 이에 따라 중국과 일본, 필리핀·베트남, 나아가 미국 사이에 긴장이 극적으로 고조되었다. 그 과정에서 필리핀은 국제분쟁 해결기구인 상설중재재판소(PCA)에 '구단선'으로 대표되는 중국의 남중국해 영유권 주장이 부당하다고 제소했다. PCA는 2016년 7월 12일 중국의 주장이 근거없다고 판결했다. 그러나 중국은 PCA

의 판결에 강경하게 반발하면서 인공섬의 군사기지화 등 남중국해에 대한 군사적 대응조치를 더욱 강화하고 있다. 시진핑은 2017년 신년사에서 "우리는 평화발전을 견지하면서도 영토 주권과 해양권익을 결연히 수호할 것"이며, "이 문제에 대해서는 그 누가 어떤 구실을 삼더라도 중국인들은 절대로 수용하지 않을 것"이라고 강조했다. 반면 2017년 1월에 출범한 트럼프 정부는 동중국해와 남중국해에 대한 중국의 '도발적 행위'에 공동으로 대처하기로 했다.

중국의 국가대전략인 일대일로(一帶一路) 2015년 시진핑이 보아오포럼에서 '아시아의 운명공동체'에 대해 연설한 직후인 3월 28일, 국무원의 승인 하에 국가발전계획위원회, 외교부, 상무부가 공동으로 국가대전략인 〈일대일로 공동구축을 위한 비전과 행동〉을 발표했다. 중국국가발전계획위원회(NDRC)의 장옌성 비서장은 '중국의 꿈'이 이루어지는 2049년까지 향후 35년간 중국이 추진할 기본적 대외정책은 일대일로라고 공개적으로 언급했다. 왕이 외교부장도 중국외교의 키워드로 "하나의 중심, 두 개의 노선"을 제시했는데, 하나의 중심은 '일대일로'이고, 두 개의 노선은 '평화와 발전'이라는 것이다. 이는 덩샤오핑 시기 중국의 키워드였던 '하나의 중심(경제발전)'과 '두 개의 기본점(개혁개방과 네 가지 기본원칙)'을 연상시키는 것이다.[20] 추궈훙 주한중국대사는 일대일로를 "중국의 새로운 지도부가 전지구적인 정세와 국내외 상황을 종합해 세운 정책"이라고 하면서, '하나의 운명공동체를 건설하는 것을 목표로 일대와 일로라는 두 날개를 통해, 공동 상의, 공동 건설, 공동 향유라는 3대 기본원

일대일로: 3개의 실크로드경제벨트(一帶)와 2개의 해상실크로드(一路)[21]

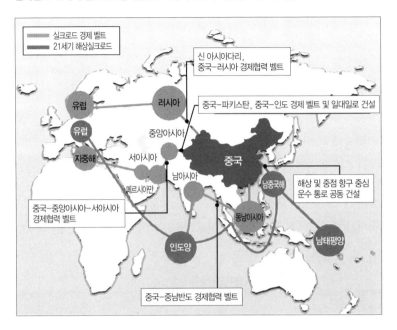

칙을 관철하여 궁극적으로 전지구적인 가버넌스 차원에서 새로운 모델을 적극적으로 탐색하는 것'[22]으로 설명했다.

원래 일대일로는 2013년 9월과 10월 시진핑 주석과 리커창 총리가 중앙아시아와 동남아시아를 순방하면서 처음 제시한 것이다. 일대일로 구상은 처음에는 국내의 경제적인 필요에 의해 언급되었지만, 정부 내에서 활발한 교섭과 세부 정책검토를 거치는 동안 '경제적 도구'에 머무르지 않고 '국가 전략적인 수준'으로 격상되었다. 즉 일대일로 전략은 중국의 국내개발 및 지속적인 경제발전을 위한 에너지·자원·시장 확보 등의 목적뿐만 아니라, '중국이 세계적 영향력이 있는 지역 강대국에서 종합적인 글로벌 강대국으로 전환하고자 하는 일종의 시도이자 경로로서, 미국의 대아시아 및 글로벌

전략에 맞서는 중국의 지역 및 세계전략'[23]이라고 할 수 있다. 따라서 이것은 이전에 중국이 대내, 대외전략으로 추진한 각종 경제, 외교, 안보, 정치, 문화정책을 하나로 묶는 중국의 국가대전략이라고 할 수 있다. 중국은 일대일로를 위한 초대형 국제회의를 일대일로권에 있는 60여 개국의 정상·각료급 인사를 초청해 2017년 5월 중순 베이징에서 개최하기로 했다.

우선, 일대일로는 중국의 종합적인 대내, 대외 경제발전전략이다. 중국은 2008년 미국 금융위기에 대한 대응으로 6,000억 달러 규모의 재정지출을 통해 경기부양책을 폈다. 이로 인해 철강, 시멘트, 제철, 제강, 유리 등 인프라 관련 산업의 과잉설비를 야기했다. 따라서 중국은 철도, 항만, 도로 등 대규모 인프라사업을 수반하는 일대일로를 통해 대내적 공급과잉 문제를 해결하고 산업의 구조조정도 유도하려 한다. 또한 동부 연안지방에 비해 발전이 크게 뒤진 중서부 내륙 지역을 일대일로를 통해 중앙아시아와 연결함으로써 서부대개발을 도모한다.

나아가 일대일로는 대외경제전략이기도 하다. 육상 실크로드 3개 루트와 해상 실크로드 2개 루트는 모두 석유, 가스, 전력, 원료, 식량 등 자원보고와 연결되어 있다. 중국은 일대일로를 통해 경제발전에 필수적인 자원의 확보와 이를 수송할 수송로 및 수송수단의 건설을 이전보다 더욱 종합적이고 전략적으로 추진할 수 있게 되었다. 뿐만 아니라 중국은 일대일로를 통해 경제권역 내 국가들과 상품 및 자본거래를 활성화해 위안화의 국제화를 촉진할 수 있고, 미국의 환태평양경제공동체(TPP) 추진에 대응해 세계 100여 개 국가와 자유무역지대를 건설하려 한다. 중국은 2014년 11월 베이징에서 개최된 APEC회의에서 '아시아태평양 자유무역지대(FTAAP)' 구축로드맵을 선언문 형태로 채택했다.

또한 중국은 자국 주도의 아시아인프라투자은행(AIID), 신개발은행(NDB), 실크로드기금 등을 신설함으로써 일대일로에 필요한 재원을 조달하고, 나아가 미국 중심의 금융체제를 보완할 수 있는 기반을 구축하고 있다. 2013년 10월에 제안된 아시아인프라투자은행은 2년이 안 된 2015년 6월, 57개국을 창단 회원국으로 하여 공식적으로 창립되었다. 중국이 자본금 1,000억 달러 중 25퍼센트의 지분을 차지했고, 인도, 러시아, 독일, 한국 등이 주요한 투자국이지만, 아시아개발은행(ADB)과 세계은행(WB)을 주도하고 있는 미국과 일본은 참여하지 않았다. 그리고 중국, 러시아, 인도, 브라질, 남아공 등 5개국으로 구성된 신개발은행도 2015년 7월, 초기 자본금 1,000억 달러로 설립되어 상하이 본부에서 활동을 개시했다. 뿐만 아니라 중국은 2014년 12월에 400억 달러 규모의 기금을 목표로 하는 '실크로드기금'을 100억 달러의 자본금으로 출범시켰다.

일대일로와 안보전략　다른 한편, 일대일로는 중국이 유라시아대륙과 태평양 및 인도양에서 미국의 군사적 패권에 대항해 핵심이익을 수호하고 확장하기 위한 안보전략이기도 하다.

먼저 '실크로드 경제벨트(一帶)'는 2001년 중국이 러시아 및 중앙아시아 국가들과 함께 회원국 상호 간 신뢰와 우호증진, 각 분야의 협력관계 구축, 역내 평화·안보·안정을 위해 만든 상하이협력기구(SCO)와 밀접히 연관되어 있다. 이 상하이협력기구에 포함된 회원국과 옵저버국들이 모두 일대일로에 직접적으로 연관되는 나라들이다. 특히 구소련권 국가를 대상으로 유라시아경제연합(EEU)을 추진 중인 러시아의 푸틴은 2015년 5월 "유라시아협력프로젝트와 중국의 실크로드경제권은 서로 보완될 것"이라고 하면서 상호 간의 협력을 약속했다.

푸틴의 러시아는 중국과의 우호관계발전을 '러시아 대외정책의 가장 중요한 지향'으로 규정하고, 경제·외교·군사 등 모든 면에서 중국과 준동맹적 관계를 만들었다. 2014년 5월 정상회담에서 시진핑과 푸틴은 중러관계가 '전면적이고 전략적인 협력동반자관계'의 신단계로 접어들었다고 선언하고, 양국 연합군사훈련인 '해상협력-2014' 개막식에도 참석해 미일군사동맹에 맞서는 모습을 과시했다. 이후 중국과 러시아는 2015년 5월 지중해에서, 8월에는 동해에서 합동군사훈련을 실시했다. 2016년 5월에는 양국이 사상 최초로 컴퓨터시뮬레이션에 의한 미사일방어훈련을 실시하고, 8월에는 역대 최대규모의 합동군사훈련을 동중국해에서 실시했다.

그리고 '21세기 해상 실크로드(一路)'는 1982년 이래 중국이 해상방어선으로 설정하고 있는 '도련선' 개념과 깊이 연관되어 있다. 1982년 중국 해군사령관 류화칭은 2010년까지 제1도련선(홋카이도-일본규슈-오키나와-대만-필리핀-말레이시아-베트남)에 대한 통제권을 확보하고, 항공모함이 건조되는 2010년 이후 2020년까지 제2도련선(일본 도쿄-사이판-괌-인도네시아)에 대해서도 제해권을 확보하며, 중국 건국 100주년이 되는 2049년까지 미 해군과 대등한 해군력을 건설하여

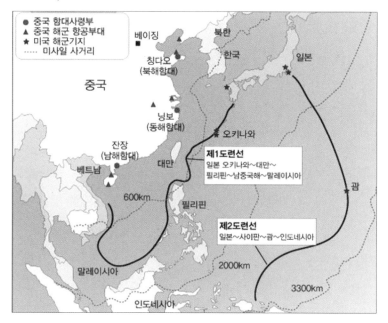

미 해군의 태평양·인도양 독점지배를 저지하겠다고 구상했다.

중국은 2013년 군함과 초계기로 일본의 소야해협과 미야코해협을 돌파하고, 동중국해에 방공식별구역을 선포함으로써 제1도련선을 돌파한다는 중국의 오랜 꿈을 실현했다. 그리고 2012년 중국 최초로 항공모함 랴오닝함이 취역하고, 2014년에는 중국 군함 3척이 남중국해-인도양-서태평양을 누비는 원양훈련을 전개했다. 이렇게 중국해군이 1도련선을 돌파하고 2도련선으로 나아갈 때인 2013년 6월, 미국을 방문한 시진핑은 오바마와의 정상회담에서 "광활한 태평양은 미·중 두 강대국을 품을 만큼 넓다"고 주장했다. 2015년 3월에 확정된 해양 실크로드의 주요 루트로, 당·송·원·명시대의 해양로와 아무 관계 없는 '중국연해-남중국해-남태평양'의 제5루트가 명시된 것은 제2도련선의 돌파 및 이후 태평양을 미국과 공유하겠다는 중국의 장기적인 해양전략 때문이다. 2016년 11월, 중국은 최신형 전략폭격기를 포함한 6대의 전투기 편대를, 12월에는 항공모함인 랴오닝함을 비롯한 7척의 전단을 제1도련선인 미야코해협과 바시해협을 통해 태평양 서단으로 진출시켰다.

한편 중국은 남중국해에서 인도양을 거쳐 지중해로 연결되는 제4루트와 관련하여 미얀마의 차우크퓨항, 방글라데시의 치타공항, 스리랑카의 함반토타항, 파키스탄의 과다르항을 확보하여 운영하고 있다. 그리고 해상교통의 요충지인 지부티에는 항만기지를 운용하고, 인도양의 요충지 스리랑카의 수도 콜롬보항 인근에 120헥타르의 땅을 99년간 임차해 홍콩과 유사한 도시를 2045년까지 완공하려 한다. 일명 '진주목거리'라 불리는 이 해상실크로드 제4루트가 완성된다면 15세기 명나라의 정화(鄭和)가 남중국해에서 인도양을 거쳐 아프리카에 이르는 해상루트를 지배한 것처럼 21세기의 중국은 인도양을 통해 서·남아시아와 아프리카에 자유롭게 진출하게 된다. 건국 100주년인 2049년까지 미 해군의 태평양·인도양 독점 지배를 끝내겠다는 류화칭의 구상이 현실화되는 것이다.

유라시아대륙(육상 실크로드)과 태평양·인도양(해상 실크로드)을 아우르는 중국의 군사안보전략은 2014년 5월 상하이에서 개최된 '아시아교류 및 신뢰구축회의(CICA)'에서 행한 시진핑의 연설에 종합되어 있다. 미국과 일본을 제외하고 중국, 러시아, 인도, 한국 등 26개국이 정식회원국으로 있는 CICA 개막식에서 시진핑은 "아시아인의 일은 아시아인이 수행하고, 아시아의 문제는 아시아인이

처리하며, 아시아의 안보는 아시아인이 수호하자"고 강조했다. 이 기조연설에서 시진핑은 공동안보, 종합안보, 협력안보, 지속가능한 안보를 핵심으로 하는 새로운 아시아 안보관을 피력함과 동시에, CICA를 전체 아시아를 포괄하는 안보대화협력의 플랫폼으로 만들고, 이를 기초로 새로운 지역안보협력기구를 수립하자고 공식 제안했다.[24] 미국을 배제하는 '아시아인에 의한 아시아안보'는 1820년대 미국이 아메리카에 대한 유럽의 영향을 배제하기 위해 주창한 '미국의 먼로독트린', 1930년대 일본이 아시아에 대한 미국과 영국의 영향력을 배제하기 위해 주창한 '일본판 먼로독트린'과 유사한 '중국판 먼로독트린'이라고 부를 수도 있다.

1997년 브레진스키는 《거대한 체스판》에서 "유라시아의 국제관계를 어떻게 다룰 것인가, 특히 패권적이고 적대적인 유라시아 강국의 부상을 저지할 수 있느냐 없느냐 하는 문제는 미국이 세계 일등적 지위를 유지하는 데 핵심적인 사안"이라고 유라시아의 중요성을 강조했다. 그리고 힐러리 클린턴 국무장관은 2011년 〈미국의 태평양 세기〉라는 연설에서 "21세기 지정학은 아시아에서 결정된다"며 아시아의 중요성을 강조했다. 중국은 일대일로를 통해 아시아전략을 수립했을 뿐만 아니라, 중·서아시아를 통해 유럽과 아프리카로, 남중국해를 통해 태평양과 인도양으로 나아가는 유리시아 및 세계전략을 수립했다. 2015년 현재 일대일로가 포괄하는 지역의 인구는 44억 명으로 세계인구의 63퍼센트에 달하고, 경제규모도 21조 달러로 세계의 29퍼센트를 차지한다.

이제 이들 일대일로의 대상국들은 미국의 '자유주의(보호주의) 국제

경제질서'와 중국의 '운명공동체 신국제질서'의 경쟁장이자, 미국식 경제발전모델과 중국식 경제발전모델의 경쟁장이며, 미국식 정치체제와 중국식 정치체제의 경쟁장이 되었다. 이 경쟁에서 승리하는 국가가 세계패권을 결정할 것이다. 만약 중국이 2049년까지 국가대전략 '일대일로'를 성공시킨다면, 21세기 후반 세계패권은 미국에서 중국으로 이동할 것이다.

2008년을 기점으로 중국은 2천 년 이상 이어져온 '중화제국'으로 자기를 확실히 인식하기 시작했다. 특히 시진핑으로 대표되는 중국의 5세대 지도자들은 중국사에 등장한 한 무제와 당 태종, 미국사에 나타난 시오도어 루스벨트처럼 세계를 이끌어가는 주체로서 자신을 자각하기 시작했다. 그들의 비전인 중국의 꿈은 중화민족의 위대한 부흥이고, 이것이 아시아의 꿈, 아태의 꿈, 세계인류의 꿈으로 확장된다. 이를 위한 국가대전략은 세계를 향한 일대일로이다. 이제 덩샤오핑의 도광양회는 사라지고 주동작위(主動作爲)가 등장했다. 중국적 특수성이 세계적 보편성으로 주창된다. 중국 고대의 왕도정치가 21세기의 새로운 패러다임으로 등장하고, 제국적 질서가 운위된다.

미국의 헨리 키신저는《외교》에서 "마치 어떤 자연의 법칙에 따르는 것처럼, 모든 세계에는 자신의 가치에 따라 전 국제체제를 형성하고, 자신의 힘과 의지, 지적인 능력으로 새로운 질서를 추구하는 국가가 등장"한다고 했다. 브레진스키는《거대한 체스판》에서 과거의 제국은 서열구조에 기초하고 있었고, 오늘날 미국의 궤도 안에 있는 국가들도 그러한 구조로 설명할 수 있다고 보았다. 7세기

당제국의 수상 배구(裴矩)는 "중국과 주변국의 관계는 태양과 뭇별의 관계"라고 하면서 주변국을 복속시켜 중국 중심으로 운행토록 해야 한다고 강조했다. 중국이 미국과 어깨를 맞댈 정도로 성장한 2013년, 중국의 전략이론가 옌쉐퉁은 중국이 새로운 국제체제를 만들고, 중국의 특수성을 세계의 보편성으로 확장하며, 주변국들을 중국세력권으로 포섭하는 것이《역사의 관성(歷史的慣性)》[25]이라고 주장한다.

미국의 패권쇄신과 아시아 중심축, 미·일·한 삼각체제

냉전종식 이후 유일 패권국가로 군림해온 미국의 세계적 리더십은 부시 정권 8년 동안 심각하게 훼손되었다. 부시 정권 말기인 2008년부터 오바마 대통령이 취임한 2009년까지 미국은 국제적으로 위축되었을 뿐만 아니라 국내적으로도 큰 위기에 처했다.

우선, 2001년 10월에 시작된 테러와의 전쟁이 장기간 지속됨에 따라 전쟁의 후유증이 심각해지고 엄청난 재정적자가 발생했다. 전쟁을 통해 테러의 본거지인 서아시아를 장악하고 부상하는 중국을 견제하려 한 미국의 전략은 성과를 내지 못했고, 오히려 극단적인 테러세력이 창궐했다. 또한 2000년대 중반 이후 산업구조 변화와 실업증가에 대한 대응으로 추진한 경기부양책이 실패했다. 주택담보대출이 급증하고, 단기대출금융회사의 파산이 이어졌다. 리먼 브라더스, 메릴 린치, AIG와 같은 거대 금융회사들도 2008년에 파산했다. 미국은 2008년에는 −0.8퍼센트, 2009년에는 −2.8퍼센트의 경제성장률을 보여 심각한 경기침체를 겪었다.

국제적으로 부시 정권 8년 동안 전개된 일방주의적 대외정책은 유럽, 중남미, 아프리카, 아시아 등 전 세계적으로 미국의 리더십을 훼손시켰다. 20세기 초 '대영제국의 쇠락'처럼 21세기 초 '미국패권의 쇠락'이 본격화되었다는 평가가 쏟아졌다. 미국의 소프트 파워가 약화되고 하드 파워마저 취약해진 2008년, 중국은 베이징올림픽을 계기로 세계의 새로운 강자로 평화롭게 우뚝 섰다. '화평굴기'한 것이다. 푸틴의 러시아도 2000년 이래 연 7퍼센트에 가까운 경제성장을 이룩했고, 유럽에 의존하지 않고 러·중 관계를 강화하면서 '유라시아제국'의 길로 나아갔다. 미국의 아태전략에서 주춧돌인 일본에서는 2009년 9월 민주당 하토야마 정권이 등장해 '자립외교'를 내걸고 미일동맹에 대한 의존에서 벗어나 중국과 관계를 개선하려했다.

오바마 정권의 등장과 미국의 부활　총체적 위기상황에서 구원투수로 등장한 사람은 버락 오바마였다. 오바마는 미국 역사상 최초의 흑인대통령으로 집권하자마자 노벨평화상을 받는 등 세계적 지지를 받았다. 그는 집권 1기 동안 이라크전쟁 종식, 아프가니스탄으로부터의 철군, 알카에다 약화, 미국의 국제적 이미지 개선, 핵 없는 세상 등을 위해 노력했다. 그렇지만 가장 역점을 둔 것은 경제위기 극복이었다. 2012년 재선에 성공한 오바마는 중산층 복원을 최대 과제로 꼽았고, 경제회복을 외교안보전략의 가장 중요한 목표로 제시했다.

먼저 미국의 경제가 부활했다. 미국은 2010년 이후 연속적으로

2퍼센트 이상의 경제성장을 달성했고 실업률도 지속적으로 하락했다. 미국의 경제부활을 이끈 것은 셰일가스(오일) 혁명으로 인한 에너지가격의 하락, 애플·구글·페이스북 등으로 대표되는 세계적 IT기업의 활약, 제4차 산업혁명을 통한 제조업의 부활, 양적완화정책의 성과 및 벤처캐피탈을 비롯한 금융산업의 회복 등이다.

이러한 미국의 경제적 부활에 대해 중국국무원 경제담당 부총리 왕양은 2014년 12월 미중통상무역위원회 회의에서 다음과 같이 말했다. "중국과 미국은 세계경제의 파트너이지만 세계는 미국이 리드한다. (…) 중국의 GDP가 세계 2위지만 여전히 미국의 55퍼센트밖에 안 되며, 1인당 GDP는 미국의 8분의 1 수준이다. 더 중요한 것은 세계경제의 핵심기술을 선도하고 세계경제질서의 규칙을 만드는 나라는 여전히 미국이라는 점이다. 중국은 명확하게 이해하고 있다. 중국은 미국의 지위에 도전할 능력이 없으며 도전할 생각도 없다."[26] 러시아의 푸틴 대통령도 2016년 6월 17일 상트페테르부르크에서 열린 경제포럼에서 "오늘날 미국은 사실상 유일무이한 초강대국이며 우리는 이것을 인정한다"고 말했다.[27]

다른 한편, 미국은 2008년 경제위기와 오랜 재정적자로 국방비를 감축하기로 했지만, 지구적 차원의 리더십(패권)을 포기한 것은 결코 아니었다. 오히려 경제가 회복되면서 세계패권에 대해 의지를 더욱 강하게 피력했다.

2010년 5월 백악관은 〈국가안보전략〉을 통해 미국의 리더십 쇄신을 강조하고 이를 위한 대내외전략을 제시했다. 대내적으로 경제적 기반을 회복하고, 대외적으로 포괄적인 관여를 통해 미국 중심의 자유주의적 세계 질서를 형성한다는 것이다. 이 보고서의 핵심은 부시 정권처럼 일방주의적 방법을 사용하지는 않지만, 미국의 세계적 리더십을 결코 포기할 수 없다는 것이다. 2012년 1월, 국방부도 〈미국의 지구적 리더십 유지: 21세기 국방의 우선순위들〉이라는 국방전략지침을 통해 미국의 세계적 리더십 유지를 더욱 확실히 천명했다. 이 지침은 미국의 군사력이 날렵하고 탄력적이며 온갖 종류의 상황에 대처할 수 있는 것이어야 한다고 하면서, 미국은 더 적은 비용으로 지구적 리더십을 효과적으로 유지할 것이라고 강조했다.

나아가 2014년 5월, 오바마는 육군사관학교 졸업식에서 미국의 패권이 쇠퇴하고 있다는 항간의 의구심은 기우이고, 중요한 것은 미국이 세계를 '리드할 것인지 아닌지'가 아니라, '어떻게 리드할 것인가' 하는 점이라고 강조했다. 그는 21세기 미국에서 고립주의는 더 이상 선택지가 아니며, 미국이 해외에서 추구하는 평화와 자유의 문제가 모두 군사적인 문제만은 아니라고 주장했다. 나아가 그는 만일 미국의 핵심이익(동맹국 포함)이 요구할 경우 미국은 일방적으로라도 군사력을 사용할 것이라고 선언했다.[28]

2015년 1월 20일 오바마 대통령은 국정연설에서 자신의 재임 중에 이룩한 성과를 종합하여 다음과 같이 선언했다. "미국이여, 우리는 많은 것을 견뎌왔다. 다시 일어나기 위해 이를 악물고 땀을 흘렸다. 아직도 우리 앞에는 많은 과제가 놓여 있다. 그러나 이것만은 분명하다. 위기의 그림자는 지나갔고, 오늘 우리 합중국은 강력하다. 경제가 성장하고, 재정적자가 줄어들며, 산업이 활기에 차 있고, 에너지 생산이 폭발적으로 늘고 있는 지금 이 순간, 우리는 불황을 딛고 일어섰으며, 지구상의 그 어떤 나라보다 미래를 자유롭게 설계할 수 있다."

일부에서는 테러와의 전쟁을 마무리하고 경제위기를 극복한 2015년 전후를 '미국패권 3.0'이라고 명명하기도 한다. '미국패권 1.0'이 2차 세계대전 뒤 소련을 대상으로 한 것이라면, '미국패권 2.0'은 냉전종식 전후 일본을 대상으로 한 것이었고, '미국패권 3.0'에서는 중국이 경쟁자로 등장했다는 것이다. 오바마는 세계패권 국가로서의 자기인식과 자신감을 바탕으로 2015년 2월 21일의 주례연설에서 "중국이 21세기의 무역질서를 만들려고 하고 있다 (…) 그렇게 놔둬서는 안 된다. 질서는 우리가 만들어야 한다"고 강조했다.[29]

2002년《제국의 패러독스》라는 책을 통해 미국의 세계적 패권력이 얼마나 강력한지 역설한 조지프 나이는 2015년《미국의 세기는 끝났는가》라는 책을 통해 다시 한 번 미국의 패권력을 강조한다. 그는 "중국의 부상은 이제 긴 과정의 출발점에 겨우 올라서 있다. 중국이 미국의 세기를 끝장낼 수 있는 수준까지 힘을 키우려면 아직 멀었다"며, 중국을 두려워하지 말라고 한다. 그리고 "미국의 세기는 아무리 짧게 잡아도 앞으로 수십 년은 더 지속될 것"이라고 하면서 다음과 같이 주장한다. "결론적으로 말해, 미국의 세기는 끝나지 않았다. 미국의 세기라는 말의 의미가 군사적, 경제적으로, 그리고 소프트파워 면에서 미국이 확보하고 있는 자원이 압도적으로 우월한 특별한 시기를 가리킨다면 그렇다. 미국은 이렇게 압도적으로 우월한 자원을 통해 전 세계적으로 힘의 균형을 추구하고, 국제적인 공공재를 제공하는 일에 있어서 가장 중심적인 역할을 담당할 수 있게 되었다."[30]

아시아 중심축 전략(Pivot to Asia) 미국이 세계패권을 재확립하는 데 가장 중요한 곳은 아시아·태평양 지역이고, 그 경쟁자는 중국이다. 앞 절에서 살펴본 것처럼 중화민족의 위대한 부흥을 꿈꾸는 거대한 제국이 부활하여 아시아의 운명공동체를 향해 '일대일로'로 매진하고 있기 때문이다.

2009년 미 국무부 동아태차관보를 맡은 커트 캠벨은 "미국의 운명이 아태 지역에 있다는 인식과 믿음"을 가지고, "21세기에 대비하려면 반드시 아태 지역에 초점을 맞춰야 한다"고 주장했다.[31] 국방장관 리언 파네타는 2011년 10월 말 아시아순방 중에 "미국이 앞으로도 태평양국가일 것이라는 점과 전략적 우선순위로 아시아 태평양에 초점을 맞추기 위해 우리가 균형을 다시 맞추고 있다"고 강조했다. 2주 뒤 국무장관 힐러리 클린턴도 〈미국의 태평양 세기〉라는 연설에서 21세기 "지정학은 아시아에서 결정된다. 이라크나 아프가니스탄에서가 아니다. 미국은 행동의 바로 그 중심에 있어야 한다"고 강조했다. 1주 뒤 대통령 오바마는 호주 의회 연설에서 "미국이 태평양 국가로서 이 지역의 미래를 형성하기 위해 확대되고 장기적인 노력을 기울일 것"이라고 천명했다.

이로써 강대국으로 부상한 중국의 힘에 '다시 균형을 맞추는 정책(Rebalancing Policy)', 즉 '아시아에 중심축을 두는 전략(Pivot to Asia)'이 정립되었다. 이를 위해 국무장관 클린턴은 6개의 핵심 행동계획을 밝혔고, 국가안보좌관 톰 도닐런은 5개의 행동계획을 제시했다. 이를 종합하면 크게 다섯 가지의 행동방침으로 구체화된다.[32]

첫째, 중국과의 관계정립 및 중국에의 관여(Engagement)이다. 미국에서는 오랫동안 중국을 '적(경쟁자)'으로 볼 것인가, '동반자'로 볼 것인가에 대해 논쟁했다. 2012년 2월 미국을 방문한 시진핑은 "중·미는 협력동반자관계를 바탕으로 21세기 신형대국관계를 만들어야 한다"고 주장함으로써 미국과의 관계를 '동반자'로 설정했다. 그러나 오바마는 2012년 10월 22일 TV토론에서 중국은 '적수'이지만 '잠재적 파트너'이기도 하다고 말함으로써 중국의 기본성격을 '적수'로 규정했다. 그래서 적수인 중국을 파트너로 만들기 위해 중국이 다른 나라들처럼 규칙에 의거하여 행동하도록 주장할 것이라고 강조했다.[33] 중국이 미국주도의 자유주의적 세계 질서에 순응하고 그 국제규칙에 따라 행동하도록 미국이 리더십을 발휘하겠다는 것이다.

둘째, 군사적인 면에서 '공해전투(Air-Sea Battle)'[34]를 통해 중국의 '반접근·지역거부 전략(Anti-Access/Area Denial=A2AD)'을 '거부'하고, 아태 지역에 군사력를 강화한다. 미국은 2010년 〈4개년 국방검토보고서〉를 통해 '반접근·지역거부' 능력에 대응하기 위한 공해전투 교리를 채택하고, 이어서 공해전투실을 창설했다. 이로써 미국은 중국이 1980년대 이후 제1도련선 안으로 미군이 접근하는 것을 저지하기 위해 수립한 '반접근·지역거부 전략'을 명백히 부정했다. 미국은 제1도련선 안으로 군사력을 투사해 자유로운 항행권을 확보하기로 한 것이다. 또한 국방장관 파네타는 2012년 6월 2일 싱가포르에서 열린 아시아안보회의에서 2020년까지 태평양과 대서양에 배치된 함대를 50대 50에서 60대 40으로 재배치하여, 해군력의 60퍼센트를 아태 지역에 집중하겠다고 밝혔다. 결국 미국은 강화되고 통합된 해·공군력으로 중국에 대해서는 군사우위를 확보하고, 중국 주변의 동맹국들에게는 중국의 지역패권에 굴복하지 않도록 신뢰성을 보여주며, 결과적으로는 아태 지역에서 패권안정을 도모한다.

셋째, 전통적 동맹국과의 협력강화 및 새로운 우호협력국가의 확보이다. 아태 지역에서 미국의 핵심 동맹국은 일본, 한국, 호주 등이고, 새로이 등장한 우호협력국가는 베트남이라고 할 수 있다. 우선 오바마 대통령은 2014년 4월, 미국의 아태정책 주춧돌인 일본이 중국과 영유권분쟁을 벌이고 있는 "센카쿠는 미일안보조약의 대상이며, 미국은 이곳을 지킬 의무가 있다"고 하여 일본을 확실히 지지했다. 또한 2015년 4월의 미일정상회담을 통해 미일관계를 격상시켰다. 한국에 대해서는 2010년 6월 G20회의와 2013년 5월 한미동맹 60주년 공동선언문을 통해 '한미동맹이 아시아태평양의 평화와 안정의 린치핀(Linchpin)'이라고 선언했다. 호주에 대해서는 2012년 미 해병대 병력을 순환 주둔시키기로 합의했고, 필리핀에 대해서도 미군주둔을 확대하기로 했으며, 싱가포르에도 스텔스함을 배치하는 등 군사협력을 강화했다. 나아가 파네타 국방장관은 한때 적대국이었던 베트남을 방문하고 핵심항만인 캄란항을 둘러보았다. 또한 미국은 지리적 개념을 확대하여 처음으로 인도양의 남아시아 연안 지역을 아태 중심축의 지리적 범주에 포함시켰다. 태평양과 인도양을 전략적으로 연계시킨 것이다.

넷째, 아태국가들과 정치·외교·경제적으로 각종 협력을 강화한다. 오바마 대통령은 2011년부터 매년 동아시아정상회의에 참석했는데, 이로써 동아시아정상회의의 정식멤버가 되었다. 또한 아시아·태평양 지역에 외교·경제·안보적 개입을 증대하기 위해 이들 나라를 지속적으로 방문했다. 특히 오바마는 부시 행정부가 '폭정의 전초기지'라 명명한 친중국가 미얀마와의 관계를 비약적으로 발전시켰다. 2012년 7월 국교를 정상화했고 11월에는 미국 대통령으로서는 처음으로 미얀마를 방문했다. 2015년 11월 아웅산수치의 민주주의민족동맹(NLD)이 총선에서 승리했다. 반세기 만에 수립된 미얀마 민주정부는 그동안의 중국일변도 외교노선을 바꾸었다.

다섯째, 미국은 아시아에 대한 중국의 경제적 영향력 확대에 대응해 환태평양경제동반자협정(TPP)을 추진했다. 미국 부통령 조 바이든은 2014년 "TPP는 중요한 중국 견제수단"이라고 하면서 의회의 협조를 요청했고, 오바마 대통령은 "우리가 세계경제 질서를 만들지 않는다면 중국이 (우리를 대신해서) 세계경제 질서를 만들 것"이라고 하면서 의회를 설득했다. 2015년 10월에 잠정 타결된 TPP는 세계 1위와 3위의 경제대국인 미국과 일본이 주도한 '경제·안보 동맹'의 성격이 있었다. 그러나 2016년 11월 대통령에 당선된 트럼프는 일찍부터 보호주의를 내세우고 TPP 추진을 반대했는데, 대통령에 취임하자마자 TPP협정을 폐기했다.

일본 내 미·중 자립외교 및 동아시아공동체 노선의 파탄　2009년 일본 정치사에서 대격변이 일어났다. 8월 30일의 총선거에서 민주당이 총 480석 중 308석을 얻어 자민당에 압승했고, 하토야마 유키오를 총리로 하는 내각이 출범했기 때문이다. 민주당이 압승한 배경에 대해 하토야마는 다음과 같이 세 가지로 정리했다.

첫째 2008년 미국의 금융위기로 비롯된 세계경제 위기와 미국의 세계적 리더십 쇠퇴이다. 하토야마는 "이번 세계경제 위기는 냉전 종식 이후 미국이 추진해온 시장원리주의, 금융자본주의의 파탄에 의해 초래된 것"이라고 진단했다. 그리고 "이라크 전쟁의 실패와 금융위기로 미국주도의 세계화시대는 끝났고, 세계는 미국의 일극지배시대에서 벗어나 다극화시대"로 가고 있다고 전망했다.

둘째 중국과 동아시아의 부상이다. 하토야마는 중국의 경제적·군사적 강대화가 불가피한 추세라고 인정하면서, "지금 아세안·일본·중국·한국·대만의 GDP합계액은 세계의 4분의 1이 되어 동아시아의 경제적 역량과 상호의존관계의 확대심화는 과거에는 없었던 단계"라고 평가했다.

셋째 일본의 정치·경제·사회 등 전체적 위기이다. 하토야마는 관료주도의 중앙집권 정치와 그 아래로의 무차별 살포 정치, 사회안전망의 파탄과 격차확대, 정관계 유착정치로 인한 정부의 신뢰상실이 일본 위기의 원인이라고 보았다.[35]

하토야마는 이전의 정치인들과는 다르게 '자유'와 '평등'보다는 '우애'를 핵심가치로 내걸었다. 그는 사유(私有)와 사익(私益)이 아니라 공공(公共)을 확대하고, 중앙집권이 아니라 지역주권국가를 확립하여, '자립과 공생의 시대'를 개척하자고 주장했다. 이러한 가치관과 세계정세 인식을 바탕으로 일본의 대외비전을 "인간의 존엄을 존중해 평화와 자유와 민주주의의 혜택을 전 세계 사람들과 함께 향수하는 것을 희구하며, 세계 특히 아시아·태평양 지역에 항구적이고 보편적인 경제사회협력과 집단안보체제를 확립하는 것"으로 설정했다. 이를 위한 대외전략으로 하토야마는 '일미안보체제가 일본외교의 기축'이라고 전제하면서도, 일본이 미·중 양 대국 사이에서 정치적·경제적 '자립'을 지키고, '동아시아공동체'를 창설해 민족주의를 억제하고 지역통합을 확대해야 한다고 역설했다.[36] 유럽연합을 모델로 한 하토야마의 동아시아공동체구상은 한국에서 김대중·노무현 정부가 추진한 '동아시아공동체구상', '평화와 번영의 동북아시대구상'과 일맥상통한다. 그리고 하토야마가 주장한 미·중 사이에서의 '자립외교'는 노무현 대통령이 주장한 '동북아 균형자론'과 유사하다.

그러나 하토야마의 구상은 정책의 실천단계에서 파탄되고, 하토야마는 집권 8개월 만인 2010년 6월 총리직에서 물러났다. 그 과정은 다음과 같다.

우선 하토야마는 미국과 대등한 '신시대의 일미동맹'을 주장하면서 오키나와의 후텐마 미군기지를 이전하려 했지만 미국과의 갈등으로 실패했다. 미일동맹의 미국 측 핵심지지자인 아미티지(Armitage)와 나이(Nye)는 세 차례의 보고서(2000, 2007, 2012)를 통해 집단자위권, 중국의 부상에 대한 미일양국의 대응, 중국의 접근거부전략에 대한 미국의 통합전략 필요성 등을 강조함으로써 미일동맹을 미영동맹처럼 발전시켜야 한다고 주장한 이들이다.[37] 그러나 이들은 하토야마의 대등한 미일관계론은 국방비·군사력 등에서 불평등

한 미일동맹을 제대로 이해하지 못한 것이라고 강력 비판했다.[38]

둘째, 미·중 간의 자립외교 및 동아시아공동체구상도 펼쳐지기 전에 파탄되었다. 민주당은 집권 초 국회의원 과반수 이상이 포함된 600여 명의 방문단을 중국에 파견해 관계를 개선하려 했다. 그러나 미국의 비판과 일본 내 친미반중세력의 반격으로 성과를 거두지 못했다. 2009년 10월 일본을 방문한 커트 캠벨 동아태 차관보는 하토야마의 동아시아공동체구상이 "미국 정부의 수뇌부를 놀라게" 하고, "미일관계를 위기로 몰아넣고 있다"고 경고했다. 백악관 아시아담당 국장이었던 마이클 그린도 "하토야마의 생각은 단순하기 짝이 없고, 순진하며, 효과도 없는 것"이라고 폄하했다.[39] 앞에서 언급한 나이도 동아시아공동체구상은 "일본이 관리하는 공영권이 아니라 중국의 통제 하에 두는 공영권이 될 것"이라며, "만약 미국이 배제되고 있다고 느끼게 된다면 아마도 보복에 나설 것"이라고 경고했다.[40]

뿐만 아니라 민주당 하토야마 정권의 외교구상에 필수적이었던 중국과의 우호관계도 센카쿠를 둘러싼 중·일 간의 갈등으로 오히려 악화되었다. 하토야마의 뒤를 이은 간 나오토(菅直人) 내각에서 국토교통성 장관이었던 마에하라 세이지는 '중국위협론'을 극대화하기 위해 2010년 9월 센카쿠에 접근한 중국 어선을 기존의 일중어업협정에 따라 처리하지 않고 강경 대응함으로써 중국의 큰 반발을 불러일으켰다.[41] 이를 계기로 센카쿠 문제는 일본의 국유화와 중국의 군사행동으로 점점 악화되었고, 결국 중·일 간에 일촉즉발의 위기가 조성되었다.

셋째, 한반도에서 2010년 3월에 발생한 천안함 폭침과 미국항모의 동해진입, 11월의 연평도 포격사건과 미국항모의 서해진입은 동북아 전체를 긴장으로 몰아갔다. 백악관 동아시아담당 국장이었던 제프리 베이더는《오바마와 중국의 부상》에서 "북한이 (천안함 폭침을 통해 오키나와 문제와 미일동맹을) 올바른 방향으로 갈 수 있도록 도와주었다"고 평가했다. 3월에 발생한 천안함 사태와 4월에 발생한 중국 함정의 오키나와 근해 항해는 일본인으로 하여금 일본의 지정학적 현실과 미일동맹의 중요성을 깨닫게 했다는 것이다.[42]

하토야마의 뒤를 이어 총리가 된 간 나오토는 2011년 초 동일본 대재앙으로 사임했다. 이어서 노다 요시히코가 총리가 되었지만 2012년 말 총선거에서 민주당이 참패했다. 집권 3년 만에 다시 자민당으로 정권이 넘어갔다. 장마철의 햇살처럼 반짝 빛났던 민주당 정권의 새로운 국가구상, 구체적으로 새로운 외교안보구상은 모두 실패했다. '가속도'가 '관성'을 극복하지 못한 상태에서는 '오래된 관성'이 역사의 구심점에서 강력한 힘을 발휘한다.

제2차 아베정권의 등장과 제2차 미일동맹의 완성　　총리로서 1년간 재임한 적이 있던 야마구치현(메이지유신을 주도한 옛 조슈번) 출신의 아베 신조가 2012년 12월 다시 집권했다. 2008년에서 2012년에 이르는 4년 동안 일본은 국내외적으로 심각한 위기를 경험했다. 1991년에 시작된 '잃어버린 10년'은 '잃어버린 20년'이 되었고, 2011년 3월에 발생한 동일본 대지진과 쓰나미 그리고 후쿠시마 원전사고로 2만 명 가까운 사람이 희생되었다. 간 총리는 "제2차 세계 대전의 종결 이후 65년 동안, 이것은 일본에 닥친 가장 거칠고 가장 어려운 재난"이라고 말했다. 뿐만 아니라 대외적으로 중국은 2010년 명실상부하게 일본을 추월하여 세계 2위의 경제대국이 되었고, 군사·외교·정치적으로 날로 강화되었다. 일본의 구조적 취약성이 드러나고 국제적인 위상이 하락했으며, 국민의 자신감이 저하되어 심리적 붕괴현상이 나타났다.

아베는 2006년 처음 총리가 될 때《아름다운 나라로》라는 책을 출간했는데, 2013년에는 이를《새로운 나라로》로 개정해 출판했다. 아베는 동향 출신으로 '새로운 나라'를 만든 메이지유신의 정신적 지도자 요시다 쇼인을 가장 존경하는 인물로 꼽는데, 아베에게 '새로운 나라'는 한마디로 말하면 '강한 일본'이고, '새로운 일본'을 만들어내는 대전제는 '전후체제로부터의 탈피'이다. 이 구상은 역사적으로 일본의 주류정치인들이 일관되게 주장해온 것인데, 그 시원은 아베의 외할아버지 기시 노부스케이다. 제국일본에서 장·차관을 역임하고 총리가 된 기시는 1960년 1월 자위대의 역할과 미일군사협력을 강화하는 새로운 〈미일안보조약(신 안보조약)〉을 체결했다. 또 후속조치로 전쟁을 금지한 평화헌법을 공식적으로 재검토하기 시작했다. 그 뒤를 이어 1980년대 신냉전기에 나카소네 야스히로는 '전후총결산'을 정치적 목표로 내걸었고, 냉전종식 뒤 오자와 이치로는 스스로 안전을 보장할 수 있는 '보통국가론'을《일본개조계획》으로 제시했다.

이러한 흐름 속에서 등장한 아베는 자신의 비전을 2014년 신년 기자회견에서 다음과 같이 밝혔다. "'강한 일본'을 되찾기 위한 싸움은 이제 막 시작단계다. 앞으로도 길고 험난한 도정을 긴장감을 가지고 헤쳐 나갈 각오를 새해를 맞이하면서 새롭게 하고 싶다. 상호의존을 더해가는 세계에서 내향적인 발상으로는 이미 일본의 평화를 지켜낼 수 없다. 일본이 지금까지 이상으로 세계 평화와 안전에 적극적인 역할을 해야 한다. 이 '적극적 평화주의' 자체가 우리나라가 짊어져야 할 '21세기의 간판'인 것을 나는 확신한다. 국민의 생명과 재산, 일본의 영토, 영해, 영공은 단호하게 지켜가야 하며, 그것을 위한 기반을 정비해 나가야 한다."[43]

아베 정권은 21세기 세계 역학관계의 변화와 중국의 강대화 그리고 북한의 핵·미사일 개발 속에서 '적극적 평화주의'를 내걸고 국가안보전략수립, 집단자위권행사, 안보법제 제·개정, 헌법개정 등을 적극 추진했다.

우선, 2013년 12월 최초로 발간된 〈국가안보전략서〉는 일본의 국가정체성을 '경제대국·해양국가·평화국가'로 규정하고, 외교안보정책의 이념을 '국제주의에 기반한 적극적 평화주의'로 설정했다. 안보정책과 목표와 과제로 일본자체의 억지력 강화, 미일동맹 강화, 역내 파트너국가와의 협력강화를 제시했고, 이를 구체화한 〈방위계획대강 2013〉을 발표했다.[44] 그 직후인 2014년 4월 1일 평화국가를 상징하던 종래의 '무기수출 3원칙'이 '방위장비 이전 3원칙'으로 47년 만에 전면 개정되었다. 이는 "미국 등과의 안보협력 강화와 일본의 방위산업 육성, 기술기반의 유지·강화"를 위한 것인데, 미국과 영국, 호주 및 중국과 분쟁을 겪고 있는 동남아 국가들이 환영했다. 이 무렵인 2013년과 2015년, 일본은 중일전쟁에서 혁혁한 전과를 거둔 제국일본의 1번함 이름을 딴 1호 항모 이즈모(出雲)와 제국일본 주력항모의 이름을 딴 2호 항모 카가(加賀)를 진수시켜 동·남중국해에 투입했다.

둘째, 자위대가 출범한 1954년 7월 1일로부터 60주년이 되는 2014년 7월 1일, 임시 각료회의는 헌법 제9조에 대한 해석을 변경해 집단자위권행사를 가능케 했다. 그동안 일본은 집단자위권이 '자위를 위해 필요한 최소한의 범위를 초과하기 때문에 헌법상 허용되지 않는다'고 헌법을 해석했다. 하지만 이 결정으로 일본은 일본과 밀접한 관계를 맺고 있는 타국이 무력공격을 받을 경우에도 전쟁에 돌입할 수 있게 되었다. 미국과 영국 등은 일본내각의 이 결정을 전폭적으로 지지했다.

셋째, 1952년 4월 28일 〈샌프란시스코강화조약〉과 〈미일안보조약〉이 발효된 날로부터 63년이 지난 2015년 4월 28일, 일본은 미국과 정상회담을 개최하고 '미일 공동비전성명'을 발표했다. 정상회담 하루 전인 27일 양국 외교·국방장관들은 뉴욕에서 〈미일방위협력지침〉(가이드라인)을 개정했다. 1978년에 만들어진 방위협력지침이 소련에 의한 '일본과 극동'의 '유사시'에 대한 내용을 담고 있었다면, 1997년에 개정된 방위협력지침은 중국과 북한을 염두에 두고 '동아시아'의 '평시·유사시·주변사태시'에 대한 내용을 담고 있었다. 2015년에 개정된 방위협력지침은 전년의 집단자위권 용인을 반영하여 '일본 이외의 국가에 대한 무력공격 대처행동, 미일 양국의 평시 동맹조정메커니즘 설치, 미일양국의 기술협력과 정보협력 강화' 등을 새로 담았다.[45]

이에 대해 정상회담의 〈비전성명〉은 새로운 방위협력지침이 동맹을 강화하고, 지역 및 세계 안보에서 일본의 역할을 확대하며, 글로벌 문제에서 파트너십을 구축할 것이라고 밝혔다. 특히 〈비전성명〉은 중국과 러시아를 겨냥해 '힘과 강제에 의해 주권과 영토에 대한 존중을 파괴하고 일방적인 현상변경을 시도하는 국가행동이 국제질서를 위협한다'고 경고했다. 미일동맹을 아시아태평양 및 세계적 차원으로 확대·강화해 제2차 미일동맹을 완성한 아베에게 미국은 일본총리 역사상 최초의 상하원합동연설이라는 선물을 주었다.

넷째, 1931년 9월 19일 새벽 일본 관동군이 만주의 중심도시 봉천(심양)을 공격한 지 84년이 되는 2015년 9월 19일 새벽, 일본 의회는 4월에 합의된 〈미일방위협력지침〉을 국내적으로 뒷받침하기 위해 10개의 안보법제를 개정하고, 국제평화지원법을 제정했다. 10개의 법률은 중요영향사태안전확보법, 직접무력공격사태 및 존립위기사태대처법, 자위대법, 국제평화협력법, 선박검사활동법, 미군행동관련조치법, 특정공공시설이용법, 해상운송규제법, 포로취급법, 국가안전보장회의(NSC)설치법이다. 그리고 국제평화지원법을 통해 일본은 의회가 사전 승인하면 언제든지 해외분쟁 지역에 자위대를 파견할 수 있게 되었다. 11개의 안보관련법이 참의원에서 통과되자 미국은 일본이 전후 70년 동안 법치주의, 민주주의 그리고 국제평화에서 세계적인 본보기가 된다고 하면서, 이번에 통과된 법이 "미국과 일본 양국의 중대한 동맹을 강화시키면서 국제평화와 안보에 기여할 것"이라고 적극 환영했다. 반면 중국은 정부 성명을 통해, 한국은 여야 정당의 성명으로 이에 대해 강력 비판했다.

다섯째, 1947년 5월 3일 헌법이 제정된 지 70년이 되는 2017년 이후, 아베 정권이 현재의 평화헌법을 개정할 가능성이 농후해졌다. 2015년 중의원 선거결과 헌법개정 찬성세력이 3분의 2를 점했고, 2016년의 참의원 선거에서도 헌법 개정세력이 3분의 2를 넘었다. 헌법 제9조의 개정이 이제 가시권에 들어온 것이다. 2017년 이후 일본이 '전쟁이 가능한 보통국가'가 되기 위해 '평화(平和)' 헌법을 개정한다면, '평성(平成)'을 연호로 한 아키히토 천황도 왕위를 아들 나루히토에게 물려줄 가능성이 높다.

1894년 7월 16일, 당시 대영제국의 외상 킴벌리가 "본질적으로 일본에게 중국의 대병을 패주시키는 것보다 훨씬 우월한 것"이라고 평가했던 〈영일신조약〉이 조인되었다. 이 조약을 토대로 일본은 중국을 상대로 전쟁을 개시할 수 있었다. 1902년 1월 30일, 일본에서 '제국외교의 골수'라고 평가되는 '영일동맹'이 체결되었다. 일본은 이 동맹을 토대로 꼭 2년 뒤인 1904년 1월 30일 러시아에 대한 개전을 결의하고 조선을 보호국으로 만들었다. 1978년 미국과 일본은 소련침공 대비용으로 〈미일방위협력지침〉을 제정해 '제1차 미일동맹'을 완성했다. 미국과 일본은 냉전이 끝난 뒤 중국(북한)을 대상으로 1996년 〈미일신공동선언〉을 발표하고, 1997년 〈방위협력지침〉을 개정했다. 아시아태평양전쟁종전 70주년인 2015년, 미국과 일본은 〈미일공동비전성명〉을 발표하고, 〈방위협력지침〉을 재개정했으며, 〈11개의 안보관련법〉을 정비했다. 이로써 '제2차 미일동맹'이 완성되었다. 중국 나아가 코리아에 대한 대비가 완성된 것이다.

한일관계 및 미·일·한 삼각체제와 미사일방어체제 미·일·한 삼각
체제는 미국의 오랜 숙원이었다. 그러나 한일 간의 적대관계가 이
를 저해했다. 이를 해결하기 위해 미국은 일관되게 한일관계 정상화
를 추구했고, 1965년 마침내 국교가 정상화되었다. 국교수립 이후
한일 간 경제·정치적 관계가 발전했으나 역사문제와 독도문제를
둘러싸고 갈등이 끊이지 않았다. 특히 1992년 남북기본합의서가
채택되고 한·중 국교수립이 이루어져 한국과 대륙세력(북한 및 중국)
의 관계가 급속히 발전하자, 한국과 해양세력(일본, 미국)의 관계는 소
원해지기 시작했다.

김대중·노무현 정부를 거치면서 최상으로 발전한 한일관계는
2006년 이후 역사문제, 독도문제, 위안부문제, 한중관계발전 등으
로 악화되었다. 한국에서는 반일의식이, 일본에서는 혐한(嫌韓)의
식이 상호작용하며 날로 고조되었다. 특히 2012년 이후 일본에서
는 '재특회(재일특권을 용납하지 않는 시민모임)'를 중심으로 '혐한 광풍'이
일어났다. 여기에 기름을 부은 것이 2012년 8월 10일 이명박 대통
령의 독도방문과 천황사죄 발언이었다. 그 결과 일본인의 한국호
감도는 2011년 62.2퍼센트에서 2014년 31.5퍼센트로 급감했다.
나아가 박근혜 대통령이 제3국 방문 중에 일본 비판을 반복하며 친
중 행보를 계속하고, 2015년 9월 3일 천안문에서 열린 항일전쟁승
리 70주년 기념 열병식에 시진핑·푸틴과 나란히 참석하자 일본의
혐한은 극에 달했다. 2015년 10월 9일 현재, 일본 인터넷서점의 한
반도관련 차트에서 혐한론 책자가 1위부터 10위 이상을 줄곧 달린
것이 그 상징이다.[46] 잡지와 미디어를 중심으로 일어나는 일본의 혐

한, 반한 분위기는 19세기 후반 메이지유신 이후에 있었던 '정한론 (征韓論)'의 분위기를 느낄 정도로 강력하다.[47]

지난 1백여 년의 역사에서 일본의 행동은 하나의 패턴을 보여준다. 대륙세력이 해양의 패권에 도전하고, 코리아(조선, 한국)가 대륙세력에 밀착할 때, 일본은 아시아로부터 탈피해 구미의 해양세력과 결합하는 것이다. 갑신정변 실패 이후 조선과 중국이 일체쌍두(一體雙頭)가 되자, 후쿠자와 유키치는 '탈아입구(脫亞入歐)'를 주장했다. 일본이 서양의 문명대국(대영제국)과 힘을 합쳐 야만의 '조선과 중국'을 압박해야 한다는 것이다. 2012년과 2013년에 각각 집권한 시진핑 주석과 박근혜 대통령이 일본 총리와는 3년간 한 번도 정상회담을 하지 않고 서로 잇달아 정상회담을 개최하자, 일본은 한국과 중국이 '일체쌍두'가 되었다고 생각했다. 일본의 언론들은 '일본을 따돌린 한·중의 밀월(요미우리신문)', '미국의도 무시, 반일연대(산케이신문)', '중국·한국이 일본을 비판하다(아사히신문)'라는 제목으로 일제히 보도했다. 일본 각의는 2015년 4월 7일《2015년 외교청서》에서 한국에 대한 기존의 규정인 "자유·민주주의·기본적 인권 등의 기본적 가치와 지역 평화 및 안정 확보 등의 이익을 공유한다"는 표현을 삭제했다. 한국 대신 '가치공유국'으로 기존의 미국, 호주에 더해 인도를 새로 추가했다. 한국을 중국과 한 묶음으로, 즉 일체쌍두로 취급한 것이다. 이런 상황에서 일본의 아베 수상은 '탈아입미(脫亞入美)'를 추진했다. 그 결실이 제2차 미일동맹의 완성이었다.

미국 및 미국과 '일체쌍두'가 된 일본의 반격이 시작되었다. 미국은 일본을 강력히 지지하면서 일본과 한목소리로 한국과 중국을 압박했다. 일찍이 미국의 바이든 부통령은 2013년 12월 박 대통령을 만나 "미국에 반하는 것에 베팅하는 것은 절대 좋은 베팅이 아니다"며 한국의 반일친중 정책을 비판했다. 웬디 셔먼 국무차관은 2015년 2월, "어느 정치지도자도 과거의 적을 비난함으로써 값싼 박수를 받는 것은 어렵지 않지만, 그런 도발은 진전이 아니라 마비를 초래한다"면서 역사반성을 촉구하는 중국과 한국을 압박했다. 2015년 4월 오바마와 아베는 〈공동비전성명〉에서 미일관계를 '부동의 동맹'으로 규정하고, '힘과 강제'로 국제질서에 도전하는 중국과 러시아를 견제했다. 또한 오바마는 2015년 10월, 불과 달포 전 천안문 망루에 올라가 시진핑과 우의를 과시했던 박 대통령과 정상회담을 갖고 '중국이 국제규범을 준수하지 않으면 한국이 목소리를 내야 한다'고 대중(對中)연합전선 형성을 촉구했다. 동시에 미·일·한 삼각협력을 강조하며 한일관계 개선도 촉구했다.

'탈아입미'를 통한 일본의 미일동맹 강화, 미일동맹 강화에 근거한 미국의 압박으로 한일 양국은 2015년 11월 2일, 박근혜·아베 정권이 출범한 지 거의 3년 만에 처음으로 정상회담을 개최했다. 여기서 한일양국은 '미래지향의 새시대'를 구축하기로 합의하고, 위안부문제 해결 등 한일관계 개선의 물꼬를 텄다. 한 달 뒤 한·일 외무장관은 위안부문제를 "최종적이고 불가역적으로 해결"한다고 발표했다. 이로써 "박근혜 정부가 대일외교를 단절하고 미국을 통해 일본의 버릇을 고쳐주려던 전략은 실패했고, 반대로 일본이 미국을 동원해 한국의 고집을 꺾는 결과가 되었다."[48]

해양세력인 미·일이 한국을 중국(대륙세력)에서 떼어내 미일동맹체제에 편입시키는 가장 확실한 방법은 미국 주도의 미사일방어체제이다. 2015년 현재 한일관계개선 및 미·일·한 군사협력이 미국 동아시아정책의 핵심으로 떠오른 것은 미사일방어체제 때문이었다. 앞 장에서 〈대통령의 전략방위계획(SDI)〉이 1985년에 채택되었고, SDI의 실현까지 30년이 걸린다고 서술했다. 이로부터 30년이 흐른 2015년, 그동안 수천억 불의 예산이 투입되고 우여곡절이 있었지만 SDI는 전역미사일방어체제(TMD), 국가미사일방어체제(NMD), 탄도미사일방어체제(BMD) 등 다양한 이름으로 불리면서 발전을 거듭했고, 드디어 미사일방어체제가 거의 완성되었다.

미사일방어체제는 미국이 패권도전국 또는 '불량국가(이란, 북한 등)'로부터의 제한적인 핵미사일공격을 방어하기 위한 것이다. 동시에 이것은 동맹국과 우방국에게 확장억제력(Extended Deterrence)을 제공해 핵위협을 감소시키고, 이들이 독자적으로 핵 개발하는 것을 막는다. 뿐만 아니라 이들을 미사일방어네트워크, 궁극적으로는 미국의 패권체제에 결속되게 만든다. 따라서 미사일방어체제에 들어오는 나라가 많으면 많을수록 미국의 전략적 이점과 능력은 강화되고,[49] 패권도전국의 입지는 좁아진다.

이러한 미사일방어네트워크와 결부된 미국의 전략 제안이 2012년에 발표된 '네트워크 중심성 대전략(Grand Strategy of Network Centrality)'이다. 이것은 미국이 세계 네트워크에서 차지하는 우월한 지위를 활용하여 동맹국과 국제기구 및 비국가행위자들을 종횡으로 엮으며 활용하는 것이다. 미국이 이렇게 협력을 매개하고 촉진할 수 있는 능력은 다른 행위자들과 가장 많이 연결되어 있고, 네트워크의 가장 중심에 위치한 '슈퍼노드(Supernod)'의 위상 때문이다. 미국은 네트워크 중심성의 능력을 활용하여 그 어떤 지구적 문제라도 해결할 수 있는 네트워크를 만들 수 있게 되었다는 것이다.[50]

미사일방어체제는 본질적으로 글로벌화할 수밖에 없고, 미국은 이 글로벌 MD네트워크에 전 세계의 동맹국들을 참여시킨다. 먼저 미국은 가장 많은 탄도미사일을 보유하고 있는 러시아를 대상으로 유럽 및 서아시아에 미사일방어 체제를 구축했다. 이때 이란의 핵·미사일 위협이 핵심적인 구실이 되었다. 미국의 오바마 행정부는 한편으로는 이란을 강력히 제재하면서, 다른 한편으로는 폴란드·루마니아 등 구소련권에 미사일방어 체제를 서둘러 구축했다. 그리고 유럽에 미사일방어 체제 구축이 완료될 무렵인 2015년 7월, 미국이 중심이 된 6개국(안보리상임이사국+독일)은 이란과 '포괄적공동행동계획'에 서명해 13년간 지속된 이란 핵문제를 해결하기로 합의했다.

다음은 중국을 대상으로 하는 미사일방어체제이다. 앞에서 부시 행정부 시절 미국의 미사일방어체제가 중국을 목표로 했고, 이것은 미국만이 아니라 일본·한국·대만 등 우방을 보호하기 위한 것이라고 밝혔다. 이것은 오바마 행정부에서도 마찬가지였는데, 2013년 6월 국무장관 힐러리 클린턴은 '북한이 핵미사일을 개발하면 미국이 미사일방어체제로 중국을 에워쌀 것'이라고 말했다.[51] 이는 미국이 오랫동안 추구해온 대중국 미사일방어체제 구축과 북한의 핵·미사일 개발이 상호 결부된 것임을 보여준다.

미국이 한국 등 동아시아에 사드(THAAD, 고고도미사일방어)를 배치하고 대중국 미사일방어체제를 완성하는 데는 두 가지의 조건이 필요하다. '필요조건'은 북한의 핵·미사일 위협이고, '충분조건'은 한일관계의 개선으로 미·일·한 군사협력체제를 만드는 것이다. 여기서 미·일·한 군사협력체제의 추진과 한중관계의 악화는 동전의 양면과도 같다. 앞에서 살펴본 것처럼 미국의 노력으로 한일관계가 복원된 2016년 1월, 북한이 제4차 핵실험을 단행하고 이어서 장거리 로켓을 발사했다. 2월 13일, 박 대통령은 "북한의 핵미사일 도발에 대처하는 시진핑 주석의 태도에 실망하고 더 이상 중국의 역할을 기대하지 말라"[52]고 하면서 중국이 극력 반대하는 사드배치를 전격 결정했다. 곧 바로 미국과 한국은 협상에 들어갔고, 7월 8일 사드배치를 최종 결정했다. 이때 〈아사히신문〉을 비롯한 일본 언론들은 "중국에 경사되는 경향을 보인 한국이 다시 미국의 품으로 돌아왔다"고 일제히 환영했다. 그리고 2016년 11월, 탄핵에 몰린 박근혜 정부는 야당의 반대에도 불구하고 한일군사정보보호협정을 조급하게 체결했다. 2014년에 체결된 '미·일·한 3국 정보공유약정'과 함께 미·일·한의 군사협력체제가 형성된 것이다.

2016년 11월, 미사일방어(MD)체제를 위한 하드웨어(사드배치 결정)와 소프트웨어(미·일·한 군사협력)가 드디어 갖추어졌다. 미국은 20년 이상 제기된 북한의 핵·미사일 위협을 근거로 레이건 정부 이래 30년 동안 추진해온 미사일방어체제를 동아시아에 전개할 수 있게 되었다. 동시에 미국과 일본은 북한의 핵·미사일 위협을 매개로 냉전종식 이후 거의 30년간 해양세력과 대륙세력 사이를 오간 남한을 미·일 군사동맹체제에 편입시킬 수 있게 되었다.

그러나 사드배치를 둘러싸고 한국에서는 거센 반발이 일어난다. 중국과 러시아가 강력하게 반발하며 한국을 압박한다. 그리고 성급하게 합의된 위안부문제와 군사정보보호협정을 둘러싸고 한일 간에 갈등이 끊이지 않는다. 나아가 미국에서는 트럼프가 대통령에 당선되었고, 한국에서도 2016년 11월부터 '촛불혁명'이라는 거대한 정치변동이 일어났다.

트럼프의 등장과 '미국 우선주의(America First)'　2016년 11월 8일, 수조원의 재산을 가진 초갑부로서 거침없는 말과 여성편력으로 유명한 도널드 트럼프(Donald Trump)가 '미국 우선주의'를 내걸고 극적으로 대통령에 당선되었다. 앞에서 살펴본 것처럼, 미국은 부시의 공화당 정권 8년 동안 심각한 위기에 처했고, 위기상황에서 당선된 오바마는 재임 8년 동안 미국을 거의 회복시켰다. 그럼에도 불구하고 미국인들은 오바마의 업적을 모두 부정하는 트럼프를 대통령으로 선출했다. 이는 미국의 국내적 흐름만으로는 제대로 파악할 수 없는 거대한 세계사적인 조류가 미국을 덮쳤기 때문이다.

트럼프가 당선되기 5개월 전인 2016년 6월, 영국은 국민투표를 통해 유럽연합(EU)으로부터 탈퇴(Brexit)했다. 브렉시트 찬성과 반대를 둘러싸고 격렬한 논쟁이 있었지만, 영국 국민의 52퍼센트가 브렉시트에 찬성함으로써 유럽연합의 역사에 획을 그었다. 또한 트럼프가 당선된 뒤 프랑스에서도 반EU, 반이민, 보호주의를 내세우는 국민전선(FN)의 마린 르펜이 지지율 1위를 기록했다. 뿐만 아니라 네덜란드에서도 자유당(PVV)의 헤이르트 빌더르스가 넥시트(Nexit:

EU탈퇴)와 반이슬람주의 · 반이민주의를 내세우고 맹위를 떨쳤다. 영국, 프랑스만 아니라 유럽전역에서 국가주의, 보호주의를 최우선으로 하는 정치세력이 강력하게 부상하고 있다. 이러한 변화는 1980년대 이래 거의 한 세대만의 일이다.

1979년 영국 총리가 된 마거릿 대처와 1981년 미국 대통령이 된 로널드 레이건은 2차 세계대전 이후 한 세대 동안 세계를 풍미한 국가주도의 경제사회발전을 신자유주의로 변환시켰다. 그리고 1990년 냉전종식 이후 공산주의의 장벽이 무너지자 신자유주의적 세계화는 기존의 공산권(제2세계)만이 아니라 제3세계로도 확산되었다. 나아가 2001년 테러와의 전쟁으로 서아시아 · 북아프리카에서 독재가 붕괴되고 내전이 발생하자 세계의 인적 · 물적 · 종교적 · 문화적 유동성은 극대화되었다. 신자유주의와 세계화 그리고 테러와의 전쟁으로 형성된 거대한 유동성이 제2세계와 제3세계만이 아니라 현대사를 주도한 제1세계(서유럽, 미국)도 뒤흔들었다.

영국의 브렉시트 찬성과 미국의 트럼프 당선은 1990년대 이후 거의 30년 동안 풍미한 세계화, 지역통합, 자유무역주의, 신자유주의의 시대가 지나가고, 새로운 시대가 도래하고 있음을 웅변한다. 그 흐름의 본질은 바로 세계화에 반대하는 국가주의, 인종적 혼합에 반대하는 민족(인종)주의, 사회문화적 정체성을 지키는 전통주의, 상품과 노동의 자유로운 이동을 반대하는 보호주의이다. 이 흐름은 자본과 노동의 국제이동 및 공정과 사무의 자동화로 일자리를 잃은 사람들의 분노를 대변하며, 중 · 하층의 생활을 개선하기 위해 국가가 주도적으로 나설 것을 요구한다.

새로운 세계사적 조류 속에서 트럼프는 "글로벌 국가(國歌)와 글로벌 통화, 글로벌 국기와 같은 그런 것은 없다. 나는 지구를 대표하는 게 아니라 여러분의 국가(미국)를 대표한다"고 주장한다. 그는 인종적으로는 백인, 종교문화적으로는 기독교, 정치적으로는 보수주의, 경제적으로는 감세와 각종 경기부양책을 통해 '미국을 다시 위대하게(Make America Great Again)' 만들겠다고 선언했다. 미국의 정체성과 미국의 영광을 강조하는 트럼프의 리더십 모델은 20세기 초 '백인종과 기독교문명 그리고 미국'에 근거해 미국 패권시대를 개척한 시오도어 루즈벨트, 20세기 후반 '신자유주의와 반공반소(反共反蘇) 노선'에 입각해 미국 패권을 재확립하려 한 로널드 레이건를 연상케 한다. 그러나 레이건의 미국이 대처의 영국과 함께 자유민주주의에 대한 자신감을 바탕으로 '신자유주의동맹'을 형성했다면, 트럼프의 미국은 메이(Theresa May)의 영국과 함께 신자유(민주)주의 세계화에 대한 불안감을 바탕으로 '보호주의동맹'을 형성한다.

'영국 우선주의'의 브렉시트와 '미국 우선주의'의 트럼프로 대표되는 이 흐름은 난민과 이주민으로 혼란을 겪고 있는 서유럽과 미국만의 현상이 아니다. 러시아에서는 21세기 차르라고 하는 '러시아주의자' 푸틴이 2012년 3선에 성공한 뒤 '유라시아제국'으로서 자신의 정체성을 회복했다. 중국도 2012년 '중화주의자' 시진핑의 등장 이래 중국의 꿈을 내세우며 '중화제국'으로서의 정체성과 영광을 강조한다. 일본도 '일본주의자'들의 '일본회의'에 기반을 둔 아베가 2012년에 집권한 뒤, '동아제국'으로서 자기의 정체성을 회상하고 과거의 영광을 회복하기 위해 노력한다. 2016년 현재 푸틴은 86퍼센트의 지지율을 보였고, 시진핑의 정책도 85퍼센트의 지지를 받았으며, 아베의 지지율도 60퍼센트에 달했다. 이들 국가만이 아니라 인도의 모디 총리, 터키의 에르도안 대통령, 헝가리의 오르반 총리 등도 자국의 민족적, 종교적 정체성을 회복하는 데 주력하고 있다.

트럼프의 대선공약과 취임사 그리고 6대 국정기조와 핵심 정책담당자를 살펴볼 때, 트럼프 행정부의 정책은 다음과 같이 정리될 수 있다.

첫째, '미국인 중심'의 무역·산업정책, 조세·재정정책, 이민·대외정책을 통해 "미국 제품을 사고, 미국인을 고용"토록 한다. 이를 위해 국제적으로 다자 및 양자 간의 자유무역협정을 폐지 또는 개정하고, 고율의 관세를 부과해 상품의 유입을 통제한다. 또 기업을 압박해 미국으로 자본투자를 유도하면서, 엄격한 비자 및 이민정책으로 노동의 유입을 차단한다. 국내적으로는 각종 세금을 줄이고 규제를 완화하며, 석탄과 석유·셰일가스의 개발을 촉진하고, 철도와 도로 등 사회기반시설에 대대적으로 투자한다. 이를 통해 트럼프는 "앞으로 10년간 일자리 2천5백만 개를 만들고 연 4퍼센트의 성장을 추진하겠다"고 밝혔다.

둘째, "힘을 통한 평화"를 외교안보정책의 중심으로 삼는다. 이를 위해 트럼프 정부는 레이건 정부처럼 국방비를 대폭(10%) 증액하고, 세계 최고수준으로 핵능력을 강화하며, 새로운 최첨단 미사일방어체제를 구축한다. 특히 트럼프는 최첨단 미사일방어체제 구축을 위해 오바마 행정부가 공들인 이란과의 합의를 폐기하겠다고 공언했고, 북한에 대한 강경한 태도와 함께 한국과 일본에 미사일방어 체제체제를 강화하겠다고 밝혔다. '힘을 통한 평화'를 추진할 대외·안보정책 담당자들도 모두 강경파이다. 제임스 매티스 국방장관, 존 켈리 국토안보부 장관, 마이크 폼페오 CIA 국장, 허버트 맥매스트 국가안보보좌관 등은 모두 군인출신이다. 국무장관 렉스 틸러슨은 엑손모빌 최고경영자를 역임한 '친러' 인사이고, 무역정책을 전담하는 국가무역위원회 위원장 피터 나바로는 대중 강경론자이다. 또한 백악관 수석 고문이자 NSC 당연위원인 스티브 배넌은 '대안우파 (Alt Right)'의 지도자이고, 트럼프의 사위 재러드 쿠슈너는 전통적 유대인이다.

셋째, 미국의 도전국으로 급부상하는 중국에 대해 강력한 압박을 펼친다. 우선 경제적으로 중국제품에 고율의 관세를 매기는 등 강력한 무역정책을 펼친다. 국가무역위원회 위원장 피터 나바로는 중국을 와호장룡(臥虎藏龍, Crouching Tiger, Hidden Dragon)에 비유하면서 '탐욕에 눈 먼 거대한 용이 세상을 지배하는 그날, 지구의 종말이 시작된다'고 본다. 그래서 미국은 막대한 돈이 중국으로 더 이상 유입되지 않도록 하고, 기술절취 등 중국의 불법행위를 막으며, 군사력과 동맹을 강화해 중국이 미국에 도전할 생각을 못하도록 해야 한다고 역설한다.[53] 또한 트럼프는 국방비 증액, 전력 증강, 핵능력 강화를 천명했는데, 이것은 레이건이 패권도전국 소련을 대상으로 군비경쟁을 한 것처럼, 기본적으로 패권도전국 중국을 겨냥한 것이다. 뿐만 아니라 트럼프는 취임을 전후하여 일본의 아베 총리와 두 차례나 정상회담을 개최해 전통적인 미일동맹을 강화하고, 대만과의 관계도 개선한다. 결론적으로 트럼프는 오바마의 '아시아 중심축 전략'보다 더 강경한 대중정책을 펼칠 것이다.

넷째, "오랜 동맹을 강화"한다고 하면서도, "모든 나라는 그 나라의 이익을 앞세울 권리가 있다"고 하여, 동맹국에 대해서도 '미국의 국익'을 앞세운다. 특히 동맹국이자 수출주도형 국가로서 미국에 큰 무역흑자를 내고 있는 일본, 독일, 한국에 강력한 무역압박을 펼치며, 이전보다 방위비를 더 분담하고 군사비를 더 지출하도록 요구한다. 미국이 일본에게 군비지출을 요구하면 할수록 일본은 군사대국화를 촉진할 것이다. 이는 독일과 한국에도 해당된다. 한편 트럼프는 일본이 중국의 경제적 팽창을 막기 위해 오바마와 심혈을 기울려 합의한 TPP를 폐기했고, 한국이 미국과의 관계를 심화하기 위해 체결한 한미 FTA도 재협상하려 한다. 이렇게 되면 오바마가 우려한 대로, 미국이 아니라 중국이 일대일로와 아시아인프라투자은행 그리고 역내포괄적경제동반자협정(RCEP) 또는 아시아태평양 FTA(FTAAP)를 통해 21세기 아태 지역의 무역질서를 새로 구축할 수 있다.

다섯째, 트럼프는 "우리의 생활방식을 어떤 누구에게도 강요하지 않을 것"이라고 밝혔다. 이는 국제관계를 자유민주주의라는 '가치 중심'이 아니라 미국의 '이익 중심'으로 보겠다는 것이다. 즉 IS테러 퇴치 등 미국의 국익에 도움이 된다면 권위주의적 정부도 협력의 대상이 될 수 있다. 트럼프가 부시 정권의 이라크침략을 비판하고, 시리아의 독재자 아사드 정권에 유화적이며, 러시아의 푸틴 대통령에게 친밀함을 보이는 것은 이러한 측면에서 이해될 수 있다. 따라서 트럼프 정부는 이슬람을 강력히 반대하고 이스라엘을 지지하지만, 미국을 직접 위협하지 않고 체제안정을 도모하는 독재정권을 용인할 수 있다. 이것은 레이건 정부가 '커크 패트릭 독트린'을 통해 제3세계의 민주화보다 독재정권에 의한 체제안정을 선호한 것과 일맥상통한다.

결국 트럼프는 '백인이 중심이 된 미국의, 미국에 의한, 미국을 위한' 정책을 통해 미국의 전세계적 패권을 유지하려는 강경책을 펼칠 것이다. 그리고 그 핵심 상대는 중국이다. 이에 따라 향후 미국과 중국의 갈등은 격화될 것이고, 미·중의 갈등은 한국의 동북아 남북 관계에 심각한 영향을 미칠 것이다.

북한의 핵미사일과
파멸적 악순환에 빠진 코리아

분단 70주년인 2015년, 통일을 위한 외침이 사방에서 터져 나오고 '통일대박론'이 신문지면을 장식했다. 그러나 8월 4일 DMZ에서 목함지뢰가 폭발하고, 이에 대한 남·북의 대응이 연쇄적으로 강화되자 한반도에는 일촉즉발의 위기상황이 조성되었다. 남북의 안보 책임자들이 DMZ에서 수일간 협상을 벌여 이러한 위기상황을 가라앉혔지만, 2016년이 되자 한반도에는 다시 핵전쟁과 영구분단의 위기가 지진해일처럼 밀려왔다. 2016년 1월 이후 북한은 제4차 핵실험, 잠수함발사탄도미사일(SLBM)실험, 위성로켓발사를 연속적으로 단행했다.

이에 대응해 남한은 개성공단사업을 전면 중단하고 대북확성기방송을 재개했다. 또한 한국과 미국은 북한의 핵미사일에 대응해 한미연합 선제타격체제(Kill Chain)와 한국형미사일방어체제(KAMD)를 대폭 강화했다. 또한 사드배치를 결정하고, 전략폭격기를 동원해 핵억제력을 과시했다. 1972년 〈7·4 공동성명〉 이후 최초로 모든 남

북한의 핵 · 미사일 실험과 유엔 제재

구분	1차 핵실험 (2006.10.9.)	2차 핵실험 (2009.5.25.)	3차 핵실험 (2013.2.12.)	4차 핵실험 (2016.1.6.)	5차 핵실험 (2016.9.9.)
인공지진 폭발위력	3.9 1kt	4.5 3~4kt	4.9 6~7kt	4.8 6kt	5.0 10~20kt
원료	플루토늄		고농축우라늄 추정	北 수소탄 주장 (증폭 핵분열탄 추정)	
미사일 실험	은하1호 장거리로켓 (2006.7.5.)	은하2호 장거리로켓 (2009.4.5.)	은하3호 장거리로켓 (2012.12.12.)	잠수함탄도 미사일(SLBM) (2015.12.21.)	잠수함탄도 미사일(SLBM) (2016.8.24.)
유엔 안보리 제재	결의 1695호 (2006.7.15.) 결의 1718호 (2006.10.15.)	의장 성명 (2009.4.13.) 결의 1874호 (2009.6.13.)	결의 2087호 (2009.6.13.) 결의 2094호 (2013.3.7.)	결의 2270호 (2016.3.3.)	결의 2321호 (2016.11.30.)
유엔 안보리 제재 내용	무기, 사치품 금수조치	금융제재, 선박검색 강화, 무기수출 금지	대량현금 이전금지, 선박검색 의무	광물수출금지 (민생목적 제외) 全화물 검색 의무	석탄수출상한 화물검색차단 외교활동제한 금융, 교역, 기술교육제한

북관계가 완전히 중단된 상황에서 박 대통령은 '북한이 핵을 포기
할 수밖에 없도록 만들 것'이라고 하면서, 국제사회와 함께 강력한
대북제재를 주도했다.

　미국 의회는 2016년 2월 북한의 핵·미사일 개발에 필요한 자금
조달을 원천적으로 봉쇄하는 역대 최강의 〈대북제재법〉을 통과시
켰다. 한 달 뒤 오바마 대통령은 이를 더욱 강화한 〈대북제재 행정
명령〉을 발동했다. 이 행정명령은 '세컨더리 보이콧'을 적용하여 핵
활동과 관련이 없는 정상적인 경제활동이라도 북한과 거래하는 기
업을 제재할 수 있게 한 것이다. 이는 북한의 무역에서 90퍼센트
이상을 차지하는 중국기업을 겨냥한 초강력 제재였다. 동시에 유엔
은 북한을 출입하는 모든 화물을 의무적으로 검열하고, 북한의 최대

수출품목인 지하자원의 수출을 금지하는 역대 최강의 〈유엔안보리결의 2270호〉를 채택했다.

그러나 북한은 이러한 제재에 굴하지 않았다. 2016년 8월에는 잠수함발사탄도미사일(SLBM)을 성공적으로 발사했고, '공화국' 창건일(9.9)에 맞춰 제5차 핵실험을 단행했다. 20킬로톤의 위력을 보인 제5차 핵실험은 역대 최강이었고, 실험 주기도 기존의 2~3년에 비해 8개월로 매우 짧아졌다. 북한은 이 실험을 통해 "핵탄두를 표준화, 규격화할 수 있는 능력을 확인"하고, "소형화, 경량화, 다종화된 각종 핵탄두들을 대량 생산할 수 있는 기술을 확보했다"고 주장했다.

이에 대응해 한미연합군은 10월 중순 동·서·남해 등 한반도 전 해역에서 핵항공모함 로널드레이건호를 비롯한 이지스함, 미사일 순항함 등을 동원해 '불굴의 정신(Invincible Spirit 2016)'이라는 공세적 훈련을 실시했다. 또한 11월 초 오산 공군기지에서 미국과 한국 그리고 영국의 공군기들이 '불굴의 방패(Invincible Shield)'라는 연합훈련을 실시했다. 영국공군이 한미연합훈련에 참가한 것은 사상 최초인데, 영국군은 일본군과도 합동훈련을 실시했다. 바야흐로 한국전쟁 이후 처음으로 미·영·일·한이라는 전 세계적인 '해양동맹'이 동아시아에 출현한 것이다.

악순환의 절정: 남북관계의 완전 단절과 선제공격 계획　　북한의 핵미사일 고도화와 강력한 대북제재 속에서 그동안 억눌려 있었던 한반도에서의 전쟁위기가 아래로부터 부글부글 끓어올랐다. 2015년

6월, 한미연합군은 핵미사일로 무장한 북한에 대응하기 위해 1994년 북핵위기 때 채택한 〈작전계획 5027〉, 즉 '방어 후 공격 및 점령계획'을 전시작전권 전환을 염두에 두고 국지전에도 대응할 수 있는 〈작전계획 5015〉로 바꾸었다. 북한지도부를 제거하는 '참수작전'도 구체화했다. 이에 따라 2016년 봄 한미연합군은 이전의 그 어떤 훈련보다 많은 병력과 무기를 동원하여 〈작전계획 5015〉를 실전으로 훈련했다. 이제 북이 전면적으로 남침할 징후만 있어도 한미연합군은 북을 선제공격해 초토화할 수 있게 된 것이다.

한미연합군이 선제공격훈련을 시작하자마자, 북의 김정은도 북한의 군사전략을 선제공격방식으로 모두 전환시키라고 명령했다. 김정은은 "생존권을 지키기 위한 유일한 방도는 핵무력을 질량적으로 더욱 강화해 힘의 균형을 이룩하는 것뿐"이라고 강조하면서, "빠른 시일 안에 핵탄두 장착이 가능한 탄도로켓 시험발사를 단행하라"고 지시했다. 6월 중거리탄도미사일 화성 10호를 성공시킨 김정은은 "선제 핵공격능력을 지속적으로 확대·강화해나가며 다양한 전략공격무기들을 계속 연구 개발하여야 한다"고 독려했다.

이제 도발의 징후만 보고 전면적으로 선제공격하는 군사교리가 한반도의 남과 북 모두에서 실전으로 훈련된다. 한미연합군은 막강한 군사력으로 '평양진격훈련'을 실시하고, 북한은 핵무기를 동원해 '서울해방작전'을 펼치겠다고 공언한다. 한 알의 불씨가 바짝 마른 광야를 태우듯, 적대와 증오와 불신으로 달아오른 한반도에서 남북 간의 사소한 충돌이 전면적인 핵전쟁으로 발전할 수 있게 되었다. 한국전쟁 이후 일찍이 없었던 민족절멸의 위기 상황이 일상화되었다.

그 3년 전에도 이와 유사한 사태가 벌어졌다. 2012년 12월 북한이 장거리로켓을 발사하자, 유엔안보리가 제재를 결의했고, 북은 2013년 2월 제3차 핵실험으로 대응했다. 이에 대해 유엔안보리가 다시 〈제재결의안 2094호〉를 채택하고, 한국과 미국이 합동군사훈련을 시작하자, 북은 단거리미사일을 발사했다. 이어서 북은 정전협정 백지화, 1호 전투근무태세, 개성공단 근로자 전원 철수 등의 조치를 취했다. 개성공단은 이후 5개월이 지나서야 재가동되었다.

2010년에도 한반도는 준전시상태였다. 2008년 이명박 정부가 남북정상회담의 합의를 파기하고 북한붕괴론에 매달리자 〈9·19 공동성명〉의 이행은 난관에 빠졌다. 이후 북한은 핵·미사일 개발에 박차를 가했고, 2009년 4월과 5월, 장거리미사일 실험과 제2차 핵실험을 실시했다. 이것이 남북관계 전체를 파국으로 몰고 갔다. 그 후폭풍으로 11월 대청해전이 발생하고, 2010년 3월에는 천안함이 침몰했다. 이후 〈5·24 조치〉가 시행되어 남북교류협력이 전면 중단되었고, 11월에는 한국전쟁 이후 최초로 북이 남의 영토인 연평도에 포격을 가했다. 이에 대응해 한미연합군은 '불굴의 정신'이라는 이름으로 7월과 11월, 미국의 핵 항공모함 조지워싱턴호를 비롯한 한미연합함대들을 동해와 서해로 진입해 무력시위를 벌였다.

오래된 악순환이다. 북한의 핵개발은 1970년대부터 시작되었고, 1980년대 말 소련·동구공산주의체제가 붕괴되자 본격화되었다. 1992년에 발효된 〈한반도비핵화 공동선언〉에 따라 한미 양국은 팀 스피리트(Team Spirit) 연합훈련을 중단했고, 북한은 핵사찰을 수용했다. 그러나 1992년 10월 팀스피리트 재개가 합의되고, 1993년 2월 IAEA 특별사찰이 결의되자 곧 이어 북한은 핵확산방지조약(NPT) 탈퇴로 대응했다. 1993년 6월과 12월, 미국과 북한이 북한의 NPT 복귀, 미국의 북한승인, 연합훈련중지, 핵위협중단 등에 합의했지만 제대로 이행되지 않았다.

1994년 3월, 다시 핵·미사일 위기가 고조되었다. 미·일·한에 의해 연합훈련 실시, 핵 항모 입항, 페트리어트미사일 반입, 미·일의 전역미사일방어망(TMD) 발표가 이어지자, 북한은 '서울불바다론'으로 대응했다. 1994년 6월 클린턴 정부는 북한의 핵개발을 저지하기 위해 영변원자로 폭격을 검토했다. 일촉즉발의 위기상황에서 카터 전 대통령이 북한을 방문해 김일성을 만나고, 남북이 정상회담을 합의하기도 했다. 10월에는 미국과 북한이 제네바에서 핵개발을 중단하고 관계를 개선하는 데 합의하기도 했다.[54] 그러나 김일성이 사망한 뒤 김정일이 선군체제를 구축하고, 김영삼 정부가 '북한 붕괴에 의한 흡수통일'을 추구하며, 부시 대통령이 북한을 '악의축'으로 규정하자 기존의 합의는 모두 폐기되었다.

이제 북에서 뿐만 아니라 남에서도 '천백배로 복수하고, 뼈에 새겨 복수하자'는 분노와 증오와 적대의 언사가 넘쳐난다. 서로에게 입에 담기 힘든 악담을 퍼붓고, 선제적으로 공격하고 전쟁을 불사하자는 극언을 쏟아낸다. 세계 유일의 분단국가 코리아, 분단 70년이 지난 코리아의 남북관계는 연쇄적으로 강화되는 파멸적 악순환에 빠져들었다. 이제 코리아는 영구분단, 핵전쟁의 8부 능선을 넘었다.

문제의 직접적 원인: 북한체제 수호 vs 북한체제 붕괴　2016년 5월 초 조선노동당 제7차 대회가 1980년 이후 처음으로 개최되었다. 김 정은 위원장은 〈사업총화보고〉에서 지난 36년간의 세월이 더없 이 준엄한 투쟁의 시기였고, 유례없이 엄혹한 환경이었으며, 역사 상 그 어느 당과 인민도 겪어보지 못한 험난한 길을 헤쳐 오는 과정 이었다고 회고했다. 김정은은 이 시기에 북한에 불어닥친 도전(挑戰) 을 세 가지로 정리했다. 세계 사회주의체제의 붕괴 속에서 자유화와 개혁·개방바람이 어지럽게 불어왔고, 경제건설과 인민생활에서 형 언할 수 없는 시련과 난관이 닥쳤으며, 국제적인 봉쇄의 대상이 되 고 핵 선제타격의 대상되어 조국의 안전과 사회주의의 운명이 위험 에 처했다는 것이다. 하지만 이러한 도전에 대해 북한은 3대에 걸쳐 '온 사회의 주체사상화를 토대로 반제자주적 입장과 사회주의 원칙 을 추호의 흔들림 없이 견지'했고, '선군혁명노선을 확고히 견지하 고 선군정치를 전면적으로 실시'했으며, '경제건설과 핵무력건설 병 진을 전략적 노선으로 제시하고 관철'함으로써 응전(應戰)해왔다고 강조했다.

북한은 오래전부터 '핵보유국'임을 주장해왔다. 2005년 2월 10일 북한 외무성은 성명을 통해 '핵무기 보유'를 선언했다. 2차 핵 실험 뒤인 2011년 12월에는 김정일을 추모하며 "(김정일이 북한을) 그 어떤 원수도 감히 건드릴 수 없는 핵보유국, 무적의 군사강국으로 전변시켰다"고 하면서, "핵보유국과 위성발사는 대국들의 틈에 끼 여 파란 많던 이 땅을 영영 누구도 넘겨다보지 못하게 했다"고 주장 했다. 이어서 등장한 김정은은 2012년 2월 새 헌법에 '핵보유국'을 명문화했다. 2013년 3월 당중앙위원회 전원회의는 〈경제건설과 핵무력건설의 병진노선〉을 채택했고, 최고인민회의는 〈자위적 핵보유국의 지위를 더욱 공고히 할 데 대하여〉라는 법률을 제정했다. 김정은은 발칸반도와 리비아, 이라크 등 중동의 교훈을 잊지 말아야 한다면서, 경제·핵무력 건설의 병진은 '정세의 필수적 요구'이자 '혁명의 합법칙적 요구'라고 주장했다. 이러한 과정의 총결산으로 김정은은 7차 당대회에서 '경제·핵 병진노선'을 재천명하고, 개정된 노동당규약에도 이를 명문화했다.

이제 북한의 핵·미사일은 김정은이 밝힌 대로 더 이상 미국과의 협상을 위한 일시적인 대응책[55]이 아니라 항구적인 전략노선이 되었다. '리비아 노선'도, '우크라이나 노선'도 아닌 '파키스탄 노선'이다. 그래서 김정은은 당대회에서 "제국주의의 핵위협과 전횡이 계속"되는 한 자위적인 핵무력을 질량적으로 더욱 강화해 나갈 것이라고 밝혔다. 또 북한은 "핵보유국의 지위에 맞게 대외관계발전에서 새로운 장을 열어나가야" 한다고 강조한다. 즉 "책임 있는 핵보유국으로서 침략적인 적대세력이 핵으로 우리의 자주권을 침해하지 않는 한, 이미 천명한 대로 먼저 핵무기를 사용하지 않을 것이며, 국제사회 앞에 지닌 핵 전파 방지의무를 성실히 이행하고, 세계의 비핵화를 실현하기 위하여 노력할 것"이라고 밝힌다.

경제·핵 병진노선과 더불어 김정은이 당대회에서 강조한 또 하나의 노선은 '자강력 제일주의'이다. 북한은 1920년대 이후 일제와의 투쟁에서뿐만 아니라 전후 건설과 현재에 이르기까지 거의 1백년 동안 자주·주체의 노선을 견지했다고 주장해왔다. 그 연장선상에서 김정은은 "우리는 사대와 외세의존을 배격하고 사회주의 강국건설을 우리의 힘과 기술, 자원에 의거하여 자력갱생, 간고분투의 혁명정신으로 밀고나가야 하며, 민족의 숙원인 조국통일도 주체적 역량을 강화하여 우리의 힘으로 이룩하여야 한다"고 강조한다.

김정은은 2016년 5월의 당 대회를 통해 당의 최고 수위(首位)인 '노동당위원장'에 취임했고, 6월의 최고인민회의를 통해 국가의 최고 수위인 '국무위원장'에 취임했다. 김정은은 김정일 사망 이후 맡았던 임시적인 당, 국가 직위에서 '김정은 시대'에 맞게 신설된 최고 직위에 공식적으로 취임했다. 당규약과 헌법도 새롭게 개정되었다. 새로운 시대의 시작이다.

모든 문제의 해결은 사실을 직시하는 데서 시작된다. 오늘날 한국과 미국을 포함해 세계가 인정해야 할 것은 북한이 70년에 걸친 주체사상을 통해 세계에서 유례를 찾을 수 없는 폐쇄적인 생존체제를 만들었다는 점이다. 이 폐쇄적 생존체제의 핵심은 3대 세습체제인데 김정은은 권력을 완전히 장악해 세습체제를 완성했다. 또한 이 생존체제가 대외적 공격에 저항할 수 있도록 선군체제를 발전시켰고, 핵·미사일개발에 성공함으로써 대외적 생존체제도 완성했다. 한마디로 말해 북한은 '고슴도치형 국가체제'를 완성한 것이다. 김정은이 제7차 노동당대회에서 3시간에 걸쳐 낭독한 사업총화보고서는 '고슴도치형 국가'인 북한이 1980년대 이후 어떻게 유지·강화되어 왔고, 앞으로 어떻게 작동할 것인지를 생생히 보여준다. 한국과 미국은 북한의 선(先)비핵화와 개혁·개방을 강조하지만, 북한은 핵·경제병진과 자강력 제일주의를 고수한다. 미국과 한국은 '시간이 우리 편'이라고 생각하며 '전략적 인내'와 '봉쇄압박정책'을 펴지만, 김정은이야말로 '시간은 우리 편'이라고 결론짓는다.

지난 30년 동안 한국과 미국은 북한에 대해 제대로 된 비전에 입각해 일관되고 포괄적인 전략을 실행하지 못했다. 특히 지난 30년간 한국의 대북·통일정책에서 가장 결정적인 오류는 '북한붕괴론'이었다.

북한붕괴론은 1990년 독일의 통일과 소련·동구 공산체제의 해체 이후 주기적으로 부상했다. 1994년 7월 김일성이 죽고 연이어 미증유의 기아사태가 발생하자 김영삼 정부는 북한이 10년이 못 가 무너질 것이라 생각했다. 2008년에 집권한 이명박 대통령도 김정일이 2007년 4월[56]과 2008년 8월 뇌졸중으로 쓰러지자 '북한붕괴론'에 입각해 김대중·노무현 정부가 추진한 모든 대북·외교정책을 폐기하고 대북강경책으로 돌진했다. 결국 김정일이 2011년 12월에 사망하자 북한붕괴론은 극에 달했다. 2013년 대통령에 취임한 박근혜도 북한이 내분에 의해 붕괴될 것이란 환상을 가졌다. 2012년 20대 후반의 젊은 김정은이 등장하고 2013년 12월 장성택이 처형되자, 국정원장 남재준은 송년회에서 2015년에 자유통일을 이루기 위해 죽기를 각오하자며 건배했다.

그러나 김정은 정권이 정치·경제적으로 안정되고 오히려 핵·미사일개발을 비약적으로 진전시키자, '내부갈등에 의한 북한붕괴론'은 '외부의 힘에 의한 북한와해론'으로 바뀌었다. 2015년 9월 4일, 박근혜 대통령은 한중정상회담을 마치고 귀국하는 비행기에서 중국이 '한반도의 비핵화, 평화정착을 위한 남북 평화통일에 공조하기로 했다'고 기자들에게 적극적으로 설명했다. 언뜻 보면 이 발언은 한국이나 중국의 당국자가 평소에 하는 말로 보일 수 있으나, 자세히 보면 그 의미가 전혀 다르다. 발언의 핵심은 비핵화와 평화정착을 '통한' 통일이 아니라, 비핵화와 평화를 '위한' 통일이다. 즉 '통일이 북핵문제 해결의 가장 빠르고 확실한 방법'이라는 것이다. 이러한 흐름에서 '선평화, 후통일'이 아니라 '선통일, 후평화'라는 전도되고 위험한 주장도 등장했다. [57]

비핵화보다, 평화보다 통일을 우선하는 선통일론, 통일우선주의가 등장했다. 그러나 이때의 '통일'은 대한민국 헌법에 규정된 '평화적' 방법이 아니다. 정부의 공식적인 통일방안인 '교류협력'과 '남북연합'을 통한 통일도 아니다. 바로 '북한의 붕괴(와해)'에 의한 통일이다. 그 방법은 중국과 공조하는 외교적 방법 또는 미군을 활용하는 군사적 방법이다. 이를 위해 통일외교가 주창되고, 선제공격론이 구체화된다. 이명박 대통령은 남북대화가 아니라 외교를 통한 통일을 꿈꾸며 통일부를 폐지해 외교부에 소속시키려 했다. 또한 익은 홍시가 떨어지듯, '도둑처럼 홀연히 임할' 통일을 위해 '통일항아리'를 준비했다. 박근혜 대통령도 같은 맥락에서 2015년 내내 '통일대박론'을 주창하고, '통일준비위원회'를 만들었으며, '통일헌장'을 준비했다.

고르바초프가 등장해 개혁·개방을 주장한 1985년 이후 30년 동안 북한은 '체제유지'에 모든 것을 걸었다. '체제유지'에 자신감을 갖게된 북한은 제7차 당대회를 개최했다. 반면 한국의 보수세력들은 북한의 '체제붕괴'에 모든 것을 걸었다. 그 결과 1988년 이후 공인된 역대 정부의 공식적인 통일방안이 폐기되고, 1970년대 이전의 승공통일론, 북진통일론이 전면에 재등장했다. 남한은 대북강경책 외에 아무것도 하지 않는다. 한반도에서 평화를 만드는 자, 피스메이커(peace maker)는 사라졌다. 영구분단과 핵전쟁의 흑암 속으로 들어가는 한반도에서 시간도 더 이상 우리 편이 아니다.

문제의 구조적 원인: 핵·미사일 vs 미사일방어   소련·동구 공산체제가 해체된 1990년 이후 공산독재국가인 북한은 유일패권국 미국에게 북한을 '정상국가'로 인정해 세계체제에서 '생존'할 수 있도록 해달라고 계속 요구했다. 이를 위해 1953년에 맺어진 정전협정을 종식시키고 평화협정을 체결해야 하며, 미국과 북한이 국교를 수립해야 한다고 강조했다. 이러한 북한의 요구는 1994년의 〈미·북 기본합의문〉, 2000년의 〈미·북 공동코뮤니케〉, 2005년의 〈9·19 공동성명〉에 명시되었다. 그러나 미국은 온전한 의미에서 북한을 정상국가로 인징하고 평화로운 관계를 맺을 마음이 없다. 북한이 '폭정의 전초기지'이고, 핵·미사일을 개발한다는 것이 그 이유이다.

그러나 사실 더 중요한 것은 북한이 아니라 동아시아의 역학구도 때문이다. '위협적인 북한'의 존재는 패권도전국 중국을 제어하는 미국의 동아시아전략을 작동시킨다. 즉 일본을 군사대국으로 변환시키며, 중국에 밀착하는 남한을 미·일(미·일·한)동맹체제에 묶을 수 있는 동력을 제공한다. 특히 북한의 핵·미사일 위협은 미국의 아시아·태평양 미사일방어체제 구축에 결정적인 기회를 제공한다.

2000년 6월 남북정상회담이 이루어진 뒤 미국과 북한의 관계도 개선되었다. 북한의 조명록 국방위원회 제1부위원장이 10월에 워싱턴을 방문해 클린턴 대통령을 만났고, 〈미·북 공동코뮤니케〉가 발표되었다. 그 직후 올브라이트 국무장관이 평양을 방문해 김정일과 회담했고, 클린턴도 평양을 방문하려 했다. 그러나 이 계획은 무산되었다. 핵심 이유는 미국의 미사일방어 체제 때문이었다. 올브라이트는 회고록에서 "의회와 전문가 집단의 많은 사람들은 (미·북) 정상회담을 반대했는데, 북한과의 협상이 국가미사일방어체제(NMD)의 명분을 약화시킬까봐 걱정했기 때문이다."[58]라고 밝혔다.

이런 흐름 속에서 등장한 부시 대통령은 클린턴 정부가 추진한 대북정책을 폐기했다. 또한 2001년 2월 김대중 대통령이 푸틴 대통령과 탄도미사일방어체제 구축을 제한하는 ABM조약을 강화하기로 합의하자 이를 강력히 비판했다. 미국은 9·11테러를 계기로 마침내 ABM조약에서 탈퇴하고 미사일방어 체제 개발을 가속화했다. 임동원은 부시 정부 들어 미·북 관계가 악화된 가장 큰 원인은 네오콘이 추진한 미국의 미사일방어 정책이라고 보았다.[59]

미국의 미사일방어체제 추진은 부시를 이은 오바마 행정부에서도 계속되었다. 특히 오바마는 선거기간 '핵무기 없는 세상'을 내걸고 북한과 직접대화를 주장했지만, 2009년 1월 대통령에 취임한 뒤 8년 동안 북한에 대해 '전략적 인내'라는 현상유지, 즉 무대책으로 일관했다. 북한의 핵·미사일 능력이 날로 강화되는 상황에서 미국이 이러한 정책을 편 직접적 원인은 북한이 2009년 4월 장거리 로켓을 발사해 미국 내 대화파의 입지를 축소시킨 데 있다. 하지만 근본적 원인은 북한의 위협을 구실로 미사일방어체제를 구축하고,

미사일방어체제를 고리로 미·일·한 삼각동맹을 형성해야 한다는 주장이 득세했기 때문이다.[60] 2009년 7월 주일미군 사령관 에드워드 라이스는 미·일·한 "3자 정보공유가 이뤄지면 더욱 효과적인 미사일방어체제가 가능하다"고 했고, 주일 미국대사관은 3자 간의 정보협력이 미·일·한 삼각동맹으로 가는 초석이 될 것으로 보았다. 2010년 9월에는 미 국무부 프랭크 로즈 부차관보가 "아시아에서 일본과 한국은 이미 중요한 미사일방어체제 파트너들"이라고 하면서 다자간 미사일방어체제의 필요성을 제기했다. 그리고 2012년 여름에는 미·일·한 3국이 태평양에서 해상 미사일방어체제 훈련을 실시했기도 했다.[61]

미국이 대중국(북한) 미사일방어체제를 완성하기 위해서는 북한의 핵미사일 위협만이 아니라 한국의 협조, 나아가 미·일·한 군사협력체제가 갖추어져야 한다. 그러나 김대중·노무현 정부는 중국·러시아와의 관계를 고려하여 미국의 미사일방어체제 편입을 거부했을 뿐만 아니라, 미·일·한 군사협력체제도 반대했다. 그러나 친미·반중 성향이었던 이명박 정부는 미국의 미사일방어체제에 편입하기로 하고, 2012년 5월 미사일방어체제 구축에 필수적인 '한일군사비밀정보보호협정(GSOMIA)'을 은밀하게 추진했다. 그러나 이것은 한국민의 강력한 반발에 부딪쳐 협정체결 직전에 중단되었다.

2014년 6월, 커티스 스캐퍼로티 주한미군사령관은 북한의 핵·미사일위협에 대응해 주한미군에 사드를 배치해야 한다고 주장했다. 그리고 8월에는 로버트 워크 미 국방부 부장관이 "미사일방어체제는 한미동맹에 절대적으로 중요하다"고 하면서, 한국형

미사일방어체제와 미국 미사일방어 체제가 상호 운용되길 희망하며, 미·일·한 3국이 정보를 공유하는 것이 가장 중요하다고 강조했다.[62] 이 당시 박근혜 정부는 중국과의 관계를 고려하여 사드문제에 대해 '불요청', '불협의', '불결정'이라는 이른바 '3불(不)정책'을 주장했으나, 6개월 뒤인 12월 '한일군사정보보호협정'을 변형한 '미·일·한 삼국간의 정보공유약정'을 체결했다. 그리고 이때부터 여당인 새누리당에는 사드배치를 주장하는 사람들이 늘어나고, 미국의 압박도 강화되었다.

북한이 2016년 1월에 제4차 핵실험을 실시하고, 2월에 미사일을 발사하자 박 대통령은 '대북용' 사드배치를 전격 결정했다. 그러나 2016년 6월, 스콧 스위프트 미 태평양함대 사령관은 북한의 미사일 위협에 대응해 '미·일·한' 미사일방어체제를 통합해야 한다고 주장했다. 여기서 한발 더 나아가 미 국방장관 애슈턴 카터는 '아태 지역' 미사일방어체제를 강조했다.[63] 그리고 2016년 11월 미사일방어체제 구축의 소프트웨어라 할 수 있는 한일군사정보보호협정이 체결되었다.

2017년 1월 새로 출범한 트럼프 정부는 북한·이란 등의 미사일 위협에 대처하기 위한 최첨단 미사일방어체제 구축을 6대 국정 기조에 포함시켰다. 또한 매티스 국방장관은 취임 직후인 2월 초 한국과 일본을 방문해 일본 및 한국과의 지속적 동맹 책임을 강조하고, 미·일·한 안보협력을 한층 강화하며, 사드배치 등 미사일방어체제도 조속히 구축하기로 했다. 2월 12일, 북한이 중거리탄도미사일(IRBM)을 발사하자 트럼프 대통령은 중국을 비난하며, 한국, 일본에 미사일방어체제를 강화하겠다고 밝혔다. 마침내 한미연합훈련이 진행 중인 2017년 3월 6일 새벽 북한은 4발의 탄도미사일을 주일미군을 염두에 두고 일본 근해에 발사했고, 그날 밤 미국은 사드를 수송기로 운송해 한국에 전개했다.

1950년 북한의 전면남침은 미국이 세계 공산주의를 봉쇄하는 철벽을 만드는 데 결정적 근거를 제공했고, 일본경제에게 구원의 손길이 되었다. 2010년 천안함 폭침은 남북의 협력을 중단시키는 〈5·24 조치〉를 취하게 했으며, 일본 하토야마 정부가 추진한 미·중으로부터의 자립외교를 파탄시키고, 미일동맹을 강화시키는 결정적 계기가 되었다. 지난 30년간 북한이 '생존'을 위해 개발한 핵과 미사일은 미국이 아태 지역 미사일방어체제와 아시아중심축전략 및 일본의 군사대국화를 완성하는 데 결정적인 동력이었다. 특히 한·미·일에 공통의 적인 북한의 핵·미사일 위협에 '의해' 미사일방어체제(사드배치)가 추진되고, 미사일방어체제를 '위해' 70년간 해결되지 않았던 한일 군사협력의 기반이 마련되있다. 또한 미사일방어체제를 '통해' 중국(러시아)에 대항하는 미·일·한 삼각군사동맹체제, 나아가 "실질적인 집단안보체제"[64]로 나아갈 수 있게 되었다. 뿐만 아니라 이를 통해 미국은 아태지역, 나아가 '글로벌' 미사일방어체제를 완성할 수 있게 되었다.

4중의 족쇄와 열쇠
- 평화와 통일을 위한 국제관계 전략

오래된 역사적 정체성과 국가주의가 2010년 이후 오늘날의 국가와 국제관계의 판을 새롭게 규정하고 있다. 중화제국으로 부활한 중국, 유라시아제국으로 복귀한 러시아, 동아제국을 회상하는 일본, 세계제국으로서의 리더십을 회복하고 노골적으로 미국 우선주의를 외치는 미국이 사방에서 한국을 족쇄처럼 죄어 온다. 이에 더해 김정은의 '조선'도 3대에 걸쳐 정립한 '주체체제'에서 한 치도 이탈하지 않고, 오히려 그 완성을 향해 나아가며 '한국'을 압박한다. 그런데 한국은 정체성의 혼란과 사방의 압박 속에서 방황하고 있다.

4중의 족쇄　우선 한국(남한Yk=해양세력Y+분단코리아k)의 정부수립과 수호에 결정적인 역할을 한 미국(YD)이 비대칭적 군사동맹의 주역이자 패권국가로서 가하는 압력이다. 일찍이 부시 정부는 러시아(XB)와 ABM조약 강화에 합의한 김대중 정부에 격앙했고, '동북아 균형자론'을 펼친 노무현 대통령에게도 비판적이었다. 미국 국방장관이었던 게이츠는 회고록에서 노 대통령에 대해 "나는 그가 반미적이고 아마도 약간 정신 나갔다(Crazy)고 결론 내렸다"고 평가했다.[65] 2013년 12월 바이든 미 부통령은 집권 전반기 반일친중정책을 편 박근혜 대통령에게 '미국에 반하는 것에 베팅하지 말라'고 경고했다. 2015년 10월 오바마 대통령도 '한국이 중국에 대해 목소리를 내야 한다'고 압박했다. 2016년 7월 한국 정부가 중국의 반대를 무릅쓰고 사드배치를 결정한 것은 표면적으로는 북한의 핵·미사일 위협 때문이었지만, 그 근저에는 한국에 대한 미국의 압박이 있었다.

다음으로 35년간 코리아를 지배한 뒤, 미일동맹을 통해 미국과 일체쌍두가 된 일본(YC)의 압박이다. 한국이 역사와 독도문제로 반일정책을 강화하자 일본에서는 혐한 광풍이 일어났다. 일본 정부와 언론은 이를 방관하고 나아가 조장했다. 특히 박 대통령이 한미동맹 강화와 친중을 통한 반일연대를 동시에 전개하자, 일본은 혐한과 반한 나아가 단교(斷交) 여론으로 한국과 코리안을 압박했다. 2015년 4월의 미일정상회담은 일본이 미국과 힘을 합쳐 한국을 압박한 결정판이었다. 이전에 미국은 역사와 영토문제에 대해 균형적인 입장 또는 한국에 우호적인 입장을 보였으나, 이때 이후 한국이 아니라 일본 편을 들었다.

다른 한편, 거의 2천 년간 코리아에 대해 종주권을 행사했으나 근·현대 이후 오랫동안 한국(Yk)에 대해 영향력을 행사하지 못한 중국(XA)이 2010년대 이후 심화된 한중 경제관계를 바탕으로 한국을 압박했다. 2014년 현재 한중 간 교역 규모는 2천354억 달러로 1992년 대비 37배 증가했다. 중국은 한국 총수출의 25.3퍼센트를 차지해 미국의 10.5퍼센트 일본의 7.8퍼센트를 훨씬 뛰어 넘었다. 한국의 대중국 직접투자도 제조업을 중심으로 연평균 14퍼센트씩 증가했고, 중국의 대한국 직접투자도 연평균 38퍼센트씩 증가했다. 한국의 주식·채권시장에서 중국계자금의 비중이 31.9퍼센트와 46.5퍼센트로 급증했다. 양국간 인적교류도 1천31만 명에 달했고 방한외국인 중 중국인의 비중이 약 50퍼센트에 달했다.[66] 이로 인해 한국경제는 중국이 기침하면 감기가 들 정도가 되었고, 보수세력을 중심으로 '안보는 미국, 경제는 중국(安美經中)'이라는 그릇된 인식도 생겨났다.

게이츠로부터 "매우 친미적이었다"는 평가를 받은 이명박 대통령 시기 한국과 중국의 마찰은 끊이지 않았다. 특히 2012년 7월 한국이 일본과 군사정보보호협정을 맺으려 했을 때 중국은 관영 인민일보의 자매지 《환추스바오(環球時報)》를 통해 동 협정이 미·일·한 삼각동맹을 위한 것이고, 이로써 "한국은 앞으로 동북아에서 대국들 사이의 '최전선 바둑돌'로 전락할 것"이라고 압박했다. 사드배치 협상을 개시한 2016년 2월 16일에도 《환추스바오》는 "한국은 중국과 미국의 군사게임이 벌어지는 고도로 민감한 지역이 될 수 있으며, 한국은 국가로서의 독립성을 잃고 대국 사이에 끼어 이러지도 저러지도 못하는 '바둑돌'이 될 것"이라고 위협했다. 나아가 7월 8일 사드배치가 결정되자 《환추스바오》는 다섯 가지 보복을 중국정부에 촉구했다. 이러한 인식 속에서 중국정부는 한류를 제한(限韓)하고, 나아가 반한(反韓)의 흐름 속에서 각종 경제제재를 가할 뿐만 아니라 정치·군사협력도 중단시키고 있다. 2017년 2월 말 사드부지가 확정되자 《환추스바오》는 "한국을 벌하는 것이 중국의 유일한 방법"이라고 말하고 인민일보의 소셜미디어인 《협객도(俠客島)》는 '준단교(準斷交)'를 거론하기도 했다. 19세기 말 일본이 조선(Korea)을 중화체제에서 필사적으로 떼어내려 했던 것처럼, 21세기 초 중국은 한국(South Korea)을 미일동맹체제에 편입되지 못하도록 필사적으로 압박한다.

마지막으로 분단된 코리아의 반쪽인 북한(Xk)이 남한(Yk)에 가하는 강한 압박이다. 북한은 김영삼 정부 시기 북핵을 둘러싸고 긴장이 고조되자 '서울불바다론'으로 위협했고, 이명박 정부의 등장 이후 화해협력과 평화번영정책이 폐기되자 대남 압박을 강화했다. 2008년 이후 북한은 다양한 이유가 있지만, 금강산 관광객 피살, 연속적인 핵·미사일 실험, NLL침범, 천안함 폭침, 연평도 포격, 개성공단 철수, 휴전선에서의 군사적 도발, 전쟁 위협, 남한의 최고지도자에 대한 모욕적 발언 등으로 남한을 압박했다.

한국에 대한 압박이 사방에서 강화되고 반한 여론이 도처에서 비등하는 가운데 동아시아에 대한 미국의 패권전략은 관철되고 있다. 미국은 고슴도치처럼 '생존'에만 몰두해 정세를 악화시키는 코리아의 북쪽(조선)을 지레받침으로 삼고, 코리아의 남쪽(한국)을 '아시아 중심축의 린치핀'으로 고정시키며, 일본을 지렛대이자 주춧돌로 삼아 아시아의 패권으로 나아가는 중국을 제어한다. 이에 대한 대응으로 중국(XA)은 러시아(XB)와 준동맹관계를 맺고, 북한(Xk)의 체제를 유지시키며, 남한(Yk)이 미·일·한(Y) 삼각체제에 고착되지 못하도록 압박한다. 국제정세가 코리아에게 선택을 압박하고, 그 압박에 따라 민족의 내부가 분열하며, 결국은 나락으로 빠진 사례가 우리 역사에는 자주 등장한다.

1945년 해방정국에서 해방자이자 점령자로 등장한 미국과 소련 그리고 이들 각각과 결탁한 코리안들은 우리 민족 전체에게 미국(X)과 소련(Y) 중 하나를 택하라고 압박했다. 분단정부의 수립은 양자택일을 강요하는 것이었고, 한국전쟁은 그 택일된 하나로 코리아 전체를 석권하기 위한 것이었다. 여기서 양자택일(Xk or Yk)을 하지 않고 둘 모두(XYK)를 선택한 사람들은 남과 북에서 모두 제거되었다.

1871년, 오랫동안 동아시아에서 패권을 행사해온 황제국 중국과 새로이 등장한 천황국 일본이 〈청일수호조규〉를 체결해 대등한 관계임을 밝혔다. 이를 토대로 1876년 〈조일수호조약〉이 체결되자, 중국과 일본 모두 코리아를 자신의 하위체제에 편입하려 했고, 코리아에는 이중의 족쇄가 채워졌다. 중국(청)은 병자호란 이후 코리아를 조공체제상의 속국으로 만들었는데, 이때부터 근대적인 속국으로 재규정했다. 일본(YC)은 이때부터 '조선은 자주의 나라'라는 조약 1조에 따라 코리아(XK)를 중국(XA)으로부터 떼어내려고 집요하게 노력했다.

1880년대 이후 코리아는 지역패권을 다투는 중국과 일본, 세계패권을 다투는 러시아와 영국에 의해 4중의 족쇄에 채워졌다. 중국은 1882년 구식 군인의 쿠데타를 계기로 3천 명의 군대를 코리아에 주둔시켰고, 이후 코리아를 동북3성에 편입시키려 했다. 고종과 민비는 러시아를 독립의 돌파구로 보고 이에 밀착했다. 영국은 1885년 거문도를 점령해 러시아를 견제했고, 중국과 일본을 이용해 코리아를 대러봉쇄의 전초기지로 만들려 했다. 결국 수구세력과 기층국민 간의 동학농민전쟁을 계기로 벌어진 해양(일본)과 대륙(청)의 전쟁에서 일본이 승리했다. 그러나 러시아는 삼국간섭으로 코리아를 자신의 세력권에 편입시켰고, 해양세력(일영동맹)은 다시 대륙세력(러)과 전쟁을 벌여 코리아를 해양세력에 편입시켰다. 결국 세계패권국 영국이 세계패권 구도에 충실한 일본을 지렛대로 삼고, 이에 무지했던 '조선'을 지레받침으로 삼아, 동아시아로 팽창하는 러시아제국을 제압한 것이다.

1616년 누르하치가 독자의 제국인 후금을 수립하자, 광해군의 코리아는 기존의 패권국이자 종주국인 명나라(XA)와 신흥강국 후금(XB) 사이에서 이중의 압박을 받았다. 명나라는 임진왜란기 항왜의 혈맹이자 문명의 가치를 공유하는 동맹국으로서 조선이 반후금 전선에 나설 것을 강요했다. 이에 후금은 조선에 '보복'하겠다고 위협했다. 코리아의 정치사회세력은 친명과 친후금으로 나뉘었다. 광해군은 '투항주의'에 빠졌고, 인조는 '모험주의'에 빠졌다. 코리아는 1619년 후금과 벌인 사르후전투와 정묘·병자호란에서의 참패로 후금(청)의 완전한 속국, 준(準) 식민지가 되었다.

반면 대륙의 두 세력인 송(XA)과 요(XB)에 의해 선택이 강요된 10세기 말, 11세기 초의 코리아에는 다양한 의견이 분출했지만 양자택일의 압박에 굴복하지 않았다. 고려는 요나라의 침략을 물리침으로써 능동적으로 송과 요에 대해 이중의 조공관계를 맺었고 자주성을 유지했다. 12세기 초 금이 등장했을 때 고려의 내부는 분열되어 있었다. 금이 요를 물리치고 나아가 송을 복속시켰을 때, 고려는 금과 정치군사적 조공관계를 맺고 송과는 경제문화적 관계만 유지해 국가를 유지시켰다.

2017년 오늘날, 한국(South Korea=Yk)이 4중의 압박 속에서 평화와 통일을 이루기 위해 선택할 수 있는 국제관계 전략으로 두 가지가 거론된다. 하나는 세계패권국이자 한국의 상위 동맹국인 미국 중심, 즉 반대륙·친해양(Y 〉 X) 전략이다. 한국의 기본적 정체성이 해양세력이라는 점을 염두에 둔다면 이 전략은 우리에게 매우 익숙하다. 또 하나는 균형외교(Y≧X)전략이다. 세계패권국인 미국과 동아시아의 강대국인 중국, 다시 말해 제2차 미일동맹을 완성한 미·일(Y)과 준동맹관계를 형성한 중·러(X) 사이에서 균형외교를 펼치는 것이다. 이 두 전략 중 어떤 것을 선택하느냐에 따라 한국의 외교안보만이 아니라, 코리아의 통일 나아가 동아시아와 세계의 역학구도가 달라진다.

이 두 전략 외에 대륙(X=중·러·북) 중심의 전략을 상상할 수 있다. 그러나 이는 해양세력 남한의 역사적 정체성과 현재의 동맹관계를 고려할 때 불가능하다. 분단국인 남한(Yk)이 북한(Xk)과 통일하기 위해, 또 중국·러시아(X)에 경제적으로 진출하기 위해 반해양·친대륙(Y 〈 X)으로 중심을 이동시킨다는 것은 성 호르몬의 변화없이 수술로 성을 전환하는 것과 같은 '정체성의 혁명'이다. 한국은 통일코리아(Yk+Xk=YXK)가 되어 본래의 '양면적인 해양·대륙(海陸) 정체성'을 온전히 회복할 때까지는, 즉 현재의 분단체제에서는 정체성을 혁명적으로 변화시킬 수 없다. 따라서 대륙 중심 전략은 현 상태에서 결코 선택의 대안이 아니다.

미국·해양(Y) 중심 전략 우선 제1안, 패권국인 미국(YD) 중심, 다시 말해 해양(Y) 중심 전략을 검토해보자. 한국의 주류는 미국과 한국이 피로써 맺은 '운명공동체'이고, 한·미·일이 자유와 민주주의를 공유하는 '가치공동체'이며, 오바마 대통령의 집권 이후 미국의 세계적 리더십이 쇄신되었기 때문에 해양 중심 전략은 당위이자 필수라고 본다. 이 전략은 '패권 편승론'이라고 할 수 있는데, 국제관계 현실에서 가장 강력하게 통용되고 있다. 또한 이것은 고조선 이래 제대로 된 황제국(帝國=독자세력권 구축)을 만들지 못하고 조공체제에 순응해온 우리 민족사에서 주류적 흐름이기도 하다. 특히 1945년 분단 이후 미국의 영향 하에 정부를 만들고, 가치를 지키며, 나라를 발전시켜온 남한(Yk)에게 이것은 가장 쉬운 '관성적' 선택이자 '숙명적' 선택처럼 보인다.

그러나 이 전략의 문제는 우리가 외교안보를 '관성'과 '숙명'에 맡겨둘 때, 현재의 한미동맹은 '유지'에 머무르지 않고 중국의 부상에 대응하는 한미동맹의 '강화'로, 나아가 미일동맹의 하위 파트너가 되어 미·일·한 삼각동맹체제에 자연스럽게 '편입'된다는 점이다. 그 결과는 영구분단이다. 이 점에서 '한미동맹강화론이 한미동맹을 미일동맹에 종속시키고, 한국을 미·일·한 삼각동맹체제에 편입시키며, 북중관계를 강화시켜 결국 남북의 화해를 불가능하게 한다'[67] 는 14년 전의 주장은 여전히 타당하다.

또한 관성적인 한미동맹 강화는 필연적으로 한국이 동아시아 나아가 세계적인 강대국으로 부상하는 '중화제국'과 마찰을 일으키고 결국 대립하게 한다. 이것은 NATO로 편입된 동유럽의 폴란드나 루마니아가 '러시아제국'과 마찰을 일으키고, 유럽적 정체성과 러시아적 정체성을 동시에 가진 우크라이나가 EU에 편입하려 하자 내전이 발생해 EU와 러시아 사이에서 전쟁터가 된 것과 유사하다. 사드배치가 결정되자 한중관계는 외교군사면만이 아니라 경제사회 면에서도 흔들렸다. 중국은 '바둑돌론'처럼 남한을 흔들고, 일본과 미국은 흔들리는 남한을 다시 흔든다. 남한이 대국 사이에 끼어 이러지도 저러지도 못하는 바둑돌 신세가 된다. 이 점에서 '안보는 미국, 경제는 중국' 또는 "안보차원에서 한·미동맹을 주축으로 국방에 만전을 기하고, 경제적 국익을 위해서 중국을 포함한 모든 국가와 자유무역질서에 근거해 협력해야 한다"[68]는 주장처럼 우리가 원하는 것만 중국 또는 미국으로부터 취사선택할 수 있다는 생각은 국제역학의 실상과 한국의 지정학적 특성을 인식하지 못한 어리석은 것이다.

미국 중심 전략의 완화된 형태로 '한미동맹에 기초한 중첩외교전략'이 제시되기도 한다. 이 주장은 원미·친중, 친미·원중, 균형자 및 균형외교, 한미일 삼각동맹론 모두를 비판하고, "한미동맹의 유지와 발전, 그리고 이를 통한 일본과의 협력 확보를 기본으로 하면서, 그 위에 중국과의 협력을 심화시켜 나가야 한다"고 주장한다. 여기에는 두 가지 전제조건이 있다. 우선 한미동맹 및 한일협력이 '북한'만을 대상으로 해야지 '중국'을 대상으로 한 '한·미·일 삼자동맹'으로 발전되지 않아야 한다. 또한 중국이 한미동맹을 약화시키지 말고 한미동맹과 한일협력의 발전을 용인해야 한다. 왜냐하면 한미동맹이 약해지면 미일동맹이 강화되고, 미-일-대만의 연대가 강

화되어 중국에 이득이 되지 않을 것이기 때문이다.[69]

그러나 '중첩외교전략'의 문제는 한미동맹이 2000년대 이후 북한만이 아니라 중국을 겨냥하는 동맹으로 전환되기 시작했다는 점이다. 그 대표적 표현이 '주한미군의 전략적 유연성' 및 '한미, 한일 간의 군사적 상호운용성 강화'이다. 노무현 정부는 온갖 지혜와 끈질긴 노력으로 주한미군이 동북아의 분쟁, 즉 반중전선에 연루되지 않도록 제한장치를 마련했다.[70] 그러나 이명박 정부는 이 제한조치를 해제하고 한미동맹을 동아시아 및 범세계적 차원에서 전략적 이익을 공유하는 '21세기 전략동맹'으로 바꾸었다. 그리고 박근혜 정부는 한미동맹을 '포괄적이고 상호운용이 가능한 미사일방어를 통해 연합방위력을 지속적으로 강화하는 21세기 글로벌 파트너'로 격상시켰다.[71]

그래서 중국은 한미동맹도 미일동맹처럼 궁극적으로 중국을 대상으로 하고, 이것이 필연적으로 반중연대구도, 즉 미·일·한 삼각동맹으로 발전할 것이라고 본다. 한국과 미국은 사드가 중국을 겨냥한 것이 아니라 북한의 미사일을 겨냥한 것이라고 계속 주장했다. 그럼에도 불구하고 중국은 사드배치를 강력 반대하는데, 그 이유는 사드(MD)배치로 '망치처럼 중국의 중심부를 겨누는' 한국이 미·일 군사동맹체제에 편입될 것이라고 보기 때문이다.

해양과 대륙의 균형외교 전략　다음으로 제2안, 패권세력인 해양(미일동맹)과 도전세력인 대륙(중·러 준동맹) 사이에서 '균형외교(Balanced Diplomacy)'를 펼치는 전략을 검토해보자. 이 균형외교의 가장 큰 특징은 해양과 대륙 어느 한편에 가담해 다른 한편의 적이 되지 않는 것이다. 이 점에서 균형외교는 해양과 대륙 사이에서 일종의 '중립외교'이고, 어느 한쪽에 우리의 운명을 의존하지 않고 우리의 운명을 우리가 개척하는 '자주외교'로도 연결될 수 있다. 이 균형외교노선이 가능하기 위해서는 크게 세 가지가 필요하다. 어떤 상황에서도 우리 스스로를 지킬 수 있는 자주국방력, 남북관계에서의 협력과 신뢰구축, 동북아에서의 협력적 안보환경조성이 그것이다.[72] 우리와 상황이 다르지만 2009년에 집권한 일본의 하토야마 총리는 미·중 간의 '자립외교'라는 일종의 균형외교와 동아시아공동체를 추구했으나, 정체성의 정치와 미국의 압박 및 불안정한 동북아정세로 완전히 실패했다.

제2안의 가장 큰 문제는 한국(Yk)의 해양적 정체성이 훼손되어 해양세력(Y)으로부터 공격을 받는다는 점이다. 즉 동맹의 갑(甲)인 패권국 미국(YD)은 을(乙)인 한국의 균형외교를 배신으로 인식한다. 미국의 제1파트너인 일본(YC)은 균형외교를 펴는 한국을 이지매해 한국과 공산 중국을 한통속으로 치부한다. 또한 한국 내의 해양세력(보수세력)도 균형외교를 친중·종북으로 매도한다.

이와는 별도로 일부에서는 '균형외교가 강대화된 중국에 대항할 수 있는 지렛대도 잃어버리게 하고, 한미동맹을 공동화시킬 뿐만 아니라 미·일과의 관계를 약화시켜 중국의 한국에 대한 존중을 약해지도록 한다'[73]고 비판한다. 그러나 이 비판은 근거가 없는데, 한국이 사드배치를 결정한 뒤 중국은 이전보다 한국을 더 존중하지 않고 오히려 격하 내지 적대한다. 《환추스바오》는 2017년 2월 3일 매티스 미 국방장관의 방한과 관련해 〈한국은 미국이 중시해주니 좋은가〉라는 제목의 사설에서 "한국은 미국을 구세주로 여기고 그들이 하자는 대로 하며 외교적 독립성을 거의 상실했다 (…) 미국의 바둑돌로 전락했다"고 평가했다. 분명한 사실은 중국이 지난 20년간 한국을 중시하고 존중한 것은 한국이 미·일 일변도의 외교를 펼쳤기 때문이 아니라, 경제·문화적 우월성과 함께 중국의 입장도 존중하는 일종의 균형외교를 펼쳤기 때문이다.

균형외교의 또 다른 문제점은 북한(Xk)에 대한 억제력이 약화된다는 점이다. 북한이 핵·미사일 능력을 날로 강화해 비대칭적 전력을 확보한 상황에서 남한의 균형외교는 미국의 대한방위공약을 약화시켜 대북 핵억제력(핵우산)을 불안정하게 한다. 특히 미국의 핵우산에 대한 대체재로 자체 핵무장과 미사일방어체제(THAAD, KAMD)를 갖추지 못할 경우, 남한은 북한의 핵위협에 굴복하게 된다. 결국 미국의 핵전략자산이 없는 한국의 핵억제력은 공허하고, 자체 핵무장과 미사일방어체제가 없는 자주국방도 공허하다. 나아가 자주국방이 없는 균형외교는 무력하고, 이 경우 균형외교는 국민에게 안보 불안으로 인식된다. 특히 남북관계가 협력과 신뢰는 고사하고 전쟁 일보직전의 적대상태가 되고, 동북아에도 해양과 대륙 사이에 대결전선이 형성되어 협력적 안보환경이 불가능하게 되었다는 점도 문제이다.

이러한 균형외교의 강화된 형태 또는 완성된 형태가 '동북아 균형자론'이다. 노무현 대통령은 2005년 국회와 사관학교, 자문회의 등에서 "우리 군대는 스스로 전작권을 가진 자주군대로서, 한반도

뿐만 아니라 동북아시아의 평화와 번영을 위한 균형자 역할을 함으로써, 앞으로 우리가 어떤 선택을 하느냐에 따라 동북아의 세력판도가 달라질 것"이라고 말했다. 즉 '동북아의 미래불안 요인이 중·일 간의 대립에 있다고 볼 때, 중·일 사이에 발생하는 힘의 불균형에 한국이 어느 쪽 추 노릇을 하느냐에 따라서 동북아시아의 전체 안보정세가 변화될 수 있는 그런 역할'을 노 대통령은 추구했다.[74] 필자는 2005년 이 책의 초판에서 '동북아 균형자론'을 다음과 같이 평가했다.

"2005년 한국의 '동북아 균형자론'은 19세기 말 조선의 '칭제건원(稱帝建元)'과 유사한 뉘앙스를 갖고 있다. 2천 년의 중화세계에서 패권국(中國)만이 '칭제건원'했던 것처럼, 오늘날의 국제정치학에서는 패권국이 '세력균형자'가 될 수 있다고 본다. 19세기 말 칭제건원은 '주변국으로부터의 자주'와 제국인 중국·일본과의 대등한 국가를 지향했고, 이때 '탈대륙 친해양'이라는 비판이 있었다. 반면 21세기 초 동북아 균형자론은 '패권 경쟁으로부터의 자유'와 미·중·일·러와의 대등한 국가상을 지향하고, 이때 '탈해양 친대륙'이라는 비판이 일어난다. 조선 말의 칭제건원이 분열된 국가의 통합수단으로 간주될 수 있었던 것처럼, 분단시대의 동북아 균형자론 역시 남북 간의 통합을 위한 방편으로 간주될 수도 있다. (…)

미국의 대중 온건파는 강경파와는 달리 미국이 아시아에서 세력균형자의 역할을 해야 한다고 생각한다. 이러한 대중 온건파의 노선이 실제 정책에서 관철된다면, 한미동맹하의 한국은 '세력균형자의 파트너'가 될 수 있다. 그렇지만 오늘날의 한국은 단독으로는 세력균형자가 되기 힘들다. 남북이 분단되어 있고, 남한의 힘만으로는 북한을 관리하기도 쉽지 않으며, 한국이 세계 10위권의 경제·군사력을 가지고 있지만 주변국과의 상대적 국력 격차가 여전하기 때문이다. 그러나 '동북아 균형자'를 국제정치학적인 '세력 균형자'가 아니라 동북아의 '신뢰 구축자', '평화 촉진자'의 개념으로 사용할 경우, 동북아 균형자론은 21세기 우리 외교에서 아주 의미 있고 진취적인 개념이 될 수 있다."[75]

우리의 머리와 힘으로 중심을 잡는 '중추적 중견국가'　　19세기 후반 이후 동아시아의 국제관계에서 코리아(조선, 한국)는 패권국이 지렛대를 제대로 쓸 수 있게 만드는 '지레받침'이거나, 패권국의 전략축을 고정시키는 '린치핀'에 불과했다. 21세기 코리아에게도 19세기 후반과 꼭 같은 역할이 강제되고 있다. 뿐만 아니라 역사의 숙명적 관성에 사로잡힌 우리 내부의 일부 세력도 이러한 역할을 자초하고 있다. 우리는 이러한 숙명적 상황에 순응할 것인가, 아니면 숙명을 혁명할 것인가? 우리는 앞에서 검토한 제1안과 제2안 중 어떤 전략을 택할 것인가? 선택이 아니라면 1안과 2안의 장단점을 모두 고려한 제3의 전략이 가능한가?

미국은 2010년 이후 동아시아전략으로 추진한 '아시아 중심축 전략(Pivot to Asia)'을 '재균형 정책(Rebalancing Policy)'이라고 불렀다. 막강한 세력으로 부상하는 중국에 다시 균형을 맞추기 위한 정책이라는 뜻이다. 미국의 판단으로는 거대한 중화제국에 균형을 맞출 수 있는 나라는 동아시아에 존재하지 않는다. 인구 1억 2천만의 일본은 그 10배의 인구를 가진 중국에 경제력에서는 2010년에 추월당했고, 이후 국력 격차가 더욱 벌어지고 있다. 인구 6억의 아세안 10개국은 경제·정치·군사적으로 중국에 맞설 수 없다. 2005년 노무현 대통령이 주장한 '중·일 사이의 힘을 고려한 동북아 균형자론'을 현재의 동아시아 세력관계에 적용해보면, 거대해진 중국에 균형을 맞추기 위해서는 한국이 일본의 편에 서야 한다. 사실 일본과 한국이 힘을 합해도, 나아가 일본과 한국과 아세안 10개국 모두가 힘을 합쳐도 '중화제국'에 균형을 맞출 수 없다.

현재와 미래의 동아시아에서 강대화된 '중화제국'에 균형을 맞추기 위해서는 세계패권국인 미국의 존재가 필수적이다. 동아시아, 넓게는 아시아태평양 차원에서 미국의 군사력강화(Pivot to Asia)와 미일동맹 강화가 동시에 이루어질 때 비로소 '현상을 변경'하고자 하는 중국에 대해 미국이 '패권안정'을 유지하는 '재균형'을 이룰 수 있다. 2017년 현재 미국의 패권력과 일본의 종합국력 그리고 한국의 국력을 염두에 둘 때, 미일동맹과 현재의 한미동맹은 중국에 균형을 맞추기에 충분하다. 중국에 러시아가 결합되더라도 일본의 군사력이 강화된다면, 미일동맹은 중·러의 준동맹(전략적 동반자)에 대해 동아시아에서 현재의 '패권안정'을 유지할 수 있을 정도의 '균형력'을 가진다. 그리고 이 균형은 최소 2030년까지는 유지될 것이다. 여기서 세계 10위권의 경제·군사력과 동북아의 지정학적 요충에 위치한 '중추적 중견국가(Pivotal Middle Power)'[76]인 한국의 역할이 중요하다.

한국이 한미동맹의 '현상을 변경'하면, 즉 사드배치(MD체제) 등을 통해 '미일동맹체제'에 깊숙이 편입되면 동아시아에서 미일동맹과 중러준동맹의 현재 세력관계는 변화되고 중국은 크게 위축된다. 이 것에 대해 중국은 "미국과 한국이 사드를 추진하는 것은 지역의 '전략균형'을 엄중히 파괴한다"[77]고 주장한다. 그러나 만일 한국이 '현상을 변경'해 미국(해양)에서 이탈하여 중국(대륙)에 편입되면 대륙세력이 우세해져 해양세력이 심각히 위축되고 세력균형은 무너진다. 따라서 '2015년 현재'의 상황에서 미·중·일·러가 경합하는 동북아의 핵심에 위치한 중추적 중견국가 한국은 전통적으로 패권국이 수행한 '세력균형자'의 역할은 아니지만, 동북아의 세력균형을 좌우할 일종의 '균형추' 역할을 하게 되었다. 아주 팽팽한 천칭에서는 조그만 물체도 균형추가 될 수 있는 것과 마찬가지이다.[78]

윤병세 외교부 장관이 2015년 3월, "지난 2년간 (한미, 한중) 양자 외교로부터 지역외교를 넘어 글로벌 외교까지 대한민국의 전략적 위상과 존재감은 그 어느 때보다 높아졌다", "미중 양측으로부터 '러브콜'을 받는 상황은 골칫거리나 딜레마가 아니고 축복"이라고 자신감을 보인 것은 위와 같은 동북아의 역학관계 때문이었다. 그러나 박근혜 정부가 남북관계의 단절 속에서 2015년 9월 '북한와해를 통한 통일(통일대박)'을 위해 중국에게 과도하게 접근하고, 그 반작용으로 2016년 2월 반중국·친해양정책을 선택한 이후 한국의 외교는 완전히 파탄났다. 한번 균형이 깨어지자 판 전체가 흔들리면서 균형추도 중심을 잡지 못하고 흔들리게 된 것이다.

동북아의 국제관계와 한국의 외교사를 염두에 둘 때 분단국가 한국은 현재의 동아시아 세력관계에 민감해야 한다. 즉 미국에게 '한반도는 중국의 힘을 약화시키기 위한 중요한 전략적 전초기지'이고, 중국에게 "한반도는 미국주도의 대중국 지역 봉쇄망을 약화시킬 수 있는 전략적 요충지이다. 그 결과 한반도는 미중 간 일종의 전략적 생명권(Lebensraum)"[79]이 되었다는 점을 엄중히 인식해야 한다. 또한 우리는 우리의 위상을 냉철하게 판단하고 우리의 정체성이 무엇인지 명확하게 인식해야 한다. 이러한 인식 위에서 우리는 국가의 좌표를 정확히 설정하고 국제관계전략을 세밀하게 짜야 한다.

가장 먼저, '동북아의 중추적 중견국가'로서 우리의 위상과 정체성을 분명히 해야 한다. 대한민국은 더 이상 약소국이 아니다. 세계 10위권의 경제력과 군사력, 정치력과 문화력 나아가 외교력을 갖춘 G20의 '중견국가'이다. 우리는 고래 싸움에 등 터지는 '새우'가 아니다. 오히려 고래들의 싸움을 중재하고 이들을 화해시키는 영민하고 친근한 '돌고래'이다. 나아가 대한민국은 우리 스스로는 운전대를 잡을 수도 없고 갈 길을 선택할 수도 없는 '편승객'이 아니다. 강대국이 마음으로 행마(行馬)할 수 있는 '바둑돌'도 아니다. 우리 스스로를 '새우'나, '편승객', '바둑돌'로 규정하고 펼치는 외교안보정책은 우리의 운명에 치명적이다. 오늘날의 우리는 지정학적·세력관계적 특성상 동북아의 '요충'에서 '중추'적인 역할을 하는 '균형추'이다. 또한 우리의 정체성은 해양(Y) 그 자체인 일본과는 달리 해양이면서도 대륙적인 지향성을 가진 나라이다. 따라서 해양(미국) 일변도의 국가전략을 택한 일본과는 달리 해양(미·일)과 대륙(중·러)을 모두 고려한 국가전략은 필수적이고 필연적이다. 이렇게 우리의 위상과 정체성을 자각할 때만 코리아의 운명을 개척할 수 있는 새로운 길이 보인다.

둘째, 주인의식과 책임감을 가지고 국익과 원칙에 따라 외교안보의 중심을 잡아야 한다. 우리의 외교안보를 그 어떤 다른 나라가 주도할 수도, 책임질 수도 없다. 우리가 주인이다. 우리가 중심을 잡고, 두 다리를 땅에 굳건히 딛고 서야 한다. 옆에서 흔들어도 중심을 잃고 다리를 떼서는 결코 안 된다. 또한 우리는 더 이상 과거의 어떤 관계가 아니라, 현재와 미래의 국익에 입각해 외교안보정책을 펼쳐야 한다. 이에 더해 인류보편의 가치와 원칙 그리고 국제법과 상호합의를 존중해야 한다. 이 점에서 노무현 대통령의 다음과 같은 철학은 여전히 유효하다. "우리 한국 중심으로, 한국의 이해관계, 한국의 미래 중심으로 토론을 하는 것은 없고, 현재 존재하는 상황과 강대국의 인식틀 속에서만 논의를 하고 있다. 우리 미래의 주관적 이해관계와 가장 적합한 것을 찾아내고, 그 방향으로 모든 당사자들의 행동에 영향을 미칠 수 있는 전략과 전술적 접점을 찾아내는 것이 이치이며, 아무리 작은 국가라 할지라도 대국의 전략 선택에 영향력이 있다. 작은 국가들이 어떤 선택을 하느냐가 영향을 미친다."[80]

우리는 요동치는 국제관계 속에서 우리 스스로 중심을 잡아야지 해양과 대륙, 미국과 중국 사이에서 그네타기 외교를 해서는 안 된다. 노태우 정부는 주도적이고 선구적으로 북방정책을 펼쳤다. 그러나 김영삼 정부는 이를 제대로 계승하지 못했다. 김대중 정부와 노무현 정부는 주변 4강 속에서 한국의 위치를 최적으로 설정하고 북한과 새로운 관계를 형성해 코리아의 구심력를 강화하려 했다. 그러나 이명박 정부는 이를 역전시켜 원심력을 강화시켰다. 이명박 정부는 친미·반중외교로 중국과 갈등했고, 한일군사비밀보호협정을 몰래 추진하다가 '친일'로 몰리자 이를 만회하기 위해 '반일'로 표변했다. 2012년 8월 독도를 전격 방문하고, 천황의 사죄를 요구한 것이 그 대표적 예이다. 박근혜 정부는 집권 전반기 G2였던 미중에 대해 친미와 친중을 동시에 추구했다. 그러나 친중은 반일연대구도로 나타나 일본의 반발을 샀고, 특히 항일전쟁승리 70주년 열병식 참석은 미국과 일본 모두에게 충격을 주었다. 이후 북한의 핵·미사일 실험을 계기로 친중에서 반중으로 널뛰기 외교를 펼쳤다. 미국의 재균형정책의 선봉에 서겠다고 하면서 사드배치를 결정한 것이 그 대표적 예이다.

'중심을 잡는 외교'는 시계추 외교, 그네타기 외교, 널뛰기 외교가 아니다. 이것들은 우리 외교안보에 치명적이다. 우리는 우리의 머리와 우리의 힘으로 중심을 잡고, 원칙과 신뢰에 입각해 주변 국가들이 예측 가능한 정책을 펼쳐야 한다. 이렇게 할 때 우리는 '동북아의 중추적 중견국가'로서 동아시아 및 세계에서 '신뢰 구축자(Trust Builder)', '평화 유지자(Peace Keeper)', '평화 조성자(Peace Maker)'가 될 수 있다.

셋째, 한미관계의 신뢰를 바탕으로 한미동맹을 굳건히 '유지'해야 한다. 다시 말해 한미관계는 다방면으로 계속 발전시키되, 사드배치가 결정되기 전인 '2015년'을 기준으로 한미동맹의 군사적 성격이 더 '강화'되거나 '약화'되어서는 안 된다. 중국의 강대화 및 북한의 핵·미사일을 이유로 한미동맹의 군사적 성격을 반중동맹으로 강화시키는 것은 동아시아에서 전략균형을 붕괴시키고, 한중관계를 파탄시키며, 중국으로 하여금 북한에 밀착토록 한다. 또한 경제적 목적이나 대북영향력을 목적으로 중국과 관계를 강화하기 위해 한미동맹을 약화시키거나 공동화시켜서도 안 된다. 우리가 거대한 중국과 교류협력을 해야 하는 상황에서 "한중관계를 균형적으로 이끌어가는 데 한미동맹이 중요한 자산"[81]이 될 수 있기 때문이다. 한미 간의 군사동맹을 현상태로 유지시키기 위해서는 '의지'적인 노력이 필요하다. 노무현 정부가 '주한미군의 전략적 유연성'을 인정하면서도 그 활동에 제한을 가한 것이 그 사례이다. 의지적 노력이 없으면 관성적으로 강화되기 때문이다.

넷째, 우리는 국익과 국제법적 원칙을 따르되 반중(反中)연대에 가담해서는 안 된다. 미국의 아시아 중심축 전략과 트럼프 정부의 동아시아전략은 '반중적인 미·일·한 삼각동맹'을 가속화시키고 있다. 미국의 정책에 보조를 맞추다 보면 이러한 흐름에 관성적으로 편승해 반중연대에 속하게 되는 것을 주의해야 한다. 이 점에서 미·일·한 삼각동맹으로 연결될 수 있는 사드배치, 한일군사정보 공유협정 등은 우리의 국제관계 전략상 회피되었어야 했다. 그러나 2016년 말 이 두 가지가 모두 결정된 상황에서, 이것을 번복하기 위해서는 국민 다수의 뜻, 국회의 의결, 당사국의 양해 등 세 가지의 조건이 충족되어야 한다. 만일 사드배치가 번복될 수 없다면 한국과 미국은 사드가 대북용이며, 핵미사일위기가 해소될 때까지만 한시적으로 배치되고, 이것이 미·일·한 삼각군사동맹으로 발전되지 않을 것이라는 점을 중국에 안심시킬 필요가 있다. 한편, 중국이 핵심이익으로 규정하는 남중국해, 동중국해 문제에 대해 우리는 국제법에 따라 행동하는 것을 원칙으로 삼아야 한다.

다섯째, 일본이 직접적 군사도발을 하지 않는 한 반일(反日)연대에 참가하거나 반일구도를 형성해서는 안 된다. 미국의 동아시아 정책구도에서 반일(反日)은 곧 반미(反美)이다. 반일하면서 동시에 친미할 수는 없다. 박근혜 정부가 초기에 '친미반북, 친중반일'정책을 추진하자 중국의 옌쉐퉁은 "한국이 북한을 대상으로 한미동맹을 체결한 것처럼, 일본을 대상으로 한중동맹을 맺을 수 있다"[82]고 주장했다. 이른바 '반북을 위한 한미동맹, 반일을 위한 한중동맹'이다. 옌쉐퉁은 한국이 한미동맹과 한중동맹을 동시에 맺을 수 있는 역사적 근거로 송과 요, 명과 후금 시기에 펼친 코리아의 정책을 들었고, 국제적 근거로는 파키스탄과 태국의 예를 들었다.[83] 그러나 반일이 곧 반미로 해석되는 상황에서 반일을 '통한' 친중, 반일을 '위한' 연중(連中)은 미국과 일본의 신뢰를 상실하게 만들고 코리아의 운명을 누란의 위기에 처하게 한다.

한편 중국의 군사대국화에 대한 대응으로 미·일이 합작해 추진하는 일본의 집단자위권, 군사대국화, 안보법제 나아가 평화헌법 개정을 우리가 반대할 필요가 없다. 미국과 유럽, 그리고 동남아국가들도 인정하듯, 중국이 군사대국화로 나아가는 한 이에 균형을 맞추기 위한 일본의 군사대국화도 불가피하기 때문이다. 또한 역사에서 비롯된 한일 간 문제는 공동의 연구와 이해, 공감과 협력으로 해소하고, 독도문제는 현상유지와 악화방지로 해결해야 한다. 과거에서 비롯된 한일 간의 적대와 불신은 한일 모두의 현재와 미래에게 저주가 된다. 다양한 우리의 반일행동은 그것이 아무리 역사적 정당성을 가질지라도 일본이라는 거울에 반사되어 혐한광풍으로 되돌아온다는 것을 명심해야 한다. 그 역도 마찬가지다. 따라서 한일관계를 개선하기 위해서는 한일 양국의 행정부와 입법부만이 아니라 시민계와 언론계, 학계와 모든 사람들이 노력해야 한다. 우리는 1998년 10월 김대중 대통령과 오부치 게이조 총리가 〈21세기의 새로운 한·일 파트너십을 위한 공동선언〉을 통해 한일관계를 발전시킨 것 이상으로 한일관계를 발전시켜야 한다. 일찍이 브레진스키가 설파한 대로, 우리가 일본과의 관계를 개선하면 할수록 중국과 북한으로 향하는 길도 넓고 안전해질 것이다.

여섯째, 미·중·일에 대한 관계 못지않게 아세안·인도·러시아·EU에 대한 관계를 더욱 강화해야 한다. 6억의 인구와 다양하고 역동적인 경제·문화력을 갖춘 아세안은 일본과 중국의 압박을 완화하는 핵심파트너이다. 세계 3위의 경제력으로 부상하는 13억의 인도는 중국에 대한 우리의 경제·전략적 의존도를 줄이는 대체국이다. 인도와는 정치·경제 관계만이 아니라 군사 관계도 발전시켜야 한다. 러시아를 중심으로 1억 8천만의 인구와 거대한 영토 및 자원을 갖춘 '유라시아 경제연합(EEU)'은 현재뿐만 아니라 통일시대까지 경제·외교·전략적 파트너가 될 수 있다. 5억의 인구와 세계 최대의 경제력 그리고 자유민주적 가치를 공유하는 EU는 정치·경제적으로 미국과 보완관계에 있다. 21세기 코리아는 이들 나라 및 연합체와의 관계발전을 통해 동북아의 숙명적 족쇄에서 벗어나 글로벌 국가로서의 자유를 누려야 한다.

또한 '중추적 중견국가'로서의 정체성에 맞게 '인류보편의 가치'

에 입각해 강대국의 충돌을 중재하고, 새로운 국제규범을 창의적으로 정립하며, 협력적 국제질서를 구축하는 데 주도적으로 역할해야 한다. 일반적으로 '중추적 중견국'은 "축과 바퀴살의 관계에서 축의 역할을 담당할 수 있는 능력이 있는 국가, 누구나 자국의 편에 서 주기를 바라는 국가, 그래서 뜻을 같이하는 국가들의 다자체제에서 평판이 좋고 인기가 높은 국가를 말한다."[84] 이를 위해 우리는 한·미, 한·일, 한·중, 한·러 등의 양자 간 관계만이 아니라, 한·미·중, 한·미·일, 한·중·일, 한·러·일, 한·중·러의 삼자 간 관계도 강화해야 한다. 또한 한반도 평화를 위한 4자회담과 북핵문제 해결을 위한 6자회담을 재개하고 이를 통해 동북아다자안보협력체를 만드는 데도 주력해야 한다. 나아가 아시아 및 글로벌 차원에서 세계 각국 및 다자협력체와의 활동도 강화해 우리의 국제적 위상을 높여야 한다. 2005년, 우리가 세계의 4대강국과 세계에서 가장 까다로운 나라인 북한을 한데 모아 〈9·19 공동성명〉을 도출할 수 있었던 것은 우리가 한반도문제의 핵심 당사자이자 중추적 중견국가로서 아주 모범적인 역할을 했기 때문이다. 이것으로 한국의 외교적 위상은 높아졌고, 우리의 외교부 장관이 유엔사무총장이 되는 데도 큰 도움이 되었다.

마지막으로, 북한의 핵·미사일 능력 증대에 대해 미국의 확장억제력(핵우산)을 충분히 활용하되, 자주 국방력을 강화해야 한다. 노무현 정부는 전시작전통제권을 2012년 4월 17일에 환수하기로 합의했다. 그러나 이것을 이명박 정부는 2015년으로 연기했고, 박근혜 정부는 2020년 이후로 무기한 연기했다. 전시작전통제권을 갖지 않는 나라는 결코 자주 국방력을 강화할 수 없고, 자주 국방력 없이는 중추적 중견국가로서의 외교력을 제대로 발휘할 수 없다. 늦어도 2020년까지 전시작전통제권을 환수하고, 한국형미사일방어체제와 킬체인(Kill Chain) 등 국방력을 합리적으로 강화해야 한다.

막강한 4대 강국과 북한에 둘러싸인 우리가 평화와 통일의 주체가 되기 위해서는 우리의 내적인 힘과 지혜를 결집해야 한다. 대통령과 행정부만이 아니라 국회와 5천만 국민의 힘과 뜻을 외교안보의 추동력으로 삼는 '국민외교', '총력안보'의 시대를 열어야 한다. 코리아의 주인인 5천만 국민이 '백척간두진일보 시방세계현전신(百尺竿頭進一步 十方世界現全身)'의 각오로 우리의 외교안보를 책임지겠다고 결단할 때, 비로소 새로운 외교안보의 지평이 열릴 것이다.

고슴도치와 곰
- 평화와 통일을 위한 남북관계 전략

대북·통일정책은 기본적으로 남한이 북한을 대상으로 한 것이다. 따라서 북한과 남한의 본질적 특성을 이해하지 않고 펼치는 대북·통일정책은 파멸적인 결과를 낳는다. 우선 북한의 본질은 무엇인가? 북한은 주체사상체제이자 자강력 제일주의체제이고, 유일체제이자 세습체제이다. 또한 억압체제이자 폐쇄체제이고, 선군체제이자 경제·핵무력 병진체제이다. 이러한 북한체제의 본질은 북한 스스로도 인정하듯 비유컨대 호랑이가 아니라 고슴도치이다. 앞에서도 서술했지만 북한은 핵·미사일 개발로 '고슴도치형 국가체제'를 완성했다. 그리고 북한은 70년에 걸친 3대 세습을 통해 일관되게 '고슴도치전략'에 입각한 대남·통일정책, 외교안보정책을 펼쳤다.

그렇다면 남한의 본질은 무엇인가? 남한은 세계 10위권의 경제력과 군사력을 갖추고 민주화된 정치체제와 한류로 대표되는 강력한 문화력을 가진 선진국이다. 또한 세계 1위의 미국과는 동맹을, 세계 2위의 중국과는 전략적 협력동반자 관계를 맺고 있다. 1980년대 이후 북한과의 체제경쟁에서 승리한 남한은 오늘날 북한에 비해 50배 이상의 강력한 경제력, 20배 이상의 군사비 지출, 2배 이상의 인구를 갖고 있다. 다른 한편으로 남한은 5년마다 일어나는 정권교체에 따라 대북·통일정책이 요동치고, 2년마다 바뀌는 미국의 입법·행정부의 대북정책에 장단을 맞추어야 하는 나라이다. 노태우 정부 이래 30년의 역사를 보면 대북·통일정책이 10년 이상 지속된 적이 없다. 한국과 미국의 정권교체가 착종하면서 대화와 대결이 주기적으로 반복되었다. 이러한 남한의 행태를 동물에 비유하면 그것은 '여우'이다.

북한의 고슴도치체제는 진화해야 한다. 마찬가지로 남한과 미국의 여우 같은 행태도 바뀌어야 한다. 공진(共進)이 필요하다.[85] 특히 남한은 더 이상 여우가 아니라 단군신화에 등장하는 '곰'처럼 북한에 대해 자신감을 가지고 유혹을 뿌리치며 하나의 비전을 일관되고 끈질기게 추구해야 한다. 어느 한 정당, 한 세력만이 아니라 5천만 전체의 힘과 지혜를 모아 곰처럼 코리아의 평화와 통일을 위한 정책을 일관되게 펼쳐야 한다.

한반도비핵화 패러다임과 북한붕괴 패러다임　오늘날 외교·안보·통일과 관련된 사람 모두가 가지고 있는 한반도에 대한 패러다임은 '비핵화 패러다임'이다. '한반도비핵화 패러다임'은 1991년 12월 31일 남북고위급회담에서 가서명되고 1992년 2월 19일에 발효된 〈한반도비핵화 공동선언〉에 뿌리를 두고 있다. 그러나 이 〈한반도비핵화 공동선언〉은 홀로 존재하는 것이 아니다. 이것은 같은 날 발효된 〈남북사이의 화해와 불가침 및 교류·협력에 관한 합의서(남북기본합의서)〉와 〈한미연합군사훈련의 중지 합의〉와 짝을 이루는 것이다. 즉 한반도비핵화와 남북관계개선, 한반도평화, 북미관계개선은 한 세트(set)이다. 그래서 〈한반도비핵화 공동선언〉과 동시에 남과 북은 〈남북기본합의서〉를 이행하기 위해 각종 위원회를 구성하고 후속 회담을 개최했다. 또한 한·미 양국의 국방부 및 한미연합사는 1992년 1월 7일, 북한이 요구해오던 '팀스피리트 한미연합군사훈련 중지'를 공동으로 발표했다.

남북 사이의 합의인 〈한반도비핵화 공동선언〉은 이후 북한과 미국, 나아가 국제적인 합의로 확대되고 체계화된다. 1994년 미국과 북한은 제네바에서 〈미북 기본합의문〉을 채택해 북한에 대한 경수로 지원과 양국간의 정치적·경제적 관계의 완전정상화 및 한반도비핵화에 합의했다. 그 10년 뒤인 2005년, 6자회담은 〈9·19 공동성명〉을 통해 〈한반도비핵화 공동선언〉 준수, 북·미, 북·일 관계정상화, 북한에 대한 에너지지원 및 경제협력, 동북아평화안보협력 및 한반도평화체제 추진 등을 합의했다. 〈9·19 공동성명〉은 우여곡절 끝에 〈2·13 합의〉, 〈10·3 합의〉로 구체화되었고, 남북정상이 〈10·4 정상선언〉을 합의하면서 드디어 '한반도비핵화 패러다임'은 완성되었다.

그러나 '한반도비핵화 패러다임'은 성립되자마자 붕괴되기 시작했다. 멀리 1993년 팀스피리트훈련이 재개되자 균열이 발생했다. 〈9·19 공동성명〉 합의 다음 날 미국이 북한의 금융거래를 제재하자 또 균열이 생겼다. 이 틈을 타 북한은 제1차 핵실험을 단행함으로써 비핵화에 큰 파열음을 냈다. 이는 우여곡절 끝에 봉합되었지만, 2008년에 집권한 이명박 정부가 〈10·4 선언〉을 파기함으로써 다시 큰 구멍을 냈다. 이후 핵·미사일실험을 가속화한 북한은 2009년 5월 제2차 핵실험을 실시해 관련 6개국 중 제일 먼저 '한반도비핵화 패러다임'에서 공식적으로 이탈했다. 집권하자마자 '북한붕괴 패러다임'에 입각해 대북정책을 폈던 이명박 대통령도 이 시기에 이르러 '한반도비핵화 패러다임'에서 사실상 벗어났다.

이명박 정부에 이은 박근혜 정부도 일관되게 '한반도비핵화'가 아니라 '북한 체제붕괴'에 집중했다. 박 대통령은 2015년 9월 2일 한중정상회담 이후 이른바 '박근혜 독트린'을 정립하고, "북한 핵문제의 가장 빠른 해법은 한반도 통일"이라며 '통일'을 북한비핵화의 수단으로 설정했다. 이는 미국무부 차관 웬디 셔먼이 2015년 1월 "북한비핵화에 대한 지속가능한 해답은 한국의 통일"이라고 말한 것과 일맥상통한다. 2016년 1월 북한의 제4차 핵실험 이후 박 대통령은 지속적으로 "북한은 핵무기 소형화를 절대 포기하지 않을 것"이며, 대화가 아닌 제재와 강압으로 북한을 굴복시켜야 한다고 생각했다. 그 결정판은 10월 1일 국군의 날 행사에서 박 대통령이 핵·경제 병진노선을 포기하지 않는 북한에서 '체제균열과 내부 동요는 더욱 확대될 것'이므로 북한 주민들에게 "언제든 대한민국의 자유로운 터전으로 오라"고 권유한 것이다.

결국 10년에 걸친 이명박·박근혜 보수·수구정권은 1991년 이래 추구되어온 '남과 북, 미국과 중국을 비롯한 관계국들의 대화와 협상을 통한 한반도비핵화 패러다임'으로부터 사실상 벗어나 '북한붕괴 패러다임'으로 옮겨갔다. 박근혜 대통령이 결정한 사드배치와 새누리당에서 주장한 핵무장론, 전술핵배치론은 스스로는 공인하고 있지 않지만, '한반도비핵화 패러다임'에서 이탈했음을 명시적으로 보여준 것이다.

2001년에 집권한 부시 대통령, 나아가 2009년에 집권한 오바마 대통령도 북한의 핵·미사일 고도화를 용인했다. 동아시아에 미사일방어체제를 구축하고 '재균형전략'을 실행하기 위한 구실로 북한의 위협이 필요했기 때문이다. 또한 북한의 핵·미사일 능력이 강화되면 될수록 남한은 더욱더 미국(핵우산)에 의존하게 되고, 미·일·한 삼각체제로 편입되며, 김대중·노무현 정부 시기 나아가 박근혜 정부 전기에 나타난 미·중간 '균형외교'가 불가능해지기 때문이다. 이는 1950년 6·25 남침 직전 애치슨이 '상당한 군사적 모험을 무릅쓰는 것이 정치적, 군사적 이득이 있다'[86]고 본 것과 유사한 발상이다. 이 점에서 미국은 최소한 2009년 이후 '한반도비핵화 패러다임'에서 벗어나 있었다. 2008년 북한붕괴에 매달려 한반도비핵화 패러다임에서 벗어난 이명박 정부를 필두로, 북한이 명시적으로 한반도비핵화 패러다임에서 벗어난 시점과 미국이 더 이상 이 패러다임을 추구하지 않은 시점은 거의 일치한다.

미네르바의 부엉이, 새로운 패러다임   1991년 이후 지속되어온 '한반도비핵화 패러다임'은 2009년 '실질적'으로는 붕괴했다. 이 패러다임이 붕괴되자 남은 것은 북한의 핵·미사일 능력의 강화와 이

에 대응할 군사력 강화, 한반도를 비롯한 동북아의 대립과 긴장격
화이다. 필자는 1장에서 패러다임의 '코페르니쿠스적인 전환'을 촉
구하면서 다음과 같이 말했다. "자기 중심으로 세계를 볼 수도 있고,
자국 중심으로 역사를 볼 수도 있다. 이것이 마음을 편안하게 하고
만족감을 줄 수도 있다. 그러나 이러한 관점은 세계와 역사의 진실
을 알 수 없게 하고, 이들의 변화에 제대로 대처할 수 없게 만든다.
세계와 역사가 온통 복잡하게만 느껴지고, 자기중심으로 움직이지
않는 세계에 대한 불만과 분노만이 일어날 뿐이다."

여기서 언급한 '세계와 역사'를 '북한'으로 바꾸면 남북관계에서
발생한 많은 현상을 설명할 수 있다. 박 대통령은 2016년 제5차 핵
실험 이후 지속적으로 김정은에 대해 '불만과 분노'를 쏟아냈다. 박
대통령은 "권력 유지를 위해 국제사회와 주변국의 어떤 이야기도
듣지 않겠다는 김정은의 정신 상태는 통제불능"이라고 규정하고,
"핵개발에 매달리는 김정은 정권의 광적인 무모함"과 "핵과 미사일
에 대한 광적인 집착"을 규탄했다. 박 대통령은 김정은의 핵개발을
'미친 것'으로 밖에는 설명할 수 없었다. 트럼프도 오랫동안 여러 차
례에 걸쳐 김정은이 "미쳤는지, 아니면 천재(전략적이고 똑똑한 것)"[87]인
지 모르겠다고 말했다. 박근혜나 트럼프가 김정은을 이렇게 평가한
것은 김정은의 행위가 《과학혁명의 구조》에 나오는 것처럼, 기존의
패러다임으로는 '설명하기 힘든, 이상한 현상'이기 때문이다.

그러나 김정은의 입장에서 보면 북한의 핵·미사일 개발은 매우
전략적인 행동이다. '전략'이란 "특정한 장의 명운을 결정하는 것
으로서 전체적인 힘의 집중을 수반하며 지속되는 것"이다. 북한의

핵·미사일개발은 북한의 국가대전략이다. 북한은 핵·미사일이 냉전 이후 약화되고 고립된 북한체제의 '명운을 결정하는 것'이라고 생각한다. 그래서 아무리 경제상황이 나빠도, 인민이 굶어죽어도 이 것에 국가의 '전체적인 힘'을 '집중'한다. 유엔을 비롯한 국제사회의 어떤 제재가 있더라도 핵·미사일개발을 '지속'한다.

미국 정보기관들의 최고책임자인 제임스 클래퍼 국가정보국(DNI) 국장은 이러한 사실을 명확히 인식했다. 그는 2016년 10월 외교협회(CFR) 주최 토론회에서 "핵무기는 북한의 '생존' 티켓"이라고 하면서, "북한을 비핵화하겠다는 생각은 '불가능'한 것"이라고 평가했다. 그리고 "우리가 희망할 수 있는 최선은 (북한 핵능력에 대한) 제한"이나, 이마저도 '엄청난 유인책'이 있어야 할 것이라고 말했다. 2017년 1월 31일 미국 상원 외교위원장 밥 코커도 북핵청문회에서 "현행 대북접근법은 작동하지 않고 있고, 북핵 위협의 시급성은 우리에게 새로운 '사고'(패러다임-필자)를 하는데 시간을 써야 한다는 점을 일깨워주고 있다"고 진단했다. 그러고는 세 가지, 즉 '북한비핵화가 단기적으로 여전히 현실적인 정책목표인가? 정권교체를 모색하는 정책적 접근을 고려해야 하는가? 북한의 ICBM을 선제공격할 준비를 해야 하는가?'라는 질문(대안)을 제기한다.[88]

결국 '남북관계개선, 한반도평화, 북한비핵화, 북미관계개선'이라는 네 가지 프로세스가 한 세트가 되어 구축된 '한반도비핵화 패러다임'은 거의 붕괴되었다. 그러자 이것의 변형되고 파편화된 아류 패러다임이 나타났다. 남북관계개선·한반도평화·북미관계개선은 도외시하고 북한비핵화만 강조하는 '북한비핵화 패러다임', 남북관계개선을 폐기하고 북한붕괴에 초점을 맞춘 '북한붕괴(와해) 패러다임', 한반도평화·북미관계개선을 빼고 북한의 핵·미사일 제거에만 초점을 맞춘 '선제폭격(예방전쟁) 패러다임'이 그것이다. 그 결과 형해화된 한반도비핵화 패러다임 아래에서 북한의 핵보유전략과 북한 비핵화, 북한붕괴시도, 선제타격론이 서로 충돌하고 있다. 지금은 기존의 패러다임을 유지할 수 없는 이상상황, 변칙상황이다. 쿤의 설명대로 하면 패러다임의 변화, 새로운 패러다임이 필요한 '위기의 단계'이다.

철학자 헤겔은《법철학》에서 "미네르바의 부엉이는 황혼이 되어야 그 날개를 펼친다"고 말했다. 부엉이가 낮이 지나고 밤이 되어야 날개를 펴는 것처럼 헤겔은 지혜(철학)도 역사적 조건이 무르익은 뒤에야 그 뜻이 분명해진다고 보았다. 1991년부터 20여 년 동안 '한반도비핵화 패러다임'이 태양처럼 한반도 위에 떠 있으면서 한반도와 관련된 모든 문제를 뒤덮었다. 2007년 10월에는 다양한 노력으로 '한반도비핵화'가 손에 잡히는 듯했다. 그러나 2008년 이후 '한반도비핵화'는 점점 빛을 잃기 시작했고, 이제 서쪽 하늘에 검붉은 노을을 드리우는 형상이다. 기존의 패러다임이 붕괴되었다고 많은 사람이 생각할 때, 다시 말해 황혼이 되었을 때 비로소 한반도 문제 해결을 위한 새로운 패러다임, 곧 지혜의 부엉이가 날아오를 것이다.

북한의 핵·미사일 기술의 발전 속도를 볼 때 2018년까지 북한의 핵·미사일 능력은 명실상부한 '핵보유국' 수준으로 완성될 것이다. 이때가 되면 클래퍼 국장이나 코커 위원장만이 아니라, 한국과 미국을 비롯한 세계 모두가 '북한비핵화'가 불가능하다는 것을 분명히 인식할 것이다. 따라서 이제부터 중요한 것은 '새로운 패러다임'이다. 한반도비핵화 패러다임을 포함하면서도 그보다 더 진전된 새로운 패러다임을 정립하지 못하면, 이것의 왜곡되고 퇴행적인 형태가 판을 치게 된다. 그 대표적 사례가 북한의 핵·미사일 시설에 대한 폭격으로 상징되는 '전쟁 패러다임', 강압과 비밀작전으로 북한을 와해시켜 통일하고 그것을 통해 비핵화한다는 '북한와해 패러다임'이다. 전쟁 및 북한와해 패러다임은 한반도를 1970년대의 냉전시대가 아니라 1950년대의 열전시대로 되돌린다.

그렇다면 새로운 대안은 무엇인가? 북핵문제의 핵심 당사자인 북한은 오랫동안 '선 평화협정, 후 비핵화 협상(핵 감축)'을 주장했다. 반면 2016년까지 한국과 미국의 정부는 공식적으로 북한의 진정성 있는 '선 비핵화 행동, 후 대화원칙'을 고수한다. 이에 비해 중국은 '비핵화와 평화협정의 병행추진'을 주장하는데, 2016년 2월 왕이 외교부장은 미국의 존 케리 국무장관을 만나 이러한 방안을 논의했다. 오랫동안 이 문제를 다루어온 임동원은 김영삼·이명박·박근혜 정부는 '선 핵문제해결, 후 남북관계개선'을 추구했고, 노태우·김대중·노무현 정부가 '남북관계개선과 북핵문제해결 병행'을 추구했다고 평가하면서, 후자가 대안이라고 강조했다.[89] 이와 더불어 많은 전문가들은 북핵 협상이 중단되고 북한의 핵·미사일 능력이 고도화되는 현실 속에서 '선 고도화 방지, 후 폐기'가 대안이라고 주장한다.

미국의 외교협회(CFR)는 2016년 9월 특별보고서를 통해 오바마 정부의 전략적 인내 정책은 실패했고, 북한은 가까운 미래에 붕괴하지 않으며, 조만간 북한의 핵·미사일이 미국본토를 위협할 수 있다고 평가했다. 따라서 시간은 미국 편이 아니고, 다음 행정부가 북핵문제를 풀 수 있는 마지막 정부라고 규정하며 각종 대북 강경책을 주장했다. 동시에 '선 비핵화' 요구 대신 '핵·미사일의 실험유예 및 동결과 비확산'에 초점을 맞추고, 완전한 비핵화는 평화협정, 북미 수교 및 통일 등과 함께 다루어야 한다는 제안도 했다.[90] 윌리엄 페리도 2016년 10월 미국의 대북정책은 실패했고, 북한의 핵무기 프로그램을 포기시키기엔 너무 늦었으며 비핵화를 성공시킬 전략이 없기 때문에, 핵프로그램 동결 및 비확산을 목표로 협상을 시작해야 한다고 밝혔다. 그는 시그프리 헤커가 2008년에 제시한 '세 가지 노(3No) 정책', 즉 핵폭탄의 추가생산 금지, 추가적인 성능향상(실험) 금지, 수출금지가 대북협상을 재개할 때 좋은 목표들이 될 수 있다고 강조했다.[91] 앞에서 언급한 제임스 클래퍼 국장의 평가도 이들과 같은 맥락이라고 할 수 있다.

한편 미국의 일부 학자들은 한미합동군사훈련의 유보 또는 중지를 당면한 북한의 핵·미사일 실험 동결과 국제원자력기구 사찰단의 복귀와 연결시키고, 정전협정의 평화협정으로의 대체 또는 북한에 대한 불가침조약을 북한비핵화를 위해 적극 검토해야 한다고 주장한다.[92] 중국과 북한도 '한미연합군사훈련의 중지와 핵실험의 중지'를 하나로 묶어 해결해야 한다고 주장한다. 한국의 일부 학자들도 '핵동결/한미군사훈련 중단·축소'를 입구로, '비핵화/평화체제'를 출구로 하는 구상을 제안하기도 했다. 또한 핵·미사일의 고도화를 막는 조치와 평화협정 전단계인 종전선언 추진을 중간목표로, 비핵화와 평화협정을 최종목표로 제시하면서, 북한이 대외(대남)의존도를 높여 핵을 포기해야 살 수 있도록 환경을 조성하는 것이 북핵문제의 궁극적인 해결이라는 시각도 있다.[93]

지난 30년간 북한의 핵·미사일 역사와 여러 가지 대안을 종합적으로 검토할 때, 새로운 패러다임은 다음과 같은 사실 인식과 프로세스를 갖추어야 한다. 사실(Fact)부터 살펴보자.

사실 1: 2017년 현재 북한은 체제생존을 위한 '고슴도치형 국가체제'를 완성했다. 북한체제는 내부 권력투쟁, 주민 봉기, 외부로부터 압력 등에 의해 붕괴되지 않는다. 북한체제의 생존력은 1990년대 이래 오랫동안 연구되었는데, 미국과 한국을 비롯한 여러 나라의 전문가와 정책담당자 대다수는 북한의 생존력을 입증했다. 따라서 예측 불가능한 북한급변사태를 '플랜 B'로 준비해두어야 하지만, '북한붕괴 패러다임'에 입각한 정책을 정부의 핵심 대북정책으로 추진해서는 안 된다.

사실 2: 북한의 핵·미사일 시설에 대한 외과수술적 폭격 또는 선제(예방)공격도 1994년 빌 클린턴 정부 시기에 검토된 이후 불가능하다고 이미 판명되었다. 20년이 지나 북한의 핵·미사일 능력이 더욱 강화된 지금, 북한 폭격은 전면적 핵전쟁이고 민족파멸이다. 안보이데올로기에 불과한 폭격론과 선제공격론이 군사적 긴장과 우발적 전쟁을 불러온다는 점에서 우리는 이를 강력히 규탄하고 저지해야 한다.

사실 3: 북한의 세습 수뇌가 핵보유를 공언하고, 노동당 규약과 헌법에 경제·핵 병진노선을 규정한 상태에서 '선 비핵화 의지표명'은 대화의 전제조건이 될 수 없고, '비핵화라는 결과'도 협상 초기의 단기목표가 될 수 없다. 그리고 한반도비핵화 패러다임의 역사를 고려할 때, 북한의 비핵화 과정은 남북관계개선, 한반도평화(군사긴장완화), 북미관계개선 등과 동시에 추진되어야 한다.

사실 4: 핵문제에 관한 한 시간은 더 이상 우리 편이 아니다. 협상은 적을 이롭게 하는 것이 아니라 문제해결의 사다리를 놓는 것이다. 따라서 북한과의 협상은 북한에게 핵개발의 시간을 주는 것도, 그 행동을 정당화하는 것도, 도발을 보상하는 것도 아니다. 오히려 핵문제 해결의 주도권을 쥐는 것이다. 이 점에서 '북한 붕괴' 또는 '전략적 인내'라는 환상 속에서 이명박·박근혜·오바마 정권이 지난 10년간 북한과 협상하지 않아 북한이 핵·미사일을 고도화할 수 있게 시간을 준 것이야말로 북한을 이롭게 한 것이다.

한편, 핵·미사일 문제를 해결하는 프로세스와 관련하여 1단계 초기목표(입구), 2단계 중간목표, 3단계 핵심목표, 4단계 최종목표(출구) 등 총 네 단계를 설정할 수 있다.

1단계 초기목표: 북한의 핵·미사일 실험을 중지시켜 질(質)적인 고도화를 막는 것이다. 이를 위한 수단으로 이미 전개된 사드배치를 중단하거나 운영을 유보하는 것, 대북제재를 더 이상 강화하지 않는 것, 나아가 핵·미사일 실험을 계기로 취해진 유엔 및 국제사회의 대북제재 중 일부를 완화하는 것을 생각할 수 있다. 또한 남한 주도의 남북관계의 개선도 1단계에서 하나의 수단이 될 수 있다. 그리고 미북대화, 6자회담 등 북한과의 각종 대화개시, 나아가 1992년 〈한반도비핵화 공동선언〉과 함께 추진한 적이 있는 한미연합훈련의 축소도 검토할 수 있다.

2단계 중간목표: 북한이 핵·미사일을 양(量)적으로 늘리는 것을 막기 위해 핵원자로 및 중장거리미사일 공장의 가동을 중단하고 나아가 폐쇄하는 것이다. 이를 위한 수단으로 북한에 부과된 유엔 제재를 포함한 각종 제재를 해제하는 것, 한미연합훈련을 중단하는 것, 종전을 선언하는 것, 〈9·19 공동선언〉에서 합의된 경제협력 등 일부 사항을 이행하는 것 등이 검토될 수 있다. 이와 동시에 〈10·4 선언〉을 비롯한 기존의 남북합의에 따라 남북관계를 획기적으로 개선하는 것도 2단계 협상의 수단이 될 수 있다.

3단계 핵심목표: 북한의 현존하는 핵·미사일을 북한과 국제사회의 공동 감시 및 통제 하에 두고 점차적으로 감축하는 단계이다. 이를 위해 〈9·19 공동성명〉 등 6자회담에서 합의된 평화협정체결, 북·미 및 북·일 관계정상화, 남북연합수준의 남북관계 개선 등이 추진될 수 있다.

4단계 최종목표: 북핵문제를 완전히 해결하기 위해서는 〈6·15 공동선언〉, 〈10·4 선언〉 등을 이행해 남북관계가 남북연합에서 통일의 단계로 접어들어야 한다. 북핵문제의 궁극적인 해결은 박근혜 정부와 미국 정부 인사들(민주당 웬디 셔먼, 공화당 존 볼턴 등)도 인정했듯이 통일과정과 맞물릴 수밖에 없다. 물론 이때의 통일과정은 박근혜 정부가 추구했던 대결적 방식 또는 미국의 강경파가 주장하는 선제공격의 방식이 아니라, 다음에서 언급할 평화적 방식이다.

전쟁이냐 협상이냐? 영구 분단이냐 점진 통일이냐? 전면적 핵전쟁과 영구분단의 위기가 감도는 오늘날, 우리가 제일 먼저 결단하고 선택해야 할 것은 '대화하고 협상할 것인가' 아니면 '대결하고 전쟁할 것인가' 하는 점이다. 만일 우리가 대결과 전쟁을 택한다면, 그 결과는 70년 전의 한국전쟁보다 더욱 파멸적이고 전면적인 핵전쟁이 될 것이다. 또한 그 전쟁은 단기적으로 끝나지 않고, 시리아나 이라크, 예멘에서 보듯 지리한 국제전 및 내전의 양상을 띨 것이다. 시리아가 그랬던 것처럼, 수년에 걸친 지리한 전쟁 속에서 세계 10위권의 한국경제는 100위권의 원시시대로 돌아가고, 한반도는 지옥으로 변하며, 수천만 명의 난민이 발생할 것이다. 반면 우리가 대화와 협상을 선택한다면 다음에서 언급하는 협상의 대가들에게 귀를 기울여야 한다.

하버드대학의 협상프로그램 창설자인 로저 피셔(Roger Fisher)와 윌리엄 유리(William Ury), 그 뒤를 이어 하버드대학의 협상연구프로젝트 책임자인 로버트 누킨(Robert Mnookin) 등 협상의 대가(大家)들은 '테러범'과도, '종교적 광신도'와도 협상해야 한다고 설파했다. 나아가 히틀러나 스탈린 같은 '악독한 적'과도 협상을 하는 것이 안 하는 것보다 더 좋은 결과를 보장한다면 협상을 해야 한다고 말한다. 즉 '협상을 통해 얻을 수 있는 이익이 있는지, 협상을 통하지 않고 얻을 수 있는 이익이 어떤지, 협상의 결과가 양측 모두를 만족시킬 수 있는지, 협상의 비용을 감당할 수 있는지, 합의가 지켜질 수 있는지' 등을 따져보고, 이에 대해 긍정적인 답변이 나온다면 '악마'와도 협상을 해야 하고, 이에 대해 부정적인 답변이 나온다면 싸울 준비를

해야 한다는 것이다.[94]

1945년 8월 15일 한반도에 분단선이 그어진 이후 지금까지 남과 북은 서로를 협상의 대상으로 생각했는가, 아니면 전쟁의 대상으로 생각했는가? 궁극적으로 북한은 우리 남한에게 무엇인가? 악마인가, 적인가, 인질범인가, 파트너인가? 분단 70년 동안 우리는 협상을 해야 할 때와 싸워야 할 때를 제대로 구분했는가?

38선 획정 이후 우리 민족의 운명을 결정하는 최초의 협상은 1945년 12월, 전승국인 미·영·소 사이에서 이루어졌다. 협상의 결과 〈코리아 문제에 관한 4개항의 합의〉가 발표되었다. 그 핵심내용은 "① 코리아를 독립국가로 재건하기 위해 임시적인 코리아민주정부를 수립한다 ② 코리아의 임시정부 수립을 돕기 위해 미소공동위원회를 설치한다 ③ 미·영·소·중의 4개국이 공동 관리하는 최대 5년 기한의 신탁통치를 실시한다. ④ 남북 코리아와 관련된 조치의 구체화를 위해 미·소 사령부 대표회의를 소집한다"는 것이다. 이 합의의 핵심은 '① 코리아민주정부 수립'이었으나, 일반인들에게 '③ 신탁통치안'이라고 딱지가 붙여져 홍보되었다.

코리아를 해방시킨 이들의 협상을 존중할 것인가, 존중하지 않을 것인가? 다시 말해 이 합의를 지킬 것인가, 거부할 것인가? 어느 것을 선택할 것인가에 따라 코리아의 운명은 완전히 달라진다. 협상을 존중하고 합의를 지키면 자유진영인 미·영·중 3개국과 공산진영인 소련 1개국의 후원 아래 코리아의 여러 정치사회단체들이 힘을 모아 평화통일을 이룰 것이다. 협상을 부정하고 합의를 이행하지 않으면, 38선을 기준으로 한반도를 반분한 미·소 양대 점령군의 영

617

향력은 더욱 커질 것이다. 결국 분단이 고착화되거나 전쟁이 일어 날 것이다. 우리의 조상들은 그때 숙고하지 않고 감정적으로 협상을 부정했고, 합의가 이행되지 못하도록 결사적으로 반대했다. 전쟁을 택한 것이다. 이것이 3차 세계대전에 준하는 3년간의 한국전쟁과 70년에 걸친 분단과 만성적 전쟁위기의 근원이었다.

2008년 이명박 정부의 등장 이후 남북 간에 긴장이 고조되고 갈등 이 악순환되었다. 그 원인은 무엇일까? 북한의 핵개발에 근본 원인 이 있지만, 직접 원인은 이 대통령이 2007년 10월의 남북정상회담을 '대한민국 국가원수'가 '조선의 수뇌'와 벌인 협상으로 인정하지 않 고, 남북정상의 합의를 부정하고 폐기했기 때문이다. 그렇기 때문에 2012년 대선에서 새누리당은 1급 비밀문서인 정상회담 대화록을 왜 곡하여 문명국에서는 상상할 수 없는 방법으로 유포시켰다.

2015년 8월, 한반도는 다시 전면전의 위기에 휩싸였다. 북한의 지뢰폭발과 남한의 대북확성기 재개, 북한의 총기대응과 남한의 군 사적 대응이 상승작용을 일으켜 일촉즉발의 상황이 되었다. 협상할 것인가? 전쟁할 것인가? 이 위기 속에서 남의 안보실장과 통일부장 관, 북의 총정치국장과 통전부장이 3일간의 협상을 통해 겨우 전쟁 의 불꽃을 제어했다.

2016년 이후 북한이 제4차, 5차 핵실험을 실시하고, 남한과 미국 이 선제공격과 북한붕괴를 공언하자 남북 간에는 다시 전쟁의 불꽃 이 튄다. 서로가 서로를 인정하지 않고, 협상은 투항 내지 이적(利敵) 이라고 생각한다. 협상과 합의를 통해서는 평화·통일을 이룰 수 없 고, 상대방을 굴복시키는 것만이 유일한 방법이라고 단정한다. 그러나 전쟁을 결심하지 않는다면, 자기 힘으로 전쟁을 이길 수 없다면, 나아가 전쟁에서 이기는 것이 공멸에 불과하다면, 협상을 통해 합의를 하고, 합의를 지켜나가야 한다. 반면, 협상도 전쟁도 하지 않겠다면 이것은 정략적 목적으로 전쟁의 위기 속에서 분단을 영구화하고, 결국 민족을 파멸로 이끌겠다는 것과 마찬가지이다.

평화와 안보의 방법론: 헌법 제4조와 남북기본합의서 제1조　　앞에서 언급한 피셔와 유리는 협상의 상대는 '친구'도, '적'도 아니고, '공동의 문제해결자'라고 본다. 그리고 협상의 목표는 '합의'도 '승리'도 아니고, 효율적이고 우호적으로 '현명한 결과'를 얻는 것이라고 본다. 이를 위한 방법은 양보하거나 굴복하는 '비둘기파'적 태도가 아니고, 고집하고 위협하는 '매파'적 태도도 아니다. 오직 상호이익이 되는 것에 초점을 맞추고 객관적 기준과 원칙에 따라 합의하는 '원칙파'의 태도가 필요하다.[95] 특히 유리는 아주 까다로운 대상과 협상할 때 무엇보다 필요한 것은 '상대편에 서 주는 것'이라고 한다. 적극적인 자세로 상대방의 말을 들어주고, 상대방의 감정을 인정하며, 할 수 있는 데까지 상대방에게 동의하고, 상대방을 한 인간으로, 즉 그 권위와 능력을 인정하며 상대방의 체면을 살려주어야 한다는 것이다.[96]

　로버트 누킨 또한 《악마와 흥정하기》에서 위와 책들과 비슷하게, 상대방을 악마로 규정하는 과정에서 쉽게 빠질 수 있는 일곱 가지 함정을 예로 들면서 상대를 어떻게 대해야 하는지를 정리했다. 즉 협상가는 ① 상대방을 악마로 보는 것, ② 내 편 네 편으로 나누는 행위, ③ 상대방을 인간으로 인정하지 않는 행동, ④ 우리 편에 모든 도덕적인 정당성이 있다고 믿는 행위, ⑤ 내가 이기면 너는 져야 한다는 제로섬 접근법, ⑥ '싸우거나 도망치거나'라는 자세로 상대방을 대하는 행동, ⑦ '모두 진격 앞으로'를 외치는 전쟁적인 태도 등을 피해야 한다는 것이다.[97]

협상의 상대를 인정하고 존중해야 한다는 것은 FBI 위기협상팀장으로서 30년간 인질범들과 협상을 벌인 네스너(Gary Noesner)도 강조하는 것이다. 그는 2010년에 쓴 《시간끌기-FBI 인질협상가의 삶》에서 사람의 목숨이 경각에 달려 있는 인질극의 상황을 평화적으로 해결하려면 협상가는 무조건 인질범에게 존중의 태도를 보여야 한다고 강조한다. 그리고 그는 인질범에 대한 영향력은 저절로 생기지 않고, 폭력을 대체할 방안을 제시하기 전에 반드시 '영향력을 미칠 권리'를 먼저 얻어내야 한다고 강조한다. 인질범에게 관심과 공감의 반응을 보여줘 교감을 나누고 신뢰를 쌓아야 인질범에게 영향력을 행사할 수 있는 위치, 곧 '행동 변화의 계단'에 오를 수 있다는 것이다.[98]

이상에서 협상의 고전과 대가들은 적·악마·인질범처럼 아주 까다로운 존재를 대상으로 협상할 때조차, 상대를 인정하고 존중하는 것이 매우 중요하다고 하나같이 강조한다. 왜냐하면 협상의 상대자는 공동의 문제해결자이며, 협상을 통한 방식이 전쟁을 통한 방식보다 낫고, 상대방을 인정하고 존중할 때 비로소 상대방에게 영향력을 행사할 수 있는 위치에 올라갈 수 있기 때문이다. 이러한 '협상의 법칙'을 남북의 분단현실에 적용하면 어떻게 될까?

우선, 우리가 설령 북한을 헌법 제3조에 의한 '반국가단체'이고, 3년간 전쟁을 치른 휴전상태의 '적'이며, 인권을 유린하는 '악마'이고, 직접적으로는 2천5백만 북한주민을, 간접적으로는 5천만 남한주민을 인질로 삼고 있는 '인질범'이라고 규정하더라도, 북한은 전쟁의 대상이 아니라 협상의 대상임을 분명히 인식해야 한다.

1948년 출범한 이승만 정부로부터 박정희 정부에 이르기까지 남한의 공식적인 대북통일정책은 북진통일 또는 멸공통일이었다. 이러한 대북정책의 자연스런 귀결로 남북 간의 대화와 협상은 적을 이롭게 하는 것으로 불온시되었다. 그러나 1972년 남북 간의 협상에 의해 〈7·4 공동성명〉이 발표됨으로써 분단 이후 처음으로 '자주, 평화, 민족대단결'이라는 통일의 3대 원칙이 합의되었다. 이로부터 협상에 의한 평화와 평화에 의한 통일이 규범화되기 시작했고, 결국 이것이 대한민국 헌법에 명문화되었다. 1987년에 개정된 대한민국 헌법은 전문에서 '평화적 통일의 사명'을 언급했고, 제4조에서는 "평화적 통일정책을 수립하고 이를 추진"하기로 했으며, 제66조는 대통령에게 "조국의 평화적 통일을 위한 성실한 의무"를 부과했다. 대한민국 헌법은 제3조의 영토조항에 의해 북한의 국가성을 인정하지 않지만, 제4조에 의해 북한을 '전쟁해서 제거해야 할 대상'이 아니라 '협상해서 변화시켜야 할 대상', 즉 '평화적으로 통일을 이루어야 할 대상'으로 규정한 것이다.

그렇다면 협상의 대상이자 평화통일의 대상인 남과 북은 서로에게 어떻게 대해야 할까? 이에 대해서는 1991년 12월 남북이 합의한 〈남북 사이의 화해와 불가침 및 교류협력에 관한 합의서〉, 즉 〈남북기본합의서〉에 명확히 규정되어 있다. 〈남북기본합의서〉 제1조는 "남과 북은 서로 상대방의 체제를 인정하고 존중한다"고 규정했다. 그리고 제9조는 '무력금지'를, 제10조는 "의견대립과 분쟁문제들을 대화와 협상을 통하여 평화적으로 해결"하기로 규정했다. 여기서 서로가 상대방의 체제를 인정하고 존중한다는 것은 상대방의 체제를 이념적으로 좋아하거나 그것을 따르겠다는 뜻이 아니다. 이는 어디까지나 상대체제를 민족적 문제해결의 협상파트너로 인정하고, 평화통일의 파트너로 존중한다는 뜻이다. 이 점에서 〈남북기본합의서〉 제1조와 제9조, 제10조는 평화통일을 규정한 헌법 제4조를 구체화된 것이다.

남은 것은 남북의 협상방법론 또는 협상을 통한 평화방법론이다. 이는 앞에서 언급한 협상의 기본법칙에 잘 나타나 있다. 우선 서로를 매파처럼 악마(적)나 비둘기파처럼 친구(우방)로 보지 않고, 8천만 민족의 평화와 번영을 위한 '공동의 문제해결자'로서 인식해야 한다. 그리고 서로에 대해 전투적 태세를 취하지 않고 상대편에 서주며, 공감과 교감을 통해 상대에게 영향력을 끼칠 수 있는 '행동변화의 계단'에 올라가는 것이다.

통일과 번영의 방법론: 6·15 공동선언과 10·4 선언　통일의 방법론은 판단 기준에 따라 다양하게 나누어진다. 무력행사의 여부에 따라서는 무력통일과 평화통일로 나눌 수 있고, 합의 여부에 따라서는 합의통일과 강제통일로 나눌 수 있으며, 체제의 수렴 정도에 따라서는 혼합통일과 흡수통일로 나눌 수 있다. 이를 상대의 실체를 인정할 것인가에 따라, 다시 말해 남한에 사는 '5천만 주민의 운명 공동체로서의 남한체제'라는 실체와 북한에 사는 '2천5백만 주민의 운명공동체로서의 북한체제'라는 실체를 인정할 것인가에 따라 통일의 방법론은 아래 표와 같이 다시 분류될 수 있다.

사실 분단 이후 오늘에 이르기까지 남과 북은 각종 수사와 법체제를 통해 서로의 실체를 부정해왔다. 그 대표적인 것이 '괴뢰'라는 용어이다. 일부에서는 자유민주주의를 채택하고 있는 남한과는 달리 수령독재체제를 채택하고 있는 북한체제는 북한주민의 의지적 결집체가 아니므로 그 실체를 인정할 수 없다고 한다. 그러나 그 대표성을 떠나서 현재의 북한체제가 북한 지역을 실질적으로 통치하며 2천5백만 주민의 운명을 좌우하고 있다는 점에서 북한체제는 대화와 협상의 상대로서 인정될 수밖에 없다.

상대의 실체 인정 여부를 기준으로 할 때 이전에 남북한이 추구했던 통일론은 새롭게 구분될 수 있다. 북한의 6·25남침과 남조선혁명론은 명백히 상대의 실체를 인정하지 않는 것이고, 이승만 정부의 북진론도 마찬가지이다. 1994년 김일성의 사망 이후 김영삼 정부가 매달렸던 북한붕괴론, 2008년 이후 이명박 정부가 교조적 이념으로 추진한 북한봉쇄론, 2012년 김정은의 등장 이후 박근혜 정부가 추진한 북한와해론과 오바마 정부의 전략적 인내론도 모두 상

상대의 실체를 인정함	상대의 실체를 인정하지 않음
화해·평화론 대화론, 협상론, 교류협력론 남북합의 중시론 과정으로서의 단계적·점진적 통일론(연합론)	대결·전쟁론 봉쇄론, 붕괴론, 대기론(전략적인내) 남북합의 무용론 결과로서의 일시적·급변적 통일론(혁명론)

대의 실체를 인정하지 않는 통일론이라는 점에서 동일하다. 북한체제를 2천5백만 북한주민의 삶을 규정하는 실체로 인정하지 않는 세력은 북한체제와 실질적이고 의미 있는 협상을 진행하지 않고, 이전에 이룩했던 합의도 지키지 않는다. 마찬가지로 남한체제를 5천만 남한주민의 운명공동체로 인정하지 않는 세력은 남한과 본질적인 협상을 진행하지 않고 도발을 일삼으며, 궁극적으로 대미협상에 매달린다.

　북한의 실체를 인정하고 존중하는 것, 그것은 친북도 종북도 아니다. 그것은 북한의 실체를 인정하지 않으면 해결할 수 없는 2천5백만 북한주민의 인간다운 삶과 8천만 우리민족 공동의 문제를 해결하는 파트너를 세우는 것이다. 북한과 협상하고 합의하며 이를 준수하는 것, 그것은 북한에 굴복하는 것도 대한민국을 팔아먹는 것도 아니다. 북한을 변화시키는 것이며, 대한민국 헌법 제4조와 제66조를 이행하는 것이다. 현재의 남·북한 체제를 8천만 민족구성원들의 삶을 개선하고 한반도의 평화와 민족통일을 이루는 두 주체로 인식할 때, 가장 중요한 것은 남북 간의 대화와 협상, 합의와 그 이행이다.

이 점에서 2000년 〈6·15 남북공동선언〉은 이전의 〈7·4 공동성명〉과 〈남북기본합의서〉의 합의 내용을 총괄하면서 더욱 발전시킨 의미가 있다. 〈6·15 공동선언〉 1항은 통일의 주체가 우리 민족이고, 그 방법은 서로 힘을 합치는 것임을 밝혔다. 2항에서는 구체적으로 남의 연합제안과 북의 낮은 단계의 연방제안이 공통성이 있음을 인정하는 방향으로 통일을 지향시킬 것을 합의했다. 21세기 들어 동아시아에서 첨예하게 전개되는 해양세력과 대륙세력의 대립구도, 곧 미·일 동맹과 중·러 준동맹의 대결을 염두에 둘 때, 이들의 화해와 협력으로 코리아의 통일을 이루기란 불가능하다. 또한 남북의 골이 더 깊어지고 격차가 더욱 심화된 현실을 고려할 때 일방적인 통일도 불가능하다. 따라서 〈7·4 공동성명〉에서 이미 합의하고 〈6·15 공동선언〉에서 다시 천명한 대로, 우리 민족이 힘을 합쳐(민족대단결) 화해협력하고, 자주적이고, 평화적으로 통일을 이루어야 한다.

2007년 〈10·4 선언〉은 〈6·15 공동선언〉을 계승하면서도 평화를 구체화하고 번영의 길을 넓혔다. 나아가 이것은 '남북연합'이라는 초기통일의 밑그림을 그렸다는 점에서 큰 의의가 있다. 선언 1항은 2000년의 〈6·15 공동선언〉의 이행에 관한 것이고, 2항과 3항은 1991년에 합의한 〈남북기본합의서〉의 내용을 재확인하며 현실에 맞게 적용시킨 것이다. 4항은 한반도의 항구적인 평화체제를 위해 〈정전협정〉과 〈9·19 공동성명〉을 남북 간의 의제로 내면화한 것이다. 5항과 6항은 지하자원개발, 서해평화협력특별지대, 개성공단 확장과 철도·도로 개보수, 조선협력단지, 농업협력을 비롯한 각종 협력, 백두산·금강산 관광 등 민족경제의 균형적 발전과 공동번영을 위한 경제협력사업을 집중적으로 다루었다. 그리고 이후의 조항에서 이러한 협력을 위한 기구로서 부총리급 '남북경제협력공동위원회'를 설치하고, 각 분야별 공동위원회를 만들며, 총리회담을 정례화하기로 했다. 나아가 남북정상회담도 수시로 개최하기로 했다.

평화와 번영과 통일의 새로운 길을 구체적으로 제시한 〈10·4 선언〉이 이명박·박근혜 정부에서 이행되고 더욱 발전되었다면 오늘날과 같은 전쟁위기와 경제위기 그리고 4중의 족쇄에서 오는 압박과 영구분단의 위기는 없었을 것이다. 남과 북 서로를 대화상대로 인정하지 않고 직접 협상하지 않는 것, 역대 정부의 합의를 존중하지 않고 이를 폐기하는 것, 강대국을 통해 상대에게 영향력을 행사하려 하는 것은 반민족적인 것이자 반통일적인 것이다. 이는 결국 반헌법적이고 반국가적인 것이다. 왜냐하면 대한민국 헌법은 "평화적 통일의 사명"을 부여하면서 "자유민주적 기본질서에 입각한 평화적 통일정책"을 추진토록 명령하고 있기 때문이다.

1990년 서독은 보수·진보에 관계없이 일관되게 보수당인 아데나워의 서방정책과 진보당인 빌리 브란트의 동방정책을 계승하여 평화롭게 변화된 동독과 합의통일을 이루었다. 이는 우리 민족에게 모범이 된다. 자유선거 이전 동독의 마지막 총리였던 한스 모드로프(Hans Modrow)는 독일통일 20주년을 맞아 한국을 방문한 자리에서 독일통일의 비결이 교류와 협상에 있음을 밝혔다.

"독일은 분단 상황에서도 일반 시민의 교류가 활발했습니다. 1980년대 상황으로 보면 동독에서 서독으로 방문한 사람이 150만 명에 달했고, 서독에서 동독을 방문한 사람도 10만~15만 명에 달했습니다. 독일에서는 상호 방문은 물론, 편지 교환, 전화, 경제적 교류 등 교류가 활발했습니다. 한국에서처럼 완전한 분단 상황이 아니었습니다. 독일에서는 인적 교류가 통일의 중요한 기반이 됐습니다. (…) 지속적인 교류가 없으면 남북 간에는 서로 다가갈 수 있는 가능성이 없습니다. 한반도에서는 남북 주민이 자유롭게 만날 수 있습니까? 제가 알기에는 없는 것으로 압니다. 인적 교류를 중요하게 생각해야 합니다. 남북은 모든 면에서 대립은 최대한 자제하고, 협력 관계를 유지해야 합니다. 한국은 정권이 교체될 때마다 대북정책이 바뀌는데, 대북정책이 지속적으로 이뤄지지 않는 것이 문제입니다. 어떻게든 현재의 대립관계에서 빠져나와 협상을 해나가는 게 중요합니다. 협상을 계속해야 합니다."[99]

북한과의 교류는 '중앙정부'만이 아니라 '지방정부(자치단체)'와 '민간'이 '삼두마차'가 되어 전개되어야 한다. 먼저 중앙정부는 행정부만이 아니라 입법부와 사법부도 나서야 하며, 지방정부는 광역단체와 기초 단체 나아가 교육청(학교)도 나서야 한다. 특히 민간은 시민단체, 종교단체, 구호단체만이 아니라 기업도 나서야 한다. 그리고 남북의 교류에서 물적인 교류만이 아니라 인적인 교류, 문화교류, 지식·정보교류도 활성화되어야 한다.

우리는 통일을 신체봉합수술에 비유할 수 있다. 이렇게 교류가 활성화될 때 70년간 끊어진 한반도라는 몸에는 비로소 신경이 살아나고 피가 돌기 시작할 것이다. 중앙정부의 교류협력을 통해 뼈가 봉합되고, 지방정부의 교류협력에 의해 대동맥과 대정맥이 이어지고, 민간의 교류협력활성화에 의해 모세혈관이 이어질 것이다. 이 과정을 통해 '인권과 인간의 존엄', '자유와 민주주의'라는 새로운 세포가 이식되고, 해양과 대륙 모두를 아우르는 새로운 DNA가 형성될 것이다. 상호이해와 존중, 8천만 남북주민의 공감대 형성, 남북합의를 통해 통일의 후유증을 최소화하고, 평화적이고 호혜적인 과정을 통해 마침내 새 코리아, 통일 코리아가 이루어지는 것이다.

카이로스의 때,
코리안의 비전과 코리아의 주인

'때(時)'를 의미하는 그리스 말에는 두 개가 있다. 하나는 '크로노스(χρόνος)'이고, 또 하나는 '카이로스(Καιρός)'이다. 크로노스가 자연적이고 물리적인 시간을 의미한다면, 카이로스는 의식적이고 주관적인 시간으로서 '기회'를 의미한다. 카이로스는 순간의 선택이 운명을 좌우하는 기회의 시간이며 결단의 시간이다. 그런데 그리스신화에 의하면 기회의 신은 앞머리밖에 없다. 기회를 빨리 포착하지 않으면 나중에 잡을 수 없다는 것이다. 그래서 '시중(時中)'[1]이 중요하다.

잃어버린 기회, 마지막 남은 기회

2005년에 출판된 《코리아 다시 생존의 기로에 서다》에서 필자는 코리아의 운명이 좌우되는 '카이로스의 때'를 두 번 언급했다.

한 번은 19세기 말의 상황에서 1894년 청일전쟁 발발 전까지의 시기였다. 박은식은 흥선대원군이 집권했던 1864년부터 1873년까지의 10년이 '나라를 중흥할 수 있는 시기'였다고 평가하면서 이 때를 놓친 것을 원통해했다. 그러나 필자는 갑신정변이 일어난 1884년부터 청일전쟁이 일어난 1894년까지의 10년이 우리민족의 운명을 결정짓는 카이로스의 때라고 보았다. "코리아의 운명이 걸린 시기에" 김옥균으로 대표되는 개화파들이 "치밀한 전략을 수립하지 않고, 막연한 기대와 모험주의로 돌진"해 기회를 망쳤다고 평가했다.

또 한 번은 해방정국 5년을 제외하면, 김영삼 정부에서 이명박 정부까지의 20년, 좀 더 직접적으로는 2003년부터 2013년까지의 10년이었다. 그래서 2005년 초 필자는 다음과 같이 강조했다. "한국과 미국 주도의 6자회담을 통해 2008년까지는 북한의 진화가 본궤도에 오르도록 해야 한다. 그리고 향후 10년간은 북한의 진화 노선이 되돌릴 수 없는 역사의 대세가 되도록 6자간의 협력을 강화해야 한다. 이를 위해 한국은 미국에 대해 집요하고도 적극적인 외교 노력을 경주해야 한다.[2]

2000년 최초로 남북정상회담이 개최되었고, 2003년 노무현 정부가 기적적으로 출범했다. 그리고 2005년 〈9·19 공동성명〉이라는 참으로 포괄적이고 합리적인 합의가 도출되었다. 그러나 미국의 비협조로 합의이행은 지체되었고, 2007년 10월에 가서야 겨우 이행절차가 개시되었다. '때'가 너무 늦었다. 남북은 우여곡절 끝에 2007년 10월에야 정상회담을 개최했고, 여기서 〈10·4 선언〉이라는 아주 포괄적이고 구체적인 남북관계 발전과 평화번영을 위한 합의문이 나왔다. 그렇지만 이때는 노무현 정부가 실질적인 임기를 불과 2개월 남겨둔 시점이었다.

역사에서의 '카이로스'를 염두에 둔다면 〈9·19 공동성명〉의 이행은 2년이 늦어졌고, 남북정상회담도 2~3년이 늦었다. 사실 제

2차 남북정상회담은 집권 초기인 2003년이나 2004년에 개최되었어야 하나 '때'를 놓쳤다. 그러나 비록 때가 늦었지만, 노무현 정부가 〈9·19 공동성명〉과 〈10·4 선언〉을 통해 "북한의 진화가 본 궤도에 오르도록" 틀을 만들었다면, 2005년을 기점으로 "향후 10년간 북한의 진화노선이 되돌릴 수 없는 역사의 대세가 되도록 6자간의 협력을 강화"하는 것, "이를 위해 미국에 대해 집요하고도 적극적인 외교노력을 경주"하는 것은 2008년에 등장한 이명박 정부의 역사적 책무였다.

2008년 2월, 코리아의 운명이 결정되는 '카이로스의 때'에 등장한 이명박 정부는 〈10·4 선언〉을 폐기함으로써 결국 〈9·19 공동성명〉을 폐기시켰다. 〈9·19 공동성명〉과 〈10·4 선언〉에 기초한 '북한의 진화노선'은 되돌려졌고, 진화의 궤도에서 이탈한 북한은 핵·미사일 실험을 거듭했다. 2009년 제2차 핵실험과 2012년 김정은의 등장 이후 북한은 '진화노선'을 포기했고, 2016년 '고슴도치형 국가체제'를 완성했다. 동시에 남과 북의 적대와 증오, 군비경쟁과 전쟁준비도 강화되었다. 해양세력과 대륙세력의 대결체제도 본격화되었다. 코리아는 또다시 절체절명의 위기에 빠졌다. 한반도에서 분단과 전쟁의 거대한 수레바퀴가 움직이기 시작했다. 국토분단 70년이 지난 지금, 평화와 통일을 통해 코리아의 운명을 새롭게 개척할 수 있는 때는 지나갔는가! 카이로스의 앞머리는 지나갔는가?

2010년 이후, 19세기 말 '망국의 역사'를 '건국의 역사'로 다시 읽던 중 당시에 새로운 나라를 만들 수 있는 기회가 한 번 더 있었음을 알게 되었다. 그것은 1895년 청일전쟁이 끝난 뒤 러시아·독일·프랑스 삼국이 개입해 일본의 영향력이 코리아에서 후퇴하고 러일전쟁이 일어날 때까지 10년간이다. 이 기회는 1896년부터 독립협회를 중심으로 한 혁신세력이 《독립신문》을 통해 새로운 국가 사회의 비전을 전파하고 전국적인 네트워크를 형성하면서 생겨났다. 새로운 근대국가의 비전을 품은 이들은 아래로부터 결집된 거대한 국민운동을 통해 자신의 의지를 표출했다. '문명의 전환'이자 '대한민국 기원의 시공간'이라고 하는 1898년,[3] 오늘날의 대한문 앞(서울시청)에서 당시 서울 인구의 10퍼센트에 달하는 1만여 명의 사람들이 모였다. 이들은 독립협회를 중심으로 만민공동회(萬民共同會)를 개최해 친러 수구파 정부를 붕괴시키고 10월 12일 개혁정부수립에 성공했다. 그리고 이것에서 한발 더 나아가 관민공동회(官民共同會)를 통해 의회를 설립하고 근대적인 국가를 수립하려 했다.

그러나 1898년 12월, 고종과 수구세력은 자주·민권·자강운동을 전개했던 독립협회와 만민공동회를 탄압하고 군대를 동원해 강제 해산했다. 그리고 1899년에 들어 그 지도자들을 대대적으로 체포해 역사를 완전히 거꾸로 돌렸다. 이렇게 해서 청일전쟁 뒤 독립협회와 만민공동회에 의해 창출된 '카이로스의 때'는 고종과 수구세력에 의해 다시 상실되었다. 새로운 나라를 위한 카이로스의 때는 완전히 지나갔고 망국의 비극이 덮쳐왔다.

평화와 통일, 전진과 번영이 본 궤도에 올랐어야 할 2007년으로부터 10년이 지나는 동안 코리아는 전쟁위기와 영구분단, 수구적 퇴행과 부정부패의 길로 달려갔다. 그러나 대한민국의 5천만 국민은 3·1운동처럼, 4·19혁명과 6·10항쟁처럼 파국적 종말을 향해

1898년의 만민공동회와 2016년의 백만 촛불집회

나아가는 코리아의 운명을 되돌려 세웠다. 2016년 4월, 역사와 사회의 저변에 도도히 흐르던 5천만의 민심이 국회의원 총선거에서 폭발적으로 분출해 막강한 수구세력을 단숨에 단죄하고 여소야대 국회를 만들었다. 그리고 7개월이 지난 2016년 12월, 전체 인구의 거의 10퍼센트에 달하는 수백만의 국민이 매주 촛불혁명(백만민공동회)을 일으켰고, 이에 호응한 국회는 12월 수구·부패 세력의 핵심이자 시대착오적 대통령인 박근혜를 압도적으로 탄핵시켰다. 그리고 2017년 3월 10일 "헌법을 만들어내는 힘의 원천"인 5천만 국민의 위임을 받은 헌법재판소는 "대통령을 포함한 모든 국가기관의 존립근거"인 헌법에 의거해 헌법재판관 8인 전원일치로 대통령 박근혜를 파면했다. 주권을 가진 국민에 의해 명예로운 '헌법혁명'이 일어난 것이다. 이로써 완전히 새로운 정치환경이 조성되었고, 새로운 대북외교안보정책을 펼칠 기회가 생겼다.

독립협회와 만민공동회에 의해 1895년부터 10년간 우리 민족에게 한 번 더 기회가 주어졌던 것처럼, 오늘날의 우리에게도 헌법혁명을 통해 2017년부터 10년간이라는 카이로스의 시간이 한 번 더 생겨났다. 100년 전에는 수구세력이 개혁세력의 힘을 압도함으로써 새로운 나라로 나아갈 수 없었지만, 오늘날은 개혁세력이 수구세력을 제어함으로써 새로운 대한민국으로 나아갈 수 있게 되었다. 이 기회를 1세기 전 망국의 그때처럼, 70년 전 분단의 그때처럼, 나아가 10년 전 2007년의 그때처럼 놓치지 않기 위해서는 어떻게 해야 할까? 19세기 말의 그때처럼 자주·민권·자강에 기초한 새로운 대한민국, 새로운 코리아를 만들어야 하고, 새 코리아, 통일 코리아에 대한 비전을 새롭게 정립해야 한다. 그리고 이 비전을 중심으로 5천만 국민의 힘과 지혜를 모으고, 나아가 8천만 민족과 온 세계의 우호적 힘을 결집해야 한다.

코리아의 정체성과 간절하고 생생한 꿈

분단의 골이 깊어지고 전쟁의 먹구름이 몰려와 암울하고 고달픈 오늘날의 코리아에서 가장 필요한 것은 희망의 빛, 비전이다. "비전이 없는 민족은 망한다"는 말처럼 우리가 앞으로 추구해야 할 비전을 공유하지 않으면 5천만 국민, 나아가 8천만 민족은 절망하고 방자해져 끝내 망할 수 있다. 비전은 간절하고 생생한 꿈이다. 그러나 비전은 우리의 엄중한 현실과 정체성에 기초해야 한다. 21세기 초 오늘날의 코리아는 크게 두 가지의 정체성에 의해 규정된다.

하나는 지정학적으로 형성된 해륙(海陸)적 정체성이다. 코리아는 지정학적으로 대륙이자 해양이다. 즉 해륙국가[4]이다. 동아시아 세계가 2천 년간 중국 중심의 대륙패권체제였기 때문에 19세기까지 코리아는 기본적으로 대륙세력의 일원이었다. 그러나 19세기 후반부터 해양세력이 강화되자 코리아는 대륙세력과 해양세력이 맞부딪치는 '전략적 경쟁장'이 되었다. 일제 강점기에는 코리아가 해양세력에 완전히 편입되기도 했다. 20세기 중반 코리아가 분단되자 코리아에서 대륙세력과 해양세력의 대립은 더욱 격화되었다. 분단된 남과 북은 각각 해양과 대륙의 정체성을 갖지만, 새로운 코리아, 통일 코리아는 '해양과 대륙'의 양면적 정체성을 갖는다. 따라서 통일 코리아를 향해 나아가는 오늘날의 한국도 이러한 양면적 정체성을 형성하기 시작해야 한다.

또 하나는 보편 문명을 추구해온 평화의 정체성이다. 5천 년의 역사에서 코리아는 야만이 아닌 '문명', 무력이 아닌 '정치'를 선호했다. 그리고 중화문명, 일본문화, 공산주의와 자유주의 모두를 전면적으로 흡수했다. 우리가 수동적으로 세계의 각종 문화를 받아들일 때도 있었지만, 능동적으로 세계 최고를 지향하며 보편적인 문명을 흡수하기도 했다. 또한 우리 민족은 한 번도 영토를 목적으로 다른 나라를 침략하지 않았고 평화를 추구해왔다. 이로써 우리는 최고의 보편 문명을 추구하는 평화국가로서의 정체성을 형성한 것이다.

이상과 같은 현실과 정체성에 입각할 때, 우리는 어떤 목표, 어떤 비전을 수립해야 하는가? 제대로 된 목표와 비전은 현실에 뿌리박은 것일 뿐 아니라 우리의 정체성과 핵심 가치를 담고 있어야 한다. 21세기 코리아의 비전은 '우리가 할 수 있고, 하고 싶어야 하며, 또 해야만 하는 것'이다. 우리 '한국의 5천만 국민'만이 아니라 남·북 코리아의 '8천만 민족' 모두가 바라는 것이어야 한다. 그리고 우리의 현실상 그 비전은 우리 민족만이 아니라, '4대 주변국 20억의 국민과 70억 인류'에게도 매력이 있어야 한다. 21세기 통일 코리아의 비전을 정립하기 위해 이것에 대해 깊이 고민한 네 사람의 비전을 먼저 살펴보자.

6백 년 전, 세종대왕은 조선의 비전을 여민락(與民樂), 치화평(治和平), 취풍형(醉豊亨)이라는 노래로 표현했다. 세종은 '하늘백성(天民)'을 모든 국정의 중심에 두고, 살아감의 즐거움을 누리는(生生之樂) 하늘백성들과 함께 즐기고, 나라가 화합하고 평화로우며, 취할 정도로 생활이 넉넉하고 문명이 꽃피는 사회를 꿈꾸었다. 1444년(세종 26년) 7월 25일 세종은 다음과 같이 그 비전을 구체화했다. "백성들이 열심히 일해 우러러 부모를 섬기고 굽어 자녀를 잘 길러, 오랫동안 잘 살아 나라의 바탕이 튼튼해지고, 집집마다 넉넉하고 사람마다 풍족하며, 예의가 바르고 서로 겸양하는 풍속이 일어나, 항상 화합하고 평화로우며, 해마다 풍년을 이루어 함께 태평시대의 즐거움을 누리자."

해방·분단 직후인 1947년 김구는 〈나의 소원〉에서 '모든 사람이 성인(聖人)'이 되는 것을 문명건설의 궁극적 사명으로 보았다. 그는 이를 구체화해 '자유'를 기본 가치로 한 자주독립국가를 세우고, 인류가 진정한 평화와 복락을 누릴 수 있는 사상을 낳아, 그것을 먼저 우리나라에 실현하자고 했다. 무력에 의한 정복과 경제력에 의한 지배가 아니라, 사랑과 평화의 문화로 인류 전체가 잘살도록 하자는 것이다. 김구는 다음과 같이 우리나라에 대한 간절하고 생생한 꿈을 이야기한다. "나는 우리나라가 세계에서 가장 아름다운 나라가 되기를 원한다. (…) 오직 한없이 가지고 싶은 것은 높은 문화의 힘이다. (…) 나는 우리나라가 남의 것을 모방하는 나라가 되지 말고, 이러한 높고 새로운 문화의 근원이 되고, 목표가 되고, 모범이 되기를 원한다. 그래서 진정한 세계의 평화가 우리나라에서, 우리나라로 말미암아서 세계에 실현되기를 원한다." 김구는 이 일이 우리 민족의 천직(天職)이며, 여기에 인류의 운명이 달려 있다고 생각했다.[5]

냉전 종식 뒤인 1994년, 영국의 한국문제전문가인 포스터 카터 교수는 〈가디언〉지에 한국을 돌고래에 비유하면서 동아시아의 21세기를 전망하는 글을 기고한 적이 있다. 그는 '고래 싸움에 새우등 터진다'는 우리의 속담을 인용하면서, 코리아의 현대사를 설명했다. 그런 다음 중국·러시아·일본 등 '고래들'에게 시달렸던 코리아는 이제 세계 13위의 무역국가·평화국가로서 더 이상 '새우'가 아니라 '돌고래'로서 구실할 것이라고 평가했다. 또한 북한이 파산 지경에 이르러 북한을 재건해야 하는 부담을 지고 있지만, 코리아는 1천 년 만에 처음으로 동북아시아에서 강력하고 자주적인 세력으로 남게 될 것이라고 전망했다. 이어서 그는 20세기 초 서방에 의해 거의 무시됐던 코리아가 냉전시대가 끝난 지금, '동방의 스위스'가 될 수 있는 모든 가능성을 지녔다고 평가했다. 그래서 강력한 무역국이자 잘 무장된 평화주의국가가 된 '돌고래' 코리아에 의해 동북아시아의 막강한 '고래들'의 분규가 중재된다면 좋을 것이라고 말했다.[6]

김대중 정부에서 노무현 정부로 이어지던 2003년, 미국 미시간 대학교의 우정은은 〈코리아의 미래를 위한 세 개의 거울〉[7]이라는 글에서 '코리아의 최종 목적이 무엇인가, 근원적인 코리아의 정체성은 무엇인가'라는 질문을 던진다. 우정은은 전 지구적 논리로서 국제적 정체성, 중화세계 질서의 논리로서 지역적 정체성, 민족적 논리로서 코리아의 정체성을 '3개의 거울'이라고 하면서 코리아의 가능성을 다음과 같이 제시한다. 그는 오늘의 한국인들은 미국인보다도 더 많은 시민적 자유를 누리며, 민족주의와 민주주의를 강력히 융합시키고, 생기 넘치는 대중문화를 창출하고 있다고 평가한다. 따라서 코리아는 민주적 규범에 충실한 세계주의문화를 건설할 수 있고, 돈을 버는 거점만이 아니라 전 세계적인 민주주의의 거점이 될 수 있다고 본다. 또한 코리아는 초국가적인 비정부기구와 국제기구 및 지역개발은행의 거점이 될 수 있고, 유엔관련 각종 조직을 유치할 수 있다고 전망한다. 이러한 평가에 기초해 우정은은 코리아의 통일에 대해 다음과 같은 비전을 제시한다.

"한국인들을 움직이는 민주주의와 민족주의라는 한 쌍의 규범을 고려한다면 비핵화된 코리아를 향해 밀고 나가는 것, 그래서 결국 중립적인 코리아를 만들어내는 것도 생각할 수 있다. 중립적인 코리아가 동북아에 존재한다면 매우 바람직하다. 중립은 쌍방 통행로이다. 그것은 두 방향 모두 진행이 가능하며, 사실 경제적으로 온갖 방향으로 나아간다. (…) 중립국 스위스가 민간금융으로 성공한 것과 똑같이 중립은 더 국제화되길 원하는 한국에 진정한 복이 될 것이다. 그것은 또한 운송 거점의 완벽한 무대가 되며, 국제기구들에도 완벽한 무대이다. 이것이 바로 유엔이 부분적으로 스위스에 자리잡고 있는 이유이다. 무엇보다 중요한 것은 중립적 코리아는 철저하게 파괴적인 20세기의 역사라는 사지로부터 평화롭고 번영하는 새로운 코리아, 남북 간의 평화로운 공존이 한참 지속된 후에 마침내 통일된 코리아를 건져낼 것이라는 점이다."[8]

이상에서 언급된 비전들을 염두에 두면 우리가 만들어내는 코리아의 비전은 다음과 같은 핵심적인 요소들이 포함되어야 한다.

첫째, 모든 인간의 존엄과 민주주의가 우리의 핵심 가치이다. 코리아의 비전은 이것에 뿌리를 두어야 하는데, 우리는 앞에서 언급한 단군의 홍익인간사상, 세종의 천민(天民)사상과 김구의 성인(聖人)사상을 통해 이미 이것을 체득하고 있다. 대한민국은 '인간의 존엄'을 헌법의 핵심 가치로 하고 있고, 우리나라는 민본주의, 민주주의의 오랜 역사적 전통이 있다. 우리는 아시아 나아가 세계에서 '모든 인간의 존엄'에 뿌리를 둔 민주주의체제를 강화하고 확산하는 모범국가가 되어야 한다. 한국은 아시아에서 가장 발전된 자유민주국가의 하나이며 세계적으로도 성공사례이다.

둘째, 동아시아에서 화합과 평화의 중심이 되어야 한다. 21세기 해양세력과 대륙세력의 갈등은 19세기나 20세기처럼 코리아에 의해 증폭되는 것이 아니라, 진화(鎭火)되어야 한다. 코리아는 대결의 전초기지가 아니라 화해의 보루가 되어야 하며, 전쟁의 진원지가 아니라 평화의 발원지가 되어야 한다. 코리아가 안으로 화합하고 밖으로 평화를 구축하면 그 자체로 코리아는 아시아 나아가 세계평화의 중심축이 된다. 코리아가 화해와 평화의 중심이 되기 위해서는 외교와 안보 그리고 통일문제에서 기존의 패러다임에서 벗어나는 혁신적인 발상을 해야 한다. 김대중·노무현 정부의 10년은 이러한 비전이 불가능하지 않음을 보여주었다.

셋째, 과학기술력에서 세계 최고 수준을 확보하고 경제를 발전시켜야 한다. 우리가 경제적으로 세계의 선두에 서지 못하고 거대한 중국에 의존해 살아가는 순간, 역사의 게임은 끝난다. 우리의 정체성은 사라질 것이고 우리의 비전 또한 힘을 잃을 것이다. 스위스와 독일 나아가 미국에 비견될 정도로 세계 최고 수준의 과학기술, 경제발전을 이룩해야 자유와 민주주의도, 화합과 평화도, 높은 문화도 가능하다. 지난 반세기 동안 우리가 이룩한 경제적 성취는 이러한 비전이 불가능하지 않음을 보여준다.

넷째, 문화 수준이 높고 나라가 아름다워야 한다. 코리아는 이 점에서 가장 인간적인 나라이자, 가장 매력적인 나라이며, 전 세계를 향해 열려 있는 나라가 되어야 한다. 코리아라는 말이 고려, 즉 '높을 高'와 '아름다울 麗'에서 나왔다는 것을 생각하면, 코리아는 명칭 그대로 생활문화의 수준이 높고 나라가 아름다워야 한다. '언덕 위의 빛나는 성'처럼 높고 매력적인 나라가 바로 코리아의 모습이다. 2000년 이후 전 세계적으로 확산된 한류는 이러한 비전이 불가능하지 않음을 보여준 상징적인 사례이다.

코리아의 이러한 모습은 우리 역사로 치면 세종시대의 모습이다. 세종은 당시의 세계에서 가장 높은 과학기술과 문화 수준을 이루었고, 가장 민본적이고 인간적인 체제를 만들었다. 창의성이 넘쳤으며 경제는 발전했고, 주변국들의 모범이 되는 코리아의 문명을 꽃피웠다. 세종시대를 원형으로 하여 더욱 발전되고 더욱 세계화된 문명국가의 모습, 이것이 21세기 코리아의 모습이다.

동물로 비유하면 돌고래의 모습이다. 우리는 우물 안의 개구리,

고래 싸움에 등 터지는 새우가 아니라, 세계라는 광대한 바다를 향해 뻗어가는 돌고래같이 민활하고 지혜로운 나라가 되어야 한다. 돌고래는 바다에서 사는 동물 중 가장 지능이 뛰어나고 기민하며 인간에게 친근하다. 돌고래는 거대한 덩치를 가진 뭇 고래들과 함께 같은 '고래'로서 어깨를 나란히 하며 대양을 무대로 활동한다. 바로 '강하고 역동적인 중추적 중견국가'의 모습이다.

태양계로 말하면 지구의 모습이다. 지구는 태양계에서 가장 아름답고 풍부한 생명체가 살고 있으며, 유일하게 인간적인 문명이 피어나는 곳이다. 지구가 태양을 중심으로 돌지만, 관점을 바꾸면 태양이 오히려 지구를 위해 존재하는 것처럼 보인다.

나라로 보면 8천만이 어울려 사는 규모가 큰 스위스의 모습이다. 스위스는 잘 무장된 평화의 나라로서 모든 나라들이 스위스를 신뢰한다. 기술과 금융이 발달했고 나라를 아름답게 만들었다. 세계의 수많은 국제기구들이 모여 있고 수많은 국제회의가 열린다. 20세기까지 유럽에서 벌어진 수많은 전쟁의 황량한 사막에서 평화의 오아시스는 스위스였다. 21세기 미·일·중·러 경쟁의 불안정한 세계에서 평화의 오아시스는 잘 무장된 평화국가 코리아이다.

일본의 세계적 석학 와다 하루키는 2003년, 한반도를 "동북아시아 전체의 운명을 좌우하는 긴장과 대결의 장"이라고 규정하면서, 동북아 전체의 평화와 협력을 위해서는 한반도에 평화와 화해가 확립되어야 한다고 강조했다. 그리고 민주화혁명을 실현시킨 국민적 에너지가 있는 한국, 동북아의 공존공생과 화해협력의 중심이자 매개체인 한반도, 즉 "남북한이 서로 접근하여 통일되고 혁신된 남북한을 만들어 이웃나라에 새로운 메시지를 보낸다면, 그러한 남북한은 동아시아 공동의 집의 축심(軸心)이 될 것이다. 통일한국은 동아시아를 통일하고, 세계를 통일하는 것이다"고 설파했다.[9]

지난 몇 세기 동안 코리아는 주변의 4대 세력에 의해 사방으로 찢기는 '거열'(車裂)이라는 형벌을 받았다. 이제 우리는 코리아의 정체성과 주변 4국의 문화를 융합하고 혁신해 8천만 민족과 주변 국민 모두가 매력적으로 느낄 만한 새로운 비전을 창조해야 한다. 동시에 세계제국, 중화제국, 유라시아제국, 동아제국의 정체성을 가지고 세계로 돌진하며 충돌하는 주변 4국을 조정하고 화해시켜 통합할 수 있는 리더십을 길러야 한다. 이렇게 된다면 코리아는 미국·중국·일본·러시아라는 네 마리의 말이 힘차게 끄는, 온 인류에게 평화와 행복을 주는 '4두 마차'의 기수(騎手)가 될 수 있다.

20세기에 우리 민족은 식민지배와 분단, 참혹한 전쟁과 극심한 가난, 억압과 독재를 모두 겪었다. 지금도 4백 년 전 임진왜란, 70년 전 분단에 의해 형성된 코리아의 악순환이 계속되고 있다. 북녘의 비참한 현실과 전쟁의 어두운 그림자가 코리아를 떠돌고 있다. 그렇지만 선순환을 만들 수 있는 기운 또한 강력하다. 5천 년 민족사를 볼 때 20세기는 우리 민족이 바닥을 친 시기였다. 절기로 보면 동지(冬至)와도 같이 어둡고 추운 시절이었다. 이제 민족의 새봄을 맞이해야 한다. 우리는 15세기의 세종시대보다 더 훌륭한 21세기 민족사의 황금시대를 열 수 있다. 아시아태평양 시대에 코리아라는 돌고래는 세계를 무대로 힘차게 활동해야 한다. 21세기 코리아에서 참으로 인간적인 지구문명이 꽃피지 말라는 법이 없다. 이것이 바로 코리아의 운명이자 비전이고, 우리의 의지적인 선택이다.

　김구 선생은 분단으로 찢어지고 정부도 세우지 못한 상태에서 전쟁의 먹구름이 몰려오던 1947년에 다음과 같이 말했다. "우리의 오늘날 형편이 초라한 것을 보고 자굴지심(自屈之心)을 발하여 우리가 세우는 나라가 그처럼 위대한 일을 할 것을 의심한다면 그것은 스스로 모욕하는 일이다. 우리 민족의 지나간 역사가 빛나지 아니함이 아니나 그것은 아직 서곡이었다. 우리가 주연배우로 세계 역사무대에 나서는 것은 오늘 이후다."[10] 당시 김구의 이 말은 잠꼬대로 치부되었을 것이다. 그러나 그 40년이 뒤 한국은 자유세계의 등불이 되었고, 공산세계를 해체하는 주역이 되었다. 경제적으로, 정치적으로 아시아의 주도국가가 되었다. 아시아에서 보편문화의 발산지가 되었고 세계 최고의 정보통신국가가 되었다.

　그러나 민족사 5천 년의 흐름에서 보면, 지난 70년 동안 우리가 이룩한 역사적 성취는 8천만 민족이 한 5백 년간 깃들어 살, 제대로 된 집을 짓기 위한 기초에 불과하다. 우리는 이제 장대한 비전에 입각해 8천만 민족이 발을 뻗고 살 수 있는 제대로 된 집을 지어야 한다. 정의와 자비의 원칙에 따라 자유와 평등과 우애가 강물처럼 흐르며, 분권과 통합의 민주체제가 뿌리내리고, 모든 인간이 존엄한 존재로 살아가는 공동체, 우리 8천만 민족과 주변 4국의 20억 나아가 70억 인류에게 매력적인 통일국가를 만들어야 한다. 그렇지 않으면 수백 년간 우리를 지배해온 악순환이 '관성의 법칙'처럼 우리를 지배한다.

　코리아는 작은 나라이다. G20에 속하는 20개 나라 중 영토가 가장 작다. 어떻게 보면 약하고 불쌍한 나라이다. 거대한 제국을 이룬 4대 강국의 십자로에 위치해 있기 때문이다. 그러나 코리아는 결코 보잘 것 없는 나라가 아니고, 코리아 자신만의 문제에 빠져 세계와 무관하게 살 수 있는 나라도 아니다. 오히려 코리아는 동북아와 세계의 운명을 좌우하는 핵심적인 나라이다. 김구는 일찍이 우리나라에 '세계 전체의 운명'이 달려 있다고 했고, 와다 하루키는 코리아에 '동북아 전체의 운명'이 달려 있다고 강조했다. 우리는 두 눈 부릅뜨고 대오 각성하여 코리아의 정체성과 비전을 새롭게 가슴에 새겨야 한다.

코리아의 주인은 책임지는 8천만 민족

코리아의 비전을 이루는 주체는 다른 어떤 사람도 아니고 우리이다. 5천만의 우리 국민, 8천만의 우리 민족이 이 비전의 주인이다. 안창호 선생은 1925년 〈주인인가, 나그네인가〉라는 글을 통해 "민족사회의 근본 문제는 주인이 있고 없는 데 있다"고 강조했다. 그는 주인과 나그네를 구별하는 기준은 '민족사회에 대한 책임감'이고, "한 사회에 책임을 가진 주인이 없다고 하면 방침이나 사업이나 아무것도 없을 것"이라고 역설했다. 정부가 수립된 지 70년이 된 오늘날, 식민지가 아닌 독립국가 대한민국에서 우리는 우리의 안보외교 통일문제에서 주인인가, 객 또는 종인가? 우리는 우리의 지혜와 힘에 의지해 당면한 고질적인 문제들을 풀려고 하는가? 아니면 주변 강대국의 힘에 의지하거나, 그들의 정책에 이끌려 정책을 추진하고 있는가? 지난 70년간의 경험, 아니 지난 5천 년의 우리 역사는 우리가 아니면 우리의 문제를 결코 해결할 수 없다는 것을 명확히 보여준다.

우리가 코리아의 주인이다. 우리는 나그네도, 종도 아니다. 우리는 주인으로서 책임감을 가져야 할 뿐 아니라, 주도성과 창의성과 담대함을 가져야 한다. 한반도를 둘러싸고 '불굴의 정신(Invincible Spirit)'이 강조되는 이때, 우리에게도 진정 필요한 것은 '불굴의 정신'이다. 아무리 미·일과 중·러의 힘이 강력하고, 북한이 고슴도치형 국가를 완성해도 코리아의 운명은 우리 대한민국의 5천만 국민, 나아가 8천만 코리안이 결정한다. 5천만 우리 국민이 코리아의 운명의 주인인 것이다. 한반도 문제에 관한 한 우리가 운전수이다. 가장 핵심적인 문제는 5천만 국민의 힘과 지혜를 모아 앞으로 나아가는 것이다.

오늘날의 남과 북은 분단과 전쟁, 고립과 의존, 독재와 수구에 의해 켜켜이 쌓인 오랜 적폐가 있다. 새로운 나라, 통일된 나라를 만들어야 한다. 다시 말해 '새로운 대한민국', '통일건국'를 이루어야 한다. 이를 위해서는 이전과는 전혀 다른 차원의 지혜와 전략, 국민적 힘과 정치적 에너지가 필요하다. 5천만 국민의 힘과 지혜를 결집하는 개혁적이고 진보적인 대통합이 필요한 것이다. 태초부터 정치의 존재 이유는 국민을 위하고, 국민을 통합시키는 것이었다. 오랜 인류의 역사에서 새로운 문명은 항상 진취적인 도전과 통합의 결과였다. 따라서 우리는 진취적 비전을 제시하고, 이에 대한 국민적 공감대를 형성하며, 국민의 자발적이고 적극적인 힘을 사회·역사 발전의 동력으로 삼아야 한다.

우리는 역사와 사회의 진보를 가능케 하는 통합의 시스템, 통합의 리더십을 구축해야 한다. 무자비할 정도로 다양하고 강력한 여론이 분출되고 있는 오늘의 한국 상황에서 어느 한 정파의 힘만으로는 진취적 비전을 추진할 수가 없다. 특히 오늘날의 한반도에는 70년에 걸친 남북의 적대적 분단과 해양·대륙의 4대 세력에 의해 국론이 분열되고 원심력이 강하게 작용한다. 우리는 새 코리아, 통일 코리아의 비전을 공유함으로서 통합의 구심을 만들고, 강력한 통합의 정치력으로 진취적 비전을 북한과 주변국에 설득해야 한다.

통일이 개혁에 기반을 둔 통합의 결과라는 것은 세계사도 증명한다. 강대국에 둘러싸인 스위스가 700년 이상 평화롭고 자유로운 중립국가로 오랫동안 통일을 유지해온 것은 철저한 민주주의에 기초해 대통합의 정치를 펼쳤기 때문이었다. 2차 세계대전 직후 분할 점령된 오스트리아가 10년 만에 평화적으로 통일할 수 있었던 것도 대연정의 정치로 서로 다른 색깔의 국민과 4대 점령국 모두를 만족시켰기 때문이다. 분단된 독일이 40년 만에 통일을 이룰 수 있었던 것은 '모든 인간의 존엄'이라는 원칙에 따라 나치독일의 패악을 완전히 청산하고, 대·소 연정과 분권화된 연방체제를 통해 통합의 정치를 도모했기 때문이다. 넬슨 만델라가 오랜 인종차별로 고통받은 남아프리카공화국을 새로운 나라로 만들 수 있었던 것도 철저한 진실규명과 반성에 기초한 대통합의 정치력 때문이었다. 우리 역사에서도 온전한 민족통일을 이룬 왕건은 통합의 리더십으로 통일대업을 성취했다. 왕건은 처절한 숙적이었던 후백제의 견훤과 그 아들 신검을 아버지와 아들로 포용했고, 흔적 없이 제거해야 할 대상이었던 신라의 왕족들도 포용했다. 나아가 전국에 산재해 있던 수십 명의 호족들과도 결혼을 통해 '대통합정권'을 만들었다.

우리는 주변국 및 북한과의 관계에서 분열의 과거가 통합의 미래를 가로막지 않고, 지정학적 조건이 분열을 조장하지 않도록 정치만이 아니라 언론·시민사회·학계·경제계 모두가 노력해야 한다. 더 높은 차원에서 역사를 평가하고 현실을 인식하며 미래의 비전을 공유해야 한다. 우리는 대한민국의 헌법적 가치에 따라, 특히 '모든 인간의 존엄'이라는 가치를 토대로 정의와 자비의 원칙에 따라 좌와 우, 동과 서, 남과 북이 서로 대화하고 협상하며, 용서하고 화합하여 통합을 이루어야 한다. 이렇게 형성된 강력한 구심력으로 주변에서 가해지는 압박과 분열과 전쟁의 원심력을 극복해야 한다. 그리고 이 통합의 힘으로 단군신화의 곰처럼 우직하게, 고난과 모욕을 참고 견디며 한 걸음 한 걸음 우리의 비전인 새 코리아, 통일 코리아를 향해 나아가야 한다. 코리아의 주인이 되어 불굴의 정신으로 숙명을 혁명하는 것, 시대가 우리에게 요구하는 필연적인 것을 완성해 코리아의 운명을 새롭게 창조하는 것, 이것이 역사가 우리에게 제시하는 길이자, 세계가 우리에게 기대하는 희망이고, 하늘이 우리에게 내린 명령이다.

감사의 말

2005년 이 책의 초판을 출판할 때 많은 사람과 기관의 도움을 받았습니다. 서울대에서 동양사를 지도해주신 민두기, 김용덕, 이성규 선생님과 한국사회연구소의 여러분께 감사드립니다. 그리고 1995년부터 1년간 일본 도쿄대에서 연구할 기회를 주신 미야지마 히로시 선생님과 일한문화교류기금에 감사드리고, 곧이어 1996년부터 1년간 하버드대학에서 연구할 기회를 주신 이수인 선생님과 한국학연구소에도 감사드립니다.

또한 어려운 생활에 많은 도움을 주신 배상희, 김강기, 이면재 님과 책의 탈고과정에서 조언을 해주신 윤영관, 김영수, 김대영, 조성렬, 박태균, 이남주, 전인갑, 이충렬, 이정우, 김대호 님께 감사합니다.

이번에 개정증보판을 내는 과정에서도 많은 분의 도움을 받았습니다. 우선《코리아 다시 생존의 기로에 서다》를 누구보다 칭찬하며 널리 알려주신 노무현 대통령께 깊이 감사드립니다. 노무현 대통령께서는 이 책의 첫 번째 애독자셨을 뿐만 아니라, 2008년 가을 마지막에 뵈었을 때도 책에 대해 많은 이야기를 해주셨습니다.

그리고 2009년 이후 지금까지 8년의 광야생활에서 큰 도움을 주신 이상숙, 오대원, 김대평, 배경호, 남해진, 윤은주 님을 비롯한 많은 분께 감사드립니다. 또한 개정증보판의 탈고과정에서 코멘트를 해주신 임동원, 서정경, 김대영, 모종린, 박영준, 고유환, 조병제, 이종석, 서주석 님께도 고마움을 표합니다. 여러분들의 코멘트에도 불구하고 이 책의 모든 문제점은 저의 책임임을 밝힙니다.

마지막으로 고난의 시대를 힘겹게 헤쳐오신 부모님(배상락, 이옥윤, 이병탁, 신원순 님)과 형제자매님, 그리고 한 치 앞이 보이지 않는 인생길을 함께하고 있는 아내 이미경과 딸 이정, 이현에게도 감사합니다. 또한 책을 잘 편집해 출판해준 위즈덤하우스의 연준혁, 박경순, 정지은 님을 비롯한 관계자께도 감사를 드립니다.

주 ㅡ

■ **1장 코리아의 흥망에 대한 보고서**

1) Henry Kissinger, *Diplomacy*, Touchstone, 1994. 17쪽

2) Z. 브레진스키, 《거대한 체스판》, 삼인, 2004. 19쪽

3) 堀敏一, 《中國と古代東アジア世界》, 岩波書店, 1993. 220쪽

4) Z. 브레진스키, 앞의 책, 27쪽

5) 조지프 나이, 《제국의 패러독스》, 세종연구원, 2002. 30~39쪽

6) George Modelski, *Long Cycles in World Politics*, University of Washington Press, 1987. 박건영, 〈국제관계와 패권이론〉, 오기평 편저, 《21세기 미국 패권과 국제질서》, 오름, 2000. 53~56쪽

7) 박건영, 위의 글, 35쪽

8) 나단 스필버그 · 브라이언 앤더슨, 《우주를 뒤흔든 7가지 과학혁명》, 새길, 1994. 35쪽

9) Ronald P. Toby, *State And Diplomacy In Early Modern Japan*, ロナルド.トビ, 《近代日本の形成と外交》, 速水 融 外 譯, 創文社, 1990. 97쪽

■ **2장 중국의 대륙패권과 코리아의 선택**

1) 이성규, 〈중국문명의 기원과 형성〉, 《강좌 중국사》, 지식산업사, 2003. 52~54쪽

2) 위의 글, 40~41, 54쪽

3) 위의 글, 73~74쪽

4) 위의 글, 74쪽

5) 위의 글, 74~75쪽

6) 위의 글, 71~72쪽

7) 위의 글, 70~71쪽

8) 위의 글, 78~79쪽

9) 이근명, 《중국역사》, 신서원, 2002. 166쪽

10) 김한규, 《한중관계사》, 아르케, 1999. 109~111쪽

11) 위의 책

12) 이성규, 〈중화사상과 민족주의〉, 한국철학회, 《철학37》, 1992(봄). 32쪽

13) 위의 글, 31~32쪽

14) 위의 글, 33~47쪽

15) 이춘식,《중화사상의 이해》, 신서원, 2002. 137~143쪽

16) 이성규, 앞의 글, 48, 66쪽

17) 위의 글, 49쪽

18) 栗原朋信,〈漢帝國と周邊諸民族〉,《岩波講座 世界歷史4》, 1970. 479쪽

19) 전해종,《한중관계사연구》, 일조각, 1970. 30~32쪽

20) 김한규,《고대 중국적 세계질서 연구》, 일조각, 1982. 197~254쪽

21) 김한규,《한중관계사》, 81~82쪽

22) 르네 그루세,《유라시아 유목제국사》, 사계절, 1998. 71~82쪽

23) 김한규, 앞의 책, 84~85쪽

24) 아미노 요시히꼬,《일본이란 무엇인가》, 창작과 비평사, 2000. 43쪽

25) 김한규, 앞의 책, 150~151쪽

26) 노태돈,〈금석문에 보이는 고구려인의 천하관〉,《고구려사 연구》, 사계절, 1999. 참조

27) 이성시,〈광개토왕비의 입비목적과 고구려의 수묘역제〉,《광개토호태왕비 연구 100년 (하)》, 고구려연구회, 1996. 54~56쪽

28) 르네 그루세, 앞의 책, 108~120쪽

29) 김한규, 앞의 책, 192~193쪽

30)《隋書》, 卷67,〈裴矩傳〉, 堀敏一.《中國の古代東アジア世界: 中華的秩序と諸民族》, 岩波 書店, 1993. 195쪽에서 재인용

31) 이근명, 앞의 책, 384~385쪽 참조

32)《舊唐書》, 東夷傳 高句麗條. 김한규, 앞의 책, 196쪽

33)《舊唐書》, 卷61, 溫彦博傳, 위의 책, 196~197쪽

34) 르네 그루세, 앞의 책, 156쪽

35)《資治通鑑》, 卷197. 김한규, 앞의 책, 198쪽

36)《舊唐書》, 卷66, 房玄齡傳. 이성규, 앞의 글, 48쪽

37)《資治通鑑》, 卷198, 唐太宗 下之上. 김한규, 앞의 책, 200쪽

38)《三國史記》, 卷7, 文武王紀. 김한규, 위의 책, 204쪽

39) 노태돈,〈대당전쟁기(669~676) 신라의 대외관계와 군사활동〉,《군사34》, 국방군사연 구소, 1997. 6. 15쪽

40) 西嶋定生,《日本歷史の國際環境》, 東京大學出版會, 1994. 120~121쪽

41) 노태돈, 앞의 글, 15쪽

42) 위의 글, 16쪽

43) 위의 글, 13~14쪽

44) 西嶋定生, 앞의 책, 136쪽

45) 위의 책, 134~151쪽

46)《續日本紀》, 卷19, 孝謙天皇 · 天平勝寶6年正月條. 위의 책, 149쪽

47) 堀敏一, 앞의 책, 244쪽

48) 西嶋定生, 앞의 책, 55~65쪽

49) 西嶋定生, 앞의 책, 77~78쪽

50) 위의 책, 79쪽

51) 민두기,《일본의 역사》, 지식산업사, 1983. 25~28쪽

52) 유인선, 〈베트남의 전통적 왕권개념〉,《동아사상의 왕권》, 동양사학회 편, 한울, 1993. 208쪽

53) 西嶋定生, 앞의 책, 80쪽

54) 김한규, 앞의 책, 219쪽

55) 위의 책, 329쪽

56) 문경현,《고려태조의 후삼국통일연구》, 형설출판사, 1987.

57) 노계현,《고려외교사》, 갑인출판사, 1994. 64쪽

58) 富弼,〈河北守御十二策〉,《長編永樂大典》, 卷124. 김한규, 앞의 책, 387쪽

59) 위의 책, 388~390쪽

60)《고려사》, 卷14, 예종 12년조. 노계현, 앞의 책, 191쪽

61)《고려사》, 卷15, 인종4년. 위의 책, 202쪽

62) 이근명, 앞의 책, 165쪽 참조

63)《고려사》, 卷33, 충선왕 2년조. 김한규, 앞의 책, 512~520쪽. 원대의 저명한 문사 요수(姚燧)는 고려가 원과 혼인으로 맺어진 국가로서 원의 다른 속국들과는 달리 독자적인 국가 운영이 가능하여 국가체제의 정비, 관인의 선발 및 충원, 상벌 등의 운영에 있어 독자성을 지니고 있어 만국 가운데 오직 하나의 독립국이었음을 강조했다.

64)《고려사》, 卷25, 세가원종 즉위년 11월 계유. 노계현, 앞의 책, 310쪽

65) 위의 책, 609~614쪽

66) 세종은 노비에 대한 자의적인 형벌을 비판하며 다음과 같이 말한다. "노비가 비록 천(賤)하기는 하나 천민(天民)이 아님이 없으니, 신하된 자로서 하늘이 낳은 백성을 부리는 것만도 만족하다고 할 것인데, 그 어찌 제멋대로 형벌을 행하여 무고한 사람을 함부로 죽일 수 있다는 말인가." 그리고 김성우는 〈조선시대의 신분구조, 변화, 그리고 전망〉이라는 논문을 통해, "조선왕조 초기의 주요정책 기조는 국가적 평등사회의 유지에 초점이 맞추어졌다"라면서 "조선왕조는 개국과 함께 신민에 대한 균등한 의무와 권리를 강조하고, 지배층의 존재를 인정하지 않는 제민정책, 국역체제, 양천제를 천명했다"라고 주장했다. 여기서 양천제는 세금(租庸調)을 낼 수 있는 사람을 양인, 그렇지 못한 사람을 천인으로 나누는 제도였다. 미야지마 히로시(宮嶋博史)는 2003년, 조선사회는 신분제국가가 아니었다고 주장했다.《세계일보》, 2005년 1월 10일, 36쪽 참조

67) 세종은 알타리 여진족에 대해 "우리 백성이 되기를 원한다면 어찌 쫓을 이치가 있으며, 나가려 한다면 구속할 필요가 있겠는가. (…) 알타리가 만약 함께 살고자 한다면 (…) 어찌 차별하겠는가"라고 말했다.

68)《세종실록》4년 2월, 임자. 조남욱, 〈세종의 통치이념과 그 현대적 의의〉,《세종시대 문화의 현대적 의미》, 한국정신문화연구원, 1998. 51쪽

69) 세종 11년 5월 16일 정초가 작성한《농사직설》의 서문 참조

70) 세종 12년, 세종은 개량농법의 시행에 앞서 그에 대한 민의의 확인을 위해 여론을 조사했다. 이때 찬성 9만 7천636명, 반대 7만 3천949명 등 총 17만 1천585명을 조사했다. 조남욱, 위의 글, 주 28

71)《세종실록》8년 11월 5일, 9년 3월 13일, 13년 1월 25일, 20년 7월 8일

72) 전상운, 〈15세기 과학사의 중심에 서 있었던 세종임금〉, 한국과학사학회 주최《이 달의 과학기술인물—세종대왕》 세미나, 2004년 10월 9일

73) 직제학 신석조, 직전 김문, 응교 정창손, 부교리 하위지, 부수찬 송처검, 저작랑 조근

■ 3장 대륙과 해양의 패권 경쟁과 코리아의 방황

1) 김호동, 〈몽고제국의 형성과 전개〉, 《강좌 중국사III》, 지식출판사, 1995. 290~291쪽

2) E. 밀런츠(Mielants), 〈유럽과 중국의 비교사〉, 《창작과 비평》, 창작과 비평사, 2003(여름).

3) 杉山正明, 《クビライの挑戰》, 朝日選書, 1995.

4) 이상 몽골의 초토화전략은 김호동, 앞의 글, 261~263쪽

5) E.L. Jones, Growth Recurring: *Economic Change in World History*, Oxford: Clarendon Press, 1988. 109~110쪽. E. 밀런츠, 앞의 글, 286쪽

6) 김호동, 앞의 글, 273쪽

7) 이근명, 앞의 책, 197~198쪽

8) 위의 책, 232~233쪽

9) 김명섭, 《대서양 문명사》, 한길사, 2003. 141~160쪽

10) 위의 책, 150~151쪽

11) 위의 책, 151쪽

12) 위의 책, 160~164쪽

13) 위의 책, 166쪽

14) 위의 책, 159~166쪽

15) 존 H. 엘리엇, 《스페인제국사 1469~1716》, 까치, 2000. 277쪽

16) 김명섭, 앞의 책, 270쪽

17) 위의 책, 270~271쪽

18) 김호동, 앞의 글, 276쪽

19) 藤木久志, 《織田·豊臣政權—日本の歷史15》, 小學館, 1977. 315~316쪽

20) 北島萬次, 《豊臣政權の對外認識と朝鮮侵略》(이하 1), 校倉書房, 1990. 93~95쪽

21) 朝尾直弘, 〈16世紀後半の日本〉, 《日本通史11—近代1》, 岩波書店, 1993. 12쪽. 柴田純, 《思想史における近世》, 思文閣出版, 1991. 271쪽

22) 朝尾直弘, 앞의 글, 19~28쪽

23) 위의 글, 19~25쪽

24) 高瀬弘一郎, 《キリシタン時代の 研究》, 岩波書店, 1977. 이 중 〈第三章 キリシタン宣教師の軍事計劃〉 참조

25) 高瀬弘一郎, 《キリシタンの世紀》, 岩波書店, 1993. 157쪽. 藤木久志, 앞의 책, 314쪽

26) 민두기, 앞의 책, 124쪽

27) 朝尾直弘, 앞의 글, 50쪽

28) 北島萬次1, 앞의 책, 117쪽 참조

29) 柴田純,《思想史における近世》, 思文閣出版, 1991. 266~269쪽

30) 北島萬次,〈壬辰倭亂期の朝鮮と明〉,《アジアのなかの日本史II》(이하 2). 위의 책, 133~134쪽

31) 위의 글, 135쪽

32)《선조수정실록》, 卷26, 선조 25년 9월. 국사편찬위원회,《한국사 29—조선중기의 외침과 그 대응》, 1995.

33) 위의 책, 97쪽

34)《선조실록》, 卷34, 선조 26년 정월. 위의 책, 86~87쪽

35) 北島萬次2, 앞의 글, 143쪽

36)《한국사 29》, 95~99쪽

37)《한국사 29》, 111, 102쪽

38) 위의 책, 109~112쪽

39) 한명기,《광해군》, 역사비평사, 2000. 23쪽

40)《한국사 29》, 44~46, 126쪽

41) 오만 · 장영철,《임진왜란과 도요토미 히데요시》, 부키, 2004. 이것은 프로이스(Luis Frois)의《일본사(Historia de Japan)》를 번역한 것임

42) 한명기,《임진왜란과 한중관계》, 역사비평사, 1999. 157~159쪽

43) 임계순,《淸史》, 신서원, 2000. 28~36쪽

44) 한명기,《광해군》참조

45) 한명기, 앞의 책, 23쪽

46) 1619년 후금토벌전에 참가한 장수는 총사령관 양호, 좌익북로군 사령관 마림, 좌익중로군 사령관 두송, 우익중로군 사령관 이여백, 우익남로군 사령관 유정이었다. 이 중에서 두송을 제외한 양호, 마림, 이여송의 동생 이여백, 유정은 모두 대일전에 참전한 장수들이다.

47) 李昌庭,〈聞見錄〉,《華陰先生遺稿》, 卷3. 한명기,《임진왜란과 한중관계》, 322쪽

48) 정옥자,《조선후기 중화사상사 연구》, 일지사, 1998. 14~15쪽

49) 위의 책, 107~118쪽

50) 荒野泰典,《近世日本と東アジア》, 東京大學出版會, 1988. 176~177쪽

51) Ronald P. Toby, 앞의 책, 75쪽

52)〈日本忠義〉,《星湖僿說類選(下)》. 藤村道生,《日淸戰爭前後のアジア政策》, 岩波書店, 1995. 36쪽

53) 荒野泰典, 앞의 책, 13쪽

54) Ronald P. Toby, 앞의 책, 89쪽

55) 위의 책, 55~56쪽

56) 위의 책, 152~159쪽

57) 佐藤誠三郎,〈幕末 · 維新初期における對外意識の諸類型〉, 佐藤誠三郎編,《近代日本の對外態度》, 東京大學出版會, 1974. 7쪽

58) 위의 글, 7~8쪽

59) 위의 글, 8쪽

60) 尾藤正英, 〈尊王攘夷思想〉, 《講座 日本歷史13 近世5》, 岩波書店, 1977. 51쪽

61) 위의 글, 54쪽

62) 위의 글, 70~73쪽

63) Ronald R. Toby, 앞의 책, 78~79쪽

64) 위의 책, 115~135쪽 참조. 市村佑一·大石愼三郎, 《鎖國-ゆるやかな情報革命》, 講談社現代新書, 1995. 참조

65) 荒野泰典, 앞의 책, 8쪽

66) 植田捷雄, 《東洋外交史(上)》, 東京大學出版會, 1969. 20~25, 72쪽

67) 王曉秋, 《アヘン戰爭から辛亥革命》, 東方書店, 1991. 50쪽

68) 이광린, 〈해국도지의 한국 전래와 그 영향〉, 《한국개화사연구》, 일조각, 1969. 5~11쪽

69) 王曉秋, 앞의 책, 24~50쪽

70) 민두기, 앞의 책, 191쪽

71) 위의 책, 195~211쪽

72) 새뮤얼 헌팅턴, 《문명의 충돌》, 김영사, 2004. 95쪽

73) 위의 책, 94쪽

74) 《고종실록》, 卷19, 고종 19년 8월 5일. 권오영, 〈동도서기론의 구조와 그 전개〉, 《한국 사시민강좌(제7집)》, 일조각, 1990. 89쪽

75) 이리에 아키라, 《일본의 외교》, 푸른산, 2001. 38쪽

76) 《雲養集》, 卷5. 권오영, 앞의 글, 83쪽에서 재인용

77) 새뮤얼 헌팅턴, 앞의 책, 96쪽

78) 위의 책, 97쪽

79) 松澤弘陽, 《近代日本の形成と西洋經驗》, 岩波書店, 1993. 353쪽

80) 유영익, 〈흥선대원군〉, 《한국사 시민강좌(제13집)》, 일조각, 1993. 89~91쪽

81) 위의 글, 87~91쪽

82) 연갑수, 《대원군집권기 부국강병정책 연구》, 서울대학교 출판부, 2001. 34~97쪽

83) 송병기, 〈위정척사운동〉, 《한국사 시민강좌(제7집)》, 일조각, 1990. 39~43쪽

84) 박은식, 《한국통사》, 범우사, 1999. 76쪽

85) 정용화, 〈사대·중화질서 관념의 해체과정: 박규수를 중심으로〉, 《국제정치논총(제 44집 1호)》, 2004. 104쪽

86) 《朴珪壽全集(上)》, 467쪽. 위의 글, 105쪽

87) 위의 글, 107쪽

88) 위의 글, 108쪽

89) 민두기, 앞의 책, 227~228쪽

90) 吉田松陰, "幽囚錄", 吉田松陰全錄(大衆版) 第二卷(大和書房, 1974), 54쪽 및 위의 책, "丙辰幽室文矯" 415쪽. 괄호 안은 필자

91) 藤村道生,《日淸戰爭前後のアジア政策》, 岩波書店, 1995. 49~50쪽

92) 高橋秀直,〈征韓論政變と朝鮮政策〉,《史林(75卷2號)》(이하 1) , 1992. 232쪽

93) 藤村道生, 앞의 책, 150~151쪽

94) 위의 책, 167~168쪽

95) T. Roosevelt,〈The Belgian Tragedy〉. 김기정,《미국의 동아시아 개입의 역사적 원형과 20세기 초 한미관계 연구》, 문학과 지성사, 2003. 169쪽에서 재인용

96) 김기혁,〈개항을 둘러싼 국제정치〉,《한국사 시민강좌(제7집)》, 일조각, 1990. 34쪽

97) 김용구,《임오군란과 갑신정변》, 도서출판 원, 2004. 95쪽. 그리고 김한규,《한중관계사 I》, 846쪽

98) 坂野潤治,〈'東洋盟主論'과 '脫亞入歐論'〉, 佐藤誠三郎編,《近代日本の對外態度》東京大學出版會, 1974. 44~48쪽

99) 이상의 대화록은 최영호,〈갑신정변론〉,《한국사 시민강좌(제7집)》, 일조각, 1990. 72~73쪽

100) 위의 글, 68쪽

101) 위의 글, 70쪽

■ 4장 영·일의 공동패권과 코리아의 편입

1) 백창재 · 손호철,〈패권의 부침과 국제질서: 팍스 브리타니카와 팍스 아메리카나 그리고 그 이후〉, 오기평 편저, 앞의 책, 105~107쪽

2) Paul Kennedy, The Rise and Fall of the Great Powers, Vintage, 1989. 150쪽 참조

3) 위의 책, 203쪽

4) 김명섭, 앞의 책, 289~362쪽

5) 위의 책, 297~314쪽

6) 松澤弘陽,《近代日本の形成と西洋經驗》, 岩波書店, 1993. 378~379쪽

7) 井口和起,〈'大日本帝國'の形成〉,《日淸 · 日露戰爭》, 吉川弘文館, 1994. 2쪽

8) 前中直吉,《外交史 上》, 有信堂, 1989. 10~11쪽

9) 坂井秀夫,《近代イギリス政治外交史1》, 創文社, 1974. 229~233쪽

10) 위의 책, 229쪽

11) 김기혁,〈개항을 둘러싼 국제정치〉,《한국사 시민강좌(제7집)》, 일조각, 1990. 3~10쪽 참조

12) 永井 和,〈東アジアにおける國際關係の變容と日本の近代〉,《日本史研究 289》, 1986. 108쪽

13) 黃遵憲,〈朝鮮策略〉, 국방부 전사편찬위원회,《軍史(19호)》, 1989. 송병기 편역,《개방과 예속》, 단국대학교 출판부, 2000.

14) 김용구,《세계관 충돌과 한말 외교사 1866~1882》, 문학과 지성사, 2001. 288~289쪽

15) 中村尙美,《明治國家の形成とアジア》, 龍溪書舍, 1991. 87쪽

16) 김용구, 앞의 책, 295~298쪽

17) 이광린 · 신용하 편,《(사료로 본) 한국문화사-근대편》, 일지사, 1984.

18) 박노자 · 허동현,《우리 역사 최전선》, 푸른역사, 2004. 90쪽

19) 위의 책, 229쪽

20) 강성학,《시베리아 횡단열차와 사무라이》, 고려대학교 출판부, 2000. 122쪽에서 재인용

21) 위의 책, 124쪽

22) 김용구,《세계외교사》, 서울대학교 출판부, 1999. 326~327쪽. 김한규,《한중관계사II》, 아르케, 1999. 868쪽

23) 藤村道生, 앞의 책, 13쪽

24) 中村尚美,《明治國家の形成とアジア》, 龍溪書舍, 1991. 138쪽

25) 유영익, 〈서유견문론〉,《한국사 시민강좌(제7집)》, 일조각, 1990. 137쪽

26) 井口和起, 〈日本人の國際政治觀〉,《日淸 · 日露戰爭》, 앞의 책, 228쪽. 坂野潤治, 〈'東洋盟主論'과 '脫亞入歐論'〉, 佐藤誠三郞編,《近代日本の對外態度》, 東京大學出版會, 1974. 49쪽

27) 中村尚美, 앞의 책, 145~146쪽

28) 위의 책, 122쪽

29) 위의 책, 158~161쪽

30) 위의 책, 110~158쪽

31) 藤村道生, 앞의 책, 222~223쪽

32) 中村尚美, 앞의 책, 183쪽

33) 위의 책, 184~185쪽

34) 高橋秀直,《日淸戰爭への道》(이하 2), 東京創元社, 1995. 412~416쪽

35) 中村尚美, 앞의 책, 184쪽

36) 高橋秀直2, 앞의 책, 418쪽

37) 大谷 正, 〈日淸戰爭〉,《日淸 · 日露戰爭》, 앞의 책, 59~60쪽. 關 靜雄,《日本外交の基軸と展開》, ミネルウア書房, 1990. 22쪽. 中村尚美, 앞의 책, 168쪽

38) 高橋秀直2, 앞의 책, 493쪽

39) 中村尚美, 앞의 책, 189~190쪽

40) 위의 책, 190~194쪽

41) 위의 책, 193~194쪽

42) 강성학, 앞의 책, 141~143쪽

43) 위의 책, 277쪽

44) 김용구, 앞의 책, 395쪽

45) 유길준, 〈중립론〉, 유길준전서편찬위원회 편,《유길준전서 4》, 일조각. 1971. 박노자 · 허동현, 앞의 책, 312쪽

46) Hermann Budler, 〈A Proposal for Korean Neutrality in Case of A Sino – Japan War〉, 강종일 · 이재봉 편저,《한반도의 중립화 통일은 가능한가》, 들녘, 2001. 23~30쪽

47) 이문원, 〈대한제국의 성립과정과 열강과의 관계〉,《한국사연구 64》, 1989. 123~124쪽

48) 위의 글, 124~130쪽

49) 위의 글

50) 위의 글, 132쪽

51) 위의 글, 132~133쪽

52) 박광용, 〈우리나라 이름에 담긴 역사계승의식—한·조선·고려관〉, 《역사비평21》, 1993(여름). 28쪽

53) 이문원, 앞의 글, 134~143쪽

54) 井口和起, 〈大日本帝國の形成〉, 앞의 책, 13쪽. 中村尙美, 앞의 책, 219쪽

55) 中村尙美, 앞의 책, 222~224쪽

56) 宇野俊一, 〈日露戰爭〉, 《岩波講座 日本歷史17 近代4》, 岩波書店, 1976. 12~13쪽

57) 위의 책, 16~17쪽

58) 田中愼一, 〈韓國倂合〉, 《日淸·日露戰爭》, 앞의 책, 197쪽

59) 강성학, 앞의 책, 300쪽. 小林啓治, 〈日英同盟論〉, 《日淸·日露戰爭》, 앞의 책, 106~107쪽

60) 강성학, 앞의 책, 해군은 160쪽, 육군은 354쪽 참조

61) 위의 책, 25쪽

62) 한국병합과정에 대해서는 田中愼一, 〈韓國倂合〉, 《日淸·日露戰爭》, 앞의 책, 197~226쪽

63) 1905년 7월 29일 카쓰라와 태프트의 합의 내용. 강성학, 앞의 책, 469~470쪽 참조

64) T. Roosevelt, 〈The Japanese in Korea〉, *An Autobiography*. 김기정, 《미국의 동아시아 개입의 역사적 원형과 20세기 초 한미관계 연구》, 문학과 지성사, 2003. 168~169쪽

65) 박노자·허동현, 앞의 책, 85쪽

66) 위의 책, 172쪽

67) George Kennan, 〈Korea: A Degenerate State〉, *Outlook 81*(Oct. 7, 1905). 〈The Korean People, Product of a Decayed Civilization〉, *Outlook 81*(Oct. 21. 1905). 김기정, 앞의 책, 170~171쪽

68) 이사벨라 버드 비숍, 《한국과 그 이웃 나라들》, 살림, 1994. 276~277쪽

69) 김용구, 앞의 책, 239~240쪽

70) 김기정, 앞의 책, 219쪽

71) P. J. Treat, 〈China and Korea: 1885~1894〉. 김한규, 《한중관계사II》, 875쪽

72) 마오쩌둥의 말. 제임스 번즈, 《리더십 강의》, 미래인력연구센터·생각의나무, 2000. 8쪽

■ 5장 미·소의 패권 경쟁과 코리아의 분단

1) 이하 부분적으로 김명섭, 앞의 책 참조

2) Paul Kennedy, 앞의 책, 201쪽

3) 김명섭, 앞의 책, 535쪽. 김기정, 앞의 책, 100~101쪽

4) 김명섭, 앞의 책, 537쪽

5) 김기정, 앞의 책, 157~158쪽

6) T. Roosevelt, 〈Biological Analogies in History〉, Romanes Lecture for 1910, delivered at Oxford University. 위의 책, 159쪽에서 재인용

7) Roosevelt to John Hay, Sep. 2, 1904, *Paper of Theodore Roosevelt*. 위의 책, 160쪽

8) Roosevelt to Cecil Spring - Rice, June 13, 1904. 위의 책, 161쪽

9) T. Roosevelt, 〈National Duties〉, 위의 책, 164쪽

10) Roosevelt to Carl Schurz, Sep. 8, 1905. Roosevelt to G. Becker, Jul. 8. 1901 등. 위의 책, 165~166쪽

11) 本橋 正,《アメリカ外交史槪說》, 東京大學出版會, 1993. 98쪽

12) William L. Neumann, *America Encounters Japan*, The Johns Hopkins, 1963. 本間長世 外譯,《アメリカと日本》, 硏究出版社, 1986. 128쪽

13) Neumann, 앞의 책, 120~125쪽

14) 入江 昭, 〈轉換期の日米關係〉, 細谷千博 編,《日米關係通史》, 東京大學出版會, 1995. 59~60쪽

15) 本橋 正, 앞의 책, 104~105쪽

16) 中村尙美,《明治國家の形成とアジア》, 龍溪書舍, 1991. 324쪽

17) 入江 昭, 앞의 글, 73~74쪽. Neumann, 앞의 책, 150쪽

18) 中村尙美, 앞의 책, 243, 304쪽. Neumann, 앞의 책, 153쪽 참조

19) 入江 昭, 앞의 글, 69쪽

20) ロージャーヂイングマン, 〈日本とウイルソン的世界秩序〉, 佐藤誠三郎編,《近代日本の對外態度》, 東京大學出版會, 1974. 93쪽

21) 中村尙美, 앞의 책, 286쪽

22) ゴードン.M.バーガー, 〈アジア新秩序の夢〉, 佐藤誠三郎編,《近代日本の對外態度》, 앞의 책, 187쪽

23) 朝尾直弘, 앞의 글, 65쪽

24) 浜下武志, 〈朝貢貿易システムと近代アジア〉,《近代中國の國際的契機》, 東京大學出版會, 1990. 40쪽

25) 丸山眞男, 〈近代日本思想史における國家理性の問題〉,《忠誠と反逆》, 筑摩書房, 1993. 199~229쪽 참조

26) ゴードン.M.バーガー, 앞의 글, 212~216쪽

27) 위의 글, 177~180쪽

28) 이덕주,《식민지조선은 어떻게 해방되었는가》, 에디터, 2003. 360쪽

29) ゴードン.M.バーガー, 앞의 글, 215~216쪽

30) KBS, 〈인물현대사〉, 2005년 1월 4일

31) 이기형,《여운형 평전》, 실천문학사, 2000. 이덕주, 앞의 책, 95쪽에서 재인용

32) 민두기,《신해혁명사》, 민음사, 1994. 17~19쪽

33) 이명영,《김일성 열전》, 신문화사, 1974. 이덕주, 앞의 책, 204~205쪽

34) 이덕주, 앞의 책, 310~311쪽. 〈한미수교100년사〉, 《신동아》 별책부록, 1982년 1월호

35) 정용욱, 《해방 전후 미국의 대한정책》, 서울대학교 출판부, 2003. 109~110쪽

36) 이덕주, 앞의 책, 310쪽

37) 〈위원회의 잠정견해: 코리아와 사할린〉(1942. 8. 6), 〈비자치민족을 위한 국제신탁통치안: 일반원칙과 목적〉(1942. 10. 21) 등. 정용욱, 앞의 책, 35쪽

38) 〈국무부자문위원회 정치소위 회의록〉 등. 위의 책, 29~34쪽

39) 위의 책, 35쪽

40) 위의 책, 37~40쪽

41) 위의 책, 48~55쪽

42) 이정식, 〈인민공화국과 해방정국〉, 《한국사 시민강좌(제12집)》, 일조각, 1993. 16~17쪽

43) 이호재, 〈오스트리아의 연합국 군정과 주권회복과정〉, 《제2차대전 후 열강의 점령정책과 분단국의 독립 · 통일》, 건국대학교 출판부, 1999. 23~53쪽 참조

44) KBS, 〈인물현대사〉, 2005년 1월 7일

45) 위의 프로그램

46) 서중석, 《비극의 현대지도자》, 성균관대학교 출판부, 2002. 24쪽

47) 서울신문사 편, 《주한 미군 30년》, 행림출판사, 1979. 130쪽

48) X(George Kennan), 〈The Sources of Soviet Conduct〉, *Foreign Affairs*, vol.25, no.4(July 1947)

49) T.L. Deibel and J.L. Gaddis, ed., *Containment: Concept and Policy*, National Defence Univ. Press. 1986. 25~28쪽

50) 조너선 D. 스펜스, 《현대중국을 찾아서 2》, 이산, 1998. 78쪽

51) *FRUS 1946*, Vol.8, 706쪽. 이철순, 〈한국전쟁 이전 미국의 한국의 가치에 대한 평가〉, 《국제정치논총(제43집 1호)》, 2003. 169쪽에서 재인용

52) 신복룡 편, 《한국분단사자료집IV》, 원주문화사, 1991. 439~440쪽. 위의 글, 170쪽

53) 〈NSC—8〉, *FRUS 1948*, Vol.6, 1167쪽. 〈NSC—8/2〉, *FRUS 1949*, Vol.7, 975쪽. 위의 글, 171쪽

54) U.S. Congress, House, Committee on Foreign Affairs, Korean Aid(Washington D.C.: U.S.G.P.O., 1949). 위의 글, 172쪽

55) CP, 1979, item 439B, 〈Note on Meetings〉, May 16, 1951. Bruce Cumings, *The Origins of The Korean War Vol II*(이하 1), Princeton, 1990. 628쪽

56) *FRUS 1949*, Vol.7, Part2, 1046~1057쪽

57) T.H. Etzold and J.L. Gaddis ed., *Containment: Documents on American Policy and Strategy*, 1945~1950, N.Y.,1978. 252~277쪽

58) 브루스 커밍스, 〈한국전쟁과 애치슨의 발언〉(이하 2), 《창작과 비평》, 창작과 비평사, 1989(여름). 263쪽

59) 위의 글, 254~255쪽

60) Russell D. Buhite, 〈Major Interest: American Policy toward China, Taiwan, and Korea, 1945~1950〉, *Pacific Historical Review*, Vol.47, 1978. 439~440쪽. 이는 *FRUS 1950*, Vol.6, 333~351쪽의 내용이다.

61) 〈NSC—68: United States Objectives and Programs for National Security〉, April 14, 1950. T.H. Etzold and J.L. Gaddis ed., 앞의 책, 385~442쪽

62) J.A. Nathan and J.K. Oliver, *United States Foreign Policy and World Order*, Little, Brown, 1975. 155쪽

63) Bruce Cumings1, 638쪽

64) Ceil V. Crabb. Jr., and Kevin V. Mulcahy, *Presidents and Foreign Policy Making - From FDR to Reagan*, Louisiana State Univ. Press, 1986. 122~155

65) Dean Acheson, *Present at the Creation*, W.W.Norton&Company, 1987. 애치슨은 그의 책 맨앞에 "Had I been present at the creation, I would have given some useful hints for the better ordering of the universe"라는 알폰소의 말을 적어두었다. 또한 나단 스필버그 · 브라이언 앤더슨, 앞의 책, 34쪽 참조

66) *FRUS 1950*, Vol.6, 401~404쪽 등. 브루스 커밍스, 280쪽

67) Khrushchev, *Remembers*, Boston: Little, Brown, 1970. 367~368쪽. 와다 하루키,《한국전쟁》, 창작과 비평사, 1999. 26~27쪽

68)《朝日新聞》, 1993년 6월 26일. 와다 하루키, 위의 책, 81쪽

69) 위의 책, 33쪽

70) 위의 책, 50~51쪽

71) Michael McGwire, *Military Objective in Soviet Foreign Policy*, The Brookings Institution, Wash,D.C. 1987. 16~19쪽

72) 姚旭, 〈抗美援朝的英明決策〉,《黨史硏究》, 1980년 제5기, 5~14쪽. 와다 하루키, 앞의 책. 43~52쪽

73) 姚旭, 〈抗美援朝的英明決策〉, 5쪽. 위의 책, 45쪽

74)《聶榮臻回憶錄》, 734쪽. 위의 책, 47쪽

75) *Foreign Relations of the United States 1950*, Vol.VII, Washington, 1983. 131쪽. 위의 책, 157쪽

76) 위의 책, 157~158쪽

77) 브루스 커밍스 외,《한국전쟁과 한미관계》, 청사, 1987. 69쪽

78) 山本剛士, 〈朝鮮特需〉, 山室英男 편,《昭和の戰爭》10, 講談社, 1985, 96쪽. 와다 하루키, 앞의 책, 241쪽

79) 위의 책, 202~203쪽

80) *Year Book of the United Nations*, 1950. 226~228쪽 및 Leland M. Goodrich, *Korea in International Conciliation*, No.494, Oct 1953에서 작성. 홍순호, 〈한국전쟁과 유엔군〉,《한국전쟁의 정치외교사적 고찰》, 평민사, 1989, 160쪽

81) 와다 하루키, 앞의 책, 304~313쪽

82) 위의 책, 348쪽, 미 국방부는 2010년 한국전쟁에서 사망한 미군이 3만 6천516명이라고 공식적으로 밝혔다.

83) 김명섭, 〈한국전쟁이 냉전체제의 구성에 미친 영향〉,《국제정치논총(제43집1호)》, 2003. 124쪽

84) 서주석, 〈한국전쟁과 한반도 안보구도의 변화〉,《탈냉전시대 한국전쟁의 재조명》, 백산서당, 2000. 461쪽

85) 위의 책, 459~463쪽

86) 김명섭, 앞의 글, 120~122쪽

87) 백창재·손호철, 〈패권의 부침과 국제질서: 팍스 브리타니카와 팍스 아메리카나 그리고 그 이후〉, 오기평 편저, 앞의 책, 126~135쪽

■ 6장 미국의 단일패권과 코리아의 기로

1) 今川瑛一 외, 《70년대 이후 아시아와 한반도》, 한겨레, 1985. 25~27쪽

2) 위의 책, 110~111쪽

3) Henry Kissinger, 앞의 책, 708쪽

4) 今川瑛一 외, 앞의 책, 132쪽

5) 위의 책

6) 윌리엄 G. 하일랜드 외, 《4대 강국과 한반도》, 이삭, 1984. 30쪽

7) Henry Kissinger, 앞의 책, 767쪽

8) 홍현기, 《전환기의 한반도》, 태백, 1988. 9~10쪽

9) 위의 책, 45~47쪽

10) George P. Shults, 〈New Realities and New Ways of Thinking〉, *Foreign Affairs*, Vol.63, No.4, 1985(봄) . 716~719쪽. 앞의 책, 45쪽

11) 배시중, 〈냉전의 해소와 평화정착의 가능성〉, 《동향과 전망》, 백산서당, 1990(봄) . 221쪽

12) Henry Kissinger, 앞의 책, 768쪽

13) 미하일 고르바초프, 《페레스트로이카》, 시사영어사, 1988. 15~17쪽

14) Henry Kissinger, 앞의 책, 795쪽

15) Ezra F. Vogel, *The Four Little Dragons*, Harvard University Press, 1991. 109쪽

16) 위의 책, 81~101쪽

17) 홍현기, 앞의 책, 53~54쪽

18) 〈Department of State and Economic Cooperation Administration〉, June 1949, *Economic Aid to the Republic of Korea*, 1쪽. 이철순, 앞의 글, 173쪽

19) *FRUS 1952~1954*, Vol.XV, 1290~1291쪽. 와다 하루키, 앞의 책, 311쪽

20) 배시중, 앞의 글, 221쪽

21) 홍현기, 앞의 책, 55~56쪽

22) Z. 브레진스키, 앞의 책, 43, 267쪽

23) 조지프 나이, 앞의 책, 71쪽

24) 위의 책, 74쪽

25) 문정인, 〈미국의 패권과 21세기 전략〉, 오기평 편저, 앞의 책, 187쪽

26) 김재한, 〈미국의 군수산업〉, 위의 책, 351쪽

27) Z. 브레진스키, 《제국의 선택》, 황금가지, 2004. 249~251쪽

28) 이상우, 〈21세기 미국의 세계전략〉, 오기평 편저, 앞의 책, 221~222쪽

29) 새뮤얼 헌팅턴, 앞의 책, 227~229쪽

30) 박번순, 〈중국의 부상과 동아시아의 대응〉, 삼성경제연구소, 2004.

31) 새뮤얼 헌팅턴, 앞의 책, 310쪽

32) 조지프 나이, 앞의 책, 48~52쪽

33) The White House, *The National Security Strategy of the United States*, September, 2002

34) 샤란스키(N. Sharansky)는 《민주주의론(*The Case of Democracy*)》에서 폭정의 여부는 '어떤 사람이 마을 광장에 나가 체포나 투옥에 대한 불안을 느끼지 않고 자신의 견해를 말할 수 있는가'에 달려 있다고 본다.

35) Condoleezza Rice, Promoting the National Interest, *Foreign Affairs*, vol.79, No,1, January/February. 2000. 콘돌리자 라이스 외, 《부시행정부의 한반도 리포트》, 김영사, 2001. 52~54쪽

36) Kristol, William and Robert Kagan, *National Interest and Global Responsibility*, 2000. 신보수주의 이론가인 이들은 이란, 이라크, 북한만이 아니라 중국까지 '불량 국가'(rogue state) 리스트에 올리면서 정권교체가 없는 한 앞으로 공존은 불가능하다고 본다. 장달중 · 임수호, 〈부시행정부의 패권전략과 동아시아 안보딜레마〉, 《국가전략(제10권 2호)》, 세종연구소, 2004. 13쪽

37) 《서울신문》, 2005년 1월 26일

38) Z. 브레진스키, 《제국의 선택》, 143쪽

39) 조지프 나이, 앞의 책, 35쪽

40) 위의 책, 255쪽

41) 위의 책, 65쪽

42) 위의 책, 67쪽

43) Z. 브레진스키, 앞의 책, 156쪽

44) Z, 브레진스키, 《거대한 체스판》, 158~159쪽

45) 새뮤얼 헌팅턴, 앞의 책, 321쪽

46) 조성렬, 《정치대국 일본》, 나라사랑, 1994. 144쪽

47) 岡崎久彦, 《戰略的思考とは何か》, 中公新書, 1995. 235~237쪽

48) 〈외교정책평가 패널 보고서〉, 《국가전략(제10권2호)》, 세종연구소, 2004. 175~192쪽

49) Donald Rumsfeld, 〈Strategic Imperatives in East Asia〉, *The Fourth Annual B.C. Lee Lecture of Heritage Foundation*, March 3, 1998. 콘돌리자 라이스 외, 앞의 책, 212~214쪽

50) A Bipartisan Group on the U.S.—Japan Partnership, 〈The United States and Janpan: Advancing toward a Mature Partnership〉, *INSS Special Report*, October 11, 2000.

51) Z. 브레진스키, 앞의 책, 239쪽

52) 위의 책, 241~254쪽

53) Condoleezza Rice, 앞의 책, 46쪽

54) 조지프 나이, 앞의 책, 48쪽

55) Paul Wolfowitz, 〈Asian Democracy and American Interest〉, *The Sixth Annual B.C. Lee Lecture of Heritage Foundation*, March 2, 2000. 콘돌리자 라이스 외, 앞의 책, 192쪽

56) Donald Rumsfeld, 앞의 책, 208쪽

57) Paul Wolfowitz, 앞의 책, 193쪽

58) Condoleezza Rice, 앞의 책, 47쪽

59) The White House, 앞의 글

60) Peter Brookes, 〈Theater Missile Defence: How Will It Recast Security and Diplomacy in East Asia?〉, *Heritage Lectures*, No.683, August 17, 2000. 콘돌리자 라이스 외, 앞의 책, 156~157쪽

61) 이장훈, 《홍군 VS 청군》, 삼인, 2004. 91~92쪽

62) Condoleezza Rice, 앞의 책, 43쪽

63) 위의 글, 46쪽

64) The White House, 앞의 글

65) 《중앙일보》, 2004년 1월 8일

66) 김지수, 〈화평굴기와 중화패권주의〉, 《국민일보》, 2004년 9월 14일

67) 이희옥, 〈한반도문제와 중국의 역할: 의미와 한계〉, 《한국과 국제정치》, 경남대극동문제연구소, 2004(여름). 30쪽

68) 《조선일보》, 2004년 8월 26일

69) 후진타오의 동향에 대해서는 《조선일보》, 2004년 9월 21일자에서 인용

70) 《중앙일보》, 2004년 3월 29일

71) 2005년 이 책의 초판이 출판된 이후 10년이 흐른 2016년까지 중화민족주의는 '폭주'가 아니라 '순화'의 양상을 띠었다.

72) 강경파는 난카이(南開)대학교 미국연구센터 주임인 장루이쟝(張睿壯) , 온건파는 중국인민(中國人民)대학교 미국연구센터의 주임인 스인홍(時殷弘) 을 들 수 있다. 김재관, 〈미국의 미사일방어정책에 대한 중국의 인식과 대응전략〉, 《국가전략(제10권1호)》, 세종연구소, 2004. 62~63쪽

73) Z. 브레진스키, 《거대한 체스판》, 223쪽

74) 위의 책, 245쪽

75) 위의 책, 246쪽

76) 《중앙일보》, 2005년 1월 26일

77) '우리 밀 살리기 운동'을 펼친 정성헌은 옛날에 유행했던 "미국 믿지 말고, 소련에 속지 말고, 일본은 일어난다"라는 말을 상기하며, "중국에 중독되지 말라"라고 했다 (2005년 1월).

78) 이희옥, 앞의 글, 42쪽

79) 셀리그 해리슨, 《코리안 엔드게임》, 삼인, 2003. 493쪽

80) 이희옥, 앞의 글, 32쪽

81) 셀리그 해리슨, 앞의 책, 43쪽

82) Richard L. Armitage, 〈A Comprehensive Approach to North Korea(Armitage Report) 〉, *Strategic Forum*, No.159, March 1999. 콘돌리자 라이스 외, 앞의 책,

238~239쪽

83) 강성학, 《새우와 고래싸움》, 박영사, 2004. 106쪽

84) 선군정치는 역사적으로 몽골의 위협 아래 있었던 고려의 무인정권이나, 당의 위협 아래 있었던 고구려 연개소문의 막리지 정권과 비교될 수 있다. 선군정치, 병영체제는 군사적 위협에 직면한 고립국가에서 일반적으로 나타난다.

85) 셀리그 해리슨, 앞의 책, 537쪽

86) 새뮤얼 헌팅턴, 앞의 책, 182~183쪽

■ 7장 미·중의 패권 대결과 코리아의 선택

1) 1980년대 일본이 세계경제의 초강대국으로 부상했을 때 에즈라 보겔은 《일등국가 일본 Japan as number one》이라는 책을 쓰면서 '팍스 니포니카(Pax Nipponica)'라는 개념을 확산시켰다. 프레드 버그스타인은 'G2'라는 개념을 사용했고, 니얼 퍼거슨은 '차이메리카(Chimerica)'라는 개념을 사용한다.

2) 중앙일보 중국팀, 《중국의 반격》, 틔움, 2016. 33~34쪽

3) '중국이 미국보다 더 민주적이다'는 주장은 중국학자 장웨이웨이의 발언이다. 《성균차이나브리프》(2015.1.1.), 10~19쪽. '대의민주주의'와 '대표민주주의'에 대해서는 왕샤오광, 〈시진핑 시기 중국의 민주주의〉, 《성균차이나브리프》(2015.7.1), 24~32쪽

4) 《조선일보》, 2014년 3월 28일 및 연합뉴스, 2015년 9월 25일

5) 우즈청, 〈주변외교의 새로운 버전〉, 《성균차이나브리프》(2015.1.1) 27쪽

6) 이정남, 〈시진핑집권 이후의 중국 대외정책 변화와 동아시아정책〉, 《성균차이나브리프》(2015.4.1.) 90쪽

7) 버락 오바마 지음, 홍수원 옮김, 《버락 오바마 담대한 희망》, 랜덤하우스, 2007. 13쪽. 이 책의 원 제목은 "Audacity of Hope: Thoughts on Reclaiming the American Dream" 이다. 여기서 언급한 독립선언서의 핵심 내용은 오바마의 자서전 《아버지로부터의 꿈》 맨 앞 내지에도 인용되어 있고, 1963년 마틴 루터 킹 목사의 유명한 연설 〈I Have a Dream〉의 기본 사상이기도 하다.

8) 제러미 리프킨, 《유러피언 드림》, 2004. 12쪽

9) 이희옥, 《중국의 새로운 민주주의 탐색》, 성균관대학교출판부, 2014. 131쪽

10) 조영남, 〈시진핑 시대의 중국, 어디로 가나〉, 오고노기 마사오 외, 《동북아 국제정치 질서, 어디로 가나》, 푸른역사, 2015. 53~57쪽. 2016년 8월 6일자 조선일보 보도에 의하면 개혁성향의 공산당 원로들이 덩샤오핑 시기에 창간해 개혁적 지식인들의 지지를 받아온 《염황춘추(炎黃春秋)》도 발행 중단되었다.

11) 옌쉐퉁, 《2023년 세계사 불변의 법칙》, 글항아리, 2014. 257~267쪽. '대사소(大事小)'를 '강자, 약자'가 아니라, 원래의 의미대로 '대국, 소국'으로 바꾸었다. 중국이 국제 관계를 대국과 소국으로 구분하기 때문이다.

12) 조경란, 〈21세기 쑨원과 삼민주의는 어떤 의미인가: '제국성'과 국민국가의 이중성〉, 《성균차이나브리프》(2016.4.1.), 124~127쪽

13) 전인갑, 《현대중국의 제국몽: 중화의 재보편화 100년의 실험》, 학고방, 2016. 391쪽. 학우 전인갑 교수의 이 책은 본고의 초안이 완성된 뒤 코멘트를 요청하면서 처음 접했지만, 필자의 지론을 매우 풍부하게 설명해주고 있다.

14) 이희옥, 앞의 책, 176~197쪽

15) 옌쉐퉁, 앞의 책, 263쪽

16) 조영남, 위의 글, 63~64쪽

17) 성균중국연구소, 《성균차이나포커스 11호》(2014.4.) 39~40쪽

18) 서정경, 〈왕이 외교부장이 말하는 중국의 강대국외교〉, 《성균차이나브리프》 (2016.4.1.), 50~51쪽

19) 조영남, 앞의 글, 65~67쪽

20) 서정경, 〈일대일로, 중화민족의 부흥을 위한 장기적 포석〉, 《성균차이나브리프》 (2015.4.1.), 41쪽

21) 이데일리, '亞~유럽~阿 잇는 '일대일로' 본격화…'팍스 시니카' 개막', 2015년 3월 29일

22) 추궈훙, 〈주한 중국특명전권대사 파워인터뷰〉, 《성균차이나브리프》(2015.10.1.) 16~17쪽

23) 이정남, 〈시진핑 집권 이후의 중국 대외정책 변화와 동아시아 정책〉, 《성균차이나브리프》(2015.4.1.) 94쪽

24) 조영남, 앞의 글, 61~62쪽

25) 옌쉐퉁의 앞의 책 《2023년 세계사 불변의 법칙》의 원제목

26) 함재봉 외, 《팍스 아메리카나 3.0-다시 미국이다》, 아산정책연구원, 2015. 12쪽

27) 《조선일보》, 2016년 6월 19일, 영국신문 〈가디언〉에서 보도한 내용

28) 이상현 편, 《미국의 아태재균형 정책과 한국 안보》, 세종연구소, 2014. 37쪽

29) 오바마의 국정연설과 주례연설 등 위의 내용은 함재봉 외, 앞의 책, 32~34쪽

30) 조지프 S. 나이 지음, 이기동 옮김, 《미국의 세기는 끝났는가?》, 프리뷰, 2015. 108쪽 및 187~190쪽

31) 이용인, 테일러 워시번 엮음, 《미국의 아시아 회귀전략》, 창비, 2014. 23~24쪽

32) 마상윤, 〈2012년 미 대통령선거와 오바마 행정부의 외교안보정책 전망〉, 《국제정치논총》 제52집 4호(2012), 180~182쪽 참조. 힐러리 클린턴의 연설은 《Foreign Policy》 (2011.11) p 56.

33) 위의 글, 182~183쪽 참조

34) 공해전투에 관해서는 김성걸, 〈미국의 동아시아 공해전투(ASB) 고찰〉, 《군사논단 제73호》(2013년 봄) 참조

35) 하토야마 유키오의 홈페이지(www.hatoyama.gr.jp)에서 인용

36) 김젠마, 〈우애와 제3의 길: 하토야마 유키오의 이념적 정치리더십 연구〉, EAI 일본연구 패널보고서 No.3, 2012년 11월, 2~10쪽

37) 최운도, 〈민주당 정권의 대미정책〉, 진창수, 신정화 엮음, 《일본 민주당 정권의 탄생과 붕괴》, 오름, 2014. 363쪽

38) 이명찬, 〈센카쿠제도를 둘러싼 중·일 간 갈등과 동북아〉, 《국제정치사논총 제53집1호》 (2013), 283쪽

39) 이용인, 《미국의 아시아회귀전략》, 창비, 2014. 327~329쪽

40) 이명찬, 앞의 글, 279쪽

41) 위의 글, 276쪽, 289~290쪽

42) Jeffrey A, Bader, "Obama and China's rise", The Brookings Institution, 2012.

pp 47~48. 당시 천안함 사태는 하토야마 총리를 낙마시키는 데 중요한 역할을 했다. 일본의 평론가 곤도 다이스케는 〈북풍이 반가운 아베 일본 총리〉(월간중앙 2016년 3월호)라는 글을 썼는데, 북풍은 남한만이 아니라 일본과 미국의 정책결정에도 큰 영향을 미친다.

43) 이상 '적극적 평화주의'에 대해서는 조정남, 〈아베정권의 정치이념지향성과 '적극적 평화주의'〉, 교양사회,《민족연구 57》(2014.3.1.) 75~79쪽 참조. 종전 70주년인 2015년 2월 아베의 국회시정연설 제목도 '적극적 평화주의의 깃발을 더욱 높이 들자'는 것이었다.

44) 박영준, 〈일본 아베 정부의 보통군사국가화 평가〉, 박철희 엮음,《일본의 집단적 자위권 도입과 한반도》, 서울대학교출판문화원, 2016. 84~86쪽

45) 위의 글, 92~93쪽

46) 일본인의 혐한의식에 대해서는 조관자, 〈일본인의 혐한의식: 반일의 메아리로 울리는 혐한〉, 고려대학교 아세아문제연구소,《아세아연구 제59권 제1호》(2016.3), 251~254쪽

47) 일본 사회 혐한 기류에 대한 강상중의 인터뷰 내용, 아시아문화커뮤니티,《아시아문화 6월호》(2014.6,) 21쪽

48) 김준형, 〈한미일 동맹과 한미 관계〉, 아시아문화커뮤니티《아시아문화 9월호》(2015.9), 43쪽

49) 고봉준, 〈21세기 미국의 미사일방어네트워크 동맹전략: THAAD 논쟁의 체계적 이해〉, 2015년 6월 26일 국제정치학회 하계학술회의 발표 및 〈동아시아 망제정치: 21세기 미국의 군사안보 네트워크 전략〉,《평화학연구》제14권 3호(2013) 참조

50) Anne-Marie Slaughter, "A Grand Strategy of Network Centrality", in Richard Fontaine and Kristin M. Lord(eds.), America's Path: Grand Strategy for the Next Adminstration (Washington D.C.: Center for New America Security, 2012) 마상윤, 앞의 글, 179쪽

51) 연합뉴스, 2016.10.15. 이는 클린턴이 2013년 6월 골드만삭스 임직원을 대상으로 강연한 것인데, 위키리크스가 공개했다.

52)《조선일보》, 2016년 2월 13일

53) 피터 나바로 외, 서정아 옮김,《중국이 세계를 지배하는 그날》(원제목은 "Death by China: Confronting the Dragon"), 지식갤러리, 2012 및 Peter Navarro, "Crouching Tiger", Prometheus Books, 2015 참조

54) 1990년대의 핵문제에 대해서는 이삼성,《한반도 핵문제와 미국외교》, 한길사, 1994. 참조

55) 북한의 노동신문은 2017년 2월 4일자 한미연합훈련 및 한미국장방관회담에 대한 논평에서 "미국이 아직도 우리의 핵 억제력을 협상 위에 올려놓고 논의할 정치적 홍정물이나 경제적 거래물로 생각한다면 큰 오산"이라고 밝혔다.

56) 2007년 4월 말 국정원장 김만복은 김정일이 혈관 스텐트 삽입수술을 해 건강이 좋지 않고, 후계가 불확실하다고 대통령께 보고했다. 박선원,《하드파워를 키워라》, 열음사, 2012. 27쪽. 이 국정원의 정보는 이명박 대통령 당선자에게 최소한 2007년 12월 말에 보고되었을 것이고, 이것이 이명박 정부가 북한붕괴론에 입각해 대북정책을 수립하는 데 큰 영향을 끼쳤을 것이다.

57) 박근혜 대통령의 이러한 구상을 직접적으로 표현한 사람은 윤상현이다. 그는 2015년 9월 10일 국회 외무통일위원회에서 "지난 2일 한중 정상회담을 통해 통일문제 논의에 대해 최초의 공개적 언급이 있었다. (…) 청와대 국가안보실을 국가안보전략실로 개편하고 이곳에서 대통령에게 통일전략을 제언하는 '비공식 조직'을 운영해야 한다"고 주

장했다. 조선일보는 2016년 3월 3일자 칼럼에서 "우리는 이미 '선(先)평화 후(後)통일'이 아니라 '선통일 후평화' 시대에 접어들었다"고 강조했다.

58) 매들린 올브라이트 지음, 노은정 · 박미영 옮김, 《마담 새크러터리-매들린 올브라이트 2》, 황금가지, 2003. 377쪽

59) 임동원, 《피스 메이커》, 창비, 2015. 404~415쪽

60) 정욱식, 〈미사일방어체제(MD) 이야기〉, 오마이뉴스, 2013년 8월 21일. 2013년 4월 중국을 방문한 존 케리는 "중국의 역할에 힘입어 북한 핵문제가 해결되면 아시아-태평양 지역에서 MD를 증강해야 할 논리적 이유가 사라지게 될 것"이라고 하여, 북핵과 아태지역 MD가 밀접히 연관됨을 밝혔다.

61) 정욱식, 《사드의 모든 것》, 유리창, 2017. 130~132쪽

62) 위의 책, 49쪽

63) 연합뉴스, 2016년 6월 17일 및 2016년 6월 23일

64) 조지 W 부시 대통령 시기 NSC 아시아담당이었던 마이클 그린(Michael Green)의 발언. "Why U.S. Antimissile System in South Korea Worries China", The New York Times, March 11, 2017

65) Robert M. Gates, "Duty: Memoirs of a Secretary at War", Alfred A. Knopf, 2014. p 416

66) 현대경제연구원, 〈한중수교 23주년 의미와 시사점〉, VIP리포트 15-31(통권 628호), 2015.8.19

67) 이삼성, 〈한미동맹 유연화를 위한 제언〉, 《국가전략》(제9권3호), 2003. 참조

68) 김우상, 《중견국 책략》, 세창출판사, 2016. 57쪽. 이러한 주장들은 사드배치 결정 이후 그 허구성이 입증되었다.

69) 윤영관, 《외교의 시대》, 미지북스, 2015. 330~332쪽

70) 이종석, 《칼날 위의 평화》, 개마고원, 2014. 155~169쪽

71) 김준형, 〈아베정부의 안보정책 전환과 미국의 재균형전략〉, 고려대아세아문제연구소, 《아세아연구 제58권 제4호》(2015.2), 53~59쪽

72) '우리의 운명을 우리가 개척한다'는 것은 노무현 대통령의 발언. 균형외교의 세 가지 조건은 동북아시대위원회.NSC사무처, 《평화와 번영의 동북아시대구상-비전과 전략》, (2004.7.27.)에서 인용

73) 윤영관, 앞의 책, 327~329쪽

74) 배기찬, 〈동북아시대구상의 현실과 과제〉, 경남대학교 극동문제연구소, 《한국과 국제정치 제24권 1호》, 2008년 봄, 162~163쪽

75) 배기찬, 《코리아 생존의 기로에 서다》, 위즈덤하우스, 2005. 437~439쪽

76) '중추적 중견국가론'은 노무현 정부의 외교안보정책을 설명하는 본질적 개념이다. 이러한 관점에서 정부의 외교안보정책을 분석한 것이 노무현 대통령 동북아비서관실에서 일했던 배기찬, 이수형의 글이다. 배기찬, 〈동북아시대구상의 현실과 과제〉 및 이수형, 〈중추적 중견국가론과 참여정부의 균형적 실용외교〉, 《한국과 국제정치》(제24권 제1호 2008년 봄호), 경남대극동문제연구소, 2008

77) 2017년 2월 27일 중국외교부 대변인 겅솽의 정례 브리핑 내용. 연합뉴스 동일자 보도

78) 〈환추스바오〉가 "한반도 문제는 남북한만의 문제가 아니라 핵 억지력을 둘러싼 미 · 중 간의 거대한 전략적 고려가 작용하는 문제"라고 평가한 것은 중국의 입장을 정확히 표현한 것이다.(2017.2.3.)

79) 이희옥, 〈중국외교의 전환과 신형한중관계〉,《중국의 새로운 아시아구상과 전략》, 성균 관대학교 주최 2014년 국제학술회의, 2014. 175쪽

80) 2005년 10월 '동북아시대구상 실현을 위한 중장기 대외전략 토론회'에서의 발언 및 2006년 국가안전보장상임위원회에서의 발언. 배기찬, 위의 글, 155쪽. 이수형, 위의 글, 226쪽

81) 이종석,《통일을 보는 눈》, 개마고원, 2012. 231쪽

82) 옌쉐퉁, 앞의 책, 284쪽

83) 옌쉐퉁, 〈중한 동맹관계의 수립은 가능한가?〉, 성균차이나브리프, 2014.3.16., 60쪽

84) 김우상,《중견국 책략》, 세창출판사, 2016. 29~30쪽

85) '고슴도치와 여우'에 대해서는 이 책의 초판인《코리아 다시 생존의 기로에 서다》, 430~433쪽 참조

86) *FRUS 1950*, Vol.6, 401~404. 이 책 5장 5절 '주320' 참조

87) 《중앙일보》, 2015년 8월 24일 및 《조선일보》, 2017년 3월 2일

88) 연합뉴스, 김귀근, 〈'먼저 때리자' 대북 선제타격론 고개〉, 2017년 2월 5일

89) 임동원,《피스메이커》, 창비, 2015. 591쪽

90) CFR, "A Sharper Choice on North Korea", September 2016(Task Force Report No. 74)

91) 《한겨레신문》, 2016년 10월 3일

92) 이정훈, 〈길 잃은 미국, 새로운 대북전략의 모색〉, 민플러스, 2016년 10월 13일

93) 김준형, 〈북한 5차 핵실험을 어떻게 볼 것인가?〉, 평통기연 토론회 발제문, 2016.9.23., 고유환, 〈사드배치와 북핵문제, 새로운 대안을 찾아서〉, 10.4 남북정상선언 9주년 기념 행사위원회,《사드와 동북아, 운명의 2016》, (2016.10.3.), 108~109쪽

94) 1980년대 이후 하버드대학의 협상프로그램 책임자였던 로저 피셔(Roger Fisher), 윌리엄 유리(William Ury) 등은 협상론의 고전이라고 할 수 있는《YES를 이끌어내는 협상법》(장락, 1994),《NO를 극복하는 협상법》(장락, 1995)을 저술했다. 로버트 누킨(Robert Mnookin)은 "Bargaining with the Devil"(악마와 흥정하기)를 출판했다. 누킨의 책은《하버드 협상의 기술》(21세기북스, 2011)이라는 제목으로 번역되었다.

95) 《YES를 이끌어내는 협상법》, 앞의 책, 38쪽

96) 《NO를 극복하는 협상법》, 앞의 책, 87~185쪽

97) 로버트 누킨, 앞의 책, 37~40쪽

98) 게리 네스너,《이기는 사람은 악마도 설득한다》, 한국물가정보, 2012. 24쪽. 이 책의 원제목은 "Stalling for Time: My Life as an FBI Hostage Negotiator"(Random House, 2010)이다.

99) 연합뉴스, 2010년 10월 11일

■ **맺음말_ 카이로스의 때, 코리안의 비전과 코리아의 주인**

1) 필자는 1982년 대학 1학년 때 스스로 시중(時中)을 호(號)로 삼았다. 당시 時中을 호로 삼은 이유는 시대의 요구, 민족사의 요구에 맞추어 화살이 과녁을 맞추듯 그렇게 때(時)에 적중(的中)해서 살자는 결의 때문이었다.

2) 배기찬,《코리아 다시 생존의 기로에 서다》, 2005. 436~437쪽

3) 전인권 외,《1898, 문명의 전환》, 이학사, 2011. 11쪽

4) 윤명철, 〈다시 '海陸국가'를 건설하자〉(조선일보, 2012.12.5.)에서 '조선반도'라는 개념
   을 일본이 조어한 것이라고 하면서 지중해의 중핵에 있는 '해륙적 공간'을 강조한다.

5) 김구,《백범일지》, 돌베개, 2002. 423~433쪽

6) 노무현,《노무현의 리더십이야기》, 행복한책읽기, 2002. 245~246쪽

7) 우정은, 〈코리아의 미래를 비추는 세 개의 거울〉,《창작과 비평》, 창비, 2003.12.

8) 위의 글, 26~27쪽

9) 와다 하루키 지음, 이원덕 옮김,《동북아시아 공동의 집》, 일조각, 2004. 108쪽,
   29~31쪽

10) 김구, 앞의 책, 426쪽

코리아 생존 전략 개정증보판

———

초판 1쇄 발행 2005년 5월 13일 초판 16쇄 발행 2012년 5월 10일
2판 1쇄 발행 2017년 4월 18일 2판 4쇄 발행 2021년 6월 30일

지은이 배기찬
펴낸이 이승현

편집2 본부장 박태근
W&G 팀장 류혜정

펴낸곳   (주)위즈덤하우스
출판등록   2000년 5월 23일 제13-1071호
주소   서울특별시 마포구 양화로 19 합정오피스빌딩 17층
전화   02) 2179-5600
홈페이지   www.wisdomhouse.co.kr

———

ISBN 978-89-6086-341-5 (03340)